"十三五"国家重点出版物出版规划项目

国家出版基金项目
NATIONAL PUBLICATION FOUNDATION

共和国教育70年

第一卷

筚路蓝缕

1949—1966

杜成宪 | 主　编
蒋纯焦 | 副主编
张礼永 | 著

江西教育出版社
JIANGXI EDUCATION PUBLISHING HOUSE
·南昌·

广东教育出版社
全国百佳图书出版单位
·广州·

图书在版编目（CIP）数据

共和国教育 70 年 : 全四册 . 笔路蓝缕 : 1949-1966 / 杜成宪主编 ; 张礼永著 . -- 南昌 : 江西教育出版社 ; 广州 : 广东教育出版社 , 2020.9（2022.1 重印）

ISBN 978-7-5705-2037-4

Ⅰ . ①共… Ⅱ . ①杜… ②张… Ⅲ . ①教育史 - 中国 - 现代 Ⅳ . ① G529.7

中国版本图书馆 CIP 数据核字 (2020) 第 171542 号

共和国教育 70 年・筚路蓝缕 1949—1966
GONGHEGUO JIAOYU 70 NIAN ・BILU LANLÜ 1949—1966
杜成宪 主编　　蒋纯焦 副主编　　张礼永 著

江西教育出版社
广东教育出版社 出版
各地新华书店经销
安徽联众印刷有限公司印刷
720 毫米 ×1000 毫米　16 开本　16.25 印张　字数 250 千字
2020 年 9 月第 1 版　2022 年 1 月第 3 次印刷
ISBN 978-7-5705-2037-4
定价：198.00 元（全四册）

赣教版图书如有印装质量问题，请向我社调换　电话：0791-86710427
投稿邮箱：JXJYCBS@163.com　电话：0791-86705643
网址：http://www.jxeph.com

赣版权登字 -02-2020-405

序

中华人民共和国成立70周年了！对于人生而言，70年光阴堪称漫长，它足可使赤子进入衰年；对一个国家和国家的教育而言，70年岁月虽不能算长久，然而，教育作为育人的事业，70年也足可以影响和造就几代人。70年前戴着红领巾跳跳蹦蹦上学校的孩子,如今牵着他蹦蹦跳跳的孙辈上学校。事实上，共和国教育事业的70年可谓天翻地覆！70年是整年庆，但共和国70周年诞辰与之前整年庆的一大区别在于，中国的崛起已经成为当代世界发展中的事实。在此进程中，人们对中国的认识有了重新定位。尤其是中国人对自己国家、民族所走过的道路不断在作着重新评价，民族自信有了极大提升。为实现共创人类命运共同体的愿景，中国还将取得更为长足的进步。在全球化背景下，在中国的经济、政治、思想、文化、社会发展取得显著进步的今天，站在新的时代立场上重新编写一部共和国教育史就显示出必要性和独特价值。

一

共和国教育70年的历史人繁事富、千头万绪，以什么样的线索去加以把握？这是我们首先遇到的难题。正如1949年以后，在社会改革的所有方面我们都在做着前人所未曾做过的事业那样，在教育方面我们同样进行着前无古人的探索。我们可以把共和国教育70年的历史，看成是中国探索本民族教育发展道路，建设中国现代教育的历史。

早在1931年11月，在严酷的战争环境中，中华苏维埃共和国临时中央政府就提出了自己的教育理想：工农劳苦群众不论男女都享有同等的教育权利和义务。1934年1月，毛泽东在第二次全国苏维埃大会上提出：要使广大中国民众都成为享受文明幸福的人。这一文化教育方针成为20世纪中国教育发展的新课题，也与人类教育发展的趋势相合拍，表现出远大的教育理想。

中华人民共和国的建立，意味着这一理想可以着手实现了。然而，中国建设社会主义教育并无先例可循。受当时国际政治格局所限，在新民主主义教育基础上，共和国建设社会主义教育的起步，走的是“以俄为师”道路。1958年，共和国教育出现重要转折，在毛泽东倡导下开始自己的独立探索，提出“教育必须为无产阶级政治服务，必须与生产劳动相结合”，培养“有社会主义觉悟的有文化的劳动者”的教育方针。在“总路线、大跃进、人民公社”“三面红旗”的背景下，开始了一场探索中国社会主义教育道路的尝试，即“教育大革命”。由于未能按照教育规律办事，教育事业陷于急躁冒进甚至混乱失序。

进入60年代后，在“八字方针”指导下，坚持了实事求是的认识路线，注意了按照教育规律办事，共和国教育事业逐步走上正轨，形成了被称为我们“自己的东西”的“高教六十条”、“中教五十条”和“小教四十条”，对社会主义教育的探索取得初步成果。然而，正规化办学中也出现了学生负担过重、教学方法滞后、考试过于严苛等问题，对教育的批评之声又起，加之50年代教育发展中的“左”倾思想并未得到清醒认识，终致“文化大革命”十年之乱。不能否认其中的教育道路探索用意，毛泽东所要探索的是一条中国自己的教育发展之路，他要努力实现的是如何破除制度化教育的教条主义和脱离实际、脱离工农大众，如何保持社会主义教育乃至国家发展的正确方向。只是这场“无产阶级教育革命”并未能够达成发动者的愿望，影响长远，也留下很多思考和经验教训。

“文化大革命”结束后的最初数年，教育的“拨乱反正”旨在恢复“十七年”中所建立起来的诸多制度与规范，同时开展教育的思想解放。当国家确立“四个现代化”的发展目标，尤其是1981年9月邓小平在中共十二大上提出建设有中国特色的社会主义的思想，教育在国家建设和发展中的战略地位得到确认，教育被赋予了前所未有的重要使命，因此必须有新的创造。也就是从此时起，共和国教育的探索才真正进入快速发展轨道。

从20世纪70年代末至共和国70周年诞辰，其间历时40年，中国始终走的是一条对外开放、自主发展、探索有民族特色的现代教育之路。如果以此为界，之前的30年，共和国教育的探索有着强烈的政治导向的话，之后的40年共和国教育则在坚持社会主义政治方向的前提下，具有明显的经济建设、社会进步和教育自身发展的导向。

建设中国特色的社会主义现代教育，首先需要解决的问题是观念束缚。1983年10月，邓小平在为北京景山学校题词中提出“教育要面向现代化、面向世界、面向未来”，给改革开放之初的中国教育提出了方向。其次遇到的问题是体制束缚。在通过经济体制和科技体制改革的决定之后不久，1985年春，中共中央颁发《关于教育体制改革的决定》，突破了长期计划经济体制下教育的僵化模式，如结构不合理、管得过多、统得过死，从宏观层面解决了共和国教育发展的大政方针和体制保障问题。随之，实行九年义务教育、调整中等教育结构、改革高等教育、改革学校管理体制等迅速推开。在此过程中，中国教育以前所未有的姿态对外开放，加快了学习欧美发达国家的教育经验和融入世界教育发展的步伐。

进入90年代，中国的经济体制和科技体制改革继续深入，经济、科技、社会发展成效进一步显现，教育显露出与之不相适应的种种局限性。1993年2月，中共中央国务院颁发《中国教育改革和发展纲要》，围绕着世纪末的目标，再次明确了探索和建设中国特色社会主义教育体系的一系列认识和实践问题。如果说《关于教育体制改革的决定》是从宏观方面解决教育的外延发展问题，即中国教育改革的理念、方法、制度层面的问题，那么《中国教育改革和发展纲要》发布则标志着中国教育进入内涵发展阶段，即它明确了中国教育发展的世纪末和跨世纪战略目标、部署和措施。如：经过“三步走”，用几十年时间实现中国教育的现代化；在20世纪末实现“两基”即基本普及九年义务教育和基本扫除青壮年文盲、建设“两重”即建设好百所重点大学和一批重点学科、国家财政性教育经费支出占国民生产总值的比例达到4%……于是，中国教育开始进入快速发展时期。

无论从哪方面考察，世纪之交对于共和国教育发展来说都是一个重要的时间节点：《面向21世纪教育振兴行动计划》绘制跨世纪教育蓝图，政府教育财政投入大幅增加，“两基”攻坚目标基本实现，高等教育体制改革基本完成并进而实现了高等教育大众化……尤其应当看到的是，相比较20世纪八九十年代的中国教育更多的是在向欧美国家学习、借鉴、模仿，进入新世纪后的中国教育更多地表现出真正意义上的探索，即在扩大学习和引进的基础上，教育理论和实践的原创性在增加，如提出基于民族传统、具有民族特色的教育现代化，全面推进素质教育，教育公平是社会公平的基础，坚持教育的公益性质，与之相应而开展的基础教育课程改革、建设世界著名大学的追求……共和国教育的现代化之路渐入佳境。

进入21世纪的第二个十年，共和国教育呈现出前所未有的发展态势。2010年7月，中共中央国务院印发《国家中长期教育改革和发展规划纲要（2010—2020年）》，部署了“优先发展教育，完善中国特色社会主义现代教育体系，办好人民满意的教育，建设人力资源强国”的战略及其方针、目标、措施。2012年中共十八大报告提出“以人为本”，将人民利益作为一切工作的出发点和落脚点，教育成为改善民生和社会建设之首。2017年，中共十九大把建设教育强国作为中华民族伟大复兴的基础工程，强调“必须把教育事业放在优先位置，深化教育改革，加快教育现代化，办好人民满意的教育”，“努力让每个孩子都能享有公平而有质量的教育”。这样的目标不止在纲要里，而且在实现中，人民群众的教育获得感在明显增强。另一方面，共和国教育不仅是在输入，而且开始展示于世界舞台，中国的教育成就和教育道路已经为世人所知。八十多年前，毛泽东作出的使广大中国民众都成为享受文明幸福的人的庄严期许，正在成为现实。

共和国教育70年的探索，其民族特色是鲜明的，表现为教育发展道路的独特性、发展内容的独特性和发展方式的独特性。共和国教育70年，完成了几个重要的历史转变，即：由半殖民地半封建教育向新民主主义进而向社会主义教育的转变，由为政治服务的教育向为现代国家的经济建设、社会进步和人民需要服务的教育的转变，由适应计划经济体制的教育向适应乃至促进社会主义市场经济体制的教育的转变，由移植模仿的导入式教育向自主探索、创造的开放型教育的转变，尤其重要的是，由教育的贫国弱国向教育的自足之国乃至大国强国的转变。由此建立起一个十分巨大而又相对完整的教育体系，提高了全民族的教育水平和文化素质，为国家的现代化建设提供了充分的人才支撑和人力资源保障，探索和提供了经济落后、人口众多、幅员辽阔、区域差异悬殊的现代化后发国家的教育发展道路和模式。

二

共和国教育70年的历史是一个持续的过程，但在不同时期也表现出明显的阶段性特点，由此实现着曲折而又不断进步的发展进程。为了将共和国教育70年的发展进程充分展现出来，同时也是为了研究和叙述的方便，需要尝试对这70年的教育历史划分阶段。划分教育历史阶段的标准无外乎几种：其一，依据社会历史的发展；其二，依据教育自身的发展；其三，结合社会历史发展和教育自身的发展。本书采取第三种标准，将共和国教育70年历史划分为四个阶段，即1949—1966，1966—1976，1976—1992，1992—2019，依次分为四卷。四卷的书名分别为：第一卷，筚路蓝缕；第二卷，山重水复；第三卷，柳暗花明；第四卷，乘风破浪。

1949—1966年，是共和国教育的起步阶段，可谓“筚路蓝缕”。这个被称为“十七年”的教育的阶段，又可以1956年为界再分为两个时期，即1949—1956年的过渡时期和自1956年起的社会主义教育起始时期。1949—1956年，中国教育经历了两个重要转变，即1949—1952年的国民经济恢复时期，实现由半殖民地半封建教育向新民主主义教育的转变；1953—1956年完成对农业、手工业和资本主义工商业的社会主义改造，实现由新民主主义教育向社会主义教育的转变。之所以应当把共和国建立后的17年教育视为一个整体，是考虑到，尽管到1956年中国才真正开始社会主义教育的历史阶段，但对社会主义教育的思考、探索和实践从共和国建立起就已经开始。事实上，“文化大革命”中的“左”倾路线对之前17年的教育也是整体加以否定的；“文化大革命”结束后的“拨乱反正”，恢复原有教育秩序，也是对17年中逐步积累起来的教育经验的复归。

1966—1976年，是共和国教育走入曲折的阶段，可谓“山重水复”。“文化大革命”10年的教育又大致可以细分为三个时期，即1966—1968年的“停课闹革命”，原有的教育教学秩序被破除；1968—1974年的“复课闹革命”，工人（农民）和解放军毛泽东思想宣传队进驻学校，领导学校的“斗、批、改”，开展“教育大革命”；1974—1976年的转机和反复，对教育的整顿及反复。

1976—1992年，是共和国教育的恢复和初步发展阶段，可谓“柳暗花明”。这一阶段的教育事实上又可以分为1976—1982年的恢复和1982—1992年的发展两个时期。前一时期主要是解决教育领域里拨乱反正、思想解放问题，即恢复、整顿和破除思想禁区；后一时期主要是教育改革的启动，首先是为中国教育发展定位，解决诸多认识和理念问题，并提出和开展了教育体制改革，试图解决加快教育发展步伐所面临的旧体制、制度和政策的束缚等宏观层面的问题。此阶段的教育改革已经涉及中国教育的一些深层次问题，为后一阶段教育改革奠定了基础，也提出了问题。

1992—2019年，是共和国教育的快速发展阶段，可谓“乘风破浪”。这一阶段的中国教育在经过了认识和行动上的曲折后，更加坚定地明确了坚持改革开放的发展路线，稳步前进，逐步形成了自己的发展道路，取得了令人瞩目的发展成就。又可以分为三个时期，即，1992—2000年的世纪末教育攻坚。从1992年开始，中国的各项教育事业规划都以20世纪末为时间界限，进入加大改革力度、加快发展速度的时期，一些困扰国家教育和社会发展多年的问题在此阶段得到解决或取得重大进展，如教育发展的定位、教育体制改革、“两基”问题等。2000—2010年的新世纪初教育规划发展。进入新世纪后，随着国家综合国力的快速增强，政府对教育的投入加大，中国教育从完成数量增长进入实现质量提升的发展时期。教育发展的重心从为经济建设服务转变为更关注人的发展问题，教育创新、教育公平、教育的均衡发展等成为主题。2010—2019年的深化教育综合改革。从国家中长期教育改革发展规划纲要制定，到中共“十八大”“十九大”报告等文件，确定了教育在未来一个较长时期的发展目标，以人的发展为本、以人民利益为重的教育发展指导思想得到进一步强化。尽管问题很多，困难很多，但方向和道路已经不可动摇。

三

相较于之前的各种共和国教育史著述，本书有着自己的探索和独特的面貌。对共和国70年教育历史的探索是一个学术研究的过程，参加本书研究和撰写的人员均为教育学和教育史专业工作者，大家都秉承着学术研究的基本要求和规范开展着各自所承担的工作任务。但我们希望能够让更多的读者来关注和了解共和国教育的历史，于是，我们考虑在本书的研究和撰写中，让学术探究成为暗含的线索，而表现出来的却是具有可读性的通俗化成果，力求使本书成为一部既可为专业和理论工作者参考，又可为非专业读者接受的读物。为了实现这一目的，我们从以下方面作了考虑和安排。

第一，关于主旨。

教育作为社会系统中的一个子系统，它从来也不能自足地发展。共和国教育70年的历史，不仅是教育自身变革和发展的历史，同时也折射出中国社会的全面变革和人类世界的不断进步。我们把教育系统自身发展的历史和教育与其他社会系统交互关系的历史，区分为教育的“内部史”和“外部史”，并在研究和叙述中力图贯通两方面，既反映教育领域内的变革，也关注教育与其他社会领域的相互作用；既反映教育发展在制度、实践层面的建树，也关注其中所体现的中华民族精神世界的嬗变。在社会的大系统中，任何一个子系统都不如教育那样特殊，教育特殊性就在于它与任何一个社会的子系统都有着密切的关系，因此，论述教育问题无法也不可能脱离社会发展。

共和国教育70年的历史，无论成就还是教训都应记取。当代史去时未远，得失尚难评判；当代事还在继续，成败尚不明朗。因此，撰写一部共和国教育史对任何人都是严峻挑战。我们希望对这70年的教育历程既不简单地作政治说解、政策诠释和成就颂扬，也避免情绪化的批评、指责，而是持冷静的态度、以客观的审视，力图真实地再现历史，表现其兴废过程，展示其得失缘由，揭示其经验所在。在具体处理上，四卷书又各不相同。总体的编撰原则是：越过往，越似史；越近前，越似志。由此导致了本书各卷在表现风格上的些许差异，但这应当被看成一种实事求是的态度。

第二，关于体裁。

虽然全书四卷按历史编年为序，各卷中事实上也存在着时间的线索，但各卷对不同时期教育史事的叙述，并不严格采用单一的编年体史书编纂体裁；对不同时期教育问题的叙述，也不采用专业理论著作按理论或实践逻辑展开的做法，而是通过概括、选择各时期最重要、最具代表性的历史事实或问题，以之为统领，展现这一时期的教育变迁。可以说，各卷书的结构表现为“散点式”的，然而又是形散而神不散，潜行着的是共和国探索本民族的教育现代化的主线。

第三，关于内容。

既为了便于阅读，也为了提供充足的信息量，全书各卷内容分为主体文本和辅助文本两部分。主体文本为叙述教育历史过程的正文，辅助文本提供虽未进入正文却对正文具有重要补充作用的相关信息。

各卷主体文本所要表达的内容不求面面俱到，而是选择这一时期教育发展中具有典型意义的大事、要事，通过一个人物、一个事件、一个政策、一个理论、一个运动、一个改革、一个时段……去透视这一时期的教育问题或教育走向，由此把握这个时代的教育观念、社会本质和时代精神。

各卷辅助文本的内容通过“链接”的方式予以呈现。这些内容包括这一时期有关教育事件、教育人物、教育文件、教育术语等的解说，由此提供更多的知识性信息，以弥补主体文本的不足。

教育历史的内容通常可以分为两个层面，即宏观层面的和微观层面的。前者包括教育改革、教育政策、教育运动、教育事件等，这些内容往往具有全局性，影响着国家教育的大方向；后者包括教育人物、学校教育、课堂教学等，这些内容往往具有具体性，影响着教育教学实践和理论研究的进展。本书对这两方面内容力求兼顾，以求整体反映共和国教育的进步历程。

第四，关于形式。

图文并茂是中国图书编纂和出版的优良传统，也是当下诸多普及性读物和一些学术著作的追求，本书也尝试在此方面作出探索，以期改变以往共和国教育史图书撰写和出版形式单一的状况。共和国70年的教育去时未远，大量珍贵图片都保存在世，成为我们选用不尽的库藏。通过教育历史事件、人物、活动、文件、场所、文物等方面图片的呈现，以求与文字叙述形成相得益彰的效果，甚至可以弥补文字叙述的不足，生动而具体地再现已经逝去的历史场景，拉近读者与历史之间的距离，营造出历史阅读的现场感，以使读者唤醒历史记忆，激发历史想象，深化历史思考。同时也是为了图书版面的活泼和生动，激起读者进入教育历史的兴趣。

四

当共和国成立60周年的时候，我们的系友邹峙华老师提出编写一部图文并茂的共和国教育史的动议，她的创意打动了我们，于是我们放弃了一向以来不写当代史的固执，勉力将中国教育的历史写到了自己的眼前，这也就是《共和国教育60年》。《共和国教育60年》出版后受到读者欢迎，笔者的同年人和幼时同学、当年上山下乡的知青、诸多同行、一些学生读后都表示出欣喜，每每可以接到他们来谈感想的电话和邮件。《共和国教育60年》2010年获“上海市第八届邓小平理论研究和宣传优秀成果一等奖”，是当年仅有的两个一等奖之一。2017年，上海市哲学社会科学规划“三大系列”研究项目征集申报，征得我们团队各位成员支持，以“共和国教育70年”为题申报，获得立项为“新中国成立70周年”研究系列项目。经过两年的研究和撰写，于今春三月在上海市哲学社会科学规划办组织的结项答辩中以较高的评价获得通过。

与《共和国教育60年》相比，本书有很大改变。总体上，我们站在今天的立场，用今天的眼光，对共和国教育70年历程重新作了审视。今天的共和国教育，无论成就、经验抑或教训，都应当通过反思过往的经历去探寻，而对今天的教育作出如何的基本判断，就会影响到对昨天乃至前天的教育的探讨和评价。这就是《共和国教育70年》必须有新面貌的理由。

四卷书修改的情况各有不同，其中，第四卷由于增加了10年时间，而这个10年又是中国教育发生重要变化的10年，诸多重大的改革和建树都出现在这一时段，于是，我们梳理了自1992年以来27年间教育的历程和成绩，并重新进行了整体构思和结构。第四卷几乎是重起炉灶。第三卷也作了较大改变。原来的第三卷写法上偏于“外部史”，事实上，改革开放初期的中国教育确也是偏重解决教育发展的外部环境问题。然而，这一时期教育内部的改革也在不同程度地开展着，反映这些动态，第三卷加强了对学校教育改革的表现。第二卷对如何恰当地反映和评价“文革”教育作了十分深入的思考，并尝试将我们的思考恰当地表达出来。我们自认为对这一特殊时期的教育历史的处理是慎重的。第一卷则是对“十七年”教育，从史实、材料、主线、叙述、评价、图片、链接等各方面要素，作了全面审视和笔削，以期精益求精。在此过程中，本书工作团队的每一位成员都怀着初心，认真工作，希望能够不辜负共和国教育这70年的伟大岁月！在此，我要向各位同仁表达由衷感谢！

记得是在2018年的一个夏日，江西教育出版社总编桂梅编审专程来到华东师范大学组稿，表达了充分的诚意，也讲述了她对赣教社未来发展的设想。我们十分感佩这么一位温文尔雅、学者气十足的女老总竟有如此宏大的气象！当年秋，得知本书编写组拟在南京参加中国教育学会教育史分会第十九届学术年会期间召开编写研讨会，她又仆仆风尘专门赶到石头城下邀稿。之后又经过数番曲折，书稿最终花落赣教社。正应了“精诚所至，金石为开”的老话。在此过程中，桂总始终表现出谦和优雅却又执着坚定的风度，不离不弃，不焦不躁，给人留下深刻印象，也深深打动了我们。她还亲自挂帅，审读全书，提出诸多有专业水平的意见和见解，给我们颇多启发。当看到本书部分初排效果样稿后，我们领略了江西教育出版社的工作态度、效率和水平。感谢桂总和她率领下的赣教社团队！

本书是上海市哲学社会科学规划“新中国成立70周年”研究系列项目“共和国教育70年”的研究成果，我们对给予立项的上海市哲社学术话语体系建设办、上海市哲社规划办表示感谢，也对关心本书撰写、出版的上海市社联副主席、秘书长解超教授感念于心！

本书写作对前辈和同人研究成果多有借鉴和引用，但因出版体例的要求，不作引文注释，故而未能一一注出，特此说明，并深致谢忱！

我们对共和国教育70年的巡礼到此暂告一段落，但共和国教育的历史却还在生机勃勃地演讲中。我们希望也期望10年后能够对共和国教育再作巡礼，期望着！

杜成宪

于华东师范大学教育学系、基础教育改革与发展研究所

2019年6月6日

目录

前言

本卷为《共和国教育70年》的第一卷，主要展现的是中华人民共和国成立后至“文化大革命”前，即1949—1966年，共17年间的种种教育实践。

17年的光阴，在历史的长河中如白驹过隙。然而中华人民共和国成立后的这17年，却值得后世史家不断去探寻。17年的教育发展更是如此，所取得的经验教训，都值得今日的我们学习和吸取，也值得后来者继续发掘。

然而对这17年教育实践的认识，随着时间的不同又会有所不同。

相当长的一段时间之内大家认为，前17年“毛主席的无产阶级教育路线基本上没有得到贯彻执行”，“资产阶级专了无产阶级的政”；大多数教师和共和国成立后培养的大批学生的“世界观基本上是资产阶级的”。即著名的“两个估计”。

在批判“四人帮”阶段，大家又提出这一判断不合事实，认为虽有“修正主义路线的干扰”，但是“毛主席革命路线在北京大学始终占着主导的地位”，所以“两个估计”站不住脚。

到了“拨乱反正”阶段大家又提出，前17年我国教育工作执行的基本上是一条马克思列宁主义路线，不存在所谓的“修正主义教育路线”。

17年，在整个70年中，约占四分之一的比例。然而其中的过程真可谓是充满曲折，真的是一波未平、一波又起，中间几多反复，共和国的教育在其中不断地波动。为了便于认清楚其前后的变化，依据发展的主线，将其分为五个阶段：

第一阶段，1949—1952年，破旧与布新并举；

第二阶段，1953—1956年，向苏联教育学习；

第三阶段，1957—1960年，教育大跃进；

第四阶段，1961—1963年，按规程办学；

第五阶段，1964—1966年，教育要改变。

由于篇幅的限制，每个阶段的教育实践不可能全部都顾及，而且也不可能很详细地展开，只能选择其中具有典型意义的大事、要事，或者事情的主要方面，去表现各个阶段的主旋律，借以表现中华人民共和国成立后17年间的教育变迁。

01

第一章

破旧与布新并举

新民主主义革命取得胜利，中华人民共和国成立，人民获得了解放。此时“中国该向何处去”已经不是主要问题，“如何建设中国”成了问题的主要方面。到底该怎样建设呢？没有现成的答案，一切都在摸索。

新生的共和国，人民教育该如何建设？也没有现成的答案。不过，可以明确的是，当时更为紧要的任务是划清界限——划清与旧民主主义教育的界限，如教育目的、教育制度、教育内容、教育方法等，都需要加以改造，此谓“破”；新民主主义教育在广大解放区有步骤并快速地得以实现，此谓“立”。故而这一阶段为“破旧与布新并举”。

一、破立并举的准备

问题在于为什么要“破”？为什么要“立”？“破”些什么？“立”些什么？有没有一个准绳？

（一）方针的确立

1949 年 9 月 21 日至 30 日，中国人民政治协商会议第一届全体会议在北京举行。会议除了选举出了政府主席与副主席外，还通过了影响深远的《中国人民政治协商会议共同纲领》（以下简称《共同纲领》）。

10 月 1 日，中华人民共和国成立，中央人民政府主席毛泽东发表公告，指出：中央人民政府委员会一致决议，接受《共同纲领》为本政府的施政方针。关于教育的规定在《共同纲领》第五章，具体为：

第四十一条　中华人民共和国的文化教育为新民主主义的，即民族的、科学的、大众的文化教育。人民政府的文化教育工作，应以提高人民文化水平，培养国家建设人才，肃清封建的、买办的、法西斯主义的思想，发展为

参加第一届政治协商会议的教育界代表合影

人民服务的思想为主要任务。

第四十二条 提倡爱祖国、爱人民、爱劳动、爱科学、爱护公共财物为中华人民共和国全体国民的公德。

第四十三条 努力发展自然科学，以服务于工业农业和国防的建设。奖励科学的发现和发明，普及科学知识。

第四十四条 提倡用科学的历史观点，研究和解释历史、经济、政治、文化及国际事务。奖励优秀的社会科学著作。

第四十六条 中华人民共和国的教育方法为理论与实际一致。人民政府应有计划有步骤地改革旧的教育制度、教育内容和教学法。

第四十七条 有计划有步骤地实行普及教育，加强中等教育和高等教育，注重技术教育，加强劳动者的业余教育和在职干部教育，给青年知识分子和旧知识分子以革命的政治教育，以应革命工作和国家建设工作的广泛需要。

第四十八条 提倡国民体育。推广卫生医药事业，并注意保护母亲、婴儿和儿童的健康。

怎樣研究和貫澈新教育政策

戴白韜

一 這個政策的基本精神及其作用

戴伯韬关于新教育政策的解释文章
（《新教育》1950年1期）

在1954年《中华人民共和国宪法》颁布之前，《共同纲领》实际上起着“临时宪法”的作用，是共和国初期的施政纲领，是团结全国人民建设新民主主义的大宪章。共和国教育的建设，基本上都是围绕着上述几项规定进行的。

对于新规定，当时自然有不理解乃至不赞同的声音，所以各地的教育行政主管不得不作些说明，既为消除歧义，也为求同。如戴伯韬在上海《新教育》杂志上就解释了新的文教政策，并要求加以贯彻。

1949年12月23日至31日，第一次全国教育工作会议在北京召开，出席会议的有东北、华东、中南、西北四个大行政区和华北各省、市、自治区的代表以及中央有关部门的负责干部200多人，会议确定了国家的教育工作方针。首任教育部长马叙伦与会并致开幕词，他说：

> 首先，我们要感谢毛泽东主席，他对我们早已指出了新民主主义教育的方向，并且在他的指导下，在老解放区，对中国新教育的建设已经积累了一定的经验。这明显地表现在我们的《共同纲领》关于文化教育政策部分。它规定了新民主主义教育的性质、任务、国民道德标准、教育方法以及教育改造过程的步骤和重点。这一纲领完全体现了毛泽东主席的关于革命的文化教育建设的英明思想。我们真高兴，我们在开始工作之初，就能有如此明确的方针来作为我们的指针。

《共同纲领》作为指导教育建设的方针，第一次全国教育工作会议对其进行了具体化和细化。这次会议指出：新民主主义的教育必须为国家建设服务，学校必须为工农开门，以培养国家建设所急需的各种人才。对于老解放区和新解放区，应采取不同措施，老解放区的学校要加以改革，而新解放区的则需要加以改造，整个过程需要相当长的时间，不可能一蹴而就。建设新民主主义的教育有三个来源的经验可供借鉴和参考，即老解放区的经验、新解放区中一些有用的经验、苏联教育建设的经验。但是，三者之间到底能不能形成当时人们所预期的合力呢？实际上，今天回过头去看，三者并没有形成合力。新解放区，即此前的国统区的教育经验首先引退，后来苏联的经验曾经占据了舆论和实践的上风，但由于借鉴过程中过于机械，不能完全解决实际问题，于是，老解放区的经验占据了顶峰，但是也有变化。

国统区的教育实践及其取得的种种成果，是否全部都是“封建的、买办的、法西斯主义的”？这种疑问在当时的人们看来是多余的。首先国统区的校名需要改变，如对于公立的学校，取消原先校名中的国立、省立、县立的界定，实行分级管理。于是，像“国立武汉大学”这种大气磅礴，正读反读皆可成文、皆有所表的回文校名，只能成为历史遗迹。后来这所学校的许多事件也都折射了当时的社会之变动。

当然，这些都是次要的，属于细枝末节的事情。不过这些细微之处，也显示出了新生的共和国打破旧日的一切常规的决心和努力，即打破过去，不落俗套，一切的条条框框都需要“破”。因为有“破”才能有“立”。

武汉大学的“国立武汉大学”牌坊

链接

六一儿童节

中华人民共和国建立前也有儿童节，时间为4月4日，故称“四四儿童节”。1949年11月在莫斯科召开的国际民主妇女联合会，为保障全世界儿童的生存权、保健权和受教育权，反对帝国主义战争贩子对儿童的虐杀和毒害，理事会决定每年6月1日为国际儿童节。新中国成立后，1949年12月23日中央人民政府政务院发出通令，废除旧儿童节，设立新儿童节，与国际统一起来。

五一教师节

中华人民共和国成立前也设有教师节。国民政府先是规定6月6日为教师节，故而又称“六六教师节”。后来又改8月27日（孔子诞辰日）为教师节。新中国成立初，国家一度曾恢复“双六节”。1951年全国教育工会成立，教育工作者被确认为工人阶级的一部分。同年4月19日，教育部长和教育工会全国委员会主席发表书面谈话，废除“六六教师节”，改用“五一国际劳动节”为教师的节日。但由于这一天缺少教师的特点，执行的效果并不怎么理想，故1985年时确立每年的9月10日为教师节。

（二）组织的构建

就在中华人民共和国成立当天，《人民日报》发表了题为《中华人民共和国万岁》的社论，指出“恢复和发展人民的文化教育事业”是中国人民面临的任务之一。可是由谁来具体负责呢？

1. 组建教育部

1949年10月19日，中央人民政府委员会任命郭沫若为政务院文化教育委

教育部成立之日合影留念

员会主任，马叙伦、陈伯达、陆定一、沈雁冰为副主任。依据9月下旬人民政治协商会议第一届会议通过的《中央人民政府组织法》，文教委员会“指导文化部、教育部、卫生部、科学院、新闻总署和出版总署的工作”，对其所指导的机关和下级机关，颁发决议和命令，并审查执行情况。也就是说在文教委员会组建起来后，专门负责教育的教育部才建立起来。马叙伦被任命为教育部部长，钱俊瑞、韦悫为副部长。

不过，此时教育部还是个空架子。10月31日，马叙伦遵照中央人民政府10月27日《关于结束华北人民政府工作的命令》，接管了华北人民政府教育部和高等教育委员会。中央人民政府教育部就是以这两个机构为基础建立起来的。

11月1日，教育部举行了成立典礼。至此，才有了专门负责执行教育方针的单位。

然而此时，教育行政体系尚未完全建立起来。1950年1月7日，政务院公布第十四次政务会议通过的省、市、县人民政府三个组织通则。其中规定：在文化教育方面，省人民政府设文教厅或处，直辖市人民政府设局，县人民政府设教育科或局。其后又规定，大城市的区人民政府设文教科或股。至此，教育行政体系才基本上算是建立了。

链接

需要注意的是，中华人民共和国成立之初的教育体系与现在的有明显区别。当时我国设立了包括若干省（市）大于省级的行政区域，分别为华北、西北、东北、华东、中南、西南行政区，俗称“六大行政区”，其前身是军政委员会。各行政区也设立教育部，如华东区设有华东人民政府教育部，对自己所辖的省市，除了下发教育部的政令、通知外，也可以发布教育政令，但只对所辖区有效。

1954年4月7日，中共中央政治局扩大会议决定撤销大区一级的党政机关，各大区行政委员会随同各中央局、分局一并撤销。6月19日，中央人民政府委员会第三十二次会议通过《关于撤销大区一级行政机构和合并若干省、市建制的决定》。随后，各大区便将部分权力上交中央，大部分权力移交给省、市，人员也向中央机关和省市地方分流。

从此，类似今日的教育行政体系才建立起来。但中间变化比较复杂。如1952年11月15日，中央人民政府委员会第十九次会议议决成立高等教育部，部长为马叙伦，副部长为杨秀峰、黄松龄、曾昭抡、刘皑风。教育部部长为张奚若，副部长为董纯才、林砺儒、柳湜。

1958年2月11日，第一届全国人民代表大会第五次会议通过《关于调整国务院所属组织机构的决定》，将教育部和高等教育部再合并为教育部，部长为杨秀峰。

1963年12月16日，周恩来在国务院第一百三十七次全体会议上，宣布将教育部再分设为高等教育部和教育部。1964年3月，两部正式分开办公。

国家主管教育的行政部门，为何一而再、再而三地分而又合、合而又分，其实这跟当时中国教育发展的过程变化是紧密联系在一起的。

教育部“群英谱”，从左依次为：马叙伦、钱俊瑞、韦悫、张奚若、林砺儒、董纯才、杨秀峰

2. 成立少年队

关于组织的建设，还值得一说的便是学生的组织。共和国成立之前大多数学校中也有学生组织。年纪小一些的主要是童子军。虽然他们当中一些人的表现可圈可点，如淞沪会战时，15 岁的女童子军杨惠敏夜泅苏州河，向坚守四行仓库的“八百壮士”献了一面旗，成为佳话。还有一些人在抗战中也作出了一定的贡献，但童子军终究属于国民党的后备力量。

链接

童子军

童子军源于 1907 年在英格兰棕海岛上举行的一次实验性营区活动。活动组织者将自己童年的一些户外活动经验和在军队时训练士兵的一套方法，用来训练 20 名十几岁的男孩，结果深受好评旋即扩散开来，一跃成为世界上规模最大的青少年运动。

这个“新事物”于 1911 年左右进入中国。最初由严家麟在武昌文华书院发起，继之者为英国人在上海所办之华童公学。早期童子军，主要是在教会学校和租界活动。在课后、业余进行一些慈善活动和公众服务，影响并不大。1915 年，上海举行了第四届远东运动会。童子军进行了会操表演，并参与维持会场秩序等服务工作，表现良好，引起当时与会各省教育界人士的注意，决意推广，从此童子军的影响逐渐扩大。

就在其蓬勃发展之时，国民党于 1926 年一纸政令，将其收归自己直接掌控之下，并且施以“一党本位”的思想。此后，尽管童子军的人数有了较大发展，但性质已经不同于原来的童子军。

当时，就组织形态而言，社会主义国家的少年组织都是少先队，而资本主义国家的少年组织才是童子军，所以新中国没有童子军可以存在的可能。而且早在革命时期，中国共产党就先后领导建立了劳动童子军、共产儿童团、抗日儿童团、

少先队员入队仪式

少先队等少年儿童革命组织，有建立全国少先队的基础。

1949年10月，全国统一的少年儿童革命组织——中国少年儿童队正式成立。10月13日定为少先队建队节。1953年6月，共青团第二次全国代表大会，“中国少年儿童队”更名为“中国少年先锋队”，并于1954年6月1日正式公布了《中国少年先锋队队章》。中国共产党委托中国共产主义青年团直接领导中国少年先锋队。

1965年5月，共青团九届二中全会通过决议，为配合国家发展的形势，取消队长、队委标志，简化少先队活动的仪式。“文化大革命”中，少先队组织发展遭到严重挫折，“少先队”被“红小兵”取代。直至1978年10月，共青团十届一中全会恢复中国少年先锋队，“红小兵”全部转入“少先队”。现行《中国少年先锋队队章》是1981年8月15日共青团十届三中全会通过的。

3. 中国新民主主义青年团

年长一些的青少年，也有不同性质的组织。

中国国民党领导的青年组织为三民主义青年团，简称“三青团”。他们代表的是落后的、反动的力量。国民党希望全国青年信仰三民主义，进而能给已经衰老腐败的反动派增添“复兴力量”。

在中国共产党正式建立前，各地共产主义者在创建党的早期组织——共产主义小组的过程中，为了广泛团结进步青年、培育后备力量，就已酝酿建立青年团组织。中国共产党正式成立后，立即着手创建青年组织。1922年5月5日，中国社会主义青年团第一次全国代表大会在广州召开，标志中国共产党领导的中国青年团组织的正式成立。从此，青年团作为中国共产党的助手和后备军在党的领导下，团结带领全国各族青年，积极投身到振兴中华，实现民族伟大复兴的事业中。他们代表的是进步的、正义的力量。

1949 年 1 月，中共中央正式发布了《关于建立中国新民主主义青年团决议》，领导普遍重建青年团的工作。4 月，中国新民主主义青年团第一次全国代表大会在北京召开，顺利完成了组建工作。

这样，经过改造的中国共青团重新又以先进青年的群众组织的崭新风貌出现在中国大地上，并且走上了成为中国共产党的助手和后备军的新历程。其后，在党的领导下，中国新民主主义青年团协助党胜利地完成了从新民主主义向社会主义过渡和建设社会主义时期的各项任务，并且以围绕党的中心工作，开展适合青年特点的独立活动赢得党和政府及社会各界的普遍赞誉，成为中国青年运动的坚强核心。1957 年 5 月，在中国新民主主义青年团召开的第三次全国代表大会上，经中共中央批准，大会决定将中国新民主主义青年团改名为中国共产主义青年团。

中国新民主主义青年团第一次全国代表大会会议现场（1949年）

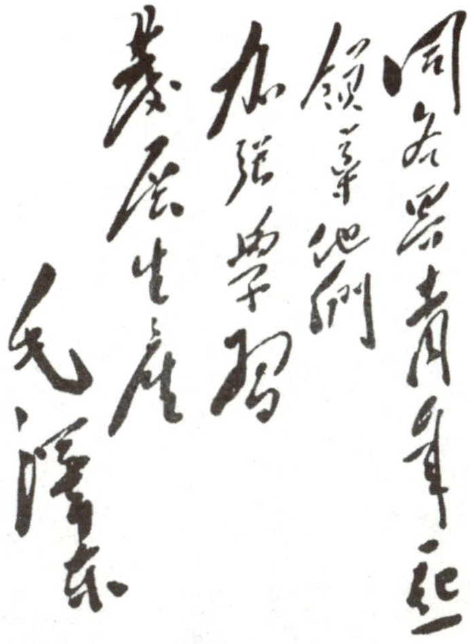

毛泽东为中国新民主主义青年团第一次全国代表大会写的题词（1949年）

新政权、新社会，需要建立新组织，集合新生力量；新生力量要聚集为新组织，新组织要为新政权服务，要为新社会建设发挥作用。

二、旧思想与新思想

新的国家诞生了，新的政权建立了，然而在共和国教育初创之际，人们思想复杂，认识尚不统一。而且中国教育受国民党控制二十余年，深受其影响，再加上从传统而来的一套以及从西方而来的一套，使得当时的教育界宛如庭院之中丛生的杂草一般，势必要加以修剪才行，该剪的剪，该除的除。《共同纲领》中已经明文规定要“肃清封建的、买办的、法西斯的思想”，所以对原来的教育思想进行批判是必然的。

（一）批判旧思想

“两报一刊”（即《人民日报》《解放军报》《红旗》）在我国的影响是不言而喻的，但在教育系统内，还有一份杂志，影响也非常大，那就是创刊于1950年5月1日的《人民教育》。该刊“发刊词”立意为：“以学习时事政策，学习苏联教育经验，总结解放区教育经验，展开教育学术思想的批判为主要任务。”《人民教育》自创刊后，在中国教育思想的各次批判中就均可见其努力的身影。

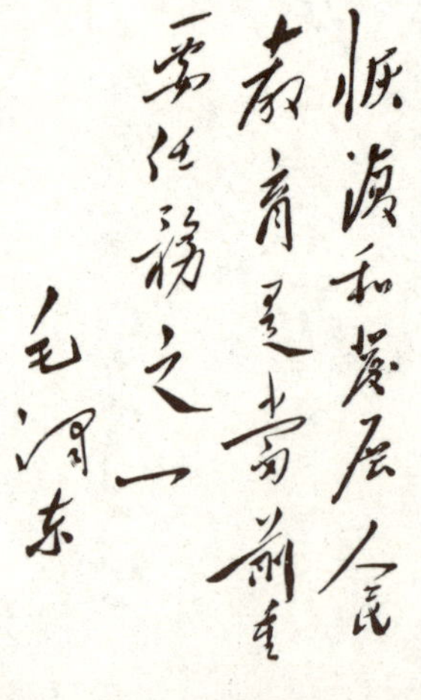

毛泽东为《人民教育》杂志创刊号写的题词

1. 批判杜威

一般认为，教育思想领域的改造，始于1951年5月间对电影《武训传》的批判。实际上，对于各种教育思想的批判，却始于杜威。

1950年6月25日朝鲜战争爆发，7月初美国介入。当时的共和国奉行的是“打扫干净屋子再请客”的政策，认为国内必须肃清“亲美、崇美、恐美”的思想。就教育而言，由美方资助或兴办的学校自然需要由人民政府接管，来自美国的教育思想也需要批判，首当其冲者便是杜威。

链接

杜威，1859 年生于美国佛蒙特州的一个普通家庭，依靠自己的天赋及努力成为影响世界的教育家、哲学家。最著名的教育理论有“教育即生活”“学校即社会”等。杜威强调个人的发展、对外界事物的理解以及通过实验获得知识，对当时世界各国教育界影响相当大。有诸多中国弟子，如胡适。

1950 年 10 月，《人民教育》第一卷第六期刊发了华东师范大学教育系教授曹孚的《杜威批判引论》一文（第二卷第一期续完），后有单行本问世。曹孚曾留学美国，博士论文为《杜威教育哲学中的个人与社会》，深得美国同行的好评，所以他是“真正懂杜威”的。

与此同时，他的同事，后曾担任华东师范大学校长的刘佛年教授则在《新教育》上刊发了《论杜威》一文。该文“编者按”特地指出：“杜威的教育思想在我国教育界的影响是很大的，但他的思想是一种反动的有害的思想，我们必须来一个清算，用科学的方法来分析、批评和指出这种教育思想的错误，这是非常必要的。这篇文章只是一个开始，有很多问题仍值得我们深入研究和讨论，希望大家踊跃地参加这个工作。”

但是这场批判，不是大家想踊跃就能踊跃的。杜威的教育学说虽然耳熟能详，但能融会贯通者，能真正从学理上条分缕析加以批判者少之又少。所以这场批判主要局限于教育领域内，甚至可以说是教育理论范围内，而且批判的对象远在大洋彼岸，相比较后面的历次批判而言，参与的人很少。不过等到后来批判他在中国最得意的弟子——胡适时，自然不免再次拿出来重新加以批判。

2. 批判晏阳初与梁漱溟

1950 年 12 月 1 日，中国人民解放军重庆市军事管制委员会宣布解散晏阳初主持的“中华平民教育促进会”，并接收其所属乡村建设学院等机构。

链接

晏阳初与中华平民教育促进会

中华平民教育促进会，简称“平教会”，是以平民教育作为救国和改良社会措施的团体，成立于1923年，晏阳初为总干事。1926年秋，晏阳初选定河北定县为“华北实验区”，从事平民教育和乡村建设。定县实验，当时吸引了一批留学归国的知识分子参加，后因抗日战争爆发而停顿，晏阳初遂转至重庆歇马场开办乡村建设育才院，继续从事平民教育工作。

1943年，哥白尼诞辰400周年之际，美国百余所大学和科研机构的代表评选“现代世界最具革命性贡献的十大伟人”，晏阳初毫无争议地入选，与爱因斯坦、杜威等人并列，而且是获此殊荣的唯一亚洲人。1955年，他被美国《展望》杂志评选为“当前世界最重要百名人物之一”，并被称为“具有坚定信念与丰富想象力的英勇学者，是劳苦平民心智与精神的解放者”“世界平民教育之父”“真正的哲学家与人道主义者”，无数的赞美之词也随之而来。诺贝尔奖获得者美国著名作家赛珍珠，称颂他“在世界黑暗之处点燃了一盏明灯”。菲律宾总统、泰国国王都将该国的最高荣誉奖章颁发于他，以表彰他所作出的杰出贡献。

因国家决定要肃清“亲美、崇美、恐美”的思想，而晏阳初及“平教会”后面有美国的身影，曾受到福特基金会之类美方团体的资助，那么晏阳初自然无法再在重庆继续他的教育工作，于是决定将事业转移到更广阔的国际舞台——第三世界，以“定县实验”的基本经验和中国平民教育与乡村建设的理论为基础，在泰国、菲律宾、印度、加纳、古巴、哥伦比亚、危地马拉等国，继续为平民教育与乡村改造奔走，指导推行田间实验与社区教育，获得了更大的声誉。

虽然晏阳初将自己及事业都转移到了国外，但还是受到了批判。批判首发地为重庆。1950年12月17日，重庆版《新华日报》用大字标题刊登了《晏阳初是怎样为“农民”服务的？》一文，该文举例说明晏阳初是怎样剥削、压榨农民的。

12 月 28 日，该报又登载《撕破改良主义外衣看晏阳初的真面目》一文。1951 年 7 月 30 日起，《新民报》连载《从自我批判认识反动组织“平教会”及文化买办晏阳初》，作者系原与晏阳初一同工作的同事。

直到 1985 年 8 月，在阔别祖国近 35 年之后，晏阳初应邀回国访问考察，邓颖超、万里、周谷城等接待了他，并对其一生从事中国与世界的平民教育与乡村改造事业给予了积极评价。

当时从事乡村教育的还有一位名家也遭遇了批判，他就是梁漱溟。不过他遭遇批判的原因与晏阳初截然不同。

被誉为“最后的儒家”的梁漱溟

1953 年 9 月，梁漱溟批评当时的农民政策，抛出了令人震惊的“九天九地”说。梁漱溟的问题后来被定了性——虽“反动”，但不算反革命；要批判，但也要给“出路”。

梁漱溟在 1924 年辞去北大教职，前往山东菏泽推行乡村建设运动。这一经历，自然也需要批判。《人民教育》1955 年第 12 期发表了《批判梁漱溟的反动教育思想》一文。文章认为，梁漱溟所提倡的乡农学校，完全是压迫农民的工具。它比任何教育都反动，因为乡农学校不仅要把中国社会停滞在半封建半殖民地的社会，而且还要把中国社会拉回到中古式的封建社会中去。此后，《光明日报》《文汇报》及其他教育刊物也陆续发表文章，批判梁漱溟的教育思想。至此，在中国近代教育发展史上留下浓重一笔的乡村建设运动算是彻底画上了句号。

3. 批判武训

如果说上述批判还有一定的范围限定，规模不大，那么大规模的思想改造或批判运动则始于 1951 年，导火索为电影《武训传》。

电影《武训传》剧照

武训（1838—1896），原本没有正式名字，是和“阿Q”一样，穷得连名字都没有的人。由于目不识丁，受尽恶势力的欺侮和凌辱，因此萌生了兴办义学，让贫困的农家子弟都能读书的心愿。

他到处乞讨，甚至向人磕头下跪，天长日久，聚沙成塔，攒到了一笔来之不易的钱财。再通过放债生息，终以万吊积蓄创办了崇贤义塾、临清御史巷私塾，并参与筹建了杨二庄私塾。穷苦的孩子免费入了学，而他自己依然食不果腹、衣不蔽体，58岁时因积劳成疾，不治而亡。

“武训”实际上是个赐名，清政府为嘉奖其兴学义举而赐其名为“训”，表示对武训的支持和鼓励，后又赐其“义学正”之名号、“乐善好施”的匾额和当时象征最高荣誉的“黄马褂”。梁启超还专门为他撰写了《兴学节略》，以资表扬。一时，各界要人、名流对他备极推崇，知识界视其为平民教育的先驱楷模。山东民众称其为“武圣人”，教育家陶行知更是以他为榜样，创办育才中学，提倡“武训精神”，自比为“新武训”，以抵抗国民党当局的压力。

链接

陶行知曾多次赞扬武训兴学。在《武训颂》对其一生作了概括：“朝朝暮暮，快快乐乐。一生到老，四处奔波。为了苦孩，甘为骆驼。与人有益，牛马也做。公无靠背，朋友无多。未受教育，状元盖过。当众跪求，顽石转舵。不置家产，不娶老婆。为著一件大事来，兴学，兴学，兴学。”

然而电影《武训传》公映后，褒贬不一。其中对武训和影片表示肯定的意见较多，一些地方还发起学习武训的运动，甚至有些学校还改名为武训中（小）学。电影《武训传》产生的影响和引发的争议，引起了毛泽东的关注，他专门将该片调到中南海，认真观看后认为，有论战，才有发展。于是一场疾风骤雨开始酝酿。

链接

电影《武训传》的产生与陶行知也有很大关系。1944年夏秋之交，陶行知在重庆约见著名电影编导孙瑜，提议将武训一生艰苦办义学的事迹搬上银幕。他特别强调："乞丐的形象虽然不美，但是那颗比金子还宝贵的心灵，应该在全社会熠熠闪光。"孙瑜受人之托，忠人之事，决心将武训的故事搬上银幕，并决定由当时的电影明星赵丹来主演。然而，兵荒马乱之中，孙瑜始终无法把拍摄尽快付诸实施，直至新中国成立后这才如愿。

影片结局对武训的评价为："大哉武训，至勇至仁。行乞兴学，苦操奇行。一囊一钵，仆仆风尘。一砖一瓦，累及成金。街头卖艺，市上售歌。为牛为马，舍命舍身。世风何薄，大陆日沉。谁启我愚？谁济我贫？大哉武训，至勇至仁。行乞兴学，千古一人。"

1951年5月16日，《人民日报》发表了杨耳（许立群）的《陶行知先生表扬"武训精神"有积极作用吗？》一文。20日，《人民日报》又发表了毛泽东执笔修改的社论《应当重视电影〈武训传〉的讨论》，希望借此引起对电影《武训传》的进一步讨论。该文写道：

《武训传》所提出问题带有根本的性质。像武训那样的人，处在清朝末年中国人民反对外国侵略者和反对国内的反动封建统治者的伟大斗争的年代，根本不去触动封建经济基础及上层建筑的一根毫毛，反而狂热地宣传封建文化，并为了取得自己所没有的宣传封建文化的地位，就对反动的封建统治者竭尽奴颜婢膝之能事，这种丑恶行为，难道是我们所应当歌颂的吗？向着人民群众歌颂这种丑恶的行为，甚至打出"为人民服务"的革命旗号来歌颂，甚至用革命的农民斗争的失败作为反衬来歌颂，这难道是我们所能够容忍的吗？承认或者容忍这种歌颂，就是承认或者容忍污蔑农民革命斗争、污蔑中国历史、污蔑中国民族的反动宣传为正当的宣传……电影《武训传》的出现，特别是对于武训和电影《武训传》的歌颂竟至如此之多，说明了我国文化界的思想混乱达到了何等的程度！

社论还提出"应当展开关于电影《武训传》及其他有关武训的著作和论文的讨论，求得彻底澄清在这个问题上的混乱思想"。

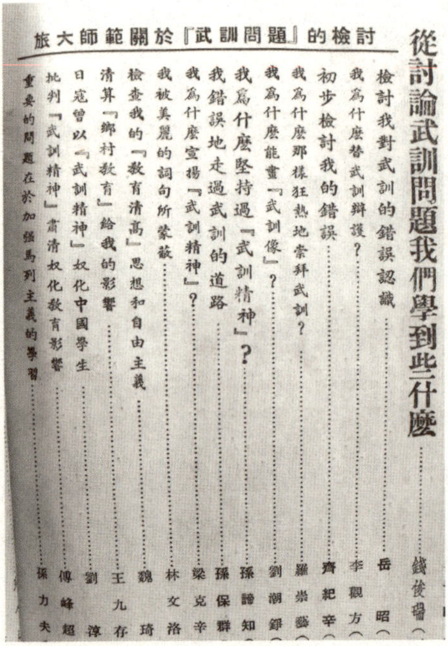

從討論武訓問題我們學到些什麼……錢俊瑞（
旅大師範關於『武訓問題』的檢討
檢討我對武訓的錯誤認識……岳　昭（
我爲什麼替武訓辯護？……李觀方（
初步檢討我的錯誤……齊紀辛（
我爲什麼那樣狂熱地崇拜武訓？……羅崇懿（
我爲什麼能畫『武訓像』？……劉潮錚（
我爲什麼堅持過『武訓精神』？……孫諭知
我錯誤地走過武訓的道路……孫保群
我爲什麼宣揚『武訓精神』？……梁克辛
我被美麗的詞句所蒙蔽……林文洛
檢查我的『教育清高』思想和自由主義……魏　琦
清算『鄉村教育』給我的影響……王九存
日寇曾以『武訓精神』奴化中國學生……劉　淳
批判『武訓精神』肅清奴化教育影響……傅峰超
重要的問題在於加强馬列主義的學習……孫力夫

《东北教育》1951年第六卷第一期“武训问题”专辑

同日《人民日报》“党的生活”栏目另附一篇号召，即《共产党员应当参加关于〈武训传〉的批判》，认为“资产阶级的反动思想侵入了战斗的共产党”，号召“每个看过这部电影或看过歌颂武训的论文的共产党员……都应当积极行动起来自觉地同错误思想进行斗争……凡是放映过《武训传》的各城市，那里的党组都要有计划地领导《武训传》的讨论，要把领导这一讨论当作一个严重的思想教育工作”。

由此，全国教育界和其他各界展开了学习《人民日报》社论和批判电影《武训传》及“武训精神”的运动。同年6月4日，教育部发出指示，要求将运动普及到每一所学校、每一个教育工作者，以澄清教育思想上的混乱。

7月16日，教育部发出通知要求以武训命名的学校立即改名。

7月23日至28日，由武训历史调查团撰写的《武训调查日记》在《人民日报》连载。这篇全文45000多字的调查，访问了武训家乡一带3000多人，搜集了许多县志、账册等文字资料，目的是证明社论的正确。

当时在武训的家乡——山东省堂邑县，宣传部的年轻人郝瑞琛对此不能理解：如果武训是大地主、大债主、大流氓，为什么1943年至1949年间，中共冀南行署还要设立武训县，成立抗日民主政府。而且他对调查组的工作方式也有所耳闻，于是写了《我对武训与别人相反的认识》，旗帜鲜明地为武训辩护，结果连人带文都被视为“大毒草”，随后就被开除党籍和公职。因为在武训问题上公然唱了反调，“文化大革命”中，郝瑞琛被视为当地的头号坏人、牛鬼蛇神，直至1980年才得以平反。

4. 批判陶行知

在批判武训的大潮中，有意见认为武训之所以在文化教育界产生这么大的影响，和陶行知的提倡是分不开的。认为陶行知“错误的表扬”大大地提高了武训的影响，危害极大。为了消除这一不良影响，有必要对陶行知进行系统的研究和批判。

链接

陶行知，1891 年生于安徽歙县，曾赴美留学。回国后，历任南京高等师范学校教授、教务主任等职。“九一八”事变后，积极从事抗日救亡运动。后当选为全国各界救国联合会执行委员和常务委员。曾与沈钧儒、邹韬奋、章乃器联合发表《团结御侮宣言》。接着受全国各界救国联合会的委托，担任国民外交使节，出访欧、美、亚、非 28 个国家和地区，出席世界和平大会、世界新教育会议、世界青年大会、世界反侵略大会等，当选为世界和平大会中国执行委员。为抗日救亡、光大中华民族在国际舞台上的形象作出了贡献。抗战胜利后，陶行知投入到反独裁、争民主、反内战、争和平斗争中。李公朴、闻一多被暗杀后，陶行知作好了“等着第三枪”的牺牲准备，继续坚持斗争，视死如归，始终站在民主运动的前列，终因“劳累过度，健康过亏，刺激过深”，于 1946 年 7 月 25 日患脑出血逝世，享年 55 岁。

而陶行知与共产党人的渊源颇深，其主要教育主张——“生活即教育”何时传入根据地已不可考，但是可以肯定，其思想在根据地是为人熟知的。生活教育社在延安设有分社，并且在延安出版了由延安新教育学会选编的《行知教育论文选集》。这是唯一在革命根据地编辑、出版和发行的陶行知教育文集。

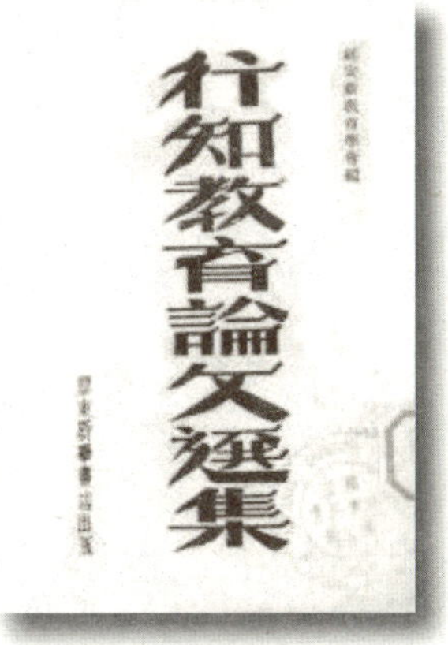

《行知教育论文选集》书影

陶行知逝世后，延安各界代表 2000 余人在边区礼堂举行追悼大会。毛泽东亲自题写悼词：“痛悼伟大的人民教育家陶行知先生千古。”朱德的悼词为：

"学习陶行知先生全心全意为人民服务，不屈不挠地为独立、和平、民主而斗争的精神。"

时任中共中央宣传部部长的陆定一在会场则发表了讲话《悼人民教育家陶行知先生》。林伯渠代表边区政府讲话，他说："全边区人民将永久纪念着陶行知先生，虽然他没有来过这里，但他的事业在这里得到实践，且曾为广大群众增加了福利。为纪念陶先生，边府已决定将延中改名为行知中学，设立行知奖学金，希望陶先生的教育思想在不久的将来也能在全国得到实行。"

《东北教育》1949年7月号

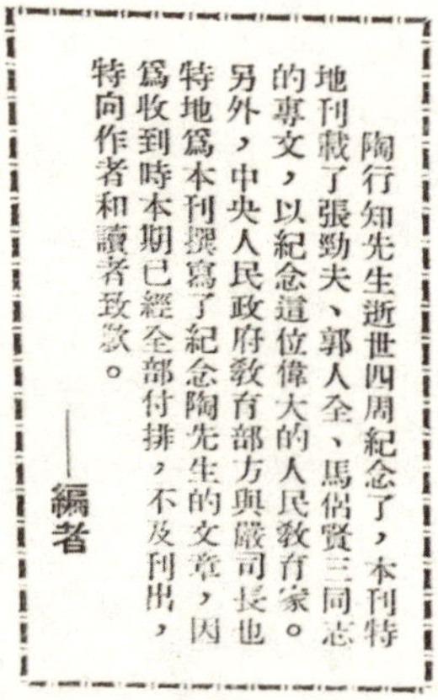
陶行知先生逝世四周紀念了，本刊特地刊載了張勁夫、郭人全、馬侶賢三同志的專文，以紀念這位偉大的人民教育家。另外，中央人民政府教育部方與嚴司長也特地爲本刊撰寫了紀念陶先生的文章，因爲收到時本期已經全部付排，不及刊出，特向作者和讀者致歉。

——編者

《新教育》1950年7月号

《陶行知先生四周年祭》

《人民教育》1950年7月号

戴伯韬则于1947年10月完成了《陶行知的生平及其学说》一书，1948年由生活·读书·新知上海联合发行所发行，以陆定一的那篇讲话作为代序。1949年7月，陶行知三周年祭。《东北教育》出版"人民教育家陶行知先生纪念特辑"。1950年7月，陶行知四周年祭。19日，生活教育社上海分社和上海市教育工作者工会等也举行了纪念集会，《文汇报》刊出陶行知逝世四周年纪念筹备委员会编辑的纪念特刊。上海《新教育》杂志刊出了陶氏弟子张劲夫、郭人全、马侣贤的纪念文章。25

日，生活教育社在北京集会纪念陶行知逝世四周年，并编辑出版了《陶行知先生四周年祭》纪念文集。当月，《人民教育》发表社论《革命的教育家陶行知——纪念陶先生逝世四周年》。

然而时隔不到一年，情形却出乎意料。1951 年 5 月 20 日《人民日报》关于电影《武训传》的文章刊发后，全国的舆论一下子就变了。一些与陶行知共过事的人，在报刊上发表文章，检讨自己对陶行知及“生活教育”的认识。由于陶行知早已去世，他的学生便代为受过，成为批判的对象。

5. 批判陈鹤琴

与陶行知同行前往美国留学的邮船上还有一个人，也是陶行知的终身挚友，日后成为闻名全国的幼儿教育专家，他就是陈鹤琴。

链接

陈鹤琴（1892—1982），浙江省上虞人，曾就读哥伦比亚大学师范学院，师从克伯屈、孟禄、桑戴克、杜威等名家，获教育学硕士学位。回国后，担任南京高等师范学校教育科教授，讲授心理学、儿童教育学，曾任教务部主任。1923 年，在南京鼓楼头条巷自家客厅创建中国第一所实验幼稚园，后获支持组建“南京鼓楼幼稚园”，日后成为中国最早的幼稚教育实验中心。1940 年 2 月，陈鹤琴应熊式辉邀请，前往江西办学，并开始进行“活教育”实验。1945 年，陈鹤琴在上海创办市立幼稚师范学校。1949 年 5 月曾先后两次因“赤化”遭国民政府逮捕，经上海五位大学校长联合营救获释。共和国成立后曾担任南京师范学院院长。

由于其主张“活教育”学说带有美国实用主义的痕迹，批判无法避免。《人民教育》率先在第二卷第六期上发表文章《评“活教育”的基本原则》，文章认为，“活教育”和杜威教育学说的基本观点大致相同，必须从思想体系上加以根本改造。

陈鹤琴却按捺不住，随后写了一篇《敬请读者们对“活教育”展开批评》的商榷文章，对“活教育”作了详细阐释，以期澄清“误解”。这种纯学理答辩不

幼儿教育家陈鹤琴

仅没有得到任何积极回应，反而使对其的批评逐渐升级。《人民教育》迅即发表系列文章，如林英才的《希望倡导"活教育"的先生们进行自我批评》、王泰然的《活教育的主张能使中国旧教育变活吗？——与活教育社商榷》等。这些文章指责陈鹤琴并无忏悔诚意，认为其打着"敬请批评"的旗号，行自我辩护之实。

陈鹤琴不得不缴械投降。1951年10月8日，《人民日报》发表了他的《我对"活教育"的初步检讨》，承认"活教育""原来并不是什么进步的东西，而是一种改良主义的教育思想"。随后柳湜代表权威部门表态：此前仅限于理论层面上的"思想批评"，还没有全面地具体地结合数十年的教育工作的实践。'活教育社'其他的人，也还未来得及发表意见。所以，对于陈鹤琴的批判非但没有就此收场，反而必须升级。

《"活教育"批判》书影

因为需要批判"活教育"的实践体系，自然需要向《武训传》批判看齐，为此，由中央教育部牵头，华东中南两大行政区教育部、上海南京两市文教局、江西省文教厅参与，组成"活教育调查小组"，进驻陈鹤琴主持过的学校，再仿照《武训历史调查记》，写出洋洋数万言的《前上海租界工部局西区小学调查记》《上海幼师（女师）附小和幼稚园调查报告》《前上海市立幼稚师范学校调查记》，作为批判陈鹤琴的主要材料。

满腹委屈的陈鹤琴于1951年10月8日作公开检讨。此后几个月中，又不断检讨，还被指令出席北京、上海、南京等地的专题"座谈会"，每次与会毫无例外又要检讨。1952年4月1日至2日，《文汇报》全文刊登了陈鹤琴的《我对"活教育"的再检讨》，之后，批判暂告一段落。

1954年，在批判胡适的运动中，因陈鹤琴与胡适有同门之谊，陈鹤琴不得不在江苏省第一届人大二次会议上公开检讨，其发言摘要曾刊载于1955年2月

28 日的《文汇报》，该报编者所加的题目是《我控诉杜威这个大骗子》，是否为陈鹤琴的原意已不得而知。

同年 5 月 16 日，陈鹤琴在向高校教师代表发表演讲时，违心地声讨杜威“在我心窝上打了三枪，使我受到了他的思想毒害，几乎不可救药”，“今天我要向杜威狠狠地回击三枪”。此次演讲后，又出版单行本，即《批判杜威反动教育学的哲学基础——我向资产阶级大骗子杜威回击三枪》。

在“大鸣大放”阶段，陈鹤琴表达了自己的真实心迹，提出“对于杜威不要一棍子打死”。随后陈鹤琴被打成“冒牌学者”和“文化买办”，同时被免去南京师范学院院长职务，入北京社会主义学院“学习”，从此作别教育界。直到党的十一届三中全会后，才有机会从事中国儿童教育工作，被誉为“儿童教育圣人”。陈鹤琴在思想最成熟、经验最丰富的后半生，真正发挥作用只有数年时间。

讽刺陈鹤琴“鸣放”言行的漫画

6. 批判胡适

链接

胡适（1891—1962），字适之，安徽绩溪人。因提倡文学革命而成为新文化运动的领袖之一。他兴趣广泛，在文学、哲学、史学、考据学、教育学、伦理学、红学等诸多领域都有研究。曾任北京大学教授、北大文学院院长、辅仁大学教授及董事、驻美大使、美国国会图书馆东方部名誉顾问、北京大学校长等职。深受赫胥黎与杜威的影响，自称赫胥黎教他怎样怀疑，杜威教他怎样思想。毕生宣扬自由主义，提倡怀疑主义，倡言“大胆地假设，小心地求证”的治学方法。

被称为“新文化中旧道德的楷模，旧伦理中新思想的师表”的胡适

批判胡适的运动的序幕由胡适之子胡思杜揭开。1950年9月22日，《大公报》上发表胡思杜的《对我父亲——胡适的批判》一文，斥责胡适是“帝国主义走狗及人民公敌”，表示要与之划清界限，断绝往来。此事在海内外引起了极大的震动，媒体纷纷报道，胡适亦受打击，颇为尴尬。

共和国成立之初，在肃清“亲美、崇美、恐美思想”的气氛下，北京大学就讨论过“胡适思想问题”，俞平伯、朱光潜等众多学者纷纷批判胡适，表示服膺马列主义。但这种“小打小闹”的批判活动并不能解决问题。

1954年9月，山东《文史哲》杂志刊登了李希凡、蓝翎的文章《关于〈红楼梦简论〉及其他》，矛头直指俞平伯的红学研究。俞平伯的学术研究直接承继胡适，“批俞”正是“批胡”的绝佳突破口。

迫于压力，“胡适派文人”以及与胡适“沾亲带故”之人相继或表态同胡适决裂，或撰文痛骂胡适其人其学。中国科学院和中国作家协会还专门成立了一个委员会，针对胡适的哲学思想、政治思想、文艺思想、历史观等进行集中的批判。1955年三联书店出版了八大本约200万字的《胡适思想批判论文汇编》。

1957 年 2 月 16 日毛泽东在颐年堂讲话时指出，“不能全抹杀”胡适，因为“他对中国的启蒙起了作用”，又说当时不必恢复他的名誉，“到二十一世纪再来研究这个问题吧”。时至今日，关于胡适及其思想的研究可谓是雨后春笋，44 卷 2000 万字的《胡适全集》也已面世。

（二）学习新思想

批判旧思想是一个渐进的过程，其中不乏过火之处。与此同时，共和国的教育工作者相应地也在学习新思想。

1. 学习毛泽东的教育思想

1951 年 6 月 29 日的《人民日报》发表了钱俊瑞为纪念中国共产党成立 30 周年而作的《学习和贯彻毛主席的教育思想》一文。

版三第　五期星　日九十二月六

學習和貫徹毛主席的教育思想

——爲紀念中國共產黨的三十週年而作

錢俊瑞

钱俊瑞：《学习和贯彻毛主席的教育思想》

随后《人民教育》第三卷第三期以此文代社论。同年《新华月报》的 8 月号转载此文，并加“编者按”：“这篇论文对毛主席教育思想的特点、内容作了系统的介绍和阐述。我们号召全国教育工作者研究和讨论这篇文章，以便在毛主席的教育思想基础上逐步建立新中国的教育科学。”

1951 年 10 月 25 日，在全国政协一届三次会议上，政务院文教委员会主任郭沫若作《关于文化教育的报告》。报告指出：“用马列主义教育全国人民，用毛泽东思想来教育全国人民，从思想战线上巩固人民民主专政，乃是我们文化教育工作的基本任务。”其后，毛泽东关于教育的论述，在 1958 年时被整理成《毛泽东同志论教育工作》刊行，后又被整理成了《毛主席论教育革命》。

2. 高校教师思想改造运动

就在全国教育界如火如荼地学习毛泽东教育思想之时，教育主管部门又适时地开展了思想改造运动。

1951年9月间，北京、天津20多所高校的教师3000余人，系统开展以改造思想、改革高等教育为目的的学习运动。学习方式为听报告、读文件，联系本人思想和学校状况，开展批评与自我批评。学习时间为4至6个月。这次学习运动，原由教育部部长马寅初在北大教师中发起。教育部后来认为这种学习对全国高等学校的教师都是必要的，决定先由北京、天津开始，取得经验后，再推广至全国。

9月24日，周恩来主持研究了这次学习的目的和内容。9月29日，周恩来在京津高等学校教师学习报告会上作了《关于知识分子的改造问题》的报告，就知识分子如何坚定革命立场，树立正确的观点和研究方法等问题，谈了自己的体会，并号召教师们认真开展批评与自我批评，努力使自己成为文化战线的革命战士。

10月，京津高等学校教师学习委员会成立。

10月23日，毛泽东在全国政协一届三次会议上致开幕词时说："在全国委员会第二次全体会议闭幕的时候，我曾提出了以批评和自我批评方法进行自我教育和自我改造的建议。现在这个建议已经逐步地变为现实。思想改造，首先是各种知识分子的思想改造，是我国在各个方面彻底实现民主改革和逐步实行工业化的重要条件之一。"

11月30日，中共中央发出《关于在学校中进行思想改革和组织清理工作的指示》。此后，全国各地高等学校、中等学校教师相继开展思想改造运动。

1952年秋，学习运动结束。全国参加这次学习的高等学校的教职员占91%，大学生占80%，中等学校教职员占75%。

3. "三反""五反"运动

思想改造运动尚在进行中，教育部于1951年12月31日又发出《关于京津高等学校教师学习反贪污反浪费反官僚主义运动的指示》。文件指出：反贪污、反浪费、反官僚主义运动是当前的主要政治任务，各校教职员工都应积极参加；学校应立即成立节约检查委员会负责具体计划、布置；教师目前仍以思想改造的学习为中心，行政职工人员以参加反贪污、反浪费、反官僚主义运动为主。

1952年1月1日，中央人民政府举行元旦团拜，毛泽东致祝词，号召全国"大张旗鼓地，雷厉风行地，开展一个大规模的反对贪污、反对浪费、反对官僚主义的斗争”。

1月22日，中共中央发出《关于宣传文教部门应无例外地进行“三反”运动的指示》。1月26日，中共中央发出《关于在城市中限期开展大规模的坚决彻底的“五反”斗争的指示》。要求在全国大中城市开展反对行贿、反对偷税漏税、反对盗骗国家财产、反对偷工减料和反对盗窃经济情报的斗争。

1952年上半年，各级学校结合“三反”“五反”运动，在师生中进行反对资产阶级思想腐蚀的教育和揭发批判资产阶级教育思想的运动。大家开始打“老虎”，打了一些“真老虎”，也打了一些“伪老虎”。

同年10月25日，中共中央批转关于结束“三反”和“五反”运动的两个报告。

其后，又有一系列政治运动波及学校，如教育方针大辩论、今与古、红与专等。

三、旧学校与新学校

随着人民解放战争的胜利推进，中国人民解放军各地军事管制委员会开始妥善接管原国民党的各级各类学校。这项工作是根据中共中央1948年关于新区学校工作的指示和1949年4月25日中国人民解放军总部布告中宣传的规定和原则进行的，即“保护一切公立学校、医院、文化教育机关、体育场所和其他一切公益事业。凡在这些机关供职的人员，均望照常供职，人民解放军一律保护，不受侵犯”，“维持现状，即日开学”。对于外国直接经营的学校，让其“暂时存在，由我们加以监督和管制”，“分别先后缓急，给以正当的解决”。

1949年中华人民共和国成立时，我国学校可以分为两类：一类是老解放区和半解放区坚持下来的各级学校；另一类是民国时期遗留下来的各级学校，成分比较复杂，有国民政府管辖的公立学校，有私立的学校，还有接受外国津贴的学校。

（一）改造旧学校

依据《共同纲领》的规定，需要对旧学校加以改造。1950年6月6日，毛泽东在中共七届三中全会上作了《为争取国家财政经济状况的基本好转而斗争》

的报告，强调“有步骤地谨慎地进行旧有学校教育事业和旧有社会文化事业的改革工作，争取一切爱国的知识分子为人民服务。在这个问题上，拖延时间不愿改革的思想是不对的，对于性急、企图用粗暴方法进行改革的思想也是不对的”。因此，依照政策，相当多数量的干部被派出，妥善地接管了各级各类学校。

1. 接管辅仁大学

对于教会学校，中华人民共和国成立之前有识之士就曾极力主张收回，虽也引发了一场“收回教育权运动”，然而当时国力虚弱，教育部门也无可奈何，故而其一直被视为教育主权丧失的标志。

新生的共和国则不然，甫一建立，就着手收回教会学校教育权。拉开中华人民共和国接收教会学校帷幕的是接收私立北平辅仁大学。

辅仁大学为天主教会于 1925 年创办。抗日战争期间，辅大教会的外国人即与日伪合作；抗战胜利后，又压制校内进步言论，限制学生参加反美揭蒋的爱国活动。

1949 年 1 月 31 日北平（即今北京）和平解放后，在人民政府领导下，辅大师生员工的政治觉悟逐渐提高，共同努力改造学校，这被天主教会方面视为不轨。

辅仁大学旧址

原辅大校长陈垣，后长期担任北京师范大学校长

他们先以减少学校的补助费相威胁。不久，教会驻校代表芮歌尼又提出侵犯中国教育主权的种种要求：由教会选任一个新的董事会；学校人事聘任，教会有否决权；圣言会所在地仍由教会保留，不准任何人侵扰。又提出要解聘五位进步的教授等要求，而且将其作为补助本年经费的条件。上述要求遭到广大师生员工的反对后，教会方面竟以停拨学校一切经费相要挟。

中央人民政府知道此事后，为保证辅仁大学的教学工作不致中断，先垫付了两个月的经费。同时，中央人民政府本着公私兼顾和维持原校的方针，继续对芮歌尼进行解释和说服，以期能有所悔悟，撤回原案。但芮歌尼自以为得计，继续四处活动，并于8月27日和9月19日两次上书周恩来总理，企图绕过教育部，还两次发表《告同学同仁书》，鼓动少数不明真相的工友向学校请愿，企图达到其重新组织学校董事会和撤换陈垣校长的目的。其所作所为自然是人民政府所不能容忍的。

9月25日，教育部部长马叙伦以中国政府名义通知芮歌尼到部谈话。马叙伦先向芮歌尼申明我国政府的如下原则：

（1）在一个独立民主的国家里，不允许外国人办学校，除非是他们的侨民自己设立而为教育他们的子女的学校，这是世界通例。

（2）外国人在旧中国所办的教会学校，考虑到它已经办了多年，所以在它真实地遵守《中国人民政治协商会议共同纲领》及教育方针与法令的条件下，可以暂时允许它继续办，但中央人民政府保有根据需要以命令收回自办的权利，更绝对不允许新设这类性质的学校。

（3）宗教与学校教育是两回事，必须明确分开，不许任何曲解与含混，在学校课堂内不允许进行做礼拜、查经等宗教活动。

（4）教会设立的高等学校，可以设宗教的课程，但只准是选修，而且不允许强迫与利诱学生选修宗教课程。

（5）中央人民政府教育部最近颁布的《高等学校暂行规程》和《私立高等学校管理办法》是全国私立高等学校都要遵守的法令。

接着，他答复芮歌尼关于辅仁大学的问题，说：

（1）你必须了解前五项原则，尤其是一、三、五条。

（2）信教自由，同时不信教也是自由的，批评宗教也是自由的。因此不能把不信教与批评宗教就认为是违反《共同纲领》，也不能把不信教与批评宗教认为是反宗教的行动。

（3）在中国境内的学校，必须设革命的政治课，这是教育法令。革命的政治课是科学的，与宗教的看法有不同之处，但不能说政治课便是反宗教的行动，进行革命的政治教育与保障宗教信仰自由，同是中华人民共和国的既定政策。

辅仁大学师生集会拥护政府决定

（4）教会与辅仁大学的关系只是补助经费及主持宗教选课，不能涉及学校行政及其他，否则便是违反《共同纲领》及教育方针与法令。

（5）辅仁大学校董会可以成立而且应该成立，但必须遵照《私立高等学校管理暂行办法》办理。

（6）校长陈垣，执行中央人民政府政策法令，处理校务，能称其职，其职位不应有所变更。

（7）五位教授的聘任与否，是属于学校行政权限的。他们若是教得不好，学校有权解聘；他们若是教得好，政府有责任保障他们的地位。他们若是教徒，若是不信教或批评宗教或有反宗教的言论与行动，那么教会可以执行教会的纪律，但不应该把教会的纪律扩大到学校的行政范围里去，而且也不应该干涉教授们应有的地位。

（8）辅仁大学是有几千师生员工的学校，你们从八月一日停发补助费，我们不能让这几千师生员工失业失学，所以答应了陈校长的请求，支付每月需要的经费。我要告诉你，你们这样的举动对辅仁大学是不利的，对几千师生员工是有害的，是会使中国的人民教育事业受到损害的。因此，中央人民政府在认为不能容忍的时候，即收回自办。

（9）辅仁大学事件应该于本月内解决，解决的方针与办法，我已告诉你了。

倘若不愿意这样做，政府即决心采取最适当的办法，以保障辅大的工作得以顺利进行。

马叙伦在谈话中阐明了人民政府对教会学校的原则、态度和解决辅仁大学问题的方针与办法，指出教会不得干涉学校行政，并正式声明中央人民政府在认为不能容忍的时候，将收回学校自办。

9 月 30 日，教育部收到芮歌尼代表天主教会的正式答复："根据 9 月 26 日来电的条件，补助经费决定停止，除非条件基本上改变，教会坚持决定，即使你和全体神父都要求重新考虑的话。"至此，事情已无挽回的余地了。

在这种情况下，政府决定接办辅仁大学。

10 月 12 日，马叙伦召开记者招待会，会上庄严声明："此次辅仁大学问题，是单纯的教育主权问题，与宗教问题毫无关系。""政府接收自办的是私立辅仁大学，丝毫不涉及宗教问题，对辅仁大学的宗教选课及信仰天主

中央人民政府接办辅仁大学大会现场

教的教授、学生、员工等保证一切如常。”接办后，私立自然改为“国立”，并继续任命陈垣为校长，负责主持校务。

1952 年院系大调整，辅仁大学分别并入北京师范大学、北京大学、中国人民大学、北京政法学院、中央财政学院等五所高校。该校原址现为“北京师范大学辅仁校区”及“辅大北京校友会”所在地。

接收辅仁大学是新生的人民政权与教会及其所代表的外国势力之间正面冲突较量的结果，由此也揭开了中国接收外资津贴学校的序幕。

2. 接收外资津贴学校

1950 年正值朝鲜战争期间，敌视中国政府和人民的事在教会学校中时有发生。如上海进德女中，依然开设宗教课，名为伦理课，还要进行测验、考试、评分，学校利用每天的晨会时间，举行宗教仪式和进行宗教宣传；求德女子初级中学则制止学生参加开国典礼、保卫世界和平大游行等，也不准在校内搞庆祝活动。更有甚者，一些帝国主义分子还以教会学校为据点，收集情报，散布谣言，搞特务活动。而且接受外国津贴的学校，又以接受美方津贴者居多，这当然为中国政府和中国人民所不能容忍，其后在全国上下掀起了一场轰轰烈烈的收回接受外国津贴学校的运动。

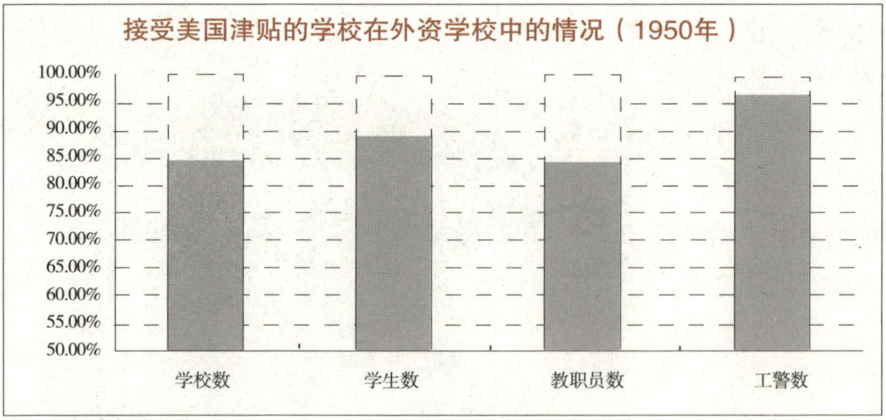

1950 年 12 月 14 日，政务院第六十五次会议通过《关于处理接受美国津贴的文化教育救济机关及宗教团体的方针的决定》，决定指出：

解放之初，百废待举，政府对接受美资的文化教育救济机关和宗教团体，期望他们能恪守政府法令，所以未予处理，容许他们暂时接受美国津贴。但是美帝国主义却仍然不断地企图利用这些机关和团体暗中进行其反动的宣传和活动。一年以来已经我公安机关发现多次这类事件，诸如造谣、诽谤、进行反动宣传、出版和散布反动书刊，甚至隐藏武器、勾结蒋匪特务、进行间谍活动等等，尤其在美帝侵略朝鲜、中国台湾以后，中国人民抗美援朝运动广泛展开之际，美帝国主义分子这种破坏活动更加活跃起来。美帝国主义者奥斯汀复在联合国安全理事会十一月二十八日的会议上发表了诬蔑中国人民的荒谬演说。最近美国政府更宣布冻结中国在美国的财产，企图以此种办法，来增加人民政府的困难，威胁所有在接受美国津贴的文化教育救济机关及宗教团体中全部中国工作人员的生活。

据统计，到 1950 年年底，全国共接办接受外国津贴的高等学校 20 所（不包括已接办的辅仁大学），中学 514 所，初等学校 1133 所。

为了肃清美国的影响，维护中国人民文化教育宗教事业等的自主权利，彻底制止美国某些人利用文化教育救济机关和宗教团体来进行反动活动，政府对于一切接受美国津贴的上述机关和团体拟定了如下处理方针：

政府应计划并协助人民使现有接受美国津贴的文化教育救济机关和宗教团体实行完全自办。

接受美国津贴之文化教育医疗机关，应分别情况或由政府予以接办改为国家事业，或由私人团体继续经营改为中国人民完全自办之事业，其改为中国人民完全自办而在经费上确有困难者，得由政府予以适当的补助。

接受美国津贴的救济机关，应由中国人民救济总会全部予以接办。

接受美国津贴之中国宗教团体，应使之改变为中国教徒完全自办的团体，政府对于他们的自立自养自传运动应予以鼓励。

教育部部长马叙伦和燕京大学师生共庆新生

据此方针，教育部于1951年1月11日发出《关于处理接受美国津贴的教会学校及其他教育机关的指示》，确定了处理接受外资津贴学校的原则、办法和接受工作中的具体政策、措施，并召开了处理接受外国津贴的高等学校会议。会上马叙伦作了重要讲话，重申中华人民共和国不允许外国人在我们国家办学校的方针，强调这是维护教育主权，夺取帝国主义的文化侵略阵地问题。就在会议召开期间，美国基督教大学联合托事部来电，要各校派代表赴香港与托事部代理人商谈汇寄津贴费事宜，企图以利诱的手段，阻挠我国收回教育主权。各校与会代表随即发表联合宣言，揭露这一阴谋活动的本质。

会后，各校积极贯彻会议精神，有11所学校改为公办，9所学校改为中国人自办，仍维持私立，政府予以补助。至1951年年底，按不同情况，全部接受外资津贴的大中小学校，分别改为公办和中国人民自办，收回了教育主权。

至此，“把一百余年来美国帝国主义对中国人民的文化侵略，最后地、彻底地、永远地、全部地加以结束”的目标总算达成，实属中国兴办新式教育以来前所未有之大事件。

3. 接管私立中小学

中华人民共和国成立之初，全国共有私立中等学校1412所，教职员工3.4万余人，学生53.3万人，占全国中等学校学生总数的26%强。私立小学8925所，教职员工5.5万人，学生160余万人，占全国小学生总数的3%强。

1952年6月14日，毛泽东在中共北京市委递送的《关于北京市中小学校学生负担及生活情况的报告》上批示：“如有可能，应全部接管私立中小学。”报告称北京市公私立中小学生中“多数学生交费困难，生活也较苦，目前的助学金和减免费办法还不能解决问题”。

3 个月后，教育部发出指示：决定自 1952 年下半年至 1954 年，将全国私立中小学全部由政府接办，改为公立。提出的接办方针是：先接办外资举办的，后接办中国人自办的；先接办办理成绩较坏的，后接办办理成绩较好的；先接办经费困难的，后接办经费还能维持的；大体上先接办中等学校，后接办小学。接办后应采取逐步整理的方针。

在接办计划中还指出：私立学校少的地区（东北、西北、华北）先完成，私立学校多的地区（华东、中南、西南）在三年内完成；对少数民族团体或私人举办的中小学，可以暂缓接办，对于经费困难者应予以补助，但在自愿原则下，政府可予以接办，接办后须尊重少数民族学校的特点。

学校接办工作原计划 1954 年完成，但实际上到 1956 年才基本结束。至此，“教会学校”在中国教育发展史上算是画上了句号；“私立学校”的名称也消失了，尽管此后社会组织或者个人也兴办学校，但一般都不称为“私立学校”，而称为“民办学校”。

（二）实施新学制

接收、改造旧学校还只是基于学校范围内的教育调整，而国家对于整个教育制度，特别是各级各类学校系统的调整，即学制的改革，也在酝酿之中。

1. 推行“五年一贯制”

学制的改革，一般是从基础部分入手，而基础部分主要是小学教育。在 1950 年 6 月间，教育部初等教育司即已着手进行小学学制改革的实验，主要是将“四二分级制”改为“五年一贯制”。初教司选定了教育部直属三所小学和北京市文教局所属三所小学，在同年秋季开始实验工作。正式颁行新学制之后，这六所学校自然成为其他学校和教育行政部门取法的对象。由于缺少领导、计划，有些参观团甚至事先没有和北京市主管单位作必要的联系，致使这几所学校的行政干部和教师接待工作忙乱不堪，最后发展到《人民日报》都出来呼吁：希望各地教育行政部门和学校切实遵守教育部规定，参观时必须通过一定组织程序，并应事先征得被参观地区主管部门的同意。此外，建议各地教育领导机关把要来北京参观的教育工作者组织起来，以减少实验学校忙乱现象。

以上是实施新学制过程中的一段插曲。为什么要改行新学制，政务院于1951年8月10日颁布的《关于改革学制的决定》中讲得很明确：

北京某小学放学场景

我国原有学制（即各级各类学校的系统）有许多缺点，其中最重要的，是工人、农民的干部学校和各种补习学校和训练班，在学校系统中没有应有的地位；初等学校修业六年并分为初高两级的办法，使广大的劳动人民子女难于受到完全的初等教育；技术学校没有一定的制度，不能适应培养国家建设人才的要求。这些缺点亟须改正。

在目前，全国学制的完全统一虽然还有一些困难，但是确定原有的和新创的各类学校的适当地位，改革各种不合理的年限与制度，并使不同程度的学校互相衔接，以利于广大劳动人民文化水平的提高，工农干部的深造和国家建设事业的促进，却是必要的和可能的。

由此可见，整个学制改革的指导思想同样也是基于《共同纲领》中的规定，即教育为国家建设服务，学校向工农开门。

在决定颁布新学制之前，政务院第九十七次政务会议已讨论过新学制问题。在会上，周恩来发表讲话，指出“新学制是从我们当前的现状出发，并照顾到今后的发展的。它一方面反映了政权的性质，另一方面适应了建设的需要”。我们的政权是工人阶级领导的以工农联盟为基础的人民民主专政。人民的文化水平还比较低，还有很多文盲。人们的文化水平普遍需要提高，而首先需要提高的是工

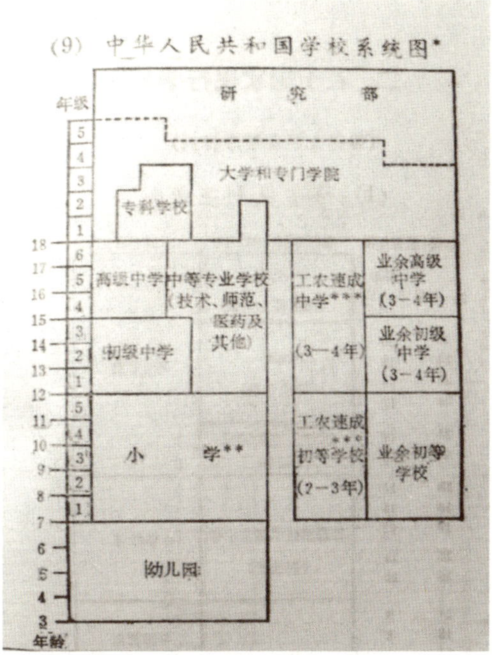

新学制图（1951年）

人和农民的文化水平。学制中的工农速成学校、中等技术学校和各级各类补习学校，在资本主义国家中是没有的；在苏联，也没有工农速成学校，因为苏联已经没有这种需要了。新学制就反映了我们政权的这种特点。新学制中有关于工农速成教育和各级各类业余教育的规定，而且这两类教育不是仅占次要位置，而是与其他教育同样重要。周恩来同时也指出新学制“不是很完善的，也不是长期不变的”。后来的发展证实了这一判断。

此次政务会议召开10日之后，教育部初等教育司司长方与严在《人民日报》上撰文为实施“小学五年一贯制”鼓劲，称其为“中国人民教育史上的大事件”，认为：“四二分级制”是资本主义制度下的产物，它完全是适合资产阶级利益的教育制度。在旧中国，施行“四二”制小学教育，使儿童在受初等教育的时期即打下两个不同的文化基础，使官僚、买办、地主、豪绅、资本家的子女能够受到完全的初等教育，文化水平较高能有升学深造的机会；而广大的工农子女则因为受不到完全的初等教育，文化基础较低而失去升学深造的可能。

新学制首先修正了旧学制的这个缺陷，使得广大的劳动人民子女能受到完全的初等教育。它保证了教育真正地向着工农开门，如此也就保证了全国城市和乡村一切劳动人民的子女都有接受完全的初等教育的机会。这一改变，使全国一切劳动人民的子女，在小学阶段即受到完全的全面发展的基础教育。

方与严司长认为“实施小学‘五年一贯制’，虽然还有种种困难，但这些困难是完全可以克服的，问题在于我们有没有克服这种种困难的决心和信心”。但实际上，政府仅仅有决心和信心还不够，因为当时尚不具备在小学实行“五年一贯制”的条件。

2. 改回“四二分级制”

1953 年 11 月，政务院发布《关于整顿和改进小学教育的指示》，指示中说：“小学学制仍沿用四二制，分初高两级，初级四年，高级二年。”主要是当时师资和教材等条件还不具备，不得已又将小学恢复为“四二分级”的六年制。

1958 年“教育大跃进”时，国家又提出缩短中小学修业年限的设想。1960 年开始进行“十年制”中小学试验（含“五年一贯制”小学试验）。从 1963 年起，基础教育又恢复了“六三三制”，同时继续进行“五年一贯制”小学试验。如此一来，便出现多种学制并存的局面。以基础教育为例，此时的高中阶段学制基本上为三年，小学和初中则呈现出以“六三制”为主，“五三制”“五四制”“九年一贯制”等多种学制并存的状况。直至今日，此种现象犹存。

（三）院系大调整

为了适应国家建设的迫切需要，实现政务院《关于改革学制的决定》，国家决定在全国范围内对高等学校进行院系大调整。主要原因是认为旧中国遗留下来的高等教育是半封建半殖民地社会的产物，不能满足新生的共和国的需要，也不适应国家建设的需要。

1. 院系调整

其实，早在 1949 年年底，高等学校已开始在小范围内进行院系调整，如北京大学和南开大学的教育系并入北京师范大学，清华大学、北京大学、华北大学三校的农学院合并为北京农业大学；1951 年 4 月，交通大学纺织系与上海纺织工学院、上海市立工业专科学校纺织科合并为华东纺织工学院；等等。而正式拉开全国范围的高校院系大调整帷幕的是 1951 年 11 月 3 日至 9 日，教育部在京召开的全国工学院院长会议。

该次会议从全国工学院系总的情况出发，决定以华北、华东、中南三地区为重点，进行工学院调整。其调整方案为：清华大学、浙江大学改为多科性高等工业学校；南开大学、津沽大学两校的工学院合并于天津大学；成立南京工学院、广东工学院、航空工程学院、矿冶学院；在武汉大学成立水利学院。东北三个工学院暂不变动，实行重点分工。同一地区的工学院系实行分工。

这一调整方案后经政务院第一百一十三次政务会议批准。为了配合这一调整工作，《人民日报》于 1952 年 4 月 16 日在刊发调整方案的同时，发表了题为《积极实现全国工学院调整方案》的社论，指出：

> 旧中国所遗留给我们的高等学校，原来是半殖民地半封建社会的产物。它是适合于帝国主义和反动统治阶级的需要的……两年来，我们对高等教育曾进行了初步的改革工作，并使高等学校有了一定程度的进步；但这种改革和进步，无疑地远远赶不上国家建设的需要。
>
> 我们的国家正在积极地准备走向工业化。要发展工业，首先是重工业，就迫切地需要大批的高级技术人才。
>
> 全国工学院系和工业专科学校，按现有的师资和设备状况来说，如果照老样子办下去，今年最多只能招收新生 15000 名，但经过合理调整以后，略加补充就可以增收新生一倍……我们都应该发扬革命精神，不怕因陋就简，以求达到既能节省国家财政的开支，又能替国家训练出更多工业人才的目的。

如此，调整工学院已成必然之事。4 月 20 日，《人民日报》又刊发了北京大学工学院院长马大猷的一篇类似于自我检讨的文章，文章讲道：

> 我在过去三年中对院系调整问题的态度是应该检讨的。在解放初期，很不愿意听院系调整的说法，怕北京大学工学院搬家。东北等地是重工业区，很需要工学院，怕政府决定把北京大学工学院搬去。我自己不愿意“充军”到东北等地去，教授们也不愿意去，所以我就向有些同志们“解释”说：“政府一定不会要我们搬家的，因为他们知道办不通。”我并且制造“理论”说：“工学院没有必要设在工业区，因为工学院和其他学院分开不能联系就办不好了。”我在那时没有认识到教育应该为人民服务，我只是把办教育当作满足自己兴趣、施展自己本领的事情。

现在想来这都是非常荒谬的说法。当时因一般教师的思想情况和我很相近，不但没有人指出我的荒谬，反倒有人对我同情，使院系调整工作受到阻碍。

北京大学新落成的教学楼

当然，就全国范围的高等学校来讲，这个调整还只是初步的，只不过是一个开端而已。其后的调整工作，从学院进行到科系，从工学院系进行到其他院系，从重点的进行到全面的调整，从教育制度的改革进行到教育内容和教学方法的改革等，有一个渐进的过程。

马大猷的文章发表两个多月之后，即同年7月上旬，教育部在北京召开了全国农学院院长会议。会议讨论了关于高等农业学校的方针任务：院校调整，系、科、专业设置，师资调配，招生，经费及教材编译等问题。讨论的重点为农业院校的院系调整及专业设置问题。

两个月后，《人民日报》又发表了一篇报道，该报道说：有计划、有步骤地改革旧的高等教育制度、教学组织，是共和国教育史上一件具有革命意义的大事——全国高等学校大规模的院系调整工作现已基本完成。

这一波的全国高等学校院系调整工作是以华北、华东为重点，作较全面的调整。华北区以北京、天津为重点，调整后全区共设41所院校；华东区以上海、南京为重点，调整后全区共设54所院校。

华北区的北京大学、南开大学成为综合性的大学，清华大学和天津大学成为多科性的高等工业学校，北京师范大学和辅仁大学调整成为新的师范大学，辅仁

由“燕京大学”至“北京大学”

大学、燕京大学校名撤销。同时，在北京新设北京地质学院、北京钢铁工业学院、北京航空工业学院、北京林学院、北京机械化农业学院、中央财经学院、北京政法学院等专门学院。

华东区的复旦大学、南京大学和山东大学成为综合性的大学，浙江大学和南京工学院成为多科性高等工业学校。同时新设华东化工学院、华东水利学院、华东航空工业学院、华东体育学院等院校。南京的金陵大学、山东的齐鲁大学、上海的圣约翰大学、沪江大学、震旦大学等校名撤销。

昔日“东吴大学”和今日“苏州大学”

东北区的东北人民大学改为综合性大学，同时新设东北地质学院、东北林学院、沈阳农学院等院校。

中南区的中山大学成为综合性的大学，岭南大学、华南联合大学等校名撤销。

西南区的重庆大学改为多科性高等工业学校，同时新设重庆土木建筑学院、重庆化学工业学院等院校。此外，西北区新设新疆八一农学院。

院系调整的总方针是以培养工业建设干部和师资为重点，发展专门学院和专科学校，整顿和加强综合性大学，逐步地创办函授学校和夜大学。

至 1952 年年底，全国 3/4 的院校完成了调整工作，其中华北、东北、华东三个地区的调整较为彻底。

圣约翰大学旧址大门牌坊

经过这一调整，私立高校全部改为公立，工科院校得到了发展，综合大学得到了整顿，这样高等学校在院系设置上基本上符合国家建设的需要。

1953 年，院系调整工作继续进行，这次调整以中南区为重点，其他地区局部进行。调整的原则仍着重改组尚未进行调整的旧系科庞杂的大学，对政法、财经院系则采取适当合并集中进行整顿。据此原则制定的调整方案于 1954 年 5 月 29 日经政务院第一百八十次政务会议原则上批准后，进行准备工作。至 10 月 11 日，调整方案由政务院正式颁布，立即实施。

1952 年院系未调整前有高校 211 所，1952 年调整后为 201 所，再经 1953 年调整后全国高校总数为 182 所。高校的调整从外部数量上看是有削弱，但从内部专业上计实有加强，学生数量也有所增多，解放以前的最高峰是有 154612 名大学生，1952 年新中国已有 191147 名大学生，1955 年有 287653 名，增加幅度接近一番，1956 年已有 403176 名，两倍有余。具体到各个专业上，工科、农科、林科、医药、师范等各科学生数都在不断地增长。这批新中国自己培养的尖端人才，恰逢其时，赶上了国家大建设大发展的时代，他们为我国的工业化建设和科学技术发展奠定了坚实的基础。

2. 高校迁址办学

在基本完成院系调整之后，中央在研究和修订《发展国民经济第一个五年计划》时，又酝酿了高校迁址办学的设想，并部分地付诸了实施。

对于第一个“五年计划”，中共中央指出：“无论从社会主义建设的长远目标着眼，或是从国防观点着眼，高等学校的设置分布都不宜于过分集中。学校的发展规模，一般不宜过大。高等工业学校应该逐步地和工业基地相结合。”其后，高等教育部据此制定了《1955—1957 年高等工业学校院系、专业调整、新建及迁校方案(草案)》，要求“高等学校建设必须符合社会主义建设及国防建设要求，必须和国民经济的发展计划相配合；学校的设置分布应避免过分集中，学校的发展规模一般不宜过大；高等工业学校应逐步地和工业基地相结合”。当时决定“将交通大学内迁西安”。

交通大学党委接到通知后，立即为迁校作了大量的宣传动员和组织准备工作。经过几个月的准备后，1956 年 9 月 10 日，西安新校开学典礼隆重举行。

然而 1957 年上半年，国内外形势发生了新变化，交通大学迁校的问题，引起了全国各阶层人士的普遍关注，在全国性“整风”“大鸣大放”中，交通大学内部对迁校问题虽然进行了广泛的讨论，但是意见并不统一，以至于高层不得不出面加以引导。

西安交通大学欢迎迁校师生（1956年）

同年6月4日，周恩来在中南海召开的国务院会议上介绍说："1955年决定交通大学内迁，是根据沿海的国防形势和西北工业基地建设的要求提出来的，看问题不能离开形势和历史发展。西北过去是落后的，但将来会成为我国建设的巩固后方，我们的乌拉尔。因为那里有丰富的资源……上海基础厚、发展快，有责任去支援内地，这是很自然的；上海高级知识分子多，技术条件先进，因此，从上海多调动，使全国均衡发展。加上沿海国防形势紧张，交通大学迁校西安是必要的。我们是社会主义的学校，到处有内外关系，特别是交通大学一举一动，都会有很大影响，交通大学同人一言一行必须照顾大局，一切应从团结出发……总的原则是求得合理安排，支援西北方针不能变。"

交通大学迁校已是"箭在弦上，不得不发"。高等教育部的杨秀峰和刘皑风，分别前往上海、西安，向交通大学师生传达国务院的指示，并讨论解决迁校的问题。据介绍，杨秀峰为处理交通大学迁校问题和西安、上海两地有关院校的调整工作，先后在上海、西安工作61天，找师生谈话、座谈等共162次，其中上海86次、西安76次。这才算解决了迁址问题。

3. 向三线地区迁校

七年之后，中国的高等院校又一次面临了内迁的问题。

1964年8月2日夜，北部湾美国海军与越南海军发生激战，后来海战扩大，美国派出第七舰队大规模轰炸越南北方，战火烧到了我国的南部边界地区。

8月17日、20日，毛泽东在中央书记处会议上两次指出，要准备帝国主义可能发动侵略战争。现在工厂都集中在大城市和沿海地区，不利于备战。各省都要建立自己的战略后方。这次会议决定，首先集中力量建设三线，在人力、物力、财力上给予保证。第一线能搬迁的项目要搬，明后年不能见效的项目一律缩小规模。

当时还要求"在一线的全国重点高等学校和科学研究、设计机构，凡能迁移的，应有计划地迁移到三线、二线去，不能迁移的，应一分为二"。同年11月间，高等教育部根据中央关于平战结合、加强战争观念和加强三线建设的指示，提出了《关于调整第一线和集中力量建设第三线的报告》，确定向三线地区迁建部分高等院校。同年，经中央批准搬迁的有上海机械学院、唐山铁道学院、成都铁道学院。由原校迁出部分专业至三线地区建校的有北京大学分校、南京大学分校、清华大学分校、华东化工学院分院、北京航空学院分院、北京工业学院分院、甘肃工业大学。

1965 年上半年，高等教育部根据以大小三线为中心、以国防建设为重点的建设方针，着手调整全国高等学校布局。当时，高等教育部确定部署北京大学、清华大学、华东化工学院、南京大学四所院校的分校分别建于陕西褒城、四川绵阳、四川自贡、湖南常德。1965 年 5 月 16 日，高等教育部还特地发出通知，为这四所分校（院）定校名。后来，由于“文化大革命”的爆发，上述迁建项目未全部完成。

四、旧课程与新课程

从解放战争后期开始，各大解放区在新的形势下，相继提出教育工作“新型正规化”的口号，逐步将教育工作转入为生产建设服务的轨道。

（一）新课程设置

教育的转变主要在学校，学校的变化在于课程。故可以将课程的转变视为教育工作转换轨道的明显标志。

当时的举措是在各级学校中压缩政治课比例，增加文化课（除政治课以外的所有的学科）的比例。

当时小学、中学政治课与文化课的比例（百分比）见下图所示。

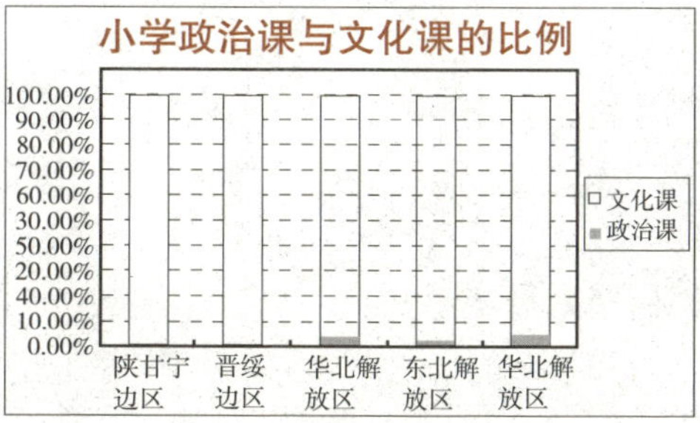

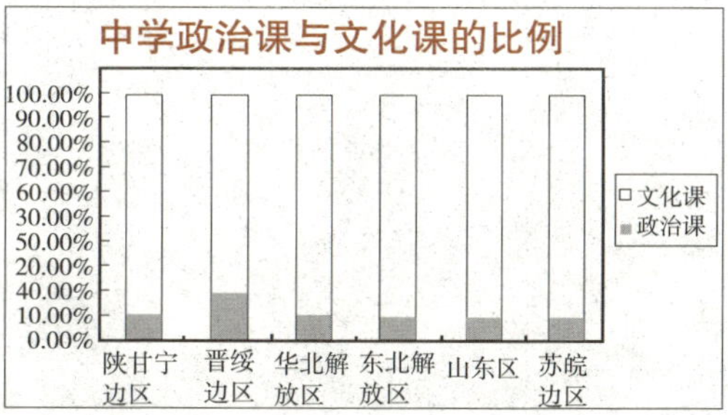

高等学校中，政治课与文化课的比例也相差较大，如东北解放区，政治课占10%—15%，文化课占85%—90%。故而整个学制中，各教育阶段的政治课的比例都是比较低的。

中华人民共和国成立之初就力图将工作重点立于财政经济上，提出“经济乃整个国家建设之本”。教育基本社会职能的转变呼唤思想政治教育的革新。如1950年2月的青年团中央委员会第一次学校工作会议报告中强调：新中国成立后“中国学生运动的任务是引导学生更好地学习知识、技能，建设新中国；学校思想教育的目的，主要在于培养学生的唯物主义的世界观和历史观”。再如，中华全国学生联合会第十四届执行委员会第三次会议的决议《中国学生当前任务》中也强调：“中国学生当前的基本任务就是要在人民政府领导下，团结广大同学，开展新民主主义学习；课外的非学习活动太多，妨碍正课学习或忽视思想政治教

北京的大学生们假日游长城

育、完全恢复旧的一套（即革命战争年代的一套）的做法都必须纠正。”

这一时期的教育取得了很大的成绩，以高等教育为例：

> 废除了国民党统治时期的反动学科，普遍开设政治理论课，学生学习政治的热情高涨，在学习中暴露和批判了不少错误思想，初步树立了爱国主义和国际主义观点、阶级观点和群众观点……在土地改革和镇压反革命运动中，全国各地的大学生，特别是文学院的学生，积极参加各地土改的实际工作，不少学生检举了反革命的亲友；经过一系列政治教育和实际运动的锻炼，初步建立了为人民服务的观点，绝大多数毕业生都愉快地服从国家分配（1951 年暑假，全国高等学校毕业生服从国家统一分配的占全体毕业生的 99.25%）。

不过，后来教育工作的重点同整个工作的重点一样，受出乎意料的客观情势的影响，发生了有违初衷的转变。

导致转变的主要原因是朝鲜战争的突然爆发，打乱了共和国原定的日程。

在朝鲜战争爆发近四个月后，即 10 月 26 日，中共中央下发了《关于在全国进行时事宣传的指示》，提出“美军扩大侵朝并直接侵略台湾，严重威胁我国安全，我国不能置之不理。为了使全体人民正确地认识当前形势，确立胜利信心，消灭恐美心理，各地应立即展

上海市朝鲜仁成学校的小朋友在保卫世界和平宣言上签名

开关于目前时事的宣传运动”，要求“宣传的方法，以各机关、团体、学校、工厂和部队内部讨论为主。为帮助讨论的进行，各机关、团体、学校、工厂、部队均应多出大幅墙报，多作专题讲演，多置有关书报，并可利用适当的实际问题，组织街头宣传，及发起自愿地向人民解放军和朝鲜人民写信表示敬意和决心等”。

随着朝鲜战争的深入，1951 年 2 月 28 日中共中央政治局扩大会议作出决议：抗美援朝的宣传运动，必须在全国范围内继续推行。从 3 月至 10 月，全国各级各类学校根据这一决议，更加广泛深入地开展了抗美援朝的宣传教育运动。

到 5 月，全国有 100 万以上学生参加了宣传运动。广大师生以各种实际行动为抗美援朝作贡献。他们寄了千万封慰问信和大量慰问品给中国人民志愿军。

至 10 月 8 日，全国已有 25 万青年学生志愿报名参加军事干部学校，加强国防建设。医学院师生积极参加抗美援朝医疗队。广大师生还踊跃捐钱捐物，支援前线。捐献的飞机有北京的“师大号”、天津的“学生号”，还有“东北教育工作者号”“上海教工号”“皖北学生号”“中国少年先锋队号”等。

各地学校师生还响应全国抗美援朝总会的号召，以基层班组为单位，普遍订立爱国公约，使这个爱国运动和经常性教学工作相结合，强调“学生们要以爱国

上海儿童在街头看“抗美”宣传漫画

的热情学好功课，教师们要改进教学，将抗美援朝爱国主义的教育贯穿到各种课程中去”。

此后，各级学校还普遍开展了向中国人民志愿军战斗英雄杨根思、罗盛教、杨连弟、邱少云、黄继光等学习的活动。

1951 年 6 月 23 日，教育部发出通知：为了有系统地通过各科教学进行爱国主义教育，取消中学教学计划中所列“政治”科的名称。在初中三年级和高中二、三年级分别设置“中国革命常识”“社会科学基本知识”“共同纲领”等课程。11 月 29 日，教育部又发出通知，要求：从初中一年级至高中三年级增设“时事政策”课。“共同纲领”和“时事政策”为每周一小时，其他政治课为每周两小时。

教育的社会背景的转换，使共和国的第一代学生，使那些缺乏政治锻炼的青年、少年和儿童有机会接受群众性政治斗争的洗礼，如“忆苦思甜”“阶级斗争”“社教运动”等等。

中国人民大学师生举行爱国集会

（二）国定教科书

所谓教科书，是“教科用图书”的简称，由于教科书用于上课，一般以“课”为编排单位，故而又称之为“课本”。自清末兴办近代新式教育以来，教科书逐渐为人们所熟知。中华人民共和国成立前，国统区的教科书实行审定制，即希望编撰教科书的出版社首先要向国民政府教育部申请。教育部根据出版社的财力和规模，决定其是否有印制教科书的资质。有资质的出版社拿出样本提交教育部；教育部再组织一个“教科用图书审议会”，负责对样书进行审定。审议团一般由教育行政官员、大学教授、中小学校长以及中小学教师等组成，主要依据教育部制定的相关学科纲要审定样书。审议合格，再由教育部发布合格教科书书目表，供各校选择教科书参照之用。中华人民共和国成立前，著名的语文课本就有商务印书馆、中华书局、开明书店等好几种版本。

1. 全国统一供应教材

新的社会实行新的课程，自然也需要新的教科书。《共同纲领》中关于教育方针、任务、政策的规定，便是当时教科书建设的指导思想。

为了解决教科书供应的问题，原华北人民政府教育部着手审定老解放区和国统区的中小学教科书。1949 年 10 月，中央人民政府出版总署设立编审局，集中老解放区和原开明书店部分编辑人员，开始编审中学文、史、地教科书，并承担原华北区教育部的教科书编审工作。

陕甘宁边区教育厅审定的课本

10 月 19 日，全国新华书店出版工作会议闭幕。中宣部部长陆定一致闭幕词，他主张“教科书要由国家办，因为必须如此，教科书的内容才能符合国家政策，而且技术上可能印刷得好些，价钱也便宜些，发行也得免费”，“教科书对于国计民生，影响也特别巨大，所以非国营不可”。

1950 年 7 月 5 日，教育部、出版总署联合发出《1950 年秋季中小学教科用书书目表》，以解决各地中小学教科书版本不一、供应紊乱等问题。其中小学语文、政治、史地，中学语文、历史，用老解放区教材。数学、物理、化学、生物等大部分选用了旧课本。同年秋季开学，课本供应的问题方得以解决。新教科书的建设迫在眉睫。

人民教育出版社出版的《初级小学课本·语文》1952年版

同年9月，全国出版会议再次提出了中小学教材必须全国统一供应的方针，并决定组建人民教育出版社。12月9日，人民教育出版社成立。首任社长叶圣陶，副社长柳湜。该社专门出版教科书及一般教育用书，在方针政策上受教育部领导，在出版事务上受出版总署领导。

其后，共和国决定小学实行“五年一贯制”，人民教育出版社编写了配套的小学课本。但由于不久“五年一贯制”暂缓推行，这套课本也只是昙花一现。

1952年开始，教育界和其他领域一样，掀起了学习苏联的热潮。

小学生拿到了新课本

从1952年秋季起，中学数学大部分采用当时东北区教育部编译的苏联数学教科书。在语文教科书方面，产生了较大的变化。1954年由语文教学问题委员会提出报告，经中央批准，把语文分为语言和文学两个独立学科进行教学。根据这一精神，教育部制订了中小学教学大纲，于1956年颁发。初中语文制订了汉语、文学两部教学大纲。小学语文尽管只制订了一部教学大纲，但是汉语占有很大比重。

根据1956年的大纲，人民教育出版社再次编写了中小学语文教材。中学语文教材包括汉语课本和文学课本。前者讲语法，后者讲文学，俗称“汉语分科”。小学语文课本选编许多名家名篇，是当时学习苏联教学的一大体现。

这样改革中小学语文教科书自然存在严重的问题，主要问题是忽视了汉语文的特点，无论汉语知识还是文学知识，都讲求完整的系统性；脱离了中国教师、学生的实际，教师教起来困难，学生学起来吃力；学生读写基本训练明显被削弱。这样做名义上是学习苏联，其实是有些机械照搬了。对于教育部的这一系列的做法，毛泽东在1957年3月提出了不同意见：

> 教材为什么不用老解放区的东西为蓝本？你们管教育部，教育部是中国教育部，还是苏联教育部？
>
> 教材要有地方性，应当增加一些地方乡土教材。农业课本要由本省编。讲点乡土文学。讲自然科学也是一样。

2. 各省自编教材

1958年，中共中央希望通过“三面红旗”推动国家的经济建设，教育领域也开始实行“大跃进”。

上海自编的各种教材

1958年9月，中共中央和国务院颁行《关于教育工作的指示》，规定“中小学教科书由各省市组织力量编写，编写时应当结合当时具体情况”。这个指示引发了一场“自编教材”的运动，但又因追求“多快好省”，结果许多教科书编出来即成为废纸，象征意义远远高于实际意义。

这种状况引起了教育主管人员的担忧。1959年4月，教育部部长杨秀峰在全国人大会议上提出：“要根据提高教学质量的要求，编写通用教科书。”

戴伯韬代教育部临时党组起草了《关于编写

中小学和普通师范学校教材的意见》，意见指出："各省、市、自治区已经编写了一些中小学教科书。这些教材是根据党的教育方针，结合当地具体情况，采取群众路线的工作方法编写出来的，在克服原有教材的忽视政治、脱离生产、脱离实际的缺点方面，取得了一定的成绩。但是各地自编教材的工作也有一定的困难。"

"这次召开教育工作会议，不少同志反映普通中小学的教材应该保证全国必要的统一性和应有的水平，由各地编写有困难；同时，需要编写的教材种类繁多，很多地方感到人力不足。因此，建议教育部负责组织编写中小学和师范学校的通用教材。"戴伯韬在这份意见中说得比较婉转，其实他是在借用比较模糊的对象，来曲折地表达批评的意见。

3. 重新组织编写教材

1960 下半年，共和国开始调整国民经济，教育也开始调整，自编教材基本上都被取消。

1961 年，中央批示教育部编写十二年制中小学语文教材。人民教育出版社在编写教材之前，对各学科教学的历史和现状作了大量调查研究，语文学科写出了《六十年来中小学语文教学情况的比较》，确定了教材编写的指导思想，强调"加强语文、外语、数学几门主要课程"，"注意基础知识的充实和基本训练的加强"。在语文方面，随着 1963 年中小学教学大纲的颁布，第二次重大的改革开始了。大纲对 1958 年以来语文教学忽视语文学科规律的问题进行了反思，提出"语文是学好各门知识和从事各种工作的基本工具"，第一次在中小学大纲中明确指出语文学科的工具性。根据大纲精神，人民教育出版社新编了一套全日制十二年制学校小学语文课本，从 1963 年秋季起使用。

1964 年 2 月 13 日，毛泽东主持召开了教育工作座谈会，发表了著名的"春节指示"，认为"教育的方针路线是正确的，但是办法不对。我看教育要改变，现在这样还不行"，"课程多、压得太重是很摧残人的。学制、课程、教学方法、考试方法都要改"。同年 7 月，教育部发出调整和精简中小学课程的通知，要求教材只作必要的修改，一般不降低程度，只精简理论要求过高的、烦琐的内容。

通知发出以后，人民教育出版社遵照中宣部指示，修订刚使用了一年的上述第四套通用教材。1965 年 4 月修订完毕，拟赶在 9 月出版使用。中宣部又指示推迟一年使用。人民教育出版社利用这一年时间，广泛征求意见，再作了一次修改。这时已经是1966年上半年，不久“文化大革命”开始，修改后的教材没有能够出版。

需要指出的是，共和国成立之初，国家的出版能力并不能满足全国中小学教育的需求，而且新编教科书尚在进行中，为了不耽误学校正常的教学秩序，选用了旧时代的一些课本，这是不得已而为之的权宜之计。

（三）“健康第一”

中国自近代以来，受多方压迫，民不聊生，人民健康状况极差，寿命也短。旧中国学校对学生的健康也缺少足够的重视。共和国诞生之初，《共同纲领》中就已规定：“提倡国民体育。推广卫生医药事业，并注重保护母亲、婴儿和儿童的健康。”然而国家百废待兴，且1950年又发生严重的自然灾害，外加帝国主义的经济封锁，人民生活异常困难，学生的体质甚差。

宣传画《欢送青年参加军事干部学校》

积极锻炼身体随时响应祖国号召

1.“健康第一，学习第二”

在这一背景下，毛泽东于1950年6月19日就学生健康问题写信给教育部部长马叙伦，认为：“此事宜即刻解决，要各校注意健康第一、学习第二。营养不足，宜酌增经费。学习和开会的时间宜大减。病人应有特殊待遇。全国一切学校都应如此。”

此后不到一周时间，朝鲜战争爆发。军委和政务院联合决策，同年冬天招收青年学生和工人到军事干部学校学习。然而各地区报名的学生，经过体格检查的结果，有疾病和不健康的学生人数竟达到70%，甚至80%以上。

1951年1月15日，毛泽东就此事再致马叙伦一封信。信中说："关于学生健康问题，前与先生谈过，此问题深值注意，提议采取行政步骤，具体地解决此问题……健康第一、学习第二的方针，我以为是正确的。请与各副部长同志商酌处理为盼！"

1951年3月19日，教育部召开了第一次全国中等教育会议。会议将学生健康列为亟须解决的重点问题之一。

马叙伦部长在开幕式上强调："毛主席屡次指示我们'健康第一'，我们必须贯彻这一指示。这次会议应该研究出一些具体办法，如精简课程、规定学生学习时间和课外开会的时间、保证必要休息、注意卫生、加强体育、改善伙食等，并把这些办法做成决定，交各地切实执行。"

闭幕式上，马叙伦再次强调：为了纠正许多教育行政人员和许多学校的教职员轻视学生健康问题的思想和对学生健康问题漠不关心的态度，规定具体办法，

托儿所的小朋友在日光浴

以贯彻毛主席“健康第一”的指示，会议修正通过了关于《学生健康问题的决定（草案）》。

7月13日，政务院通过了《关于改善各级学校学生健康状况的决定》，8月6日正式公布。要求各校“调整学生日常学习及生活的时间、减轻学生课业学习与社团活动的负担、改进学校卫生工作、注意体育娱乐活动、改善学生伙食、学校经费的支配应适当地照顾保健工作的需要”。

这里有两个问题，一个是对“健康第一”本身的认识，另一个是对“健康第一”与“学习第二”的关系的认识。

如何看待学生的健康问题，《人民日报》还专门为此发表了题为《应该重视和办好中等教育》的社论。社论认为“千百万学生的健康问题是关乎民族强弱的大问题。中学生正当青春发育时期，他们健康与否更是一生幸福的关键”。既然如此，那么首要问题便当然是保证学生健康了。但是学校的实际工作却出现了

厦门集美中学的学生在尚忠楼前做广播操

偏向，有的认为“健康第一”就是“体格第一”，功课不及格也没关系；有些学校为了让学生健康，就让学生大量劳动，甚至让女学生从事她们体力所不能负担的活动。

为此,《中国青年报》作了一篇题为《正确体会“健康第一”的精神》的社论。社论认为：部分学校把“健康第一”认为是当前学校教育的方针，这种看法是不正确的。因为学校的任务是贯彻新民主主义的教育方针，新民主主义教育的目标是培养青年成为保卫与建设新民主主义国家的自觉的、积极的成员和全面发展的人才。1949 年以来，教师和学生的政治觉悟和教学积极性大大提高，大家都赶功课、忙工作,对过去反动统治所造成的健康不良的情况,却没有给予应有的重视,因此，提出“健康第一”的口号。这是完全符合当前的情况与要求的。但是如果片面地认为“健康第一”就是目前学校教育方针，那就模糊了学校教育的目标。

至于第二个问题，毛泽东给马叙伦写的两封信，一直强调“健康第一，学习第二”，并且在第二封中还特地加了“我以为是正确的”。但是教育部一直宣称主席的指示是“健康第一”，并表态要坚决贯彻这一指示。为何对“学习第二”没有提及，从两年后《人民日报》刊发的一篇“答读者问”中可略见端倪。

赵读者问：“我在很多学校里看到有些标语是：‘健康第一，学习第二’。我认为‘健康第一’是完全正确的；可是对‘学习第二’我有怀疑，不知这样说是否正确？”

答讀者問

「健康第一，學習第二」的提法是否妥當？

問：我在很多學校裡看到有些標語是：「健康第一，學習第二」。我認爲「健康第一」是完全正確的；可是對「學習第二」我有懷疑，不知這樣說是否正確？ 趙繼昌

答：「健康第一」是毛主席爲糾正當時一般學校忽視學生健康的嚴重錯誤而提出的號召。因爲沒有健康的身體，便不能好好學習；沒有健康的身體，便不能把學得的技能很好的用在人民事業上。

但是「健康第一」的提出，並不是說學習就應該是「第二」。健康和學習並不是對立的。學校的中心任務是學習，爲了要很好地學習，必須要有很好的身體，「健康第一」正是爲了要很好的完成學習任務。學校裡貼出「健康第一，學習第二」的標語是不妥當的。那些學校曾寫過這樣的標語，或有這種錯誤思想的人，都應該進行檢查和改正。

中央人民政府教育部

1953年1月26日《人民日报》刊发的“答读者问”

教育部答：“‘健康第一’是毛主席为纠正当时一般学校忽视学生健康的严重错误而提出的号召。因为没有健康的身体，便不能好好学习；没有健康的身体，便不能把学得的技能很好地用在人民事业上。但

北京大学生的课余生活

是‘健康第一’的提出，并不是说学习就应该是‘第二’。健康和学习并不是对立的。学校的中心任务是学习，为了要很好地学习，必须要有很好的身体，‘健康第一’正是为了要很好地完成学习任务。学校里贴出‘健康第一，学习第二’的标语是不妥当的。那些学校曾写过这样的标语，或有这种错误思想的人，都应该进行检查和改正。”

这样的解释，并且以向全国公开的形式发表，这在几年后根本是不可想象的事情。“文化大革命”期间，造反派将这笔旧账翻了出来，并定罪名为“封锁毛主席的伟大指示”。

1965年7月3日，毛泽东在一篇关于北京师范学院一个班学生生活过度紧张，健康状况下降的材料上作出批示：“学生负担太重，影响健康，学了也无用。”可见毛泽东对于学生健康的关心及认识是一以贯之的。

2. “准备劳动与卫国体育制度”

为了改善学生的健康状况，当时北京第四中学、师范大学女附中等校，根据学校具体情况，积极试行苏联的“准备劳动与卫国体育制度”，使每个学生都能按自己的身体条件获得各种基本体育锻炼。

链接

“准备劳动与卫国体育制度”简称“劳卫制”，检测项目很多，包括田径、体操、举重等，这些项目贯穿着速度、力量、耐力、灵巧，是对人的身体素质的全面锻炼。其等级分三档，即少年级、一级、二级。少年级和一级容易通过，二级比较困难，因为通过二级就标志着达到了运动员标准。

伴随“劳卫制”传入的还有一个苏联卫国战争中的故事：当红军攻克柏林要把红旗插到德国国会大厦时，指挥官问：“谁能完成这项任务？”一位战士挺身而出答道：“我能！”指挥官上下打量了他一下，问道：“你有什么保证？”“我参加了‘劳卫制’锻炼，已经及格！”战士斩钉截铁地回答。得到满意的回答后，指挥官把红旗交给了这位战士。这则故事鼓舞了无数参加锻炼的热血青年。

1954 年，国家体委颁布了《中国劳卫制暂行条例》。1955 年，在毛泽东“发展体育运动，增强人民体质”的号召下，全国都积极推广“劳卫制”。推行的目的，就是为了提高全民族的体质，为将来参加劳动和保卫祖国作好准备。8 月 9 日，教育部、体育运动委员会、卫生部联合发出指示：改进中小学体育工作。要求学校以推行“劳卫制”为中心改进体育课和课外活动，要求组织体育教师学习，提高教师质量。并要求各校逐步开展体育和卫生监督工作，

北京市第一女子中学的学生在景山前街晨跑锻炼身体

注意体育的全面效果。

1958 年，全国各行各业都在跃进中，体育方面也是如此，当时号召全国人民都要进行锻炼，让健康来个大跃进。学校体育方面也是如此，普遍推行“劳卫制”，学生们课余时间，除了参加大生产之外，也忙于锻炼。

为了彰显“劳卫制”的价值，有关部门配置了证书、证章。凡通过一个级别检测都能获得一张精美的证书和一枚证章。证书和证章是健康的标志，通过“劳卫制”的学生都非常珍惜。在学校之外，当时的民众除了热衷于学习文化之外，也非常热衷于身体锻炼。

直到后来的三年困难时期，粮食与副食品严重短缺，国家实行“休养生息”政策，学校的体育运动大多减少或停止，全民锻炼的热潮也随之衰退。

1964 年，中央正式废除“劳卫制”名称，以《国家体育锻炼标准》取代之。1974 年又改名为《国家体育锻炼试行条例》，但人们仍习惯称其为“劳卫制”。

02

第二章

向苏联教育学习

1949 年 6 月 30 日，毛泽东撰文表示 ：“苏联共产党就是我们最好的先生，我们必须向他们学习。”

10 月 5 日，中苏友好协会成立，总会会长刘少奇发表讲话说 :“我们要建国，同样也必须‘以俄为师’，学习苏联人民的建国经验。”

1953 年 5 月号的《人民教育》杂志发表了一篇题为《更全面更深入地学习苏联，进一步提高教学质量》的短评，认为“向苏联学习，是提高教学质量的最重要的步骤”。当时，在苏联专家的帮助下，教育部颁行的一系列文件明显地带有苏联气息，甚至连教科书都是译自苏联。

一、确立的新任务

20 世纪 50 年代初，共和国的发展面临着新的形势和问题——抗美援朝即将结束 ; 土地改革在全国范围内已基本完成 ; 国民经济恢复工作提前实现预定目标 ; 第一个五年计划即将开始 ; 社会生活中也出现了一些新的矛盾。面对新的形势和新的问题，需要提出新的任务和目标。

（一）过渡时期的总路线及教育

1952 年以后，毛泽东、周恩来、刘少奇多次提到党在过渡时期总路线。

1953 年 6 月 15 日召开的中共中央政治局会议，对党在过渡时期的总路线和总任务作了较为完整的概括 ：“要在十年到十五年或者更多一些时间内，基本上完成国家工业化和对农业、手工业、资本主义工商业的社会主义改造。”会后，毛泽东在中宣部起草的关于总路线的宣传提纲上，将其进一步完整地表述为“从中华人民共和国成立，到社会主义改造基本完成，这是一个过渡时期。共产党在过渡时期的总路线和总任务，是要在一个相当长的时期内，逐步实现国家的社会

国庆游行中举出“拥护五年计划”的标语（1955年）

主义工业化，并逐步实现国家对农业、手工业和资本主义工商业的社会主义改造”，并指出“这条路线是照耀我们各项工作的灯塔，各项工作离开它，就要犯右倾或‘左’倾的错误”。

12月，中共中央批准并转发了这一宣传提纲，标志着过渡时期总路线的最终形成。

按照过渡时期的总路线，在1953—1956年间，实行社会主义建设和社会主义改造同时并举，即一方面开展大规模的经济建设，另一方面逐步实现对生产资料私有制的社会主义改造。与此同时，我国教育也开始实现从新民主主义教育向社会主义教育的转变。

从1953年开始，教育工作的基调有所转变，特别是高等教育工作，教育部长马叙伦在华北区各高等学校负责人座谈会上说：

从今年起，国家大规模的、长期的、有计划的建设开始了。教育建设为经济服务，首先要为国家工业化服务。

教育建设要服务于经济建设。经济建设的重点是工业，工业建设的重点是重工业。这就很显然地规定了我们高等教育和中等技术教育应以培养高等和中等的工矿交通等技术人才为首要重点。

在这个阶段，教育建设的重心已经不是为政治运动服务，但也不是单纯地为经济建设服务，而是按照过渡时期总路线指引的方向，为社会主义建设和社会主义改造服务。于是将新民主主义教育转向社会主义教育的问题开始提上日程。

为配合国家的发展形势，教育部在中小学生当中同时开展了“小五年计划”活动。

链接

年画《新生一代正在进行“小五年计划”》

“小五年计划”，我国人民在社会主义建设中所取得的巨大成就及“第一个五年计划”的公布，极大地鼓舞了少年儿童的爱国热情。江苏省宜兴县、辽宁省复县松树区和北京市的少先队员提出开展“小五年计划”活动的倡议，得到了响应。青年团中央、教育部于1955年11月发出《关于支持全国少年儿童开展“小五年计划”活动的联合指示》，号召全国九周岁以上的小朋友参加这一活动。活动迅速在全国范围内开展起来。少先队员收集废钢铁，拣粮食，种植油料作物，饲养小动物，节省零用钱，用以购买拖拉机，活动一派热火朝天。

在新民主主义改革完成以后，共和国根据 1952 年提出的过渡时期的总路线，借鉴苏联教育经验，大力开展社会主义性质的教育改革。教育改革的工作主要包括如下几点：

（1）在教育系统内建立共产党的基层组织

共和国成立之初，根据国家的性质，整个教育工作由中国共产党领导。首先，教育方针政策主要由中国共产党人根据人民意愿确定并通过人民政府颁布和实施；其次，选派大批干部接管各级教育行政部门和各级各类学校，这些干部在基层逐步建立共产党的组织，发展共产党员和青年团员；再次，在过渡时期，1953 年根据毛泽东的建议，又从宣传教育部门和青年团组织中选调一大批干部充实各级学校（尤其是高等学校）领导机构，参照东北地区的经验，在各地加强训练中学领导骨干。

（2）开展社会主义性质的思想政治教育

1953 年后，根据过渡时期的总路线，在各级学校逐步加强社会主义、共产主义思想教育，把思想政治教育的主要锋芒从指向封建的、买办的、法西斯主义的思想转为指向资产阶级思想。从 1954 年冬季开始，在大中城市集中开展培养青年共产主义道德，“抵制资产阶级思想侵蚀”教育，在 1955 年的夏秋之交，形成了共产主义道德教育声势。

此外，根据毛泽东在 1953 年 5 月提出的加强小学劳动教育的建议，1954 年中共中央宣传部发表了《关于高小和初中毕业生从事生产劳动的宣传提纲》，中小学劳动教育普遍得到加强。1955 年还决定在中小学实施基本生产技术教育，开设生产实习课，为学生劳动就业作准备。

年画《学生们参加课外劳动》

（3）适应国内阶级关系的变化调整对知识分子的政策

随着大规模经济建设的展开，迫切需要进一步调动知识分子的力量；由于社会主义改造事业的迅猛发展，国内阶级关系正在发生深刻变化，共和国知识分子的社会地位也随之改变。这种情况下，需要对知识分子的阶级属性作出恰如其分的估计，并调整知识分子政策，以便发挥知识分子在社会主义建设中的积极性和创造性。

为此，中共中央于1956年1月中旬召开了关于知识分子问题的会议。在这次会议上，周恩来代表中共中央作了《关于知识分子问题的报告》。其中，对新的社会条件下的知识分子状况作了全面估计，肯定知识分子已经成为我们国家各方面建设中的重要劳动者，是工人阶级的一部分。

而“继续帮助知识分子进行自我改造，是党在过渡时期的重要的政治任务之一”。1月20日会议即将结束时，毛泽东到会讲话，肯定我国知识分子的进步，批评那些看不到这种变化的人，号召全党努力学习科学知识，同党外知识分子团结一致，为迅速赶上和超过世界科学先进水平而奋斗。会后，短时期内科学界、文化界和教育界即出现了前所未有的“向科学进军”的新气象。

（二）全面发展的教育问题

《人民教育》从1951年6月号起开设“问题讨论”专栏，以期“凡对于教育

北京牛街上的回民学院附属小学的学生们正在进行课间体育锻炼

工作上带原则性的重大问题，而在认识上尚有分歧的，就提出公开讨论”。被拿出来讨论的第一个问题就是“全面发展的问题”。

潘梓年的《谈“全面发展”》和张凌光的《我对“全面发展”的看法》是发表在《人民教育》较早也较有影响的两篇文章。

上海中国福利会少年宫生物小组的组员们在给组里饲养的小白兔称体重（1954年）

潘文首先肯定了全面发展的重要意义，接着又对新旧教育中所提到的全面发展作了区别，进一步解答了关于全面发展的一些疑惑问题，比如：“该是全面发展，为什么又着重发展技术学校，这不是过早地使青年学生专业化了吗？这不又是造成一些人能继续升学，另一些人就不能升学了吗？”对此，他解释说，其实不然，我们现在办技术学校、师范学校与过去的办法根本不同。这些学校的课程基本上与普通中学一样，是要全面发展的，只是稍微减轻一点分量，调整一些科目，挤出时间来学一些专门知识。

张文首先谈到培养全面发展的人，是共产主义教育的基本原则；接着批评了在全面发展问题上的几种错误理解，如认为全面发展，就是重视基础，故而过分强调普通知识，特别是在普通中学里，实行平均主义的教学方法，只强调普通而忽视发展特长，只强调全面而忽视把握重点。张文同时提出要防止中等技术学校里轻视最必要的普通知识理论基础。张凌光提出的意见比较尖锐，但当时反响并不大。

其后，一系列的文件出台，使得这个问题越来越需要加以解释清楚。

1954年3月13日，政务院文化教育委员会副主任习仲勋在政务会议上作《1954年文化教育工作的方针和任务》的报告，报告提出：“中等教育和初等教育，

北京育英小学学生饲养家畜（1953年）

应贯彻全面发展的教育方针。”

4月8日，政务院发布《关于改进和发展中学教育的指示》提出："中学教育的目的，是以社会主义教育思想教育学生，培养他们成为社会主义全面发展的成员。中学教育不仅要供应高等学校以足够的合格新生，并且还要供应国家生产建设以具有一定政治觉悟、文化教养和健康体质的新生力量。”

8月8日，教育部的董纯才在《人民日报》上发表《为培养社会主义社会全面发展的成员而努力》一文，文章指出：当前贯彻全面发展教育方针的途径是加强思想政治教育，特别是加强劳动教育，改进教学工作，并改进体育卫生工作，使学生的身心获得全面的发展。

1955年9月2日，教育部颁行《关于颁发“小学教学计划”》和《关于小学课外活动的规定的命令》，指出小学教育的任务是“培养社会主义全面发展的成员。所以，小学中不仅要进行智育、德育、体育、美育，同时还必须有步骤地实施基本生产技术教育”。

随着全面发展教育原则的贯彻执行，随着中学教育的改革和发展，如何正确理解和实行全面发展教育再次提上议事日程。

故此，张凌光在《人民教育》1954年7月号上发表了《谈谈中学教育目的》一文，再次阐述了关于全面发展的思想。文章认为："关于全面发展的教育问题，许多人还有这样的误解，就是把全面发展看成平均发展，这是不对的。中学教育要求学生全面发展，是要学生不要偏废某几门功课，都达到一定的水平。但可不可以在每门功课达到一定水平的基础上，对某一两门、两三门功课钻得更深一些呢？这是可以的，而且是有好处的。”

真正引起大家争议的是他在《人民教育》1955 年 2 月号发表的《实行全面发展教育中若干问题的商榷》一文。较之前文，这篇文章的两个较大的突破之处是：一是比较系统全面地概述了中学教育工作实践中存在的问题，以及这些问题与全面贯彻全面发展教育原则的关系；二是比较系统、全面地概述了马、恩、列、斯关于全面发展教育的理论。更为重要的是，这篇文章归纳了教育工作中存在的五个重要矛盾：

> 首先最突出的问题是提高教学质量和加重学生负担的矛盾；
> 其次是普通教育和高等教育对中学生要求不同的矛盾；
> 再次是各科知识的教学和政治思想教育的矛盾；
> 又次是灌注知识和培养学生自动钻研精神、独立思考能力的矛盾；
> 最后是全面与重点的矛盾。

出现这些矛盾，当时许多人认为是师资、教材的问题，是学校领导掌握不好的问题。张凌光则认为，固然有这些问题，但还有一个重要的问题，就是对于全面发展的理解以及怎样贯彻全面教育的办法的问题。

文章发表后，很多人发表了不同的意见。比较有代表性的有：1955 年 6 月号《人民教育》上发表的《不要把中学教育引上歧途》，1956 年 8 月号的《对张凌光同志〈实行全面发展教育中若干问题的商榷〉一文的一些意见》，1957 年 1 月号的《问题在哪里，性质是什么》。他们激烈地抨击张凌光的观点，认为

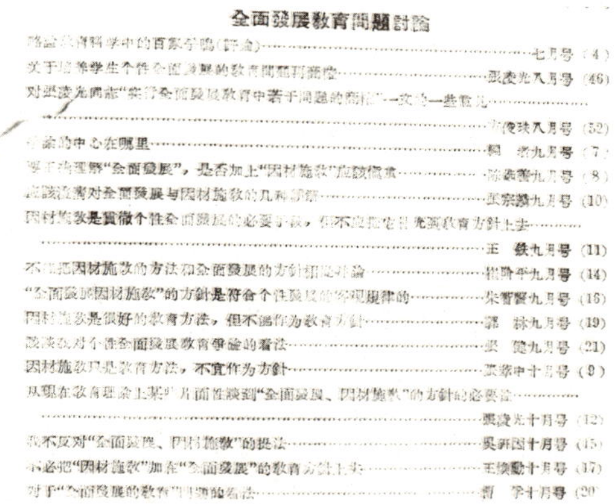

全面發展教育問題討論

略論[illegible]科学中的百家爭鳴(評論)……七月号(4)
关于培养学生个性全面發展的教育問題的商榷……張凌光八月号(46)
对張凌光同志“实行全面發展教育中若干問題的商榷”一文的一些意見……[illegible]俊瑛八月号(52)
[illegible]論的中心在哪里……[illegible] 九月号(7)
要正确理解“全面發展”，是否加上“因材施教”应該慎重……陈[illegible]九月号(8)
应該注意对全面發展与因材施教的几种誤解……[illegible]宗[illegible]九月号(10)
因材施教是貫徹个性全面發展的必要手段，但不應把它提到貫徹教育方針上去……王 鉄九月号(11)
不[illegible]把因材施教的方法和全面發展的方針相提并論……[illegible]九月号(14)
“全面發展因材施教”的方針是符合个性發展的客观規律的……朱智賢九月号(16)
因材施教是很好的教育方法，但不應作为教育方針……[illegible] 林九月号(19)
談談我对个性全面發展教育爭論的看法……[illegible] 健九月号(21)
因材施教只是教育方法，不宜作为方針……[illegible]中十月号(9)
从現在教育理論上某些片面性談到“全面發展、因材施教”的方針的必要性……張凌光十月号(12)
我不反对“全面發展、因材施教”的提法……吳[illegible]十月号(15)
不必把“因材施教”加在“全面發展”的教育方針上去……王煥勛十月号(17)
对于“全面發展的教育”[illegible]的看法……[illegible]十月号(20)

《人民教育》刊载的关于全面发展教育问题讨论的索引（1956年）

张凌光的观点违背了全面发展的方针，是资产阶级实用主义思想的反映，“全面发展教育是我们社会主义教育的方针，选择重点是我们推动工作的方法”，“今天中等教育是有矛盾的”，“这就是社会主义教育思想和资本主义教育思想的矛盾”，张凌光“已是被资产阶级教育思想所俘虏，并且在不自觉地传播资产阶级教育思想”。批评者将张凌光的观点与杜威的实用主义教育学相类比，认为张凌光的意见“和实用主义者的主张”是“一脉相承”的，因为二者都追求狭隘的目标，都不提或少提教师主导作用，主张以儿童为中心，等等。

1956 年 5 月 28 日至 6 月 1 日，中共中央宣传部召开了部分省市宣传（文教）部长座谈会，陆定一在会议上提出“‘全面发展’的口号要研究。现在提‘全面发展、因材施教相结合’，这好不好？先请大家研究一下，现在不作决定”。

随后，《人民教育》刊登了一系列关于“全面发展”与“因材施教”关系的文章。有的认为两者可以同为教育方针；有的认为前者可以，后者不行，只能作为教育方法；有的持保留意见，既不赞成“全面发展”作为教育方针，也不赞成“因材施教”作为方针……而中央文教部门领导则基本上肯定了张凌光的观点。1956 年 9 月号《人民教育》刊登的《争论的中心在哪里》一文提出：因材施教是否仅属于教学方法？全面发展的教育方针是否需要结合或补充因材施教，能不能使二者结合起来成为教育方针？随之，张凌光在《人民教育》10 月号发表了《从现在教育理论上某些片面性谈到“全面发展，因材施教”的方针的必要性》，坚决主张“全面发展、因材施教的方针”，继续阐明了他过去一贯对全面发展教育的理解，更加激烈地批评“许多学校的教育工作，忽视学生的个性，要求学生一模一样，样样都好，门门功课五分，齐头并进，平均发展”。

二、实践的新举措

学习苏联教育在实践方面有很多具体表现，最主要的有“请苏联专家”“派留苏学生”“兴办中国人民大学”“采用五级分制”“实行‘红领巾’教学法”等。其中，最具有戏剧性的便是“六节一贯制”，那时它因被冠以“苏联教育的先进经验”而被采用，后来却发现是虚构出来的，教育部不得不出面加以纠正。由此可见教条主义倾向在当时还是比较严重的，毛泽东在 1956 年说，“有一些人，不管三七二十一，连苏联人放的屁都是香的”。

（一）“请进来”

早在 1949 年 10 月 5 日的中苏友好协会总会成立大会上，总会长刘少奇就指出：“我们要建国，同样也必须‘以俄为师’，学习苏联人民的建国经验。”

既然要“以俄为师”，就需要将苏联建设经验“请进来”。真正懂得苏联建设经验的，莫过于苏联国内的专家，当时各行各业都可见到苏联专家的身影。就整个教育系统而言，苏联专家的作用可能更为明显。

苏联专家参加北京师范大学开学典礼

共和国早期的许多教育法令、法规之所以具有浓重的苏联气息，正是因为 1950 年至 1952 年末，我国先后聘请阿尔辛杰夫、福民、达拉巴金、顾思明、戈林娜等苏联专家担任教育部顾问，除此之外，还另有两位苏联专家在北京师范大学任教，并兼任教育部普通教育与幼儿教育的顾问。苏联专家可以参加部务会议、部工作会议以及专业会议，介绍情况，提供意见，并解答问题；举办各种讲座，为训练班学生讲课，帮助各级教育干部和学校教师提高业务水平。第一次全国教育工作会议上，苏联专家魏力契可夫斯基参加了讨论工农速成中学、成立中国人民大学、改造北京师范大学等小组的讨论会，提供了很多具体的意见，并在大会上作了关于苏联工农教育和师资培养的报告。

苏联“英雄母亲”、《卓娅和舒拉的故事》作者和我国少先队员在一起

1953 年上半年，高等教育部、教育部又分别邀请苏联专家福民、普希金、加里宁等人，到重庆、汉口、成都、西安等地为当地干部、教师讲授教育学、心理学。

此外，全国主要高等学校也相继聘请苏联专家到校任教。据 1952 年 6 月的统计，在教育部所属高等院校任教的苏联专家有 80 人。

1949—1957 年，我国教育系统共邀请苏联专家 750 多人，他们中的大多数人在高等学校和中等专业学校担负指导教学、培养师资的任务，有的还担任了校长顾问和专家组组长。当时苏联专家的主要任务是：帮助修订教学计划和教学大纲；拟定各种重要规章制度；参观学校，深入了解情况，提出改进工作的建议；开展各种讲座，帮助各级教育行政人员和教师提高教育业务水平；担任高等教育部和教育部的顾问，参加部务会议、部工作会议和专业会议。

1954 年 3 月 5 日，高等教育部将《同济大学、重庆大学请苏联专家来校讲学的总结》通报各高等工业学校，并要求根据专家提出的意见，研究改进教学工作。

1956 年 4 月 18 日，以俄罗斯联邦共和国教育科学院副院长马尔古舍维奇为团长的苏联教育代表团访问中国。代表团成员包括苏联教育科学专家、教育行政部门负责人、校长和教师。代表团来华访问的目的是通过访问和讲演，帮助中国研究和解决有关普通教育和师范教育的重大问题，如教育科学研究工作、教育行政工

《马列主义教育论文选译》书影

作、教育教学工作、生产技术教育等。代表团参观了我国许多地方各种类型的学校，举办了各种各样的讲座，介绍了大量的苏联教育教学和管理工作的经验，受到了教育理论和实际工作者的好评。

1949 年到 1976 年，我国教育部门和学校先后共聘请苏联专家 861 人，担任顾问或从事教学、科学研究工作。1960 年 7 月 16 日，苏联单方面宣布撤走全部在华专家，在教育系统工作的专家一同撤离。

共和国成立之初聘请的苏联专家大多数所从事的是一些具体的工作，对我国教育实践的发展帮助很大，相对而言，理论建设方面所获得的帮助较少。加上我国原有的一些教育理论被认为是资本主义社会的产物，是已经腐朽了的，不能适应新的社会，译介苏联教育理论便成了当务之急。

首先译介的是马列经典中关于教育的论述。随着译介书稿的增多，苏联的教育家及其理论开始为国人所熟悉，如马卡连柯、克鲁普斯卡娅等。不过对我国教育科研和实践产生最大影响的苏联专家，同时争议最大的，莫过于凯洛夫。

1957 年 1 月 5 日，时任苏联对外文化协会代表团团长、俄罗斯联邦共和国教育科学院院长的凯洛夫，应中央教科所筹备处邀请来华访问，并作苏联教育科学研究工作报告。19 日，他又向北京市教育工作者作了关于改进和提高苏联普通学校教育质量问题的报告。他详细地介绍了苏联教育科学研究和管理的经验，阐明了以马克思列宁主义为指导的教育学的基本理论观点，批判了资产阶级教育理论的虚伪性和反动性，为建立有中国特色社会主义教育学奠定了思想和方法论基础。

苏联教育家凯洛夫同志向上海教育工作者致意

凯洛夫在上海作报告的报道（1957年）

1958 年，国内对凯洛夫的教育学说开始产生怀疑。后来怀疑发展成批判，批判凯洛夫的教育学表面上披着马列主义外衣、内底是修正主义的教育学说。当时江西教育学会特地上庐山召开教育学讨论会，与会人员对《教育学》一个章节一个章节地加以批判，费时许久才告完成。“文化大革命”中批判的程度更为激烈一些，上海市出版革命组编《彻底批判凯洛夫〈教育学〉》一书问世，影响甚大的《谁改造谁？》一文为其开篇之文。

链接

凯洛夫，苏联教育家。1935 年获教育科学博士学位，1967 年当选为苏联教育科学院院士，在改革苏联国民教育和发展教育理论方面做了大量的工作。凯洛夫重视教育遗产的整理，在总结苏联 20 世纪二三十年代教育经验的基础上，批判 地吸收了进步教育家的思想，经过广泛探索和研究，初步建立了苏维埃教育学体系。他编写了多种普通学校和高等学校的教育学教材和教学参考书，同时发表了许多有关教育、教学问题的论文和报告。主要著作有 :《教育学》《俄罗斯联邦教育科学院活动概况（1943—1966）》。由他主编的《教育学》在苏联再版多次，流传很广。 在中国也是如此。

凯洛夫的《教育学》是人类教育史上第一次试图用马列主义观点阐明社会主义教育学理论的专著，在一定程度上反映了社会主义教育学的特点，揭示了教育的客观规律。在该书中，凯洛夫提出教育的目的是培养全面发展的人，需要对学生进行德育、智育、体育、美育和劳动的教育。

该书曾被指定为我国高等师范院校的教材，据统计，从 1948 到 1956 年共印 10 次，印数达 291516 册。

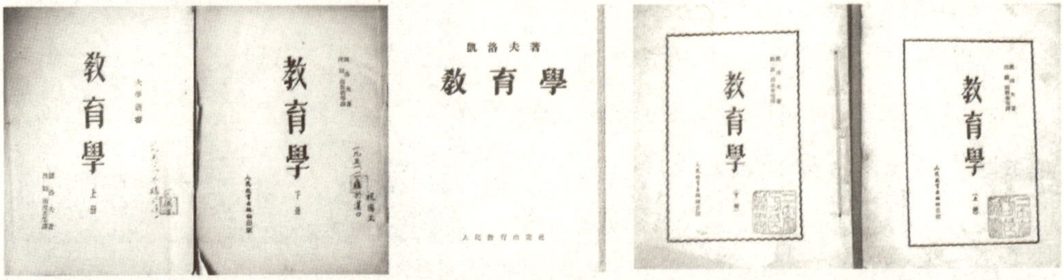

凯洛夫《教育学》中译本多版本书影

（二）“派出去”

仅仅“请进来”尚不能更好地学习苏联，成效也有限，相对更为有效的办法便是“派出去”，一是派留学生，二是派教师。

1950 年 9 月 6 日，共和国派出的第一批留学生赴波兰、捷克斯洛伐克、罗马尼亚、保加利亚、匈牙利五国学习。由于当时的国际形势，共和国留学生只能派往东欧社会主义国家。此举也意味着中国留美生、留英生、留法生、留日生等均成为过去。

为了使“派出去”这一项工作能够步入正轨，教育部于这一年 12 月颁布了《1950 年度派往东欧新民主主义国家交换留学生暂行管理办法》，规定留学生的管理由教育部和外交部商定原则，由留学生所在国的我国大使馆执行，还规定了留学生的联系、学习等事项。

当时，我国留学生主要派往苏联学习。据统计，1951—1960 年，我国派往苏联的留学生，每年少时 200 多人，多时达 2000 多人，约占 10 年公派出国留学生总数的 90%。中苏交恶之后，1961—1965 年，每年派往苏联的留学生减为几十人乃至几人，占派出留学生总数的比例下降了不少。

1951 年 8 月 19 日，首批派往苏联的留学生启程，共 375 人，其中研究生 136 人。1952 年，根据中央人民政府秘书长林伯渠的建议，总理周恩来指示外交部、教育部等单位筹办留苏预备学校。第一批预备生 419 名，从 1952 年 3 月 31 日起，已在北京俄文专修学校第二部（留苏预备部）正式上课。学校 1955 年更名为“北京俄语学院”。

1954年，苏联教授正在辅导我国留学生

党和国家领导人非常关心和重视留学生工作。1953 年 7 月 25 日，周恩来总理在欢送留学生晚会上发表讲话，对他们提出了“身体好、学习好、纪律好”的要求，希望他们能够学成回国，为建设富强美好的新中国贡献力量。

1957年11月17日，毛泽东在访问苏联时，接见了在莫斯科学习的中国留学生，发表了意味深长又颇富哲理的讲话。他说：“世界是你们的，也是我们的，但是归根到底是你们的。你们青年人朝气蓬勃，正在兴旺时期，好像早晨八九点钟的太阳，希望寄托在你们身上。”毛泽东的讲话极大地鼓舞了海外留学生的学习热情。他们把自己的行动与祖国的需要结合起来，努力学习，报效祖国。

随着国际形势的发展及我国国际地位的提高，我国与一些资本主义国家的文化交流也逐渐放开。在这种情形下，高等教育部和外交部于1956年6月向国务院提交了《关于向资本主义国家派遣留学研究生的请示报告》。报告提出，为适应国家各方面建设的需要，同时也为了发展我国与各资本主义国家的文化交流关系，在需要及可能的条件下，国家应有计划地派遣一定数量的留学生去资本主义国家留学。对于留学生的素质要求，报告强调应该是政治上比较强，生活上有一定的经验。该报告是共和国成立后留学工作打破“一边倒”的开始，是一个新发展。

1966年之前，我国共向20多个国家派出留学人员10000多人，回国8000多人。这些学生回国后，对于国家的建设和发展起到了一定的作用，有的成为行业的骨干力量，但有的学生人生也很曲折，在政治运动风起云涌的年代中，并没能够发挥自己所学。

共和国在派遣留学生学习其他国家的文化、语言和技术的同时，还向有关国家派遣成批的高校教师和专家，加强与其他国家的学术交流和联系，推进科学技术的进步。

1955年9月，首次派遣33名高校教师赴苏联短期进修。这批教师分别来自人民大学、北京大学、清华大学等18所高校，进修时间为一年半至两年。1956年1月，再次选拔100名高校教师赴苏联学习。

1955年10月9日至11月18日，以教育部副部长陈曾国为团长的中小学教师代表团前往苏联访问和考察。根据国内教育事业发展的需要，代表团重点考察了苏联综合技术教育教学、师范教育、教育行政管理等方面的工作，回国后分组到北京、天津、上海、沈阳等16个城市作专题报告。

苏联“功勋教师”麦·阿列克西耶娃接见我国中小学教师代表团（1955年）

《人民教育》从 1956 年 3 月号起连续刊登访苏代表团的专题报告，使得苏联一整套课堂教学方法传播到中国。后来这些专题报告结集三卷出版。

1955 年和 1956 年，高教部和教育部两次发出《关于选拔高等学校教师赴苏联进行短期专业研究的通知》，目的仍是为了培养高等学校急需的师资，提高教育教学质量和科研水平。

当时，我国还积极地开展同其他社会主义国家高等学校学者的互访。如 1956 年 11 月，派复旦大学校长陈望道等四人赴德意志民主共和国参加格莱夫斯瓦尔特大学 500 周年校庆，等等。

人民教育出版社辑《中国中小学教师访苏代表团报告集》三卷书影

我国也根据自己的情况和对方的要求，向国外派遣有关专家、教师。1953 年 11 月 24 日，高等教育部发出了《关于赴苏联、东欧各兄弟国家中国语文教员的规定》，对

共和国接收的第一批留学生在清华大学（1951年）

派出教师的条件、管理工作等事项作了规定。从此，我国开始向东欧社会主义国家以及朝鲜、蒙古等国派遣汉语教师。

此外，我国还接受了部分社会主义国家的学生来我国留学。1950 年 11 月 30 日，波兰、捷克斯洛伐克、罗马尼亚、保加利亚、匈牙利五国的留学生陆续抵达北京，进入清华大学学习。其后，朝鲜、越南等国留学生陆续进入中国，为此高等教育部颁发了《各人民民主国家来华留学生暂行管理办法》，对外国留学生进行规范管理。

（三）“交流会”

1954 年 4 月 12 日，中国人民大学里忽然来了近 500 位客人，这些客人都是来自全国各类高校的校长以及教学领导干部。原来是高等教育部在此召开中国人民大学教学经验讨论会，总结该校学习苏联、进行教学改革的经验。

中国人民大学是在党中央直接关怀下创立和发展起来的一所新型大学。其前身可以追溯到 1937 年的陕北公学。共和国建立之初，为了培养具有马克思列宁主义素养和专业知识的新中国的建设人才，中共中央决定在陕北公学基础上组建中国人民大学。

1949 年 12 月 16 日，中央人民政府政务院第十一次政务会议根据中共中央政治局的建议，通过《关于成立中国人民大学的决定》：

新国家的伟大建设工作已经开端，为适应国家建设需要，中央人民政府政务院决定设立中国人民大学，接受苏联先进经验，并聘请苏联教授，有计划、有步骤地培养新国家的各种建设干部。

人民大学受中央人民政府教育部领导，在大学内设本科及专修班……

该校的教育方针，应是教学与实际联系，苏联经验与中国情况相结合。

同日，教育部发布了《关于中国人民大学实施计划的决定》，对诸如课程与教材、招生来源及名额分配等问题作了具体规定。

1950 年 2 月 19 日，中央人民政府委员会第六次会议任命吴玉章为中国人民大学校长，胡锡奎、成仿吾为副校长。11 月 12 日，中共中央批准成立中共中国人民大学党组，胡锡奎任党组书记。

两份决定原定中国人民大学 1950 年 2 月开学，但由于筹备、招生、师资、建设等种种原因，到 10 月 3 日才正式举行开学典礼。其间由陆定一、吴玉章、钱俊瑞、成仿吾等组成中国人民大学筹备委员会，在苏联专家的帮助下，进行了几个月的筹备，拟定了学校组织、课程草案和教学组织办法。1950 年 3 月初，本科各系即先行开课。当年暑假，待所聘请的苏联教授大部分到校，本科各系和专修科各班的教育计划才全部拟定。

中央人民政府任命通知書

茲經中央人民政府委員會
第十二次會議通過任命吳玉章爲
中國人民大學校長

特此通知

主席

一九五零年 月 日

中央人民政府任命吴玉章为中国人民大学校长的通知书

开学典礼举办之日，中央人民政府朱德副主席、刘少奇副主席、张澜副主席、林伯渠秘书长，委员何香凝、司徒美堂、彭泽民、章伯钧、徐特立、谢觉哉，政务院副总理董必武，教育部副部长韦悫与各部、院、署首长，北京各大学校长，来京参加国庆典礼的各地少数民族代表等都出席了该校的开学典礼。加上学校的苏联教授及全体教职员学生共 4000 余人，真可谓是济济一堂。

开学典礼上，吴玉章校长报告了学校工作概况，指出中国人民大学（以下简称“人大”）所培养的学生都要用马列主义毛泽东思想武装起来，并要培养成为掌握最新科学成就的专家。刘少奇、朱德讲话指出创立中国人民大学的重大意义。

中国人民大学被誉为共和国的第一所新型正规大学。该校的教育方针定为教学与实际联系，苏联经验与中国情况相结合，在实际工作中特别强调教学的质量和效果，并要求不断提高教员的科学水平。该校除在业务指导上取得与中央各部门直接联系并获得协助外，还在组织上特别设立了研究部，领导科学研究工作，又分别在教务部及各系下设了教研室，直接从事教学和研究工作，并有苏联专家担任指导。每门功课按照非常严密的计划执行，并实行专人负责制。

在苏联专家的直接帮助下，人大办学近四年，办学效果究竟怎样，全国人民都在翘首以盼。为此，高等教育部于1954年4月12日至21日召开了经验交流会，会议总结出人大办学的六大特点：①特别重视马克思列宁主义的思想教育，除在教学计划中给予政治理论课以重要位置，其他一切工作也都是在马克思列宁主义思想指导下进行的。②学校从开始就很重视把工农干部培养成为国家建设事业中

苏联莫斯科大学马列主义教授高尔尼洛夫正向人大研究生讲授马列主义

的骨干，在教学计划、教学方法等多方面都照顾到工农学生学习的特点。③学校的各门课程，从政治理论到财经、政治各专业教材，有的是直接取自苏联经验，有的是自己编写，不仅可供各高等学校参考应用，同时，各高等学校还可以在研究和使用这些教材中，学习应用马克思列宁主义的方法联系中国实际的精神，来解决自己教材的编写问题。④学校在组织、领导方法、工作布置等方面都注意面向教学，一切以教学为中心，为教学服务。⑤学校大力组织科学研究工作，借以提高教师水平和教学质量。因教师多是短期培养出来的且教学任务繁重，这一工作得以展开，主要是由于办学方向明确，领导坚定。⑥学校以教研室作为办好学校的中心环节，通过它来进行教学，开展科学研究，培养师资，提高教师的政治思想水平。会议指出，这些是认真学习苏联的结果，证明苏联高等学校的办学精神和各项制度、办法都是学习的榜样。

与会代表认为：人大大力贯彻中央规定的教学与实际联系、苏联经验与中国情况相结合的教育方针所取得的成就，对全国各高等院校有普遍的、现实的指导意义。高等教育部副部长杨秀峰在会议闭幕时讲话指出：中国人民大学学习苏联的经验，对其他高等学校都是适用的。认为中国人民大学条件特殊、经验虽好但不能学习的看法是不对的。另一方面，不根据具体条件硬搬人大经验去应用也不妥当。各院校应根据具体情况有计划地、有步骤地采用这些经验，逐步达到全面地、系统地学习。人大学习苏联的经验，是不断克服困难创造条件的过程，关键在于坚决贯彻中央的方针，方向正确，步骤稳当，克服困难，积极前进。

当时，有着人大这么一个成功的样板，对于院系调整的质疑自然也就基本上消失了。不过，人大的命运也很曲折，后来中苏交恶，中国开始“反对修正主义”“防止修正主义”，这一所历经辛苦建立的大学，后被无端地认定为“修正主义侵入无产阶级学校的典型”，是“扛着红旗反红旗”“资产阶级专了无产阶级的政”，终于在 1970 年 10 月被北京市革命委员会通知停办。直到 1977 年 9 月时邓小平提出“人民大学是要办的，主要培养财贸、经济管理干部和马列主义理论工作者”，该校才得以恢复。与其命运相似的还有哈尔滨工业大学。

链接

1950年4月29日，教育部按照中央人民政府副主席刘少奇的指示精神，提出《哈尔滨工业大学改进计划》。计划提出：哈尔滨工业大学应仿效苏联工业大学的办法，培养理工人才，以代替派大批学生去苏联留学，并每年抽调各大学理工学院讲师、助教和教授150名，入该校参加教学研究班，在苏联教授帮助下，研究深造，以提高国内大学的理工科师资水平。哈尔滨工业大学的学校制度、教学计划、教学大纲一直是学习苏联的，并用俄语进行教学。

（四）“五分制”与“六节一贯制”

前者是学生评价制度，后者是学校生活制度。

五级记分法，全称“五级分制记分法”，简称“五分制”，被认为是具有苏联特色的衡量学生成绩的方法。我国何时介绍这种制度的准确时间已不可考，早在《东北教育》1949年第五期上的《苏联的五级分制记分法》一文指出：苏联学校普遍使用的这一方法，不但是最科学，而且是最简便的。这一方法依照学生的学习情况及平日的成绩记分，最好的给五分，较好的给四分，中等的给三分，劣等的给二分，最劣等的给一分。其中以五分、四分为优等，三分为中等，二分、一分为劣等。

蘇聯的五級分制記分法

《东北教育》1949年第一卷第五期介绍五分制文章的标题

文章还认为百分制笨拙不灵活，只是从表面上衡量成绩，是形式主义的、脱离实际的，故而是极不正确的。想要彻底了解学生的成绩，应当在课堂里，从学生的听、说、读、写、算各方面，随时随地来测验他们的预习及复习的程度，这样可以检查教学效果，督促学生学习。

在具体操作上，给学校里的每个学生一年发一本记分册，教师提问时，交给教师记分，年月日及问题都要记在上面，并且还需要签字。每个星期家长也要签字一次。

记分表分得很详细，以免过后不能了解学生的详细成绩。如语文（当时还称国语）分为读书、作文、说话、写字等栏；数学分为问答、演算、珠算等栏；常识中，如政治、历史、地理等，又分为问答及作业等栏。

这一套制度需要有好多种相配套的表格，如科目记分表、月末评定记分表、班内月份记分表等接近十类。

当时人们认为，五级分制可以准确地考查学生的实际学习成绩，并且打破学生的个人英雄主义思想，养成教师、学生实事求是的精神以及科学的观点和方法。

这一套制度自然是在东北地区的学校中先行实施的，当时认为它是比较先进的，即使今天看来，也确实有其独到之处，俄罗斯至今仍在坚持使用。

1952 年 3 月 18 日，教育部颁行《中学暂行规程（草案）》，规定中学生的成绩考查“暂采百分制，以 60 分为及格。有条件的学校，经省、市文教厅、局核准的试行五级制记分法”。同日颁行的《小学暂行规程（草案）》规定：小学生的学业成绩考查，“应逐步采用五级制记分法（以三分为及格）；各地在未采用前，得暂用百分制。总成绩的评定，采用五级制记分法，以三分为及格”。实际上是将该制度推向全国，这可从苏州实验小学的校史纪事中得到验证。

苏州实验小学是在中国教育发展史上有名的实验学校，是南方地区较早尝试运用五分制评分的学校。部令出台后，不仅苏州实验小学通用五级记分法，全国各地的学校都是如此。但实行了没几年，便又纷纷放弃了。

放弃使用的原因有多种，既有五分制本身的缺陷，如表格繁多，要求随时提问，天天记分，比较烦琐，各科教师交接记分册比较紧张；也有学习苏联中产生的通病，即形式上模仿，却未能仔细研究、领会其精神，有些人员简单地将百分制折算成五分制，采取了“中庸之道”，加以改良。

批改试卷时，先算成百分数，再折算成五分制，多出了一道无谓的手续。这固然是由于老师比较熟悉百分制，更习惯于百分制下的操作，但也反映出他们对

年画《又得了“满分”》

五分制并没有真正了解。因为这样一来，41分即可及格了，而百分制60分才算及格，这样实际上降低了评分标准。

不过，这一套制度对共和国教育的影响还是很大的。“文化大革命”中翻旧账，一个耳熟能详的口号便是“门门五分”，“五分制”被视为“智育第一”“分数挂帅”摧残学生的直接体现。

共和国建立之初，整个教育系统的活动非常多，有时甚至较为频繁，高等教育尤其如此。通知一来，学校就得停课让学生、教师参加活动。可另一方面，社会急需各种建设人才，培养计划却不能按时完成，令学校方面很是头疼。

鉴于此，从1952—1953学年起，有些高校为了使课堂活动和课外活动的时间划一，克服各种工作的交叉和混乱，以便于文体和社会活动的进行，采用集中排课，即在早、午餐之间连续上六节课（有的上五节），称为“六节一贯制”或“五节一贯制”。这种做法后来流传开来，并被认为是来自苏联的先进经验。

河北唐山铁道学院在1953年2月间，将该院作息时间执行办法上报高等教育部，报告中详细说明了该校关于上课时间的安排。高等教育部将报告以及批复一同发表于高等教育部内部刊物《高等教育通讯》1953年第2期上，要求各校研究。

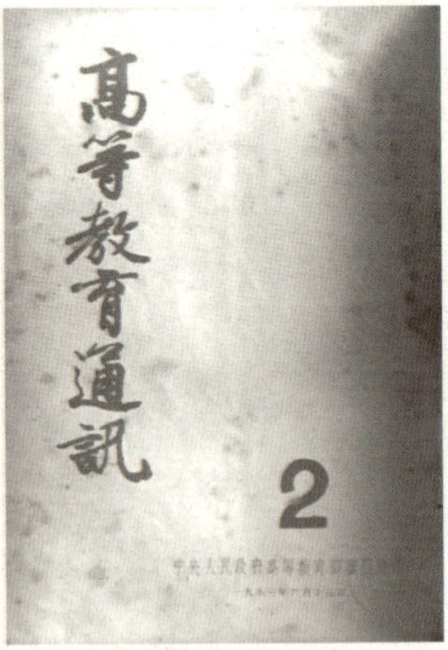

《高等教育通讯》1953年第2期封面

研读报告及批复后，各校产生了一种错觉，以为主管部门赞成这一制度，纷纷仿行。但是学生们开始觉得吃不消了。

高等教育部接到了不少反映这一问题的意见，特地于1954年10月21日发布《关于停止实行所谓“六节一贯制”问题的通知》。

不可否认，高等教育部的批示是导致各学校进一步仿效的主要因素，后又下令停止实行该制度，甚至连名称也不准使用，前后态度完全不一样，对此，高等教育部的解释是："由于我部缺少进一步的检查研究，明确其利弊所在，致使各校在实行此办法的认识上，也是模糊的。"高等教育部承认是"我部工作的失误"，全国学校方面很快纠正了这种做法。

辽宁抚顺煤矿工业学校的学员准备去上课

链接

百分制与五分制的换算公式

1 ~ 20 分 =1 分

21 ~ 40 分 =2 分

41 ~ 60 分 =3 分

61 ~ 80 分 =4 分

81 ~ 100 分 =5 分

（五）"红领巾"教学法

这里的"红领巾"不是指少先队的标志，而是指一种深刻影响我国语文教学的教学法，俗称"'红领巾'教学法"，此教学法是在苏联专家的帮助下形成的。

新民主主义的教育与旧民主主义的教育有着怎样的区别，教育工作者经过几年来的努力已经逐渐建立起了相应的认识，而且开始使用新民主主义的教科书。可是新民主主义社会的语文课堂与旧语文课堂究竟应该有怎样的区别，特别是开

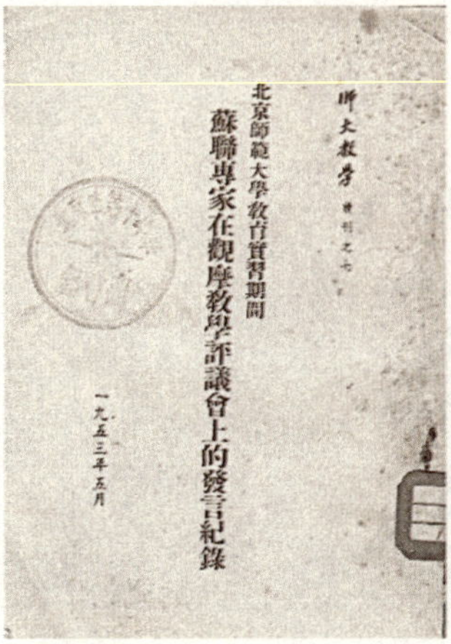

苏联专家关于语文教学的发言结集出版（1953年）

展社会主义建设的语文课堂又应该有着怎样的表现呢？广大的语文教师并不能回答这些问题。共和国成立后三年的语文教育走了一条曲折的道路。“对旧的一套还缺乏深刻而全面的批判，对新的一套还没有正确而明确的认识；改革工作还只是停留在表面上，没有深入下去。”

1953 年 5 月，中共中央政治局召开会议讨论教育工作，决定成立语文教学问题委员会，委员会由宣传部直接领导，胡乔木任主任，主要负责指导解决中小学语文教学问题。由此可见，当时国家对中小学语文教学问题是非常重视的。

正是在这种背景下，1953 年 5 月 20 日，苏联专家普希金在听了北京市女六中一位教师所执教的《红领巾》一课后，在评议会上作了总结发言。

链接

《红领巾》这篇课文出自人民教育出版社 1952 年版的初级中学语文课本。这套教科书共 6 册，所收录的 110 篇课文几乎都属现代作品，其中苏联作家和描写苏联的作品占 20 篇左右。

“红领巾”教学法将一节课分成组织教学—检查作业—教学新教材—巩固旧教材—布置作业等五个环节，其基本步骤是：介绍时代背景—介绍作者—分析段落大意—总结中心思想—理解写作特点。

同年 5 月 27 日，根据普希金在发言中提出的意见和方法，北京师范大学中文系三年级学生在北师大女附中再次试教了这篇课文。

7 月份，教育部机关杂志《人民教育》发表了北京师范大学中文系叶苍岑教授的《从〈红领巾〉的教学谈到语文教学改革问题》一文，该文介绍了整个评课试教情况以及普希金教授对我国语文教学的看法和意见。《人民教育》同时配发了《稳步地改进我们的语文教学》的短评。

由于当时正值全国教育界学苏联，加之《人民教育》的权威性，上述两篇文章发表后，许多学校开始学习“红领巾”教学经验，进行教改试验。

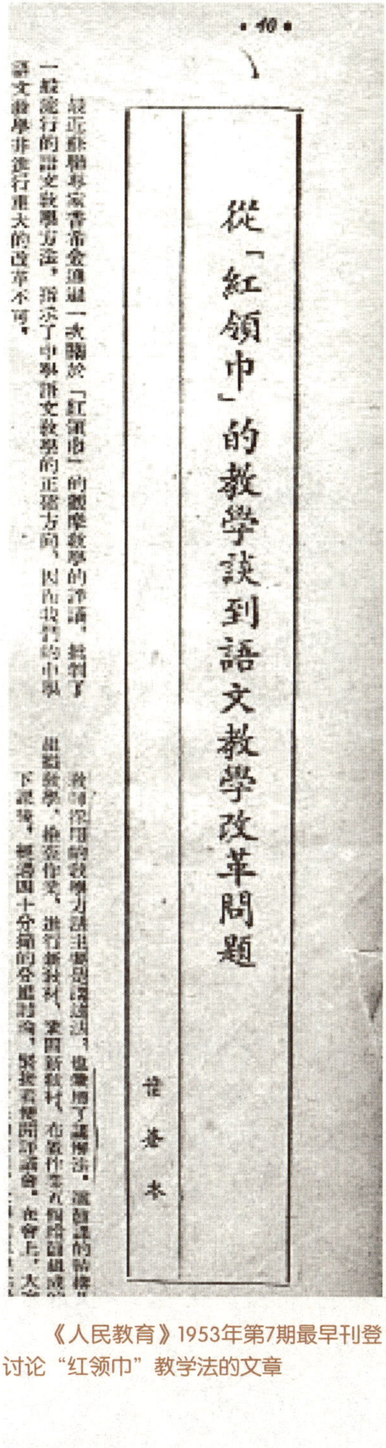
·40·

從「紅領巾」的教學談到語文教學改革問題

葉蒼岑

最近蘇聯專家普希金通過一次關於「紅領巾」的觀摩教學的評議，批判了一般流行的語文教學方法，指示了中學語文教學的正確方向，因而我們的中學語文教學非進行重大的改革不可。

《人民教育》1953年第7期最早刊登讨论“红领巾”教学法的文章

之后不久，应全国各地语文教师和语文教研组的要求，《人民教育》第10期又刊发了叶苍岑《普希金专家再论语文教学》和试教者陈玉璞、杨茂勋的《我们试教〈红领巾〉的经过和体会》两篇文章，进一步推动了各地教师学习苏联搞教学改革的热潮。此后，学习苏联的语文教学方法，照“红领巾”教法教语文，风行一时。

“红领巾”教学法的出现，解决了当时语文教学“不断摇摆”“掌不稳舵”的情况，使得处于探索过程中的语文教学有了一套相对固定的程式和做法，并且这种做法有着在当时看来较为科学的教育思想作支撑，在一定程度上提高了当时的语文教学质量。

其实，《人民教育》7月的短评，在肯定该教学法的同时还特别提醒：“北京师范大学三年级同学，按照专家的指示，作了一次试教，基本上是成功的，但这还只是改进语文教学的初步尝试，还不是已经成熟了的果实”，因此“不希望教师们就把它当作肯定的典型，而依样画葫芦”。

可惜，这个提醒并没有引起大家的重视。“红领巾”教学法从一开始的一个教学事件或教学案例，发展成为一种教学现象，随后又演化为一种主导中小学语文教学多年的教学法，这一发展历程留给了我们很多经验和教训。

链接

稳步地改进我们的语文教学（节选）

我们的语文教学，三年来，在前进的道路上，是走着“之”字路的。……教师在课堂上唱“独角戏”，语文课缺少语言、文学的因素，语文课变成了政治课的种种偏向至今还没有得到应有的纠正……我们的语文教师，在改进教学的过程中，不断地在风浪中摇摆，一下子倒在这一边，一下子又倒在那一边，老是掌不稳舵。

普希金专家已给我们指出了一个改进语文教学的方向，北京师范大学中文系同学已经“打了第一炮”，希望全国中等学校的语文教师能从此把改进语文教学的工作，再推进一步，推向新的发展阶段上去。但是，我们不要乱打冲锋，而是要认真地学习苏联的先进的教育理论，结合学生的实际，从实践中总结、批判我们的教学经验，稳步前进。

三、面临的新问题

将教育走向正规化，这符合教育发展的规律，然而新成立的共和国实际上却尚未具备这样的条件，或者说提供不了这样的基础，在使新教育走向正规化道路的过程中便产生了一系列的问题。比如共和国成立后竭力发展的工农速成中学，设立了没几年又纷纷下马；再如后来鼓励毕业生参加农业生产，虽是一件移风易俗的大事，却又显得有些无可奈何；还有便是干部子弟学校的问题，作为政策对某类人的特殊照顾，从长远来看，这种特殊化的政策终归是长久不了的。

与会代表步入第一次全国工农教育会议会场

(一)工农速成中学

工农速成中学，是共和国成立后极力发展的一种教育组织形式，原型在苏联。兴办之初，曾饱受赞扬，被称为“历史上未有的学校”，“空前大事”，然而兴办了没几年，就销声匿迹了。

《共同纲领》和第一次全国教育工作会议确立的共和国兴办教育的基本精神便是教育为国家建设服务，学校向工农开门。为了将这一精神落实到位，教育部和中华全国总工会于1950年9月20日联合召开了第一次全国工农教育工作会议。

在会议开幕式上，马叙伦部长讲道：

中国英勇、勤劳的工人和农民，创造了中国的历史和文明，但在旧中国，他们却被剥夺了拥有文化和教育的权利。工农及其子女向来被排斥在国家教育的门外。这现象一直到共和国成立，才在全国范围内开始了根本的改变。

中央人民政府把发展工农教育，培养工农出身的新型知识分子，作为自己的极其重要的任务。国家对工人、农民的教育将继续日益扩大其范围，并为他们开辟无限光辉的前途。

北京实验工农速成中学学生集会（1959年）

建立工农速成中学便是“为他们开辟无限光辉的前途”的途径之一。此次会议通过了《关于举办工农速成中学和工农干部文化补习学校的指示》《工农速成中学暂行实施办法》等决议。

其实，在此次大会召开之前，工农速成中学已经陆续得以建立。如1950年4月3日，由教育部、北京市文教局联合创办的北京实验工农速成中学开学。此后，沈阳、大连、哈尔滨、保定、西安、兰州、无锡等地相继开办工农速成中学。至1950年6月初，全国共开办工农速成中学12所，招收学生1400余人。当年下半年得以继续发展，至年底，全国共创办该类学校24所，招生4400余人。

政务院于1950年12月14日正式发布了《关于举办工农速成中学和工农干部文化补习学校的指示》，提出工农速成学校的“修业年限暂定为三年，必要时得延长之，其课程相当于普通中学的基本课程”，“入选工农速成中学的条件为：参加革命工作三年以上的工农干部或有三年以上工龄的产业工人，具有相当于高级小学毕业的文化程度，年龄在18~35岁，身体健康”。

1951年2月10日，教育部正式颁发《工农速成中学暂行实施办法》，其中规定：工农速成中学的任务是招收参加革命或产业劳动一定时间的优秀的工农干部及工人，施以中等程度的文化科学基本知识的教育，使其能升入高等学校继续深造，培养他们成为新中国的各种高级建设人才。不愿或不宜升学的，可以直接或经一定时期的业务训练后分配工作。修业年限暂定为三年，必要时得延长为四年。学校采用校长负责制，暂由中央人民政府教育部及大行政区教育部统筹设置。

北京实验工农速成中学学员参加劳动

工农速成中学，顾名思义，其要点一为“工农”，一为“速成”。学员为工农干部和进步工人。开办工农速成学校的目的是将工农干部和进步工人运用“速成”的方式培养成为国家建设需要的新型知识分子。速成的办法就是将中学六年的课程压缩在三年内完成，所以需要学员具备高级小学的文化水平。

六年任务要压缩在三年完成，任务之艰巨可想而知。虽然速成中学的教员是特地挑选出来的，教材是专门编写的，但因许多学员并没有真正的高小文化程度——旧中国原本教育就不发达，加上长期的战争环境，平静安稳地受教育基本不可求，没有那样的条件也没有那样的机会——而中学又是“速成”的，故淘汰率比较高，许多学员含着泪自动退学，实在是没有能力完成学习任务。另外，因为需要脱产三年，这对于产业工人以及家庭困难的学员来说，是极其困难的。“文化大革命”中翻旧账，工农速成中学被视为“修正主义”危害教育的一大体现，大搞“智育第一”，高挂“分数第一”，“迫害”工农兵学员，剥夺劳动模范、战斗英雄等受教育的机会。

为了使得预期的目标能够顺利实现，毕业学员被送入高等学校继续受教育。1951 年 11 月 19 日，教育部发出《关于工农速成中学附设于高等学校的决定》，要求自 1953 年起，工农速成中学应有计划、有步骤地附设于各类高等学校，作为高等学校预备学校，学生毕业后，一般可直接升入高等学校继续深造。28 日，教育部又发出补充指示：目前工农速成中学以附设于综合性大学、师范大学或师范学院、多科性高等专业学校为宜。1954 年，全国共有工农速成中学 87 所，其中 57 所附设于各类高等学校。今天许多有名的大学附中，其前身就是工农速成中学。

1951 年 11 月 20 日至 29 日，教育部召开全国工农速成中学工作会议。会议讨论了工农速成中学的方针、任务，认为工农速成中学是在较短时间内培养工农干部和产业工人升入高等学校的一种预备学校。它不仅是为了满足工农干部和产业工人对于文化的需求，而且是为了适应国家建设的需要，为国家培养各种建设人才。会议指出，必须加强和改进

了著名的大学附中，另外30所则变为普通中学。

工农速成中学概况（1950—1957年）

时间	学校数（所）	班级数（个）	招生数（人）	毕业数（人）
1950年	24	123	4447	—
1951年	41	343	7101	—
1952年	51	481	11663	116
1953年	58	691	12284	2232
1954年	87	1168	29245	4187
1955年	65	853	—	7062
1956年	56	750	—	396
1957年	58	528	—	7300

（二）毕业生参加生产

共和国成立后，由于坚持教育为国家建设服务，学校教育向工农开门，教育事业发展极为迅速。

共和国中小学教育发展概况（1949—1952年）

	1949年	1950年	1951年	1952年
小学校数（所）	346769	383647	501105	526964
中等学校数（所）	5216	5123	5448	6059
小学生数（万人）	2439.1	2892.4	4315.4	5110.0
中等生数（万人）	126.8	156.6	196.4	314.5

1949年，全国共有小学生2400多万人，1952年增加到5100多万人，增加了约1.1倍。1949年中等学校学生有近127万人，1952年底增加到近315万人，增加了约1.5倍。从数字上来看，中等学校发展得比小学还快，这就让高小毕业生有了更多的升学机会。同时，为了使中等学校，特别是初中和高中能够容纳更多的学生，政府已尽可能采取各种办法来增加学校的容量，如扩充每班名额、增加班次、实行二部制、举办夜校、在农村完全小学附设中学班（即“戴帽中学”）、发挥教师潜力等等。但是，尽管如此，仍然不能满足逐年增长的高小和初中毕业

生的升学要求，这就演变成为一大社会问题。

如何解决呢？1953 年 12 月 3 日，《人民日报》发表了题为《关于山东蓬莱县潮水乡高小毕业生参加农业生产的情况调查》的报告，报告提出了一把解决问题的“金钥匙”。调查报告指出：

三年来，全乡的 175 个高小毕业生，升学的有 26 人，占 15% 弱；外出就业的 34 人，占 19% 强；在家的 114 人，占 65% 强。学生升学的数字，虽然是空前多，但这和群众升学的要求却还离得很远。而国家经济力量还不容许兴办这么多的中学，于是升学问题，曾经一度引起思想的混乱。

经过党和人民政府的教育，加上先进农民和老农的影响，没有升学的高小毕业生慢慢改变了非升学不可的想法，先后响应了人民政府的号召，投入了农业生产。

号召中小学毕业生参加农业生产的宣传画

据统计，在家的 114 个高小毕业生，有 60% 积极参加了农业生产，他们在生产上发挥了很大的作用，不少人已成为生产能手。

从潮水乡的材料看来，农村高小毕业生，大多数应该而且可以组织到农业生产中去。

同时，《人民日报》1953 年 12 月 3 日还发表社论《组织高小毕业生参加农业生产劳动》，其中指出：

农村许多高小毕业生要求升学，他们的家长也要求他们升学，这是容易理解的，这反映了人民物质生活水平的提高和文化要求的日益高涨，人民政府也在努力满足人民的这种要求；但是由于我国经济发展水平的限制，由于我国目前必须首先集中力量发展重工业，还不能用更多的人力、物力、财力发展初级中学，所以，这种要求在目前还不可能完全满足。因此，引导农村高小毕业生参加农业生产，乃是解决他们的出路问题的基本办法。

江苏参加农业生产的高小毕业生

由此可知，这把解决升学需求问题的“金钥匙”就是动员高小毕业学生参加农业生产。《人民日报》在1954年1月19日，报道了济南市人民政府文教局在处理高小毕业生问题上的工作经验；2月2日，报道了黑龙江省解决高小毕业生的升学就业问题的经验；2月19日，报道了由东北行政委员会教育局办公室主任许行介绍的东北区处理高小毕业生的学习和就业问题的一些经验；4月19日，发出了题为《为今年中、小学毕业生参加生产和升学做好准备工作》的社论，社论指出：

根据经验，要引导高小和初中毕业生参加生产建设工作，首先必须做好宣传教育工作。各地必须吸取经验，在党委的统一领导下，组织各方面的力量，通过多种形式，并运用各种宣传工具，有计划地向学生、教师、家长、干部和群众进行深入的、细致的宣传教育工作。

1954年4月22日，青年团中央发出《关于组织不能升学的高小和初中毕业生参加或准备参加劳动生产的指示》，要求各级团委大力配合政府教育部门和学校行政部门，加强对学生的劳动教育。各级团委组织要积极进行宣传，树立正确的社会舆论；要运用范例教育毕业生为参加劳动生产做好准备；要广泛地组织自学小组，帮助已经参加劳动的高小和初中毕业生进行自学。

4 月 29 日，《人民日报》发表了教育部副部长韦悫的《家长们对快要在中、小学毕业的儿女应该给予正确的指导》一文，该文在回答“国家为什么不办更多的初级、高级中学来收容所有高小和初中毕业生”之类的疑问时说：

农村知识青年的榜样——徐建春

> 要从国家在过渡时期的总任务来考虑这个问题。祖国正在为实现国家的社会主义工业化而斗争。实现工业化的中心环节是发展重工业。发展重工业需要大量的资金，因此各级学校的发展，包括初中和高中的发展，就须有一定的限度。
>
> 普及初等教育和中学教育是要在社会主义建设达到一定程度的时候，才可能实现。即实行普及教育要有一定的生产水平作为基础。……我国还是一个农业国。如果现在要求所有高小和初中毕业生都能够升学，那是和我们的生产发展情况不相称，特别是和第一个五年计划所规定的集中主要力量发展重工业的基本任务不符合的，因而是办不到的。

对于“不能升学就没有前途”的说法，韦悫在文章中用事实进行了反驳，证实其不能成立，同时希望家长们能够正确地指导和帮助即将高小和初中毕业的儿女。因为“国家负有教育年轻一代的责任。父母同样负有教育儿女的责任。国家和父母的共同任务，就是把年轻一代培养成为社会主义社会的自觉的积极的建设者和伟大祖国的保卫者”。

5 月 24 日，中共中央批发教育部党组《关于解决高小和初中毕业生学习与从事生产劳动问题的请示报告》等文件，并加了批语。

链接

1954年5月24日教育部批语（节选）

中央认为小学教育应该是国民义务教育性质。…… 在受完了义务教育之后，除其中一小部分优秀毕业生经过考试升学深造外，绝大多数都应该从事工、农业及其他生产劳动，这是一种正常现象。那种认为现在一切中、小学毕业生都应当升学的看法是错误的，也是不可能的。

……建设社会主义，没有文化是不行的。今后工厂招收工人和学徒，必须尽可能先招收初中毕业生和年龄较大的高小毕业生；在农业生产上，也必须多吸收中、小学毕业生。工厂和农村的党、政组织，必须认识吸收这些具有一定政治、文化水平的青年从事生产建设是提 高劳动生产率的一个积极因素，对他们参加生产劳动必须热烈欢迎，并在生产中对他们加强教育，继续提高他们的社会主义觉悟和文化、技术水平，把他们逐步培养成为生产战线上的能手。

5月29日，《人民日报》发表中共中央宣传部《关于高小和初中毕业生从事劳动生产的宣传提纲》。

6月2日，《人民日报》又发表了教育部林砺儒的《教师们要及早向中学、小学毕业生进行升学和从事劳动生产的教育》一文。文章指出：学年就快到暑假了，指导即将毕业的学生们正确地解决升学和从事生产的问题，是各校教师们这一时期思想教育的重点之一。

其后在8月和10月间，《人民日报》又发表了一系列介绍苏联教育发展中遭遇这一问题的解决办法的文章，指出“苏联重视中学毕业生参加劳动生产”，因此，我们也要“更广泛地吸引青年参加生产工作”。

而当时，部分不能升学的高小及初中毕业生自发地组织了“自学”的形式，坚持学习，他们主要是年龄过小，参加生产有困难。1954年10月30日，《人民日报》就此发表了题为《巩固和发展城市高小和初中毕业生的自学组织》的社论，指出："建立这种自学组织无疑是一种长期性的工作。估计在今后一定时期内，每年都可能有一批高小和初中毕业生不能升学，暂时又不能参加生产劳动。这样，组织他们进行自学的工作，势必成为今后社会教育必不可少的形式。同时，初步经验已经证明，自学组织可以帮助不能升学的高小和初中毕业生在思想上和文化知识上不断获得进步。因此，凡是没有建立自学组织的城市，都应该建立这种组织；已经建立这种组织的，应努力巩固它。"

人民日報

关于中小学畢業生参加农業生产問題

社論

波蘭政

《人民日报》刊发刘少奇在长沙中学生代表座谈会上的讲话（1957年）

1955 年 5 月，暑假即将来临，许多毕业生无法升学的问题依然困扰着教育部。于是《人民日报》于 5 月 20 日发表了社论《继续动员初中和高小毕业生从事生产劳动》，指出：动员初中和高小毕业生从事生产劳动，是一项长期的艰巨的任务，各地应当有长远打算，不断加强这一工作，以保证这一任务的顺利执行。

到了 1957 年，形势更加严峻，国家领导人都不得不出面加以引导。3 月 23 日，刘少奇在湖南省长沙市中学生代表座谈会上就这一问题讲了话，后经过他的审定，题为《关于中小学毕业生参加农业生产问题》的发言稿作为《人民日报》4 月 8 日的社论刊发，全文一万多字，这是该报少有的长篇社论之一。刘少奇在发言稿中对初中和高小毕业生升学难的问题作了系统的阐述。

然而 1958 年开始的"教育大跃进"，各级各类学校急剧膨胀，学生无论是入学人数，还是毕业人数，都有大规模的增长。

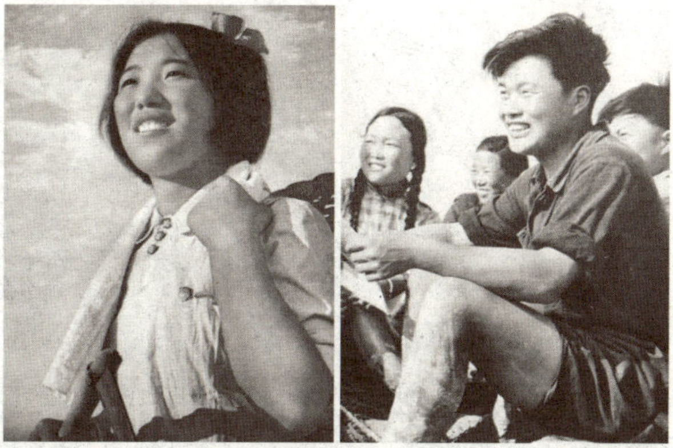
青年的榜样——邢燕子、董加耕

这一时期，中学学位也有所增长，虽然增长的主要是带有职业教育性质的学校，如农业中学等，但普通中学部分也在大量增长，升学与就业的问题越发严峻了。

此时，邢燕子、董加耕、侯隽、朱克家的事迹先后被发表出来。“学习邢燕子，发奋建设社会主义新农村”成为当时指导年轻人选择生活方式的“时尚”，为日后“知识青年上山下乡”打下了基础。

整个教育的规模，虽经1961—1963年的竭力压缩，但仍旧超出了1957年的规模，升学与就业的问题不仅没有减轻，反而加重了。

后来，这一难题的解决主要得益于毛泽东的一句号召：“知识青年到农村去接受贫下中农的再教育，很有必要”，由此形成了规模浩大的“知识青年上山下乡”的运动，简称“上山下乡”。

据统计，自1968年12月至1973年12月，全国有800多万知识青年上山下乡。就业的难题似乎一下子就解决了，但是付出的代价却相当沉重。

知识青年奔赴边疆建设祖国（1965年）

如何看待国家动员毕业生参加生产劳动？诚然，世界各国在发展教育时基本上都会面临这一问题，普及小学教育之后，中等教育的发展跟不上，必然有许多小学毕业生无法升学，需要解决他们的就业问题。但我国是农业国，农业为主，只能动员他们参加农业生产，而中国自古以来就比较轻视劳动、轻视工农，所以当时面临着巨大的压力。不过，这样一来却打破了千年来的传统，“万般皆下品，唯有读书高”“学而优则仕”是难以存在了，人们开始认识到升学并不是唯一的出路。当然，这种认识不是一下子就能建立起来的，需要社会的宣传、家长的配合、教师的指导和学校的劳动教育，而且农村的建设需要具有一定文化知识的新型农民。

毛泽东早在1955年《〈中国农村社会主义高潮〉按语选》之《在一个乡里进行合作化规划的经验》一文的按语中就已经提道："这也是一篇好文章，可作各地参考。其中提到组织中学生和高小毕业生参加合作化的工作，值得特别注意。一切可以到农村中去工作的这样的知识分子，应当高兴地到那里去。农村是一个广阔的天地，在那里是可以大有作为的。"

当然，这样也不能解决全部问题，还得看前面六年小学教育的性质，究竟是为升学做准备，还是为建设新农村做准备。如果只是“救急”的性质，日后政策调整所要付出的代价会比之前大很多。

（三）干部子弟学校

共和国建立之初，子弟学校有好多种，如华侨子弟学校，革命烈士家属子弟学校，工矿企业职工子弟学校如煤矿工人子弟学校、铁路工人子弟学校，部队子弟学校，等等。其中令人不敢大意或者说不放心的便是干部子弟学校。

早在1944年，毛泽东就将郭沫若的《甲申三百年祭》一文列为整风学习文件，要全党引以为戒:"我党历史上曾经有过几次表现了大的骄傲，都是吃了亏的。全党同志对于这几次骄傲、几次错误，都要引为鉴戒。近日我们印了郭沫若论李自成的文章，也是叫同志们引为鉴戒，不要重犯胜利时骄傲的错误。"

链接

郭沫若的《甲申三百年祭》发表于1944年3月19日至22日的《新华日报》(重庆版)上,叙述的是明末李自成领导的农民起义军攻入北京后，部分首领腐化，内部发生宗派斗争，导致这次起义彻底失败的过程。

当共和国成立在即，中央机关即将进城时，毛泽东又想起了李自成的历史教训。1949年3月，毛泽东等率领中共中央机关离开中国共产党最后一个农村指挥所——西柏坡时，颇有深意地说："进京赶考去！""决不当李自成！一定要考个好成绩！"意在下定掌握政权后经得起胜利考验的决心。故共和国诞生之初，毛泽东对干部子弟学校特殊化问题一直持警惕的心态。

1951 年 12 月初，外交部亚洲司服务员魏宝贵发现中央机关某些干部用公家的小汽车接送在育英小学读书的子女，造成汽油浪费，曾致函毛泽东反映这种情况，并提出改进意见。毛泽东于 12 月 8 日表示这个建议值得注意，并请中共中央办公厅主任杨尚昆查明酌办。

但是根据当时的客观情况，1952 年 5 月 5 日，政务院文化教育委员会还是批准了《干部子女小学暂行实施办法》，其中规定：各级学校、机关及团体可以根据需要，设立干部子女小学。学校对烈士遗孤应予以特别照顾，对多年失养、失学及程度较差的干部子女，入学年龄可以不受严格限制。除了定期招生外，学校得随时收容因特殊情形不能按期入学的干部子女。干部子女学校学生享有公费待遇的，在较长假期或休学期间，享有向学校领取衣食部分的待遇。

6 月 11 日，中共北京市委在给中共中央和华北局的报告中提到，当时干部子女学校伙食费和津贴费的标准不仅不同学校之间存在差异，就是同一学校中也有大灶与中灶之分，并且干部子弟入普通学校学习时，其公费补助按家长革命历史和职位分为三等，造成很坏影响。

毛泽东于 6 月 14 日发出指示："干部子弟学校，第一步应划一待遇，不得再分等级；第二步逐步废除这种贵族学校，与人民子弟合一。请周恩来总理酌办。"

1953 年 5 月 24 日，周恩来视察了北京 101 中学。北京 101 中学初建于 1946 年，是中国共产党在根据地创办的唯一一所迁入北京的中学。周总理指出：干部子弟性质的学校，将来要改变。同时教育学生们不要滋长特殊化思想，不要脱离劳动，不要脱离群众。

1954 年毛泽东又收到他的老同学蒋竹如从湖南寄来的信，反映当地育才幼儿园、省幼儿园、军区幼儿园特殊化，并提出改进意见。毛泽东于当年 10 月 29 日表示赞成蒋竹如的建议，并将信转交陈云、邓小平处理。

1955 年 6 月 25 日，教育部指示北京师范大学第二附属中学及附属女子中学需改变干部子女学校的性质，干部、群众子女均可报考，不可加以限制。

北京第四区人民政府职员李华宝在给烈军属子弟写入学介绍信

7 月 29 日，财政部、教育部、国务院人事局联合发出通知：原在干部子弟学校或一般中小学、幼儿园享受供给制待遇的公费生，自本年 8 月份一律停止供给，其在校一切费用，均由学生家长负担。

10 月 28 日，中共中央又批转了教育部党组的报告，决定取消各地干部子女学校。自 1956 年开始，将其逐步变为普通小学，招收附近的机关工作人员和群众的子女为走读生，停招寄宿生。各部门办的干部子女小学，交由地方教育行政部门接管，取消公费生待遇。

至1957年9月，在北京的干部子女小学全部改为普通小学。但实际上，干部子女特殊化的问题并未解决，故而毛泽东后来对这一问题依然相当关注。在1959年12月至1960年2月间，毛泽东读苏联《政治经济学（教科书）》时指出："我很担心我们的干部子弟，他们没有生活经验和社会经验，可是架子很大，有很大的优越感。要教育他们不要靠父母，不要靠先烈，要完全靠自己。"

03

第三章

教育也要大跃进

1956年，社会主义的阳光普照中国大地，全国上下建设社会主义的热情高涨，各行各业都提出了实现飞速发展的要求，教育部门也不例外。一般称这一阶段为“教育大革命”，但为了避免与“文化大革命”时期的“教育革命”相混淆，采用当时通行的另一种表述方式——“教育也要大跃进”。

一、教育方针的改变

共和国成立之初，将教育定位成为国家建设服务，然而朝鲜战争的爆发打乱了这个日程表。现在终于迎来了和平，并且完成了社会主义改造，教育可以再回到为建设国家服务的轨道上来。但要按照中国的实情来发展，“苏联的那一套是行不通的”，“我们要两条腿走路”。对于共和国教育需要培养出什么样的人，也必须作出必要的限定，以便统一大家的认识。

（一）“三面红旗”

1958年是共和国历史上极不寻常的一年。在这一年里，“三面红旗”即总路线、大跃进、人民公社相继出台，且被高高树立起来。

1. 总路线

1955年夏天，中央高层领导人就农业合作化发展速度问题产生了分歧。同年10月召开的党的七届六中全会上，毛泽东强调说：“要拿个好办法，可以使合作社办得又多又快又好。”随后在中央政治局会议上，毛泽东又提出：社会主义经济建设也要“又多又快又好”。再后来，毛泽东采纳李富春的建议，在“多、快、好”的后面加了一个“省”字。

随着“多快好省”的提出，党内于1955年年底开展了批判右倾思想的斗争，结果使1956年各项工作出现了不切实际的冒进倾向。

党内出现的这种急躁情绪，立即引起了刘少奇、周恩来等中央领导人的警觉，他们试图加以纠正，这就是1956年开始的“反冒进”。

之后，通过几次会议统一思想，毛泽东酝酿的“多快好省”的总路线也就呼之欲出了。

总路线宣传画

1958年1月1日，《人民日报》发表元旦社论，提出“不仅要又多又快又好又省地进行各项建设工作，而且必须鼓足干劲，力争上游，充分发挥革命的积极性、创造性”。

1月上旬，毛泽东在同历史学家周谷城谈起这篇社论时，周谷城说它的中心就是八个字——“鼓足干劲，力争上游”。毛泽东听了十分高兴，赞扬归纳得好。

3月，中央召开成都会议，毛泽东再一次提到“鼓足干劲，力争上游”时发了不少感慨，并将“多快好省”连在一起，称为“总路线”。

5月5日至23日，中国共产党第八次全国代表大会第二次全体会议在北京举行。刘少奇代表中央委员会作政治报告。会议根据毛泽东的提议，通过了这一总路线。

报告对这条总路线的解释是，现在党的主要任务是进行社会主义建设，要实现技术革命和文化革命，工业和农业、中央工业和地方工业、大型企业和中小型企业都要坚持同时并举的“两条腿走路”的方针。认为这是一条能尽快把中国建设成为一个具有现代工业、现代农业、

宣传画《让每一个人都知道总路线》

现代科学文化的伟大社会主义国家的路线。

总路线的提出，反映了广大人民群众迫切要求尽快改变我国经济文化落后状况的普遍愿望。然而它却忽视了经济发展的客观规律，否定了国民经济计划的综合平衡，夸大了主观意志和主观努力的作用。尤其是在后来的宣传工作中，片面强调总路线的基本精神是“用最高的速度来发展我国的社会生产力”“速度是总路线的灵魂”“快，这是多快好省的中心环节”，于是盲目求快就压倒了一切。

链接

总路线的基本内容：调动一切积极因素，正确处理人民内部矛盾；巩固和发展社会主义的全民所有制和集体所有制，固无产阶级专政和无产阶级的国际团结；在继续完成经济战线、政治战线和思想战线上的社会主义革命的同时，逐步实现技术革命和文化革命；在保证重工业优先发展的条件下，轻工业和农业并举；在集中领导 、全面规划、分工协作的条件 下，中央工业和地方工业并举，大型企业和中小型企业并举；尽快地把我国建设成为一个具有现代工业、现代农业和现代科学文化的伟大的社会主义国家。

2. 大跃进

共和国建立之初，对我国“人口上、政治上是大国，经济上是小国”的现实的焦虑，迅速把祖国建设好的强烈愿望，落后就会挨打的深刻危机感，是促使毛泽东发动“大跃进”的良好初衷和直接动因。从国际上来说，当时的苏联、朝鲜等社会主义国家，“超英赶美”的社会主义建设也如火如荼，中国的“大跃进”运动在国际上也不是孤立的。

1957年9月，党的八届三中全会揭开了“农业大跃进”的序幕。这年冬至次年春开展的大规模农田水利基本建设和积肥运动，可以说是“农业大跃进”的前奏曲。

在水利建设的高潮中，中共中央召开了南宁会议，毛泽东亲自提出以跃进的速度提前实现农业发展纲要确定的目标。一声令下，各地雷厉风行，农产品的高

“大跃进”时代的“南瓜王”“葵花王”“水稻王”

土法大炼钢铁

指标也相继出台。高指标的布置，直接导致了浮夸风的泛滥，突出表现为全国各地都开始虚报粮食产量，竞放农产品产量“卫星”。

同农产品大放“高产卫星”一样，工业战绩也竞相大放“高产卫星”。这主要表现为对“钢”的追求。为了保证钢产量的实现，中央采取了一系列措施，其中一项就是土法上马，全民大炼钢铁。全国普遍建起了炼钢铁的小高炉和土高炉，甚至连侵华日军和国民党军队留下的碉堡炮楼也改成了炼钢炉。为了找矿，许多地方的党政领导干部带领群众上山，连在校学生和老人也背着镢头浩浩荡荡地去挖煤炼钢。没有矿石的地方，就砸烂家庭用的铁锅做原料。这场土法炼钢铁运动，造成了人力、物力、财力的极大浪费，不少地方的矿产资源遭到严重破坏，农田荒废，森林被砍光，给国家带来了灾难性的破坏。

“大跃进”运动持续三年，到 1960 年年底逐渐终止。

3. 人民公社

随着“大跃进”运动的不断升温，毛泽东和党中央又萌发了建立人民公社的设想，把人民公社当作向共产主义过渡的途径。

公社社员也热爱锻炼

1958年初，毛泽东正式提出了农业生产合作社要实行小社并大社的主张，全国农村立即开始了筹建的工作，有的地方率先以“公社”命名，如浙江诸暨城南乡的“红旗共产主义公社”，辽宁安东县的“前阳公社”等。

同年二三月间，毛泽东和他的秘书、《红旗》杂志总编辑陈伯达谈过一次话，谈话中提到乡社合一就是共产主义雏形，工农商学兵什么都管。谈话之后，陈伯达受毛泽东启发，撰写了《全新的社会，全新的人》，发表在《红旗》第3期上。这是党中央的机关刊物上第一次出现“人民公社”这四个字。陈伯达的文章，对人民公社体制的普遍实行起了推波助澜的作用，一些地方很快出现了小社并大社，再转为大搞公社。

毛泽东对人民公社的出现及兴起倾注了极大的关注及热情。

8月29日北戴河会议通过了《中共中央关于在农村建立人民公社的决议》，从而使得建立人民公社成了形势发展的必然趋势，全国各地农村在短时间内掀起了兴办人民公社的热潮。至1958年10月底，全国农村已基本实现了人民公社化。

歌曲《三面红旗万万岁》

农村人民公社的发展势头也带动城镇搞起了人民公社。毛泽东等中央领导同志兴致勃勃地预言，将来城市也要搞，学校、工厂、街道都办成人民公社。不要几年工夫，就把大家组成大公社。城市乡村一律叫作公社。如鞍钢叫鞍山公社，不叫工厂。

“人民公社”这种体制在我国延续了 20 多年，到 20 世纪 80 年代被“乡”一级政权代替。

由此，总路线、大跃进、人民公社，便组成了著名的“三面红旗”。

在这样的大背景下，全国各行各业都在进行着“多快好省”的建设，自然教育也需要“多快好省”地发展，否则不是“学先进、比先进、赶先进”，而是“故步自封、不思进取”了。

教育部部长杨秀峰在 1960 年 3 月 30 日至 4 月 10 日于北京召开的全国人民代表大会第二届第二次会议上，作了《积极进行教学改革，多快好省地发展教育事业》的发言，而在 1957—1958 年初，他还一直强调，要坚定不移地学习苏联的教育经验。

（二）新的教育方针

1953 年 6 月 30 日，毛泽东在接见青年团第二次全国代表大会主席团时，提出“要使青年身体好、学习好、工作好”。“三好”的号召，虽不是以教育方针的形式提出，但实际上成为教育工作的培养目标和广大青少年学习成长的行为指南。

1. 培养有社会主义觉悟的劳动者

1954 年 2 月，周恩来在政务会议上说：“毛泽东同志特别强调要增强人民体质。我们向社会主义、共产主义前进，每个人要在德、智、体、美等方面均衡发展。”“均衡发展是要思想和身体都健康。”

其后，教育界就“全面发展”与“因材施教”的关系争论了许久，有建议将其列为教育方针者，亦有反对者，还有持中立态度者。

时间推进到了 1957 年，毛泽东于 2 月 27 日在国务院第十一次会议上发表了具有历史意义的讲话《关于正确处理人民内部矛盾的问题》。其中提出了新的教

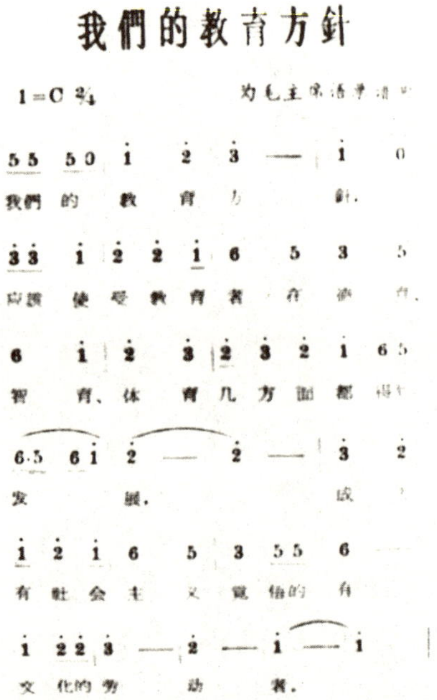

歌曲《我们的教育方针》

育方针——“我们的教育方针，应该使受教育者在德育、智育、体育几方面都得到发展，成为有社会主义觉悟的、有文化的劳动者。”这个讲话“把我们许多同志在教育方针上的混乱思想，都根本澄清了”。

这个方针最为主要的是三点：“德智体”“社会主义觉悟”“劳动者”。方针强调“三育”缺一不可，智育不佳者为“次品”，体育不佳者为“废品”，德育不佳者则为“危险品”。具备社会主义觉悟是否必要？答曰：很必要。教育培养休闲者、剥削者吗？共和国的教育要培养的是社会主义事业的建设者。

1957 年 6 月 26 日，周恩来在第一届全国人大四次会议上所作的《政府工作报告》中指出：“我们今后的教育方针，应该是培养有社会主义觉悟的、有文化的、身体健康的劳动者。过去这个方针是不够明确的。我们中小学生毕业后除了一小部分升学外，多数都应该参加工农业生产。高等学校中也应该加强劳动教育，学生毕业后一般地应该参加一定的体力劳动，今后应该对此定出一些制度，逐步实施。”这些表述就是将马克思主义关于人的全面发展的思想贯穿于社会主义培养目标之中，形成了新中国全面发展的社会主义教育方针。

《人民教育》1957 年 9 月号的社论题为《认真学习，大力贯彻毛主席的教育方针》，社论指出：

> 这个方针，既合乎我们远大理想，又切合当前实际需要。我们现在需要大批的大、中、小学毕业生参加生产，只有大、中、小学毕业生在生产上贡献出力量，才能促进社会主义建设的发展。而我们远大的理想是：没有阶

级，不分富贵贫贱，大家都在共产主义制度的基础上努力促进生产力的高度发展，大家都成为有共产主义品德的、有高度文化的劳动者。今后的世界只能是人民的世界。因而今后的教育方针只能是培养新的劳动人民。同时，这个教育方针和马克思提出的人的全面发展的教育，其基本精神是一致的。马克思所讲的人的全面发展的教育，就是要“把生产劳动和智育、体育结合起来”，脑力劳动和体力劳动统一起来，这也就是培养有社会主义觉悟的、有文化的、身体健康的劳动者。

这一方针，各级学校全都适用。我们中小学教育工作者还必须明确认识到，“我们普通教育的目的，主要是培养忠实于社会主义事业的、有相当文化的、身体健康的体力劳动者，其次才是为专门人才打好普通知识的基础”。从事工农业生产固然要重视体力劳动，今后的专门人才也要逐步从事一定的体力劳动。因此为专门人才打好基础，也要重视体力劳动。培养学生重视体力劳动，正是现在普通教育中也特别重要的任务。

社论批评了前一阶段教育界关于“全面发展”与“因材施教”关系的讨论：“过去我们许多同志争论教育方针，只在抽象的全面发展与因材施教上打圈圈，对于教育方针上最本质的东西培养劳动者——有社会主义觉悟的、有文化的、身体健康的劳动者，都没有着重来谈，这说明我们许多同志对于教育方针中最本质的东西认识不足。现在我们必须好好学习，从教育工作的各个方面，来学习体会毛主席提出的教育方针。”

1958 年 9 月 19 日，中共中央、国务院发布《关于教育工作的指示》，指出：“党的教育工作方针，是教育为无产阶级的政治服务，教育与生产劳动相结合；为了实现这个方针，教育工作必须由党来领导。”“共产主义社会的全面发展的新人，就是既有政治觉悟又有文化的、既能从事脑力劳动又能从事体力劳动的人。”

新的教育方针甫一出台，教育领域旋即展开了“教育方针大辩论”。“真理越辩越明”“从辩论中来”的口号使各级各类学校的教师们又都纷纷投入到这场大辩论中。

1961 年，经由中共中央批准，教育部将毛泽东在 1957 年和 1958 年的两个

青年学生正在灯下认真地学习新的教育方针

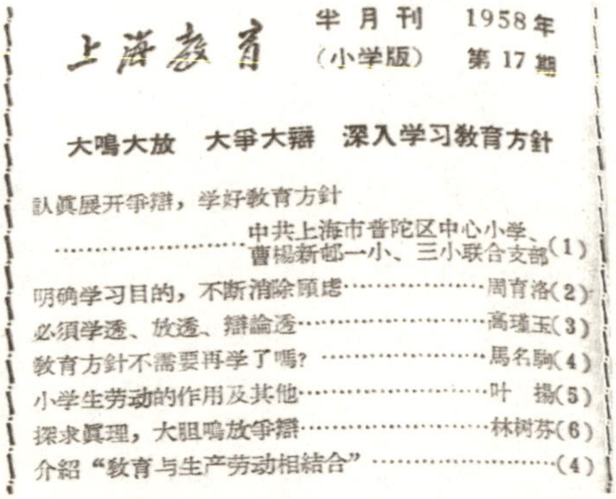

上海教育 半月刊 1958年
（小学版） 第17期

大鳴大放 大爭大辯 深入学习教育方針

認眞展开爭辯，学好教育方針……中共上海市普陀区中心小学、曹楊新邨一小、三小联合支部（1）
明确学习目的，不断消除顧慮……周育洛（2）
必須学透、放透、辯論透……高瑾玉（3）
教育方針不需要再学了嗎？……馬名騶（4）
小学生劳动的作用及其他……叶 揚（5）
探求眞理，大胆鳴放爭辯……林树芬（6）
介紹“教育与生产劳动相結合”……（4）

《上海教育》1958年刊载的小学教师“教育大辩论”文章目录

讲话合二为一，确定了新的教育方针，完整地表述为：“教育必须为无产阶级政治服务，教育必须同生产劳动相结合，使受教育者在德智体几方面都得到发展，成为有社会主义觉悟的、有文化的劳动者。”

2. 教育与生产劳动相结合

共和国的教育方针既然培养的是有社会主义觉悟的劳动者，那么实践上必然要面临教育与生产劳动相结合的问题。

1953—1956年，学习苏联教育转向正规化，在取得一定成绩的同时，或多或少地吸取了苏联教育脱离生产劳动的缺陷。

1958年年初，毛泽东根据各地的经验，并在同中央和地方许多领导人商量的基础上，提出实行教育和生产劳动相结合的途径和形式。其要点是：

> 一切中等技术学校和技工学校，凡是可能的，一律试办工厂或者农场，进行生产，做到自给或者半自给。学生实行半工半读。在条件许可的情况下，这些学校可以多招些学生，但是不要国家增加经费。
>
> 一切高等工业学校的可以进行生产的实验室和附属工场，除了保证教学和科学研究的需要以外，都应当尽可能地进行生产。此外，还可以由学生和教师同当地的工厂订立参加劳动的合同。

清华大学学生参加生产劳动

一切农业学校除了在自己的农场进行生产，还可以同当地的农业合作社订立参加劳动的合同，并且派教师住到合作社去，使理论和实际结合。农业学校应当由合作社保送一部分合乎条件的人入学。农村里的中小学，都要同当地的农业合作社订立合同，参加农、副业生产劳动。农村学生还应当利用假期、假日或者课余时间回到本村参加生产。

大学校和城市里的中等学校，在可能条件下，可以由几个学校联合设立附属工厂或者作坊，也可以同工厂、工地或者服务行业订立参加劳动的合同。一切有土地的大中小学，应当设立附属农场，没有土地而邻近郊区的学校，可以到农业合作社参加劳动。

年画《工厂办学校》

学校办工厂

在陆定一发表的那篇著名的《教育必须与生产劳动相结合》的文章中，毛泽东亲自加了一些文字，其中一段为：

> 儿童时期需要发展身体，这种发展要是健全的。儿童时期需要发展共产主义的情操、风格和集体英雄主义的气概，就是我们时代的德育。这二者同智育是连结一道的。二者都同从事劳动有关，所以教育与劳动结合的原则是不可移易的。总结以上所说，我们所主张的全面发展，是要使学生得到比较完全的和比较广博的知识，发展健全的身体，发展共产主义的道德。

这些文字后来被提炼为“教育与劳动结合的原则是不可移易的”，收录于《毛泽东文集》。

随后，在10月末11月初，由教育部和共青团中央联合举办的“教育与生产劳动相结合展览会”在北京开幕。

当时，我国教育和工业、农业一起进入了“一天等于二十年”的时代，实现了大跃进。《人民日报》在报道展览会召开的同时配发了《党的教育方针的凯歌》的社论，社论认为：

> 在北京举行的“教育与生产劳动相结合展览会”上，展品丰富多彩，

"教育与生产劳动相结合展览会"在北京开幕（1958年）

美不胜收。这就是我国教育革命伟大胜利的一幅缩影，是党的教育方针的凯歌！通过这次展览会，我们看到全国学校教育结合生产劳动的大丰收，在德育、智育、体育几方面都有了飞跃性的提高。这次展览会并将交流经验，取长补短，促进我国教育革命的深入发展，文化革命和技术革命并驾齐驱，迅速改变着我国又穷又白的面貌，加速建成社会主义，为过渡到共产主义创造条件。

然而，由于发动的是群众性运动，短时间内效应非常明显，但容易一哄而起，也就容易一哄而散。在三年困难时期，教育结合生产劳动的许多种形式，特别是半工半读的学校，纷纷下马。

在此期间，毛泽东已经觉察到关于教育与生产劳动相结合宣传工作中存在的问题，他说：教育与生产劳动相结合的宣传问题，好的方面是主要的，但其中也有片面性，违反中央精神的也有，有些问题只讲搞劳动，不讲搞学习，现在有些中学和大学把许多基础课程都放松了，这是一种危险。学校在基础课上打不好基础，要赶上世界先进水平是不可能的。但关于教育与生产劳动相结合的基本观点并未改变。

二、教育思想的跃进

新的教育方针提出后，对于如何将学生培养成为“有社会主义觉悟的、有文化的劳动者”、“教育与生产劳动相结合”的形式行不行等问题，教育部门的意见并不统一，有些人不能理解，有些人无法认同。所以后来提出要“破除迷信”，通过“大鸣、大放、大辩论、大字报”的形式，破除过去的条条框框。

（一）“大鸣大放”

“鸣放”一般用来表示群众对某些重大问题可以充分发表自己的意见，但这个词在共和国的历史上却有着特定的含义，代表着一段别样的历史。

1956年4月25日，毛泽东在政治局扩大会议上作了《论十大关系》的讲话，提出了“百花齐放，百家争鸣”的方针（即“双百方针”）。一个月后，中宣部部长陆定一向知识分子作了题为《百花齐放，百家争鸣》的报告，“提倡在文学艺术工作和科学研究工作中有独立思考的自由，有辩论的自由，有创作和批评的自由，有发表自己的意见、坚持自己的意见和保留自己的意见的自由。”

1957年5月1日，《人民日报》刊载了中共中央在4月27日发出的《关于整风运动的指示》，决定在全党开展以反对官僚主义、宗派主义和主观主义为内容的整风运动，号召党外人士“鸣放”，鼓励群众提出自己的想法、意见，也可以给共产党和政府提意见，帮助共产党整风。

教师们正在写大字报（1958年）

“开门整风”让大家深感共产党政策正确、作风优良。于是各界人士，主

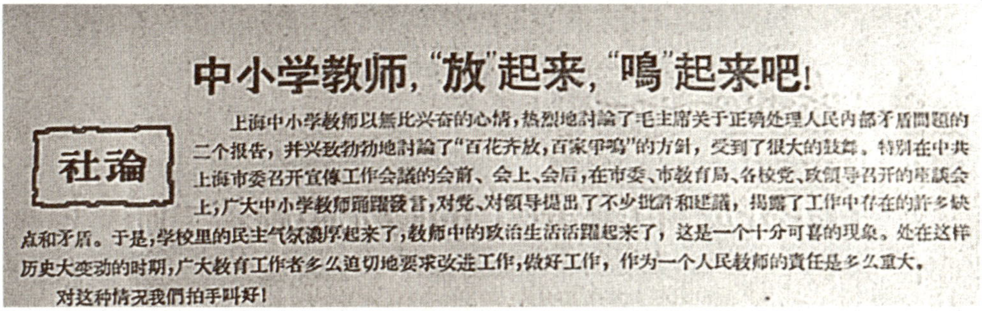

中小学教师，“放”起来，“鸣”起来吧！

社論

上海中小学教师以無比兴奋的心情，热烈地討論了毛主席关于正确处理人民內部矛盾問題的二个报告，并兴致勃勃地討論了“百花齐放，百家爭鳴”的方針，受到了很大的鼓舞。特別在中共上海市委召开宣傳工作会議的会前、会上、会后，在市委、市教育局、各校党、政領导召开的座談会上，广大中小学教师踊躍發言，对党、对領导提出了不少批評和建議，揭露了工作中存在的許多缺点和矛盾。于是，学校里的民主气氛濃厚起来了，教师中的政治生活活躍起来了，这是一个十分可喜的现象。处在这样历史大变动的时期，广大教育工作者多么迫切地要求改进工作，做好工作，作为一个人民教师的責任是多么重大。

对这种情况我們拍手叫好！

《上海教育》的社论，鼓励和号召教师参加鸣放（1957年）

要是知识分子们，开始向党和政府表达不满或改进建议。新闻界也及时跟进，刊出各种声音，如《上海教育》杂志刊发了社论《中小学教师，“放”起来，“鸣”起来吧》。

再如，先前一直“很郁闷”的陈鹤琴，原本希望他的“活教育”理论能够为新社会的教育建设继续发挥作用，却不曾想要不断地作检讨。他可能是憋了一肚子气，在某次大会上，甚至举起那本《实用主义教育学批判》摇了摇，颇有些不屑地说了句：“看看，都写了些什么呀？”

但是在整风过程中，极少数右派分子乘机鼓吹所谓大鸣大放，甚至发出“共产党与民主党派轮流坐庄”“反对党天下”等论调，远远超出知识分子建言参政所应有的底线。

（二）反对右派

为了澄清大是大非，稳定新建立的社会主义制度，1957 年 6 月 8 日，中共中央发出《关于组织力量准备反击右派分子进攻的指示》，同日《人民日报》发表了《这是为什么？》的社论，拉开了反对右派的大幕。

由于当时中央对国内政治形势作出了不符合实际的估计，在全国范围内开展了一场持续近一年时间的群众性的政治运动，把大批革命知识分子、党员干部和爱国民主人士等错划为右派分子。

这场运动自然也波及整个教育系统。在“大鸣大放”阶段，一些教师发了些牢骚。今天来看，这其实很正常，从旧社会过渡到新社会，对于党的政策并不能完全理解，而接管学校工作的干部，有些确实是外行，难免做过伤害大家积极性的事，对此教师们多少会存有一定的情绪、积有一定的不满。但是只要他是真心实意地跟着党走，全心全意地为人民大众服务，这一点点“情绪”无伤大雅。可惜，当时整个社会不似今日之宽容，许多发了牢骚的教师都被戴上了右派分子的帽子。

1957年第一个“五年计划”完成后，共和国开始在经济计划上要克服右倾，即要相信群众的力量，用比资本主义更快的速度来建设社会主义。1958年飘起“三面红旗”，全国的中心任务从“反右”转移到了大跃进，“反右”运动逐渐停息。从1958年起，“给右派摘帽”，一些右派分子的右派身份逐渐被取消。

（三）“红”与“专”

“红”在中国传统文化中象征着喜庆，民俗中还留有许多带有“红”字的词语，如“红盖头”“红鸡蛋”“红包”“红人”之类。在革命战争年代，“红”被赋予了新意义，苏联有“红军”，中国有“工农红军”，中国共产党建立的农村革命根据地称为“红区”，所以“红”象征着革命，代表着进步的力量。

最具有革命力量的莫过于马克思主义，最进步的莫过于马克思主义者。革命的年代中如此，和平建设的年代亦复如此。

1957年2月27日，毛泽东发表了《关于正确处理人民内部矛盾的问题》的著名讲话，除了提出了新的教育方针以外，还强调：

> 不论是知识分子，还是青年学生，都应该努力学习。除了学习专业之外，在思想上要有所进步，政治上也要有所进步，这就需要学习马克思主义，学习时事政治。没有正确的政治观点，就等于没有灵魂。

之所以要提倡“学习马克思主义”“学习时事政治”，是因为：

> 在知识分子和青年学生中间，最近一个时期，思想政治工作减弱了，出现了一些偏向。在一些人的眼中，好像什么政治，什么祖国的前途、人类的理想，都没有关心的必要。好像马克思主义行时了一阵，现在就不那么行

时了。针对着这种情况，现在需要加强思想政治工作。

那么“思想政治工作”是如何开展的呢？此时，中央有人提出取消原先的马克思主义理论课，理由为“备马列主义的政治课，注意它的系统性、完整性是对的，但是脱离当前阶级斗争、革命运动、党的任务和具体的教育对象来备课是不对的”。这一主张得到了中共中央宣传部的同意。中共中央于同年 11 月 1 日批转了宣传部《关于设立社会主义教育课程的报告》，由教育部、高等教育部奉命执行。

而在此之前，高等学校学生中已经掀起了“红专大辩论”。同年 10 月，中国人民大学率先揭开“红专大辩论”的序幕，随后清华大学等学校也开展“大辩论”。

辩论中，对于“红”与“专”之间的关系，有着多种组合，如“只专不红”“只红不专”“先专后红”“先红后专”“不专不红”“专了自然红”“红能误专”，等等。随着辩论的深入，主张逐渐趋向于三种，即“先专后红”、“先红后专”和“边红边专”。

《光明日报》编辑部于 10 月 13 日邀请北京市高等院校和科研机构的负责人、教授、专家座谈“红”与“专”的关系问题。此后，该报连续发表北京大学教授

中国人民大学新闻学院阅览室墙上挂着红专标语（1957年）

光明日報

·第3086号·

1958 1月 5 星期日

·今日共六版·

1949年6月16日創刊

立志做一个工人阶級知識分子

清华大学上万学生辯論“紅”与“專”取得胜利

本报訊 清华大学近万名学生对“紅”与“專”問題的大辯論，經过一个多月的思想交鋒，現已告一段落。

……南翔校長于1月4日向全校学生做了总結报告。（摘要見另条）經过这次辯論，大多数学生明确了做一个社会主义劳动者、做一个工人阶級知識分子的方向，不少学生放弃了“走中間道路”、“为科学而科学”、“先專后紅”等等錯誤論点。由于辯論中充分發揚了社会主义民主，講道理，摆事实，以理服人，……做到了暢所欲言，心情舒暢。这为今后“又紅又專”增强了信心，打下了思想基礎。

……天性”的，如社会关系、家庭出身等等，都要“影响”入党，是本人無能为力的；“專”則是稳定的道路，学一点是一点。但是他們又根据亲身的体驗，感到“先專后紅”并非是稳定的道路，在右派向党进攻的时候，就曾搖摆过。又有一部分人摆出另一种思想，他們說“先專后紅”走不通，但是不問政治或少問政治未尝不可，不听左也不跟右，走“粉紅色”的道路就可以了。这时学生們为了做好大辯論的准备工作，有些系出刊了“紅”与“專”的腊扯，有些学生还特地去訪問内务部部長謝覺哉、科学家高士其和清河制呢厂的老工人。

大家指出“多專少紅”实际是一种調和色彩；“粉紅色”，中間分子必然向兩極分化，有很大的危險性。又有人指出“为科学而科学”的人生观，是不存在的，科学家不为無产阶級服务，就为資产阶級服务，沒有共产主义人生观的科学家，等于一个沒有灵魂的商品。在这一个阶段，大家在辯論中，从各种复杂的問題中，集中到对“中間道路走得通嗎？”、“为科学而科学的人生观呢，还是为共产主义而奋斗的人生观”兩个中心問題的討論，但这时正反面的意見都还缺乏强有力的說服力，所以正反对壘还相持不下。

事，这中間有自發唯物論的因素，但不能說科学家的世界观就是唯物主义。恰恰相反，正……为他們不是自覚的唯物主义者，唯心的世界观往往影响他們的科学認識，甚至把他們的科学研究导向錯誤的結論。这个时期各系紛紛召开大型辯論会，有时反面意見也占过上風，但經过反复的思想交鋒，在具有說服力的大量事实面前，正面意見終于占了上風。在这种情况下，辯論会常常开到深晚才結束。辯論会上，当有的人排到清华大学就是在解放軍拚到才得到解放的，如果是“为科学而科学”的人……

海軍部队保……

《光明日报》关于“红专大辩论”的报道（1958年）

翦伯赞、朱光潜和北京师范大学教授白寿彝、清华大学教授梁思成等人在座谈会上的发言。他们联系亲身经历，说明“先红后专”的思想是错误的，青年们要同时“又红又专”。

而毛泽东则于1958年1月间，对“又红又专”问题作了更加详细、更加系统的论述：

> 红与专、政治与业务的关系，是两个对立物的统一。一定要批判不问政治的倾向。一方面要反对空头政治家，另一方面要反对迷失方向的实际家。
>
> 政治和经济的统一，政治和技术的统一，这是毫无疑义的，年年如此，永远如此。这就是又红又专。将来“政治”这个名词还是会有的，但是内容变了。不注意思想和政治，成天忙于事务，那会成为迷失方向的经济家和技术家，很危险。思想工作和政治工作是完成经济工作和技术工作的保证，它们是为经济基础服务的。思想和政治又是统帅，是灵魂。只要我们的思想工作和政治工作稍微一放松，经济工作和技术工作就一定会走到邪路上去。
>
> 政治家要懂些业务。懂得太多有困难，懂得太少也不行，一定要懂得一些。不懂得实际的是假红，是空头政治家。

漫画《复旦大学外文系的“新气象”》

1958 年 3 月 23 日，《人民日报》发表了题为《向“红透专深”的目标前进》的社论，对“又红又专”问题进行了阐述，指出“红”是要求每一个知识分子有适合于社会主义社会的政治态度。不仅要实现“又红又专”，而且要“红透专深”。“专而不红”和“红而不专”，都是浪费。前者是“废品”，后者也是“废品”。所不同的是，前者在个人主义发展到极致的时候，会对社会主义起破坏作用。

该篇社论号召：一切愿意进步的知识分子现在都应该下定决心经历这一场痛苦的但是最后会是精神爽快的思想斗争。必须有孙悟空跳进老君炉去受锻炼的决心，让群众“双反运动”猛烈的火焰，把自己烧个四十九天。经过这样的熬炼，在群众的教育下，才能正确地认识自己。把自己的错误、缺点认识得越深，自我改造的决心才会越大。知识分子只有经过了这样的思想改造，才真正会生动活泼，心情舒畅，充满干劲。

在纪念五四运动 39 周年的日子里，《人民日报》又发表了题为《又红又专后来居上》的社论。社论指出：多快好省地建设社会主义是比“五四”时代反对帝国主义、封建主义更加伟大更加艰巨的任务。社会主义时代要产生适合自己时代需要的新人。这种新人区别于过去一切英雄豪杰的一个特色，是全身都浸透着集体主义精神，有为实现共产主义理想的决心和实际本领。这也就是红和专的统一，政治和业务的统一，体力劳动和脑力劳动的统一。社会主义不允许资产阶级个人主义思想存在。个人主义和集体主义的斗争，突出地表现在红与专的问题上。

社论还指出：经过这场波及全国的“红专大辩论”，我国青年大部分已经认识到政治是统帅，是灵魂。忽视政治，“只专不红”是危险的道路，同时也开始抛弃“先专后红”的想法。认识到了“红”和“专”是不能分开来的，也是不能分先后的。

社论最后还指出：情况已经根本改变，这一代青年有着比前辈更加优越的社会条件，应当而且有可能同时做到“又红又专”。青年一定要有后来居上的气概，一定要向“红透专深”的目标前进，要青出于蓝而胜于蓝。

（四）“拔白旗”“插红旗”

“白”在中国文化中一般用来表示消极的东西，如小说里有白骨精、白虎星、白面书生等，平常用语里有白痴、白日闯、白丁、白眼狼等，俗语有“瞎子点灯——白费蜡”一说。革命年代，形容反动派统治的则有“白色恐怖”，一般也称“白区”。而“白旗”顾名思义，白色的旗子，通常是指投降或议和时举的旗子。在特定的年代里，“白旗”用来表示反对中国共产党的政治力量。那么教育系统内有没有“白旗”呢？需不需要“拔白旗”呢？

1958年8月13日，毛泽东视察了天津大学，并对学校工作作出了重要指示：“高等学校应抓住三个东西：一是党委领导，二是群众路线，三是把教育和生产劳动结合起来。”那么反对党委领导、反对群众路线、反对教育与生产劳动相结合的必然属于“白旗”了。

1958年8月20日的《人民日报》报道了一所大学内“拔白旗”的“百团大战”。事件发生在1958年7月下旬至8月上旬间，地点在武汉大学，主人公为该校数学系党总支书记齐民友，配角为该系近400名师生，导致“大战”的导火索是因为他们之间产生了认识上的“争执”：

> 5月下旬以后，全校掀起了一个轰轰烈烈地办工厂的高潮，可是数学系在这个高潮中却冷冷清清，裹足不前，师生们思想没解放，斗争展不开，资产阶级教育思想和学术思想统治着数学系，教师中唯心主义思想也极严重。数学系党总支书记齐民友甚至公然拒绝学习化学系的经验，于是这个系在大跃进的激流中被远远地抛在后面了。全系11门专门化课程，有9门根本不知道用处，另两门不知道如何用法。教师们在为数学而数学的思想支配下，

进行着个人名利投机，尔虞我诈，成天写数学游戏式的论文，只顾教书，不顾教人，资产阶级的大小白旗，挂满了数学系。

全国都在进行着“大跃进”，“比先进、赶先进”，武汉大学数学系由于某些领导的“错误认识”而裹足不前，为此全系师生展开了一场大辩论。该系近 400 名师生组织了 40 多个辩论团，通过班、年级、系大大小小 100 多次辩论会，进行了一场“百团大战”。“经过 20 多天的激战，真理终于胜利了，反对理论联系实际派的论点被彻底地粉碎了。大多数老师和同学受到了教育，认识了只有理论联系实际才能发展数学，也只有这样才能使数学为政治服务，为生产服务。坚持原有论点的部分人也认识到过去走的是资本主义道路，表示愿意彻底地放弃自己的论点，向真理投降。”

这也意味着数学系里的“大白旗”被拔掉了，同日的《人民日报》为此特地发了一篇评论。社论就这一事件提出了疑问 :“武汉大学数学系这一场激烈斗争，说明了什么问题呢？”该社论认为 :

斗争说明了，必须坚决克服右倾思想，贯彻党的社会主义办学方针，使教育为政治服务，教育同生产劳动结合，放手发动群众，展开两条道路斗争，拔掉白旗，插上红旗。党的社会主义教育方针的贯彻，必然会遇到资产阶级知识分子的抗拒和抵触，这不仅是思想斗争，也是阶级斗争；斗争必然

人民日报 ·7

駁倒数学教学的唯心論

武汉大学一場“百团大战”辯明数学必須联系实际

《人民日报》关于武汉大学“百团大战”的报道（1958年）

农妇田间教学

放下乐器后

会反映到党内来。齐民友就是资产阶级的白旗在党内的代表。他高举白旗，与党的方针相对抗。这虽然是极少数，但是还有不少党内专家，不是自觉地执行党的方针，表面执行，内心不以为然。因此，必须在党内坚决克服右倾思想，充分展开争辩，这是一项严重的政治任务。

斗争也说明了，必须加强党对教学的领导，把资产阶级思想的老根子挖掉，坚决走群众路线，反对专家路线。思想阵地无产阶级不去占领，资产阶级必然去占领，没有也不可能有真空地带。因此，学校在编写教学大纲、选择教材内容等方面，必须走群众路线，吸收广大师生参加，动员群众的智慧和力量，来一个革命，不能采取改良主义办法。门门课程要插红旗，在文法科系如此，在理工科系也是如此。

斗争也说明了一个普遍真理：党中央方针适合任何教育部门以及任何具体教育单位，任何部门或单位强调自己的特殊条件，而不认真贯彻党的方针是错误的。数学系向来被人们认为是最抽象的一门学科。但是，数学发展的历史说明，数学理论的来源是实践。它是能够广泛地联系实际，并为生产服务的，能够对当前的生产的发展发生作用。所有数学的理论也都是从实践中总结出来的，不论来自直接实践和间接实践，都要回到实际中去。数学只有联系生产、联系实际，才能得到发展，否则，那才是真正毁灭数学。不仅数学是这样，其他一切科学也是这样。因此，学校教育的任何方面必须贯彻教育结合生产的社会主义教育方针。

将严格遵守学校教学任务的人及这种思想作为教育上的“白旗”，并且上了《人民日报》，而且又加了如此有分量的评论，这样一来，“教育革命”“教学革命”还会再遇到什么阻力，从下表可窥一斑：

专家路线	资产阶级路线	白旗	拔掉
群众路线	无产阶级路线	红旗	插上

将专家路线和群众路线简单地视为对立面，又加了“很重”的“帽子”，这必然给正常的教学带来很大的冲击。更有甚者，当时还认为教育学科中间也有“白旗”。

1958 年 8 月 14 日，北京师范大学邀请京津地区有关高等院校和科研机关的教师、研究人员举行座谈会，批判心理学教学中“资产阶级方向”。

会上，有意见认为，心理学教学的“资产阶级方向”主要表现在这么几个方面：一是以心理分析代替阶级分析；二是排除阶级社会对人的心理影响，极力从生物学的观点说明人的心理现象；三是宣扬了许多资产阶级观点和庸俗趣味。

次日，《光明日报》报道了座谈会的情况，并发表题为《拔掉资产阶级教育科学中的一面白旗》的社论。其中的“白旗”指的就是心理学。

自此，各地师范院校及综合大学中的心理学专业相继开展对本学科的批判，形成了波及全国的“心理学批判运动”，心理学被视为“伪科学”，一批心理学家被批判，当中不乏被视为必须拔除的“白旗”，阻碍了心理学科的发展。

不仅心理学科、心理学家遭遇了“白旗”与“红旗”之争，其他学科、学者也是如此。

“大鸣大放”“红专大辩论”“交心运动”期间，一些学生说了不当的、过激的话，后来学生之间也被要求“拔白旗”“插红旗”，整个教育系统深受影响。

三、学校规模的激增

新中国成立后，虽然坚持教育要为国家建设服务，学校数量远远超越了旧社会，但当时的人们认为教育发展速度还是不能适应当时国家的发展形势，当然这主要是受“大跃进”观念的影响。而且按照旧有的方式，认认真真、规规矩矩地办学，只用“一条腿”走路，这要走到猴年马月才能实现“以一个有文化的民族立于世界”的愿望啊，速度太慢了，所以这一时期在学校类型方面也大力倡导“破除迷信”“大干一番”，要用“两条腿走路”，产生了多种新型学校。

（一）“两条腿走路”

这一阶段关于教育事业的建设，提出了要“两条腿走路”的方针，不能只依靠“一条腿来走路”。

共和国成立之初，开展了抗美援朝、土地改革和镇压反革命等大规模的群众运动。当时，学校工作也努力配合这些政治运动的需要。在教育业务方面，例如发展教育事业和学校内部管理方面，是否需要继续实行群众路线，当时意见不一致。

在“向苏联教育学习”期间，按照苏联的经验，发展教育事业，遵循国家性、统一性的原则，只承认国家办学，不允许群众办学，只承认正规学校，不承认非正规的多种形式办学，在学校内部的管理中，忽视群众的参与等。后来在批评教条主义地学习苏联经验（当时称“全盘学习苏联”）的倾向时，把这一套经验形象地比喻为“一条腿走路”，认为这是“少、慢、差、费”的办学方针，不能解决共和国面临的问题。

新中国成立后，教育事业发展一直很快。据统计，1957 年，小学生总数为 6427.9 万人，而 1949 年前在校学生数最多时也仅为 2368.3 万人；普通中学在校学生 628.1 万人，1949 年前最多时为 149.6 万人；高等学校在校学生 44.1 万人，1949 年前最多时为 15.1 万人，然而即便是这样的规模依然不能满足人民的需要。

随着教育事业的发展，升学和就业的矛盾越来越突出。据估计，1957 年春

内蒙古鄂伦春自治旗建起了自己的学校

拉萨的第一所正规小学

高小毕业生有 4/5 不能升初中，初中毕业生有 2/3 不能升高中和中等专业学校，高中毕业生有 1/3 不能升入大学。1958 年春形势有所缓解，数据更新为高小毕业生有 2/3 不能升学，初中毕业生有一半以上不能升学，高中毕业生有将近一半不能升学，所以这种紧张形势依然困扰着共和国教育的发展。这一问题解决不了，以后教育的发展会非常被动。当时认为继续实行“一条腿走路”的方针，只靠国家办学，不允许集体办学，教育事业不可能有较大的发展，升学的矛盾无法缓和；只办正规的普通中学，不发展各种类型的职业学校，不能使学生有足够的就业准备，难以就业的问题也就无法克服。

在这种形势下，1957 年开始，国家大力提倡勤工俭学，半工半读，群众办学。随后出现勤工俭学和兴办农业中学的高潮。1958 年春季以后，在“双反”（反浪费、反保守）运动，“破除迷信、解放思想”运动，“教育方针大辩论”的推动下，加上教育管理权力下放的措施逐步实施，各级各类新型学校大量涌现，出现了“教育也要大跃进”的论调。如此，通过“两条腿走路”来发展教育事业的方针应运而生。

1958 年 8 月 15 日，中共中央在北戴河召开的政治局扩大会议上通过了《关于教育工作的指示（草稿）》，8 月 23 日，毛泽东进一步审阅了这一草稿，9 月 19 日以中共中央、国务院名义正式发布。《关于教育工作的指示》（下称《指示》）中提道：

黎明业余农业大学开学现场，这所大学是附设于当地中学内的

为了多快好省地发展教育事业，必须动员一切积极因素，既要有中央的积极性，又要有地方的积极性和厂矿、企业、农业合作社、学校和广大群众的积极性，为此必须采取统一性与多样性相结合，普及与提高相结合，全面规划与地方分权相结合的原则。

教育的目的，是培养有社会主义觉悟的有文化的劳动者，这是全国统一的……但是，办学的形式应该是多样性的，即国家办学与厂矿、企业、农业合作社办学并举，普通教育与职业（技术）教育并举，成人教育与儿童教育并举，全日制学校与半工半读、业余学校并举，学校教育与自学（包括函授学校、广播学校）并举，免费的教育与不免费的教育并举。就是说，全国将有三类主要的学校：第一类是全日制的学校，第二类是半工半读的学校，第三类是各种形式的业余学习的学校。

三类学校中，有一部分要担负提高的任务。为了很快地普及教育，应当大量发展业余的文化技术学校和半工半读的学校，因为这种学校可以全部或者大部分解决自己的经费，很少需要或者不需要政府的帮助；因为这种学校可以按照“能者为师”的原则就地找到师资……我们的原则，是在普及的基础上提高，在提高的指导下普及，是“两条腿走路”,不是“一条腿走路”。

农村夜校

这是群众路线在共和国教育发展中的体现。除此之外,《指示》中还对于群众路线在学校内部的贯彻也作了具体规定。

毛泽东以极大的热情支持教育上“走自己的路”。他在巡视完祖国大江南北回到北京后，对新华社记者说：“此次旅行看到了人民群众很大的干劲，在这个基础上各项任务都是可以完成的。”当时工业部门有些同志对于这种大规模的群众来参与建设持怀疑态度，教育部门也有类似的声音，毛泽东认为“这显然是不对的”。

毛泽东常常喜欢形象地用“两条腿走路”来形容工业和农业、沿海工业和内地工业、经济建设和国防建设等一系列关系。关于共和国教育的发展也是用了这样的词来形容。

诚然，用“两条腿走路”有助于解决“一条腿走路”所难以解决的升学与就业的矛盾。然而问题在于，还得看“另一条腿”迈得怎么样。当时因过于注重普及这“一条腿”而忽视甚至削弱了“另一条腿”，而且在需要急步向前的状态下，前“一条腿”迈的步子有点大，故而脚印甚浅，风一吹就不太能看得清了。

链接

关于教育工作的指示（节选）

制定学校教育计划、制定教学大纲的时候，应当采取党委领导之下教师与学生结合的方法。

对学生进行鉴定、评定学生助学金等的时候，也应当采取在党委领导下师生结合的方法。

教授课程必须贯彻执行理论联系实际的原则，应当在党委领导之下，尽可能采取聘请有实际经验的人［干部、模范工作者、劳动英雄、（土）专家］同专业教师共同授课的方法。

学校领导人员要尽可能在生活和劳动中同学生打成一片。党和团的工作者、政治课教师，应当与学生同吃、同住、同劳动。学校的财政、建设计划等，应该向全体师生员工公开，使师生员工能参加管理工作。

应当在教师与学生之间建立民主的、平等的关系。教师应该接近学生，经常了解学生的情况，针对实际情况施行教育，要把“全面发展”与“因材施教”结合起来。

（二）农业中学

农业中学是“教育大跃进”的产物之一，1958年3月诞生于江苏省境内。这类学校最初只有三所，海安县双楼乡一所，邗江县施桥乡有两所。农业中学招收参加农业生产的高小毕业生入学，实行半工半读。

江苏的《新华日报》率先对这类学校加以报道，3月15日《人民日报》也对此作了报道，还特地加了“编者按”：

半耕半讀 提高文化 促进生产

农业中学很受群众欢迎

江苏省双楼和施桥两乡农民已創办了三所

《人民日报》关于农业中学的报道（1958年）

江苏省海安县的双楼乡和邗江县施桥乡的干部领导群众办了三所农业中学，这是帮助农村广大青年提高文化科学知识，为农业生产大跃进服务的一项创造性的好办法。农业生产的大发展，迫切需要文化和科学技术为它服务；同时，目前农村又有大量的高小毕业生和知识青年也要求入学读

江苏省邗江县施桥乡第二农业中学的学员们在整理秧田（1958年）

书。农业中学的创办为解决这些问题找到了办法。在农村办这样的学校，并不需要花多少钱，入校的学生可以半耕半读；少花钱，能读书，学习结合生产实际，学到的农业科学技术知识又立即可以用之于生产。因此，这样的学校深得农民的欢迎。

实际上，海安双楼民办农业中学于1958年3月4日开始筹备，8日就已经开学，10日正式上课；施桥的两所民办农业中学当时定于15日开学上课。这一新生事物既无经验可以借鉴，学校工作能否步入正轨尚成为问题。然而，江苏省委却迫不及待地召开了民办农业中学座谈会，庆贺这一新生事物的诞生。中共中央政治局候补委员、宣传部部长陆定一，教育部部长柳湜以及北

农业中学学生在学习扶犁（1958年）

京、上海、福建、江西、山东、浙江、安徽等省市的有关部门的负责人应邀参加，共有 100 多人参会。

座谈会上，创办者介绍了农业中学有八大好处：群众自办，节约国家开支；对发展当地生产有利；高小毕业生可以继续升学；农村青年可以安心农村生产；半耕半读，经济困难的人也可上学；教学联系实际可以为农业社培养干部；学生们学政治时事，可在农村当宣传员；加强了农村扫盲力量。

在会上，陆定一对这一新生事物，讲了这么一段话：

> 建国以来，我国教育事业有很大的发展，中小学毕业生逐年增加，特别是小学毕业生增加得很多很快。他们要求升学，是有理由的。我们一定要想出方法来，使他们能够升学。……办各种职业中学，特别是农业中学，使不能进普通初中的小学毕业生都能升学，这是一个好办法。
>
> 我们的国家正处在有史以来最好的时光，工农业生产大跃进，技术要迅速跟上。工业、手工业需要技术，农业也需要技术。这些技术力量从哪儿来呢？农业中学就可以把几十万、几百万小学毕业生，训练成为有社会主义觉悟的有文化知识的农民，大大提高农业技术和合作社的管理，推动农业生产的大跃进。由此可见，农业中学的创办，不但有利于教育事业的大跃进，而且也有利于农业生产的大跃进。

在座谈会结束之日，即 3 月 17 日，陆定一再次讲了话：

> 座谈会证明以农业中学为主要形式的职业中学是很需要的。这种职业中学不但合乎生产发展的需要，同时又使教育工作大跃进。说我们找到了钥匙，是很对的。你们大规模地办农业中学，解决几十万高小毕业生的就学问题，这样做了，从前认为很难办到的小学教育的普及，就可以很快实现，教育工作就出现了全面跃进的形势。

最后，他要求大家苦干三年，发展和巩固农业中学。他说，农业中学可以又多又快又省地办起来，同时又必须办好。江苏要办的农业中学数量很大。办起来，第一年可能问题少，第二年、第三年问题就会多起来，主要是教师和办学干部不够。要预先看到这种困难，全面规划，走群众路线，苦干三年，把农业中学发展和巩固下来。

座谈会结束不久，媒体就开始找先进、树典型了。

> 3月25日，浙江海宁县永福乡创办了该县第一所民办农业中学。中共海宁县委及时地在该乡召开了现场会议，一下子掀起了普遍办学的热潮。全县所有乡、镇书记自己动手，经过几天的艰苦奋斗，至4月3日全县已创办了52所民办农业中学，做到了28个乡、镇个个有中学。2900名高小毕业生和相当于高小文化水平的青年农民参加学习。

可以算一算，从3月25日至4月3日共10天时间，第1天创办了1所学校，其余9天共办了51所学校，平均每天近6所。速度已经算是很快了，但还是比不上上海。上海郊区在7天中办起了400多所农业中学。

农业中学诞生地江苏的情况最令人瞩目。《人民日报》在介绍海宁县速度的同时，也报道了自座谈会结束至4月4日，江苏农业中学已经办了2900所；到4月10日，数据已经更新为5688所，6614个班，入学学生282500多名。当时对这一超级速度有一个非常诗意的比喻，叫作“一夜春雨，满园花开”。

这种办学形式很受群众欢迎，有民歌唱道：“共产党，好章程，农业中学办上门，半耕半读出新人。社房当课堂，书桌自家扛；大门当黑板，田做试验场；知识用在农活上，好叫玉米尺把长。苦干干上十年整，农业专家能当上；若问毕业在哪里，我们乡里中学堂。”

农业中学师生在秧田调查三化螟蛾卵情况（1965年）

为何要兴办农业中学，之前陆

苏北师范专科学校的教师帮助农业中学教师备课（1958年）

定一在座谈会的讲话其实已经道出了缘由。《人民日报》1958 年 4 月 21 日的一篇社论再次解释了兴办农业中学的原因，并且提倡“应当大力发展民办农业中学”。

时任江苏省教育厅厅长的吴天石撰文介绍了江苏兴办农业中学的经验，其文沿用了陆定一的比喻，题为《找到了大跃进的一把钥匙》，并强调“教育行政部门要解决下列几个问题”：

> 第一，领导思想上，必须重视农业中学，加强对农业中学的业务领导。不久江苏省农业中学的班级数将超过普通中学，如果不克服旧型正规化的思想，就不能领导好农业中学。
>
> 第二，要做好教师的培养训练和提高工作。先培养训练 2000 名高中毕业生为暑期后新发展的民办农业中学的师资。暑假中招收 2600 名高中毕业生培养一年，为明年农业中学二年级的师资，不足之数，由各专区自己训练。
>
> 第三，要加速教材的编写工作。现已编好第一学期的语文、数学及农业基础知识的教材，接下去准备第二学期。但是已编的教材，还不是走的群众路线，需要边教边修订。计划四年之内，编好全部教材，并且使每一门教

材都经过两次试教，两次修订。

第四，要研究农业中学的规章、制度。农业中学各种问题的解决，必须因地制宜，不应强求一律。但是它的创办是教育上的一个革命，学制、课程、教学方法以及教师工资待遇等，都没有现成规章，需要我们总结研究各地群众创造的经验。

从农业中学的基本办学条件可知，农业中学尚处草创阶段，未总结出经验教训，但一下子就在全国铺开了，日后难免会发生问题。

1959 年 3 月 7 日，陆定一收到《新华日报》和如皋勇敢农业中学的来电以及海安县委宣传部的来信，都请他对农业中学说几句话，来纪念农业中学创办一周年。陆定一的复信发表在 3 月 20 日的《新华日报》上，不久之后，《人民日报》进行了转载。

在信中，陆定一对农业中学的前景作了描绘，并回应了究竟需不需要这类学校的质疑，坚定地指出："我看，我国将在一个相当长的时期里需要这种学校。"这是因为："我们的全日制的初中教育还不够发达。13 岁到 16 岁的孩子，全国约有 3700 多万人，而全日制的初级中学，虽然有了很大发展，现在还只能容纳 700 多万人。我国的小学教育已经快要基本普及了，而全日制的初级中学是不能发展得太快的。所以我们完全可以预料，在全日制初级中学发展的同时，农业中学将会有很大的发展。大概今后五年到十年中，农业中学将会发展到最高峰。"

20世纪五六十年代的农业中学开设了唱歌课（左）和应用文写作课（右）

宣传画《半农半读育新人》

不过，陆定一也指出，“等到我国实行六小时工作制的时候，农业中学将会逐渐‘消亡’，就会有领导有步骤地分批地变为教育与劳动相结合的全日制的初级中学。所有13岁到16岁的孩子，都可以受到全日制的初中教育”。

为了让农业中学规范，他拟定了四条基本原则，即：文化课程应当是最基本的课程，包括政治、语文、数学、理化等；技术课程应当是以培养初级的农业技术干部为目标，而且要因地制宜、因时制宜；坚持半日制，农业中学既不是全日制的学校，也不是业余学校；原则上吸收13岁到16岁的高小毕业生，不要过多吸收超龄学生，不致过多地占用农村劳动力。但后来的发展还是越过了这些原则。

1960年3月，在农业中学创办两周年之际，陆定一又写了《农业中学创办二周年》的纪念文章，指出“农业中学创办了两年了，这是一件好事”。那么，“好”在哪里呢？

首先，群众的负担减轻了。江苏省的统计数字表明，培养一个普通初中生，国家每年要花180多元，而培养一个农业中学的学生，只要花10多元。学生的家庭负担，也从每年100多元减为10多元。培养同等数量的学生，农业中学比普通初中所需教师更少。学生虽然学的科目较少，但因实行半耕半读，能够较快地把知识用在生产上，又因为有了生产实践，所以对于所学的理解也比较深刻，比较牢固。这都是很明显、驳不倒的事实。

其次，兴办农业中学，可以培养出一批又红又专的教师。这些教师，部分是下放干部，大部分是高中毕业生。他们到乡下去办教育，又教书，又劳动，同农民打成一片，于是，他们就成了新人，成了劳动化了的知识分子，成了同农民有密切联系的教育工作者。

陆定一认为农业中学的意义并不局限于上述两点：“多少年来，中等教育进不了农村，农村里也留不住中学生。旧社会里，有人大谈其农村教育，结果是什么成绩也做不出来。在新社会里，农业中学办了两年，初中教育就在乡村里扎下根，成了‘宝贝’‘金子’了。这个根一扎下去，就非同小可。从此，我们就可以希望，随着生产的发展，首先是农业机械化的发展，在农村中将会出现高中教育、中等专业教育以及高等教育。从此，我们就可以希望，农村里不但留得住中学生，而且留得住大学生和大学毕业生。80% 的人口在农村，如果农村的文化不高，文化革命就没有成功，共产主义也无法实现。”

那么，农业中学的生活究竟怎样？从下列三首短诗中或许可以窥知。

农中小景

墙上挂着水车，
屋角拴着水牛，
学生宿舍里，
都放着闪光的锄头。

贫下中农的子女，
都有勤劳的双手；
下课钟刚刚敲响，
就忙得热汗直流。

春风带着油菜花香，
一阵阵扑进窗口；
琅琅的读书声四处飘散，
伴和着枝头鸟语啁啾。

一代新型农民，
正在农业中学里造就。
要问咱学校多大，
请看这辽阔的田畴！

老犁手

旧社会里当长工，
从没进过校门口。
如今农中当教师，
样样活儿都拿手。

脚穿草鞋手扬鞭，
袖子卷到胳膊肘。
要把田间作课堂，
领着学生大步走。

颗颗种子滴滴汗，
播进条条新犁沟。
要让公社新一代，
都成祖国的好犁手！

铁肩红心

孩子初进校门，
爹也担心，娘也担心。
担心个啥哩？
——爹娘都是庄稼人，
庄稼人的后一辈，
咋能变成文弱书生：
肩不能挑，手不能拎！
怎么建设咱新农村？
过了几个冬春，
爹也放心，娘也放心：
小伢们——
手脚没变懒，肉没变嫩，
真个能武又能文；
不怕风吹，不怕雨淋，
百把斤担子一点不费劲。
爹娘心欢喜，
逢人就谈论：
农业中学就是好，
教出来的学生呀，
个个都有铁肩红心！

第一首诗主要讲了农业中学的基本概况，学校在乡间，教室、宿舍既有学习用具，也有农业用具，学生既要读书，又要劳动。第二首诗主要讲农业中学的“特聘教师”是一字不识但有丰富经验的老农。第三首诗主要是讲农中的办学方针，要将学生培养成“铁肩红心”的“建设新农村”的力量。

然而农业中学在实践中还是出了问题，如最先盛开这朵花的江苏，后来提出办好农业中学的方向——“教学超普中，生产赛老农”。当时江苏召开了全省农业中学教师代表会，教师们对此也展开了讨论，结论是一致的：农业中学在教学上超过普通中学，在生产上赶上和超过老农，是完全有条件的。

实际上，农业中学不是全日制，授课时间没有普通中学多，在知识教学方面想超过普通中学，几乎不可能。在生产劳动方面想要超过经验丰富的老农，也有点困难。虽然农业中学的学生识字，但掌握的多是农业生产的概念和理论，而不是农业生产的技能，这种技能的掌握需要长年累月的实践。以自己的弱势，跟另外两者的优势作比较，结果可想而知。

就在农业中学的最初诞生地之一的邗江施桥，当初议论要不要兴办农中之时，有群众就讲“出胎不正，寿命不长”，虽是土话，却不无道理。

1960 年，农村贯彻“农业六十条”后，发现农业中学占用辅助劳动力过多的问题。1961年，国家经济贯彻“调整、巩固、充实、提高”的“八字方针”，对农业中学进行了第一次调整，1962年又进行了一次较大幅度的调整，至此，农业中学为数已不多，并且被要求向普通中学靠拢。1964年国民经济出现好转，加之环境变化，农业中学再次获得了一定的发展。两年后，“文化大革命”爆发，农业中学也难以幸免。“文化大革命”结束后，农业中学又流行了一段时间。后来国家提倡兴办正规化全日制学校时，有基础的农业中学逐渐转型为全日制学校。

（三）江西共大

江西共大，全称是“江西共产主义劳动大学”，是教育大跃进期间涌现出的新事物。江西共大起初称为“劳动大学”，后又称为“共产主义劳动大学”。

1958年3月，汪东兴根据毛泽东的指示，离开了中央警卫团到江西省担任副省长兼农垦厅厅长。5月，他回京参加全国农垦工作会议期间，去看望了毛泽东，并向他汇报：江西总的情况不错，特别是农业生产，自1957年12月，全省各地办垦殖场，对有组织地集中力量大办农业起了很大推动作用，有的垦殖场还针对农民文化低，掌握技术有困难的情况，办了技术学校，凡这样做的地方，农业生产形势更好些。毛泽东听到办学校，很感兴趣地说：“这个办法好，三十几年前我在江西、湖南、福建等地搞农民运动调查，许许多多的农民不识字，要说的说不清，想写的写不出，不学点文化，农业生产的发展有困难。你回去与邵式平商量办些学校，让上不起学的农民上学，好不好？”

这次谈话对汪东兴很有启发。他于1958年6月初回到江西，即向省长邵式平谈了想法：可否考虑在江西办一种农业方面的学校，免费招收适龄农民入学。学校的费用靠学员自己劳动创造，省里先给一小部分启动资金。我们从教育入手，促进江西农业的发展。邵式平听了很高兴，当即表态：“你这个想法很好，应该考虑。”邵式平还由此联想到苏联的东方劳动大学，说：“我看江西也可以办劳动大学，这对发展我们江西的经济有好处。”于是，江西省委决定，由刘俊秀、汪东兴负责带领一些干部到部分垦殖场走访，广泛征求意见。结果垦殖场的职工群众热情很高，大都赞成在全省创办劳动大学。

1958年6月9日，中共江西省委根据毛泽东的指示和邵式平、刘俊秀、汪东兴的倡议，为加快对革命老根据地的开发和建设，为满足全省人民群众特别是较贫困的工农及其子女迫切要求提高文化素质的要求，做出了关于创办江西省劳动大学的决定。

决定做出当日便进行了公布，接着在江西各地设立了招生处。同年 8 月 1 日，江西共大正式成立，设于南昌市郊的西山梅岭共大总校以及井冈山、大茅山、武功山等 30 所分校同时举行开学典礼。

8 月 2 日，《江西日报》发表了题为《祝贺共产主义劳动大学开学》的社论。当时总、分校共有学生 1.1 万名，工农及其子女占 92.7%。一所半工半读的新型大学在江西这块老根据地诞生了。

据 1959 年 1 月底不完全统计，江西共大各校兴办农场 66 个、林场 40 个、畜牧场 71 个、工厂 243 个，学校经营的耕地面积 4.275 万亩，林地面积 14.2 万亩，半年来总收入 427 万余元，初步建立起教学、生产、科研三结合的基地，为解决办学经费和学生生产自给打下了基础。学生数量也不断增加，除江西省外，还有来自上海、江苏、安徽、福建等地的生源。

1959 年 8 月，毛泽东在庐山主持召开中共八届八中全会。方志纯和汪东兴

共大学员在农场田间上有关拖拉机的现场教学课

去看望毛泽东。谈话中，毛泽东主动问道："劳动大学现在办得怎么样？"汪东兴将共大开办近一年的情况，从艰苦的建校劳动，到利用荒山林地、水塘水库等积极兴办学校自己的农（林）场、畜牧场、鱼苗场以及以各类加工作业为主的工厂；从学校编教材，学员分班级学文化、学科技、学生产技能，到安排邵式平等省委、省政府领导来给学校师生作思想政治报告；从学校所取得的成绩和面貌变化，到社会各界对共大的反映等等，都作了详细汇报，并告诉毛泽东共大分校由开办初的 30 所已发展到 77 所，学生已达 4.6 万余人。

毛泽东一边吸烟，一边仔细认真地听着，直到汪东兴的汇报停顿下来，仍很有兴致地说："你接着讲，接着讲，能不能总结一下你们共产主义劳动大学的特点？"汪东兴稍加思索，便归纳了邵式平、刘俊秀等省领导在共大作报告时所讲的相关内容，谈了广大工农群众能接受高等教育、学生半工半读能自己创造条件学习、能多快好省地为国家培养社会主义建设人才等特点及优越性。毛泽东听完汇报后说："看来你们共产主义劳动大学办得很有起色，很有希望，要坚持办下去。"

庐山会议期间，周恩来也听取了邵式平省长关于创办共大情况的汇报，并题写了"共产主义劳动大学"的校名。朱德在这年夏季参观了"共大成就展览"后，欣然为共大创建一周年题写了赞词，并为共大井冈山分校的校刊题写了"井冈熔炉"四个字。

不久，在北京农业展览馆举办的一次大型农业展览会上，江西共大的各项成果，包括各类农产品和许多革新创造都被放在第一展台。这在全国产生了很大影响，不少地方的同志都到共大来参观、学习、取经。1960 年 5 月，江西省人民委员会授予共大总校及大茅山等分校为"百面红旗"先进单位。中央新闻纪录电影制片厂还到大茅山分校拍摄了纪录片《大茅山的春天》。同年 9 月，汪东兴奉命调离江西回京工作，但他仍与共大保持密切联系。

1961 年 7 月，因中央在庐山召开工作会议，汪东兴随毛泽东回到江西。受共大及江西省委委托，汪东兴于 7 月 29 日下午，在谈完其他工作后便又和毛泽东谈起江西共大的情况。毛泽东得知共大发展这么快，并且逐步完善，十分高兴。他说："办得好啊！看来，我三十年前想办的事，终于在你们江西实现了。办教育这是一个事业，一件大事。搞社会主义建设没有文化，不讲科学，不培养人才

共大学员在课堂上课

是不行的。”汪东兴见毛泽东兴致很高，连忙说：“今年8月是江西共产主义劳动大学建校三周年，请主席写几个字鼓励鼓励，好不好？”毛泽东很爽快地说：“这是一件大事，我写几个字去祝贺他们。”

7月30日早晨，毛泽东的警卫员打电话给汪东兴说：今天凌晨主席结束了一夜的办公刚躺下，又起来说睡不着，还有一件事没办完。接着就吩咐准备纸和墨，主席坐在桌前，沉思了一会儿，然后就一口气写下了许多字。主席写好后就吩咐打电话，说，“请汪东兴来先看看，然后我还要再看看”。汪东兴迫不及待地来到毛泽东住处，看到了毛泽东写给共大的一封500余字的信：

同志们：

你们的事业，我是完全赞成的。半工半读，勤工俭学，不要国家一文钱，小学、中学、大学都有，分散在全省各个山头，少数在平地。这样的学校确是很好的。在校的青年居多，也有一部分中年干部。我希望不但在江西有这

工农速成中学，并还讨论、制订了分三类的教学计划：第一类是准备升入高等学校文史、财经、政法等科的，第二类是准备升入高等学校理科、工科的，第三类是准备深入高等学校医科、农科及生物学等科的。

1952 年 8 月 9 日，教育部决定自 1952 年暑期起，工农速成中学可以招收农村优秀青年干部、青年店员工人，以扩大学生来源。招收年龄改为 18 岁以上，30 岁以下（原定 35 岁以下）。

1953 年 7 月 28 日，高等教育部、教育部联合发出指示，确定工农速成中学招生自本年起逐步实行“工人返还制”，将各企业部门报送的产业工人，尽可能分配到设有与该企业部门相关专业的高等学校所附设的工农速成中学学习，待他们在高等学校毕业后，仍送回保送单位分配工作。8 月 29 日，《人民日报》发表社论《必须重视和改进工农速成中学》。

1953 年 12 月 5 日，高等教育部、教育部联合发出《关于工农速成中学领导关系的决定》，其中规定：高等教育部根据国家的教育方针、政策与学制，对全国工农速成中学实施统一的领导。工农速成中学的直接管理工作，实行分工负责：各高等学校附设的工农速成中学，由各高等学校直接管理，并由高等学校按领导关系系统向直接管理该高等学校的教育行政部门请示报告工作；各省、市单独设立的工农速成中学，由省、市教育厅、局直接管理。1954 年 4 月 30 日，高等教育部、教育部发出《关于工农速成中学教育事业改归教育部统一领导的决定》，废止 1953 年的《关于工农速成中学领导关系的决定》。

1955 年 7 月 12 日，高等教育部、教育部联合发出通知，决定自 1955 年秋季起工农速成中学停止招生。实践证明，工农干部不用循序渐进的方法而用短期速成的方法，使之学习文化科学知识从而升入高等学校，从根本上来说，并不能达到预期的目的。今后广大工农干部和工农群众的学习，坚决贯彻业余学习为主的方针，不再采用举办工农速成中学的办法。

从 1950 年创办的工农速成中学，至 1954 年全国共有 87 所，5 年时间招生 6.47 万余名。停止招生的通知出台后，全国工农速成中学尚有学生 4.2 万余人，学校一律改为四年制，学生继续完成学业，直至毕业。1958 年以后，工农速成中学逐渐退出了历史舞台。原先附设于高等院校的 57 所工农速成中学的 20 余所变成

样的学校，各省也应有这样的学校。各省应派有能力有见识的负责同志到江西来考察，吸取经验，回去试办。初时学生宜少，逐渐增多，至江西这样有五万人之多。

再则，党、政、民（工、青、妇）机关，也要办学校，半工半学。不过同江西这类的半工半学不同。江西的工，是农业、林业、牧业这一类的工，学是农、林、牧这一类的学。而党、政、民机关的工，则是党、政、民机关的工，学是文化科学、时事、马列主义理论这样一些的学。所以两者是不同的。中央机关已办的两个学校，一个是中央警卫团的，办了六七年了，战士、干部们从初识文字进小学，然后进中学，然后进大学，一九六〇年，他们已进大学部门了。他们很高兴，写了一封信给我，这封信，可以印给你们看一看。另一个，是去年（一九六〇年）办起的，是中南海党的各种机关办的，同样是半工半读。工是机关的工，无非是机要人员，生活服务人员，招待人员，医务人员，保卫人员，及其他人员。警卫团是军队，他们有警卫职务，即是站岗放哨，这是他们的工。他们还有严格的军事训练。这些，与文职机关的学校，是不同的。

一九六一年八月，江西共产主义劳动大学三周年纪念，主持者要我写几个字。这是一件大事，因此为他们写了如上的一些话。

毛泽东

一九六一年七月三十日

这就是后来被大家称为毛泽东“七三〇指示”信件。汪东兴十分激动地看完后，仍放回毛泽东的案头。下午毛泽东起床后，又看了看自己写的信，后传话让汪东兴来到自己住处。毛泽东对汪东兴说：“我又想了一下，这封信还是暂时不要公开发表的好，一旦公开发表，全国各地都要派人去江西参观、学习、取经，江西要管吃、管住、管招待，这样一来影响生产，影响教学，大大加重了江西负担，好事变成坏事哩！你告诉江西共大的同志们，就说我向他们表示祝贺。你看怎么样？”接着又叮嘱，“这封信请你送给中央政治局的同志们传阅”。汪东兴马上打电话给正在庐山参加会议的邵式平，告诉他毛主席已写了亲笔信祝贺江西共

共大畜牧专业学生在实习

大。邵式平得知情况立即来到汪东兴那里，将信的全文抄去，向共大的同志们报喜。

1963年国民经济有了起色，这封信才被正式公布出来。同年10月初，周恩来在中南海紫光阁主持召开八个部（农垦部、教育部、中宣部、林业部、农业部、财政部、水产部、水电部）有关负责人会议。会议一开始，周恩来宣读了毛泽东1961年给共大的信。他边读边解释，深入阐述毛泽东教育思想，与大家共同正确理解这一指示。随后，周恩来就共大呈交的书面报告中提出的问题，指示在座的各部领导支持解决，并请农垦部江一真副部长负责召集各部讨论议定。遵照指示，这次会议形成了一个《关于解决共产主义劳动大学一些问题的纪要》，后来这份纪要作为正式文件下发。不久，周恩来又亲自批准了江西共大的发展计划。

到了1965年1月，中共中央宣传部印发了《中央转发毛泽东同志给江西共产主义劳动大学的信和江西关于共产主义劳动大学办学情况报告》，将毛泽东三年多前写的信向全党、全国公开，并要求“各级领导部门认真学习研究”。

同年5月间，毛泽东重上井冈山，途中听取了江西省委负责人关于共大办学情况的汇报，心里很高兴，并打算去附近的一所分校看一看。后因时间紧迫，他派随行的张平化和刘俊秀代表他去共大拿山分校，把他的问候和关怀带给分校的全体师生。张平化和刘俊秀回来后向毛泽东详细地汇报了情况，听了汇报毛泽东高兴地说：“这样的学校可以多办一点。”

1975 年 2 月 3 日，毛泽东在视察湖南后，乘坐专列从长沙到达江西。在接见江西省有关负责人时，又关切地问到共大的情况，并勉励要将学校进一步办好。

1976 年 10 月“文化大革命”结束后，江西共大在新的历史时期仍得到各级政府的重视和支持，发展也很快，并引起国内外更广泛的关注。1978 年 2 月 17 日，江西共产主义劳动大学经国务院批准，被列为全国重点高等院校。随着我国国情的变化和教育事业迅速发展，1980 年 11 月，经中共江西省委、省人民政府批准，江西共产主义劳动大学改名为江西农业大学，实行全日制教学。此后，原各个分校根据各地具体情况相继更名，有的取消或并归到其他学校了。现在仅存的就是江西婺源的鄣公山共产主义劳动大学。该校办学方向依然面向农村，招收比较贫困的农民子女入学，向农民普及文化科学。2003 年该校获得教育部的办学资金支持。虽然江西共产主义劳动大学作为一种办学形式现已不复存在，但其影响依然还在。

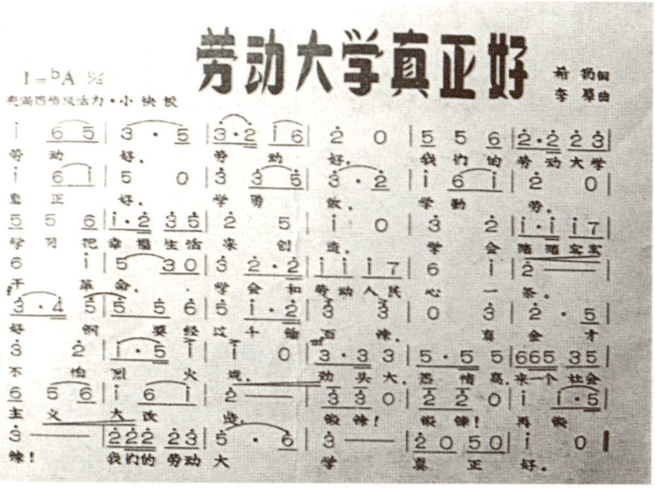

歌曲《劳动大学真正好》

链接

关于创办江西省劳动大学的决定（节选）

为培养共产主义的农业、林业、畜牧业、渔业、工业等方面又红又专的大批人才，普及科学技术革命和文化革命，建设繁荣幸福的共产主义新山区，特决定以原江西南昌林校和各综合垦殖场为基础创办江西省劳动大学总校和分校。

劳动大学实行勤工俭学、半工半读、学习与劳动相结合、政治与业务相结合的“又红又专”的办学方针。

劳动大学可按照山区和各垦殖场不同的生产特点来分别设立农业、林业、渔业、畜牧兽医业等若干科、系。各科系除学习各专业课程以外，还必须统一学习马列主义和毛泽东同志的著作，学习社会主义教育课程。

劳动大学的学生条件。凡具有生产知识、劳动经验的男女工人、店员、农业社员、专业军人或具有初中以上文化程度的男女学生和社会青年，年龄在17岁以上,35岁以下,身体健康,历史清楚并经审查合格者,均可录取；学生来源，除就地招收外，还可向外省招收学生。

劳动大学学习年限定为2至4年。毕业后发给文凭。统一分配，或自行就业。

劳动大学的学生，在学习期间膳食费用从半工半读的收益中加以解决，不足部分由学校补贴，日常用品自备。

四、办学的群众路线

实际上，仅仅依靠国家、依靠政策，那么多的学校短时期之内也是无法全部建立起来的，因为幅员太过辽阔，所以需要发动群众、依靠群众。不仅在办学经费方面需要如此，在办学形式上也要这样。过去那种专家说了算的形式需要改变，凭什么教科书就只能由一些小范围的专家来决定？另外，什么“量力性原则”“可接受原则”都需要再检验，人们甚至对将有些经验放到相应的年龄阶段再学习的观点也产生了怀疑，于是集中识字、提前识字之类的实验风行全国，甚至在幼儿阶段就提前教授高年级的学习内容。这些都可视为群众路线在学校的体现。

宣传画《牢记“延安精神”》

（一）两个好榜样

毛泽东于1955年在《中国农村的社会主义高潮》中加了这么一段按语，即“勤俭办工厂，勤俭办商店，勤俭办一切国营事业和合作产业，勤俭办一切其他事业，什么事情都应该执行勤俭的原则”，影响甚大。他在1957年2月的《关于正确处理人民内部矛盾的问题》报告中，再次提及“延安精神”之艰苦奋斗的作风——“要使我国富强起来，需要几十年艰苦奋斗的时间，其中包括实行厉行节约、反对浪费这样一个勤俭建国的方针”。既然建设国家都需要勤俭，那么办教育自然也需要勤俭。

1958年1月20日，《人民日报》介绍了响应党的号召实行“勤俭办学”方针的两个好榜样。

一个是河南省长葛县第三初级中学，实行半耕半读，培养学生爱劳动的品质和劳动的技能，培养社会主义的劳动者。

> 建校的过程中，学生们也都投入了自己的劳动，如学校修围墙，修道路等。通过这些活动，学生认识到建设社会主义必须增产节约、自己动手。因此，学校设备虽简陋，但学生并没有怨言，而是不断地用顽强的劳动去改善条件。几年来，他们连续在校园内、公路旁、废地上植树达28714株，并造了20亩大的两个树林。
>
> 学校开垦了可耕地38亩1分，分作6个试验区，各区种不同的农业植

物，校内还养有鸡、兔、鱼、猪、蜜蜂等。全校18个班组成18个生产队，各队都有自己的耕作区。每星期全校有一次集体劳动，每天两节课外活动，一节作体育活动，一节轮流参加生产，学习农业技术。

此外，学生们已经可以用自己的劳动来解决自己的一些困难，据1957年暑假期间606个学生的统计，他们80天的劳动挣到工分325000个，合人民币16000多元。因此，全校享受助学金的学生，也由549人、5767元，降低到324人、2737元。

这一年的秋季，他们获得了丰收，共收粮18000多斤，甘薯17000多斤，花生3800多斤，蔬菜27000多斤，还有鸡蛋、水果等。收益的分配是：扩大再生产，购置农具，盖图书馆、阅览室，订报和杂志，洗澡，看电影，改善伙食和救济临时有特殊困难的学生。

另一个榜样是贵州省怀仁县群力农场业余初级中学。中共仁怀县委和人民委员会根据群众的要求，利用一个农场的旧址于1957年夏季开办了该学校。该校的办学方针为“以生产为主，在保证生产自给的前提下，争取三年完成初级中学的教学任务”。课程方面，该校与普通中学一样，此外还有专门的生产劳动。具体安排为半天读书，半天生产，晴天少读，雨天多读。学校的生产管理设有生产管理委员会，每班组织4个生产队，共16个生产队，各队有固定的耕作区，干活评工计分，实行按劳取酬。教师和学生同劳动，同学习，同娱乐，生活在一起。《人民日报》报道说：

经过师生们近四个月来的努力，学校已呈现了一片新的景象。荒山上长出了肥壮的禾苗和蔬菜，60亩麦子、20亩蔬菜、3亩黄花、30亩荞麦，都将获得丰收。全校师生现在已积肥60多万斤，喂猪100余头，饲养耕牛15头，并且在进行冬季的农副业生产，翻犁今春播种的荒土。

学生们热情地劳动，并没有放松学习。第二班的一次文学测验，52人中得五分的5人，得四分的36人，得三分的9人，二分只有2人；第四班的一次算术测验，52人中，得五分的10人，得四分的36人，得三分的4人，

云南碧江中学学生利用课余时间上山打柴，节省伙食开支（1958年）

宣传画《参加学校的劳动》

得二分的也是 2 人。

劳动技术上也有一定的增长，学会犁土的已有 87 人，能掌握高温堆肥、沤肥技术的有 142 人；还培养出了 37 个土匠、12 个木匠、38 个解板子手、2 个理发师、1 个卫生员。

在这个举步皆山的地方，学生们用自己的双手，整理出两个球场，还做了乒乓球台等。

这里的群众对这所学校反映很好，大家都坚信：三年之后，这批青年将成为有文化、有知识、有劳动本领的新型农民。

从以上报道可以看出来，当时的学校虽然在课程方面已经作了革新，但评价还是用的“五级分制”。

《人民日报》同日为此配发的题为《两个好榜样》的社论指出：在各级学校中推行勤俭求学的办法，是革新学习风气，进一步促进我国教育事业蓬勃发展的一件大事。河南长葛县第三初中的实践，证明这种办法完全可行。这不仅能够有

清华大学土木、建筑系学生勤工俭学，承建了北京市建国门大街下水道工程（1958年）

效地培养学生自力更生的精神，克服事事依赖国家的思想，同时可以减轻国家办学校和家庭供养子女读书的经济负担，并能使更多的家庭贫苦的子弟获得入校求学的机会。强调“这种办法，在长葛第三初中既能办到，别的学校就没有理由办不到”。

社论还指出，“实行这种一面劳动一面读书、勤工俭学方法的更主要的更深远的意义”，那就是“通过劳动养成牢固的劳动观念和劳动习惯，增加学生的生产知识和生活能力，并进而提高学生的政治思想觉悟”。因为过去认为上学是摆脱体力劳动的手段，从农村来而不愿回农村去，而现在学生“在校是勤工俭学的模范、出校是地地道道的新式农民”。所以“这是具体实现知识青年和工农相结合、脑力劳动和体力劳动相结合的一个重要途径；彻底改变旧社会遗留下来的鄙视体力劳动和劳动人民的恶习，培养学生成为具有社会主义觉悟的、有文化的劳动者的好办法”。

社论最后指出：“勤工俭学、一面劳动一面读书，是我国革命知识分子的一个优良传统。新中国的青年，应该继承和发扬这个传统。各学校的行政、共青团和学生会更应当密切配合，统一行动，很好地辅导和安排青年学生进行劳动。”

对这种尝试持保留意见，或者认为参加体力劳动会影响学校正常秩序以及学生的学习的，则被视为“持资产阶级教育观点者”。于是全国又兴起一场“勤工俭学”的运动。

共和国成立后，国家为了帮助工农子女和其他家庭经济困难的青年入学，在各类学校设置了“人民助学金”。第一个“五年计划”期间，仅中学生的助学金，就支出了三亿多元。其后，教育普及的程度有所提高，学生的人数愈来愈多，国民经济无法提供那么多的助学金。所以后来提倡勤工俭学，这样既可以节约国家开支，又可以保证学生的生活需要，使学生以自己的劳动收入解决自己全部或部分学习和生活的费用，而且改变了学校中学科课程占满课程表的状况，让学生参与劳动，接受劳动教育。但问题也不是没有，如第二个榜样，课程与普通中学无异，又加了劳动课，那么学生需要付出的努力自然比普通中学多，难免加重了负担。

（二）自编教材

办学的群众路线，当时还有一大表现，那就是学生自编教材、参考书，甚至是教学大纲。

关于自编教学大纲，当时还树立起一面“红旗”：一周之内编出了全新的教学大纲。

1958 年 6 月北京师范大学开展教学改革运动，中国文学系古典文学教研组的一群老教授引起了“公愤”。批评者认为：过去这群老教授就把古典文学圈为禁地，经过整风、“三反”、“五反”运动，也着手修改了教学大纲，但只是修修补补，实质未变，个别甚至把旧文抄在新纸上以了事。这种态度，令人非常不满。该系三、四年级部分学生，为了破除对专家的迷信，决定白手起家，边干边学，自己动手编写一份新的大纲，作为对母校的纪念。这个意见，得到了党的重视和支持，在系党总支直接领导下，“中国古典文学改革小组”成立了。

当时，有些老教授说了一些风凉话：“写大纲不能架空呀，他们肚里能有多少材料？”有人甚至问学生：“四大神物是什么？知不知道四大传奇？”但学生

跳出原有的框框 冲破传統的束縛

大破大立 新代陈謝

北京师范大学实行党委、专家、学生三結合制定新的教学大綱

据新华社18日訊 記者魏文华报道：北京师范大学政治挂帅，群众动手，采取党委、专家、学生三結合的办法，进行教学大改革。第一高年級学生共成立二百五十六个教学改革小組，他們到工厂、农村、学校訪問，出入于科学研究机关、圖書館、資料室等，成为教学改革刀闊斧徹底地改，既要从原有的东西中肯定积極有用的，又要大胆否定消極无用以至反动的东西，这是大家所拥护的办法；另外一种办一份新的教学大綱；有的采取"唱对台戏"的形式，同一課程由学生和教师各自制定一个或几个大綱，然后两方面摆出来，进行評比，开展經过辯論，集体找資料，改变厚古薄今的現象。其它地理、历史、教育、化学、生物、数学、俄語等系，都是經过辯論后，把教学大綱大

大破大立，新代陈谢：从“三脱离”，实现“三结合”（1958年）

并未退缩，接受了挑战。在教研组四位党员教师的支持下，学生们开始了“突破”，努力“破除迷信”。

> 首先用两天时间学习毛主席著作、党的文艺政策。
>
> 又按照中国古典文学的阶段，把35个人分为8个战斗组，集中力量攻破薄弱环节，分头去学校和北京的各图书馆、民间文学研究机构等处找材料、抄材料，以现实主义的民间文学为主体，收集大量民歌，有黄巢所作至今仍在湖北流传的菊花诗，有太平天国时代农民歌颂忠王的诗词。
>
> 四五天中，四年级的26个人共看了291册书，有些书连老教授也没有看过。
>
> 等到教学大纲初稿写成时，发现元朝文学这一部分不够满意，于是又分工看有关文学史材料、元人杂剧等，经过讨论，由三个人执笔起草，一夜之间重新赶写出来。
>
> 经过七天苦战，完成了新的古典文学教学大纲。

这时，系领导把教研组教师和学生分别编写的两份教学大纲印发出来，让全系4个年级17个班的同学讨论，初步讨论的结果是：

> 同学们认为教师的大纲虽比旧大纲有改进，但并未跳出旧圈子，仍以封建统治阶级文学为正宗。与此相反，学生编写的教学大纲尽管有某些缺点，

但根本上它是一份面目全新的大纲，它贯穿着政治做灵魂、厚今薄古的精神，以历史唯物主义的观点提出了每一个历史时期剥削阶级和被剥削阶级两种文化的对立，以现实主义为主线，把人民文学作为正宗，从先秦到清末，民间文学成为一个不间断的系统，使长期被埋没的劳动人民的创造重放光辉。这里有大胆的翻案文章，一直被旧文学史捧得很高的王维、李后主、周邦彦、柳永、李清照等著作中有反现实主义的脉络，对陶渊明、苏东坡等人重新作了估价，旧文学史一直冷视的革命领袖黄巢和反映人民疾苦的白居易、爱国诗人陆游等，都在新大纲中占了重要地位。有些老教授则坚决不同意这样的大纲。

于是，一场大辩论便开始了。先在教研组，后来又在各班以及全系大会上，总共开展了 23 次讨论和 9 次面对面的争辩。

一次小组会辩论汉代文学，三年级绍姓学生指出教师大纲中本末倒置，大讲宫廷文学汉赋，而对乐府民歌则轻描淡写，连单独一节的地位都没有，

大学生宿舍里的讨论会

提出，“要为乐府民歌争地位！”

二年级二班徐姓学生代表全班同学在全系大会上发言，指出教师大纲歪曲了历史人物，认为“杜甫的成就是因他接近了人民，反映了人民的思想感情，而教师说他是受了儒家思想和人道主义的影响。我们全班同学都不同意”。

一位教授说他编宋词的大纲时接受了同学的意见，有了马列主义的倾向。而四年级孙姓女学生则当场指出教授仍在贩卖资产阶级思想。她念了《声声慢》中的“寻寻觅觅，冷冷清清，凄凄惨惨戚戚”，随即发问：“老师！这算什么生活气息？这是一个贵妇人吃饱了没事干，发泄她那没落的颓废的感情。我们过去学词，已受了不少的毒，今天社会主义课堂上不允许再有这些东西！”在旧大纲中，李清照的作品被认为是极富有生活气息的。

1958年7月15日，在最后一次辩论大会上，某老师发言说：“这场对台戏唱得很好，我们老师是唱砸了，我们唱的还是老词儿。现在才感到，一定要在党的领导下，加速改造自己，用马列主义武装头脑，和学生群策群力，共同把这一门课教好！”

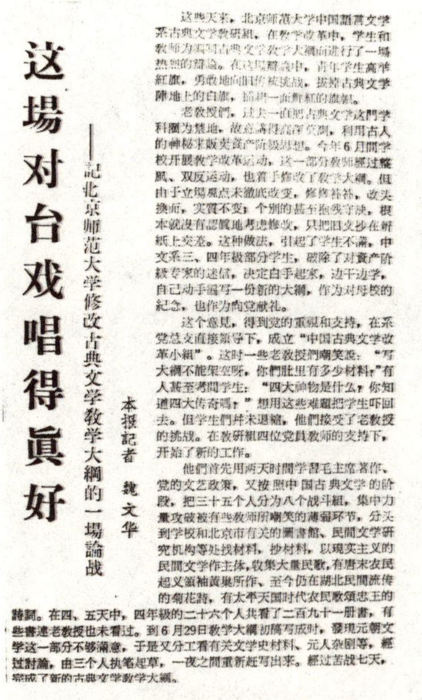
这場对台戏唱得眞好
——記北京师范大学修改古典文学教学大綱的一場論战
本报記者 魏文华

这些天来，北京师范大学中国語言文学系古典文学教研組，在教学改革中，学生和教师为編写古典文学教学大綱而进行了一場热烈的辯論。在这場辯論中，青年学生高举紅旗，勇敢地向旧传統挑战，拔掉古典文学陣地上的白旗，插起一面鮮紅的旗幟。

老教授們，过去一直把古典文学这門学科圈为禁地，故意講得高深莫測，利用古人的神秘来販卖資产阶級思想。今年6月間学校开展教学改革运动，这一部分教师經过整風、双反运动，也着手修改了教学大綱。但由于立場观点未徹底改变，修修补补，改头換面，实質不变；个别的甚至抱残守缺，根本就沒有認眞地考虑修改，只把旧文抄在新紙上交差。这种做法，引起了学生不滿。中文系三、四年級部分学生，破除了对資产阶級专家的迷信，决定白手起家，边干边学，自己动手編写一份新的大綱，作为对母校的紀念，也作为向党献礼。

这个意見，得到党的重視和支持，在系党总支直接領导下，成立“中国古典文学改革小組”。这时一些老教授們嘲笑說：“写大綱不能架空呀，你們肚里有多少材料？”有人甚至考問学生：“四大神物是什么？你知道四大传奇嗎？”想用这些难題把学生吓回去。但学生們并未退縮，他們接受了老教授的挑战。在教研組四位党員教师的支持下，开始了新的工作。

他們首先用两天时間学習毛主席著作、党的文艺政策，又按照中国古典文学的阶段，把三十五个人分为八个战斗組，集中力量攻破被有些教师所嘲笑的薄弱环节，分头到学校和北京市有关的圖書館、民間文学研究机构等处找材料，抄材料，以現实主义的民間文学作主体，收集大量民歌，有唐末农民起义領袖黃巢所作、至今仍在湖北民間流传的菊花詩，有太平天国时代农民歌頌忠王的詩詞。在四、五天中，四年級的二十六个人共看了二百九十一册書，有些書連老教授也未看过。到6月29日教学大綱初稿写成时，發現元朝文学这一部分不够滿意，于是又分工看有关文学史材料、元人杂剧等，經过討論，由三个人执笔起草，一夜之間重新赶写出来。經过苦战七天，完成了新的古典文学教学大綱。

《人民日报》报道《这场对台戏唱得真好》（1958年）

经过讨论，以党总支和一部分教师领导学生编写的大纲为基础，吸收教师意见加以修改，作为教研组正式的教学大纲。

既然教学大纲都可以由学生和青年教师来编写，那么师生合作编写教材、参考书包括词典之类的，那自是题中之意。

还有当年轰动全国的一件事情，也跟文学有关。北京大学中文系一群学生加上青年教师，花了35天时间，写出一部78万字的《中国文学史》。当初国家高等教育部委托的一些“资产阶级学术权威”，拿着高工资，过着舒适的生活，国家还为他们提供各种便利，但是两年多过去了，书的影子也没有。而该校1955级的学生加上部分青年教师，一个月出头就解决了这一问题，而且这是一部用新的理论、以新的视角写成的图书。这在当时引起了轰动，自然这样的“先进典型”要走上媒体，让大家知道，激发大家的学习兴趣。报道将其评论为“一个奇迹”。

既然北大已经放了“卫星”，那么其他学校自然也要“学先进，比先进，赶先进”，谁也不愿意落后，谁也不能落后。

北京师范大学编了100万字的《中国文学史》，还编了100万字的《中国现代文学史讲义》和《苏联文学史讲义》。

中国人民大学编出了一部100多万字的《国际共产主义运动史》，据说，这部书加进了中国革命的基本经验，下限写到1958年，把大炼钢铁都写进去了。新闻系写出了《中国军事报刊史》《中国出版事业史》《中国广播事业史》。

清华大学几个月内，编出各种教材与专著95部，其中《水工概论》《农田水利工程》《水利工程测量》《工程水文学》《水工量测及模型试验》是10天工夫就写出来的。

南京大学数学天文系师生合作，在短期内创制了尖端仪器马克托夫望远镜。

武汉大学物理系成立了一个攻关小组，要在短时间内破除“旧”的物理体系，把从牛顿到爱因斯坦的所有定理、公式一扫而光，在几周内建立世界一流的具有武大风格的新物理体系。

新兵著书超越前人 出版工作开拓新路
国庆献礼

出版工作

社论

一部插紅旗的中国文学史的誕生

北京大学中文系1955级中国文学史编委会

一定要插上紅旗

对人民对祖国負責

《光明日报》报道插红旗的《中国文学史》（1958年）

1958年10月4日，《人民日报》发表题为《根据党的教育方针来改革教材》的社论，介绍河南省农业、林业教育工作者编写教材的经验：他们五个月就编写出高等、中等、初等三级农林业学校的教学计划、教学大纲和教材；提出“编教材也要两条腿走路，中央编、地方编，专家编、教师和群众也编”，“必须在文化革命的浪潮中，使教科书也彻底地翻身”。

此后，各级各类学校和地方教育行政部门都开始编写各科教材和教学参考书。

（三）黑山经验

在“大跃进”的氛围下，工农业方面已经做到了“多快好省”，那么教育方面肯定也要做到。

“教学改革好，教学改革好，学得多，记得牢，各省领导都来瞧。我们学习学得好，大家向党来汇报。”这一则题为《教学改革好》的短诗是辽宁省黑山县北关小学二年级一班田玉华（当年10周岁）所作，歌颂的是该校教学改革的经验，即后来闻名全国的“黑山经验”。

黑山北关小学，是共和国成立后建立起来的一所普通的县城小学。1960年，该校有22个班级，1089名学生，26名教师，4名行政干部。当时学校设立了4个实验班进行教学改革实验，其中二年级下学期两个班，一年级上学期两个班。

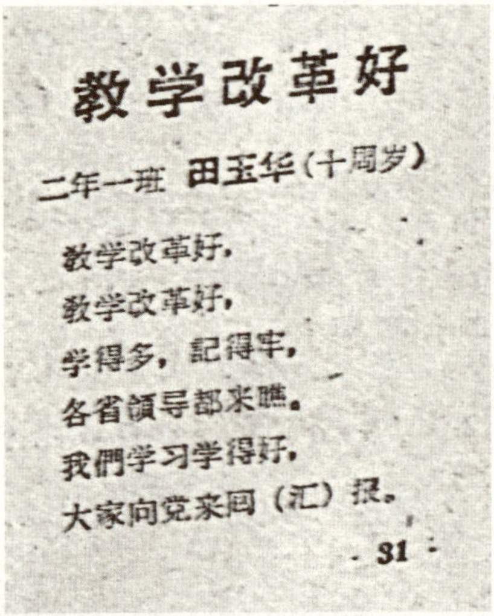
教学改革好

二年一班 田玉华（十周岁）

教学改革好，
教学改革好，
学得多，記得牢，
各省領导都来瞧。
我們学习学得好，
大家向党来囘（汇）报。

·31·

诗歌《教学改革好》

1960年4月2日至10日，中共辽宁省委在北关小学召开教学改革现场会议。中央有关部门及各省、市的代表参加了会议。会上该校介绍了自1958年以来在语文教学中实行“集中识字，精讲多练，提早写作”，在算数教学中实行“集中学，集中练，学、练、用分部进行”等经验。

此时黑山北关小学的教改经验虽未轰

动全国，但已经引起了特别的关注。1960年4月9日，国务院副总理陆定一在全国人大第二次会议上所作的那篇著名的报告《教学必须改革》，就对该校的教学改革进行了介绍：

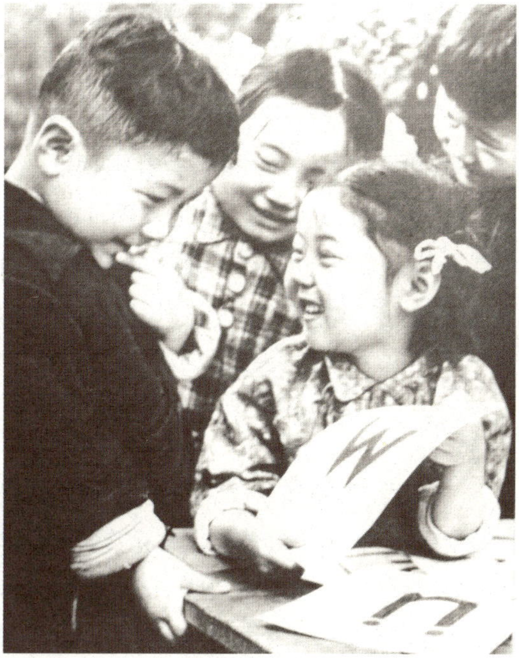
小先生

1958年9月起，中共辽宁省黑山县委，在中国科学院心理学研究所工作组的帮助之下，在该县北关小学，用“集中学，集中练习”的方法，做语文教学的试验。他们只用了五周时间，就在小学一年级的学生中把中央教育部发行的小学语文课本第一册（有233个生字）教完了。在第一学期结束时，共教了学生1700个生字。学生平均识字1115个（最好的学生把1700字全识了，最差的学生识字400个），这就是说，一个学期就将近达到教育部规定的二年级的水平（教育部的课本自第一册到第四册共有生字1230个），学生并能作短文，记日记。这个试验班，现在是二年级了。今年1月10日，车向忱副省长前往该校参观，这个试验班的学生刘音，写了一首诗：“车伯伯，忙又忙，看我们学习上课堂，又听讲课又照相，我们总也不会忘。”请注意，这是初小二年级学生写的诗。

1959年10月起，辽宁黑山北关小学又用改进的方法教算术，在二年级两个班和一年级两个班进行试验，用了将近一个月的时间完成了将近一个学期的任务。

由此可见，教学方法和教科书，大有改进的余地。

12天后，即4月22日，《人民日报》在《要闻快报》栏目又简短地介绍了黑山大胆教学改革的结果：“中共辽宁省黑山县委大胆进行教学改革，创造了高速度、高质量进行小学语文、算术教学的成功经验。他们的试点班级——北关小学二年级两个班学生的语文、算术程度，已分别达到小学四年级、三年级的水平。”

一个月后，5月23日的《人民日报》又发表题为《大搞群众运动一切经过试验：北关小学教学改革卓有成效》的报道，详细介绍了北关小学进行教学改革的事例，并特地介绍了用一次对比试验让怀疑声音消失的案例。

链接

辽宁省教育厅工作组又把北关小学经过三学期零一个月学习的试点班（二年级一班）和新民县后街小学四年级普通班的学生进行了对比测验，两个班用相同的测验题目、测验时间和评卷标准。

算术对比测验的结果，后街小学四年级学生平均成绩90.2分，北关小学试点班学生平均成绩达96.6分，得满分的占一半以上，没有一个不及格；北关小学试点班绝大多数学生都能结合生产劳动和生活实际自编应用题，不仅计算准确，而且速度很快，有的仅用15分钟就全部答完了试题。

语文科方面，北关小学试点班学生已经超过了四年级普通班的水平，试点班学生平均识字1715个，占测验总字数的91.7%，后街小学四年级普通班学生平均识字1427个，占总字数的76.5%。听写测验生字150个，北关小学试点班学生平均会写141个，占听写总字数的94.0%；后街小学四年级普通班学生平均会写93个，占听写总字数的62.0%。此外，在阅读、解词和作文的测验上，北关小学试点班学生的阅读速度、流利程度、复述课文大意和解词的能力都超过了后街小学四年级普通班。北关小学试点班学生，现在已能独立阅读适合四、五、六年级学生阅读的《红孩子》《新少年报》等七八种儿童读物。他们会写日记、书信、诗 歌，以及影剧观后感。7岁学生刘音从一年级下学期到现在已写了268篇日记。

由于学得多、学得深，儿童受的教育也就多了，因而共产主义品德成长得很快。在一个学期中，好人好事出现442人次。经过健康检查，学生的身体很好，精神饱满活泼，出席率在98%以上。

既有调查，又有实验，还有对照，似乎一切都符合科学实验的规范，而且还有中国科学院专家支持。这为日后“黑山经验”的推广打下了坚实的基础。

同日，《人民日报》还配发了中共辽宁省委书记李荒的评论，即《积极开展教学改革运动》。该文认为“黑山北关小学的教学改革经验，则是根据总路线、大跃进的精神，进一步从根本上改变了教学中少慢差费的现象而体现出多快好省的原则”：

> 北关小学，在县委的领导下，高举毛泽东思想的光辉旗帜，根据总路线的精神，大搞群众运动，发扬敢想敢说敢做和一切经过试验的共产主义风格，坚决同教学工作中的少慢差费现象作斗争，给如何在教学中实现多快好省找出了较好的道路，创造出无可怀疑的成绩和成功的经验。
>
> 黑山在教学中贯彻执行总路线、大跃进精神这个基本经验，是具有普遍意义的。它不仅适用于黑山，也适用于我们全省各市县；它不仅适用于小学，也适用于各级各类的学校。

实际上，此时已经认为黑山北关小学提前集中教学的经验，不仅适用于黑山所有小学，也适用于全辽宁所有小学；不仅适用于全省的小学，其他各级各类学校也适用。

既然“黑山经验”在辽宁是通用的，那么全国呢？中共中央宣传部副部长张磐石在同年5月的教育部机关刊物《人民教育》上发表了《黑山经验值得重视》一文，系统地论述了“黑山经验”，引起了全国教育界的重视。教育部工作组则于6月2日撰写了《辽宁省黑山县北关小学教学改革的调查报告》，该报告由教育部于1960年6月21日转发，“供各校在教学改革中参考”。报告对该校的教学改革具体经验作了归纳，分为六点：知识归类，突出本质；学习任务，分步实

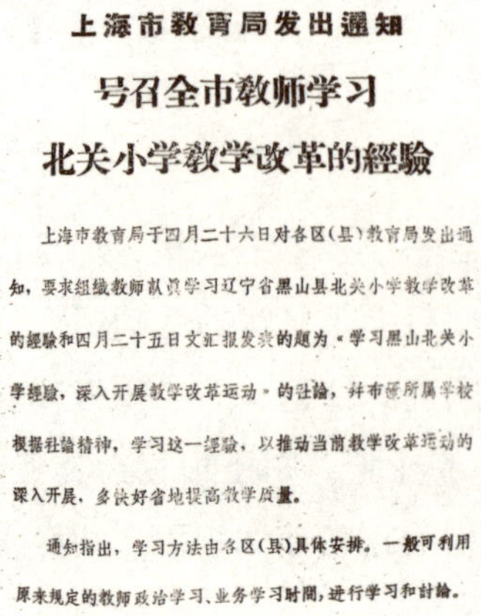

上海市教育局发出通知

号召全市教师学习

北关小学教学改革的經驗

上海市教育局于四月二十六日对各区(县)教育局发出通知，要求組織教师認真学习辽宁省黑山县北关小学教学改革的經驗和四月二十五日文汇报发表的題为“学习黑山北关小学經驗，深入开展教学改革运动”的社論，并布置所属学校根据社論精神，学习这一經驗，以推动当前教学改革运动的深入开展，多快好省地提高教学质量。

通知指出，学习方法由各区(县)具体安排。一般可利用原来規定的教师政治学习、业务学习时間，进行学习和討論。

上海市教育局学习“黑山经验”的通知（1960年）

现，先后交错，各有重心；集中精讲，猛攻关键；多学多练，充分实践；打好基础，丰富经验，积极诱导，大挖潜力；狠抓中下，典型纠正，力争上游，全面跃进。

辽宁省黑山北关小学的“集中识字”教改成果实际上得到了中宣部和教育部两部门的肯定，并建议加以推广。

上海在学习“黑山经验”方面则先行一步，《文汇报》于 1960 年 4 月 25 日就发表了题为《学习黑山北关小学经验，深入开展教学改革运动》的社论。次日，上海市教育局对各区（县）教育局发出通知，号召全市教师学习北关小学教学改革的经验。当时教育部的调查报告尚未面世，教师的学习材料便是《文汇报》的这篇社论。

其后，北京景山学校采用“集中识字教学法”并进行全面的教学改革。黑山、景山的“二山经验”享誉全国。一时间教育界认为，夸美纽斯等提倡的“量力性原则”靠不住，凯洛夫所提倡的“可接受性原则”也不可靠，这些资产阶级教育学家看待教育问题都是静止的。黑山北关小学教改的经验完全可以推翻这些原则。所以后来发展到幼儿园提前进行小学阶段的学习，幼儿园大班进行识字、算术的训练，似乎成效也挺大。

既然各级学习任务都可以提前完成，那么学制便成了一块绊脚石。完全可以缩短学制，让学生提前毕业，故便有后来缩短学制的提议及实验。

（四）运动式扫盲

这一阶段群众办学路线的另一体现便是扫除文盲，被称为“扫盲大跃进”。

扫除文盲是共和国始终坚持不渝的一项教育方针。1949 年 12 月 23 日至 31 日，教育部在北京召开了第一次全国教育工作会议。会议详细阐述了上一方针，并明确提出：“要作必要的准备，以便在全国范围内进行识字教育、扫除文盲的伟大工作。”副部长钱俊瑞在会议总结报告中说：“我们必须努力创设这个条件，以便工农大众易于掌握文化科学，作为斗争与建设的武器，作为巩固与发展人民民主专政的武器。”他还提出：“在全国各个地区，应该着手准备识字教育的教材和组织群众中的师资，争取从 1951 年开始，进行全国规模的识字运动。”

工农速成中学，比较正规一些，但满足不了那么多人受教育的需要。于是老解放区的冬学，得到了广泛的运用。

1949 年 12 月 5 日，教育部发出了《关于开展今年冬学工作的指示》，指出“解放区十余年来的经验证明，农村冬学运动是团结教育广大农民的有力武器之一。解放区的冬学不但进行了农村识字教育，而且与人民政府当时当地的具体工作相结合，曾经大大地提高了群众的政治觉悟和文化水平，从而有效地服务于八年的抗日战争、三年多的人民解放战争和土地改革运动”，认为“这种适应群众需要的与实际工作密切结合着的教育方式，今后应当在全国农村中普遍推行”。

但是这一形式终归是战争环境下的产物，难免被认为“游击气息重”，不能适应今日建设国家的需要。于是在 1951 年 2 月 28 日，教育部发布《关于冬学转为常年农民业余学校的指示》，冬学也开始逐渐步入正规化的轨道。

可是文盲问题依然相当棘手，此时祁建华及他的速成识字法横空出世，带来了一丝希望。

1951 年 12 月 15 日，教育部召开速成识字法座谈会，祁建华在会上介绍了他的速成识字法。这是他在教部队干部、战士学习文化的过程中创造的。该方法大致分三步：第一步学会注音符号和拼音，掌握识字的辅助工具；第二步突击认字，先求会读，初步会讲；第三步学习语文课本，展开阅读、写字、写话活动，巩固已认的汉字并进一步提高。

新中国成立初期农村冬学现场

链接

祁建华，河南郏县人。1948年参军，同年入中原军政大学学习。后任某部文化教员。1952年创造速成识字法，立特等功一次，被授予“模范文化教员”称号。其创造的速成识字法曾使5000万人脱盲。毛泽东称他为“名副其实的识字专家”，刘少奇赞其为“当代仓颉”。1957年，被错划为“右派”。此后的岁月里，他潜心于文字改革，发明“拼音新案”，可使一年级小学生在几天内认识3000多个生字。

据介绍：1951年，西南军区在12675名干部、战士中试行，一般只要15天时间，能识字1500个以上，能读部队小学课本三册，能写短稿。

1952年4月23日，政务院文化教育委员会给祁建华颁发奖状。

4月26日，《人民日报》发表社论《普遍推广速成识字法》。

5月15日，教育部发出《关于各地展开“速成识字法”的教学实验工作的通知》，通知举了速成识字法对重庆、天津等地工人和对北京东郊高碑店农民实验的效果后指出：运用速成识字法，将使扫盲过程大大缩短。要求各地立即在工农群众中，广泛展开关于速成识字法的宣传，并切实研究速成识字法的基本方法和已有经验，选择重点，进行教学实验。通知还要求各地研究运用速成识字法在本地区扫除工农文盲的初步计划。

5月21日，教育部通知河北省人民政府文教厅：确定河北省为速成识字法实验区。

5—6月，教育部连续发出通报，介绍山西、东北、天津等地推行速成识字法，开展识字运动的情况。

扫盲课本

《介绍速成识字法》书影

9月6日，全国总工会发出《关于在工人群众中推行速成识字法开展扫除文盲运动的指示》。

至1953年，全国参加速成识字法学习的工人、农民达700多万人。

为了加强对这一工作的具体领导，1952年11月5日，中央人民政府委员会第十九次会议通过决议，成立中央扫除文盲工作委员会，楚图南为主任委员，李昌（兼党组书记）、林汉达、祁建华为副主任委员，委员会设办公厅、城市扫盲工作司、农村扫盲工作司、编审司。

至此，扫盲运动如火如荼地开展起来。在实践中，多种多样的学习方式被创造出来：工厂的“车间学校”、煤矿的“坑口学习小组”、农村的“地头学习小组”、妇女的“炕头学习小组”等。

1955年，随着对农业、手工业和资本主义工商业社会主义改造的深入，社会对人民的文化和技术水平提出了更高的要求。

同年9月，毛泽东看到了山东《互助合作通讯》上所载《青年团高家柳沟村支部组织青年学习记工的经验》一文，十分欣喜地表示：

> 这个经验应当普遍推行。列宁说过：“在一个文盲充斥的国家内，是建成不了共产主义社会的。”我国现在文盲这样多，而社会主义的建设又不能等到消灭了文盲以后才去开始进行，这就产生了一个尖锐的矛盾。

使用速成识字法的扫盲班

放在路口的识字板

老爷爷、老奶奶也上扫盲班

劳作间隙识字忙

现在我国不仅有许多到了学习年龄的儿童没有学校可进，而且还有一大批超过学龄的少年和青年也没有学校可进，成年人更不待说了。这个严重的问题必须在农业合作化的过程中加以解决，也只有在农业合作化的过程中才能解决。农民组织了合作社，因为经济上的需要，迫切地要求学文化。农民组织了合作社，有了集体的力量，情况就完全改变了，他们可以自己组织学文化。

第一步，为了记工的需要，学习本村本乡的人名、地名、工具名、农活名和一些必要的语汇，大约两三百字。

第二步，再学进一步的文字和语汇。要编这样两种课本。第一种课本应当由从事指导合作化工作的同志，帮助当地的知识分子，各就自己那里的合作社的需要去编。每处自编一本，不能用统一的课本。这种课本不要审查。第二种课本也应当由从事指导合作化工作的同志，帮助当地的知识分子，根据一个较小范围的地方（例如一个县，或者一个专区）的事物和语汇，加上一部分全省（市、区）的和全国性的事物和语汇编出来，也只要几百字。这种课本，各地也不要统一，由县级、专区级或者省（市、区）级的教育机关迅速地加以审查。

做了这样两步之后再做第三步，由各省（市、区）教育机关编第三种通常应用的课本。以后还要有继续提高的课本。中央的文化教育机关应当给这件事以适当的指导。

广西壮族自治区一村落农民边走边学

蒙古包旁的识字班

> 山东莒南县高家柳沟村的青年团支部做了一个创造性的工作。这种情况令人十分高兴。教员是有的，就是本乡的高小毕业生。进度是快的，两个半月就有一百多个青年和壮年学会了两百多字，能记自己的工账，有些人当了合作社的记账员。“记工学习班”这个名称也很好。这种学习班，各地应当普遍地仿办。各级青年团组织应当领导这一工作，一切党政机关应当予以支持。

毛泽东将这个经验编入了《中国农村的社会主义高潮》中，并且将题目改成了《莒南县高家柳沟村青年团支部创办记工学习班的经验》。于是，扫盲运动又再次发动起来。

12 月 1 日，共青团中央发布《关于在七年内基本扫除全国青年文盲的决定》，指出“扫除旧社会遗留下来的大量文盲，提高人民的文化水平，是有战略意义的任务，为了适应农业合作化运动的发展，必须加快扫盲的速度”。

12 月 6 日，《人民日报》发表社论《要在七年内基本上扫除全国青壮年文盲》。

为了推动扫盲运动的深入，1956 年 3 月 15 日，全国扫除文盲协会成立。

3 月 29 日，中共中央和国务院发布《扫除文盲的决定》，将扫盲作为国家发展大计。该决定指出：在全国范围内积极地有计划有步骤地扫除文盲，使广大劳动人民摆脱文盲状态，具有现代的文化，这是我国文化上的一个大革命，也是国家建设过程中的一项极为重大的政治任务。

既然是政治任务，那么速度自然不用说。但是到了1956年下半年，热情在逐步地退却。为此教育部发布《关于扫除文盲工作的通知》，指出几年来这一工作出现消极保守或急躁冒进的现象，给工作带来了很大的损失，伤害了广大群众和干部的积极性。这一教训必须记取。为了正确指导这一工作，顺利完成任务，各地应该认真总结过去工作中发生的缺点和偏向，划清保守和冒进的界限。

然而冒进的势头已经不可阻挡。1958年春，我国的工农业生产都出现了"跃进"，扫盲自然也要"跃进"。2月末3月初，教育部、团中央、全国总工会、全国妇联、全国扫除文盲协会召开扫盲先进单位代表会。全国扫除文盲协会会长陈毅在讲话中号召来一个文化上的"原子爆炸"。会议向全国发出5年内基本扫除全国青壮年文盲的倡议。

3月7日、5月20日，《人民日报》先后发表社论《掀起规模壮阔的扫盲大跃进》《用革命精神扫除文盲》，一个更高的扫盲浪潮很快形成。

"卫星"竞相升空。1958年1月，黑龙江省宁安县率先宣布成了基本无文盲县。随后，黑龙江省提出了"乘卫星，坐火箭，赶上宁安县"的口号，经过三个月的大干，成为全国第一个无文盲省。在示范效应下，其他各省的扫盲"跃进"步伐也大大加快，参加扫盲的人数和已实现基本扫除文盲的地区数不断攀升：

4月底，全国有137个县基本扫除了文盲。

6月底，全国参加扫盲学习的约9000余万人，444个县基本上扫除了文盲。

7月底，全国有639个县、市基本扫除文盲，占全国县、市总数28.1%，其中基本扫除文盲的省有黑龙江、吉林、浙江和甘肃。全国有4100多万人摘掉了文盲帽。

8月，数字又大大上升了。报道称从1月到8月，我国扫除了近9000万文盲，在全国2257个县、市中，有1516个即67.2%的县、市基本扫除了文盲，12个省相继宣布为基本扫除文盲省。

10月中旬，数字达到了顶峰。据称：全国有1799个县、市单位基本上扫除了青壮年文盲，即 79.7% 的县、市基本扫除了文盲，有 17 个基本无文盲省。

1958 年 1 月到 9 月共扫除青壮年文盲 1 亿人。

中国仿佛一夜之间就甩掉了文化落后的帽子，完全陷入一种自我陶醉的幻想中。对于这一时期扫盲中出现的浮夸现象，毛泽东曾提出过批评。1958 年 11 月的武昌会议上谈到“作假问题”时，他说：“世界上的人有的就不那么老实……比如扫盲，说什么半年、一年扫光，我就不太相信，第二个五年计划期间扫除了就不错。”

1960 年 4 月，一份来自山西省委的报告引起了毛泽东的高度重视。报告说，山西省万荣县过去十年非常重视扫盲工作，但复盲的现象严重。1958 年 10 月，万荣县决定在全县推行汉语拼音方案，采取注音识字的办法，高速度地开展扫除文盲和业余教育运动。1959 年 10 月，县委进一步总结了注音扫盲的经验，在作了充分准备之后，一鼓作气，在全县范围内掀起了万民教、万民学的注音扫盲高潮，取得了预想不到的成效，仅两个月即实现了青壮年无文盲县的目标。他们所采取的注音识字的步骤是：一是学习掌握汉语拼音方案，二是借助注音字母认识汉字，三是大量阅读注音书报，不断扩大识字量。

毛泽东看后十分高兴，亲自为这一报告拟题《山西省委关于在全省推广万荣县注音扫盲经验，争取在 1960 年使山西成为无盲省向中央的报告》。他指示将这一报告印发中央一级各部委、各党组，并在党报发表。他还满怀信心地希望经过 1961 年的努力，争取全国比山西迟一年完成扫盲任务。4 月 22 日，中央下发了这一指示。

山西省万荣县开展拼音扫盲

山西省万荣县青谷村扫除文盲以后出现了很多农民诗人，他们常常举行“赛诗会”

5月1日，《人民日报》发表社论，要求认真学习、大力推广万荣县的注音识字经验，争取提前扫除文盲。在毛泽东的亲自关注下，1960年5月11日，中共中央发布了《关于推广注音识字的指示》，指出：“山西省注音识字经验，是我国革命文化中一项重要的创举，应当在全国迅速推广。”一马当先，万马奔腾。全国各地迅速掀起一个“学万荣、赶万荣”的注音识字运动高潮。这次扫盲高潮的时间并不长，随着国民经济的调整，扫盲运动也进入了调整期。

旧中国留下了一个“少慢差费”的精英教育体系和80%人口是文盲的局面，列宁说：“在一个文盲充斥的国家内，是建成不了共产主义社会的。”毛泽东在1945年时就指出：“从80%的人口中扫除文盲，是新中国的一项重要工作。”新中国成立以后，中央对于此项工作一直持续不断地在推行，民间的创造性也得到了极大的发挥，中间虽然遭受过“左”的思潮冲击，但成绩还是很骄人的。据1964年第二次全国人口普查的结果，15岁以上人口的文盲率，已由80%降至52%。在和平建设的这十多年时间里，人口的增长率很高（1953年第一次普查总人口约为5.7亿，1964年第二次普查总人口约为7.2亿），一面要解决新增人口的教育问题，防止新文盲数的进一步增多，一面要解决成年人的识字问题，将文盲比例进一步下降。两个方面都很重要，不可偏废，任务可谓极其繁重，然在党的领导下，还是取得了长足的进步。

04

第四章

按规程办学

自“大跃进”以来，整个国家建设陷入了急躁冒进之中，许多不尊重基本规范及基本规律的行为被视为“创造”，而遵从的、遵守的则被视为“迷信”，文化教育也是如此。仅仅依靠“群众路线的办学方式”，产生了许多不相适应的地方，工作中存在不少问题和缺点，1960 年，国家开始对此进行调整。

一、“八字方针”与教育

1960 年冬，党中央对国民经济实行“调整、巩固、充实、提高”的方针，为此前后有三次教育调整工作会议。

1960 年 11 月 24 日至 12 月 12 日，中央文教小组召开全国文教工作会议。参加会议的有各省、市、自治区党委管文教的书记和宣传部部长，中央各文教部门的负责人等。会议讨论在文教战线贯彻执行以农业为基础的方针问题，检查和批评文教战线的“共产风、浮夸风、强迫命令风、干部特殊风和瞎指挥风”（简称“五风”），集中研究在教育工作中贯彻执行“八字方针”的问题。会议强调要正确处理文教事业建设和生产发展特别是农业生产发展的关系，正确处理数量和质量、政治和业务等关系，解决好教育事业发展过快、战线过长、占用劳动力过多的问题，并据此讨论安排了 1961 年和今后的工作。会后，文教小组向中共中央提交了《关于 1961 年和今后一个时期文化教育工作安排的报告》。1961 年 2 月 7 日，中共中央批转了这一报告。

该报告对 1961 年和今后一个时期的教育工作作出如下安排：节约劳动力，支援农业生产。今后三五年内，农村 16 岁以上的在校学生占农村全部劳动力的比例，应控制在 2% 左右。区别城乡和根据各地区的不同情况，有计划地、积极地普及适龄儿童的小学教育；通过多种形式逐步发展中等学校；积极地又有控制地办好业余教育；办好幼儿教育。

全国文教"群英会"会场（1960年）

普通教育要着重全面提高教育质量。在学制改革方面，准备在10—20年内分期分批改为中小学10年制。今后不再进行九年一贯制的实验，并停止春季招生。教育事业要合理布局。今后几年大城市一般不再新建高等学校和中等专业学校，要尽可能安排一些新建校建在农村和中小城市。专业学校一般要接近生产基地。高等学校要把提高教育质量摆到第一位。新建的高等学校必须调整。集中力量办好64所重点高等学校。现有全日制学校必须切实保证教学时间，劳动应有所控制。

1961年上半年，中共中央书记处举行会议，总书记邓小平主持讨论文教工作。

关于1961年学校招生和今后三年教育事业的发展问题，邓小平说，科学教育的水平并不决定于数量，主要是质量。如果讲普及，那是普通教育的任务，高等教育是提高水平。这几年不管从哪几方面都要把步子放慢，进行调整。要少办些学校，把学校办好。首先抓大学，然后联系到几个数字：大学16万—17万，高中40万—45万，初中200多万。这是就全国来说的。控制这些比例，分级抓好这些学校。每级都要抓重点学校。这几个数字、比例是个宝塔。三年里我们要控制好这个宝塔。

关于建立学校内部秩序，制定工作条例的问题，邓小平说，学校经验要总结，要积极地搞出60条，搞个章程出来。此外，邓小平对于教育经费认为要恢复专款专用。

这次会议讨论的问题比较具体，提出了解决问题的方式，如控制比例形成“小宝塔”、通过学校工作条例建立起学校内部的秩序等，对后来影响很大。“文化大革命”中，“宝塔”“条例”都是被批判的对象。

1962年4月21日至5月中旬，教育部在北京召开全国教育会议。研究在1961年教育事业初步调整的基础上，进一步调整教育事业和精简学校教职工的问题。会议根据以调整为中心的“八字方针”，从当前的形势出发，照顾今后发展的需要，本着办少些、办好些和提倡人民举办各类教育事业的精神，提出进一步调整教育事业的意见。

> 大幅度裁并高等学校，特别是专科学校。保留下来的高等学校要逐步缩小规模。
>
> 大量裁并1958年以后新设立的条件很差的中等专业学校，以及少数布局不够合理和设置重复的中等专业学校。保留下来的中等专业学校，五年内实行内部招生。
>
> 全日制中小学要适当压缩规模，要注意调整学校布局，方便学生就近上学。
>
> 要切实提高教育质量。组织多余的优秀教师逐级培训各级学校的教师，提高师资质量；以裁并学校的校舍、图书、仪器、设备充实保留学校；认真办好一批重点学校。
>
> 改变国家对教育事业包得过多的状况。今后高等学校基本上由国家办，少数特殊性质的高等学校如宗教、图画、中医等，也可由人民团体或个人举办。中小学和一般技术学校、工艺学校，以公办为主，民办为辅，允许私人开办。
>
> 会议还提出进一步精简各级学校教职工的指标和教职工编制标准意见。

“教育大调整”时期清华大学的课堂

根据会议讨论的意见，教育部党组向中共中央提出《关于进一步调整教育事业和精简学校教职工的报告》(下称《报告》)。5 月 25 日，中共中央批转教育部党组的《报告》。中央批示指出：1958 年以来，我国教育事业有了很大发展，成绩是显著的。但是，由于发展过快，规模过大，超过了国民经济的负担能力，特别是超过了农业生产水平，也超过了教育事业本身的发展条件，影响了教育质量的提高。必须要下最大决心，对教育事业，特别是对高等学校和中等专业学校进行进一步的调整。

在我们这样一穷二白的大国发展教育事业，必须坚决贯彻执行国家办学和人民办学两条腿走路的方针，坚决地改变国家对于教育事业包得过多的办法，适当地压缩公办教育事业的规模，同时提倡在政府领导下，由人民举办各类教育事业；同时还必须适当发展半日制学校、夜校及函授、广播等各种形式的业余教育。

5 月 29 日，教育部成立精简办公室，负责各级学校调整和教职工的精简工作。1963 年调整工作基本完成，11 月办公室撤销。

（一）“办少些”

教育部党组的《报告》肯定了成绩，也指出了问题，提出必须对教育事业进行调整。

其实，当时主要是高等学校和中等专业学校的设置比例出了问题。如《报告》所指出的：从教育事业本身来看，高等学校和中等专业学校保持如此规模也是不合适的。不但新建学校一般条件很差，而且原有老校也由于规模扩展过大，分散了力量，在教学和生活上都造成了很多困难。如果继续维持这种情况，势必难于集中力量把学校办好。

1952 年的“院系大调整”使得全国高校数量有所减少，高校数量在“教育大跃进”时期的变化则非常明显。据国家统计局公布的数据，1958 年新增了 578 所高校，1959 年只增加了 50 所，1960 年又一下子新增了 448 所，三年内新增数量达 1060 所。速度之快，数量之多，前所未有。1961—1963 年极力压缩高校数量，1961 年裁并 444 所，1962 年再裁并 234 所，1963 年又裁并 203 所。即便如此，裁并后的 407 所比 1957 年的 229 所仍多出许多。

中等专业学校的发展更是惊人，1958 年比 1957 年增加了近 1800 所，1959 年又增加了近 600 所，而 1960 年更是一跃为 6225 所，接近 1958 年的 2 倍、

中华人民共和国前17年高等学校数量发展

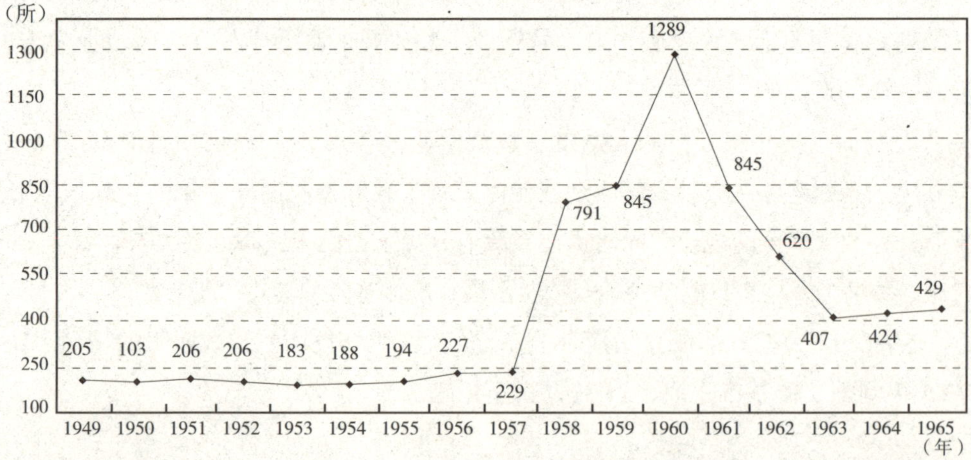

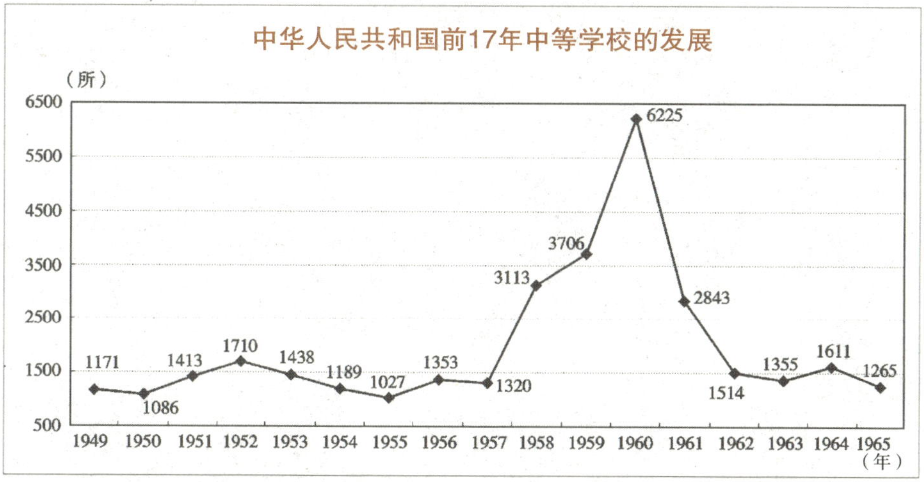

1957 年的 5 倍。这样的速度在任何一个国家都难以承受，必须得精简。1961 年就裁并近 4000 所，1962 年又裁并 1300 多所，1963 年再裁并近 160 所。当然被裁并的基本上是 1958 年以后设立的条件很差的新校以及少数布局不够合理、设置重复的老校，但后者的比例极小。

因为有那么多学校被裁并，所以多出许多教师和学生来。未被裁并的学校也得实行精简规模，也需要裁掉一些教师。

首先遭遇精简的是学校附属工厂的新员工。1961 年 7 月 26 日，教育部发出《各直属高等学校 1961 年职工精简方案》。精简的重点是学校附属工厂的职工，其次是一般职工。教师一般不作精简。精简的对象是 1958 年 1 月以来参加工作的农村新职工。这样做并不是歧视农村人员，而是为了恢复农村的生产力。

1962 年 5 月 25 日，教育部党组下发的《关于进一步调整教育事业和精简学校教职工的报告》中规定了各级各类的师生比例，用以控制规模。但是执行中有些地方将 1958 年以后参加工作的教师一律作为精简对象，有些则将具有多年教学经验的老教师也精简了，另外又吸收和安插了其他部门一些不适合教学工作的人担任教师职务。

为此，8 月 10 日，国务院批转教育部《关于精简中小学教师必须注意的几个问题的意见》，指出：1958 年后参加工作的教师，不要一律视为精简对象，分

教育家徐特立与师范学校学生在一起

不同情况，区别对待。凡是国家统一分配到中、小学校的高等院校和中等师范学校的毕业生，和具有同等学力而现在又能胜任教学工作或有培养前途的教师，必须使其继续从事教学工作。已被精简的，要重新安排，使其继续回到岗位上来。老教师必须加以爱护，留在校中发挥他们的作用，已经精简的，必须请回来，继续安排担任教学工作。对于不适宜做教学工作的人但已到中、小学校去做教师的，各级部门必须严加控制。中学教师的调入、调出，须经省、自治区、直辖市教育行政部门审查批准。小学教师的调入、调出，须经县教育行政部门审查审批。8月 24 日，国务院批转的教育部《关于精简中小学教师必须注意的几个问题的意见》中第四条的补充修改意见增补“由其他部门调入当小学教师的，须经专区教育行政部门审查批准”的规定。

其实，国家对于老教师、老教授是相当重视和爱护的。如1962年7月20日，教育部下发的《关于安排高等学校中有真才实学的年老体弱不能担负教学工作的教师的几项规定》中就曾指出：在进一步调整教育事业和精简教职工中，对于高等学校中全部或大部分丧失教学工作能力的年老体弱的教师，已经规定可以分别不同情况进行安排。但是，对于高等学校中具有真才实学和富有教学经验的年老体弱不能担负教学工作的教师，还需要对他们另作安排。并指出，各高等学校在提名时，对于教授、副教授中确实符合规定条件的，方可考虑提出，如果没有符合条件的人，就不要勉强提名。

9月28日，教育部又发出《关于为老教师配备科学助手的意见》。该意见提到：在精简过程中，有些学校对某些学科和老教师较多的教学单位的特点和特殊需要注意不够，不仅助手没有配备，有的甚至已经配备的助手也被精简了。为了更好地发挥老教师的作用，继承他们的专长，培养出一批青年骨干教师，该意见还提出：凡在本门学科有较高水平的老教授，一般都应为之配备科学助手；助手一般是业务优秀、思想政治比较进步的讲师或助教，个别也可以是副教授；助手的选择应尊重老教授本人的意见，必须两相情愿，以利于建立良好的师徒关系；助手一经选定，就不要轻易变动。

即便如此，精简裁并中，还是有不协调的地方。如有的机关、企业、学校和科学研究机构中，有一些高等学校毕业的干部（有到工作岗位不久的，有已工作多年的），甚至还有留苏学生，也被精简，辞退回家。

为此，1962年8月9日，中央精简小组下发《关于国家分配的高等学校和中等专业学校毕业生一般的不要作为精简对象的通知》。指出：为了保留国家建设事业各方面的骨干力量，职工中凡是经国家分配的高等学校和中等专业学校毕业生，不论是哪一年分配工作的，除了少数适合到农村工作或适宜转到城镇集体所有制企事业单位工作的，本人提出申请，原单位又能够离开的，可以准予离职以外，一般的不要作为精简对象。

次日，即8月10日，中共中央、国务院又发出《关于在精简工作中处理高等学校毕业生问题的若干意见》，意见指出：我国的专门人才，无论从将来还是从现在来说，都是太少了，而不是过多了。培养专门人才很不容易，如果现在把有些人才弄散了，过几年后重新调集回来会有困难，而且调回后也会因业务荒疏而不能起应有的作用。对于专门人才，一定要加以保存、调整。共和国成立以来，高等学校毕业生只有 79 万人，国家用了很大力量培养他们，使他们获得一定的专门知识，应该让他们发挥作用。况且高等学校毕业生被精简退职现象，在政治上也会带来不良影响，引起学生本人、一般知识分子和社会的疑虑不安；在校学习的大学生，学习情绪也受到影响。其实，可减的人不多，但影响则较大，所以处理需要谨慎。

一些不合格的教师在这次浪潮中被清退出去，学生方面也是如此。

从下图可以看出，1958 年中等专业学校学生数量接近 1957 年的一倍，而 1960 年则接近三倍，这样的“跃进”纵然是发达国家也无法做到，更何况我们是一穷二白的底子。1961 年裁并了 100 万多人，1962 年裁并近 70 万人，1963 年又裁并近 10 万人。那么这些人如何处理呢？

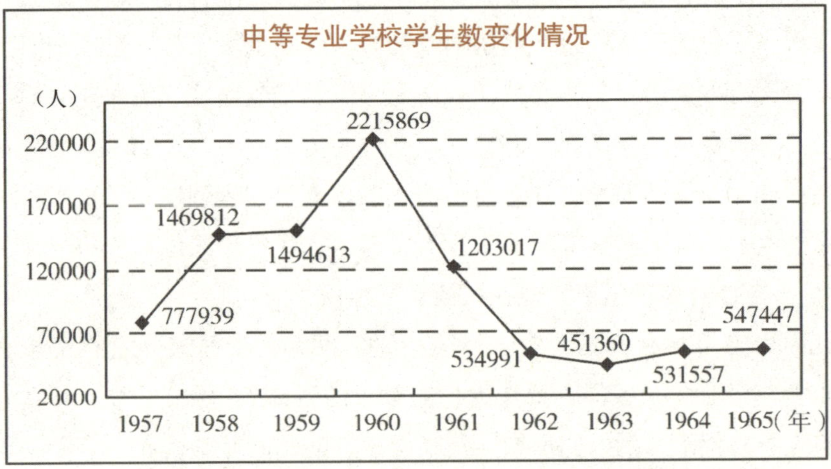

1961 年 2 月 11 日，教育部发出《关于保证中小学师资质量问题的两项通知》。通知指出：为了贯彻执行中央关于文化教育事业必须调整、巩固、充实、提高的方针，以着重提高教育质量，我们感到有计划地培养新师资，注意保证师资的政治质量和文化业务水平，是当前最迫切的任务之一。需做到：①各级师范学校招生，必须坚决保证质量，特别是政治质量，认真改变过去降格以求，不顾质量，勉强

凑数的现象。②从秋季不能升学的高、初中毕业生中，酌量挑选一批较好的学生加以短期训练，主要补充农村中小学师资。

对于高等学校的学生，则需要加强管理和制度建设。1961 年 2 月 28 日，中共中央转发教育部、国家计委、内务部党组《关于加强管理中央部门和省、市、区直属全日制高等学校在校学生问题的报告》。报告提出，各高等学校所有在校学习的学生的实有人数，都应统计在本校学生人数内，纳入国家计划。今后，高等学校在校学生应当一律按照学制规定学完全部课程，毕业后再分配工作，任何单位不得抽调未毕业的学生分配工作。3 月 18 日，教育部又发出补充通知，要求各高等学校对被抽调的在校学生彻底加以清理。

7 月 4 日，教育部又发出《关于彻底清理抽调全国重点高等学校在校学生的通知》，批评一些学校对此事不够重视，迟迟不按规定进行清理或清理不够彻底，并指出：今后任何单位不得抽调未毕业的学生分配工作。如因特殊需要，必须抽调个别未毕业的学生分配工作时，属于全国重点高等学校的学生，应该开具人数名单报经教育部征得国家计委的同意、批准。一次抽调未毕业学生在 10 人以上时，均须报教育部并提请中央批准。

两个月后，教育部发出《关于逐步管理全国重点高等学校学生名册的通知》。指出：为了进一步贯彻中央关于加强对全国重点高等学校学生的管理工作的指示，决定逐步建立全国重点高等学校学生名单的管理制度。先从今年录取的一年级新生掌握起，经过几年逐步地将全国重点高等学校的全部学生名单都掌握起来。坚决克服学生流动中的混乱现象，以保障今后学生毕业时，国家按学校实有的毕业人数分配工作。

对于毕业学生则严抓质量。1961 年 4 月 7 日，中共中央批转教育部党组《关于提高高等学校应届毕业生质量的请示报告》。报告指出，有一部分学校由于各种原因，过多地打乱了教学计划，致使今年的毕业生还有一些主要课程没有学习。为保证毕业生达到应有质量，应采取措施对于缺课较多的主要课程进行补课。必要时可适当推迟毕业时间。少数实在无法于今年夏天毕业的学生，应坚决留校半年或一年补课，或留级学习。

1958 年以来，中国科学院各研究所及各省、市、自治区分院和有些高等院校抽调了一批学生提前分配工作。现在各单位进行调整精简，不需要这么多人，而且这些学生因未学到毕业，多数学业知识较差，不能适应当前的工作要求，因此提出让他们回到学校复学。1962 年 8 月 17 日，教育部下发《关于抽调高等学校学生复学问题的通知》，原则上同意这些学生复学。

归国华侨大学生正在公园写生

裁并浪潮中，有一类学生是国家加以特别照顾的，那就是华侨学生。1961 年 8 月，国务院转发华侨事务委员会《关于当前侨务工作中的几个问题的报告》，要求妥善处理归侨学生升学和就业问题。10 月 12 日，国务院转发华侨事务委员会、教育部的《关于学校调整工作中对归侨学生的处理意见》，要求各部门及有关省、市、自治区根据中央有关政策对归国华侨学生适当照顾。意见下发后，多数归国华侨学生转入其他学校继续学习。但也有少数单位在安排归侨学生转学时，遇到了一些具体问题。

（二）“办好些”

根据 1961 年 7 月的高等学校和中等专业学校调整工作会议提出的初步调整方案，全国高等学校将由 1960 年的 1200 多所调整为 800 所左右，中等专业学校（不含师范）将由 3900 多所调整为 1900 多所，两项合计减少 2400 多所。而且技工学校也将调整，仅中央部门办的技工学校，停办合并的就有 240 多所。虽然有些学校的校舍、设备系临时借用，或因学生还在校继续学习，但从全国、一个地区、一个大城市来看，腾出来的校舍、设备数目还是很大的。

如何处理这些物资，首先面临的主要问题是弄清楚这些物资有多少，停办、合并的学校有多少物资，继续举办的学校物资情况如何，重点高校的物资情况又是怎样的。

1961 年 10 月 23 日，教育部发出通知，要求各直属高等学校、直属工厂根据国家计委、国家经委和国家统计局下发的《关于进行全国物资库存普查的通知》，认真开展物资库存普查工作，为合理处理它们作好准备。11 月 24 日，教育部根据中央《关于当前工业问题的指示》，再次发出清查物资的通知，要求各直属高等学校，把基建、教学、科研、生产、总务行政各方面的物资进行一次彻底且全面的清查。要及时处理积压、调剂有无，变死物为活物，尽快地发挥物资的作用。次年 2 月 22 日，中共中央和国务院再次发出《关于彻底清仓核资充分发挥物资潜力的指示》。4 月 28 日，教育部又发出通知，要求各直属高等学校认真贯彻执行这一指示。各校要彻底进行清仓核资，做到物清、账清、钱清，并在此基础上，认真总结经验，进一步健全账、卡，加强管理责任制度，改进物资管理工作。5 月 10 日，中央清仓核资领导小组批转教育部的意见，对于 61 所全国重点高等学校多余的精密、贵重、稀缺的专用设备，由教育部组织进行统一的调剂，以互通有无，合理利用。12 月 22 日，教育部发出通知，为使清仓核资工作真正达到中央提出的全面、彻底、统一、合理的要求，善始善终，决定按照标准对各校结束清仓核资工作进行验收。验收工作完成后紧接着就是如何处理这些物资的问题。

西北农学院学生在自习

1961年11月11日，中共中央批示同意国家计委、教育部党组《关于处理停办、合并的高等学校和中等专业学校的校舍、设备问题的报告》。报告指出大中城市中小学的校舍比较紧张，有些大城市的二部制小学（分上下两个半日来校学习）使用率已达 90% 以上，即便如此，仍有相当数量的学龄儿童不能入学。而随着城市人口的自然增长，为了解决大中城市学龄儿童入学，适当安排高小毕业生的升学问题，提出今后几年城市小学和初中在校学生还会有所增加。而校舍、设备的不足，是个很突出的问题，需要设法加以解决。所以，那些停办、合并以后空出的校舍，都应当主要用来解决小学和初中的需要；空出来的教学设备和生活用具，除了根据需要用以充实保留下来的高等学校和中等专业学校以外，凡是中小学适用的应该拨给中小学使用；利用中小城市和厂矿附近停办学校的校舍，调整学校布局，尽量使高等学校、中等专业学校向中小城市下延，尽量接近生产基地。

1962 年 6 月 8 日，教育部又发出《关于停办、合并学校财产保管与处理等问题的通知》。通知指出：停办、合并的学校的一切财产（包括校舍、仪器、机器、图书、家具、材料及其他设备、物资），都必须妥加保管和细心爱护，不得使其有任何损失和浪费。这些学校的财产，应该用以充实保留的学校，首先是充实重点学校。9 月 10 日，国家物资总局、教育部联合发出通知，对裁并学校的财产处理和保管的问题再次作了规定，要求各有关部门必使决定停办和合并的学校的财产不致受损失。

清华大学的新大礼堂

精简了那么多学校，节约了那么多物资，已实现“办少些”，同时也可追求“办好些”了。要“办好些”的是什么学校呢？当时明确提出要办“重点学校”。

重点学校，原指重点高等学校。1954 年 10 月 5 日，高等教育部发布的《关于重点高等学校和专家工作范围的决议》（下称《决议》），是共和国举办重点高等学校之始。《决议》指出：确定重点高等学校是为了使一些学校在贯彻中央所规定的方针政策、学习苏联的先进经验、进行教学改革、加强行政领导等各方面能够先走一步，取得经验，由高等教育部及时推广，以带动其他学校共同前进。决定将中国人民大学、北京大学、清华大学、哈尔滨工业大学、北京农业大学、北京医学院等6所学校列为全国性的重点学校。1959年5月17日，中央发出《关于在高等学校中指定一批重点学校的决议》，指定北京大学、中国人民大学、复旦大学、中国科技大学、上海第一医学院、哈尔滨工业大学、清华大学、天津大学、上海交通大学、西安交通大学、华东师范大学、北京工业学院、北京航空学院、北京农业大学、北京医学院、北京师范大学等16所院校为重点学校。1959年8月28日，又增加了中国医科大学、哈尔滨军事工程学院、第四军医大学及通讯工程学院等4所院校。而此时正是“教育大跃进”的峰巅，中央又发出《关于增加全国重点高等学校的决定》。该决定指出，原定20所的量太少了，为了更有力地促进我国高等教育事业发展和支援新建高等学校工作，决定再增加一批重点高等学校，共44所。此时，全国共有64所重点高等学校。

1961年1月26日至2月4日召开全国重点高等学校工作会议，着重研究贯彻执行“调整、巩固、充实、提高”的方针，对全国重点高等学校实行“四定”，即定规模、定任务、定方向、定专业，强调通过调整建立完善的教学秩序，大力提高教学质量，加强对全国重点学校的集中管理。

4月26日，中共中央、国务院批转教育部党组根据会议讨论结果拟出的《关于审定全国重点高等学校发展规模和专业设置的报告》（下称《报告》）。《报告》指出重点高等学校（不含3所军事院校）的最大发展规模是：要减少学生数量的有18所，基本维持现有人数的有11所（一般都在5000—6000人之间），比现有人数略有增加的有32所（一般都在6000人以下）。

《报告》提出，为缩短战线，集中力量，保证重点，必须对全国重点学校的专业设置加以调整。调整的原则是：明确学校的重点发展方向，合理安排，保证重点；各专业的业务范围应适当放宽，范围过窄的专业和专门组要调整归并；国防尖端专业的设置，必须全国一盘棋；一个学校的专业数不宜过多，每个专业的学生人数不宜过少。

广东省台城一小的排球队正在与台山县华侨中学的排球队举行友谊比赛

1961 年 12 月 17 日至 28 日，教育部在北京召开第二次全国高等学校和中等学校调整工作会议。会议指出一年来调整工作取得的成效是：调整了教育事业与经济基础的关系，如吃商品粮的学生数比 1960 年减少 400 万人，并输送 570 余万高小、中学毕业生回农村参加生产；缩短了战线，初步调整了教育事业内部的比例关系，有利于学校的巩固和提高教育质量。

重点高校自然可以享用部分封存的物资。而经过调整精简后，中学和小学也有了重点学校。教育部于 1962 年 12 月 21 日下发了《关于有重点地办好一批全日制中、小学校的通知》，通知指出：在采取多种形式适当发展中、小学教育的同时，应当努力办好作为中、小学教育事业骨干的全日制中、小学校。在全日制中、小学校中，又必须首先集中力量切实办好一批基础较好的中、小学校，以便尽可能快地提高教育质量、教学水平。“这对于提高我国高等教育的质量和科学技术水平，对于总结和积累办好中、小学教育的经验以带动一般学校前进，都有重大的意义。”要求各省、市、自治区教育厅（局）在领导干部较强，教师、校舍、设备等条件较好的全日制中、小学校中选定一批名单。这批学校实行十二年制的教学计划，稳定它们的教学规模，加强领导力量并充实教师队伍，充实教学所必需的物质条件，适当扩大招生的范围，并加强对它们的领导。当时要求“这批中、小学名单都由领导上内部掌握，不对外公布”。

但是人们对这则通知的理解有所偏差，教育部的重点是在办中小学，还是在中小学中办一些重点学校，容易混淆。所以教育部在给云南省教育厅的复函中指出：

保持和逐步办好一定数量的全日制中、小学，为教育事业布局合理的稳固的基础，与高一级学校形成“小宝塔”，这是“定点”的意思。

有重点地办好一批基础较好的学校，是指先集中力量办好一批“拔尖”学校的意思。

虽然规定重点中、小学名单“不对外公布”，但一个地区有哪几所学校够格成为“重点学校”，群众心知肚明。所以，今天再回过头来看，原本基础较好的学校又加以充实，配备优良的师资、充足的物资、优秀的学生，发展成为“重点学校”，人为地扩大了学校之间的不平衡，以致鸿沟于今仍无法填补，如困扰教育公平的“择校热”便是明证。但这在当时却又是较为恰当的选择。

二、“一百五十条”办教育

对于“教育大调整”保留下来或充实起来的学校，怎样维持正常的教学秩序，继续实行“教育大跃进”中“群众路线”办学吗？这是不可能的，大调整正是为了纠正这一取向。抑或回到“教育大跃进”之前，实行苏联的那一套，这也不可能，“教育大跃进”正是为了冲破这一框

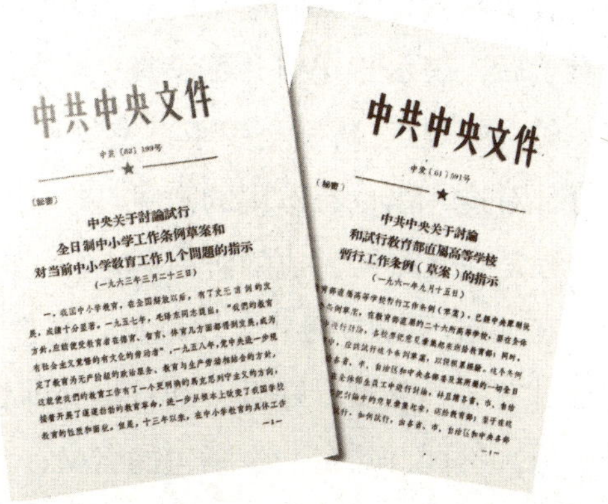

中共中央关于恢复正常教学秩序的“一百五十条”文件

架。所以迫切地需要有个规范。这个规范当时被称为“一百五十条”，即“高教六十条”“中教五十条”“小教四十条”。经过大调整的学校，正是依靠这“一百五十条”，重新建立起了正常的教学秩序。

（一）“高教六十条”

学生在图书馆借书

在1961年上半年中共中央书记处会议上，邓小平特别强调“要积极地搞出六十条”。

1961年是国家政策调整的重要时期。首先是农业政策的调整，制定了“农业六十条”；其次为工业政策的调整，制定了“工业七十条”；然后是文教科学政策的调整，制定了“科学十四条”“高教六十条”和“文艺八条”。

“六十条”，即“高教六十条”，全名为《教育部直属高等学校暂行工作条例（草案）》。中共中央、国务院于1961年9月15日颁布。

“高教六十条”，是在陆定一的主持下，由中宣部和教育部共同起草的。据龚育之回忆，教育部先起草了一个稿子，陆定一看了后，表示肯定但并不满意，要求中宣部秘书长主持修改。修改时突出了陆定一的一些观点，特别是关于百家争鸣、教学为主和领导体制的观点，重写了一稿。教育部对这一稿也有不同的意见。于是，决定把两个稿子合起来，再成一稿。合成过程是在北戴河完成的。然后在邓小平主持的中央书记处会议上一条一条讨论。

在北戴河，中央书记处讨论“高教六十条”，一般是上午讨论，下午起草新的条目文字。草稿定好后，准备提交即将在庐山召开的中央工作会议讨论，又以邓小平、彭真、陆定一、康生的名义，给中央写了一份关于这个草案的主要内容的报告，强调调整政策的两大内容，一是知识分子问题，一是百家争鸣问题，并概括了在这两大问题上这几年出现的偏差和条例上就这两大问题规定的要点。

不久，庐山会议召开，毛泽东主持召开的中央工作会议对“高教六十条”进行了讨论，正式定稿。毛泽东在审查“高教六十条”过程中表示：“搞了几年，我们总算有了自己的东西。”

后经中央政治局常委通过，条例于9月15日发布试行。这个条例草案共分10章60条，系统地总结了共和国成立12年来高等教育正反两方面的经验，规定了高等教育的方针、任务和有关政策。中共中央为这一条例的实施特地下发了一个指示：

> 解放12年来，高等教育在数量上的发展和质量上的提高，都有很大的成绩，是旧社会里所梦想不到的。从1958年起，三年以来，高等教育工作的成绩是显著的。但是工作中同时也存在不少缺点，主要有：
>
> 数量发展过快；同党外知识分子的团结合作，特别是同老教师的团结合作，在很多学校被忽视了；劳动过多，科学研究过多，社会活动过多……
>
> 不论成功的经验或者错误的经验，都是我们宝贵的财富。为了巩固成绩，改正缺点，需要认真总结这些经验，进一步定出高等教育工作中的一套具体办法，使全体干部和师生充分地认识，应该做什么，不应该做什么，应该怎样做，不应该怎样做，以保证党的教育方针的真正贯彻。条例的制定，其意义就在于此。

“高教六十条”对高等教育作了较为具体的规定。

首先，明确高等教育目的。“高等学校的基本任务，是贯彻执行教育为无产阶级的政治服务、教育与生产劳动相结合的方针，培养社会主义建设所需要的各种专门人才。”

1957年，毛泽东在《关于正确处理人民内部矛盾的问题》中指出：“我们的教育方针，应该使受教育者在德育、智育、体育几方面都得到发展，成为有社会主义觉悟的有文化的劳动者。”但1958年“教育大跃进”时，将“有社会主义觉悟的有文化的劳动者”曲解为“普通劳动者”，理解为要求大学生去当工人、农

某校建筑系毕业生正准备毕业设计

民，所以在学校中需要加入相关东西。对这一偏颇的认识需要加以纠正。高等学校要培养的是又红又专的人才，而不是一般的劳动者。

其次，高等学校要达到这一目的，“必须以教学为主，努力提高教学质量。必须正确处理教学工作与生产劳动、科学研究、社会活动之间的关系”。生产劳动、科学研究、社会活动这三者的重点是教学，要求“安排得当，以利教学”。规定高校平均每学年应该有 8 个月以上的时间用于教学，必须按照教育部制订或者批准的教学方案、教学计划组织教学工作；科学研究约占教师工作量的 10%—30%；学生参加生产劳动的时间一般为一个月至一个半月。这样就克服了生产劳动、科学研究和社会活动过多冲击教学而造成的混乱现象。

再次，正确执行党的知识分子政策。党的知识分子政策在 1957 年“反右扩大化”后发生了偏差。因此，教育调整一开始，就面临着知识分子政策如何调整的问题，这是一个全国性的问题。“科研十四条”起草小组和高等学校文科教材编选工作会议，就曾对“红”与“专”的关系、如何坚持“双百方针”等问题进行过热烈的探讨，提出了见解。“高教六十条”吸收了其中的观点，明确规定：在教学中，必须发挥教师的主导作用，努力培养又红又专的教师队伍；团结一切可以团结的教授、副教授、讲师、助教和其他具有专门知识的人，为社会主义的高等教育事业服务；认真贯彻“双百方针”，正确划分政治问题与学术问题的界限，不许用对敌斗争的方法和行政命令、少数服从多数的方法来解决学术问题。

又次，高等学校的领导体制实行党委领导下的以校长为首的校务委员会负责制。共和国成立以来，高等学校的领导体制几经变化，1950 年仿苏联经验实行校长负责制，1956年后改为党委领导下的校务委员会负责制，但执行得都不够理想。一委领导另一委，两委都是集体，没有个人负责，校长的地位、职责不明，整个行政系统软弱无力。为总结上述两种形式的经验，取二者之长、去二者之短，决定试行党委领导下的以校长为首的校务委员会负责制。在庐山会议上，陆定一介绍这是“古今中外所没有，可以试一下”。

清华大学学生正在晨读

“高教六十条”还规定要做好总务后勤工作，保证教学和生活的物质条件。由于“教育大跃进”，加上国民经济出现的严重困难，保障教学和生活的物质条件成为当时亟待解决的问题。“六十条”对此提出了明确要求。如总务工作者要有全局观点，自觉为教学、科研、师生生活服务。此外，对改善教学和生活条件，加强图书馆、资料室、实验室的建设和管理等工作等，也作出了详细的规定。

在实际执行中，“六十条”对所有高等学校都具有指导作用，而不仅仅局限于“部属高等学校”。

据龚育之介绍，庐山会议讨论教育工作时他被分配到东北小组去听关于“高教六十条”的意见。小组会由中共东北局第一书记宋任穷负责主持，当时他举起“高教六十条”的草稿，大声地问：“对这个草稿，你们还有什么意见没有？”大家说：“没有了。”于是，宋任穷宣布：“我们小组都同意。东北局还要补上一条。这个文件只说教育部直属高等学校适用这个条例，我们说，在东北，所有的高等学校都适用这个条例。大家赞成不赞成？”与会者都说赞成。既然在东北都适用，那么华东、西南等都也适用，所以文件名虽为《教育部直属高等学校暂行工作条例（草案）》，实际上却适用于所有高校。

1962年11月20日，教育部发布了《教育部直属高等学校学生成绩考核暂行规程（草案）》，根据“高教六十条”的精神，建立了学生成绩考核制度。希望通过考核成绩，促进教学质量的提高，从而保证为国家培养合格的专门人才。

至此，以教学为中心的学校秩序在高校开始逐步建立起来。这一段时间内，高等学校规章制度完整，教学秩序稳定，教学质量大有提高。

链接

从1961年4月起，差不多是几个条例起草的同时，周扬遵照中央的部署，领导高等学校文科教材建设的工作。

这一项工程，包括文科七个领域的文、史、哲、经、政、教（育）、外（语），艺术七类专业戏剧、音乐、戏曲、电影、美术、工艺美术、舞蹈，几百部教材，网罗了几乎所有的人文科学和社会科学的著名专家参加。

文科教材建设的规划坚持了五年，“文化大革命”爆发后，这项工作被打断。“十年动乱”结束后有的接着进行，收获较多。许多有学术价值的文科教材，不仅当时，就是现在，都还在使用，成了一笔财富。

（二）“中教五十条”和“小教四十条”

“新学年给你戴上中学校徽”

教育部在制定“高教六十条”的同时，也在着手准备全日制中小学教育条例的制定工作。这项工作主要由教育部部长杨秀峰主持，对全国中小学的状况进行了广泛调查，并组织力量在北京和石家庄进行实地调查。

据吕型伟介绍，教育部在起草条例的同时，也委托其他省、市的教育厅（局）分头拟订草案。上海为此成立了一个写作小组，他们白天去学校调查，晚上回来写稿子。写了之后，就找人讨论，形成新的意见后又再修改。这项紧张的工作花了一年多的时间。所以当时全国起草了两个版本，教育部起草了一稿，上海起草了一稿，然后由教育部合并起来修改，形成一个版本。

1961 年 9 月，教育部召开了条例草稿讨论会议，北京、上海、河北等地 12 个市的教育厅（局）长和中央有关部门代表都有出席，初步确定了《全日制中小学暂行工作条例（草稿）》，会后即将此稿报送中共中央。

1962 年 2 月 18 日，中共中央书记处经过讨论，决定将中学的条例和小学的条例分别制定。于是,在 1962 年的上半年,教育部根据“高教六十条”的基本精神，分别拟出中学和小学暂行工作条例的草案，并且作了较大修改后再次报送中央。

1963 年，在毛泽东亲自主持下，政治局讨论并通过了这份条例。据吕型伟回忆，当时听传达说，毛泽东对此的评价为 ：“终于有我们自己的教育学了。”

3 月 23 日，中共中央下发了条例，并且加了“指示”，将《全日制中学暂行工作条例（草稿）》和《全日制小学暂行工作条例（草稿）》作为附件同时发出。

“指示”强调 ：

> 我国中小学教育，在全国解放以后，有了史无前例的发展，成绩十分显著。但是，13 年来，在中小学教育的具体工作中，由于经验不足和思想认识上的片面性，也产生了一些缺点和错误。为了总结经验，发扬成绩，纠正缺点，继续前进，中央责成教育部拟定了《全日制中学暂行工作条例（草稿）》和《全日制小学暂行工作条例（草稿）》。
>
> 中小学教育是整个教育事业的基础。中小学教育质量的高低，不仅关系到能否把我们的后代培养成为有社会主义觉悟的有文化的劳动者，而且直接影响我国高等教育科学研究的水平。应该了解，一二十年以后，我们新的一代的精神面貌和知识水平将会如何，我国的科学文化将会达到什么样的水平，以至我们能不能在比较短的时间内，把我国建设成为一个具有现代工业、现代农业、现代科学技术和现代国防的社会主义强国，在相当程度上将取决于现在中小学教育的状况如何。因此，提高中小学的教育质量，是一项具有战略意义的任务。

所以“要把这个问题摆到党和政府的重要议事日程上来”，并且“教育部和

半耕半读的中学生

各省、市、自治区教育厅（局），必须按要求直接指导和帮助办好一批全日制中小学，作为示范”。

“指示”重新强调了“两条腿”之间的关系：中小学教育事业要认真贯彻执行“两条腿走路”的方针。国家举办的全日制中小学校，是中小学教育的主体。我们首先要努力办好国家办的中小学校，使它们在思想政治教育上，在教学质量上，都成为民办中小学校的表率。对集体和个人举办的学校，政府教育部门应该加强领导，进行必要的管理，提供适当的教材。

“指示”实际上强调办基础教育要以全日制为主，半日制为辅，向正规化努力，告别非正规化，与1958年“教育大跃进”时的追求已经截然不同。

“指示”还对教师培养作出了规定：建立一支又红又专的教师队伍，对于中小学教育事业有决定性的意义。各级党委和教育行政部门必须做好这个工作。对长期从事教育工作的教师，应该实行教龄津贴制度；少数优秀教师可以越级提升；长期从事中小学教育工作，成绩卓著的校长和教师，是教育工作的专家，工资待遇应该较高。

条例实施后，一批具有丰富教学经验的教师、具有领导经验的校长的待遇都得到了改善。

1.“中教五十条”

《全日制中学暂行工作条例（草稿）》分总则、教学工作、思想政治教育、生产劳动、体育卫生和生活管理、教师、行政工作、党的工作和其他组织工作，共计8章50条，所以通称“中教五十条”。其带来的变化也比较大。

如全日制中学的教学，“中学条例”规定：“必须根据教育部统一规定的教学

老师带领学生参加拾麦穗劳动

计划、教学大纲和教科书进行。”“对教学计划、教学大纲和教科书，地方教育行政部门和学校不得任意修改，必须由省、市、自治区教育行政部门报教育部批准。”

至于教学与劳动之间的关系，“中学条例”强调：“必须以教学为主，加强基础知识的教学和基本技能的训练，为学生毕业后就业和升学打好必要的文化基础。必须妥善地安排教学、劳动、放假和社会活动的时间，保持学校正常的教学秩序。”

至于生产劳动，“中学条例”指出：“学生参加生产劳动，主要目的是养成劳动习惯，培养劳动观点，向工农群众学习，克服轻视体力劳动和体力劳动者的观点；同时在劳动过程中学习一定的生产知识和技能，扩大知识领域。”

如此一来，此时的学校与“教育大跃进”时的已经不一样了，变成以教学为主，劳动为辅。劳动是为了获得一种体验，而不是为了劳动而劳动，并且它在整个教学计划中只占较少的比例。

再如领导体制，“中学条例”规定“校长是学校行政负责人，在当地党委和主管教育行政部门领导下，负责领导全校工作”，“学校党支部对学校行政工作负有保证和监督的责任”。所以，学校的重大问题一般由校长主持召开校务会议讨论，以便统一学校党、政、工会、团委的思想认识。1958年时，学校加强了党支部的建设，学校的政治思想工作也得到加强，但也出现党政不分，校长的作用不能充分发挥的现象，如此就不再容易受这一问题的困扰。

“五十条”带给中学教育的变化是很大，只是由于风向的转变，实行未满一年便又遭遇了大挑战，后来，又被作为反面典型加以批判。

2.“小教四十条”

《全日制小学暂行工作条例（草稿）》分总则、教学工作、思想品德教育、生产劳动、生活保健、教师、行政工作、党的工作和其他组织工作，共8章40条，又称“小教四十条”。

“小教四十条”中一些规定的基本思想与“中教五十条”差别不大：

关于全日制小学的教学，“小学条例”规定：“必须根据教育部统一规定的教学计划、教学大纲和教科书进行。”“对教学计划、教学大纲和教科书，地方教育行政部门和学校不得任意修改，必须由省、市、自治区教育行政部门报教育部批准。”

至于教学与劳动之间的关系，“小学条例”强调：“必须以教学为主，不得任

小学课堂的新气象

意停课，课堂教学是教学的基本形式。”

至于生产劳动，“小学条例”指出：“小学生参加适当的生产劳动，主要目的是从小养成劳动习惯，培养爱劳动、爱劳动人民、爱护劳动成果的思想感情。”

实际上，在“小学条例”未正式颁行之前，由于贯彻了“八字方针”以及受“高教六十条”的影响，学校的教学已经有了起色。这点从当时的教育杂志中也可窥见。

从《上海教育》1962年第3期的目录可以看到，这一期主要讨论的是语文教学，从篇首至篇末，讨论的都是教学中的实际问题，“怎样备课”“怎样上课”“怎样调动学生的积极性”“怎样引导学生读书”“怎样改作文”“怎样评作文”等，都是学校教育工作中需要切实面对的问题，都是普普通通的语文教师日常工作中所要解决的问题。连杂志封底都是一幅让学生可以了解也可以做到的号召——“准时到校”。这个时候，学校的风气是较好的。

功夫在笔头

据吕型伟介绍，当时还制定了《幼儿园教育工作条例》，共三十条规定，所以又称“幼教三十条”。这些条例，有一句顺口溜，叫作“三、四、五、六，共一百八十”。对于当时学校教育步入正轨，起到了很大的作用。

教育普及是施行新式教育的终极追求，也是数代教育学人难以释怀的一个情结。共和国的缔造者们一面“培育新师”，一面“改造旧师”，双管齐下，教育规模迅速扩大。共产党人通过努力，基本上实现了“在普及的基础上的提高和在提高指导下的普及”，中间虽有小波折，但成就是喜人的。据1964年的第二次全国人口普查，当时28个省、市、自治区的人口具有小学文化程度的有195824459人，具有初中文化程度的有32346788人，具有高中文化程度的有9116831人，任何一项数值都越过了前面的时代。

（三）新“学生守则”

“花朵”培育花朵

“学生守则”是每一个学生日常学习、生活中必须遵守的行为准则。“文化大革命”前教育部先后两次颁发《小学生守则》和《中学生守则》，对于加强学校思想政治教育，抵制资产阶级思想侵蚀，培养学生良好的道德风尚和文明行为，起了一定的作用，收到了效果。第一次颁布是在1955年。1963年，教育部根据《全日制小学暂行工作条例（草稿）》（即“小教四十条”）和《全日制中学暂行工作条例（草稿）》（即“中教五十条”）以及当时的形势，重新制定了“学生守则”。

重新制定的《小学生守则（草案）》共8条：

（1）“好好学习，天天向上”，准备为社会主义事业服务。

（2）热爱祖国，热爱人民，热爱共产党。

（3）上课专心听讲，勤学好问，认真完成作业。

（4）爱好劳动，生活俭朴，自己能做的事自己做。

（5）按时作息，爱整洁，讲卫生，注意锻炼身体。

（6）遵守学校纪律，遵守公共秩序，爱护公共财物，热心为集体做事。

（7）听从老师的教导，尊敬长辈，对人有礼貌，和同学、兄弟姐妹团结友爱、互相帮助。

（8）说话诚实，有错就改。

《中学生守则（草案）》也有8条，除个别语句顺序与《小学生守则（草案）》

不一样外，规定的内容基本相同：

（1）努力做个好学生，做到思想品德好、学习好、身体好，准备为社会主义事业服务。

（2）热爱祖国，热爱劳动人民，热爱共产党，拥护社会主义，努力学习政治，继承革命传统。

（3）刻苦学习，专心听讲，独立思考，按时完成作业。

（4）积极参加体力劳动，养成俭朴的习惯。

（5）经常锻炼身体，注意清洁卫生，养成良好的生活习惯。

（6）尊敬师长，团结同学，对人有礼貌。

（7）遵守学校纪律，遵守国家法令和公共秩序，爱护公共财物，维护集体利益。

（8）谦虚诚实，言行一致，有错就改，勇于批评与自我批评。

同年5月23日，教育部通知试行新“学生守则”，并且指出：小学生和中学生，正处在长身体、长知识，逐步形成道德品质和世界观的阶段，中小学教育是培养坚强革命后代的重要时期。《小学生守则》和《中学生守则》是党和国家对中小学生思想品德、学习、劳动和日常生活行为最基本的要求。颁发学生守则是党和国家对学生加强共产主义思想品德教育，反对和防止资产阶级思想和其他各种反动思想侵蚀及旧社会遗留下来的习惯势力影响的重要措施之一。

养成讲卫生的好习惯

教育部的通知还指出：贯彻执行学生守则的过程，是一个经常的深入细致的教育过程。学校除在一定时期根据需要比较集中地向学生讲清守则各条的意义和必须遵守的道理以外，还必须注意结合学生的思想通过周会、班会和团队活动以及道德品质课，经常地反复地对学生进行教育，使学生明确守则对自己的要求，认识遵守守则的必要性，能够做到自觉地遵守。

在实施守则过程中，学校必须考虑到学生的年龄特点和接受能力，对不同年级的学生要求程度应该有所不同。对教育学生的方法、教师要做学生的表率等作了规定。

然而，守则执行刚两年出头就停止了。1965 年 8 月，教育部在省、市教育厅局长会议上宣布废止颁发的“中小学生守则”，认为对学生的要求，应遵照毛泽东主席提出的“身体好、学习好、工作好”的指示，不必另订烦琐的条文。所以这两个“学生守则”草案未能修改定稿。

链接

1955 年《小学生守则》

（1）努力做个好学生，做到身体好、功课好、品行好。准备为祖国服务，为人民服务。

（2）尊敬国旗。敬爱人民领袖。

（3）听从校长、教师的教导。爱护本校、本班的名誉。

（4）按时到校，按时上课。不迟到，不早退，不随便缺课。

（5）上学的时候，带齐要用的课本和用品。上课以前，准备好上课要用的东西。

（6）上课的时候，要整齐、安静、姿势端正。要离开课堂，先请求教师许可。

（7）上课的时候，认真做功课，用心听取教师的讲解和同学的回答。不随便说话，不做别的事情。

（8）上课的时候，要回答问题或者要提出问题，先举手。教师让说，再站起来说。教师让坐下，再坐下。

（9）按时用心做好教师指定的课外作业。

（10）好好当值日生。积极参加课外活动。

（11）尊敬校长、教师。上课下课都对教师行礼。在校外遇见校长、教师也行礼。

（12）和同学友爱团结，互相帮助。

（13）上学和下学回家，在路上不耽误时间，避免发生危险。

（14）敬爱父母。爱护兄弟姐妹。帮助父母做自己能做的事。

（15）尊敬老人。对老人、小孩、病人、行动困难的人，让路、让座，给予可能的帮助。

（16）对人要有礼貌。不骂人、不打架，不在公共场所吵闹。不妨碍别人的工作、学习和睡觉。

（17）不说谎、不骗人、不赌博。不私自拿别人的东西。不做对自己、对别人有害的事情。

（18）爱护公共财物。不弄坏弄脏桌椅、门窗、墙壁、地面或者别的东西。

（19）按时吃饭、休息、睡觉，常常游戏、运动、锻炼身体。

（20）对身体、饮食、服装、用品、床铺和住所，都保持清洁卫生。对公共场所也注意清洁卫生。

1955年《中学生守则》

（1）努力学习，做到身体好、功课好、品行好，准备为祖国为人民服务。

（2）尊敬国旗，热爱祖国和人民领袖。

（3）遵守学校规则，听从校长、教师的教导。

（4）按时到校，按时上课。不迟到，不早退，不随便缺课。

（5）每天到校要带齐上课用的书籍用具。上课前要准备好上课用的东西。

（6）上课时要坐端正，专心听讲，不随便说话，不做其他事情。出入教室要得到教师的允许。

（7）回答教师提问时要起立，得到教师允许后再坐下。向教师发问时先举手。

（8）用心自习，各科作业都应由自己按时完成。

（9）尊敬校长、教师，上课下课要起立致敬，在校外遇见校长、教师要行礼。

（10）对同学要真诚友爱，互相团结。

（11）敬爱父母，爱护兄弟姐妹，帮助家里做事。

（12）尊敬长辈，尊敬老人，爱护小孩，关怀体弱多病的人，对他们在车上要让座，在路上要让路。

（13）对人要诚恳、谦虚，有礼貌，不说谎，不骂人，不打架，不妨碍别人的工作、学习和睡眠。

（14）不吸烟、不喝酒、不赌博，不私自拿别人东西，不做对自己、对别人有害的事。

（15）积极锻炼身体。保持身体、衣服、住室和公共场所的清洁卫生。

（16）遵守公共秩序，爱护公共财物。

（17）爱护班级和学校的荣誉。

（18）随身携带学生证并注意保存。

三、新兴的学习榜样

在20世纪60年代，一群新的榜样登上了社会大舞台。他们是与战斗英雄同出于中国人民解放军这座大熔炉的先进分子。这些来自军队的模范人物、道德楷模，成了整个社会学习、取法的对象，教育系统自然也需要向他们学习。

（一）向雷锋同志学习

雷锋，一个普通的名字，一位普通的解放军战士，但同时又是一个家喻户晓的名字，一位伟大的人物，影响了中国好几代人。

毛主席的好战士——雷锋

雷锋 1940 年生于湖南省望城县一个贫苦农民的家里，不满七岁就成了孤儿。党和人民政府收养了他，供他读书。1956 年，初中毕业后，在参加根治涓水工程和支援鞍钢弓长岭矿山建设的劳动中，多次被评为劳动模范、社会主义建设积极分子、生产标兵和红旗手。1957 年加入了共青团。1960 年参军，在革命的熔炉中得到了更好的锻炼。他积极学习毛泽东的著作，重视思想意识的修养和锻炼，阶级觉悟不断提高，革命意志日益坚强，作风艰苦朴素，入伍不到十个月，就立了二等功、三等功各一次，被评为“五好战士”，并荣获“模范共青团员”称号。同年 11 月，加入中国共产党，1961 年被提升为班长，后被选为抚顺市人民代表大会代表。其事迹在 1961 年就曾被《人民日报》报道过。

1962 年 8 月 15 日，雷锋不幸因公负伤殉职，年仅 22 岁。他生前所在的四班，在他生前和死后，一直保持和发扬了优良作风，连续被评为“四好班”。

1963 年 1 月 7 日，国防部命名他生前所在班为“雷锋班”。罗瑞卿为其题词“伟大的战士——雷锋同志永垂不朽”。在“雷锋班”命名大会上，中将杜平号召沈阳部队全体青年，开展一个学习雷锋的运动，在党的领导下，为把我军建设成为一支优良的现代化革命军队，为保卫祖国社会主义建设而奋斗。

雷锋的日记先是刊于《辽宁日报》，1963 年 2 月 7 日《人民日报》不仅转载了其日记，还报道了其事迹，而且配发了题为《伟大的普通一兵》的评论。两天后，中国人民解放军总政治部发出通知，号召全军迅速展开宣传和学习雷锋同志模范事迹的活动。15 日，中国共产主义青年团中央委员会向各级团组织发出了关于在全国青少年中广泛开展“学习雷锋”的教育活动的通知。23 日，共青团中央发布决定，追认雷锋为全国优秀少先队辅导员，并号召全国少先队辅导员向他学习，在培养共产主义接班人的工作中作出更大贡献。

3 月 2 日，《中国青年》刊出了“学习雷锋同志专辑”，刊登了毛泽东 2 月 22

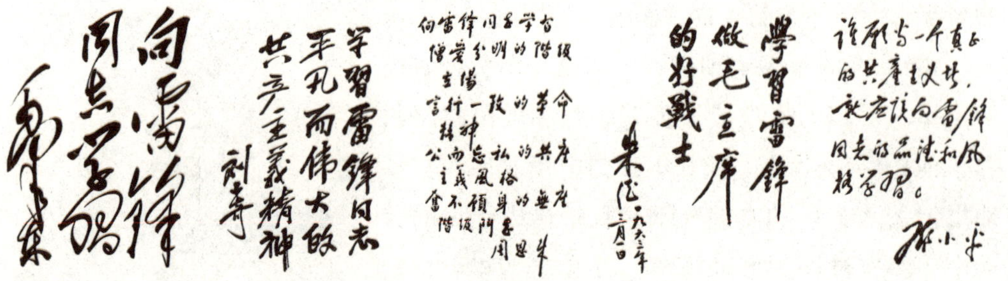

毛泽东、刘少奇、周恩来、朱德、邓小平关于“学习雷锋”的题词

宣传画《学习雷锋，做毛主席的好孩子》

日的题词“向雷锋同志学习”，周恩来“雷锋同志是劳动人民的好儿子，毛主席的好战士”的题词，董必武、郭沫若、罗瑞卿、谢觉哉等人的诗和文章，还有介绍雷锋生平事迹的通讯，近三万字的《雷锋日记摘抄》以及雷锋遗诗等。

社论以《用雷锋的学习态度学习雷锋》为题发表。社论说，毛主席的“向雷锋同志学习”的伟大号召，必将得到我国青年的热烈响应，把学习雷锋的热潮推向新的高峰。

3月5日的《解放军报》除了刊登毛泽东的题词外，还刊登了中央其他领导人的题词。同日的《人民日报》《光明日报》《中国青年报》等都在头版显著位置刊登了毛泽东的题词。自此，一个学习雷锋的活动在全国范围内蓬勃兴起。其后每年的3月5日也就成了学习雷锋的纪念日。

向雷锋学些什么？当时《人民日报》上的一篇文章认为，学习他：一、爱憎分明；二、“对待同志像春天般的温暖”；三、平凡而伟大；四、克己为荣助人为乐；五、知行统一。

对于青少年，共青团中央在通知中强调，团的组织要引导青少年主要从五个方面向雷锋学习：一是忠实于党、忠实于社会主义事业的无产阶级立场；二是自觉地服从祖国的需要，以人民的利益为重，做一颗“永不生锈的螺丝钉”，全心全意为人民服务的精神；三是关心同志、助人为乐、毫不利己专门利人的共产主义风格；四是坚忍不拔、勇于克服困难的意志和克勤克俭、艰苦朴素的作风；五是坚持又红又专的方向，下苦功夫，努力学习毛主席著作，刻苦钻研业务技术，模范地完成工作任务。

在学习雷锋的宣传中，“我们要做雷锋式的好少年”“学习雷锋，做毛主席的好孩子”等口号，后来则更简化为“学雷锋，做好事”，因为这最利于学生理解，也最利于操作。

（二）学习解放军

1964 年 2 月 1 日，《人民日报》刊发了一篇长社论，题为《全国都要学习解放军》。社论称：中国人民解放军是中国共产党和毛泽东同志缔造和领导的工人

我也是一个兵

农民的军队，是一支非常无产阶级化、非常战斗化的军队。几十年来，人民解放军继承了党的优良传统和优良作风，而且在新的时期有了新的发展。这是党中央和毛泽东同志教导的结果，也是解放军全体指挥员和战斗员长期学习毛泽东思想的结果，是解放军长期进行深入细致的政治思想工作的结果。最近召开的解放军全军政治工作会议决定把解放军的政治思想工作做得好上加好，使全军更加无产阶级化，更加战斗化。这是十分鼓舞人心的大事。

解放军为什么能够成为一支非常无产阶级化、非常战斗化的军队呢？社论指出：最根本的原因是解放军高举毛泽东思想的伟大红旗，在一切工作中用毛泽东思想挂帅；解放军大抓政治思想工作，坚持“四个第一”的原则；解放军坚持我国革命军队的优良传统“三八作风”；解放军注重创造四好连队、加强基层建设；等等。这些都是解放军无往而不胜的原因。

社论还指出：毛泽东思想就是马克思列宁主义的普遍真理和中国革命具体实践的结合。它是中国人民革命和社会主义建设的指针。解放军政治工作的根本任务，

少年民兵

就是用毛泽东思想武装全体指挥员和战斗员的头脑，坚持在一切工作中按照毛泽东思想办事。解放军广大战士和各级干部认真学习毛泽东同志的著作，用毛泽东思想来指导自己的工作，指导自己的行动，改造自己的思想。在解放军中，“读毛主席的书，听毛主席的话，照毛主席的指示办事，做毛主席的好战士”已经成为广大干部和战士自觉的行动。解放军这样重视学习和运用毛泽东思想，是值得全国学习的。

什么是“四个第一”，什么是“三八作风”呢？它们有什么独到之处值得全国都要学习呢？

首先“四个第一”，是指在一切工作中，对待人和物的关系时，把人的因素放在第一位。因为人的因素是做好一切工作的决定性因素。在处理各种工作和政治工作关系时，把政治工作放在第一位。因为政治是统帅，是灵魂。政治工作就是做好人的工作。在处理政治工作中事务性工作和思想工作时，把思想工作放在第一位，在各项工作中树立无产阶级思想，克服非无产阶级思想。因为在一定的物质条件下，人们的思想状态如何就决定工作的结果如何。正确的思想，是工作成功的条件；不正确的思想，是工作失败的根源。在处理思想工作中书本思想和活的思想时，把活的思想放在第一位。书本要读，但重要的是掌握活的思想，把书本教育和实际结合起来。社论认为：“四个第一”的原则对全国各项工作来说，具有普遍意义，值得全国学习。

其次“三八作风”，是指解放军在党和毛泽东同志的领导下，在长期艰苦的革命斗争中，养成的一种优良的作风。毛泽东将其概括为三句话、八个字。三句话就是：坚定正确的政治方向，艰苦朴素的工作作风，灵活机动的战略战术；八个字就是：团结、紧张、严肃、活泼。所以简称为“三八作风”。“三八作风”是我国无产阶级的革命作风，解放军将其发扬光大，也是值得全国学习的。

社论认为：号召“全国学习解放军”，不为别的，就是要将解放军这些方面的宝贵经验学到手，真正活学活用这些宝贵经验，在社会主义革命和社会主义建设的各项事业中，充分发挥无产阶级化和战斗化的革命精神。

社论实际上是讲，有些部门、有些集体、有些个人并没有做到“读毛主席的书，听毛主席的话，照毛主席的指示办事，做毛主席的好战士”这四条要求。既

“读主席的书”，又“听主席的话”，肯“照主席的指示办事”，这才是政治上可靠的人，不会走资产阶级路线，不会走修正主义的路线。而教育系统呢，学校工作突出的是“智育”,而不是“政治”,这样下去是不行的。“苏修”对我虎视眈眈,“美帝”亡我之心不止，他们在军事上的努力都没有能成功，开始转向“和平演变”。

为此，教育我们的下一代、下下一代乃至下下下一代都得坚持“政治第一”，所以后来提出“学校工作必须突出政治”，并进一步提出“资产阶级统治我们学校的状况不能再继续下去了”。“文化大革命”中，提出“派军队干部训练革命师生的方法很好。训练一下和不训练大不一样。这样做，可以向解放军学习政治，学军事，学四个第一，学三八作风，学三大纪律八项注意，加强组织纪律性”，也是缘于这时的“向解放军学习”。

链接

郭兴福教学法

郭兴福，山东邹平县人，20世纪60年代初创立“郭兴福教学法”而名满全军。他直接推动了当年轰轰烈烈的“全军大比武”。叶剑英为其总结道：一、善于在教学中抓思想，充分调动战士的积极性，并能够发扬教学民主，实行官兵互教，评教评学；二、把练技术、练战术、练思想、练作风紧密结合在一起，练得思想红、作风硬、技术精、战术活；第三，采取由简到繁、由分到合、情况诱导、正误对比的方法，逐步加深认识，掌握要领；四、言教与身教，苦练与巧练结合，使战士听不厌，练不倦；五、严格要求，一丝不苟，循循善诱，耐心说服。指出此法不仅适合步兵，而且适合各军种、兵种；不仅适合于部队，而且适合学校。所以学校中也流行了一阵。对于“大比武”，军队高层的意见不一致。“文化大革命”中，郭兴福教学法被认为是“黑样板”，而他本人及其家庭也是备受磨难。

（三）接过王杰的枪

王杰，1942 年出生在山东省金乡县城郊乡华堌村一个普通农民家庭。1958 年考入金乡一中初中部。1961 年 8 月，应征参加中国人民解放军，在济南军区装甲兵某部工兵连当战士。1962 年 2 月加入中国共产主义青年团。入伍以后，表现优良，连续三年被评为“五好战士”，两次荣立三等功。

王杰烈士像

1965 年 7 月，在江苏省邳县张楼人民公社帮助民兵训练，在炸药发生意外即将爆炸的紧急时候，为了掩护在场的 12 名民兵和人民武装干部，王杰扑向了炸点，英勇牺牲。

他以 23 岁的青春年华，实践了 1965 年 5 月 1 日在日记中写下的豪迈誓言：“我要一不怕苦，二不怕死，做一个大无畏的人。”根据他生前的愿望，他所在部队的党委员会追认他为中国共产党正式党员。

王杰牺牲后，其日记最初刊载在《解放军报》上。1965 年 10 月 31 日，《人民日报》开始摘载，题为《一心为革命》。“编者按”部分将其誉为“雷锋式的革命战士的日记，字里行间洋溢着‘一心为革命’的精神，处处闪烁着毛泽东思想的光辉。它是王杰同志用革命的心血写就的，以革命的笔墨记下的”。此后陆续

《王杰日记》书影

有读者写信反映读后感想。

11 月初，中国人民解放军济南部队装甲兵某部指战员和驻地人民群众 7000 多人，为王杰举行追悼大会。挽联为“壮志凌云生如雷锋不愧为毛主席的好战士，英雄献身重如泰山真正是全心全意为人民”。中国人民解放军装甲兵副参谋长林彬在追悼会上讲话。他说：毛主席的好战士王杰同志，为了人民群众的安全，在万分紧急的情况下，临危不惧，英勇献身，表现了人民战士大无畏的英雄气概，表现了人民战士热爱人民的赤胆忠心。王杰同志为人民利益而死，比泰山还重。他用实际行动实现了自己的誓言：“为党的事业忠心耿耿，为革命胜利勇于牺牲，是共产党员哪能不视死如归，做革命军人岂能管个人安危。”他生前所在班不久被国防部命名为“王杰班”。

自此之后，解放军济南部队装甲兵广泛开展向王杰同志学习的活动：从机关到连队，从干部到战士，从职工到家属，大家都在学王杰、比王杰，决心把王杰

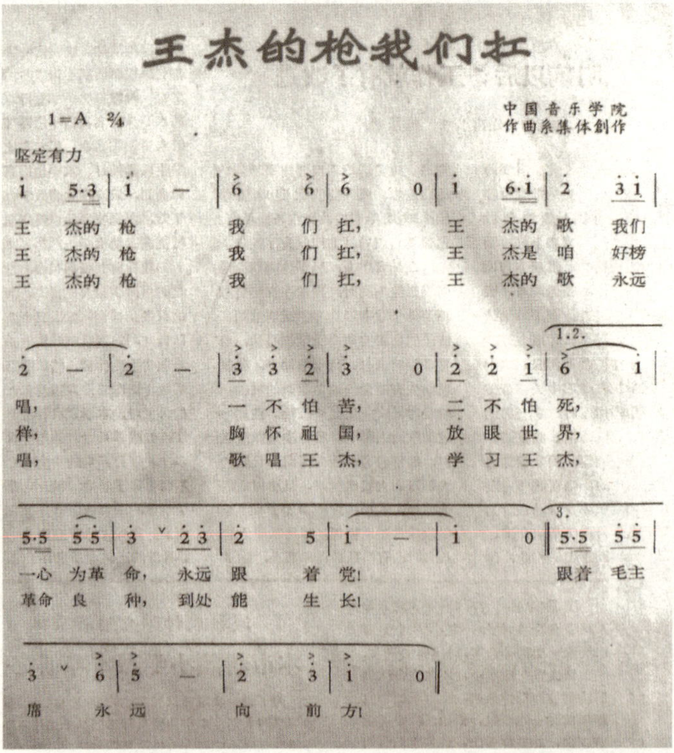

歌曲《王杰的枪我们扛》

同志的革命精神和共产主义品质接过来、传下去，做一个彻底的革命战士。广大干部、战士都把王杰同志一心为革命，党叫干啥就干啥的精神，作为自己学习的榜样，决心像王杰那样全心全意为人民服务。“学习王杰”的活动最初开始于济南装甲兵部队，随后逐渐普及到全军、全党、全民。

党和国家领导人毛泽东、周恩来、朱德、叶剑英、董必武、陆定一等亲笔为王杰题词。毛泽东的题词是：“我赞成这样的口号，叫作‘一不怕苦，二不怕死’。”周恩来的题词是：“座座高山耸入云，我们施工为人民。不怕施工苦和累，愿把青春献人民。（王杰诗）”

11月6日，中国人民解放军总政治部发出通知，要求全军“向王杰同志学习，活学活用毛主席著作，一心一意为革命”。

同日，共青团中央发出《关于在全国青少年中开展学习毛主席的好战士——王杰同志的活动的通知》，号召全国的共青团员和青少年，学习王杰同志为革命而生、为革命而死的英雄气概和高尚品质。

次日，中华全国总工会也发出《关于组织广大职工向王杰同志学习的通知》，再次号召大家学习王杰。《工人日报》11月2日的社论《全国职工们，向王杰同志学习》指出：“王杰同志也像雷锋一样，心灵里充满着一心为革命的精神，思想上闪烁着共产主义的光辉。王杰同志是我们很好的学习榜样，我们应该像学习雷锋同志那样学习王杰同志。”社论还号召“各地工会基层组织应该在职工中开展学习王杰同志的活动，以促进职工思想革命化，使职工的觉悟程度达到一个新的高度”。点睛之笔莫过于“王杰同志所以能够成为一个伟大的革命战士，最根本的原因就是他把毛泽东思想学到了手”，所以“让我们通过学习王杰同志的活动，把学习毛主席著作的运动大大向前推进一步，真正用毛泽东思想武装我们的头脑，指导我们的行动”。

11月12日，高等教育政治部发出通知，教育部于四日后即16日也发出通知，号召全国各地教育行政部门和学校师生员工向毛主席的好战士王杰同志学习。

教育部的通知说：现在，王杰为人民为革命一不怕苦、二不怕死的高贵品质和英雄事迹正深入人心，各个战线正在掀起学习王杰的热潮。这是当前我国人民政治生活中的一件大事。各级教育行政部门应充分认识这一活动的深远意义，及时组织广大师生向王杰同志学习。

通知同时指出：要引导师生着重学习王杰同志坚持活学活用毛主席著作。要像王杰同志那样，怀着深厚的阶级感情读毛主席的书，老老实实地听毛主席的话，按毛主席的指示办事。学校领导和教师应该首先带头学好，身体力行，作出榜样。这样才能言教身带，更好地领导学生学习毛主席著作，不断提高自己的觉悟水平。要引导师生以王杰同志为榜样，身在学校，心怀祖国，放眼世界，以革命的精神对待工作和学习。教师要全心全意地为学生服务，为革命而教书。要教育学生树立雄心，为革命勤奋学习。政治上严格要求自己，爱憎分明；努力掌握文化科学知识和生产技能；好好锻炼身体；随时准备响应党的号召，为了建设祖国、保卫祖国、支持世界人民革命，党叫干啥就干啥，一切服从革命的利益。自然全国各级各类学校也掀起了一场“学习王杰”的运动。而实际上，“两不怕”，即“一不怕苦，二不怕死”在“文化大革命”中影响更为广泛，更为人所熟知。

1968 年，家乡人民为纪念王杰，将其出生地华堌村更名为“王杰村”，并建立“王杰烈士纪念馆”，让子孙后代都铭记烈士的英雄事迹。纪念馆为“山东省重点烈士建筑保护单位”。1989 年清明节，王杰大理石雕像在县城落成。烈士牺牲地——江苏徐州，现有王杰中学，为该市教育局直属的中学之一。至于王杰和他的故事，就像雷锋和他的故事一样，也早已走出了国门，为世人所知。

05

第五章

教育要改变

教育大调整完成之后，国家各级各类学校的比例及规模基本上适应了发展的需要，学校教学有序，教学质量有了一定的提高，共和国教育看似稳定下来。然而这只是风雨之前的片刻宁静，后来毛泽东对调整之后的教育的某些方面提出了批评，提出“我看教育要改变”，教育随之发生了变化。

一、转变的前奏

对于这个转变，教育部门是没有什么准备的。因为当时全国教育界上下正在积极努力试行“一百五十条”，即大中小学教育工作条例，重新建立正常的教学秩序，却不想遭遇了一大挑战。

（一）春节座谈会

1964年2月13日，农历正月初一，毛泽东在人民大会堂召开教育工作座谈会。刘少奇、邓小平、彭真、陆定一、康生、林枫、章士钊、陈叔通、郭沫若、许德珩、黄炎培、朱穆之、张劲夫、杨秀峰、蒋南翔、陆平等16人参加。

会议开始前，毛泽东以其诙谐逗得满座笑语吟吟。座谈开始，邓小平率先代表刚成立的中共中央学制问题研究小组（1964年2月6日决定成立）报告学制改革的初步设想。毛泽东随即作了风趣的长篇发言，他在发言中强调：

> 教育的方针路线是正确的，但是办法不对，我看教育要改变，现在这样还不行。

这一论断在后来的宣传中被删除，其后的关于“春节座谈会”的纪要也没有收录。

毛泽东在发言中更进一步说道：

学制可以缩短。学制缩短以后，中学毕业生只有十五六岁，不够当兵年龄，也可以过军队生活。不仅男生，女生也可以办红色娘子军，让十六七岁的女孩子去过半年到一年的军队生活。

学生正在闭卷考试

现在课程多，害死人，使得中小学生天天处于紧张状态。课程可以砍掉一半，学生成天看书并不好，可以参加一些生产劳动和必要的社会活动。

现在的考试，用对付敌人的办法，搞突然袭击，出一些怪题、偏题，整学生。这是一种考八股文的方法，我不赞成，要完全改变。我主张题目公开，由学生研究、看书去做。例如，出二十个题，学生能答出十题，答得好，其中有的答得很好，有创见，可以给一百分；二十道都答了，也对，但是平平淡淡，没有创见的，给五十分、六十分。考试可以交头接耳，无非自己不懂，问了别人懂了。懂了就有收获，为什么要死记硬背呢？人家做了，我抄一遍也好。可以试试点。

旧教学制度摧残人才，摧残青年，我很不赞成。

现在一是课多，一是书多，压得太重。有些课程不一定要考。如中学学一点逻辑、语法，不要考，知道什么是语法、什么是逻辑就可以了，真正理解，要到工作中去慢慢体会。

课程讲得太多，是烦琐哲学。烦琐哲学总是要灭亡的……书不一定读得很多。马克思主义的书要读，读了要消化。读多了，又不能消化，也可能走向反面，成为书呆子，成为教条主义者、修正主义者。

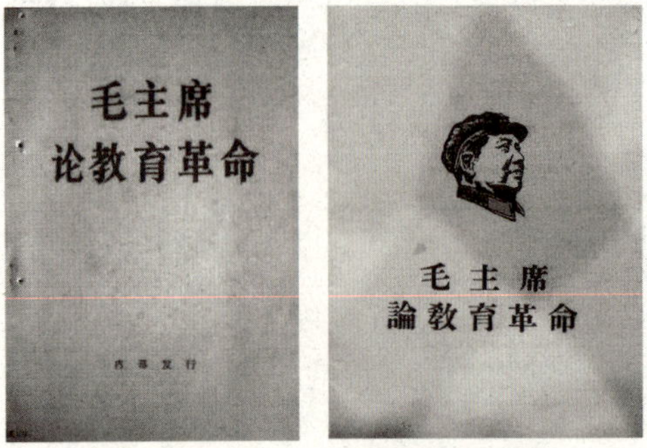

《毛主席论教育革命》的封面（1967年）

毛泽东还列举了孔夫子、李时珍、祖冲之、富兰克林、瓦特、高尔基等自学的事例。

他对当时实行的一套教育制度，从学制到课程，再到教学方法以及考试制度等，都提出尖锐的批评，词锋之锐，出人意料，却又以夸张诙谐的语言表达出来，令人既惊奇又困惑。因当日是甲辰年春节，后来便称此会为“春节座谈会”“春节谈话”，至于谈话内容则被称为“春节指示”。这一段讲话后被收录于《毛主席论教育革命》一书中。

（二）“春节谈话”精神的贯彻

“春节座谈会”后，教育行政部门和中央主管当局不得不认真思考“春节谈话”，在如何贯彻方面是有所保留的，如传达“春节谈话”，并没有下发书面文件，也没有原文照宣，仅仅只是口头传达了四点精神。这样做主要是陆定一说了“春节谈话不要向下传达，否则容易引起思想混乱”，故后来批判他的一大罪状便是“封锁毛泽东思想”。

随后，毛泽东又对许多教育问题提出了批评。

这一年的3月10日，毛泽东在北京铁路二中校长魏莲一的2月来信上作了如下批示：

> 现在学校课程太多，对学生压力太大，讲授又不甚得法，考试方法以学生为敌人，搞突然袭击，这三项都是不利于培养青年们在德、智、体诸方面生动活泼地主动地得到发展。

后来这一批示，被视为“春节座谈会”的点睛之笔。在这一年的4月至次年9月间，毛泽东在接待外宾时也常提及教育问题。据统计，至少有13次之多。

链接

1965年4月至1965年9月间，毛泽东与之谈及教育问题的外国访华代表团和外宾：

1964年4月15日 阿尔及利亚代表团
1964年8月25日 非洲和拉丁美洲青年学生代表团
1964年8月29日 尼泊尔教育代表团
1964年9月4日 老挝爱国战线党文工团成员
1964年9月10日 法国技术展览会负责人及法国驻华大使
1964年10月10日 古巴党政代表团成员
1964年10月 西南非洲妇女代表团成员
1964年12月 美国记者埃德加·斯诺
1964年12月25日 出席亚非文学交流会座谈会的亚非作家
1965年1月27日 苏班德里约为团长的印尼代表团
1965年3月24日 巴勒斯坦解放组织代表团
1965年8月8日 几内亚教育代表团、几内亚检查总长及其夫人
1965年9月14日 非洲留法学生联合代表团

这13次谈话，几乎都贯彻着同样一个意见，那就是“春节讲话”的基本精神。对此，教育行政部门提出“思想积极，行动稳妥，决心要大，步子要稳”的对策，并要求大家正确理解毛泽东的讲话。

所谓正确理解，实际上是在一定范围内有领导、有计划、分步骤进行试验，同时，不轻易打乱20世纪60年代初期拟定的各级全日制学校工作条例所确立起来的、以教学为主的学校制度和正常的教学秩序。其精神集中体现于中共中央、国务院于1964年5月4日批准转发的教育部临时党组《关于克服中小学学生负担过重现象和提高教学质量的报告》中。

不过，学校中还是有变化的。在贯彻毛泽东“春节讲话”的精神后，教师讲课开始改变“满堂灌”的方式，注重启发式。那种教师念讲义、学生记笔记的

方式遭到了学生的公开批评与抵制。“突然袭击”的考试方式悄然消失，“开卷考试”骤然兴起。学生学习的主动性与积极性前所未有地高涨。

二、教学要改革

面对毛泽东的批评，教育行政部门进行了一些改革。在教学方面树立了“育才样板”，在依靠“两条腿走路”普及教育方面，立起了“阳原红旗”，此外还颁行了保护学生视力的指示，等等。

（一）“育才样板”

给魏莲一回信不到半个月，毛泽东在看到《文汇报》1964 年 3 月 21 日所载的《不可能什么都懂》一文后的次日，即约请人民日报社社长吴冷西谈话，并指示：

> 《人民日报》要搞理论工作，不能只搞政治。《人民日报》最近组织一些学术讨论，这样做好。《人民日报》对教学改革问题发表过文章没有？《文汇报》上一篇文章《不可能什么都懂》，可以看看，可以转载。

4 天后，《人民日报》便报道了教育部和北京市教育局邀请北京市 16 所中学的语文、数学、外文、政治、化学、历史、地理等 18 位教师参加座谈会，讨论如何改进教学方法，减轻学生的负担，使学生在德智体诸方面生动活泼地、主动地得到发展的经验。虽然谈得很好，但毕竟有些支离破碎，不成体系，不够系统，

人民日报
1964年4月11日 星期六 第三版
上海育才中学改变注入式教学法初步形成生动活泼的教学局面
教师教得少而精 学生学得深又透
总结实行了“紧扣教材、边讲边练、新旧联系、因材施教”一套教学方法，收到良好效果

《人民日报》关于上海育才中学教学改革经验的介绍

不能成为教改样板。

1964 年 4 月 2 日，上海《解放日报》《文汇报》在第一版头条位置，用整版篇幅刊登了上海育才中学的教改经验。题为《育才中学改进教学方法，减轻学生负担》，还特地配发了社论，着力推荐育才教改经验。后来据红卫兵的调查，这一天《文汇报》增印了 40000 份，发行全国以扩大其影响。

11 日，《人民日报》又将这篇文章进行了转载，题为《教师教得少而精　学生学得深又透》。文章指出：育才中学总结出以“紧扣教材、边讲边练、新旧联系、因材施教”为基本内容的改进教学方法的经验，取得了良好的效果。为此发表了题为《培养生动活泼的主动的学习空气》的社论，号召学习育才教改经验。

《上海教育》杂志在当月也出了一期特刊，介绍育才教改经验。接着，新华社、广播台、电视台、电影厂的记者、摄影师纷纷走进育才，采访摄影，盛况空前。这样一来，教育界被震动了。不仅是上海，全国都兴起了学习育才教改之风；育才也一下子成了教改的一面红旗，“生动活泼的样板”，“贯彻主席‘春节指示’的模范”，校长段力佩成了“贯彻主席‘春节指示’的知名人物”……

实际上，这一“教改样板”是这样被树立起来的。

1963 年初，教育部在天津、上海两地分别召开了中学办学经验座谈会。上海的座谈会由教育部部长杨秀峰主持，参加者均为共和国成立前就有几十年办学历史，教学水平高、升学率高、有传统特点的名牌学校。会上，段力佩介绍了育才中学的办学经验以及教改成绩，引起了杨秀峰的重视。会后，杨秀峰又亲自去育才视察。

段力佩在这次座谈会上的发言也被整理成《关于领导教学工作的几点体会》一文，刊于《人民教育》1963 年第 3 期上。教育部副部长林砺儒特地加了按语：

《上海教育》介绍上海市育才中学的教学改革经验（1964年）

如何提高质量而又避免增加负担，关键在于改进教学。教师在教学时，如能善导学生运用既有的知识来理解新教材，教学便可成为一个“温故而知新”的学习过程。在教学中便含有复习，教师也能从此而观察学生平时学习所得。这样的教学会使学生尝到步步深入，兴趣横生，只有上课乐、读书乐，而绝不会有负担过重的苦恼。

现在看到段力佩同志这篇稿子，觉得我所要说还未说出来的话，在这里基本上都讲到了。因此，我愿意介绍这篇稿子和《人民教育》的读者见面，估计会有益于改进教学工作。

1963 年 10 月，陆定一来到上海，在上海市委教卫组看到内部简报《教育卫生动态》里有一份静安区《关于当前师生负担状况的报告》，介绍了育才中学初一（3）班（校长段力佩亲自蹲点的试点班）学习负担轻，能主动安排时间复习看书，能够大大调动学习积极性。陆定一回京后便令中宣部秘书长童大林来育才调研。

12 月中旬，童大林来育才参观听课，段力佩介绍了教育工作经验。临行前，童大林向随行人员称赞道：“这个老头子有不少老经验，有干劲和事业心。”

1964 年 1 月，教育部副部长刘季平在北京主持了全国教育厅局长会议，讨论教学改革问题。会议期间，陆定一给刘季平写了两封信。

链接

陆定一写给刘季平的第一封信

季平同志：

送上上海静安区关于当前师生负担情况的报告。供参考。

好教师好学校是有的。要挑选出来，加以提倡。例如，这个报告里，育才学校就比较好。

各地也一定有好的例子。要注意，要派人去访问，写文章发表。不要“漆黑一团”，悲观失望。有了原则，再有了具体方法（从实际中来，而不是凭空想出来的），中小学教师才能振奋起来。

以为如何？

敬礼

陆定一

一九六四年一月十九日

陆定一写给刘季平的第二封信

季平同志：

于林同志今天来谈话，送给我这个材料，说这个学校（哈尔滨十二中），是东北中学里的“样板”。这个学校有位杨治周同志，是带头的。

这个材料很好。可见各地都有好学校，好教师。一个学校，有一个带头坚持正确路线的人，党和行政方面加以支持，就能把学校办好，中学如此，小学亦如此。

选“样板”，有阶级立场问题。立场不对，也会选错，那就害处很大。建议把这个材料也印发到会同志看。如果大家认为不错，教育部可以组织些同志，好好去考虑一下，写出东西来登报，或登杂志。这个报告，对于教学方面的问题，还没有多说，这个方面也需要去考察补充。别的省市，有好学校好教师，请要到会同志推荐。每个省市找出自己的“样板”，加以推广，就好办了。

以为如何？

敬礼

陆定一

二月五日

再：你们要选几个好学校，写出材料，并加评论，在《人民日报》发表，以资提倡。

这两封信对于“育才样板”的产生起到的作用很大。

2月7日，陆定一参加了全国教育厅局长会议。在听取汇报时，多次表扬了育才。他说：“育才的经验，你们好好地总结一下。‘懂、会、熟’过程是对的，哪里可能一下子完成。段力佩这个同志是有思想的，初一（3）班好，没有什么课外作业，课堂上都搞完了，外语、数学可能有点作业，其他不留作业。”

3月中旬，全国教育厅局长会议结束，刘季平指示教育部普通教育司“先批一两个教得生动活泼的典型”。育才，自然是典型之一了。刚好《人民日报》需要这样的报道。几方面的因素促成了“教改样板”的诞生。不过，这并不是说育才“教改经验”是虚的，相反，它倒真是实实在在的，所以才有那么多学校来学习。

“红卫兵”兴起时，育才“教改经验”被批为“地地道道的修正主义的教育黑货”，校长段力佩被视为“教育界黑权威”，上海市委教卫部部长杨西光则被视为“刘家心腹”“陆店伙计”“上海教育黑头目”。“育才样板”被砸碎。

（二）“七三指示”

从2月13日的“春节座谈会”，到3月10日给魏莲一的信，以及多次与外宾的会谈，毛泽东的意见都贯穿着“学生负担要减轻”的基本精神。

为此，5月4日，中共中央批准转发了教育部临时党组的《关于克服中小学学生负担过重现象和提高教学质量的报告》，指出造成这一问题的原因有课程门类多、课外作业多、测验考试多。实际上课程门类多为主要原因，没有那么多的课要上，也就没有那么多课外作业了，也就不会有那么多的测验考试了。

两个月后，即7月14日，教育部又发布了《关于调整和精简中小学课程的通知》。通知指出：为了正确地贯彻执行党的教育方针，减轻中小学生课业负担，提高教学质量，使学生在德智体诸方面生动活泼地、主动地得到发展，需要对目前中小学课程门类过多的状况加以改革，作为学制改革以前精简课程的临时措施。

调整的原则是：适当减少课程门类，能集中一年学完的就不学两年；适当减少每周上课总时数，使学生有较多的课外活动时间；比较有把握调整的课程先调整，有些课程研究不够，把握不大的，暂不调整；教材只作必要的小修改，各科教材，除外语教材适当减少词汇数量外，一般不降低程度，只把理论要求过高的、烦琐的内容作必要的精简，使其基本上能够适应此次调整后的上课总时数。

上课总时数调整前后的对比

	小学						初中		
	一年级	二年级	三年级	四年级	五年级	六年级	一年级	二年级	三年级
调整前	28	28	30	30	32	32	33	34	34
调整后	28	28	29	29	30	30	31	30	30

至于高级中学课程如何调整，通知认为“问题比较复杂，新教学计划只有初中一年级实行，要等到1966年秋季才使用新教学计划的高中部分，因此拟作进一步研究后，再提出调整意见”。

实际上教育部对于基础教育的改革是有所保留的，而高等教育部对于高等教育更是如此了。

1964年9月29日，高等教育部向部属高等工业学校发布了《积极进行教学改革的几点意见》，指出“4月以来，各校在党委领导下，组织传达、学习并开始贯彻执行主席对教育工作的指示，取得了一定的成绩。主席的指示已经成为推动学校工作的巨大力量。教学方面，‘少而精’的原则更加为多数教师所接受。学生负担过重的情况有所缓和。生动活泼的主动的学习空气正在形成”。

为积极地、有步骤地进行教学改革，逐步提高教学质量，该意见要求各校要认真做好以下几项工作：

普遍地进行“小改”。在学习年限、专业划分和教学计划大框框不变的前提下，在各门课程、各个教学环节的教学中，进一步精选教学内容、改进教学方法和考试方法，并对少量课程的学时进行调整。

积极地、有重点地“中改”（即局部改革）的试验和试点工作，在专业课程中可以多安排一些，步子可以稍大一些，在基础课程和技术课程中应当慎重一些。如果在大范围内取消或合并某些基础课程和技术课程时，应当报经高等教育部批准。

进一步研究“大改”（即全面改革）的方案，在条件具备时进行试点工作。只有这样，从长远着想，大处着眼，才能高瞻远瞩，明确方向，避免盲目性。

这则通知名曰“积极进行教学改革”，其实并不是很积极——“小改”普遍地进行，对于教学内容、教学方法和考试方法，任何时候都需要加以研究改善；至于“中改”则应尽量避免触及基础课程和技术课程，如要改变需要报部审批，不同意那就没法改，决定权在主管部门；至于“大改”，要求“在条件具备时试点”，但那需要什么样的条件，何时才能具备呢，则有待进一步地研究。

高等教育的这种工作态度，受到了毛泽东的批评。

1965 年 7 月 3 日，毛泽东在看过《北京师范学院一个班学生生活过度紧张，健康状况下降》这份材料后，给中共中央宣传部部长陆定一写了一封信。信中说：

> 学生负担太重，影响健康，学了也无用。建议从一切活动总量中，砍掉三分之一。请邀学校师生代表，讨论几次，决定实行。如何请酌。

因这封信发于 7 月 3 日，所以便简称为“七三指示”。高等教育部千方百计、想方设法保留的基础课程和技术课程不要动的趋势已经不可能，它们自然也属于“一切活动总量”，遵照指示也需要砍去三分之一。至此，变革已经不可避免。

（三）保护视力

这一阶段，倡导减轻学生负担还有一重大体现，便是再次着重提及学生的视力问题。毛泽东在“春节座谈会”中说过这么一句：“中小学生近视眼成倍增加，这样非改不行。”那么当时学生的视力情况究竟如何呢？

明亮的大眼睛

1964 年 8 月 19 日，国务院批转了教育部、国家体委、卫生部《关于中小学生健康状况和改进学校体育、卫生工作的报告》，其中提到“学生患近视眼的很多。虽然各地都采取了一些预防措施，但是从城市大部分学校情况来看，还是发展的趋势”。报告中举了天津市检查了 2 万多名中小学生的视力，发现患近视眼的学生逐年增长的事例。

天津市中小学生近视率情况（1961—1963）

	1961 年	1962 年	1963 年
小学学生	17.9%	19.8%	20.8%
初中学生	23.5%	25.1%	26.7%
高中学生	28.5%	31.5%	33.8%

报告还介绍了“由于学生健康状况不好，不少学生毕业后参加劳动、服兵役或者升学，身体不合格。1963 年山西省太原、大同两市 17 所学校 1000 名学生参加兵役体格检查，身体不合格的占 43.6%。17 个省市投考高等学校的毕业生 40 万人中，因身体不合格不能报考的占 2.04%”，即有 8100 多名身体不合格的学生不能报考。

报告指出：“学生健康状况不好的原因是多方面的，由于三年严重的自然灾害和国家的财政困难，但更主要的是由于我们工作上存在着严重的缺点，全面地贯彻执行党的教育方针、认真贯彻执行毛主席的‘三好’号召不够。主要表现在：学校的课多、作业多、考试多，教学方法、考试方法不当，学校日常的卫生保健工作做得不好，教育行政部门对学校体育、卫生工作一般号召多、具体指导少。”

在随后的 9 月，几个部委联合出台了《中小学校保护学生视力暂行办法（草案）》（下称《暂行办法》），并附有“通知”。通知指出：为了进一步加强这方面工作，更好地为社会主义建设事业培养劳动后备力量，为高一级学校培养合格的新生，初步总结了近几年来防止近视眼的工作经验，制定了此办法。

《暂行办法》共 16 条，其中规定：“学校应把保护学生视力的工作列入学校工作计划，指定一名领导人（校长、副校长）负责，切实加强领导，组织全体师生认真开展学生视力保护工作。为了防止学生用眼过度紧张，学校对学生的学习、活动必须全面安排，布置作业要适量，保证学生有足够的睡眠、必要的休息和课外体育活动时间。”

此外，《暂行办法》还规定“加强保护学生视力的宣传教育工作。教育学生认真养成良好的阅读、写字习惯，做到：①读书、写字时姿势端正，眼睛与书本保持适当距离；②看书、写字约一小时，要休息几分钟或者远眺片刻；③不躺在

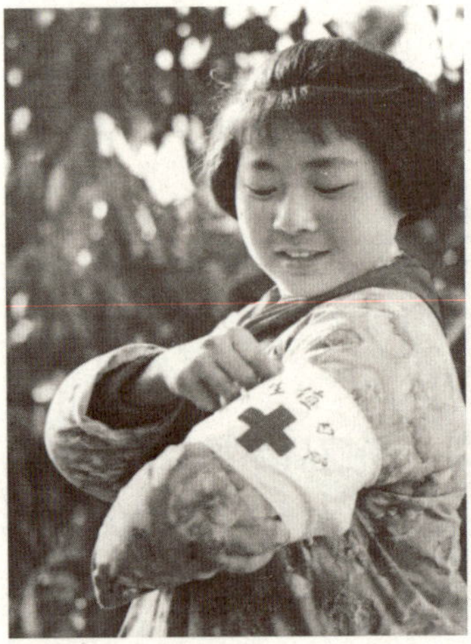

学校卫生值日员

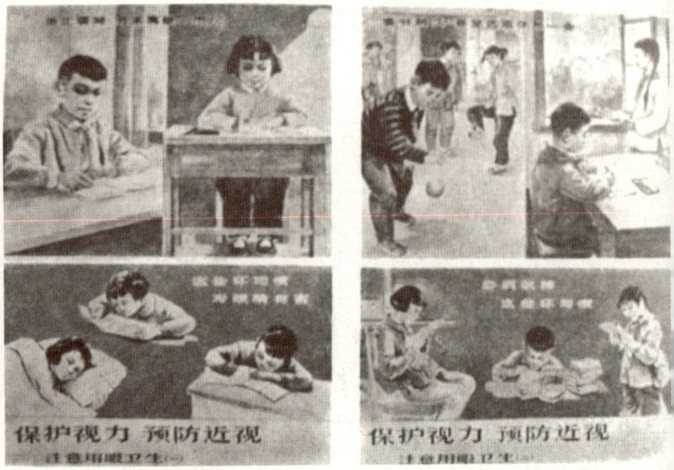

第一版视力保护挂图

床上看书；④不在过弱的光线下看书”（简称“二要二不要”）。并要求实行“教师监督、家长监督、同学监督，开展群众性视力保护工作”。对新建教室的采光、照明，教科书的纸张及印刷等也作了详细具体的规定，并且将规定扩展到学校以外的地方，如少年之家、少年宫、书店等。

由于前面的报告批评教育行政部门“号召多、指导少”，这种情况立刻有了改进。如上海教育局发布了《关于中小学校保护学生视力的若干规定》，共有 10 条详细的规定。除此之外，还成立了上海市青少年视力保护委员会，由上海市教育局牵头，联合市卫生局、体委、文化局、公用事业管理局、电影局、出版局、公安局、总工会、妇联、中华医学会和共青团上海市委等多家单位组成。教育局局长任主任委员。

为了使学生更为直观地认识“二要二不要”，后又开发出了保护视力挂图等，并向学生推行眼保健操。眼保健操的片头“为革命，保护视力，眼保健操开始”，至今仍为人们所熟悉。

后来，四节眼保健操的内容有了变化，挂图也换了新的，曲调也改变了。

（四）“一面红旗”

河北阳原，一个名不见经传的小县城，因为它实现了小学教育的普及，在那个年代里一下子成了全国舆论的焦点，并被誉为“教育战线上的一面红旗”。1964 年 6 月 2 日的《人民日报》对该村普及小学教育的情况作了报道并发表评论。

阳原县，三山环山，丘陵起伏，山地和丘陵约占总面积的 90%。当时全县人口 20 多万，耕地 90 多万亩，绝大部分是沙田薄地，产量很低，共和国成立前群众的生活非常艰苦，教育发展的情况可想而知。

河北省阳原县学校发展状况之比较

<table>
<tr><th></th><th>1947 年（所）</th><th>1964 年（所）</th></tr>
<tr><td>初级小学</td><td>86</td><td rowspan="2">349</td></tr>
<tr><td>完全小学</td><td>5</td></tr>
<tr><td>初级中学</td><td>0</td><td>5</td></tr>
<tr><td>职业中学</td><td>0</td><td>1</td></tr>
</table>

国民党统治时期，阳原全县没有一所中学，小学只有 91 所，其中完全小学只有 5 所。贫苦人家的子女根本没有受教育的机会。村里要到外面请会计，记账要打绳结，写春联用碗口印圆圈代替字。

《教育战线上的一面红旗》的书影（1964年）

但是到了 20 世纪 60 年代，情况完全改变了。全县 378 个村庄，已有 349 所小学。那些没有学校的村庄，也能保证儿童都能到相距一里左右的学校上初级小学，到五里左右的学校上高级小学。根据 1964 年 4 月的统计，全县学龄儿童 28134 人，已经入学的有 26832 人，入学率为 90% 以上，其中贫农、下中农子女入学率占本阶层学龄儿童的 90% 左右。新中国成立以来，全县已经培养出初小毕业生 32511 人，高小毕业生 17943 人，初中毕业生 2394 人，高中毕业生 269 人，还有大学毕业生 126 人。这些中小学毕业生，少部分升入高一级学校，绝大多数都回乡参加农业生产或者农村其他建设工作。

报道认为：“这是一个翻天覆地的变化，是毛泽东教育思想的伟大胜利！”

实际上，对于这 349 所小学成分作一分析，便可发现其中的奥妙。

首先是学校办学形式，阳原县的学校主要有 4 种。

阳原县学校的办学形式情况

办学形式	数量（所）	比例（%）	备注
完全由国家举办	197	56.45	
国家办、集体帮助	38	10.89	完全小学
国家和集体合办	40	11.46	设在经济条件比较好的村庄
集体办、国家帮助	74	21.20	设在规模较小的村庄

从表中可知，公办比例最高，为 56.45%，其次为民办公助，然后是合办，最低的便是公办民助。

其次为学校类型，主要形式有以下 5 种。

阳原县学校类型

学校形式	数量（所）	比例（%）	备注
全日制小学	278	79.66	单式班 30 所，复式班 248 所
巡回小学	30	8.60	二里左右当日巡回，三五里隔日巡回，主要学习语文、算术和写字等
春冬小学	20	5.73	农闲整日学，小忙半日学，大忙抽空学，学习内容与巡回小学一样
二部制小学	16	4.58	分布在比较大的村庄，解决学生多、人员编制不足、教室少的困难
一揽子小学	5	1.43	白天教儿童，晚上教成人。一般是认字、写应用文、记账、打算盘等

从表中可知，全日制小学所占比例最高，不过其中单式班只有 10.79%，复式班级非常多，达到了 89.21%。单式班是指班级学生都属于同一学年，复式班则指班级由两个及以上的学年学生组成，如班级内既有一年级，又有二年级，甚至三、四、五、六年级都有。其他几种形式相对而言就不那么正规了，除此之外

还有半日制学校（班），这些半日制学校（班）要么是附设于全日制小学，要么是一部分全日制小学在农忙时改为半日学习，或者是全日制小学附设中午班、识字班、送字上门等。

既然学校形式多样，教学组织形式也相应地多样才可行。于是阳原的学校便采用多种形式，有单式教学、复式教学、交叉教学、轮堂教学等。

由此观之，阳原普及教育的这些做法都是不得已而为之的“穷办法”，多数学校属于扫除文盲性质的补习班，只求“孩子们哪怕是学习一会儿也比不学强，能认几个字，就教他们几个字”。所以，所学内容也是极其简单的读、写、算。

阳原县并不是共和国成立后就开始实行这一套简易做法的，而是直到 1963 年才开始破除“正规化”的框框，因地、因时、因人制宜地建立了多种形式的简易小学。

评论最后指出：

阳原县在普及小学教育工作上，方向明确，方法对头，为我国社会主义文化革命事业作出了贡献。但是，十全十美的事情是没有的，新事物总不会一下子就十分完善的。阳原县的教育工作也还有不足之处。

在我们这样一个大国里，各个地区的条件不尽相同，小学教育不可能采取一种办法，更不可能靠一次两次突击运动就能普及，而需要因地制宜地进行长期的、艰苦的、一点一滴的工作。

但是像阳原县同志们这种革命精神和调查研究方法，却是任何地区、任何时候都必须学习的。阳原县的例子，为我国农村教育和山区教育事业的发展，指出了光明灿烂的前景。

我们希望，各地都来认真地学习阳原的革命精神和科学方法，同时总结自己的成功的典型经验，因地制宜，有计划、有准备地把教育工作做得更好。

于是，普及教育的“一面红旗”被树立起来了，阳原县成为全国其他地区发展教育道路上必不可少的“取经之地”。

这一时期上海就组织了上海市教工阳原参观团考察阳原普及教育的经验，参观经历及感想都刊登于《上海教育》上。

不过耐人寻味的是，教育部的机关刊物《人民教育》于同年1月号，发布了一篇社论《办好农村简易小学》，认为“任何轻视简易小学的思想和认识都是没有根据的。为了便利贫下中农子女上学读书，我们必须采取多种多样的办学形式，创办各种行之有效的简易小学，更好地适应农业生产的需要”。

9月23日，却又发布了《关于取消“简易小学”名称的通知》，指出“经国务院文教办公室批示，取消‘简易小学’名称，今后这类小学称为工读小学、耕读小学，以便使半工半读、半农半读的小学同全日制小学在名称上有所区别”。

报道中之所以又称这是“毛泽东教育思想的伟大胜利”，那是因为毛泽东在1944年时就主张：“在教育工作方面，不但要有集中的正规的小学、中学，而且要有分散的不正规的村学、读报组和识字组。不但要有新式学校，而且要利用旧的村塾加以改造。”“非正规化”的确是符合农村的实际情况的。既然符合农村的情况，那么相对而言也就符合全国的普遍情况，因为新生的共和国依然是一个农业大国。

等到“四清”运动开展时，1965年11月中共中央转发批准了《关于通过“四清”运动发展耕读小学的一份报告》。报告中称，“只要按‘二十三条’办事，方向对头，办学形式和教学内容适合群众需要，通过“四清”运动，不需要花费很大精力和时间，普及小学教育是可以做到的”。当时的教育部部长审阅后提出：“目前全国农村‘四清’运动正在进一步开展，是发展耕读小学，普及小学教育的大好时机，如‘四清’工作队加以注意，这个问题不难解决。如不注意，也很容易失去时机。可否提醒各地注意这个问题，请审核。”中共中央批示“请转发各地农村‘四清’工作队”，实际上是赞成的。于是各地农村的“四清”工作队，除了忙着“四清”之外，还要忙着帮忙发展极其简易的耕读小学。

三、教育在学校外

从“春节座谈会”后，学校教育方面有所改变。但中央对那种按部就班地从概念到概念的教育形式是不满的。既然教育部有虚以应付的味道，那就索性突破教育部的“干扰”，于是教育被置于学校之外了。

促成“教育在学校外”的正是“社教运动”。所谓“社教运动”，是“社会主义教育运动”的简称，原称农村“四清”运动和城市“五反”运动。

1962年9月，党的八届十中全会以后，湖南、河北等地进行整风整社和社会主义教育活动。在河北保定地区称为“四清”运动，即清理账目、清理仓库、清理财务、清理工分，都属于“清经济”的范围。1963年2月，毛泽东在中共中央工作会议上推荐了保定“四清”运动和湖南“社会主义教育运动”的经验。同年3月1日，中共中央发布关于开展“五反”运动的指示，要求在城市开展“五反”运动，即“反对贪污盗窃、反对投机倒把、反对铺张浪费、反对分散主义、反对官僚主义”的运动。1963年9月，已经把“四清”运动称为“社会主义教育运动”，1965年1月以后，又把“农村社会主义教育运动”称为“清政治、清经济、清组织、清思想”的“四清”运动，并把农村“四清”运动与城市“五反”运动合称为“城乡社会主义教育运动”。

1964年夏，毛泽东的侄子毛远新在中南海过暑假。7月5日，毛泽东与他谈话，说道：“阶级斗争是你们的一门主课。你们学院应该去农村搞‘四清’，去工厂搞‘五反’。不搞‘四清’就不了解农民，不搞‘五反’就不了解工人。阶级斗争不知道，怎么能算大学毕业？”

当时，毛泽东只是随口而谈。事后，毛远新深知这一谈话的重要性，写出《谈话纪要》。谈话内容迅速传到了高等教育部。高教部立即印发了《毛主席与毛远新谈话纪要》。虽说是一份内部文件，却一下子轰动了教育界。

“谈话”两个月后，即9月11日，中共中央、国务院下发了《关于组织高等学校文科师生参加社会主义教育运动的通知》。通知认为：

> 高等学校文科脱离实际的倾向十分严重，资产阶级的和修正主义的思想影响相当普遍。有些学生不听党的话、不跟着党走，而是跟着资产阶级专家跑。他们可能成为资产阶级的接班人。这样发展下去，不仅严重影响到我们的革命下一代的成长，而且由于文科毕业生将来会掌握国家的上层建筑，

就使我国有发生“和平演变”的危险。这种状况必须从根本上加以改变。

今后的方向，是使文科院校附设工厂或迁到农场，办成半工半读或半耕半读的学校，一面参加生产劳动，一面读书。这样做的目的，是使文科师生通过生产劳动和阶级斗争，向工农群众学习，和工农群众打成一片，逐步锻炼成为无产阶级革命战士。

这件事，我们已经办得晚了一些。当前必须抓紧组织高校文科师生参加社会主义教育运动，使他们在实际的阶级斗争中接受教育和锻炼，提高社会主义觉悟，进行世界观的改造。

只有这样，才能够使文科师生走出“书斋”，逐步克服长期存在的从书本到书本、从概念到概念，脱离生产劳动、脱离实际的不良学风；才能有效地抵制封建主义和资本主义思想的侵蚀，挖掉修正主义的根子，培养出无产阶级革命事业的接班人。

通知要求从 1964 年冬天开始，高等学校文科师生都应该分批下去，参加社会主义教育运动，主要是参加农村的“四清”运动。

9 月 19 日，文化部发出《高等艺术院校师生参加社会主义教育运动的通知》。艺术类师生也需要参加这一运动。

次年 2 月 2 日，中共中央、国务院又下发了《关于组织高等学校理、工科师生参加社会主义教育运动》的通知。通知指出：高等学校理、工科师生，原则上应同文科一样，必须积极参加社会主义教育运动，在实际斗争中受到教育和锻炼。

不仅高等教育已经全部触及，中小学方面也已经触动了。在 1964 年 9 月 24 日，中共中央批准了中宣部《关于当前全国中小学社会主义教育运动部署的请示报告》。同时撤销了 7 月 24 日的《中共中央批准北京市委关于利用暑期在小学开展社会主义教育运动试点的请示报告》的批语。因为先前的规定，已经不符合当时运动的情况，即便是只过去两个月，情况变化也相当大。

至此，依靠“一百五十条”建立起来的学校的教学秩序已经被彻底打破了。据不完全统计，到 1965 年年底，全国共有 395 所高等学校的师生 22 万人参加社会主义教育运动。这一运动直到“文化大革命”的爆发才告中断。

共和国教育大事记

（1949—1966）

1949年

9月29日，中国人民政治协商会议通过了具有临时宪法性质的《共同纲领》。《共同纲领》对新民主主义教育也作了规定，共和国教育建设由此起步。

10月1日，中华人民共和国成立。

11月1日，中央人民政府教育部举行成立典礼。

12月23日—31日，教育部召开第一次全国教育工作会议。会议提出的政策及举措对共和国教育产生了深远影响。

同年中国人民解放军各地军管会接收新解放区的各级公立学校，组织开学复课，对学校进行整顿改造，取消国民党的训导制度和课程，开设革命的政治课程。

1950年

4月3日，北京实验工农速成中学开学。这是共和国创办的第一所工农速成中学。

5月1日，《人民教育》杂志创刊。

6月1日—9日，教育部召开第一次全国高等教育工作会议。

6月6日，毛泽东在中国共产党七届三中全会上所作《为争取国家财政经济状况的基本好转而斗争》的讲话中指出改革旧学校“拖延时间”是不对的，“过于性急”也是不对的。

6月19日，毛泽东就健康问题致信教育部部长马叙伦，要求各校注意“健康第一，学习第二”。次年1月15日，再次致信马叙伦，提议采取行政途径，解决学生健康问题。

8月1日，教育部颁布共和国的第一个《中学暂行教学计划》(草案)。

8月2日—11日，中国教育工会召开第一次全国代表大会，明确教育工作者是工人阶级队伍的一部分。

9月6日，共和国第一批留学生赴波兰、捷克斯洛伐克、罗马尼亚、保加利亚、匈牙利五国学习。11 月 30 日，上述五国来华留学生陆续抵京，入清华大学。

9 月 20 日—29 日，教育部、全国总工会联合召开第一次全国工农教育工作会议。

10 月 3 日，中国人民大学举行开学典礼。这是共和国创办的第一所新型大学。

12 月 1 日，人民教育出版社正式成立。

12 月 14 日，政务院发出《关于举办工农速成中学和工农干部文化补习学校的指示》。

12 月 14 日，政务院第六十五次会议通过《关于处理接受美国津贴的文化教育救济机构及宗教团体的方针的决定》。据此，1951 年 1 月 11 日教育部发出《关于处理接受美国津贴的教会学校及其他教育机关的指示》，确定了处理接受外资津贴学校的原则、办法和具体政策、措施。至 1951 年末，按不同情况，对全部接收外资津贴的大中小学校，分别改为公办和中国人民自办，收回了教育主权。

1951年

3 月 19 日，教育部召开第一次全国中等教育会议，制定发展和建设中等教育的工作方针与措施。

5 月 1 日，教育部部长马叙伦和中国教育工会全国委员会主席吴玉章发表书面谈话：废除六月六日的教师节，改用“五一”为教师节。

5 月 20 日，《人民日报》发表毛泽东撰写的社论：《应当重视电影〈武训传〉的讨论》。由此全国开展批判《武训传》及“武训精神”的运动。

8 月 27 日—9 月 11 日，教育部合并召开第一次全国初等教育会议和师范教育会议。

9 月 20 日—28 日，教育部召开第一次全国民族教育会议，讨论制定中华人民共和国民族教育方针。

9 月，北京、天津 20 所高等学校教师开展以改造思想、改革高等教育为目的的学习运动。29 日，周恩来总理在京津高校教师学习报告会上作《关于知识分子改造问题》的报告。

10 月 1 日，政务院公布实施《关于改革学制的决定》。这是共和国的第一个学制。

11 月 20 日，教育部召开全国工农速成中学工作会议。

11 月 30 日，中共中央发出《关于在学校进行思想改造和组织清理工作的指示》。

1952年

3 月 18 日，教育部颁发了《中学暂行规程（草案）》《小学暂行规程（草案）》。

5 月 2 日，中共中央发出《关于克服目前学校教育工作中偏向的指示》。

6 月 5 日，教育部公布汉字常用字表，列出常用汉字 1500 个字。这个常用字表成为扫除文盲工作中的脱盲的标准。

9 月 10 日，教育部发出《关于接办私立中小学的指示》，提出将全国私立中学全部由政府接办，改为公办。此项工作于 1956 年结束。

同年教育部以培养工业建设人才和师资为重点，进行全国高校院系调整工作，相继新设钢铁、地质、航空、矿业、水利等专门学院和专业，并把私立大学全部改为公办。

1953年

1 月 13 日—24 日，政务院文教委员会召开大区文委主任会议，会议根据党和国家过渡时期总路线精神，提出“整顿巩固、重点发展、提高质量、稳步前进”的文教工作方针。

5 月，中央政治局召开会议讨论教育工作，毛泽东主持了会议。会议作出抽调干部充实学校领导、编写教材、允许小学民办、注意青年健康、中小学毕业生参加生产劳动等决定。

6 月 30 日，毛泽东接见青年团第二次全国代表大会主席团，提出“要使青年身体好，学习好，工作好”。

9 月 24 日，中共中央批发教育部党组、高等教育部党组、扫盲工作委员会党组三个工作报告。提出要使全国文教工作在中央统一方针领导下，逐步纳入国家建设计划的轨道。

1954年

5月17日，中共中央批转政务院文教委员会党组《关于全国文化教育工作会议情况报告》。批示指出，各级党委必须加强对文化教育工作的领导，使文教事业更有效地为逐步实现国家的社会主义工业化和社会主义改造事业服务。

5月24日，中共中央转发教育部党组《关于解决高小和初中毕业生学习与从事生产劳动问题的请示报告》，为此，5月29日《人民日报》发表中央宣传部《关于高小和初中毕业生从事劳动生产的宣传提纲》。此后，许多城镇高小、初中毕业生响应党的号召上山下乡，参加农业生产劳动，形成知识分子青年上山下乡小高潮。

6月26日，中共中央批转高等教育部党组的报告，决定今年暑期在高等学校毕业生中进行一次忠诚老实学习运动，要求学生将自己的经历、社会关系以及所有政治问题书面交代清楚。

8月29日，中共中央转发北京市委《关于提高北京市中小学教育质量的决定》，在批示中提出，要加强党对教育工作的领导，改进中小学教育，提高教育质量。

9月20日，第一届全国人民代表大会第一次会议通过《中华人民共和国宪法》。

1955年

2月10日，教育部发布《小学生守则》，5月13日又发布《中学生守则》。

4月7日，教育部发布《关于组织中小学教师开展学习唯物主义思想和批判资产阶级维新思想的通知》。

5月16日，中共中央批转中央宣传部《关于胡适思想批判运动的情况和今后工作的指示》。

6月30日，高等教育部发布《关于在高等、中等学校全体师生中进行关于胡风事件及肃清一切暗藏反革命分子的教育的通知》。

7月9日，教育部、高等教育部发出《关于工农速成中学停止招生的通知》。

7月30日，第一届全国人民代表大会第二次会议通过《中华人民共和国发展国民经济的第一个五年计划》，其中提出教育事业五年建设的计划和工作重点。

11月4日，中共中央转发教育部党组《关于实用主义思想在中国教育中的影响和批判实用主义教育思想初步计划》的指示。

12月27日，中共中央办公厅编辑的《中国农村的社会主义高潮》出版，毛泽东在该书的序言和按语中对教育工作作了许多重要指示。

1956年

1月14日—20日，中共中央召开知识分子问题会议，周恩来作《关于知识分子问题的报告》，并代表中央发出“向现代科学进军”的号召。

3月29日，中共中央、国务院发布《关于扫除文盲的决定》。

9月15日—27日，中国共产党第八次全国代表大会召开。刘少奇、周恩来在会上作报告，指出文教事业在整个社会主义建设事业中占有重要地位。要根据“掌握重点、照顾其他”及需要与可能相结合的方针，进行全面教育规划。争取在十二年内分期普及小学义务教育。

1957年

2月27日，毛泽东在扩大的最高国务会议上作《关于正确处理人民内部矛盾的问题》的报告，提出“我们的教育方针，应该使受教育者在德育、智育、体育几方面都得到发展，成为有社会主义觉悟的有文化的劳动者”。

3月7日，毛泽东和七省市教育厅局长座谈中小学教育改革与发展问题。

6月，全国开始反右派斗争，直至1958年春，在各级教育行政机关和各级学校中，一批干部、教师职工和大学生被错划为右派分子。1980年中共中央为错划的人员全部平反。

11月7日，毛泽东同邓小平、彭德怀、乌兰夫、陆定一、杨尚昆、胡乔木等在莫斯科大学会见我国在莫斯科的留学生、实习生，指出“希望寄托在你们身上”。

1958年

5 月 30 日，刘少奇在中央政治局扩大会议上讲话，提出“我们国家应该有两种主要的教育制度和劳动制度，同时并行。一种是现在的全日制的学校制度，一种是半工半读的学校制度；一种是 8 小时的劳动制度，一种是 4 小时工作的劳动制度”。全国相继办起各种类型半工半读学校。

8 月 13 日，毛泽东视察天津大学和南开大学时说，高等学校应抓三个东西：一是党委领导，二是群众路线，三是把教育和生产劳动相结合。

9 月 19 日，中共中央、国务院发布《关于教育工作的指示》，由此展开全国系统的“教育大革命”。

11 月 1 日，教育部和共青团中央在北京联合举办“教育与生产劳动相结合展览会”开幕，集中展示了“教育大跃进”的成果。

同年，农业中学由江苏扩展至全国，呈“异军突起”之势，发展极为迅速。

1959年

5 月 17 日，中共中央为逐步提高教育质量，指定北京大学等 16 所学校为重点学校。此后，又分批增加若干所，进行重点高等院校建设。

5 月 24 日，中共中央、国务院发出《关于试验改革学制的决定》，要求各地各部门有组织地进行学制改革试验。

1960年

3 月、5 月，中央文教小组召开省、市委文教书记会议。会议提出教学改革方针、原则和文教部门大办生产企业、学术批判、学生参加生产劳动等问题的具体政策。

4 月 9 日，陆定一在第二届全国人民代表大会第二次会议上作《教学必须改革》的发言。此后，全国各地开始较大规模的教学改革试验。

4 月 10 日，第二届全国人民代表大会第二次会议通过《1956—1967 年全国农业发展纲要》，提出要大力提倡群众办学、集体办学，在十二年内基本扫除青壮年文盲。

6月1日—11日，全国教育和文化、卫生、体育、新闻方面社会主义建设先进单位和先进工作者代表大会在北京举行，简称“全国文教群英会”。

6月11日—24日，中央文教小组召开全国文教工作会议，讨论了在文教战线贯彻执行以农业为基础的方针问题，检查和批评了文教战线的“五风”，集中研究了在教育工作中贯彻执行“调整、巩固、充实、提高”八字方针的问题。

11月24日—12月12日，中央文教小组召开全国文教工作会议。会后向中共中央提交了《关于1961年和今后一个时期文化教育工作安排的报告》。次年2月，中央批转了该报告。

1961年

7月、12月，教育部两次召开全国高、中等学校调整工作会议。会议提出高、中等学校要缩短战线、压缩规模、合理布局，通过调整工作集中力量提高教学质量。

7月30日，毛泽东给江西共产主义劳动大学写信，赞成和支持该校实行半工半读和勤工俭学，希望各省也应该有这种学校。但此信开始只小范围传播，时隔两年后才正式公布。

9月15日，中共中央批准试行《教育部直属高等学校暂行工作条例（草案）》，即“高校六十条”。

1962年

3月2日，周恩来在全国科学技术工作会议（广州会议）上作《关于知识分子问题》的报告，指出对知识分子要采取团结、教育和改造的方针，要信任、要帮助，应改善关系，解决问题，对过去批评错了的要向人家道歉。陈毅也在会上发言，要给知识分子“脱帽加冕”。

4月21日—5月中旬，教育部召开教育会议，讨论调整教育事业和精简学校教职工问题。

5月25日，中共中央批发教育部党组《关于进一步调整教育事业和精简学校教职工的报告》。

12月21日，教育部发出通知，要求各地首先集中力量，在省、市、自治区范围办好若干所全日制中学，在每一县（市）和市属区范围内办好一所以上的小学，以提高教育质量。

1963年

3月5日，毛泽东及刘少奇、周恩来、朱德、邓小平等题词号召“向雷锋同志学习”，全国各级类学校普遍开展了学习雷锋的活动。

3月23日，中共中央批准试行《全日制中学暂行工作条例（草案）》和《全日制小学暂行工作条例（草案）》。

5月8日，毛泽东在东北、河北的两个报告中批示：用讲校史、家史、社史、厂史的方法教育群众。此后，全国各级学校广泛开展访贫问苦，请老贫农、老工人、老红军作忆苦思甜报告，通过社会调查等办法，向学生进行阶级斗争教育。

11月19日，中共中央批转《中央宣传部关于全国中小学开展“五反”运动的请示报告》，中小学也开展“五反”运动。

1964年

2月13日，毛泽东在主持召开的教育工作座谈会上说：教育的方针路线是正确的，但办法不对。学制、课程、教学方法都要改。之后，教育部召开全国教育厅局长会议，传达学习毛泽东讲话和中央有关批示，检查教育工作中的缺点、错误，提出了加强学校思想政治工作，减轻学生负担，进一步贯彻“两条腿走路”的方针，逐步实行两种教育制度。

5月4日，中共中央、国务院批转教育部临时党组《关于克服中小学学生负担过重现象和提高教学质量的报告》。

7月5日，《毛泽东与毛远新谈话纪要》发表。

7月—8月，刘少奇在向中央各部委和北京市委干部的报告及在各地视察时，建议各省、市、自治区试办半工（农）半读学校，并至少在五年后才能初步总结经验，扩大试验，十年以后推广。

9月11日，中共中央、国务院发出通知：组织高等学校文科师生参加社会主义教育运动。次年2月，又指示组织高等学校理、工科师生参加。

11月17日，中共中央转发江苏省委《关于发展半工（耕）半读教育制度的规划（草案）》，中央批示：半工（耕）半读学校代表了我们今后教育发展的方向。

1965年

3月，教育部召开全国农村半耕半读教育会议。

7月3日，毛泽东在看了《北京师范学院一个班学生生活过度紧张，健康状况下降》的材料后，给中宣部部长陆定一写了一封信，指出："学生负担过重，影响健康。"建议从活动总量中砍去三分之一，使学生有充分的休息时间和自由支配的时间。又称"七三指示"。

10月，召开全国城市半工半读教育会议。

12月，召开全国半工（农）半读高等教育会议。由此，全国再次掀起试行两种教育制度，大办并工半读学校的热潮。

1966年

5月7日，毛泽东在给林彪的信中提出，全国各行各业都要亦工亦农，亦文亦武，又批判资产阶级的社会组织。学生也应该"以学为主，兼学别样"，"学制要缩短，教育要革命，资产阶级知识分子统治我们学校的现象再也不能继续下去了"，此即著名的"五七指示"。

6月1日，经毛泽东批准，新华社播发北京大学聂元梓等7人攻击学校党委和北京市委的一张大字报。同日，《人民日报》发表题为《横扫一切牛鬼蛇神》的社论。"文化大革命"席卷全国。

8月8日，党的八届十一中全会通过《中国共产党中央委员会关于无产阶级文化大革命的决定》（简称十六条）。决定提出：在这场文化大革命中，必须彻底改变资产阶级知识分子统治我们学校的现象。

8月18日，毛泽东在天安门首次接见全国各地来北京进行串联的红卫兵和学校师生。至11月26日，前后8次接见红卫兵共1100万人。全国学校已完全停课，广大师生卷入了"全国大串联"。

主要参考文献

［1］薄一波．若干重大决策与事件的回顾：下卷［M］．北京：中共中央党校出版社，1993.

［2］陈桂生．现代中国的教育魂：毛泽东与现代中国教育［M］．沈阳：辽宁教育出版社，1993.

［3］董边，镡德山，曾自．毛泽东和他的秘书田家英［M］．北京：中央文献出版社，1989.

［4］龚育之．党史札记末稿［M］．北京：中共党史出版社，2008.

［5］国家统计局国民经济综合统计司编．新中国五十五年统计资料汇编［M］．北京：中国统计出版社，2005.

［6］何东昌．中华人民共和国重要教育文献：1949—1975［M］．海口：海南出版社，1998.

［7］江西教育出版社．共产主义劳动大学［M］．南昌：江西教育出版社，1959.

［8］金林祥．20 世纪陶行知研究［M］．上海：上海教育出版社，2005.

［9］瞿葆奎．课程与教材：下册［M］．北京：人民教育出版社，1993.

［10］吕型伟．吕型伟从教七十年散记［M］．上海：上海教育出版社，2004.

［11］毛礼锐，沈冠群．中国教育通史:第六卷［M］．济南:山东教育出版社，1989.

［12］毛泽东．毛泽东新闻工作文选［M］．北京：新华出版社，1983.

［13］毛泽东．毛泽东选集：第三卷［M］．北京：人民出版社，1991.

［14］毛泽东．毛泽东选集：第四卷［M］．北京：人民出版社，1991.

[15] 逄先知．回顾毛泽东关于防止和平演变的论述［M］．北京：中央文献出版社，1990.

[16] 苏州市实验小学．苏州实验小学［M］．北京：人民教育出版社，1999.

[17] 唐德刚．胡适杂忆［M］．桂林：广西师范大学出版社，2005.

[18] 唐弢．唐弢文集：第四卷［M］．北京：社会科学文献出版社，1995.

[19] 袁晞．武训传批判纪事［M］．武汉：长江文艺出版社，2000.

[20] 中共中央党史研究室．中国共产党的七十年［M］．北京：中共党史出版社，1991.

[21] 中共中央文献编辑委员会．毛泽东著作选读：下册［M］．北京：人民出版社，1986.

[22] 中国教育年鉴编辑部．中国教育年鉴：1949—1981［M］．北京：中国大百科全书出版社，1984.

[23] 陈家鹦，舒庭毅．毛泽东与江西共产主义劳动大学［J］．党史纵览,2006（4）.

[24] 龚育之．为知识分子“脱帽加冕”的广州会议［J］．百年潮,1999（1）.

[25] 李公凡．顶着风浪为武训辩护的郝瑞琛［J］．炎黄春秋，2001（10）.

[26] 孙丹年．“武训精神”的重点批判对象孙铭勋［J］．炎黄春秋,2005（3）.

[27] 吴珏．毛泽东与四次扫盲高潮［J］．湘潮，2007（12）.

[28] 笑蜀．“儿童教育圣人”陈鹤琴折戟盛世［J］．炎黄春秋，1999（2）.

[29] 张鸣．曾经有过的高教大跃进［J］．读书，2004（3）.

[30] 张伟忠．《红领巾》教学法与文学教育［J］．现代语文，2006（7）.

[31]《人民日报》，1949—1966 年。

[32]《光明日报》，1949—1966 年。

[33]《人民教育》，1950—1966 年。

[34]《新教育》，1949—1966 年。

[35]《东北教育》，1949—1952 年。

[36]《上海教育》，1957—1966 年。

[37]《江苏教育》，1953—1966 年。

[38]《河北教育》，1949—1966 年。

“十三五”国家重点出版物出版规划项目

国家出版基金项目
NATIONAL PUBLICATION FOUNDATION

共和国教育70年

第二卷

山重水复

1966—1976

杜成宪 | 主　编
蒋纯焦 | 副主编
蒋纯焦 | 著

江西教育出版社
JIANGXI EDUCATION PUBLISHING HOUSE
·南昌·

广东教育出版社
全国百佳图书出版单位
·广州·

图书在版编目(CIP)数据

共和国教育70年：全四册．山重水复：1966–1976 / 杜成宪主编；蒋纯焦著．— 南昌：江西教育出版社；广州：广东教育出版社，2020.9（2022.1重印）

ISBN 978-7-5705-2037-4

Ⅰ．①共… Ⅱ．①杜… ②蒋… Ⅲ．①教育史－中国－现代 Ⅳ．①G529.7

中国版本图书馆CIP数据核字(2020)第191138号

共和国教育70年·山重水复1966—1976

GONGHEGUO JIAOYU 70 NIAN · SHANCHONG SHUIFU 1966—1976

杜成宪 主编　蒋纯焦 副主编　蒋纯焦 著

江西教育出版社
广东教育出版社 出版

各地新华书店经销

安徽联众印刷有限公司印刷

720毫米×1000毫米　16开本　13.5印张　字数210千字

2020年9月第1版　2022年1月第3次印刷

ISBN 978-7-5705-2037-4

定价：198.00元（全四册）

赣教版图书如有印装质量问题，请向我社调换　电话：0791-86710427

投稿邮箱：JXJYCBS@163.com　电话：0791-86705643

网址：http://www.jxeph.com

赣版权登字-02-2020-405

目录

前言

“文化大革命”十年，教育不只是教育，而是与当时的政治、文化、经济生产、军事等紧密结合在一起，相互影响，相互作用。因此要梳理和叙述“文化大革命”时期的教育工作，绕不开各种各样的政治运动、思想斗争。由于用“两个阶级、两条路线”的矛盾对立来看待和管理学校，原有的教育理论、管理体制、课程教学、招生制度等无不受到批判。教育理论方面，“文化大革命”之前用 17 年时间在学习苏联经验基础上构建的中国社会主义教育理论被贴上封建主义、资本主义、修正主义的标签，代之以无产阶级专政下继续革命的理论。管理体制方面，教育部和各省市自治区教育局被撤销，代之以国务院下设的科教组、各省市自治区革命委员会下设的文教组，学校则由驻校部队、工人阶级、贫下中农进行管理。课程教学方面，无产阶级政治挂帅，毛泽东著作天天读，“以学为主，兼学别样”。招生制度方面，废除考试，大学不直接招收高中毕业生，代之以推荐工农兵入学。

无产阶级“教育革命”对教育学中的经典命题提出挑战，并以自己独特的方式进行尝试。如：消解教师的主导作用，批判教师中心论，大破师道尊严；批判学生主要以书本知识间接地认识世界，要求学生投身三大革命运动，向广大劳动人民学习，甚至安排大量的时间直接参加生产劳动；教学中的基础性、渐进性被批判，缩短学制、精简课程。

“文化大革命”期间毛泽东发布了大量的直接针对教育问题的指示，主要内容可概括为以下几个方面：(1)学校社会化、社会教育化，学生要兼学别样，各行各业要办学校，知识青年要到农村接受贫下中农再教育。(2)教育与生产劳动相结合，谋求知识分子劳动化、劳动人民知识化，缩小体力劳动者和脑力劳动者的差别。(3)教育为无产阶级政治服务，学校成为阶级斗争的战场，师生还要走出校门，参加整个社会的政治运动。(4)否定教师专业化，让工农兵管理学校，教师队伍则要分期分批接受劳动改造，补充部分工人师傅、贫下中农、革命学生上讲台。毛泽东关于“教育革命”的某些指示和设想过于理想化，在实践中难以行得通，导致“教育革命”不断地走样，离初衷越来越远。

虽然“文化大革命”对农村地区普及教育起过一定的推动作用，在一定程度上促进了文化下移，但盲目发展，规模大，质量低，结构严重失调，这是人们对“文化大革命”中基础教育的基本评价。就高等教育而言，几乎遭到了毁灭性的重创。

总体上，“文化大革命”对学校教育破坏大于建设，不过倒也在某种程度上触及了教育的核心或基本问题，如教育公平、师生关系、理论与实践、综合与分科、普及与提高、纪律与自由、招生与考试、学校管理等等。这些问题在教育学上具有普遍性、终极性。今天或以后，我们仍然要不断地面对这些问题，不懈地探索这些问题。

01

第一章

停课闹革命

标志着“文化大革命”正式爆发的《五一六通知》提出：“彻底批判学术界、教育界、新闻界、文艺界、出版界的资产阶级反动思想，夺取在这些文化领域中的领导权。”学术界和教育界便成为“文化大革命”最初发动的两个重要领域，随着大字报的出现和红卫兵的兴起，学校纷纷停课闹革命。“革命”师生走出校门，到处串连，“破四旧”，“立四新”，并参加各个领域的批判斗争和夺权运动。

一、“文化大革命”的爆发

1965年11月10日姚文元在《文汇报》上发表《评新编历史剧〈海瑞罢官〉》，批评明史专家吴晗1961年写的历史剧《海瑞罢官》，认为剧中的海瑞形象是作者“精心设计过的”，是“一个假海瑞”。文章结论说：“《海瑞罢官》并不是芬芳的香花，而是一株毒草。”

文章发表后，从11月12日至26日，《解放日报》《浙江日报》《大众日报》《新华日报》《福建日报》《安徽日报》《江西日报》先后转载。11月29日《解放军报》和《北京日报》转载，11月30日《人民日报》转载，12月2日《光明日报》转载。各大报纸转载时均加“编者按”予以说明，如《人民日报》“编者按”说：“我们希望，通过这次辩论，能够进一步发展各种意见之间的相互争论和相互批评。我们的方针是：既容许批评的自由，也容许反批评的自由；对于错误的意见，我们也采取说理的方法，实事求是，以理服人。”稍后，上海人民出版社还将姚文印成单行本发行。

《评新编历史剧〈海瑞罢官〉》单行本

在此形势下，全国文教界开始激烈讨论《海瑞罢官》，尤以大学中文系、历史系等文科院系居多，许多人表达了对学术研究的担心。如华东师范大学历史系有人认为，把学术问题和政治问题混为一谈，有失公平。这样一来，古代史就很难研究了，历史剧更难写了。12 月 2 日，《北京日报》还专门召开文科大学生座谈会，批判和讨论《海瑞罢官》。

链接

历史剧《海瑞罢官》

1979 年北京出版社新出版的《海瑞罢官》

1961 年，吴晗应北京京剧团之约创作的历史剧《海瑞罢官》上演。

这部戏写的是明朝官员海瑞任应天府巡抚时的事迹，时间在 1569 年 6 月到 1570 年 1 月。故事情节是：退休内阁首辅徐阶的三子徐瑛仗势霸占民田，抢走赵玉山的孙女赵小兰。赵小兰的母亲洪阿兰到华亭县衙告状，县令王明友庇护徐家，以杖杀赵玉山、斥逐洪阿兰结案。海瑞微服察访，得知冤情，复审此案，判处徐瑛、王明友死罪。徐阶提出交田赎罪，海瑞指出强占民田要退，徐瑛犯法要办。徐阶派人上京买通太监、权贵，海瑞遭到弹劾，被罢免。就在新巡抚上任前，海瑞下令处决徐瑛和王明友，交出巡抚官印，罢官归田。

从 1965 年底到 1966 年初，全国文化界、教育界、思想界对《海瑞罢官》的批判迅速升温，大量措辞严厉、极左观点的文章见诸报端。1966 年 2 月 3 日，中央文化革命五人小组召开扩大会议，讨论形成《文化革命五人小组关于当前学术讨论的汇报提纲》（后被称为《二月提纲》），递交给中共中央。《二月提纲》

指出："学术争论问题是很复杂的，有些事短时间内不容易完全弄清楚"；学术批判"要坚持实事求是、在真理面前人人平等的原则，要以理服人，不要像学阀一样武断和以势压人"。《二月提纲》意在给批判《海瑞罢官》降降温，限制在学术范围内，通篇言辞斟酌，用意深刻，既力求政治正确，又不失专业水平。

中国共产党中央委员会
关于无产阶级文化大革命的决定
（一九六六年八月八日通过）
一、社会主义革命的新阶段
二、主流和曲折
三、"敢"字当头，放手发动群众
四、让群众在运动中自己教育自己
五、坚决执行党的阶级路线

《中国共产党中央委员会关于无产阶级文化大革命的决定》

1966年3月，中央政治局常委扩大会议对中宣部及其他中央机关提出批评，要求对资产阶级的学术权威进行切实的批判。4月，《二月提纲》被撤销。4月17日，中共高等教育部委员会召开北京、天津地区14所高等学校党委书记、政治部主任、党委宣传部部长和团委书记座谈会，讨论和部署批判吴晗及其《海瑞罢官》，认为这次学术批判是彻底破除资产阶级专家垄断教育的斗争，是争夺教育领导权的斗争，是高等教育高教革命的灵魂，要放手发动师生员工参加战斗。此后，教育界和文化界开始组织大规模的批判战斗组，写批判文章，出现了山雨欲来风满楼的形势。

1966年5月16日，中共中央召开政治局扩大会议，通过《中国共产党中央委员会通知》（简称《五一六通知》）。《五一六通知》的主要内容是严厉批判《二月提纲》所犯的错误，认为"这个提纲是资产阶级思想在党内的反映，是彻头彻尾的修正主义"。接着，《五一六通知》对国内形势作了错误的估计，号召全党"高举无产阶级文化大革命的大旗，彻底揭露那些反党反社会主义的所谓'学术权威'的资产阶级反动立场，彻底批判学术界、教育界、新闻界、文艺界、出版界的资产阶级反动思想，夺取在这些文化领域中的领导权"。会议还决定撤销原文化革命小组，重新成立中央文化革命小组（简称"中央文革小组"）。

《五一六通知》的发布，标志"文化大革命"正式开始。

稍后，1966年8月8日，八届十一中全会通过《中国共产党中央委员会关于无产阶级文化大革命的决定》（简称《十六条》）。主要内容有：（1）无产阶级文化大革命是社会主义革命的新阶段；（2）广大的工农兵、革命的知识分子和革命的干部是文化大革命的主力军；（3）“敢”字当头，放手发动群众；（4）让群众在运动中自己教育自己；（5）坚决执行党的阶级路线，坚决依靠革命的左派；（6）正确处理人民内部矛盾；（7）改革旧的教育制度，改革旧的教育方针和方法；（8）毛泽东思想是无产阶级文化大革命的行动指南。

《十六条》对学校教育中的“文化大革命”作了具体提示：“学制要缩短。课程设置要精简。教材要彻底改革，有的首先删繁就简。学生以学为主，兼学别样。也就是不但要学文，也要学工，学农，学军，也要随时参加批判资产阶级的文化革命的斗争。”这为后来形形色色的“教育革命”方案提供了政策依据。

链接

文化革命五人小组关于当前学术讨论的汇报提纲（节录）

学术争论问题是很复杂的，有些事短时间内不容易完全弄清楚。我们在讨论中，要抓大是大非，首先要划清两个阶级（无产阶级和资产阶级）、两条道路（社会主义道路和资本主义道路）、两个主义（马列主义和反马列主义）的界限，并且弄清学术上带根本性的是非问题。要坚持实事求是、在真理面前人人平等的原则，要以理服人，不要像学阀一样武断和以势压人。要提倡“坚持真理、随时修正错误”。要有破有立（没有立，就不可能达到真正、彻底地破）。我们在斗争中，要认真地、刻苦地学习毛泽东思想和进行学术研究，掌握大量资料，进行科学分析，把学术向前推进。就是说，我们不仅要在政治上压倒对方，而且要在学术和业务的水准上真正大大地超过和压倒对方。

要准许和欢迎犯错误的人和学术观点反动的人自己改正错误。对他们要采取严肃和与人为善的态度，不要和稀泥，不要“不准革命”。不论他们是改还是不改，是真改还是假改，我们这样做，都比较有利。

对于吴晗这样用资产阶级世界观对待历史和犯有政治错误的人，在报刊上的讨论不要局限于政治问题，要把涉及各种学术理论的问题，充分地展开讨论。如果最后还有不同意见，应当容许保留，以后继续讨论。这样，便于把各种意见放出来，并使我们的队伍在边争边学中成长、壮大起来。

报刊上公开点名作重点批判要慎重，有的人要经过有关领导机构批准。

要形成大批的左派学术工作者的“互助组”“合作社”，提倡在分头研究的基础上，经过集体讨论，分工分头执笔，用适当的方式互相批评和互相帮助，反对自以为是。要重视在斗争中出现的优秀的青年作者，加以培养和帮助。

二、大字报与工作组

1966年5月25日，《五一六通知》发布九天后，北京大学贴出“文化大革命”第一张大字报，批评北京大学校长、党委书记陆平和副书记彭珮云等人破坏“文化大革命”，攻击北大党委和北京市委搞修正主义、反对党中央、反对毛泽东思想。大字报贴出后，北大校方予以反击，校党委组织贴出了与之针锋相对的大字报。

形势很快发生变化，6月1日，《人民日报》发表社论《横扫一切牛鬼蛇神》，提出：“把所谓资产阶级的‘学者’‘专家’‘权威’‘祖师爷’打得落花流水，使他们威风扫地。”6月2日，《人民日报》刊登第一张大字报全文，题为《北京大学七同志一张大字报揭穿了一个大阴谋》，并发表评论员文章《欢呼北大的一张大字报》。6月3日，中共中央改组北京市委，新市委当日又改组北大党委，撤销陆平和彭珮云的一切职务。

6月初，各地报纸大量刊发工农兵学商各界支持北大大字报的文章。北大一时成为“文化大革命”的中心，师生基本停课，校园内大字报铺天盖地，首都高校、机关、厂矿成千上万的群众涌向北大。季羡林在《牛棚杂忆》中形容北京大

北京大学贴出“文化大革命”第一张大字报

学简直是个大庙会，“校内林荫大道上，横七竖八，停满了大小汽车。自行车更是多如过江之鲫。房前树下，角角落落，只要有点空隙，就要挤满了自行车。真是洋洋大观，宛如自行车的海洋。至于校内的人和外面来的人，更是不计其数。万头攒动，人声鼎沸”，“来的人每天有七八万十几万甚至几十万。先是附近学校里的人来，然后是远一点的学校里的人来，最后是外地许多大学里的人，不远千里，不远万里，风尘仆仆地赶了来……除了人以外，墙上、地上、树上，还布满了大小字报，内容是一边倒，都是拥护‘第一张马列主义的大字报’的”。

在北京大学的示范下，全国各地革命师生的热情被激发出来了，纷纷“拿起笔，做刀枪”。大字报很快充斥了大中专院校、普通中学和教育行政机关，成为一种致命性的政治武器，要打倒谁，就先贴谁的大字报。一些学校专门在校园内搭建一批席棚，供贴大字报之用。大字报篇幅长短不一，有的只有一两张，有的则长达数十张。

1966 年 6 月 2 日，清华大学贴出多张大字报批评校长蒋南翔，北京师范大

“文化大革命”初期到北大参观大字报的人流

学贴出炮轰学校党委的大字报《师大是“三家村”的分店》。6月3日，复旦大学党委召开全校师生员工大会，组织游行，宣布“停课闹革命”。华东师范大学6月初至7月初共贴出大字报一万八千多份，且学校在6月中旬就通知停止授课，暂停学期考试。

爬上梯子贴大字报

由大字报煽动起来的造反风潮，严重冲击了学校正常的教学秩序，许多学校（尤其是大学和中学）党委一、二把手被批斗，校长被打倒，学校党

青年学生集会
支持北大“革命派”

组织和行政机关无法正常工作。6月3日中央政治局扩大会议决定向各大学、中学派驻工作组，以加强党的领导，防止混乱局面继续扩大。同日，第一支工作组由张承先带队，进驻北京大学，代行党委职权，领导“文化大革命”。中央稍后又陆续向在京高校和部分中学派出了工作组，协助领导“文化大革命”运动，如孙友渔工作组进驻北京师范大学，赵如璋工作组进驻北京航空学院，叶林工作组进驻清华大学，邹家尤工作组进驻北京地质学院。各省市也相继向部分高校和中学派出工作组，制止混乱局面，如上海市6月10日派出以陈琳瑚为首的五人工作组进驻同济大学。

工作组进驻学校后，采取两种手段：一方面接管学校，领导师生贴大字报，继续揭发、批斗部分干部和教师。如清华大学工作组进校代行党委职权后，原有校、系、教研组的党政干部全部“靠边站”，将112人定为走资派，16人打成反动学术权威，50多人归为牛鬼蛇神。6月12日至16日，103名清华干部被戴上高帽子游街示众。北京大学则继续批斗陆平，“不管什么人，只要到北大来，必然来参观一番。而且每个人都有权把陆平从屋子里揪出来批斗，好像旧日戏园子里点名角的戏一样”。6月12日，南京大学举行万人大会，批判校党委书记兼校长匡亚明，声讨其“罪行”，并宣布了中共江苏省委关于撤销匡亚明一切职务的决定。另一方面，为稳定局势，控制群众运动，工作组又采取了一些限制措施，有不成文的“八条

南京大学的大字报

规定”，大意是：内外有别；大字报不要上街；开会要在校内开；不要开大规模的声讨会；不要上街游行示威；不要串连；不要包围黑帮住宅；防止坏人破坏，注意保密。北大工作组甚至规定校外人员不得自由进入校门。

三、红卫兵运动

《五一六通知》在对政治形势较为敏感的青年学生中激起了风浪。清华大学附中几位政治热情高涨的学生，经常聚集在一起讨论校内校外形势。他们深信中央出现了“修正主义”，中国面临着党要变修、国要变色的危险，决心投入保卫毛主席、捍卫红色政权的斗争中去。

1966 年 5 月 29 日晚，清华附中十几名学生在圆明园废墟上悄然集会，决定成立一个属于自己的战斗小组，取名“红卫兵”，即“保卫毛主席的红色卫兵”。他们一起宣读誓词：“我们是保卫红色政权的卫兵，党中央、毛主席是我们的靠山，解放全人类是我们义不容辞的责任，毛泽东思想是我们一切行动的最高指示。”6 月 2 日，清华附中贴出一张大字报《誓死捍卫毛泽东思想，誓死保卫无产阶级政权》，署名“红卫兵”。这一署名引起了围观者的好奇，许多人便在“红卫兵”后面签上自己的名字。不到一上午，签名者就达百人之多。消息传开，北京不少大中学生跑到清华附中来参观这张大字报，回去后纷纷贴出以某校红卫兵署名的大字报，以示声援和支持。6 月初，北京一些高校附中（如北京地质学院附中、北京石油学院附中、北京大学附中、北京矿业学院附中等）相继成立了“红卫兵”或与之类似的群众组织（如“红旗”“东风”等）。工作组进驻学校后，一些“红卫兵”组织和成员遭到管教，限制活动。

1966 年 6 月 9 日，《人民日报》发表了一篇批判美国副总统的文章《汉弗莱的哀叹》，首次引用了毛泽东 1939 年在延安讲过的一句话：“马克思主义的道理千头万绪，归根结底，就是一句话：造反有理。”6 月 24 日，清华附中红卫兵贴出了《无产阶级革命造反精神万岁》的大字报，第一句话就说：“革命就是造反，毛泽东思想的灵魂就是造反。”文中还说：“革命者就是孙猴子，金箍棒厉害得很，神通广大得很，法力无边得很……我们就是要抡大棒、显神通、施法力，把旧世界打个天翻地覆，打个人仰马翻，打个落花流水，打得乱乱的，越乱越好！”这张大字报在各大中学校不断被翻印、传抄。

之后，清华附中红卫兵又分别于7月4日、7月27日贴出《二论无产阶级革命造反精神万岁》和《三论无产阶级革命造反精神万岁》的大字报。《人民日报》9月1日还发表署名“北京红卫兵战校”的文章，说：“我们是旧世界的批判者和造反者。帝国主义、现代修正主义和一切反动派，我们统统都要反。我们红卫兵不但在国内舞台上大演造反剧，还要登上国际舞台，同全世界被压迫人民和被压迫民族一起，斗争到底，造反到底。”

从8月初到8月中旬约半个月的时间，红卫兵组织借助各种媒体，以星火燎原之势，从北京迅速扩展到全国，成为一种普遍性的青少年组织。各校红卫兵组织都有自己专属的名称，如北京航空学院的“红旗”、北京工业大学的“巴黎公社”、中国人民大学的“三红”、北京地质学院的“东方红战斗队”、南开大学的“卫东”、天津大学的“八一三”、复旦大学的“红卫兵战斗组”、华东师范大学的“新师大”、华南工学院的“八一八”、中山大学的“红旗”。但各校的红卫兵组织内部并不统一，派别林立，斗争不断。红卫兵的典型装束是头戴绿军帽，身穿绿军装，腰扎牛皮带，臂佩“红卫兵”袖标（一般为左臂）。

红卫兵热衷于造反，有些不通过所在学校的工作组而在校内自行组织批斗，有些则直接与工作组对抗。如：6月6日，西安交通大学工程系学生、团支部书记李某带领全班同学写了反对校工作组的大字报，提出要赶走工作组。工作组则将其打成“现行反革命分子”，连续三天在学校批斗。6月10日，北京金融学院金融系部分青年师生组织群众集会，揭发院系领导的问题，并把矛头指向商业部派来的工作组。院党委和工作组将此事件定性为“反革命事件”，10名青年教师被打成“反革命”。6月17日，北京师范大学附属女中13名学生贴出了题为《工作组站在什么立场上》的大字报，工作组认定其为右派，批斗这些学生及其支持者。6月18日上午，北京大学红卫兵造反派趁工作组开会之机，无视规定，设置“斗鬼台”“斩妖台”，揪斗“黑帮分子”40余人。工作组闻讯立即赶到现场予以制止，并定性为“反革命事件”（此即“六一八事件”）。北大工作组的行为得到了中央有关领导同志的肯定，认为工作组处理乱打乱斗现象的办法是正确的、及时的。各单位如果发生这种现象，都可以参照北大的办法处理。

然而，随着各校工作组与红卫兵造反派的对立逐渐白热化，不少高校（如清华大学、北京师范大学、北京地质学院等）相继发生反对工作组和驱赶工作组的恶性事件。工作组与红卫兵的矛盾也一时成为焦点，校园中许多“文化大革命”时期的“风云人物”，就是从反工作组开始发迹的。6月20日，北京师范大学政教系学生谭某，联合17位学生贴出了反对工作组组长的大字报《孙友渔要把运动引向何方？》，谭某后成为北师大“井冈山战斗团”女司令。清华大学工程化学系学生蒯某喊出“工作组滚出去”的口号，遭到工作组的打击，他6月21日贴大字报说：“如果工作组不能代表我们的利益，就可以夺工作组的权。”27日、28日，清华大学工作组举行了批斗蒯某的大会，蒯以绝食等方式进行抗议。北京航空学院学生韩某给工作组贴大字报，反对工作组压制学生，后来成为北航造反组织“红旗”的负责人。

红卫兵与工作组的对抗得到了毛泽东的支持，他明确表示：派工作组是错误的，运动犯了方向、路线错误，要赶快扭转。7月25日，他接见中央文革小组成员和各大区第一书记时说：“不要工作组，要由革命师生自己闹革命，成立革命委员会。”7月26日，毛泽东又指出，全国95%的工作组犯了方向路线错误，并下令撤销工作组。7月27日，中共中央决定撤销全部工作组，宣布大中学校放假闹革命。7月28日，北京市委发出《关于撤销各大专院校工作组的决定》（适用于中等学校）。随后，全国各地相继撤出工作组，鼓励革命师生“踢开党委闹革命”“踢开工作组闹革命”，各地大中学校陷入全面混乱，一些学校还发生了揪斗工作组组长的现象。

1966年8月18日，首都百万群众在天安门广场举行庆祝“文化大革命”的集会，毛泽东等中央领导登上天安门城楼，首次接见红卫兵。其中有1500名红卫兵代表被允许登上天安门城楼，毛泽东在城楼上与清华附中、北京大学、北京四中、北大附中等学校的红卫兵交谈，北师大附属女中红卫兵宋某给毛泽东献上“红卫兵”袖章。此后，8月31日、9月15日、10月1日、10月18日、11月3日、11月11日、11月25日至26日，毛泽东先后共8次接见了来自首都和全国各地的红卫兵与革命师生，其中以 9 月 15 日接见红卫兵的规模最大，达百万之众。

由于毛泽东多次在北京接见红卫兵，北京成为红卫兵活跃的中心，全国各地的红卫兵和革命师生纷纷来北京学习取经。一些学校和单位每天都有大量的接待任务，北京大学季羡林回忆说："'客人'没有棉被，我同系里的其他人，从家里抱出棉被。每天推着送水车，为'客人'打开水。我看到'客人'缺少脸盆，便自己掏腰包，一买就是二十个。看到崭新的脸盆，自己心里乐得开了花。"天津大学部分师生徒步上北京取经，一路上手挽手、肩并肩，冒着炎热酷暑，脚起了泡，强忍疼痛继续前进。中央文革小组知情后，即派火车前去迎接。

1966 年 9 月 5 日，中共中央、国务院发出《关于组织外地高等学校革命学生、中等学校革命学生代表和革命教职工代表来北京参观文化大革命运动的通知》(下称《通知》)，要求各地组织大中学校学生或学生代表来京参观"文化大革命"："来京参观一律免费乘坐火车"，"到京后的伙食、住宿由北京市负责安排"，"在京时的饭费，由国家财政开支"。《通知》引发了全国大规模的串连活动，一些省市为了做好串连工作，抽调干部，专门成立革命师生赴京参观办公室、串连学生接待站、串连办公室等，甚至动用专列运送串连师生。于是，一群群红卫兵向着北京进发，一趟趟列车开始载着红卫兵从各地向北京奔驰。据福建省统计，自 9 月 13 日到 10 月 10 日止，全省开出 34 列专车组织革命师生赴京参观，总人数达七万之多。

北京的红卫兵则串连至地方。如 8 月下旬至 9 月上旬，北京部分高校和中学红卫兵六七千人陆续到上海串连，在上海设立了"首都红卫兵第三司令部驻沪联络站""北京大学红卫兵总部驻沪联络站""清华大学井冈山兵团驻沪联络站"，他们聚集在延安西路 33 号原市委机关门口，同本市学生、工人、干部就"上海市委路线对不对""上海市委要不要炮轰"等问题进行辩论。8 月 31 日和 9 月 4 日，红卫兵两次冲进市委大楼，夺权野心初现。

还有一些师生离开学校，离开城市，不畏山高路远，徒步去韶山、延安、井冈山等革命圣地，甚至重走长征路，了解国情，接受革命传统教育。北京大学哲学系一位学生的串连漫游路线是：先乘车到西宁、兰州、西安、延安、成都、乐山，爬峨眉山后，从乐山乘船下重庆，而后开始徒步。经綦江进贵州，过娄

河南某中学的串连队队旗

山关到遵义；经思南，越梵净山到铜仁，入湖南；经溆浦，跨雪峰山到锡矿山，再经娄底到韶山；到长沙后因想去井冈山，又南下衡山，后得知井冈山被大雪封盖，又从广播中得到北大军训的通告，便乘车返校。整个行程达万里以上，历时至少两三个月。

全国性的大规模的串连，不仅使学校教学工作陷入停顿，而且给交通运输制造了极大压力，影响工农业生产资料和生活物资的运输。1966年10月29日，中共中央、国务院发出《关于北京大中学校革命师生暂缓外出串连的紧急通

湖南师范学院64级女生组织“毛主席故乡全无敌长征队”

参观毛泽东同志故居

知》。11 月 16 日、12 月 1 日，又连续发出通知：一律暂停乘火车、轮船、汽车来北京和到各地进行串连。1967 年 3 月 7 日，中共中央发出《关于大专院校当前无产阶级文化大革命的规定（草案）》，要求“下厂下乡和在外地串连（包括参加外单位夺权的和设在外地的联络站）的革命师生，一律在三月二十日前返回本校”。3 月 19 日，中共中央又下发关于停止全国大串连的通知。此后，各地红卫兵联络站陆续被撤掉，大串连逐渐终止。

1968 年军宣队和工宣队进驻学校，红卫兵的活动逐步受到限制，影响开始削弱。自 1969 年至 1978 年，红卫兵组织取代共青团，成为学校内的青年组织。1978 年 8 月 19 日，中央转发共青团十大筹委会《关于红卫兵问题的请示报告》，正式宣布撤销学校中的红卫兵组织，恢复共青团组织。1966 年 12 月，中共中央、中央文革小组批转北京市香山路小学取消少先队、建立红小兵的一份材料，此后全国小学以红小兵组织取代少先队组织。1978 年 10 月，共青团十届一中全会决定撤销红小兵组织，恢复“中国少年先锋队”组织。

链接

红卫兵记大串连和毛泽东接见

到“八三一”的时候，我们都开始串连了。我们先到北京，再到延安，又去武汉、长沙，一直串连到新疆的阿克苏。从北京到延安是走着去的。总共走了二十多天吧，连玩带走哇，也不感到累，挺有劲的；出了娘子关往西走的时候，风景特别好，一天最多能走八十里地，有时走五十里地。在北京的时候正赶上吃饭不要钱，那全是陶铸同志做的好事啊。嘿，我记得大桶里是猪肉熬土豆，米饭随便盛。睡觉不太好，教室里头铺一层草，但那阵子谁也不骂街，以为那就是革命。那次见到了毛主席。好家伙后来就通知我坐在观礼台上，在天安门下边。实际呢我在那还不如在长安街上。那次毛主席在天安门下边走，不是在天安门上边。每次毛主席见红卫兵的方式不一样，先是在天安门上，后来步行过金水桥，再后来毛主席坐车，大伙都坐好了，毛主席从人群里穿过，他为的让大伙看主席的形象吧。我看毛主席一共是三次。第一次就是作观礼代表这一次，激动得不得了啊！……那天黑夜三点喊起来，在清华大院里头，很快就集合了呀。喇叭喊着河北省站哪边，湖南省站哪边，内蒙古站哪边……那夜我们徒步走哇，从清华好家伙一直走到天安门。我记得走到新华门就等着呢，一排一排，从夜里三点一直等到下午三点，也不饿。后来有大筐送面包的，上面贴着“向各地红卫兵小将致敬”，我拿了一个，样子特别有意思，特别长，特别细，能直接插到兜里头，一会儿掰一口一会儿掰一口的，等着毛主席。就这样等啊等到三点……后来毛主席就出来啦。要说真纳闷啊，毛主席刚一出来的时候没声音，震住啦呀，你说天安门多大地方啊，上百万人，大概有这么几秒钟，一点声音没有。毛主席刚一过金水桥，有人第一声喊，整个声音就起来啦，乱哄哄的也没有什么规矩啦。周围的人全哭啦，我也哭啦。

四、“破四旧”

1966年6月1日，《人民日报》社论指出：“无产阶级文化革命，是要彻底破除几千年来一切剥削阶级所造成的毒害人民的旧思想、旧文化、旧风俗、旧习惯，在广大人民群众中，创造和形成崭新的无产阶级的新思想、新文化、新风俗、新习惯。这是人类历史上空前未有的移风易俗的伟大事业。对于封建阶级和资产阶级的一切遗产、风俗、习惯，都必须用无产阶级的世界观加以透彻的批判。”8月8日八届十一中全会通过的《十六条》，其中第一条就说：“资产阶级虽然已被推翻，但是，他们企图用剥削阶级的旧思想，旧文化，旧风俗，旧习惯，来腐蚀群众，征服人心，力求达到他们复辟的目的。无产阶级恰恰相反，必须迎头痛击资产阶级在意识形态领域里的一切挑战，用无产阶级自己的新思想，新文化，新风俗，新习惯，来改变整个社会的精神面貌。”第二条又说：“一大批本来不出名的革命青少年成了勇敢的闯将。他们有魄力、有智慧。他们用大字报、大辩论的形式，大鸣大放，大揭露，大批判，坚决地向那些公开的、隐蔽的资产阶级代表人物进行了进攻。在这样大的革命运动中，他们难免有这样那样的缺点，但是，他们的革命大方向始终是正确的。这是无产阶级文化大革命的主流。无产阶级文化大革命正在沿着这个大方向继续前进。”

在上述思想观念的指引下，1966年8月下旬开始，红卫兵冲出学校，走向社会，掀起了大规模的“破四旧”“立四新”运动。

8月19日，“破四旧”运动首先从北京开始，北京二中的红卫兵在市内主要街道张贴《向旧世界宣战》的大字报：“我们是旧世界的批判者。我们要批判，要砸烂一切旧思想、旧文化、旧风俗、旧习惯。所有为资产阶级服务的理发馆、裁缝铺、照相馆、旧书摊……统统都不例外。我们就是要造旧世界的反。”红卫兵“拿笔作刀枪”，改路名、店名、公交站名，如将长安街改为“东方红大路”，使馆区由东交民巷改为“反帝路”，西交民巷改为“反修路”，东安市场改为“东风市场”，协和医院改为“反帝医院”，同仁医院改为“工农兵医院”，王府井百

北京红卫兵砸烂亨得利钟表店的招牌，挂上“灭资兴无”的标语

货大楼改为“北京市百货商店”，亨得利钟表店改为“首都钟表店”，中科院哲学社会科学部改为“毛泽东思想哲学社会科学部”，连清华大学附中的校名也嫌与帝国主义有染，改为“红卫兵战校”。当天晚上，一大群红卫兵闯进前门大街全聚德烤鸭店，砸烂招牌，撕毁字画，换上“北京烤鸭店”的新招牌。北京大学还将校内许多地方的名称都改了，如“临湖轩”改称“反帝院”，因为那原是燕京大学校长司徒雷登的住宅;“南阁”改称“五二五楼”，因为南阁当时是哲学系办公室，而哲学系的人，正是5月25日贴出第一张大字报的始作俑者。

在上海，8月23日从清晨到深夜，大街小巷活跃着由红卫兵和革命师生组成的宣传小分队，他们高举“我们是旧世界的批判者”“我们是新世界的创造者”等大型横幅，散发传单，张贴大字报，强行更改商店招牌，修改地名和路名，干预群众衣着和发型，砸烂古建筑。如：建议上海最大的百货商店永安公司改名为“永红”“永斗”“红卫”等；拉下了几米高的“大世界”招牌，改为“东方红剧场”；改江南杂技团为“工农兵文工团”；改豫园为“红园”；改梅兰照相馆为“长征照相馆”。一些老字号商店如“雷允上”“吴良材”“徐重道”“邵万生”等，都被迫以新面孔示人。连《新民晚报》也接受广大革命群众的建议，从23日起改名为《上海晚报》。濒临黄浦江的外滩建筑群更是被红卫兵们视为眼中钉、肉中刺，大楼推不倒，就把安置在大厦前的铜狮子掀掉，把嵌在墙壁上的各种建筑标志和装饰铲掉，还把上海海关大钟原来的报时音乐改成了《东方红》乐曲。上海所有的教堂、十字架都被砸，祭坛被毁，《圣经》被烧；龙华古寺和静安寺惨遭浩劫，许多佛像在红卫兵的棍棒下粉身碎骨，大量佛经、法物、佛像被红卫兵扔到大街上焚烧。上海理发店的职工，在红卫兵的协助下，提出了“革命性”的措施：彻底消灭一切“阿飞式”“港式”发型，立即取消诸如剪指甲、美容等服务项目。

在天津，从 8 月 23 日开始的短短数天内，全市大量的百货、副食品商店被改为富有革命意义的新店名，不少老字号遭到损毁：中原公司改名为“工农兵商场”，劝业场改名为“人民商场”，原嵌在墙上的已有 38 年历史的“劝业场”三个字被砸碎；有 45 年历史的北洋纱厂改名为“四新纱厂”，其商标“金三鼎”被改为“工农”。天津铁路工人文化宫的革命职工们，根据革命学生的建议，将宁园改名为“二七公园”。

在广州，“陶陶居”酒家的革命职工，把康有为手书的“陶陶居”招牌字铲掉，换上了自己书写的新招牌“东风楼”。广州第二中学革命师生到市委请愿，要把校名改为“东方红学校”，但来迟一步，“东方红学校”已经名花有主，便匆匆商议，决定再改为“东方红战校”，马上得到批准。

“破四旧”中红卫兵将收集的书籍、字画等当众焚毁

在郑州，国棉四厂革命职工1000多人涌向街头，和红卫兵们一起，打掉了本厂具有封建主义色彩的“龙头鹤舞”大门和露天舞台上的“嫦娥奔月”，将凤凰牌棉布改为“工农兵”牌；纺织机械厂的职工和红卫兵一道，清洗厂区和各车间的标语牌，换上毛泽东语录和革命口号。

在杭州，有300多年历史的张小泉剪刀铺更名为“杭州剪刀店”；以苏东坡名字命名的东坡剧院、东坡路、西湖苏堤，都换上了具有革命意义的名称。

在东北的哈尔滨、长春、沈阳，佩戴着红卫兵袖章的广大革命师生，到处倡议把帝国主义、资本主义和修正主义强加在人们头上的旧街名、旧店名统统废除。

革命小将“不破旧誓不罢休，不立新死不瞑目”，连乌鲁木齐、拉萨、呼和浩特等城市，凡带有少数民族色彩或地方色彩的名字，都被更改为“工农兵”“革命”“文革”之类的新名字，街道和商店到处悬挂着毛泽东画像和毛泽东语录。

1966年8月29日，《人民日报》头版发表《向我们的红卫兵致敬》，说：“红卫兵上阵以来，时间并不久，但是，他们真正地把整个社会震动了，把旧世界震动了。他们的斗争锋芒，所向披靡。一切剥削阶级的旧风俗、旧习惯，都像垃圾一样，被他们扫地出门。一切藏在暗角里的老寄生虫，都逃不出红卫兵锐利的眼睛。这些吸血虫，这些人民的仇敌，正在一个一个地被红卫兵揪了出来。他们隐藏的金银财宝，被红卫兵拿出来展览了。他们隐藏的各种变天账，各种杀人武器，也被红卫兵拿出来示众了。这是我们红卫兵的功勋。红卫兵的行动，真是好得很！”9月17日，《红旗》杂志第12期的评论员文章《红卫兵赞》说：“千百万红卫兵由学校走上街头，形成了一股不可抗拒的革命洪流。他们高举战无不胜的毛泽东思想红旗，发扬了敢想、敢说、敢干、敢闯、敢革命的无产阶级革命精神，荡涤着旧社会遗留下来的一切污泥浊水，清扫着几千年来堆积起来的垃圾脏物。红卫兵干了大量的好事，提出了大量的好倡议。他们按照毛主席的教导，在破除剥削阶级的旧思想、旧文化、旧风俗、旧习惯，树立无产阶级的新思想、新文化、新风俗、新习惯的斗争中，取得了辉煌的战果。”9月19日，《人民日报》转载了《红卫兵赞》。

“破四旧”对中国历史文物造成了很大的破坏。北京海淀区朱房村的汉城遗址，珍藏着丰富的遗迹资料，被挖得千疮百孔、面目全非；丰台区大井村延寿寺内的明初遗物千手千眼菩萨铜像被拉倒，佛身断为三截；白塔寺、潭柘寺、团城、圆明园遗迹都遭到破坏。红卫兵还强迫僧众还俗，将各年悬挂的佛像和字画统统换成毛泽东画像。西湖十景御碑只有“曲院风荷御碑”被保护下来，其余大部分碑被砸得稀巴烂；虎跑泉的老虎像、岳王坟的岳飞像和秦桧像都不翼而飞。1966 年 11 月 8 日至 12 月 6 日，北师大红卫兵到曲阜“讨孔”，烧砸孔府、孔陵和孔庙。

破旧立新席卷全国，1966 年夏天和秋天，“处处是革命的标志和文字，处处是革命的语言和歌声。每个街道，每个商店，每个行业，都要成为学习毛泽东思想的学校，成为宣传、执行和捍卫毛泽东思想的阵地。”在这种氛围刺激下，北京航空学院“红旗”战斗队总部要求其驻各地的联络站，组织人力物力，在闹市街道的店铺门面、广场上，机关和学校的大门、房屋、院墙上涂抹红油漆，再用黄油漆写上各种标语和语录，并绘制向日葵、红太阳、领袖头像等图案，寓意“革命化”。此举迅速蔓延到全国各地企事业单位、居民区甚至农村，到处都是红色外墙、黄色标语，给人强烈的视觉冲击，称为“红海洋”。除了现成的连片墙体外，还在公路旁、田埂边树起了大量语录牌、标语牌。

后来，中央认为“红海洋”与大字报相冲突，妨碍了革命群众张贴大字报，明确表示反对。1966 年 12 月 30 日，中共中央、国务院发出《关于制止大搞所谓“红海洋”的通知》，说：“最近城市中有些党政机关部门，借口写毛主席语录，‘美化城市’等等，大搞所谓‘红海洋’，就是用红色的油漆把大门和大片的墙壁涂成红色，甚至强迫群众挨家挨户出钱……除了‘红海洋’还搞了大牌坊，还有别有用心的走资本主义道路的当权派和坚持资产阶级反动路线的人，想用这个方法使群众没有贴大字报的地方，掩盖自己反毛泽东思想的罪行，他们的这一种做法，不但完全违背毛泽东同志历来教导的艰苦朴素的作风，而且是一种抗拒大字报，对抗无产阶级‘文化大革命’的恶劣行动。中央认为，各级领导机关必须坚决制止这种错误做法。”于是，涂抹行动停止了，有些地方被刮掉了，有些地方则留存下来，成为“文化大革命”印记。如今，在一些乡村

清华大学二校门被砸烂，树立起领袖塑像。1987 年 8 月，清华大学在原址重建二校门

仍能依稀寻觅到“红海洋”的遗迹。

清华大学红卫兵以“破四旧”为名，拆毁清华学堂创办之初的标志性建筑二校门（原为主校门，因 1933 年校园扩建，有了新大门，故称二校门）。1967 年春，造反派决定在此地建领袖塑像。5 月 5 日，《人民日报》登载了一则清华大学的新闻，一位造反派激动地说：“我们要把伟大领袖毛主席的光辉形象塑得高高的、大大的，我们好抬头就能看到毛主席，让毛主席他老人家永远和我们在一起！”9 月 15 日，全国高校第一座领袖塑像落成。此举很快被仿效，大学校园争先恐后地矗立起领袖塑像，成为一道特殊的校园风景。

后来，复旦大学红卫兵独创了一套规格模式：像高 7.1 米，底座 5.16 米，分别纪念中国共产党 7 月 1 日诞生和标志“文化大革命”开始的《五一六通知》。7.1 加上 5.16，等于 12.26，12 月 26 日正好又是毛泽东的生日。

链接

破旧立新一百例（节选）

1966年8月下旬，毛泽东主义学校（原北京市二十六中）红卫兵组织“卫旗”发出《破旧立新一百例》，广为散播，内容举例如下：

由居民委员会负责，每条街道都要设立语录板，家家户户都要挂主席像和毛主席语录。

《毛主席语录》要人手一册，随身携带，时时学习，事事照办。

现有的自行车、三轮车，要挂主席语录牌，汽车、火车要挂主席像和漆上毛主席语录。

各公园、各主要街道要成立广播站，由红卫兵之类组织负责，宣传毛泽东主义，国际、国内时事。

信封、邮票一律不许印资产阶级的东西，如猫、狗、美术等之类的东西，一定要突出政治，每个信封要印上毛主席语录或英雄人物的豪言壮语。

影剧院要把政治空气搞得浓浓的，放影前必须播毛主席语录，不让资产阶级统治我们的舞台，把那些不必要的流氓镜头除去。影剧院票价必须降低，为工农兵服务。

各专业文艺队伍，要逐步改成像“乌兰木齐”“海上文化工作队”之类毛泽东主义宣传队，要非常无产阶级化，非常战斗化，非常毛泽东主义化。

一切服务行业不许为资产阶级服务，服装店坚决不许做瘦腿裤、港式服装、怪衣裙、怪服装，一切服务行业的革命同志要严格遵守。

洗衣店必须停止给那些资产阶级太太、小姐、少爷洗裤衩、袜子、手绢，彻底打碎他们的妖气，不答应他们的无理要求。应大长无产阶级锐气，大灭资产阶级威风。

浴池一律停止给那些资产阶级狗崽子服务，不给他们搓澡、捏脚、捶背，不让他们再压在我们头上，作威作福。

一律不许资产阶级王八蛋雇用保姆，谁胆敢违抗，再骑在劳动人民头上，要严加惩办。

一律不许养蛐蛐斗蛐蛐、养鱼、养猫、养狗。这些资产阶级的习惯不能在中国人民中间存在，如有违者，后果完全自己负责。

拿着高薪的资产阶级的老王八蛋们，你们听着，解放前你们骑在人民头上作威作福，现在你们仍旧拿着比工人高几倍甚至高十几倍的高薪，你们这是喝人民的血，你们有罪，从九月份起命你们把高薪降低于人民的水平，银行有存款的地富反坏右和资本家，不许取走一厘一毫，如违此令，自己负责，毫不客气。

地富反坏右和资本家们，出门必须带牛鬼蛇神牌，由群众监督，如有违者，严加处理。

一切牛鬼蛇神、黑帮狗崽子们不经群众通过，不许领薪，我们要降老王八蛋们的薪，只给混蛋们活命钱！

地富反坏右五类分子没有工作者一律回乡生产。

游手好闲的社会青年们：命令你们马上到办事处去登记，到边疆去参加劳动生产！

今后凡不服从国家分配者，派出所一律不许给他们在市内找工作，让他们去边疆。

写信一律不许写XXX大人收等，要破除封建一套，提倡新习惯。

破除家长制，孩子可以给大人提意见。

严禁开庸俗玩笑，讲下流话，干下流事，违者严加处理；严禁叫外号、职务等恶习，一律称同志（黑五类除外）。

结婚不许要彩礼，不得铺张浪费，要提倡新风俗、新习惯。

禁止戴手镯、耳环、长命锁等封建的东西。

走亲戚、串门，买点心、水果的旧社会遗留下来的东西，一律废除，希望工农兵群众支持这一行动。

国家要大力发展汽车运输事业，减少平板车工人的繁重劳动。

今后各大学、中学、专业学校都要办成半工半读、半农半读的共产主义学校。

我们学生要响应毛主席的号召，学生也要学工、学农、学军，每年假期要到工厂、农村、军队去锻炼。

医生开药方一定要废除用英文字写的洋框框，开什么药要讲清楚，签名要工整。

学校要把毛泽东著作当成教科书，用毛泽东主义教育青年。

凡带有封建色彩、资产阶级色彩的名字主动去派出所改名。

黑帮分子一律根据罪行罚款。

五、文斗与武斗

1966 年 6 月 1 日《人民日报》发表社论《横扫一切牛鬼蛇神》，文章说："广大革命干部和革命的知识分子，以毛泽东思想为武器，横扫盘踞在思想文化领域阵地上的大量牛鬼蛇神，其势如暴风骤雨，迅猛异常，打碎了多少年来剥削阶级强加在他们身上的精神枷锁，把所谓资产阶级的'学者''专家''权威''祖师爷'打得落花流水，使他们威风扫地。"6 月 16 日，《人民日报》又发表社论《放手发动群众　彻底打倒反革命黑帮》，提出："把一切牛鬼蛇神统统揪出来，把他们斗臭、斗垮、斗倒。"

于是，大学和中学开始停课斗"鬼"，主要是批斗学校干部教师和教育机关的领导。高等教育部部长兼清华大学校长蒋南翔、教育部部长杨秀峰、教育部副部长刘季平、北京大学党委书记陆平、南京大学校长匡亚明等都在批斗之列。据统计，北京大学 6 月份共有 230 名干部教师被批斗。上海音乐学院院长、中国音乐家协会副主席贺绿汀遭到师生的"愤怒的声讨"，认为他用黑话、黑曲与"三家村"黑帮一唱一和。高等院校其他受到批斗及迫害的领导有：上海市高教局局长、复旦大学党委原第一副书记兼第一副校长陈传纲，北京大学副校长翦伯赞，武汉大学校长李达，南开大学党委书记高仰云，西安交通大学校长彭康，北京师范大

武汉大学革命师生的游行队伍和打出的标语："彻底打倒珞珈山的'三家村'黑帮，横扫一切牛鬼蛇神！"

学党委书记程今吾，华东师范大学党委书记常溪萍，兰州大学党委书记兼校长江隆基，重庆大学党委书记兼校长郑思群，辽宁大学党委书记邵凯，北京钢铁学院党委书记兼院长高芸生，北京工业学院党委书记兼院长魏思文，等等。另有一批知名学者被打成"资产阶级反动学术权威"，受到批斗和迫害。

《十六条》说："要去掉怕字。不要怕出乱子……大学、专科学校、中学和小学学生中的问题，一律不整。"红卫兵在与工作组的对抗中获胜后，"踢开党委闹革命"，造校内"走资派"及各级人民政府的反，制造了一系列后果极为严重的文斗与武斗事件。

以红卫兵为代表的革命师生宣扬"血统论"，大批出身不好的干部、教师、群众受到牵连，轻则被抄家、被批斗，重则被遣回原籍，甚至关进牛棚。据统计，北京大学就有100多人被抄家，有的教师的书籍被抄一空，有的教师连必需的生活用品也被抄走，被挂上黑牌子监督劳动的人数以百计。

许多学校（尤其是高校和中学）都设有专门的牛棚，用来关押被批斗的干部教师。这些牛棚有的是年久失修的破旧房，有的则是特意搭建的房屋，屋内设施简陋、阴暗潮湿。被关进牛棚者失去了基本的人身自由，行动受到管制，平时主要接受批斗、审查和劳动改造，稍有不从，就遭到辱骂、惩罚、殴打。一些“罪名”严重者则被投进监狱，蒙受冤屈。

链接

季羡林忆北京大学牛棚（节选）

牛棚的规模是，东面以民主楼为屏障，南面以外文楼为屏障，西面空阔的地方，北面没有建筑的地方，都用苇席搭成墙壁，遮了起来。在外文楼与民主楼之间的空阔处，也用苇席围起，建成牛棚的大门。我们这一群“牛”们，被分配住在平房里，男女分居，每屋二十人左右，每个人只有躺下能容身之地。因为久已荒废，地上湿气霉味直冲鼻宫。监改者们特别宣布：“老佛爷”天恩，运来一批木板，可以铺在地上挡住潮气。意思是让我们感恩戴德。这样的地方监改者们当然是不能住的。他们在民主楼设了总部，办公室设在里面，有的人大概也住在那里。同过去一样，他们非常惧怕我们这一群多半是老弱的残兵。他们打开了民主楼的后门，直接通牛棚。后门内外设置了很多防护设施，还有铁蒺藜之类的东西，长矛当然也不会缺少。夜里重门紧闭，害怕我们这群黑帮会起来暴动。这情况令人感到又可笑又可叹。在西边紧靠女牢房的地方搭了一座席棚，原名叫外调室。后来他们觉得这不够“革命”，改名为审讯室。在这里确审讯过不少人，把受审者打得鼻青脸肿的

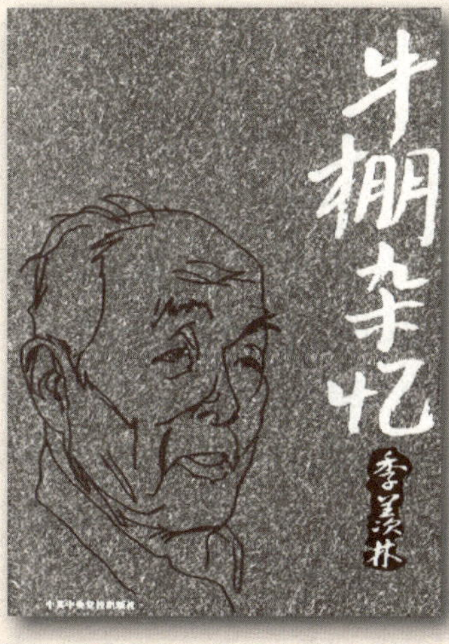

季羡林著《牛棚杂忆》，写于1992年，1998年由中央党校出版社出版

事情，也经常发生。在外文楼后面搭了一座大席棚，后来供囚犯们吃饭之用。

…………

被囚禁在牛棚里，每天在监改人员或每天到这里要人的工人押解下到什么地方去劳动。我一下子就想到农村中合作化或人民公社时期生产队长每天向农民分配耕牛的情景。我们现在同牛的差别不大。牛只是任人牵走，不会说话，不会思想；而我们也是任人牵走，会说话而一声不敢吭而已。

革命师生并不满足于破旧立新和大大小小的批斗，开始伸手要权、暴力夺权。1966年10月，一些学校的造反派提出“校党委必须靠边”，冲击学校，剥夺党委的领导权。12月3日至5日，复旦大学造反派在校内两次召开“声讨反革命修正主义分子杨西光大会”，通令复旦大学党委“停止一切活动”，造成学校党政机构瘫痪，在上海市首开在一个单位“全面夺权”的先例。12月27日，部分造反学生进驻中共上海市委，参与上海市造反组织的夺权行动。

1967年1月6日，上海市各造反组织在人民广场召开“打倒中共上海市委大会”，宣布“罢免”曹荻秋市长职务，夺取上海市的党政领导权。7日，上海

号外
六月天兵
要用文斗
不用武斗
毛泽东
武斗事件二起

红卫兵油印小报
《六月天兵》

市教育局机关的造反组织“东方红公社”夺取了市教育局的党、政、财、文大权，随后宣布正式接管教育局。8 日，造反派夺取了铁路、港务、邮电、长航、交通、海运六个局的领导权。11 日，市公安局被夺权。交通大学、同济大学、华东师大、大同中学等校的红卫兵组织参与了上海市的夺权行动。中央肯定了上海造反派的夺权行动，并发电祝贺。22 日，《人民日报》发表社论，认为“无产阶级革命造反派大联合展开夺权斗争”是“我国无产阶级文化大革命的一个新的飞跃”，是“全国全面阶级斗争的一个伟大开端”。

上海“一月风暴”之后，全国进入“全面夺权”阶段。各地方、各学校的红卫兵组织在激烈的夺权行动中，由于内部出现分歧，分成许多派别，互相诋毁。大家都急于在夺权中占得上风，以便掌握新的领导权，内部矛盾便不断激发，结果出现了一派强行压制另一派的武斗，造成无辜人员伤亡。学校内部的武斗以大中等学校居多。如：上海第二医科大学的红卫兵有“红旗战斗队”和“红色造反纵队”两大对立山头，不时发生武斗。上海电机学校自 1967 年 3 月份开始，两派群众组织长期分裂，视若仇敌，“内战”不休，仅 1968 年 7 月 14 日至 7 月底，武斗就有六次之多。1968 年 4 月至 7 月，清华大学发生“百日大武斗”，造成人员伤亡、财产损坏。化工部上海化工学校从 1968 年 7 月 26 日至 7 月底，两派各守一楼，筑起武斗工事，大小武斗不断发生。

链接

“一月风暴”

1967 年 1 月 1 日，《人民日报》发表元旦社论《把无产阶级文化大革命进行到底》，提出：“一九六七年，将是无产阶级联合其他革命群众，向党内一小撮走资本主义道路的当权派和社会上的牛鬼蛇神展开总攻击的一年。”1 月 6 日，“上海市工人革命造反总司令部”（简称“工总司”）在人民广场召开批斗大会，批斗以陈丕显、曹荻秋为首的上海市委，由数百名的局以上干部陪斗。工总司使上海市委、市人民委员会的所有机构陷入瘫痪，便趁机夺权，以“造反组织联络站”代替市委，以“上海市抓革命促生产前线指挥部”代替市人民委员会。

1967 年 2 月 5 日，上海人民公社成立，“一月风暴”的夺权行动以造反派胜利作结。2 月 24 日，上海人民公社改为上海市革命委员会。上海“一月风暴”在全国掀起了一阵夺权热潮，加剧了混乱局面。1979 年 1 月 4 日，中共中央发出文件，否定了“一月风暴”。

02

第二章

复课闹革命

《复课闹革命》（绘画）

教育是“文化大革命”的重要议题之一，《十六条》提出：“改革旧的教育制度，改革旧的教育方针和方法，是这场无产阶级文化大革命的一个极其重要的任务。在这场文化大革命中，必须彻底改变资产阶级知识分子统治我们学校的现象……”这一表述相当于“文化大革命”时期“教育革命”的纲领。

经过将近一年的停课闹革命，1967年初“文化大革命”基本完成了发动、批斗和夺权任务，需要稳定局势，进入“改”的阶段。春季开学后，2月至3月，中共中央先后发出关于小学、中学、大专院校无产阶级“文化大革命”的通知或规定，提出停止串连，整顿红卫兵，“复课闹革命”。秋季开学后，10月14日，中共中央、国务院等联合发出《关于大、中、小学校复课闹革命的通知》，要求“全国各地大学、中学、小学一律立即开学”，“一边进行教学，一边进行改革”。至此，学校开始全面复课，在学校管理、学制、课程、教材、教学、考试等方面开展各种尝试。

一、成立革命委员会

上海“一月风暴”后，于1967年2月5日成立上海人民公社。中央认为，

《革命委员会好》(宣传画)

如果各级政府都建立人民公社，就会发生改变政治体制、国家体制等重大问题，主张造反夺权建立的临时权力机构叫革命委员会。2月19日，中共中央下令禁止在国家和省市一级使用“人民公社”的名称,代之以“革命委员会”。2月24日，上海人民公社改为上海市革命委员会。

1967年3月2日,《人民日报》发表社论《革命的“三结合”是夺权斗争胜利的保证》，要求各级地方政府和各级单位实行革命群众组织、革命领导干部、人民解放军“三结合”，建立革命委员会。3月30日，两报一刊(《人民日报》《解放军报》和《红旗》杂志)发表社论《革命委员会好》，再次提出实行“三结合”建立革命委员会的要求、经验与方法。“三结合”的目的是使各派保持权力平衡，以尽快稳定局势。

《北京航空学院革命委员会成立和庆祝大会》(海报兼宣传画)

根据中共中央1967年3月7日发布的《关于大专院校当前无产阶级文化大革命的规定(草

《人民解放军应该支持左派广大群众》（剪纸画）

案）》，大中专学校革命委员会的“三结合”由革命学生代表、革命教职员代表、革命领导干部代表组成，意在为稳定学校秩序、恢复课堂教学打基础。中小学后来也参照这一规定建立革命委员会。实际上，各校革命委员会成立时间差别很大，从1967年4月到1969年9月不等，跨度长达两年多。

1967年3月7日，毛泽东发出“三七指示”，指示说：“军队应分期分批对大学、中学和小学高年级实行军训，并且参与关于开学、整顿组织、建立‘三结合’领导机关和实行斗、批、改的工作。先作试点，取得经验，逐步推广。”于是，三军指战员奉命组成军人毛泽东思想宣传队，分赴高等学校和部分中小学，分期分批对师生实行军政训练。从1967年4月至1968年第二季度，全军派出执行军训任务的人员多达数十万人，接受军训的学校达1.17万余所。其中，中央警卫团8341部队的干部战士被派到了北京的“六厂二校”（北京新华印刷厂、北京针织总厂、北京二七机车车辆厂、北京化工三厂、北京南口机车车辆机械厂、北京北郊木材厂、北京大学、清华大学）。1971年海伦·福斯特·斯诺访问中国，见到北京大学校园里到处是穿绿军装的人，十分不解地写道：“不仅在校园里可以明显地看到军人，而且自修室里也有年轻的女解放军。他们在保护什么呢？为什么需要武装力量呢？”

军队进驻学校后，革命委员会改由革命师生代表、革命干部代表和军队代表“三结合”组成。由于采取“支左”路线，有的驻校军宣队判断能力有限，对究竟谁是“革命左派”搞不清，反而在学校里制造了某些干扰，卷入了派性斗争，加剧了“造反派”组织之间的对抗，致使群众性武斗在1968年春夏之交逐渐升级，一度引起中央高层的不满。

北京某高校师生和军宣队（戴军帽者）合影

链接

“三支两军”

“三支两军”是“文化大革命”中人民解放军奉命支持革命左派、支工、支农，对学校军训、对各类单位军管工作的简称，是为稳定局面而采取的非常措施。

1967年1月23日，中共中央、国务院、中央军委等发布《关于人民解放军坚决支持革命左派群众的决定》，提出“人民解放军必须坚决站在无产阶级革命派一边，坚决支持和援助无产阶级革命派”。3月19日，中央军委作出《关于集中力量执行支左、支农、支工、军管、军训任务的决定》。全军先后派出280多万指战员深入工厂、农村、机关、学校制止武斗，组织恢复生产，实行军事管制，开展军事训练。

1972年8月21日，中共中央发出《关于征询对三支两军问题的意见的通知》，提出在已建立党委的地方、单位，撤销“三支两军”的机构和人员。此后，各单位“三支两军”人员陆续撤回部队。1981 年 6 月中共十一届六中全会通过《关于建国以来党的若干历史问题的决议》，其中说：“派人民解放军实行‘三支两军’，在当时的混乱情况下是必要的，对稳定局势起了积极的作用，但也带来了一些消极的后果。”

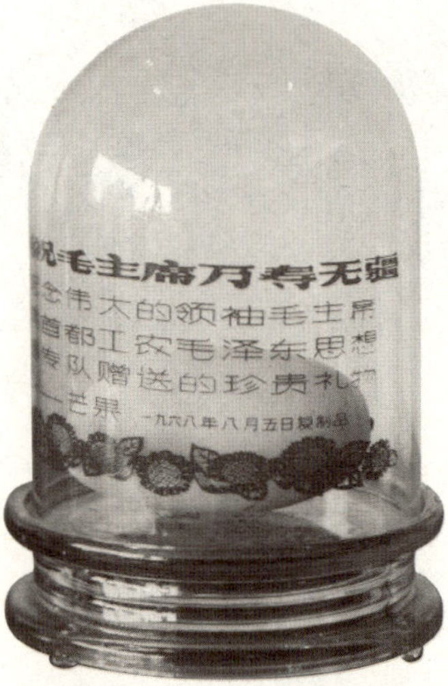

1968 年 7 月，毛泽东决定派工人进驻一些高校，教育学生，实现大联合。他认为，工人阶级是领导阶级，应当充分发挥工人阶级在“文化大革命”中的领导作用。7 月 27 日，北京 60 多个工厂的 3 万人组成第一批“首都工人毛泽东思想宣传队”，进驻北京大专院校。8 月 5 日，毛泽东将巴基斯坦友人赠送给他的芒果转送给清华大学工宣队。这个礼物被当作毛泽东支持工宣队的象征，

毛泽东送给工宣队的芒果的复制品

芒果复制品被转送到全国各地、各条战线的工宣队

用蜡制成芒果样品，在全国各地宣扬。8月25日，中共中央、国务院等联合发出《关于派工人宣传队进学校的通知》，要求“各地应该仿照北京的办法，把大中城市的大、中、小学校逐步管起来”，“以优秀的产业工人为主体，配合人民解放军战士，组成毛泽东思想宣传队，分批分期，进入各学校”。26日，《人民日报》发表《工人阶级必须领导一切》，引述毛泽东指示：“工人宣传队要在学校中长期留下去，参加学校中全部斗、批、改任务，并且永远领导学校。在农村，则应由工人阶级的最可靠的同盟者——贫下中农管理学校。”于是，全国各地纷纷组织工宣队进驻学校。比如8月27日，上海1万多名工宣队员开进全市26所全日制高校和市高教局、教育局。9月5日至12日，又有3万多名在岗工人和5000多名退休工人进驻市内10个区的513所中学和1249所小学。

工宣队到校后，革命委员会又改由工宣队、军宣队、革命师生代表“三结合”构成，领导开展斗、批、改。实际上，学校的领导权主要由工宣队掌握。在广大农村地区，贫下中农毛泽东思想宣传队进驻学校，学校的领导权主要由贫宣队掌握。

工人阶级“掌握”了学校教育大权，虽然彻底改变了“资产阶级知识分子统治我们学校的现象”，但工人的文化素质不高，管理学校有一定难度。为了扫清

《工人阶级永远领导学校》（绘画）

认识障碍，制造舆论，特意大批“外行不能领导内行”，强调工人阶级有能力且能够“永远领导学校”。如驻复旦大学工宣队员说：“我们工人阶级不但要管工厂、管机器，还要管学校、管教育，还要管全国、全世界，我们工人阶级就是要管一切！”“大学有什么了不起！拥有九百多万平方公里土地和七亿人口的中国，我们工人阶级都管得了，几个大学有什么管不了的！”

链接

大学的天下，我们工人阶级坐定了（节选）

上海柴油机厂青年女工　郭三珍

毛主席对我们工人阶级最亲，我们工人阶级对伟大领袖毛主席最忠。现在，毛主席叫我们组成工人毛泽东思想宣传队到学校去，并且要我们“在学校中长期留下去，参加学校中全部斗、批、改任务，并且永远领导学校”。我们就要积极响应毛主席的伟大号令，参加工人毛泽东思想宣传队，开进学校去，坚决完成毛主席交给我们的光荣的战斗任务。

…………

现在，我厂首批工人毛泽东思想宣传队已经开进了复旦大学。我们决心把自己这支队伍锻炼成一支坚强的革命化的队伍，狠抓毛泽东思想的学习，狠抓阶级斗争不转向，认真地做好调查研究工作，还要不断批判和抵制资产阶级思想的侵蚀，在斗争中不断提高自己的政治觉悟，和解放军战士一起，同学校的学生、教员、工人中决心把无产阶级教育革命进行到底的积极分子一起，把大学办成毛泽东思想大学校。

二、学制要缩短

学制是现代教育制度的核心，每逢重大的历史转折或教育变革，首要任务就是拟定颁布新的学制。清末兴学之初，先后颁布“壬寅学制”和“癸卯学制”；

民国建立初，颁布了一系列文件，形成“壬子癸丑学制”；1922 年，受新文化运动等影响，北洋政府颁布“壬戌学制”（又称“六三三学制”或“新学制”）；新中国成立后，1951 年颁布《关于学制改革的决定》。其他时期学制也会有一些小的调整，但影响不大。

“文化大革命”前我国通行的学制是：7 岁入学，小学 6 年，初中 3 年，高中 3 年，大学长的 6 年，一般的 4 至 5 年。中共中央直属高级党校校长林枫在 1964 年的春节座谈会上，根据“学制要缩短”的意见，设想将小学改为 5 年，入学年龄从 7 岁提前为 6 岁；大学分三种学制，医科 6 年，理工科 5 年，文科 4 年；城市中学分两种，一种升大学，一种是中学毕业后专科 2 年就业。座谈会决定成立一个学制研究小组，由林枫负责，探讨学制多样化、多轨制。1965 年，学制小组起草了《关于学制改革问题的报告》，提出小学 5 年，初中 4 年，高中 2 年，中小学总长度压缩 1 年。但报告尚未正式公布，“文化大革命”就爆发了。

1966 年 6 月 18 日，《人民日报》发表北京女一中高三（4）班学生和北京四中高三（5）班学生写给党中央的信，一个“强烈要求废除旧升学制度”，一个“赞成废除旧的升学制度”。6 月 22 日，中国人民大学李豫生、张兴孟、蔡金发、程辛联、吕平、耿胜利、刘平凡七位同学写信给党中央，称自己“是旧教育制度的受害者”，批判现行的学制年限太长，必须缩短，并列举了十条罪状和五条建议。7 月 12 日，《人民日报》头版头条发表了人民大学七位同学的信。

尽管《十六条》明确提到“学制要缩短”，但并没有提出具体的方案，中央政府层面也没有制定出统一的规定。既然上无定策，全国各地的学制“改革”便式样各异，主要是尽可能地缩短，将小学改为 5 年，初中改为 2 年，高中改为 2 年，大学改为 2 至 3 年，较“文化大革命”前的中小学“六三三制”和大学 4 至 5 年制，共缩短了 4 至 5 年，力度比较大。

具体操作上，有的在小学办“戴帽子”中学（小学附设初中班），实行小学、初中 7 年一贯制；有的将小学、初中、高中连为 9 年一贯制。比如上海松江县佘山公社富林大队，于 1967 年开始缩短学制，实行小学 5 年、初中 2 年，并在 7 个大队办“戴帽子”中学，以保证学生就近入学。广东省 1977 年已有 19736 所小学附设初中班，占全省小学总数的 67.2%。全国 1977 年则有 202097 所小学附设初中班，占小学总数的20.57%。

由于高校在“文化大革命”最初4年停止招生，为缓解因大批中学毕业生流向社会而引起的矛盾，从1970年起，有的城市又将中学延长1年毕业，其中半年学工、半年学农；有的干脆将中小学学习年限由9年改为10年，即小学6年、初高中4年；有的还试行小学5年、初中3年、高中2年。比如上海从1970年起，市区六四分段（小学6年、中学4年），郊县六二二分段（小学6年、初中2年、高中2年）。1975年，又将郊县六二二分段改为五三二分段。1977年，将市区六四分段改为五五分段。1970年春，上海各学校还别出心裁地改秋季始业为春季始业。

小学5年制和中学4年制的普遍推行，使一个6岁入学者到15岁便高中毕业，过早进入社会，违背了青少年的身心发展规律。尤其是中学由6年压缩为4年，学生学习内容的深度和广度都大受影响。学制改革还使教育结构过于单一，既造成中学毕业生不能适应就业需要，也造成经济发展所需要的中初级技术人才严重缺乏。

《傣寨小学》（木刻版画）

但学制缩短并非一无是处，它对农村地区小学和初中教育的普及、城市高中教育的扩展在客观上起到了一定的促进作用。1974年5月，国务院教科组发出《关于1974年教育事业计划（草案）的通知》，要求逐步在大中城市普及十年教育，农村有条件的地区普及七年教育。不少地方为方便孩子入学，对原有学校布局进行调整，提出“小学不出村，初中不出队，高中不出社”的口号，学龄儿童的入学率和小学的升学率大幅攀升，普通高中在校生人数“文化大革命”后期也急速增长。据统计，全国儿童入学率从1962年的56.1%上升到1976年的97.1%，小学升初中则由42.6%升至94.2%。上海

民族地区社办中学的高中学生在上课

郊区 1971 年中学班级由“文化大革命”前的 3127 班增加到 8208 班，中学生由“文化大革命”前的 146725 人增加到 369011 人，5 年中翻了一番多。黑龙江省 1977 年普通高中在校生是 1965 年的 17.9 倍。山西省 1976 年有中学 15194 所，比 1966 年增长 7.75 倍，其中高中为 2464 所，比 1966 年增长 19.1 倍，高中在校生增长 13.9 倍。浙江省 1976 年与 1965 年相比，在校初中生增长 5.7 倍，高中生增长 12.3 倍。江苏省 1976 年学龄儿童入学率已达到 97.8%，但流退比例也不小，实际读满五年的只占 64.7%。云南省西双版纳傣族自治州景洪县，1976 年已经普及了小学五年教育，适龄儿童入学率达到 97% 以上。

普通中小学快速发展，导致了三方面的问题：一是由于高等和中等师范教育的停滞，使合格教师锐减，中小学教师严重短缺，各地不得不抽调初中教师教高中，小学教师教初中，再从社会招收其他人员（如知识青年）加强教师队伍，农村出现了大量的民办教师。二是校舍和设备不足，一些学校采取二部制教学，加上教学秩序混乱，政治批判和生产劳动过多，学生文化知识的学习受到较大影响。三是大量的农业中学、半工半读学校、职工业余学校、中等技术学校和技工学校等，被视为修正主义教育路线所搞的资产阶级双轨制加以批判，部分改为普通学校，部分停办，从而导致中等教育结构失调。此外，重点小学、重点中学制度被认为是培养修正主义的苗子、资产阶级的精神贵族而遭到彻底否定。

由于高校在“文化大革命”前4年停止招生，中小学教师队伍供需矛盾逐渐突出。一些地方便采取抽调优秀小学教师教中学的办法，再吸引民办教师补充小学。上海各区县先后从小学抽调了7000名教师充任中学教师；高中教师不足，则从初中教师中提升。“文化大革命”期间，贵州省小学骨干教师全部调入中学，广东省小学教师调入中学的多达8万人。1971年9月，上海从市郊10个县及国营农场还选调了相当于初中和高中毕业的知识青年6000多人，到华东师范大学和上海第一师范学校、上海第四师范学校、安亭师范学校举办的中小学师资短训班学习，充实教师队伍。湖北省农村中学人数成倍增长，师资需求强烈，华中师范学院从1973年下半年开始，在罗田、麻城、兴山、宜都、枣阳、利川、江陵、洪湖、汉阳等县，先后办起了中学语文、数学、物理、生物和化学函授教育试点，培训中学教师。到1975年5月，有近2万名在职中学教师参加了函授学习。

三、课程要精简

《十六条》指出：“课程设置要精简。教材要彻底改革，有的首先删繁就简。”精简的方法主要是砍和并。至于哪些该砍，哪些该并，没有统一的标准，各地便自行其是。1967年秋，复课闹革命以后，许多中小学提出新型的课程设置，有的开设4门课：毛泽东著作课、劳动课、文化课、军事体育课。有的开设5门课：

毛泽东思想课、革命文艺课、算术课、生产斗争课、军事体育课。如1967年秋，上海松江县佘山公社富林大队提出开设4门课：毛主席著作课、生产斗争课、文化课、军事课。一年多以后，重新提出开设毛泽东思想课、革命文艺课、算术课、生产斗争课、军事体育课五门课程。

在“精简”的要求下，一些学科课程合并为综合课程，以减少门类。如语文、音乐、美术合并为革命文艺课；政治、历史合并为毛泽东思想课；物理、化学、生物合并为工农业基础知识课；体育改为军事体育课，以军训代替体育；外语课先是被取消，到20世纪70年代初才逐步恢复。1969年5月12日，《人民日报》发表吉林省梨树县革命委员会《农村中、小学教育大纲（草案）》，提出小学设五门课：政治语文、算术、革命文艺、军事体育、劳动；中学也设五门课：毛泽东思想教育课（包括中国近代史、现代史、党内两条路线斗争史）、农业基础课（包括数学、物理、化学、经济地理）、革命文艺课（包括语文）、军事体育课（包括学习毛泽东的人民战争思想，加强战备观念和开展军事体育活动）、劳动课。在课程设置的重要性上，认为政治、劳动和文化基础知识相比，政治是主要的，是统帅。但在时间安排上，认为文化基础课的比例则应大些，中学应占60%左右，小学以不少于70%为宜。

1969年6月，上海出台《中小学教育革命纲要》，对全市中小学课程设置作了统一规定，规定中学设7门课：毛泽东思想教育、语文、数学、革命文艺、工（农）业基础知识、外语、军事体育。数学课以学记账、珠算为主；工业基础知识课主要讲“三机一泵”（拖拉机、柴油机、电动机、水泵）；农业基础知识课主要讲三大作物（稻、棉、油），一头猪。小学也设7门课：毛泽东思想教育、语文、算术、革命文艺、军事体育、科学常识、外语。所有课程中，毛泽东思想是统帅，一切都得围绕这个统帅来进行。如语文课学习毛泽东《〈农村调查〉的序言和跋》一文时，一方面让学生领会毛泽东关于社会调查的指示，一方面还对学生进行家史、村史、贫下中农斗争史的“三史”教育，让学生“牢记阶级仇”“民族恨”“翻身不忘共产党，幸福不忘毛主席”。英语课也不能只教语法、语音，要教无产阶级政治，传播毛泽东思想。

由于原有教材被批为“封、资、修的黑货”，自然不能再用。1966年6月13

小学生们在诵读《毛主席语录》

日，中共中央、国务院批转《关于1966—1967学年度中学政治、语文、历史教材处理意见的报告》。认为“中学所用的教材，没有以毛泽东思想挂帅，没有突出无产阶级政治”，政治、语文、历史三门教材存在严重的问题，决定停印、停发、停用。决定历史课暂停开设，政治和语文合并开设，且以毛泽东著作为基本教材。而精简课程后，更急需“新”教材。于是，各省市便广泛发动教师、学生、工人、贫下中农，突出政治、突出运动，采取“学”字领先、“破”字当头、“批”字开路、“群”字着手的做法，边教学，边调查，边编写教材。

上海市曾耗费大量人力、物力，反反复复，编写了5套中小学教材，包括上海市中小学暂用课本（1967—1968）44册、上海市中小学教材（九年制）（1969—1970）67册、上海市中小学教材（十年制）（部分）（1970—1971）47册、上海市中小学教材（十年制）（部分）（1972—1974）（册数不明）、上海市中小学教材（十年制，五五分段，春季用书）（1975—1976）82册。这些教材的共同点是强调政治挂帅和阶级斗争，以第三套中学语文课本（上册）为例，选材中毛泽东和马恩列斯的文章就占了41.8%。

上海市第三套中学语文教材（上册）选材情况统计

选材类型	一年级	二年级	三年级	总计	所占比例
毛泽东文章	3	3	4	10	21%
毛泽东诗词	2（共3首）	3（共4首）	2（共3首）	7	14.6%
马恩列斯文章	1	1	1	3	6.2%
鲁迅杂文	1	1	2	4	8.4%
“样板戏”选场	1	1	0	2	4.1%
评论、总结等	3	3	3	9	18.6%
家史、通讯等	3	2	2	7	14.6%
古代诗文	2	2	2	6	12.4%

资料来源：吕型伟，《上海普通教育史（1949—1989）》，上海教育出版社 1994 年版，第 393 页。

各地普遍将物理和化学知识编入工业基础知识课本，用生产技术或生产工艺引出基础知识。农业基础知识则围绕农业生产，介绍有关土壤、肥料、作物、畜牧、沼气等知识。学生所学知识的学科性模糊、系统性松散。广东连平县中信中学 1975 年的政文课教材是这样的：总共 49 篇课文，马恩列毛文章计 30 篇，

图书《怎样搞好“天天读”》

福建省小学五年级《语文》课本封面

吉林省中学《语文》第一册课本封面

其余19篇为无产阶级专政理论文章、报刊大批判文章、知识青年上山下乡事迹文章、鲁迅文章、法家文章等。理科教材的“改革”之一就是删除“难而无用”的公式定理，用政治话语编写应用题，诸如“地主收贫下中农租谷若干”“民兵行军速度若干”之类。有人评论“文化大革命”中小学课程说：“教学内容混杂、跳跃，不成系统，既削弱了基础知识、基础理论教学，又没有科学地反映工农业生产实践的知识、技能；既脱离学生的认识规律与实际水平，又脱离教学实际。”

高等学校也打破原有的课程和教材体系，设置新课程和编写新教材，删繁就简，降低程度，削弱基础性，突出实用性，将原有的学科体系，斥为封资修的“黑货”，拆个鸡零狗碎。同济大学“五七公社”于1969年9月开始，把原《画法几何与工程制图》《测量学》《建筑材料》《建筑构造》《建筑施工》五门教材，合成一门《房屋建筑工程基本知识》，总量为1000课时的教学减为250课时。华中工学院机械一系1971年6月将原《曲柄压力机》《机械原理》《机械零件》三门教材，合为一门《曲柄压力机》。

此外，各级各类学校还普遍把宣传毛泽东思想放在首位，大办各种形式的毛泽东思想学习班，天天学习毛泽东著作（简称“天天读”），坚持早请示、晚汇报，背诵“老三篇”等。

链接

“红宝书”

1964年1月，《解放军报》为满足部队官兵学习毛泽东著作的需要，编辑《毛主席语录200条》，16开本，共设23个专题，收录毛泽东各个时期的名言警句。后又进行了增补，设25个专题，收语录267条。经过征求意见，1964年5月1日正式出版52开本的《毛主席语录》，封面标为解放军政治部编印，限军队内部发行，设30个专题，收语录355条。1965年8月，《毛主席语录》再版发行，语录定为427条，由52开本改为64开本。

1965 年底，《毛主席语录》交由人民出版社出版，新华书店全国内部发行。

“文化大革命”爆发后，全国掀起了活学活用毛泽东思想的高潮，《毛主席语录》改为公开发行，即为“红宝书”。据不完全统计，1966 年下半年，全国各省、市、自治区发动了二三百家印刷厂印制《毛主席语录》，在中共九大召开前形成高潮，绝大多数省市都按人口数量印刷，以至几乎达到了全国人手一册。1979 年 2 月，“红宝书”停止发行。

“红宝书”

“老三篇”

“老三篇”是特指毛泽东在抗战期间写的三篇文章:《为人民服务》《纪念白求恩》《愚公移山》。

《为人民服务》是毛泽东 1944 年 9 月 8 日在中央警备团追悼张思德时的讲演。张思德是中央警备团的一名普通战士，1944 年 9 月 5 日在陕北安塞县山中烧炭，因炭窑崩塌而牺牲。毛泽东在讲话中提倡全心全意为人民服务，哪怕是死也在所不惜。文中广为传诵的名言有 :“为人民利益而死，就比泰山还重。”

《纪念白求恩》是毛泽东 1939 年 12 月 21 日为纪念加拿大医生白求恩在抗日根据地因公殉职而作，颂扬他伟大的国际主义精神和共产主义精神，毫不利己，专门利人。文中广为传诵的名言是 :“一个人能力有大小，但只要有这点精神，就是一个高尚的人，一个纯粹的人，一个有道德的人，一个脱离了低级趣味的人，一个有益于人民的人。”

《愚公移山》是毛泽东 1945 年 6 月 11 日在中国共产党第七次全国代

表大会上的闭幕词，号召全党和全国人民发扬愚公移山的精神，挖掉两座压在中国人民头上的大山，一座叫作帝国主义，一座叫作封建主义。文中广为传诵的名言是 ："下定决心，不怕牺牲，排除万难，去争取胜利。"

四、教学要改变

"文化大革命"时期，由于彻底否定前 17 年的教育经验，原有的教学模式和结构遭到批判，提出"打破老三段、火烧三层楼"（老三段指课堂教学讨论、归纳、启发三步教学法，三层楼指由基础课、专业课、提高课构成的系统的课程体系）。认为以前教学安排强调先打好基础，再充实基础，最后向专深拓展，是"关门打基础，脱离实践，脱离实际"，脱离"三大革命运动"（即所谓"三脱离"：脱离阶级斗争、脱离生产斗争、脱离科学实验），是"资产阶级的烦琐哲学"，是"培养书呆子的方法"。强调实践第一、科学实验和调查研究，打破传统的教学组织形式，大搞结合典型产品教学、结合战斗任务教学和现场教学，以实现感性认识和理性认识的统一。

（一）结合典型新产品教学

"文化大革命"中批评学习苏联经验导致教学工作课堂本位和教材本位，称这种课堂教学是"上课记笔记、下课对笔记、考试背笔记、考后就忘记"，是"黑板上开机器，试管里种黄瓜"。号召师生走出校门，突破学科教材和课堂教学的局限，通过典型新产品，将各种相关的知识、理论综合起来进行教学，获得更多的直接经验和感性体会。

最典型的是以"九二〇农药试制及其应用"为专题组织教学，把政治、工农业基础知识、语文、数学等学科课程贯穿起来。政治课讲"九二〇"试制中的两条路线斗争；工农基础课介绍"九二〇"对农作物生长的作用，参观"九二〇"试验生产室；数学课讲"九二〇"成分测定和百分比；语文课带学生到生产大队调查"九二〇"使用后农作物生长情况，辅导学生写出调查报告。这种尝试类

北京重型电机厂工人师傅在结合生产实践进行现场教学

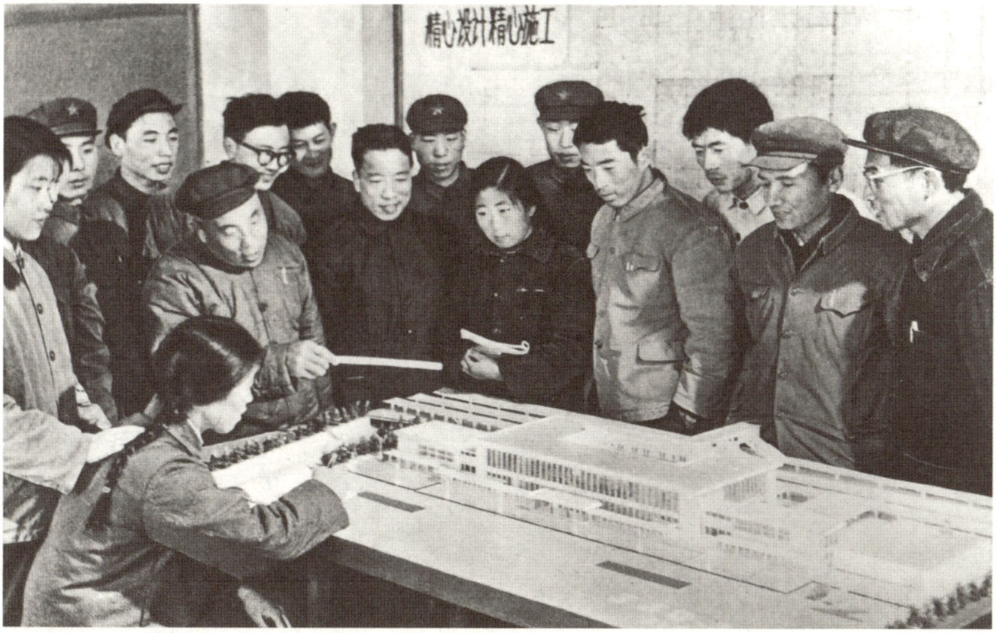

清华大学结合典型工程进行教学，建工系师生在研究某地车站设计方案

似20世纪二三十年代的设计教学法，但缺乏相应的理论总结或探讨。

再如结合录音机生产组织教学，录音机零件的电镀要用水，引出化学中的分子、原子、氢、氧、离子等概念；结合录音机传动带，讲解机械力学；结合电磁头、磁带，讲解电学；结合整流、滤波、稳压、升压，讲解电子；结合画线路图，讲解数学。这样，便把数、理、化等学科的教学综合到一块。复旦大学物理系师生在上“半导体线路基础”课时，先从无线电应用着手，组织学员到生产第一线去参观收音机生产线、电视接收机生产线和电视台。然后让学员自己动手安装晶体管四管机，教师则根据安装进度，讲解单元电路的定性分析，使学员对半导体器件有一个感性认识。在这个基础上，再让学员安装晶体管六管机，使学员对超外差接收机有一个较完整的了解。

一些工科院校还结合典型工程（任务）进行教学。同济大学“五七公社”选择一个具体工程，把一部分基础课和专业课结合起来，课堂教学和现场教学结合起来，边教边学，边学边用。围绕一项工程，同时进行几门课的教学。如工业与民用建筑专业某3班，在学习工业房屋的建筑、结构设计时，结合上海某厂的一座厂房工程，将教学过程分为三个阶段：一是战前练兵。从调查研究入手，学习党的基本建设方针、有关基础理论、基本设计原理和计算方法。二是边干边学。学生分为若干小组，在工人、设计人员和教员的具体指导下，先共同进行厂房的总体设计，然后分工做各部分的具体设计。三是总结提高。设计完成后，学生一面参加施工，一面分组进行总结，相互交流。再如该校暖通专业防尘排毒工训班在上海铜棒厂进行典型工程设计教学时，遇到了处理氧化锌烟尘

广西大学房屋建筑专业请工人师傅在施工现场上课

的问题。以前的教材是采取大风量冲淡，然后高空排放的消极办法来处理。氧化锌虽然有毒，但它又是化工、医药、油漆的重要原料，是国家急需的重要物资。师生和工人一起研究，采用合理地设计吸风罩、小风量提高烟尘浓度加以回收的做法，不但解决了氧化锌中毒问题，保护了工人身体健康，而且每月为国家回收氧化锌两吨半。

山东大学自控班学员到某厂参加产品试制，以数控绕线机作为典型任务进行教学。他们同工人一起备课，编写了《数控绕线机原理》一书。他们边实践，边教学，参加了数控绕线机的焊接、安装、调试生产全过程，学习了脉冲电路的理论。制冷、锅炉等专业结合 30 万吨合成氨设备、2 万立方米制氧机、60 万千瓦电站锅炉等设计任务进行教学，师生在完成这些国家重点设备的设计、制造中得到了锻炼。学员反映说："以前曾顾虑下厂学不到理论，现在感到比在学校学得活、记得牢、用得上，结合典型任务进行教学就是好！"

有的中学搞数学课、物理课下厂，找个电磁滑差的典型产品来教学几何中的圆弧线、立体图形；以修理直流电动机为典型任务，结合物理的电学、力学教学。后来化学课、生物课等都自寻出路，各找各的典型产品组织教学。

（二）结合战斗任务教学

单纯文科类的课程教学没有典型新产品可以依托，就搞"结合战斗任务教学"，让学生在实际的阶级斗争中学习理论，并用所学理论参与政治运动，完成批斗任务。由于战斗任务随政治风向而摇摆不定，学生便不停地参加学校或社会基层单位的"革命大批判"，教学活动的系统性和完整性被解构，学科界限也被打乱打破。

上海某中学在批儒评法时，将学生分成几个组，由语文、政治、历史教师带领，去市图书馆查资料。他们自带干粮，从早 7 点干到晚 8 点，用 3 周时间查完《荀子集注》《韩非浅解》《临川文集》《论语》《孟子正义》等 30 多本古书，查阅《红旗》《人民日报》《解放军报》《文汇报》等 7 种报刊，摘出儒、法教育思想言论近千条，编成"四对照"（马列毛、法家、林彪、儒家）。另有某中学教毛泽东诗词《送瘟神》时，组织学生到上海县诸翟公社红星大队调查防治血吸虫问题上两条路线的斗争，返校后结合调查体会讲解毛泽东诗词，并写出调查报告和通讯。

复旦大学“五七”文科试点班结合实际斗争任务，安排课堂教学。如：在一次批判人性论的“战斗”中，教师带领学生集中学习马克思恩格斯和毛泽东关于批判地主阶级人性论的论述，撰写批判“四条汉子”的文章，同时还“启发”学生从现代文学史上追根，从哲学史上溯源，把历史上各种牌号的人性论的反动观点理出来加以批判。再如《红与黑》的教学：学员先学习无产阶级革命导师批判唯心史观的有关著作和批判地继承文化遗产的论述，然后到工厂、学校等30多个单位调查《红与黑》及其他西方资产阶级文学作品在社会上的影响，把教学和批判、调查结合起来。这样，学员们认识的不只是一部具体的作品，而是经受了一次阶级斗争和路线斗争的教育。

有的小学为了将课堂教学与阶级斗争结合起来，在算术课上专门为工人、贫下中农算旧社会受到资本家、地主残酷压榨和剥削的血泪账。

复旦大学中文系学生参观“南京路上好八连”连史展览馆

（三）现场教学

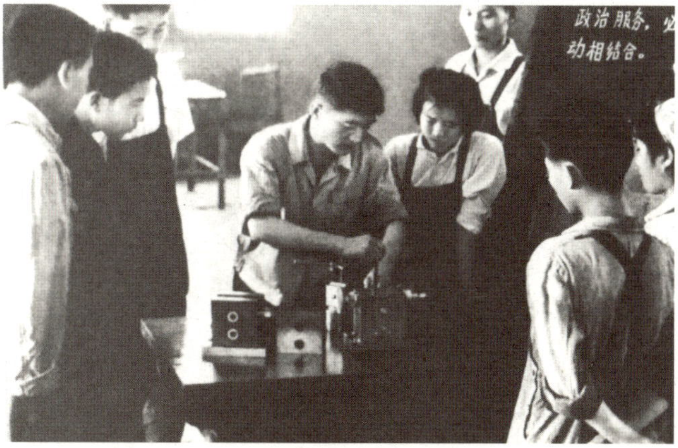

上海机械学院请富有生产实践经验的工人进行现场教学

现场教学是根据一定的教学任务，组织学生到工厂、农村和其他场所，通过观察、调查或实际操作而进行教学的组织形式。大跃进时，为贯彻教育与生产劳动相结合，曾较广泛地采用现场教学。“文化大革命”时期将一些“大跃进”的措施、方法重新加以弘扬，现场教学即其中之一。尤其工宣队进校和贫下中农管理学校后，工人教师和贫下中农教师重视实践操作，经常组织学生到工厂和农村进行现场教学、现场参观，让学生在生产实践中学习各种知识的应用和各种生产工具的使用。

《教育革命开新花》（宣传画）

广东一所中学教几何制图课不在教室讲，而是把学生全拉到公社发电厂现场教学，40 多人挤满电机房，围着一台小机器，少数人看得见，多数人看不到，“结果有的学生逛街去了，白白地浪费时间”。广东博罗县城镇四小教二年级“米、分米、厘米的认识”一课，组织学生到工厂、农村、商店调查工人用什么量墙基，农民用什么量土方，售货员阿姨用什么量布。

上海宝山刘行中学上高二数学《幂函数》中“极值”一节课，本来比较抽象，需课堂上多讲，却“走出去”了，组织学生参观生产队的氨水池，测量求容积，然后提问如何以最少的材料造出最大池。这个问题本来完全可以凭学生生活经验或者画图进行数学抽象在课堂解决。结果现场农民也无法帮学生建立“极值”概念，只得回来在课堂讲，讲后又要学生“走出去”再看氨水池。

也有现场教学运用得比较好的，如山西大同三中针对过去讲机械制图课，书本来，书本去，学生不易理解，便让学生在车床上干活，结合生产实践来学，学了就用。学生们现场用测绘工具测量实体尺寸，选用不同的比例，绘制出比较准确的机械零件图，甚至还能对照零件图加工工件。

链接

上海市第二中学红卫兵郑蔚给学校党支部的一封信（节选）

今天上数学课，来代课的教师，在教我们做几何试题时，竟说：“不要相信眼睛，要相信脑筋。”这是什么话！……教师所说的眼睛，便是我们的“感官”，否认“感官”的作用，便是否认“客体”的作用。因为“客体”是通过“感官”才反映到我们头脑中来的。所谓“不要相信眼睛”，也就是不要相信“客体”，不要相信我们依靠它才能生存的自然界。

…………

又如有一次上工基课，教师教我们代换公式，说：“不一定什么东西都要经过实践的。”这又是什么理论！只有通过实践，才能发现真理，也只有通过实践，才能证实真理和发展真理。没有实践，我们永远不能得到真理。所谓“不一定什么东西都要经过实践的”，这是违反唯物主义的认识论的。如有的教师在上课时，往往会不自觉地讲出一些违背辩证唯物主义的观点来，像数学课就是一例。我们当教师的要向小将学习，把教学领域的“革命大批判”进行到底。

五、考试要革命

1964 年春节座谈会上，毛泽东认为以前的考试是用对付敌人的办法对付学生，实行突然袭击，故意出一些偏题、古怪题，使学生难以捉摸。他提出考试的方法要改变，要搞得活一些，不要搞得太死，可以公开出考题，向学生公布，让学生自己去研究，自己看书去做题；也可以允许交头接耳，自己不懂，问懂了就有收获；甚至你会我不会，你写了我再抄一遍，抄会了也是一次学习。“文化大革命”爆发后，适逢各级学校的升学考试和期末考试在即，1966 年 6 月 13 日，中共中央、国务院发出通知，宣布当年高等学校招生工作推迟半年，高考制度即遭废除。同日，中央和国务院批转教育部《关于改革高级中学招生办法的请示报告》，废除高中招生考试，走群众路线，实行推荐与选拔相结合。7 月 13 日，教育部发出《中小学招生、考试、放假、毕业等问题的通知》，规定中小学各年级的学期考试，凡是没有举行的，一律不举行，改由师生民主评定。

招生考试的指挥棒被废除了，平时的一些常规性考试改起来就比较容易和随意了。怎么改呢？试举几个例子：

上海市西藏中学在废除原来的考试制度后，经过五次考试实践，认识到必须让学生来做学习的主人，再也不能用对付敌人的办法来对付学生。在复习和出考题时，教师们注意发扬教学民主，广泛听取学生的意见，师生经过反复讨论，力求使考题既能反映教学要求，又能切合学生实际，既要给平时学习好的学生发挥创见的机会，又要给少数平时学习差的学生在考试中学习的机会。他们还根据理论联系实际的原则和不同学科的特点，分别采用开卷考、闭卷考、口试和实际操作等方法。在闭卷考试中，学生经过认真思索，如有个别考题不能完成，也可以看书或抄别人的考卷。

河北威县辛店大队贫下中农管理学校委员会认为：“一到出题，老师和学生就成了敌对关系了……不行，要让学生出题。”足足经过一个星期的讨论，各科题目才出来。中学考试中有一道综合题，是画学校和村里的照明线路图，学生当堂考不出，天天往外跑，天天搞调查，一场考试搞了多日，这就叫开门考试。小学五年级的语文试卷，是让学生带十大文件去社员家里念，让贫下中农评定成绩。四年级的语文试卷是“记做一件好事”，这一考，学生就争相去贫下中农家里，又担水，又扫院子，几天后才交卷。一、二年级的语文试卷是把本队四类分子和贫下中农名单写出来。“这题一出，二年级 100 多名小孩都上队里去了，有问他爸爸的，有问他娘的，有问大队支部的，村里也忙得不行……四类分子很害怕……又搞运动了？”一年级算术试卷出两题：数数队里有多少大、小榆树和杨树；数数猪场有多少大、小白猪和黑猪。

湖南临澧县一中在“批林批孔”运动中改革考试办法，高二由师生共同讨论语文考试题目，让学生到工农兵中去参加“批林批孔”战斗，“写一篇‘批林批孔’文章”，成绩由“工农兵群众和教师、学生三结合评定”。考试步骤是“两出两进”：教师先讲孔子是什么人，然后带学生“走出去”作社会调查；回来查抄报刊大批判文章，教师再讲写批判文章的知识。学生写好文章后又分组到工厂、农村、机关、部队参加“批林批孔”大会，并请工农兵对同学们的批判发言，作出评论。“有的学生对孔老二恨不起来，这次通过和工农兵一道批判——越批对孔老二越恨。”

广东韶关市一中初三把学生拉到柴油机厂金工车间搞开门考试，“运用识图、列方程、解应用题的知识，自选零件，自编题目，自画图纸，自己分析计算”，然后“交工人师傅鉴定，最后师生共同评分”。

1974 年 1 月，上海第二医学院期末考试时，基础部化学教研组提出一份考试方案征求学员意见。学员针对其中一个条款“考试时不准交头接耳，要按时交卷”开火了，说“这是复旧”“分数挂帅”。教师辩解说：“要分数有什么不好？要反映成绩，总得有个分数啊！即使是篮球比赛也要记分，也要比胜负。”学员们反驳：“你们这样考法会冲掉无产阶级政治，是在搞智育第一。”教师说：“学习本来是艰苦的劳动，必要的压力还是要的。”学员总结说：“问题的实质是不信任学员，对学员搞管卡压。”学员越说越激动，考试方案讨论会迅速演变成为对旧考试制度的批判会。最后的方案是：教师由监考变助考，考场由教室搬到实验室，师生共同出题、命题，帮助考生在考场掌握考试的内容。

六、"兼学别样"

1966年毛泽东在"五七指示"中指出，学生"以学为主,兼学别样,即不但学文,也要学工、学农、学军"。大跃进时期，由于贯彻"教育与生产劳动相结合"，学生就经常到工厂、农村参加生产劳动。到"文化大革命"时期,工人阶级、贫下中农管理学校，贯彻"五七指示"，使学生学工学农经常化、制度化，且时间上较以前大大延长。

《新课堂》(国画)

当时，工厂被要求不光要创造物质财富，而且要关心和支持教育革命，要为无产阶级培养接班人。接受学生学工的工厂感到责任重大，组织专门人员指导学生，甚至不惜让一线的生产能手和老工人参与进来。"一定要把抓革命、促生产和培养无产阶级革命事业接班人两副重担一起挑起来。"为了使学工经常化，普遍实行厂校挂钩，建立学工基地。大的学校，一校挂几个厂；大的工厂，一厂挂几个学校。天津市245所中学分别与600多个工厂挂钩，上海师范大学（1972年至1977年，华东师范大学、上海师范学院、上海体育学院、上海教育学院、上海半工半读师范学院合并，称上海师范大学）二附中由于所在长风地区工厂都比较小，一校挂钩八个厂。上海电动工具厂革委会专门派了一个常委负责学生学工工作，组织了有领导干部、群众、学校革命师生参加的"三结合"教育革命小组，具体安排学生的学工内容。上海华丰钢铁厂张师傅，到1976年初已带过17批学工学生。

各校还在生产大队建立了学农基地，组织学生到农村学农或参加农业生产，请贫下中农给学生讲家史、村史、两条路线斗争史，开展访贫问苦活动，吃忆苦饭，举办阶级教育展览会。师生与贫下中农实行五同（同吃、同住、同劳动、同学习、同批判资产阶级），农闲时一边劳动一边学习，每天劳动三小时，上课四小时；农忙时全天劳动，晚上读书一小时。由生产队长、政治队长、辅导员、老贫农、技术员、会计、民兵排长、卫生员组成一支贫下中农教师队伍，给学生上课。如上珠算课，就算一个老贫农在旧社会给地主当佃户时的血泪账。在学农期间，政治课学习毛泽东《实践论》《人的正确思想是从哪里来的》；农业常识课教《八字宪法》《水稻》；外语课教《到农村去》《幸福不忘毛主席》。

一位贫下中农看到一个女学生一天换了三次衣服，就批评说："在旧社会里，我们贫下中农两人合穿一件衣服还穿不上，你一天换了三次衣服，虽然衣服干净了，可是与贫下中农的感情却疏远了。你们说我们管得太宽，我们就是要管得宽，要管头管脚，管头就是管思想，管脚就是管立场。"学生对猪粪和人粪的认识态

广州市第八十六中学学生学农场景

小学生农忙时帮生产队拾稻穗（宣传画）

度也常常被视为思想转变的重要标志。一些学生开始接触猪粪时，觉得臭不可闻，不敢看、不敢碰，经过贫下中农的教育，认识到“真正发臭的不是猪粪，而是自己头脑里的旧思想”，于是对猪粪很是爱惜。有一个学生在农村扛粪时，粪桶倒翻，粪便溅到他的跑鞋上，他正要冒火时，只见一位贫农老大爷用手把粪便捧进桶里，这件事使他深受教育，他说：“鞋子臭了没关系，思想上千万不能臭啊。”

广东屯昌县（现属海南省）全县中、小学办农场有田 12564 亩，中学生人均 8 分田，小学生人均 4 分田。其中甘蔗田 6763 亩，年产 3 万吨。学生学农时要求向贫下中农学习，“两个 6 点（早 6 点出工，晚 6 点收工），中午不休息，晚上加一班”。要求教师“既是教师，又是生产队长”，学校“既是学校，又是生产队”。上级检查学校，“不进课堂，只看农场”。当地农民评价说“现在种甘蔗，我们农村比不上学校”；“生产劳动是个宝，改造思想少不了。旧知识分子文房四宝：笔、纸、墨、砚；现在劳动四宝：锄头、扁担、粪筐、砍刀”。

学生到工厂学工，既影响生产秩序，又耗费工厂大量人力。因为工厂要选派有经验的工人师傅带领，要提供实践场地，要占用机器设备和原材料，要生产大量废品、次品。到农村学农，农民要将有限的田地分给他们种，将猪分给他们养。发展到后来，工厂和农村都将接受“学工学农”的学生视为负担。结果，学校放手不管，工厂、农村更无人过问，纪律涣散，等于大放鸭，致使学生到了工厂、农村，“捏了榔头、锄头柄，甩掉书包和书本。”回来后心收不住，教室坐不住，很难管理。

小学生到海军舰艇上学军（宣传画）

大搞学工、学农、学军，还占去大量时间，挤掉文化课程的教学时间。“文化大革命”期间，学校文化课只占教学时间的 35% 左右，有的甚至不到 30%。一学期以 21 周计，安排大体如下：开学军训（或学习班）1 周；学工或学农 4 周；“三学”（指学工、学农、学军）前的动员、准备和“三学”后的总结、休息 2 周；复习、小结、写评语 3 周；各种政治活动、运动会、文娱会演、集体看电影等约 1 周以上。实际课堂教学时间一般不满 10 周。

当然，学工学农也带来了一些经济收益。山西昔阳县学校办厂 176 间，办农场面积 3970 亩。1973 年全县勤工俭学收入 10 万余元，相当全县教育经费的 16.7%，超过学生应缴学杂费总数。98% 的学校全免学杂费，60% 的学校免书本费、文具费和部分医疗费。吉林省怀德县双城保公社中学有 1000 多学生，自 1970 年起，一年开荒 600 亩，4 年共收粮 26.6 万斤；造林 340 亩，种树 80 万株，收菜 22 万斤，总值 7.8 万元，除教师工资之外，做到办公、取暖、维修校舍、购设备、学生伙食五自给。

参加学工学农等社会生产实践，对青少年的思想教育和劳动锻炼的作用也是客观存在的。有人回忆说：“从外在看，处于发育阶段的青年人长高了、强壮了、晒黑了，似乎真的脱了胎换了骨；从无形方面说，通过尝试生活中的艰辛，培养了城里孩子的吃苦精神，领悟到人生的真谛在于奋斗，而且必须从脚踏实地做起，虽然那时这种认识可能是朦胧、肤浅，抑或被动的。”

七、“掺沙子”

“掺沙子”原是一种改良土壤的方法，增强土壤的透水性、透气性，防止板结，以利于农作物生长。“文化大革命”中认为知识分子成堆的地方（如学校、科研机构、文艺单位等）“针插不进”“水泼不进”，便派工农兵结合进去，改变其组织机构和人员结构，故称“掺沙子”。

教师队伍中“掺沙子”，就是请政治觉悟高的工人、农民、军人登上讲台，做兼职教师，以改变教师队伍的结构。他们虽然文化程度不高，但有着“文化不高无所惧，胸怀朝阳上讲台”的雄心壮志，牢记“对青年一定要加强阶级教育”的教导，讲课时尤为注意突出无产阶级政治。

上海市徐汇区1969年建立了一支工人讲师队伍，以老工人为主，兼有青年工人和技术人员，主要任务是对学生进行阶级教育和讲授工业基础课。为提高工人讲师的教学业务能力，全区先后举办了六期“红师班”，每期两个月左右，有计划地轮训工人讲师。区清洁管理站工人马小妹，1969年5月参加徐汇区第二中心小学工人讲师团，她担心自己识字不多，给学生上不好课，领导就说：“你就向学生讲自己的家史好了。”一首红小兵写的诗说：“工人讲师进学校，带来革命传家宝，忆苦思甜不忘本，阳光雨露育新苗。”徐汇区五七中学工人讲师李师傅在红师班从ABC学起，仅学了3个月，即成英语讲师。该校吴师傅上物理课，不会讲物理概念和符号，便从工厂搬来旧电动机，边拆边讲。张师傅讲杠杆原理，把全班拉到大操场，叫学生搬大石，再撬。1974年，徐汇区全区已经拥有一支以工人为主体的1600多人的工农兵讲师队伍，分布在各中小学校和幼儿园。

上海市中国钟厂为响应“工人阶级必须领导一切”的号召，于1968年9月选拔了一批优秀工人，接办安化中学。学校来厂办的“抗大学习班”，由老工人担任政治指导员，与革命师生同吃，同住，同劳动，同学习，同军训。为了解决教材问题，厂革委会发动全厂职工，同革命师生一起，组成各种课题的教材编写小组，共编出《工业基础知识》十讲、《农业基础知识》十一章。全厂还组织了

北京齿轮厂老工人给清华大学学生上制图课

一支60多人的工人业余讲师团，走遍了上海八个区、几十所学校。

上海烽火铸造厂是一家150余人的弄堂小厂，他们先后派出15名工宣队员、6名工厂讲师进驻徐汇区茶陵中学，领导斗批改。为了充实教师队伍，工厂派出1名电工、1名医生、4名技术骨干，组成工人讲师团，分别担任政治、语文、机械、电工、卫生五门课程的教学工作。

江苏无锡市于1969年5月7日选派第一批工人教师进学校，市委领导将大红花别到工人教师胸前，称赞说“你们是代表整个工人阶级上讲台的”。1971年8月，无锡市工人教师已占教师总数的30%。南京市自1970年后，从工矿企业抽调工人1000多人，弥补教师队伍的减员。

1970年9月22日，《光明日报》以《改造学校教育阵地的一支重要的革命力量》为题，介绍北京市香厂路小学的工农兵讲师团。讲师团成立于1968年11月，有工人32名，贫下中农和解放军战士各2人，共37人。讲师团成立后，“工人师傅结合工厂的斗争实际讲课，贫下中农在田间、地头给学生讲活的农业基础知识课”，并负责对专职教师“进行再教育”。

农村学校让贫下中农参加教学工作。上海市松江县佘山人民公社从1967年12月开始组织广大贫下中农对旧教材、旧教学大纲进行了彻底批判，组成了有农村干部、贫下中农、新老教师参加的教材编写组，编写出一套密切为农村三大革命服务的新教材。至1968年3月，已编出4种中学教材、4册小学算术。该公社富林大队建立了一支23人的工农讲师团，包括苦大仇深的老贫农、干部、民兵连长、农技员、电工、赤脚医生、兽医、饲养员、机口主任、广播员等。大队聘请西林生产队妇女主任高田英到学校上课，她激动地说：“毛主席叫我们贫下中农管理学校，我虽然不识字，但是我要天天对囡讲村史、家史、校史，讲旧社会的苦、新社会的甜，叫他们永远不要忘记阶级斗争。”

西北农学院办“五七”试验班，请贫下中农担任教师，有些贫下中农有畏难情绪，他们就办毛泽东思想学习班，提高贫下中农政治觉悟，使他们认识到贫下中农登上大学讲台，是为了无产阶级教育革命，再大的困难也要克服。提出贫下中农教阶级斗争和生产斗争这两门课，最有发言权。贫下中农登上讲台后，首先抓“革命大批判”，进行忆苦思甜，转变学员思想，提高阶级斗争和路线斗争觉悟。其次运用丰富的实践经验，和学员共同讨论研究生产中存在的重要问题，提出具体的解决办法。

福建省长泰县枋洋公社石横大队党支部组成贫下中农讲师团，登上学校讲台。讲师团重视在讲课中对小学生进行阶级教育和思想政治教育，如贫农讲师讲《发扬革命传统，争取更大光荣》一课时，就教育学生要继承革命前辈的光荣传统，艰苦奋斗，厉行节约。大队赤脚医生上卫生常识课时，带领学生上山采挖中草药，学生学会识别和采挖十几种中草药，三年来利用课余时间，为大队采集1600斤中草药。大队党支部副书记教五年级算术课“丈量”时，带领学生参加扩整土地劳动，要求学生运用学过的倍数知识，计算出扩整后的土地是原有土地的几倍。

农民老大娘上忆苦思甜课（亢佐田画，原题《红太阳光辉暖万代》）

1970 年 7 月，教育部军管小组在《关于教育革命情况的报告》中说："有些地区已初步形成了一批以工农为主体的教师队伍。"并称江西 1969 年抽调 10 万工农兵充实学校；福建福安县成立 650 个工农兵讲师团，共计 9000 人。据 1973 年统计，全国中小学聘工农兵讲师总计 42 万余人。

学生是"教育革命"的主角，也纷纷登上讲台。华东师范大学中文系二年级三班的学生，勇敢登上大学讲台，到 1967 年 12 月，班上 32 个同学基本上每人都讲了课。他们以批判斗争会的形式上文艺批判课，并在上课时把"资产阶级反动学术权威"拉来批判。他们还开设了毛泽东诗词课，由师生共同备课，共同进行课堂讨论，全班学生陆续登上讲台，轮流讲课。该校数学系数理班的学生也走上讲台，批判旧教材，同时对教师讲不清楚的内容用自己的实践和自己的语言讲清楚。

上海市大同中学高二（一）班实行师生互教互学，师生共同编写新教材，共同备课、上课。上课不受常规课时限制，根据内容和需要，该长即长，该短即短。每上完一堂课，开一次师生座谈会，评教评学。上海市第六中学、杨浦区双阳中学等校学生发扬敢想、敢说、敢干、敢闯、敢革命的"五敢"精神，走上政治、语文、革命文艺课的讲台。

除了"掺沙子"，工宣队和军宣队还下课堂监控原有老师的教学工作。如驻曹杨中学的工宣队进校后，调查教学领域中两条路线斗争的历史，分析研究"修正主义路线"的流毒，经常下教室听课，有的工宣队员还和革命师生一起备课，名曰"帮助教师改进教学工作"，实则是教学监督。一个老教师讲柳宗元的《捕蛇者说》，对"有蒋氏者，专其利三世矣"解释说："有个姓蒋的人，因为捕捉毒蛇，享受免服劳役、免予纳税的好处已经有三代了。"工宣队听了以后，认为这样解释不对，批评说：封建帝王为了用毒蛇做药，强迫老百姓冒着生命危险去捕捉毒蛇，蒋氏的祖父和父亲都因捕蛇而送了命；蒋氏自己为了免服劳役，免予纳税，迫于生计，还是被迫去捕毒蛇，有好几次差点被毒蛇咬死。因此，这种"免予纳税"只不过是封建帝王驱使人民为他们送命的软刀子，怎么能说成是"享受好处"呢？

03

第三章

学校如何办

“文化大革命”对前17年的教育经验和办学模式完全否定，认为学校单靠知识分子不能完成教育革命的任务，必须有工人阶级的坚强领导，走与工农群众相结合的道路，参加现实的生产斗争和阶级斗争。为此，各地与各校就社会主义学校如何办进行了各种各样的“尝试”和“探索”，以符合当时的政治形势和办学要求。

一、社会主义大学应当如何办

“文化大革命”之初，大学一度停止招生，其存在的合法性遭受危机。学习苏联经验所形成的大学的专业设置、培养目标、教学计划、教学大纲、教学方法、教学组织等等，被认为是照搬苏联“修正主义”那一套而彻底否定。社会主义大学到底应当如何办？1969年3月29日起，《人民日报》专门为此开辟讨论专栏，至1976年7月21日共刊发71期，发表了近两百篇文章，讨论来讨论去，未有定论。一些地方和学校进行了某些颠覆性的“改革”，被当作典型经验进行宣传推广。

驻武汉大学工宣队和武汉大学革命委员会将《人民日报》关于“社会主义大学应当如何办”的讨论汇编成册

（一）理工科大学

1968年《红旗》杂志第3期发表《从上海机械学院两条路线的斗争看理工科大学的教育革命》，以上海机械学院为靶子，对“文化大革命”前的理工科大学进行批判，认为它教学上严重脱离生产实际，招生上对工农子女关门，为资产阶级子女开门，制度上照搬苏联修正主义那一套。报告中还提到了上海交通大学，于是上海交通大学就对老交大传统进行大批判，认为老交大是“沿袭欧美，照搬苏修，跟在洋人的屁股后面爬行”。

理工科大学应当如何办呢？驻上海机械学院工宣队、上海机械学院革命委员会认为，社会主义理工科大学，应由中央或省（市）一级革委会委托若干个与学校专业设置有关的工厂联合来办。这样既能保持工厂办学校和学校办工厂的优点，又能克服由一个工厂办学校，或学校办工厂，或厂校挂钩的缺点。

复旦大学理科各系自行探索办学之路。生物系就到底要不要办进行了大量调查，认为生物系还是要办的，但必须彻底改革，师生们下农村，结合教育革命实践，试办了一个为农业生产服务的新专业，同贫下中农一起进行“九二〇”农药的生产和使用研究。物理系微电子专业在工宣队领导下，1969年4月1日办起了“四一”工厂，接受国家的生产任务和科研任务，实现教学、科研、生产劳动三结合，生产半导体元件。采取需要什么学什么、不懂什么学什么、学了就用的教学方法，并在半年内编出了七门试用教材。

同济大学各系师生大约有三分之一的时间在工厂、工地直接参加生产实践活动。他们按照教学要求，选择有代表性的典型工程、典型产品或科研项目，组织学生进行设计、施工或研究；教师结合实际问题上理论课，帮助学生从理论上总结参加实践的收获。

1970年6月2日，上海召开理工科大学教育革命座谈会，要求学习清华大学的经验。7月22日《人民日报》分三个版面发表驻清华大学工宣队、军宣队的长文《为创办社会主义理工科大学而奋斗》，介绍清华大学的经验。第一，工人阶级牢牢掌握教育革命的领导权。批判资产阶级，狠抓意识形态领域里的阶级斗争；放手发动群众，实行群众路线；努力活学活用毛泽东思想，做到思想革命

西北农学院在南郑县办了一个教学基地，为县、社、队培训农业技术人员

化。第二，建立工农兵、革命技术人员和原有教师三结合的教师队伍。视工农兵教员为教师队伍中最有生气的革命力量，对原有教师则坚持边改造边使用。第三，建立教学、科研、生产三结合的新体制。学校办工厂，先后办起多种专业的中小型工厂如精密机床厂、电子综合试验厂、汽车制造厂等，承担国家一些科研、生产任务。实行厂校挂钩，厂带专业。如压力加工专业的师生，在汽车厂锻压车间参加劳动，结合生产汽车上的各种锻件，学习“锻造工艺”等课程，既有生产技能，又有科学理论，还保证了教育与生产劳动相结合。第四，坚持以阶级斗争为主课，坚持理论与实践的统一。第五，破除理工科教材旧体系，编写无产阶级新教材。将“文化大革命”前的教材斥为“买办洋奴哲学”“爬行主义”，组成工人、贫下中农、红卫兵小将、教师相结合的教材编写组，在开展革命大批判的基础上编写新教材。比如把原《高等数学》教材分为精华和糟粕两部分，先批判其唯心主义、形而上学的“公理化”体系，再从生产实践出发，编出《微积分》新教

材。第六，结合生产、科研任务，坚持群众路线，实行新的教学方法。结合典型工程、典型产品、典型工艺、技术革新等，打破基础课与专业课的界限，突出重点、急用先学、边干边学。

链接

同济大学“五七公社”

同济大学“五七公社”是“文化大革命”中大学理工科“教育革命”的样板，被誉为“社会主义工科大学的雏形”。

1967年11月3日《人民日报》发表《同济大学教育改革的初步设想》。按照该方案，同济大学改为“五七公社”，公社是一个由学校、施工单位、设计单位组成的教学、设计和施工三结合的统一体。作为先期试验，同济大学抽调建工系与建筑系220多名师生员工，华东工业建筑设计院抽调30多名设计人员，上海市建筑工程局抽调三个施工队，900多人，组成“五七公社”，共有1200多人。公社下设三个试验点，分布在三个工地，每个点有两个班级、一个工程队和一些设计人员。师生和设计人员下到工地后，与工人同吃、同住、同劳动，实行教学、设计、施工相结合。

1968年5月7日，在毛泽东“五七指示”发布两周年时，同济大学“五七公社”革命委员会正式成立。在实际办学中，“五七公社”既是一个学校，也是一个施工单位和设计部门，公社下面设大队，再设教学班。课程设置以毛泽东思想为统帅，以三大革命运动为中心，将课程分为政治课和业务课两大部分，基础课被大量削减，甚至取消。如工业与民用建筑专业原有30多门课程，20多门业务课被压缩合并为建筑、结构、施工三条线，基础课中物理课取消，高等数学和基础力学被压缩2/3以上。教学上批评旧教育是“权威吹原理，越吹越离奇；学生背定义，越背越生气”，将学生三年的学习全部固定在工程队里，围绕一项工程，实行教育与生产劳动相结合。师资上采取“掺沙子”的办法，贯彻“官教兵、兵教官、兵教兵”

的原则，请工人师傅、设计人员上讲台。

后来，同济大学地下建筑、机电、水暖、路桥、建筑材料等五个系，陆续推广了“五七公社”的经验。据宣传：“五七公社”结合典型工程进行教学，为国家设计和建造了20多项工程，其中4项是国家重点工程。给水排水专业完成了江西南昌日产2万吨和日产1万吨自来水厂的设计工作。路桥系三年级34名学生和4名教师到安徽大别山区进行公路勘测设计，两个多月就完成16千米长的道路、1座大桥、1座中桥、110个涵洞的勘测设计任务。房屋建筑专业三年级学生3年来完成了52000平方米的工业与民用建筑的设计任务。

1973年10月31日，国务院科教组在北京召开理工科院校教育革命座谈会，同济大学“五七公社”作了《大力扶植社会主义的新生事物——结合典型工程进行教学的体会》的发言。1975年12月15日，《人民日报》发表《办好社会主义工科大学——同济大学“五七公社”三结合办学的调查》，认为实行学校、施工单位、设计部门“三结合”办学，是办好社会主义工科大学，大量培养有社会主义觉悟有文化的劳动者的一条有效途径。1976年1月7日，《人民日报》又报道说：同济大学“五七公社”8年来，为国家培养输送了6批共687名毕业生，结合教学完成了160项房屋建筑工程。

（二）文科大学

“文化大革命”批判文科大学脱离工农、脱离劳动、脱离三大革命运动，“两耳不闻窗外事，一心只读封资修”，以资产阶级名利为钓饵，引诱青年学生走个人奋斗的白专道路。20世纪60年代初，全国高校文科的学者们编写了中文、历史、哲学、经济、政治、教育、外文、艺术共70种140本教材，发行量达400万册。这些教材被说成是“集封、资、修黑货大成”，是资产阶级在上层建筑领域对无产阶级实行专政的“总武库”。复旦大学中文系批判说：“考进中文系，关在洋楼里，钻进古书堆，想的名和利，阶级斗争全忘记。”上海戏剧学院批判说：“让我们这些十八九岁的青年，把精力花在公子、小姐的爱情纠葛上，迷在十八、十九世纪的宫廷、地主庄园的生活中，去体验什么剧中人要求个性解放的‘坚强意志’，去领会什么剧中人复杂的心理冲突……封资修的艺术，就像一服服毒剂，从世界观、艺术观上慢慢地腐蚀了我们的灵魂。”

文科大学怎么办？一是办写作组，搞革命大批判。1969 年冬，上海召开文科教育革命座谈会，提出“要把文科大学办成写作组”。1970 年 1 月 8 日，《解放日报》发表《文科就是要办成写作组》，提出“工农兵写作组才是社会主义文科大学的好样子”。1 月 10 日，《文汇报》发表《把大学文科办成写作组》，文章称：“我们需要的不仅仅是几个或几十个写作组，而是整个大学文科都应办成写作组。社会主义文科大学的存在，完全是为了巩固无产阶级专政的需要。它是无产阶级学习和实践马克思主义、列宁主义、毛泽东思想，批判资产阶级的战斗阵地。文科大学必须把学生和教师组织起来，按照各自的专业，分成若干个写作组，参加阶级斗争，参加革命大批判，造就在思想文化战线上冲锋陷阵的无产阶级战士。这是办好社会主义文科大学根本的、唯一的途径。”《红旗》杂志 1970 年第 1 期发表《文科大学一定要搞革命大批判》，提出：“革命大批判是社会主义文科大学的基本任务。”“文科大学不搞革命大批判，就是不培养无产阶级战士，而去培养资产阶级的‘院士’。”《红旗》杂志 1971 年第 6 期又发表《用革命大批判改造文科大学》，再次提出文科要“到社会上去搞革命大批判”，“以革命大批判带动教学”。

于是，文科类高校和设有文科的高校纷纷按要求成立写作组或批判组，各文科系也成立了写作组或批判组，大量撰写批判文章。写作组的文章在发表时多用笔名，如中央党校写作组笔名“唐晓文”，复旦大学写作组署名“傅丹”，上海师范大学写作组署名“尚思达”。有时，高校写作组还根据形势需要，联合起来大写批判文章。除了大学办写作组，各级政府机关和报社也办写作组，如：上海市革委会写作组（笔名“罗思鼎”“丁学雷”等，其中文艺组又化名“石一歌”，指专写鲁迅作品评论的“十一个人”）；北京市革委会写作组（笔名“洪广思”，因驻在北京香山洪光寺，故名）；文化部写作组（笔名“初澜”“江天”，前者取自“青出于蓝”，“出蓝”之谐音）；《红旗》杂志写作组（笔名“池恒”）。政府机关写作组的成员，主要也是从各高校抽调上去的教师，如上海市革委会写作组下分历史组、文学组、经济组、哲学组等，主要成员以复旦大学、上海师范大学等高校的教师为主。高校写作组在政治运动中出尽风头，撰写了大量的思想评论、文艺评论、调查报告、通讯报道等。

二是以社会为工厂，与工农兵群众相结合。1964年8月29日，毛泽东在接见尼泊尔教育代表团时说："大学文科不好设工厂，不好设什么文学工厂、历史学工厂、经济学工厂，或者小说工厂。文科要把整个社会作为自己的工厂。师生应该接触农民和城市工人，接触工业和农业。不然，学生毕业，用处不大。如学法律的，如果不到社会中去了解犯罪情况，法律是学不好的。不可能有什么法律工厂，要以社会为工厂。"1971年4月至7月，国务院召开全国教育工作会议，提出文科要把整个社会作为自己的工厂。6月19日，《人民日报》头版发表驻北京大学工宣队、军宣队的文章《文科要把整个社会作为自己的工厂》，与清华大学相呼应。文章说：以社会为工厂，坚持走与工农兵相结合的道路，是文科的一场大革命。唯如此，文科大学才能坚持坚定正确的政治方向，才能深入批判资产阶级，才能做到理论和实际的统一，才能改造和建设教师队伍。北大哲学系大白楼教改实践队，深入调查村史，请老贫农作忆苦思甜报告，参观长工屋，在工农兵群众中实现思想革命化；另一个教改实践队到11个生产大队调查"唯生产力论"的各种表现，整理出大量资料，和贫下中农、社队干部一起进行揭露和批判。历史

复旦大学外语系师生到上海县北桥公社办中小学教师英语短训班

系师生开展社会调查，写厂史、村史、家史等，了解工人、贫下中农受剥削、受压迫的血泪史。政治经济学系一个教改实践队以农村经济领域两个阶级、两条道路、两条路线斗争为纲，向领导机关、公社、大队深入调查农村人民公社的历史和现状，总结经济战线上的斗、批、改运动，编写出新教材。中文系师生带着教学任务下工厂，学习调查报告、通讯报道、工作总结等写作知识，编演文艺节目。

高校文科的师生自 1971 年下半年始，纷纷走出学校的大门，走进工厂、农村、商店，将专业理论学习与社会调查、革命大批判结合起来，为工农兵群众服务。1973 年上海师范大学中文系三年级（毕业班）109 人到金山县、沪东造船厂、城建局养护处、闸北区清洁管理站等单位学习调查，写出文艺评论、短篇小说、革命故事、小戏、相声、散文、诗歌、通讯报道等作品 60 篇。1973 年 6 月 5 日至 18 日，国务院科教组召开文科教育革命座谈会，强调要继续沿着以社会为工厂的道路，改造整个文科。

链接

复旦大学“五七文科”

1969 年 9 月 12 日，复旦大学举办两年制“五七文科”试点班，提出要“在阶级斗争的第一线办文科”，实行“大批判开路”，“以大批判为主课”。开始时有学员 30 人，其中工人学员 24 人，贫下中农学员 2 人，解放军学员 4 人。后来，试点班大面积推广，涉及复旦所有的文科系（包括中文、哲学、政治经济学、新闻、历史、国际政治等系）。

“五七文科”试点班围绕着革命大批判，组织学生深入工厂、农村、商店，与工农兵群众相结合，把学校与社会，专业理论学习与社会调查和革命大批判结合起来。教材上，以毛泽东著作为基本教材，重点学习毛泽东的哲学理论、政治经济学理论、文艺理论、教育理论、历史学理论、新闻学理论，并结合革命大批判，选读了鲁迅的有关著作。教学上，先集中一段时间，比较系统地学习专业理论知识；再组织学生深入社会（工厂和农村），结合实际斗争任务，边劳动，边学习，边创作。如中文系与上海第二十一棉纺织厂工人写作组等单位共同创作了《最后一班岗》《红娣》《在大树下》等作品，还有部分师生到上海水文地质大队、上钢五厂等单位深入生活。新闻系以报社、电台等新闻单位为基地，接受这些单位的宣传任务，深入到全市工业、农业、部队、学校、财贸各条战线进行采访实践。历史系到上海县七一公社进行了从土改、互助组、初级社、高级社、人民公社到“四清”运动的全过程的调查，编写了《七一人民公社史》和十几篇家史、村史。政治经济学系深入金山县枫围公社，一个多月写了调查报告30多篇。哲学系到农村和贫下中农一道学哲学、用哲学，其中一个小组到川沙县向阳三队，写出了《织布不用梭》《种菜、卖菜和吃菜》《僵猪变好猪的启示》等文章。

1971年4月，国务院召开全国教育工作会议，复旦大学作了《用革命大批判改造文科大学》的发言，此文曾刊于《红旗》杂志1971年第6期，《人民日报》1971年6月29日全文转载。1973年6月，复旦大学又在国务院科教组召开的文科教育革命座谈会上作了《文科结合战斗任务组织教学问题》《历史系如何结合战斗任务组织教学》《文科以社会为工厂》等发言。会后，国务院科教组负责人要求全国文科院校学习复旦大学“五七文科”，说：“文科如何搞？请看复旦的经验。”

二、“七二一”工人大学

上海机床厂是一家生产精密磨床的大厂，拥有工程技术人员600多人。该厂青年技术人员来源于两大方面：大专院校历届毕业生和从工人中提拔的技术人员。该厂认为，从工人中提拔的技术人员要比从大专院校毕业的技术人员强，成长快、贡献大。原因是大专院校历届毕业生受了“修正主义教育路线毒害”，“长期脱离劳动，脱离工人，追求资产阶级名利”；工人出身的技术人员“不为名，不为利，不畏艰险，不怕困难，不达目的誓不罢休”。1968年7月22日，《人民

上海机床厂“七二一”工人大学学员在上课

上海机床厂“七二一”工人大学学员边学习边实践

上海机床厂“七二一”工人大学学员和工人们一起设计新产品

日报》发表了一篇《文汇报》记者、新华社记者合写的调查报告《从上海机床厂看培养工程技术人员的道路》，认为从工人中选拔技术人员，是一条培养无产阶级工程技术人员的道路。

调查报告发表前送毛泽东审阅，他写了一段话：“大学还是要办的，我这里主要说的是理工科大学还要办，但学制要缩短，教育要革命，要无产阶级政治挂帅，走上海机床厂从工人中培养技术人员的道路。要从有实践经验的工人农民中间选拔学生，到学校学几年以后，又回到生产实践中去。”此即“七二一指示”。

毛泽东首先明确回答了大学要不要办的问题，然后指出怎么办的问题。由于指示中说“理工科大学还要办”，人们便对文科大学办与不办产生了疑问，毛泽东后来特意补充道：“我说大学还要办，讲了理工科，但没有讲文科都不办。”

“七二一指示”发布后，全国各地从1968年9月起，许多工厂相继创办“七二一”工人大学（或称“七二一”大学）。据统计，1972年全国共办“七二一”工人大学68所，学生4000多人；1973年发展到122所，学生6000多人；1974年达383所，学生23000人；1975年迅速升至5228所，学生251000人；1976年又增加到33374所，学生1485000人，学校数和学生数完全超过了普通高等教育。上海1974年底有“七二一”工人大学173所，1975年底猛增至1200多所，逐步由厂办发展到车间办。甘肃玉门石油管理局1969年开始创办“七二一”工人大学，1976年发展至16所，学员1600人。不难发现，“七二一”工人大学规模较小，校均学生普遍50人上下，最多的也不过100人。有人说：“1975年、

1976年两年新办的3万多所‘七二一’大学，大多是虚假的统计数字，许多地方的所谓大学，只是一个决议，一个计划，或只是挂了一块招牌，经费、教师、教室还无着落，学生亦未进校，只是一所‘四无’学校。”

作为“文化大革命”时期高等教育的一种特有形式，“七二一”工人大学如何办呢？仍以上海机床厂为例：该厂在“七二一指示”发布两个月后，办起了“七二一”工人大学，设机械制造专业，学制2.5年到3年左右。待上一期学员毕业，才招收下一期学员。第一期学员共52名，经过两年零十个月的学习，在“七二一指示”发布3周年时毕业。至1975年，共招收了三期学员，学员从在职工人中选拔，从第二期起向本市机电系统有关兄弟工厂招生。开设的课程主要有：毛泽东思想教育课、劳动课、学军课、专业课。遵照“实践、认识、再实践、再认识”的教导，将教学过程分为四个阶段：短期基础知识学习，边实践边教学，在实践基础上进行比较系统的理论教学和理论指导，再实践。生产忙的时候，学员回原班组参加生产劳动，或到农村去学农。任课教师主要从工人中选拔，坚持结合典型产品进行教学。以工人教师为主，发动工人和技术人员参加教材编写，如《磨床设计和制造》一书，是由80多位工人和工人技术人员参加编写的。学员毕业后不发毕业证书，仍回到生产实践中去，不增加工资待遇，不要工程师、技术员的称号。

天津大沽化工厂1969年7月办起“七二一”工人大学，认为学员是工人，政治红、懂生产，缺的是技术理论，办学的重点是解决“专”的问题。于是教学“铺底子”“打基础”，几门课齐头并进开快车。不久就受到大字报批判，认为关门读死书，“知识到手”“思想变修”。大连第二机床厂1969年8月办起“七二一”工人大学，学员怀着“根红苗正出身好”“背着麻袋捞干货”的心情来学习，于是一进校就批判“知识私有”，每周开六节政治课，还要参加政治夜校，与车间工人一起学习政治。

“七二一”工人大学不光大厂办，小厂也办。上海人民无线电厂是一个只有500名职工的小厂，且以女同志居多。1972年该厂办起了“七二一”工人大学，开设电子班，学制一年半。师资上，以能者为师，请有实践经验的工人担任教师，边干边教，边学边教。没有教材，就找老工人开调查会，分析电视机的每个部件、

《坚持走“七二一”道路》（绘画）

每道生产工序的特点和原理，群策群力，编写教材。没有教室，就因陋就简，挤出一间厂房当教室。找些板条往木箱上一搁，当课桌椅。办学三年，一共只花了几十元的教材和讲义誊印费，平均每人只花了几角钱。

不仅城市工厂里办起了大量的“七二一”工人大学，连农村公社办学也来走上海机床厂的道路。金山县朱行公社于 1969 年 1 月办了一所半工半读性质的农业技术学校，取名“五七”中学。由各大队推荐优秀青年入学，从农民中培养农业技术人员。在校学生由各大队按同等劳力记工分，年终参加大队的统一分配。学生经过数月或一年的学习后即进行分配，大部分回本大队担任拖拉机手、电工、队办工业的技术员、赤脚医生、植保员、生产队会计、教师等工作。

普通高校也尝试走“七二一”道路，如西安交通大学 1969 年 10 月创办“七二一”电机试验班，华中工学院 1969 年 12 月开办机制专业“七二一”试办班。1975 年 6 月，教育部和第一机械工业部联合在上海召开“七二一”工人大学教育革命经验交流会，会上介绍了上海机床厂办“七二一”大学的经验，明确提出普通大学的教育革命，要沿着“七二一”道路前进。1976 年初，清华大学和北京大学派出学习小组，赴上海机床厂学习“七二一”工人大学的经验，批判“‘七二一’大学是个形式，但不是唯一的形式”。

链接

从上海机床厂看培养工程技术人员的道路（节选）

上海机床厂青年技术员来源于两方面：大专院校历届毕业生和工人中提拔的技术人员。实践证明，后一部分比前一部分强。一般说，前者落后思想较多，实际工作能力较差；后者思想较前进，实际工作能力较强。目前，工人出身的技术人员，绝大多数是工艺方面的技术骨干，约有十分之一的人能独立设计高、精、尖的新产品。

为什么工人出身的技术人员成长快、贡献大呢？

最重要的一条是工人出身的技术人员对毛主席、对党有着深厚的无产阶级感情。他们在向科学技术进军的道路上，不为名，不为利，不畏艰险，不怕困难，不达目的誓不罢休。他们牢记毛主席的教导，时刻想到与帝修反争速度，争质量，并且处处考虑为国家节约，为工人操作方便。可是，有些受了修正主义教育路线毒害的青年知识分子，长期脱离劳动，脱离工人，追求资产阶级名利，结果一事无成。有一个技术人员，想成名成家，一鸣惊人，十多年来先后提出六十多个课题，搞一个丢一个，浪费了国家大量资金，一个也没有搞成。一个一九五六年的大学毕业生，起初为了自己出名，关门搞磨头试验，先后报废了三十多个磨头，后来向有经验的老工人请教，在老工人的帮助下终于搞成功了。他深有体会地说：“闭门搞磨头，吃尽了苦头；同工人结合搞磨头，尝到了甜头；磨头磨头，归根结底，先要磨炼自己的脑头。”

从工厂看教育革命的方向：

大学毕业生应当先到工厂、农村参加劳动，当一个普通劳动者，在工人、农民那里取得“合格证书”，然后根据实际斗争的需要，有些可以参加技术工作，但也还要有一定时间参加劳动。有的则继续当工人、农民。

学校教育一定要与生产劳动相结合。旧教育制度的一个严重弊病，就是理论脱离实际，大搞烦琐哲学，学生钻到书堆里，越读越蠢。只有接触实践，对于理论才能掌握得快，理解得深，运用得活。

除了继续从工人队伍中提拔技术人员外，应该由基层选拔政治思想好的，具有两三年或四五年劳动实践经验的初、高中毕业生进入大专院校学习。

从学校出来的大量技术人员，还有一批过去留下来的老技术人员，应该组织他们分期分批去当工人，或者让他们有更多的时间到车间去劳动，帮助他们走上和工人相结合的道路，走上理论和实践相结合的道路。

三、贫下中农管理农村学校

农村学校主要是中小学，“文化大革命”前由县教育局管辖。“文化大革命”后县教育局基本被砸烂，中小学处于散漫状态。1968 年秋，根据毛泽东“在农村，则应由工人阶级的最可靠的同盟者——贫下中农管理学校”的指示，各地就开始了由公社接管中学、大队接管小学的尝试，废除校长负责制，成立了由公社或大队干部、革命教师、贫下中农代表组成的贫下中农管理学校委员会（简称“贫管会”），组织“三结合”的教育革命领导小组，统管学校的人事权、财权、教学业务权。学校里无论要干什么事情，校长都得首先向他们请示，听取他们的意见；每次开会，坐主席台正中间的就是“贫管会”成员。

贫下中农管理学校后，改变了以前垂直的教育行政管理模式，实现了管理重心的下移。第一，打破了学校与大队、生产队相脱离、相互独立的局面，把学校作为公社、大队的一个组成部分，师生参加大队、生产队的政治活动，大队把学校的教育革命、教学活动列入工作计划。第二，学校不只是学校，也是大队政治、文化的中心。白天，小朋友们在学校上课；晚上，农村青年们在学校排演文艺宣

贫下中农管理
学校好得很

传节目，或者在操场上播放露天电影；每逢大队有重大政治活动，也放到学校里举行。第三，学生不只是在校读书，还经常参加大队、生产队的生产劳动和其他社会活动。第四，由老贫农、农村干部、解放军战士、农业科技人员、赤脚医生、农村会计、民兵干部等组成工农兵讲师团，但走上讲台的贫下中农文化素质较低，为学生上课，只能讲家史、村史、公社史（即所谓“三史”），讲农业八字宪法及基本的农业生产常识。

这些举措虽然带有浓厚的政治色彩，形式多于或重于内容，但从另一个方面来说未尝不是特定时代改造农村学校的一种尝试。如福建武平县象洞公社富岭大队的贫下中农制订了以下管理学校的办法和措施：（1）突出无产阶级政治，把活学活用毛泽东思想作为头等重要的课程；除早请示、晚汇报、天天读外，每周安排六节毛泽东著作课，一节师生讲忠会。（2）把全校师生都分别固定在一个生产队，当贫下中农的小学生，又当毛泽东思想宣传员和学习班辅导员，同贫下中农一起开展“三忠于”活动，接受贫下中农再教育。（3）把阶级教育列为学校的一门主课，组织一支不脱产的贫下中农讲师队，每周半天由贫下中农登台讲阶级斗争史，由富有生产经验的老贫农讲授农业生产知识。（4）师生每周坚持两个下午

革命文艺小分队在山头为贫下中农表演节目

首都《教育革命》编辑部出版的“农村教育革命专辑”。封面画的三幅背景图分别表示：学农、学军、批判资产阶级

参加集体生产劳动，边学习边实践。

上海松江县贫下中农接管全县中小学后，根据办学要近、规模要小、办法要好的要求，对全县中小学重新作了调整。基本上做到了每个大队有一所“五七”学校（或称小学附设初中班），隔一二里路有所小学，初中不出大队，高中不出公社。学校经过重新调整和布局，显示出四个特点：（1）实现了贫下中农对学校的一元化领导。所有农村中小学都在公社、大队革委会的统一领导下进行教学活动，彻底废除了县文教局—公社中心校—大队小学的“修正主义”体制，使农村学校教育大权掌握在贫下中农手里。（2）突出无产阶级政治，紧密结合农村阶级斗争实际。以农村三大革命运动为课堂，以贫下中农为老师，以活生生的阶级斗争为教材。废除了旧的考试、

升留级制度，学生由贫下中农推荐给学校。（3）普及了农村初中教育，小学入学率也大大提高。从 1967 至 1969 年，松江县小学由 600 多所增加到 800 多所，初中由 17 所猛增到 94 所。（4）实行勤俭办学，减轻贫下中农的经济负担。

既然贫下中农掌握了学校的领导权，不如干脆将学校下放。1968 年 11 月 14 日，《人民日报》发表山东嘉祥县马集公社马集小学两位教师侯振民、王庆余的来信，建议“农村所有公办小学下放到大队来办”（简称“侯王建议”）。他们还特意算了一笔账：马集公社有 21000 多人，14 处公办小学，教职员 51 人。每年国家要负担工资 20000 多元，修建费 3000 多元，商品粮 19584 斤。如果由大队管理，国家就不用给教师发工资，可以用这些钱粮支援工农业生产，支援国防建设。次日，《人民日报》开辟了“关于公办小学下放到大队来办”的讨论专栏，为贫下中农管理学校进行舆论宣传和理论探讨。这个专栏一直延续到 1976 年 8 月 26 日，共出了 197 期。地方报纸也紧随其后，不断地就“公办小学由大队来办”发表意见。有人建议来自市区、城镇的教师到小学所在的大队插队落户，既当教

黑龙江省密山县农垦子弟学校的小学生文艺宣传队

员，又当社员。教师不再领取国家工资，改为大队给教师记工分，根据工分，由大队分配口粮，支付劳动报酬。教师不但要教学，还要参加一定时间的生产劳动，和贫下中农、红小兵一起斗私批修，接受贫下中农的再教育。

1969年1月6日，《人民日报》报道吉林省东丰县南屯基公社万兴大队办的小学，从1968年11月起，将公办教师的工资改为工分制加补贴，并在编者按中说“这个办法可供各地参考”。1969年5月12日，《人民日报》发表吉林省梨树县革委会的《农村中、小学教育大纲（草案）》，就贫下中农管理学校提出了一系列操作性意见：将突出无产阶级政治放在重要位置，把活学活用毛泽东思想放在学校一切工作的首位；农村中小学实行九年一贯制（实际中有的地区缩短学制，变为七年一贯制，即小学五年、初中两年），其设置以农民子女就近上学方便为原则，打破行政区域界限；教师的任免要由贫下中农讨论，大队革委会提出意见，公社革委会批准，报县革委会备案，另外建立一支由干部、贫下中农、民兵组成的讲师团；农村公办小学下放到大队来办，由大队教育革命领导小组领导，教师的工资改为工分制，实行民办公助；小学设五门课：政治语文课、算术课、革命文艺课、军事体育课、劳动课；中学设五门课：毛泽东思想教育课、农业基础课、革命文艺课、军事体育课、劳动课；废除考试、留级制，中学采取推荐与选拔相结合的方式招生。

这个大纲的发表，对贫下中农管理学校在操作上起了普遍的指导作用，尤其是关于学校就近设置和中小学一贯制的做法，各地为配合缩短学制的试验，就农村儿童就近入学、普及农村初中等，进行了一些尝试。

链接

欢迎你们来当社员又当教员

上海市金山县红星大队党支部书记　徐忠铭

贫下中农管理学校，这是毛主席他老人家的号召，也是我们贫下中农多年的愿望。

我们生产大队完全能办好学校，管好学校。有人说我们贫下中农没有读过书，不识几个字，办不好学校，这完全是胡扯。办修正主义学校的那一套，我们是不懂；办为贫下中农服务的学校，我们就懂。什么样的人是社会主义事业的革命接班人，我们也最明白。我们最恨刘少奇的修正主义教育路线，我们最懂毛主席的教育革命思想。至于办学的各种具体条件，我们生产大队要人有人，要钱有钱，要物有物。学校的教材，除了书本上的，我们还有新旧社会回忆对比的阶级斗争教材和丰富的生产经验，这都是书本上没有的，但这是最有用的。我们大队办学校，一定要比公办小学强。

我们欢迎公办小学教师到大队来当社员、当教师。现在有的教师担心和社员一样记工分后生活会有困难，有的还担心会增加贫下中农的负担。这些都不用担心。你们到大队来，一边教学，一边参加劳动，只会增加生产；你们把贫下中农子弟教好了，广大贫下中农生产劲头更大，产量会更高。一个大队的贫下中农，担负七八个、十几个教师的生活是不成问题的。只要你们真心实意为贫下中农服务，如果你们生活有困难，贫下中农也会照顾的。

把公办小学下放到大队来办，教师和贫下中农一样记工分，不拿国家工资，不吃国家口粮，这对教师确实是一个大革命。只要革命的教师活学活用毛主席著作，彻底批判刘少奇反革命修正主义教育路线，真正用毛主席的无产阶级教育革命路线武装自己，坚定不移地为贫下中农服务，清除“教育为活命”的资产阶级思想影响，你们就一定能实现思想大革命，成为一个贫下中农所欢迎的革命知识分子。

四、街道工厂管理市区学校

农村既然实行由基层掌管学校，即小学由大队办、中学由公社办，那么城市中小学是否也应当下放到基层组织和基层政府呢？《人民日报》在推出“农村所有公办小学下放到大队来办”的讨论之后，又于 1968 年 12 月 2 日发表读者来信，

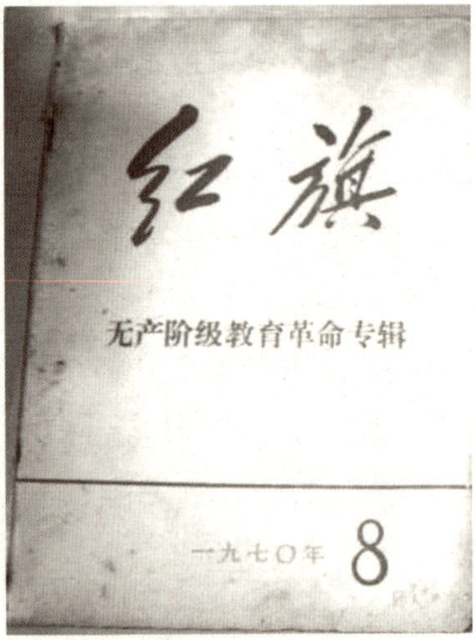

《红旗》杂志 1970 年第 8 期“无产阶级教育革命专辑”

以第一版的整版篇幅，就“城市的小学及中学应当如何办”这一问题开展讨论。各地读者纷纷致信，有人认为城市中小学应该以街道办为主，实行厂、校结合；有的认为应该由工厂来办；有的认为应该小学由街道办，中学由工厂办。此后，许多城镇的中小学改由工厂接办，搞“定厂办学”；京沪等大城市还将小学改由街道办事处管理。1969 年 1 月 27 日，《红旗》杂志第 2 期发表一份城市中学走工厂办学道路的调查报告《厂办校、两挂钩》，介绍兰州市第五中学在工宣队进校后，改为兰州铸造厂厂办中学的经验。

“定厂办学”，就是将学校从政府教育行政机关办改由附近的工厂来办（小厂可以几家合起来共同管理一所学校）。学校相当于工厂的一个基层单位（车间），由厂革命委员会直接领导。教师作为工厂的一员，不再由国家发给工资。由有实践经验的优秀工人、贫下中农、解放军战士担任兼职教师，改变教师队伍的阶级成分。厂革委会同志和老工人参与讲课，讲厂史，讲两条路线斗争史。如兰州五中改为厂办中学后，把全日制中学改成半工半读学校，师生每周两天全学习，四天半日劳动半日学习。原中学的 17 门课，精简合并为 5 门：毛泽东思想课、工业基础课、农业基础课、革命文艺课、军事体育课。

20 世纪七八十年代许多工厂的职工子弟学校就是由“定厂办学”演变而来的，到 21 世纪初，又有许多职工子弟学校从工厂脱离，重新划归教育行政部门领导和管理。

“街道办”，即把学校交给街道办事处管理，吸收部分里弄干部、革命家长参加学校领导，发挥街道里弄的退休老工人的作用。学校在街道的领导下，组织工农讲师团，选请附近工厂、房管所的工人，商店、菜场的营业员和邻近郊区的贫下中农担任讲师，给学生讲家史（忆苦思甜）、讲算术、讲动植物知识（园林工人讲绿化）等。学生、教师可以到街道工厂、菜场、清洁管理站等各条战线参加劳动，参加本地区的阶级斗争。同时，由退休老工人和职工家属组成校外辅导员队伍，帮助开展“三忠于”活动、开展革命大批判等。

也有的搞街道、工厂、学校“三结合”办学。上海市中国中学和襄阳南路第三小学试办由工厂、人民公社、街道联合管理的九年一贯制学校。经过一段时期的尝试，两校合并为“中国五七学校”，由中国钟厂、印染八厂、徐汇区清洁管理站、永嘉路街道、曹行公社、虹桥公社长春大队等单位联合管理。全校 4000 多人按高低年级分为三个营、一个直属连，以学生居住地区划分为班、排。平时上政治课、阶级教育课、劳动课，均以营、连、排为单位；上文化课时，同一连中，按程度高低，分为几个不同年级。学生回家后仍然按排、班举办学习班。同时，由驻校工宣队、解放军、校革委会及校外工厂、公社、里弄退休工人组成“三结合”领导班子。当时对这种“新型”办学模式的评价是：“由于学校由几个单位一起管理，师生们便有较多机会参加各种劳动。有利于将家庭教育、学校教育、社会教育结合起来。”

三种模式中，普遍认为城市小学还是以街道为主来办好。1968 年 12 月，《人民日报》报道上海市徐汇区斜土路小学和日晖西路里委会，试行以街道为主、与工厂结合办学的办法：他们建立了由工宣队、里弄退休工人、里弄干部、贫下中农、革命家长、革命师生等组成的领导班子——教育革命小组，领导学校的教育革命；把红小兵按居民小组组织起来，校外时间举办毛泽东思想学习班，读“老三篇”；老工人向学生忆苦思甜，进行阶级教育；安排师生到本街道所属工厂、商店、菜场等参加劳动。1969 年 2 月 25 日，《人民日报》又发表《街道联合起来能够办小学》，介绍上海市杨浦区控江街道联合办小学的经验。

链接

在工人阶级领导下以街道为主办小学

上海市徐汇区斜土路小学

小学以街道为主，与工厂结合办，最大的优点，就是使学校教育、社会教育、家庭教育紧密地结合起来，使学生在校内外都受到工人阶级的教育。

过去，旧学校在刘少奇反革命修正主义教育路线的控制下，实行垂直领导，关门办学，关门教学，虽然学校办在里弄、街道里，却远离劳动群众，以致产生了学校教育与社会教育、家庭教育三脱节的现象。这样，学生放学回家没人管，有的玩火，有的丢烂泥，跌伤、闯祸的事经常发生。有个双职工的小孩，跑到乡下捉蟋蟀，他却对老师讲家里有事，而对父母说在学校上课。更严重的是，有的学生受到资产阶级思想的影响，沾染上坏习气，甚至受到阶级敌人的利用和毒害。

以街道为主办学校以后，里委会组织了一批退休工人、里弄干部、红卫兵，专门负责红小兵的辅导工作，把红小兵按居民小组组织起来。他们在学生的校外时间，举办毛泽东思想学习班，读“老三篇”。老工人向学生忆苦思甜，进行阶级教育。退休工人、里弄干部还带领红小兵杀上里弄对敌斗争第一线，和广大革命居民一起批斗阶级敌人；还让学生参加爱国卫生活动、宣传节约水电等工作，使学生在社会实践中学到不少在课堂里学不到的东西。

由于学校教育、社会教育、家庭教育紧密结合，红小兵的精神面貌起了很大变化。过去学生对里弄的阶级斗争是不听、不问、不参加，分不清邻里之间的阶级关系，有的还称阶级敌人为“公公”“好婆”。现在红小兵组织了监督小组，阶级敌人的一举一动都处于红小兵的监督下。通过参加对敌斗争，红小兵的阶级觉悟大大提高了。过去他们回到家里，大部分时间都花在玩上，现在红小兵回到家里，就参加学习班，学习毛主席著作。大家每天都生活、学习、战斗在一起。在战斗化的集体生活中，培养了良好的组织纪律性。总之，以街道为主办学，好处很多，集中到一点，就是使学校、社会、家庭教育“三结合”。有个老工人说：“由‘三脱节’变‘三结合’，我们工人阶级一定能培养出忠于毛主席的革命接班人。”

五、开门办学

《抓革命　促生产》（剪纸画）

毛泽东曾指出："自从有阶级的社会存在以来，世界上的知识只有两门，一门叫作生产斗争知识，一门叫作阶级斗争知识。"要懂得和掌握这两门知识，就得走出校门，接触社会，参加现实的生产劳动和阶级斗争。这样，一方面了解工农业生产，学会一定的劳动技能；另一方面培养工农感情，提高社会主义觉悟。"文化大革命"期间，各级各类学校面向工厂和农村，大搞开门办学，被认为是实现无产阶级教育革命的必由之路和有效措施。"学校要不要紧密联系社会实际，实行开门办学，这是关系到举什么旗，走什么路，坚持什么方向的原则问题。"各地理工科大学搞厂校挂钩、厂校合一、厂办专业、半工半读、按生产过程组织教学；文科大学以社会为工厂，组织师生到工厂、农村、部队和工农兵一起参加政治运动，研究和宣讲儒法斗争史，并以此为中心选择教学内容，组织教学；中小学也大搞开门办学，大办小工厂、小农场，与工农兵一起参加生产劳动和政治批判。1974 年 9 月 29 日，国务院科教组、财政部联合发布《关于开门办学的通知》，认为开门办学是"无产阶级教育革命的新生事物"，是"上层建筑领域的一场深刻革命"。

（一）理工科大学厂校挂钩

1970 年 7 月 22 日，《人民日报》发表了清华大学工宣队、军宣队的《为创办社会主义理科大学而奋斗》，文中提出理工科大学改革方案，要求实行开门办学、厂校挂钩、校办工厂、厂带专业，建立教育、科研、生产"三结合"的新体制。于是，理工科大学和综合大学的理工科专业走向工厂和农村，大搞开门办学。

上海师范大学师生1973年分散到上海市76个工厂、2个公社和外地1个工厂、2个公社搞“开门办学”。其中，数学系到上海船厂、上海交通电器厂、沪东供电所、上钢十厂、上海无线电十三厂、马陆公社等单位搞开门办学；物理系在金山某公社办起了“板车大学”。

上海中医学院在两年多时间内，同奉贤、川沙、南汇三县建立了固定的挂钩关系。在上述三县举办多期专科训练班，培训中医教学的师资，培训赤脚医生，在5个县级医院、6个公社卫生院、23个大队建立了农村医学教学基地。

厦门大学1970年8月提出“无产阶级教育新体制”，在校办工厂、实验室、科研组的基础上，打破系的界限，把理科四个系的有关专业纳入校办的电子厂、化工厂、制药厂，实行厂带专业的新体制。如电子厂下设五个车间：电子材料车间，由化学系的半导体化学和物理系硅单晶、玻璃半导体部分专业合编而成；电子器材车间，由物理系物理专业改编而成；电子仪器车间，由物理系无线电物理专业改编而成；自动控制车间，由数学系计算数学专业、射流技术，物理系有关电子自动控制部分专业合并而成；机修车间，由数学系力学专业与车间

广西大学电力系师生和大厂矿务局工人技术人员一起研究电机运行中的新技术

合并而成。

杭州大学化学系到以生产糖精为主的嘉兴化工厂搞厂校挂钩，实行教学、科研、生产“三结合”:（1）师生参加工厂的斗、批、改;（2）同工厂合办工训班，进行教学改革；（3）选择精胺氧化科研项目，结合工厂的生产实际进行科学研究。

山东大学自1971年起，全校学员、教师到工厂、农村、部队、海港、科研等500多个单位开门办学，到1975年达到15000人次。数学系师生与上海沪东造船厂协作，研究船体数学放样；与山东省莱芜钢铁厂某矿区协作，进行矿区地下水含量的分析，计算结果推翻了该矿区地下水多、无法开采的谬论；还为山东博山陶瓷厂改进了隧道窑、烤花窑等关键性生产工序的自动控制设备，在全国陶瓷生产会议上受到表扬并被推广。物理系理论物理专业二年级学员，为胜利油田电测站安装改进了声速测井仪五台。电子系师生同胜利油田协作，研制成功了数字指重表，填补了国家空白；同济南衡器厂协作，研制五位数字电压表。化学系与济南油脂化工厂协作，研制高强度、抗撕裂的有机硅橡胶。生物系微生物专业为石家庄酒厂改革黄酒生产工艺流程，设计了一个年产黄酒千吨的新工艺方案。

北京大学生物系昆虫专业73级师生奔赴河南安阳县安丰公社搞开门办学，结合棉花病虫害的防治，和贫下中农一起，反复试验以蚜虫养瓢虫、用瓢虫治蚜虫的生物防治法。“不仅克服了过去大量使用化学农药造成中毒的问题，而且省工省钱。”同时，结合这一战斗任务，有计划地组织了昆虫生态学、解剖学、植物病理学等理论课教学，进行预测预报、田间防治、标本制作等基本训练。有个学员在教师指导和同学们的帮助下，进行多次试验，将瓢虫“产卵期由原来的5天增加到40多天，产卵量增加了7倍多”。

四川大学化工系赴四川化工厂，以革命大批判为动力，以毛泽东的哲学思想为武器，学习《人的正确思想是从哪里来的》《实践论》等著作，然后深入实际，调查研究，在厂、校各级党组织的直接领导下，在工人师傅的帮助下，初步解决了四川化工厂化肥生产中的一个“老大难”——水洗塔堵塞问题。据统计，可比往年同期每天增产合成氨50吨。如果全部加工成尿素，每月可增产2500吨。同时每年可为国家节省检修费用十几万元。在清洗堵塔（塔内滋生了大量细菌）上，否定权威学说，坚持自力更生，采用浓度很低的漂白粉溶液进行杀菌。在困难面前先学习《愚公移山》《将革命进行到底》等文章，再发扬一不怕苦、二不怕死的革命精神，常常连续工作长达20小时之久。漂白粉的腐蚀性比较强，同学们的皮肤被烧伤了，衣服被漂白了，鞋袜被烧烂了，但个个精神饱满，说："漂白粉只能腐蚀我们的皮肤，绝不能动摇我们的意志，虽然我们的衣服烧烂了，但感情和工人阶级更接近了，眼睛熬红了，对路线问题却看得更清了。"

（二）文科大学以社会为工厂

以社会为工厂，是毛泽东1964年8月29日在接见尼泊尔教育代表团时，批评文科脱离实际时提出来的，他说："文科要把整个社会作为自己的工厂。师生应该接触农民和城市工人，接触工业和农业。不然，学生毕业，用处不大。"自1971年下半年始，文科高校被要求深入工厂、农村、商店，与工农兵群众相结合，把学校与社会，专业理论学习与社会调查、革命大批判结合起来。师生开始走出学校的大门，以社会为工厂，大搞开门办学。

中山大学哲学系师生到中山县开门办学，在县委领导下，带着"小生产是怎样产生资本主义和资产阶级的"等八个专题，进行调查研究，掌握现实斗争的材料。经济系师生带着"社会主义政治经济学""经济史""部门经济"等课程，到工厂、农村、商店开门办学，作调查研究，写调查材料。

山东大学文科专业的师生"以社会为工厂"，配合政治斗争，在工厂、农村、部队办短训班、讲座，参加学习和听讲的，就达30余万人次。他们还同工农兵一起，写理论书籍和文章，注释法家著作，写通讯报道歌颂社会主义新生事物。政治系写出了通俗易懂、很受工农兵欢迎的哲学著作，编写了学习无产阶级专政理论讲话稿、调查报告等80余篇。中文系编写书籍和注释法家著作10余种，在中央和省市报刊、电台上发表文章200余篇。外文系在港口、广交会和外国工展会上开门办学，宣传毛泽东思想，宣传我国社会主义革命和建设的成就。

安徽师范大学历史系多次组织师生到"三大革命斗争第一线"，深入农村、工厂，调查两个阶级、两条道路斗争的情况。在批判《水浒》投降主义中，师生组成"方腊调查组"，先后三次赴皖南、浙西一带对方腊的阶级出身和革命历史进行实地调查，结论是方腊出身“佣工”而非“家有漆林之饶”的地主。反映这一“成果”的文章《略论方腊》和《方腊是雇工出身的农民起义领袖》，分别在《红旗》杂志和《光明日报》上发表。参加调查的教师说：“过去关在高楼深院里搞史学革命，搞来搞去，还是没有跳出封、资、修的圈子，研究的还是帝王将相。事实证明，开展史学革命也必须走向社会，同工农结合，才能生气勃勃，取得成效，如果一头栽进故纸堆搞‘革命’，史学就会变成‘死学’。”

厦门大学的外语系也坚持以社会为工厂，开门办学，有计划地、分期分批地安排各专业师生到工厂、农村进行教改实践，使外语教学与“三大革命实践”紧密结合起来，直接为“三大革命斗争”服务。英语专业二年级到马尾造船厂，编写了《百年老厂换新貌》《三千吨水泥船》《革命烈士林祥谦》《万童坑》《乌龙江大桥》等十多篇课文；有时请老工人作报告，学员自己译成英文，教师再进行辅导；有时让学员两三人一组，模拟带外宾参观工厂，一边介绍，一边问答；学员晚上分批轮流到马尾港口海员俱乐部去接待外国海员，锻炼口语；他们还主动承担工厂一批难度较大的技术资料翻译任务，帮助厂里办工人英语夜校，有 130 名工人报名参加学习。一年级则到同安县马巷公社洪溪大队，编写《大

《小岛夜校》（绘画）

队概况》《洪溪大队今昔》等英语课文，还结合春耕生产，编写《向贫下中农学习》等小对话。

（三）中小学开门办学

中小学开门办学主要是到工厂、农村，结合工农生产学习实用性知识，或者将平时学习所得应用于工农业生产实践。这里举几个例子：

湖北省蒲圻县车埠中学面向农村，开门办学，自力更生办起了近 400 亩农、林、茶场，建立了土试验室、土农药厂、土化肥厂和农机维修车间，同两个生产大队和公社农机站挂钩，建立了一支 28 人的固定的工农兼职教师队伍。在开门办学中，为了上好阶级斗争这门主课，采取忆苦思甜、访贫问苦、调查三史等办法，帮助学生树立阶级斗争观念、促进思想革命化。数学教师在讲三角函数时，把学生带到农村小型泵站，以管道安装计算为例来讲解三角函数的意义；师生还动手帮助工农大队安装抽水机弯管，用三角函数知识计算弯管的度数。农化课结合教学帮助生产队围剿四代三化螟、捕灭五代稻飞虱。数学课结合教学测量盘山防汛渠道、公路。先后调查访问了 50 多个单位和生产队，编写了农机、化学、水利测量和农村实用数学等 26 万多字的新教材。

江苏省泰兴县张湾中学实行校队挂钩，带领师生走出校门，接触工农，联系实际，实行教学、生产、科研三结合。为了适应农村需要，学校增设了“农业机电”

学生在开门办学中也要参加农业劳动

《开门办学》（绘画）

课，帮助学生掌握拖拉机、柴油机、电动机、水泵及照明电路、动力电路的基础知识和基本技能。高一学生学会开拖拉机，初二学生掌握拆卸、安装水泵技术。在政治、语文、历史等科的教学中，组织学生到挂钩队和贫下中农一起“批林批孔”，开展宣传活动，进行社会调查。如语文课根据农村需要，指导学生学会写记叙文、应用文、通讯、家史、小评论、批判稿、总结报告等各种体裁的文章。

上海市闸北区和田中学 1973 年下半年有 1000 多师生采取各种方式，到吴泾工业区、江湾公社、东方红机器厂开门办学。在吴泾工业区开门办学时，化学课就在化工厂上，车间就是课堂，工人师傅就是教师；在农村，则由老贫农在田头上水稻课。川沙县某中学语文课开门办学，先在课堂里学习毛泽东关于调查研究的论述，讲解调查报告的写作方法，然后带领学生到公社、大队搞社会调查，听“土记者”的介绍，回校后再指导学生写调查报告。讲电动机时，多次组织学生到农机厂、大队修配站参观，由工人师傅拆开电动机边讲边示范。回校后，根据书本上的原理，指导学生装配玩具电动机。

天津市第十七中学以北站货场为基地，搞了半年开门办学。年底货场评先进，他们就协助工人师傅写年终总结，替先进班组写上报材料。接着，又提出为新年表扬先进大会写一些文艺宣传材料宣传先进事迹，写了一百多首诗歌、快板、鼓词等，并选出一些在表扬大会上演出。为搞好运输大会战，同学们还主动组织了青年突击队，和师傅们一起参加劳动，抢装抢卸。他们的感受是：“开门办学就是好，关键在于怎么搞，社会课堂是宝库，工农群众给撑腰，教师不能怕艰苦，世界观必须总改造。”

04

第四章

接受贫下中农再教育

“文化大革命”期间，高校有四年未招收新生，高中招生也大量压缩。于是，大量初高中毕业生得不到及时、有效的安置，成为社会和家庭的负担。在毛泽东“知识青年到农村去，接受贫下中农的再教育，很有必要”的教导下，从1968年起，全国掀起了城镇知识青年上山下乡的热潮。1000多万风华正茂的青年学生，奔赴各地生产建设兵团、国营农场、林场、人民公社，投入时代的洪流。教师也被列为革命和改造的对象，分期分批下放到“五七”干校开荒种地，接受劳动改造和再教育。

一、上山下乡

早在1955年，就有北京、上海等地的初高中毕业生志愿奔赴黑龙江北大荒、江西德安等地垦荒。1956年1月，中共中央提出：“城市的中小学毕业的青年，除了能够在城市升学就业以外，应当积极响应国家的号召，下乡上山参加农业生产，参加社会主义农村建设的伟大事业。”20世纪60年代初期，为了控制城镇人口，缓解粮食紧张的问题，各大中城市每年都有一批初高中毕业生下乡参加农业生产。1964年，全国有30余万知识青年上山下乡。1965年6月下旬至8月初，就有11000多名上海知识青年陆续抵达新疆生产建设兵团农一师和农二师。“文化大革命”前，上海共有7万多名青年支援新疆建设。

“文化大革命”之初，零星地有一些青年学生自发上山下乡。如1967年10月，北京几所中学的10名毕业生，启程前往内蒙古西乌珠穆沁旗白音宝力格公社插队落户。11月，近400名北京青年学生前往内蒙古锡林郭勒盟插队。12月13日，青岛市四中、八中、十三中的一批毕业生奔赴山东诸城县贾悦公社插队。1968年2月，山东省济南市的260多名初高中毕业生前往革命老区沂蒙山区插队落户。3月，一批北京中学生经过长途跋涉来到地处中、老、缅边境的西双版

北京市东城区为下乡知青举行盛大而隆重的欢送会

上海欢送 68 届毕业生去崇明插队

纳大勐龙——国营东风农场疆锋生产队安家落户。

1968 年 3 月 19 日，黑龙江省革委会提出“面向农村、工厂、基层”分配 66、67、68 届大专院校毕业生，重点是去农村。此时，全国共积压大学毕业生达数十万人，中学则有初高中毕业生近千万，还有中专毕业生 54.7 万人，职业中学毕业生 443.3 万人，都急需安置。6 月 15 日，中央要求各地坚持面向农村、面向边疆、面向工矿、面向基层（即“四个面向”）分配大专院校毕业生，强调大学毕业生必须先当农民。如不服从分配，逾期两月，取消毕业生资格和在校生待遇。1968 年 8 月，大专院校毕业生分配基本完成之后，各省市开始组织中学毕业生到农村安家落户，去当农民。据统计，到 1968 年 12 月，全国各省、市、自治区下乡的城镇知识青年接近 200 万人。

《知识青年到农村去，接受贫下中农的再教育》（宣传画）

1968 年 12 月 22 日，《人民日报》刊登《我们也有两只手，不在城里吃闲饭》，报道甘肃省会宁县城部分城镇居民，纷纷奔赴农业生产第一线，到农村安家落户。编者按中引述毛泽东的指示："知识青年到农村去，接受贫下中农的再教育，很有必要。要说服城里干部和其他人，把自己初中、高中、大学毕业的子女，送到乡下去，来一个动员。各地农村的同志应当欢迎他们去。"毛泽东将上山下乡看成是教育问题，希望从"旧学校"里毕业的青年学生到农村接受贫下中农再教育。后来他又说："一切可以到农村中去工作的这样的知识分子，应当高兴地到那里去。农村是一个广阔的天地，在那里是可以大有作为的。""越是最困难的地方越是要去，这才是好同志。"

《到农村去　到边疆去　到祖国最需要的地方去》（宣传画）

毛泽东的指示通过广播迅速传遍全国，"毛主席挥手我前进，插队落户干革命"一时成为令青年学生热血沸腾的政治口号。作家叶辛说："最新最高指示一发表，上海城沸腾了，几十万革命的师生员工连夜上街游行，锣鼓声直响到深夜。不少同学当场写出了决心书、保证书，刷出了大幅标语，有人还咬破手指，写下了血书，纷纷豪情满怀地

欢迎知青进村

表达雄心壮志。”成都市 19 中的红卫兵高举红旗敲锣打鼓，举着“坚决要求到祖国最艰苦的地方去”的决心书，涌进四川省革委会。他们当天就如愿得到一个光荣的任务——全校 1000 多人到川滇两省交界处贫困落后的渡口市（今攀枝花市）农村去插队。1969 年 2 月，天津市湾兜中学的 30 名学生和 1 名青年教师徒步行军 51 天，行程 2000 多里，到山西省平陆县毛家山集体插队落户。

有小部分学生不愿下乡，驻校工宣队便给他们办学习班，斗私批修，忆苦思甜，狠批“中国赫鲁晓夫”的反动谬论。有些家长不同意子女下乡，学校便给家长办学习班，批判“望子成龙”“养儿防老”，要求打破把子女当作私有财产的旧思想，不要扯子女的后腿。一位家长经过教育后说：“孩子去农村，虽则离我远了，但离毛主席革命路线近了。”有的知青为了上山下乡，瞒着父母，偷偷地将户口拿走，还有的甚至不惜与父母断绝关系。

1967年至1979年，有约1700万的知识青年上山下乡。1967年至1968年199.68万人，1969年267.38万人，1970年106.4万人，1971年74.83万人，1972年67.39万人，1973年89万人，1974年172.48万人，1975年236.86万人，1976年188.03万，1977年171万人，1978年计划134万人，实际下乡48万人，1979年计划80万人，实际下乡24万人，1980年停止知识青年上山下乡。上海1968年至1972年，就有近百万知识青年，奔赴吉林、黑龙江、安徽、江西、云南、贵州、内蒙古等省、自治区以及本市郊县农村。如此大规模的人口流动，在中国历史上是罕见的。因为路途遥远，运送知青也是一件颇费周折的事。北京市在高峰时期，每天就要开出3列运送知青的专车。上海市甚至动员海军舰艇把知识青年先运到大连，再从大连坐火车去黑龙江和吉林。

全国接收和安置知青量较多的是12个生产建设兵团和3个农建师，即：新疆生产建设兵团、黑龙江生产建设兵团、兰州生产建设兵团（横跨甘肃、宁夏、陕西、青海，全国唯一的跨省生产建设兵团）、广东生产建设兵团、内蒙古生产建设兵团、江苏生产建设兵团、安徽生产建设兵团、福建生产建设兵团、云南生产建设兵团、浙江生产建设兵团、山东生产建设兵团、湖北生产建设兵团、西藏农建师、江西农建师、广西农建师。除新疆生产建设兵团是成立于1954年

《广阔天地炼红心》（宣传画）

且保留至今外，其他生产建设兵团和农建师均是在“文化大革命”中建立起来的，“文化大革命”结束前也都基本被撤销。

链接

我是黄土地的儿子

习近平

1969年1月，我作为“黑帮子弟”，来到陕西延川县文安驿镇的梁家河插队落户。离开京城，投入一个陌生的环境中，周围遭遇的又是不信任的目光，年仅15岁的我，最初感到十分的孤独。但我想，黄土高坡曾养育了我的父辈，她也一定会以自己宽大的胸襟接纳我这个不谙世事的孩子。于是，我真诚地去和乡亲们打成一片，自觉地接受艰苦生活的磨炼。几年中，我过了四大关：一是跳蚤关。在城里，从未见过跳蚤，而梁家河的夏天，几乎是躺在跳蚤堆里睡觉，一咬一挠，浑身发肿。但两年后就习惯了，无论如何叮咬，照样睡得香甜。二是饮食关。过去吃的都是精米细面，现在是粗粝的杂粮，可不久我便咽得下，吃得香了，直到今日，我对陕北乡村的饭菜还很有感情，就拿酸菜来说，多时不吃还真想它。三是劳动关。刚开始干活时，我挣6个工分，没有妇女高。两年后，我就拿到壮劳力的10个工分，成了种地的好把式。四是思想关。这是最重要的，我学到了农民实事求是、吃苦耐劳的精神。同时，乡亲们也逐渐把我看作他们中的一分子。我生活在他们中间，劳作在他们中间，已经不分彼此，他们对我坦诚相待，让我做赤脚医生，做记工员、农技员，20岁那年，又选我做大队党支部书记。我和社员一道打井、打坝、修公路，发展生产，改变家乡的面貌——我已认定，这里就是我的第二故乡。

1993年，我再回梁家河时，有的乡亲提到，当年我在村里创建铁业社，为村民增加了收入；我带领大家开挖出陕西省第一口沼气池，让村民用沼气照明、做饭。可是，我所记得的，是他们曾经无私地帮助过我，保护过我，特别是以他们淳厚朴实的品质影响着我，熏陶着我的心灵。15岁来到黄土地时，我迷惘、彷徨；22 岁离开黄土地时，我已经有着坚定的人生目标，充满自信。作为一个人民公仆，陕北高原是我的根，因为这里培养出了我不变的信念：要为人民做实事！

无论我走到那里，永远是黄土地的儿子。

二、“再教育”

为什么要进行“再教育”？隐含的前提是学校没有把青年学生教育好，需要到农村补上农业生产、阶级斗争的课。为什么让贫下中农承担起教育知识青年的重任？一是对原有教师队伍不信任，二是认为贫下中农政治觉悟高。毛泽东曾说：“拿未曾改造的知识分子和工人农民比较，就觉得知识分子不干净了，最干净的还是工人农民，尽管他们手是黑的，脚上有牛屎，还是比资产阶级和小资产阶级知识分子都干净。”1969 年 6 月 26 日《人民日报》发表《广阔天地　大有作为》，提出：“广大的贫下中农——工人阶级的最可靠的同盟者，热爱毛主席、热爱党，有丰富的阶级斗争和生产斗争的实践经验。他们是知识青年的好老师。知识青年要学习贫下中农忠于毛主席、忠于毛泽东思想、忠于毛主席的无产阶级的革命路线的深厚感情，爱憎分明的阶级立场，热爱社会主义的高贵品质，自力更生的革命精神和艰苦朴素的优良作风。”知识青年到农村去，就是要告别传统的学校教育，老老实实拜贫下中农为师，恭恭敬敬地向贫下中农学习。

知识青年一边为贫下中农提供医疗服务，一边访贫问苦（宣传画）

知识青年跟农民大伯学养猪（宣传画）

既然是接受“再教育”，就应该有组织，有目的，有内容，有期限。“再教育”的组织，在农场的知青，由所属农场管理部门统一负责；插队落户的知青，由公社和大队干部、贫下中农、知青代表建立“三结合”的再教育领导小组负责，以贫下中农为主体。“再教育”的目的，主要是提高知青的政治觉悟，培养无产阶级感情，忠于毛泽东思想。“再教育”的内容，多数是学习毛泽东思想（“天天读”“天天听”），分析“两条路线”的斗争，开批判会，讲村史家史，吃忆苦饭。“再教育”的期限，没有明确说法，当时鼓励知青扎根农村一辈子，“文化大革命”后期知青才开始通过各种途径返回城市，有的到 1980 年上山下乡运动结束才告别农村，有的可能因各种原因再也没有离开。

1969 年 5 月 5 日，《人民日报》介绍了江苏省对知识青年“再教育”的做法——狠抓一个根本，通过三个渠道，进行四个方面的教育。一个根本：帮助知识青年活学活用毛泽东思想，不断改造世界观。三个渠道：一是贫下中农和知识青年一块办学习班，一块开讲用会，一块斗私批修；二是贫下中农带领知识青年参加三大革命运动，指导他们过好思想关、劳动关、生活关；三是由贫下中农和知识青年结成“一帮一”“一对红”，经常性地对知识青年进行思想政治工作。四个方面的教育：阶级斗争教育、两条路线斗争教育、集体生产教育、革命传统教育。

1969 年 11 月 18 日，《人民日报》又推出四川省梓潼县交泰公社的“再教育”

知识青年与贫下中农一道出工

经验：第一，上好阶级教育课，帮助青年从根本上解决爱谁、恨谁，举什么旗、走什么路的问题。第二，狠抓两条路线斗争教育，组织青年参加斗批改运动、清理阶级队伍、整党建党等现实的政治斗争，开展革命大批判运动。第三，定期举办学习班，学习“红宝书”和最新指示，召开活学活用的讲用会，表彰先进，树立典型。第四，对知青进行革命传统教育、生产劳动知识教育。

1970年3月30日，《人民日报》介绍了河北省宝坻县的做法。知识青年插队落户后，组织他们学的第一篇文章是毛泽东的《中国社会各阶级的分析》；上的第一堂课是今昔对比，忆苦思甜；吃的第一顿饭是忆苦饭；办的第一件事是认门（认清哪一家是贫下中农，哪一家是地主富农）、认人（认清谁是“四类分子”）、认阶级。然后组织知青活学活用“老三篇”，讲三史（村史、家史、革命斗争史），开三会（讲用会、报告会、谈心会）。

最典型的是普遍开展忆苦思甜的阶级教育。先请苦大仇深的老贫农倾诉自己的苦难家史，在旧社会所受的剥削和压迫，用其亲身经历“大讲旧社会之苦，大讲新社会之甜”，以激发师生的无产阶级感情，提高革命警惕，批评修正主义，防止“吃二遍苦，受二茬罪”。诉苦到关键的时候，有人领着喊口号：“不忘阶级苦，牢记血泪仇”“砸烂万恶的旧社会”“剥削有罪，罪该万死”“打倒反动派”“翻身不忘共产党，幸福不忘毛主席”等等。听完忆苦报告后，大家齐声高唱歌曲《不忘阶级苦》。接着吃事先煮好的忆苦饭，体会旧社会穷人过的牛马不如的生活。忆苦饭有的是用玉米面、山芋干、山芋粉蒸成窝头，有的是用麸子和玉米面混合后蒸窝头，有的是用烂菜叶、芋头花、南瓜花、萝卜缨或野菜煮米糠、豆腐渣，有的是麸子和白菜帮加些盐做的糊糊。不但位于农村的知青点、生产队搞忆苦思甜活动，城市里的机关、学校、工厂也搞。能否吞下那些难以下咽的忆苦饭，成为判断人们是否革命、是否有无产阶级感情的试金石。

《建设新农村》（宣传画）

链接

不忘阶级苦（歌词）

天上布满星，月牙亮晶晶，
生产队里开大会，诉苦把冤伸，
万恶的旧社会，穷人的血泪恨，
千头万绪，千头万绪涌上了我的心，
止不住的辛酸泪，挂在胸。

不忘那一年，爹爹病在床，
地主逼他做长工，累得他吐血浆，
瘦得皮包骨，病得脸发黄，
地主逼债，地主逼债好像那活阎王，
可怜我那爹爹，把命丧。

不忘那一年，北风刺骨凉，
地主闯进我的家，狗腿子一大帮，
说我们欠他的账，又说欠他的粮，
强盗狠心，强盗狠心抢走了我的娘，
可怜我这孤儿，飘流四方。

不忘那一年，苦难没有头，
走投无路入虎口，给地主去放牛，
半夜就起身，回来落日头，
地主鞭子，地主鞭子抽得我鲜血流，
可怜我这放牛娃，向谁呼救。

不忘阶级苦，牢记血泪仇，
世世代代不忘本，永远跟党闹革命，
永远跟党闹革命。
不忘阶级苦啊，牢记血泪仇，
不忘阶级苦啊，牢记血泪仇。

更普遍的情形是，把“再教育”同农业生产劳动等同起来，让知青在繁重的体力劳动和贫乏的物质生活中接受思想洗礼，宣扬知青一辈子扎根农村，甚至鼓励女知青与农民结婚。一则知青日记这样写道：

> 今天上午锄地，太阳晒得厉害，汗水一滴一滴往地上掉，又感到胸闷痛、气短的毛病复发。待到中午收工时，真觉得疲乏，连上坡的气力也没有了。下午还去不去干？我想，干活以来，感到这么难受的这是第一次，按理说，也可以以这个理由歇半天。但是一想起主席教导，一想起自己的决心和目标，想到在刻苦锻炼，斗掉怕苦怕累的坏毛病，要做一个思想上入党的革命战士，我就勾掉了那犹豫不决的念头，下决心坚持干，打破过去自己一累就歇的娇习惯。这样又干了一下午，虽然还是有些累，但我更觉得，苦和累不是什么庞然大物，过去怕，今天可以战胜它，战胜它是靠觉悟和毅力。我触了触自己过去不敢碰的东西，虽然身上累，心里却是甜的。这是一个胜仗，我只要坚持一个仗一个仗打下去，取得每一仗的胜利，定能夺得整个战役的胜利。

“再教育”让知识青年在农村、农场中处于被教育、被改造的地位，加上城乡间文化价值观的冲突，部分地造成了知青与农民在身份上的对立，滋生了一系列摩擦事件。一些当地干部群众文化水平低、工作方法简单粗暴，采取侮辱、批斗、吊打等极端方式对待下乡知青。每逢政治运动或整顿社会秩序，知青中一些桀骜不驯分子便成为整肃重点。如河北赵县“五四”青年队，有 120 多个下乡青年,在“清理阶级队伍”中,有 46 人遭到毒打。“文化大革命”后期，各地知青群体躁动不安，受凌辱和受迫害已成为一个尖锐的社会问题，一度引起了中央高层的关注。

事实上，“再教育”重政治、轻文化，重形式、轻内容，致使知青文化生活贫乏，精神世界空虚，过着干活、吃饭、睡觉的三部曲生活。在大多数农村，尤其是牧区和边远山区，看不到报纸，收不到广播，连基本的“精神食粮”都没有。知青队伍中稍有写作才能或文艺特长者，往往会被宣传部门抽调过去，成为宣传队的骨干力量。知青们在辛苦劳作一天之后，无事可做，只有在打扑克、下棋、打闹甚至孤寂中打发闲暇的时光。云南生产建设兵团的一位知青说：“长期缺乏文化生活，知青们的精神世界就像一片久旱干裂的土地，渴望着甘露浇灌。没有书看，就四处搜寻。只要打听到谁手中有一本书或手抄本，哪怕持书人远在几十里之外，也要想方设法不辞辛苦地去找来，如饥似渴地传阅。一本书传到最后已面目全非，残缺不全，而大家还是照样看得如痴如醉。”

“再教育”在文化教育方面显然先天不足，只有初高中文化程度的知识青年是否有机会重返校园继续学业？20世纪70年代初，高校开始招收工农兵大学生,部分知青得以进入大学深造。尽管政治口号是工农兵学员上大学、管大学、改造大学，但回归正规的学校教育本身即是一个积极信号，表明了学校教育的不可替代性。工农兵学员的招生数量相当有限，且招生指标分配到各地，能够重返校园的知识青年只是很小的一部分，由此滋生了招生工作中的“走后门”之风，反映了知青对大学的热切向往，对离开农村的强烈渴望。后来，为了帮助更多知青进行文化学习，一些大学还在知青点开展函授教育，出版了一些自学教材。

三、生命之歌

“文化大革命”中的斗争哲学，不但左右着社会形势，也影响着人们的思维方式。知识青年上山下乡，与天斗，与地斗，也与人斗，越是到老少边穷地区越革命，越是干最脏最累的活越革命，越是将集体利益和生产任务看得比个人生命还重越革命。于是乎，到北大荒战严寒，到海南岛战高温，到西双版纳战瘴湿，到新疆战风沙，成为最激动人心的选择；勇挑重担，连续作战，跨越身心极限，成为最磨炼意志的行动；飞身扑火，抗洪抢险，临危不惧，成为最有英雄气概的壮举。为了在广阔天地炼一颗红心，知识青年以超常的勇气和毅力对自己进行脱胎换骨的改造，用血肉之躯上演了一幕又一幕“生命之歌”。

上海市吴淞第二中学1968届高中毕业生金训华，1969年5月前往黑龙江省农村插队落户，被分配到逊克县逊河公社双河大队。8月15日下午，暴发特大山洪，下乡仅77天的金训华为抢救国家物资（两根电线杆）牺牲于激流中，年仅20岁，遗体18天后才在百公里外被发现。1969年12月4日，“两报一刊”（《人民日报》、《解放军报》和《红旗》杂志）发表社论，号召全国青年向金训华学习，并用大量篇幅发表了金训华部分日记。金训华是上山下乡大潮中涌现的第一个知青英雄，被追认为中国共产党党员。著名口号“国家的事情再小也是大事，个人的事情再大也是小事”就是从他的事迹中引申出来的。他牺牲后3个月，上海市69届初高中毕业生下乡了，他们纷纷要求去逊克县插队，边远的逊克县“文化大革命”期间共接收了5400多名上海知青。

根据金训华的事迹改编的连环画

链接

金训华日记三则（1969年7月）

七月二日

今天的劳动是捆谷草，我的手真不顶用，没捆几捆，就搞出了血。想歇一下，但是我想起了毛主席的教导：“知识青年到农村去，接受贫下中农的再教育，很有必要。”我的手会出血，而贫下中农的手为什么就不出血呢？这说明我的手、我的思想长期脱离工农，脱离劳动，染上修正主义毒素，必须长期在工农群众中进行磨炼。旁边的贫下中农看到了，就耐心地、手把手地来教我。我遵照毛主席的指示，老老实实地拜贫下中农为师，不一会就学会了，越干越觉得有劲。这就说明，我们知识青年必须在三大革命运动中接受贫下中农再教育，改造我们小资产阶级知识分子的动摇性和摇摆性，将革命进行到底。

七月七日

今天锄草。本来我认为：读了这么多年的书，锄草会有什么困难呢？把草锄了，把玉米苗都留下，多留一棵就多收一棵的粮食嘛。贫下中农向我指出：你这样锄今年不会丰收。当时我还认为自己有理呐！哪里知道，留得多了就会阻碍生长，肯定是收不到多少的。后来我才恍然大悟。由此看来，我过去学的东西，理论脱离实际，必须好好接受贫下中农再教育，改造思想，使理论联系实际。

七月二十三日

贫下中农是我们接受再教育最好的老师，他们对毛主席最忠。中央“两报一刊”社论，传来了毛主席关于整顿党组织的最新指示，我们怀着忠于毛主席的红心，挨家挨户地到贫下中农家中去送毛主席的最新指示。已经是很晚了，送到了县积代会（即活学活用毛泽东思想积极分子代表大会）代表宋大娘的家里。宋大娘已经睡了，一听到毛主席最新指示发表了，马上起来恭恭敬敬地接过毛主席的最新指示，叫醒了一家老小，点起了小煤油灯，立即学了起来。看到这景象，我们确实很感动，贫下中农对毛主席多么忠啊！再想想自己刚才出来时，还担心这么晚了贫下中农不接怎么办，这不是一个很好的对比吗？这说明我的感情还是不行，必须在农村这个广阔的天地里，认真地拜贫下中农为师，脱胎换骨，做一个可靠的无产阶级革命事业的接班人！

1969年7月5日，连日暴雨后，黄山茶林场暴发特大山洪，12位上山下乡的上海知识青年为赶到河对岸的仓库抢救国家物资，在洪水漫过桥面的情况下，手挽着手，强行过桥。然而，无情的山洪冲垮了桥面，11位知青被卷走，献出了宝贵的生命，其中9位是女生，年龄最大的22岁，最小的19岁。11位烈士牺牲后，先后有6位烈士弟妹自愿来到茶林场，在哥哥姐姐战斗过的地方继续革命。

1970年4月28日，一场森林大火在北大荒完达山山麓蔓延开来，黑龙江生产建设兵团第39团数千知青紧急出动，飞身扑灭山火。在没有任何防护措施的

《胸怀朝阳何所惧，敢将青春献人民——向“一不怕苦、二不怕死”的上海市黄山茶林场十一位知识青年学习》（油画）。1969 年上海知青刘柏荣绘制

情况下，26 名知青献出了宝贵生命，其中多数是下乡不到一年的女生。

1970 年 6 月 3 日，天津下乡到呼伦贝尔盟新巴尔虎右旗额尔敦乌拉公社白音宝力格生产队的知青张勇，为救护落水的羊只，不幸被洪水冲走，年仅 19 岁。张勇 1968 年初中毕业时，拒绝了学校准备留她在天津工作的机会，带头报名到最艰苦的牧区插队。张勇生前豪迈的誓言“宝贵青春属人民，誓将青春献人民”，激励了一代青年。1971 年 3 月 17 日，《人民日报》《北京日报》刊发了新华社通稿《壮丽青春献人民》，报道了张勇的英雄事迹。

1970 年 11 月 7 日，黑龙江生产建设兵团第 35 团奉命扑灭草甸荒火，伤亡百余人，栾英等 14 名男女知青英勇献身（其中女生 13 人），年龄最小的不满 17 岁。

广东生产建设兵团曾创造了轰动一时的围海造田奇迹，数以万计的知识青年和农垦职工在浅海垒起石头堤坝，削山填海，“誓叫海滩变良田”。然而 1970 年遭遇强台风袭击，一场黑潮冲毁堤坝，卷走房屋。在肆虐的大自然面前，知青高

《把青春献给边疆建设》（宣传画）

呼口号，手挽手跳入大海，筑起一道血肉堤坝，保卫拦海大堤。台风和大潮过后，死亡和失踪者多达数百人。

1971年春，一个静谧的夜晚，云南生产建设兵团第三师十三团二营四连驻地（位于今德宏州盈江县）发生火灾，10名成都女知青当场被大火吞噬，她们刚来7天，平均年龄只有17岁零3个月，另有7人烧伤。由于是在休息时间，她们没有被追认任何的荣誉称号，只开了一个简短朴素的追悼会。同年，云南边疆一辆运送原木的拖拉机搭载多名知青下山，途中意外遭遇一根横穿公路的电线导致翻车，6人死亡，多人受伤。第二师某团发生大面积恶性疟疾，一周内10余名知青死亡。

1972年5月5日，内蒙古锡林郭勒盟西乌旗发生草原火灾，数千知青手持铁铲、树枝等简陋工具，向着千度高温的火场发起冲锋。扑灭荒火的战斗持续了一个月，来自北京、呼和浩特等城市的多名知青英勇牺牲。当时的《兵团战

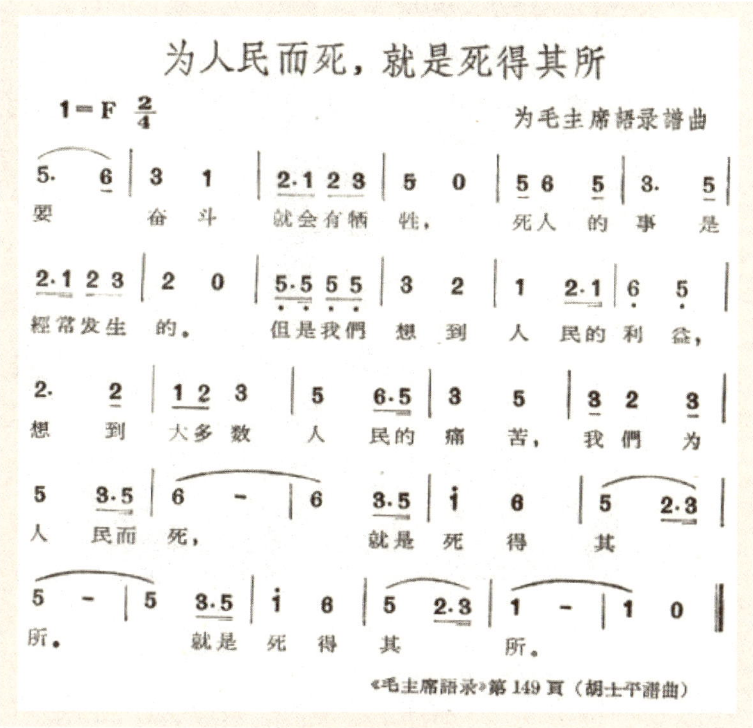

为语录谱曲《为人民而死，就是死得其所》

友报》称“救火行动是毛泽东思想伟大胜利”;《人民日报》号召全国广大知青向烈士学习，“一不怕苦，二不怕死”，为革命献出一切。据统计，仅1969年至1972年，内蒙古生产建设兵团因抢险救灾英勇献身的知青达79人。

四、“统筹解决”

知青下乡作为一项国家政策，声势浩大，轰轰烈烈，波及整整一代青年学生。而每一个下乡知青的背后，都系着父母亲人的牵挂。知识青年正处于生长发育的关键时期，政府考虑的是一代人的就业与再教育问题，而父母最担心的是子女的日常生活问题，核心是温饱问题。

备战、备荒，为人民

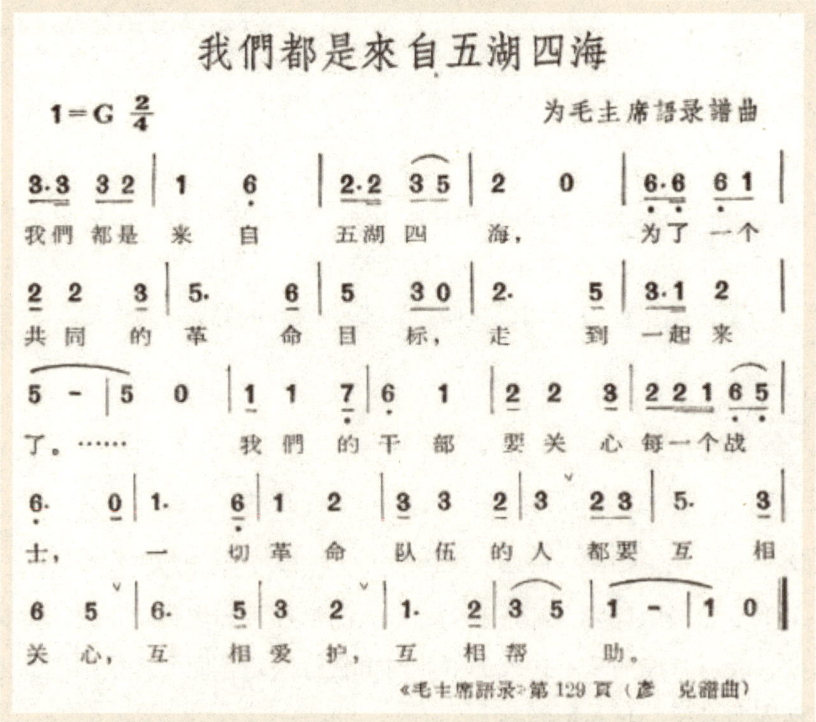

为语录谱曲《我们都是来自五湖四海》

热带雨林的女知青

知青下乡之初，国家按定量供应一年粮油，以后一切生活所需与日常用度都要靠自己的劳动所得。然而，在一些穷乡僻壤，知青劳作一年，连温饱都难以解决，需要父母支援。在计划经济时代，知青父母的生活资料是定额分配的，也就只够基本的生活需要，如果子女在农村或农场生活有困难，这一家的父母便只能紧巴巴地过日子，尽量省下一些钱、粮、油、布票，寄给远方的亲人。

根据各省、市、自治区的典型调查，1973 年初，全国城镇知识青年在农村插队的约有 400 多万人。其中，生活已经能够自给或者自给有余的约占 34%，生活能够大部分自给的约占 35%，生活不能自给的约占 31%。在山西和陕西延安地区插队的北京知青中，就有 70% 不能自给。陕北地区，一个劳动日工值在一角以下，是平常的现象。山西曲沃县 319 名插队知青中，有 2/3 劳动收入不够口粮款，到 1973 年累计每人欠队里 138 元。繁重的体力劳动与恶劣的生存条件致使知识青年对“再教育”产生怀疑，变相劳动改造论盛行。

1972 年 12 月，福建省小学教师李庆霖斗胆给毛泽东写信，反映儿子插队落户后的生存窘迫，包括口粮、吃菜用油、穿衣、疾病、住房、学习等日常生活问题和一些不公平的现象。李庆霖的信较为客观地陈述了当时当地上山下乡知青生活上的困难和一些阴暗面，措辞恳切，流露出来的是质朴的父子之爱。一个“山野小民”的信如何才能送到伟大领袖手中，李庆霖动了一些脑筋，他不是直接将信寄给毛泽东，而是给外交部的王海容写了一封信，请她转交给毛泽东。1973年4月25日，毛泽东在中南海游泳池边，读了李庆霖的来信，被信中流露出来的父子之爱所触动，亲笔回函：

李庆霖同志：

寄上300元，聊补无米之炊。全国此类事甚多，容当统筹解决。

毛泽东

4月26日

1973年5月6日，李庆霖收到毛泽东的回信，5月10日收到毛泽东寄的300元钱。6月10日，李庆霖的上访信和毛泽东的回信作为中央文件下发，促成了国家知青政策的调整，在一定程度上改变了千百万知青的命运和生活轨迹。

链接

小学教师李庆霖致毛主席的信

尊敬的毛主席：

首先，我向您老人家问好。

我是个农村小学教员，家住福建省莆田县城厢镇。家庭成分是贫民。我的教员生涯已有二十多个寒暑了。

我有个孩子叫李良模，是个一九六八年的初中毕业生。一九六九年，他听从您老人家关于“知识青年到农村去，接受贫下中农的再教育，很有必要”的教导，毅然报名上山下乡，经政府分配在莆田县山区——萩芦公社水办大队插队落户务农。

在孩子上山下乡的头十一个月里，他的口粮是由国家供应的（每个月定量三十七斤），生活费是由国家发给的（每个月八块钱），除了医药费和日常生活中下饭需要的菜金是由知青家长掏腰包外，这个生活待遇在当时，对维持个人在山区的最低限度的生活费用，是可以过得去的。

当国家对上山下乡知识青年的口粮供应和生活费发给断绝，孩子在山区劳动，和贫下中农一起分粮后，一连串的困难问题便产生了：

首先是分得的口粮年年不够吃，每一个年头里都要有半年或更多一些要跑回家吃黑市粮过日子。在最好的年景里，一年早晚两季总共能分到湿杂稻谷两百来斤，外加两三百斤鲜地瓜和十斤左右的小麦，除此之外，就别无他粮了。那两百来斤的湿杂稻谷，经晒干扬净后，只能有一百多斤，这么少的口粮要孩子在重体力劳动中细水长流地过日子，无论如何是无法办到的。况且孩子在年轻力壮时期，更是会吃饭的。

在山区，孩子终年参加农业劳动，不但口粮不够吃，而且从来不见分红，没有一分钱的劳动收入。下饭的菜吃光了，没有钱再去买；衣裤在劳动中磨破了，也没有钱去添置新的；病倒了，连个钱请医生看病都没有。其他如日常生活需用的开销，更是没钱支付。从一九六九年起直迄于今，孩子在山区务农以来，个人生活中的一切花费都得依靠家里支持；说来见笑，他风里来、雨里去辛劳种地，头发长了，连个理发的钱都挣不到。此外，他上山下乡的第一天起，直到现在，一直没有房子住宿，一直是借住当地贫下中农的房子。目前，房东正准备给自己的孩子办喜事，早已露出口音，要借房住的上山下乡知识青年另找住所。看来，孩子在山区，不仅生活上困难成问题，而且连个歇息的地方也成问题。

毛主席：您老人家号召知识青年到农村去，我完全拥护；叫我把孩子送到山区去务农，我没意见。可是，孩子上山下乡后的口粮问题，生活中的吃油用菜问题，穿衣问题，疾病问题，住房问题，学习问题以及一切日常生活问题，党和国家应当给予一定的照顾，好让孩子在山区得以安心务农。

现在，如上述的许多实际困难问题，有关单位都不去过问，完全置之不理，都要由我这当家长的自行解决，这怎么能行呀？有朝一日，当我见阎王去，孩子失去家庭支持后，那他将要如何活下去？我真担心！

今年冬，我的又一个孩子又将初中毕业了，如果过不了明春的升学关，是否再打发他去上山下乡呢？前车可鉴，我真不敢去想它！

在我们这里已上山下乡的知识青年中，一部分人并不好好劳动，并不认真磨炼自己，并不虚心接受贫下中农的再教育，却倚仗他们的亲友在社会上的政治势力，拉关系，走后门，都先后被招工、招生、招干去了，完成了货真价实的下乡镀金的历史过程。有不少在我们地方上执掌大权的革命干部的子女和亲友，纵使是地富家庭出身，他们赶时髦上山下乡才没几天，就被“国家社会主义建设事业的发展需要”调用出去，说是革命干部的子女优先安排工作，国家早有明文规定。这么一来，单剩下我这号农村小学教员的子女，在政治舞台上没有靠山，又完全举目无亲，就自然得不到“国家社会主义建设事业发展的需要”而加以调用了。唯一的资格是在农村滚一身泥巴，干一辈子革命而已。

面对我们这里当今社会走后门成风、任人唯亲的事实，我并不怨天，也不尤人，只怪我自己不争气。我认为：我的孩子走上山下乡务农的道路是走对了。我们小城镇的孩子，平常少和农村社会接触，长大了让其到农村去经风雨见世面，以增长做人的才干，是很有必要的。但是，当孩子在务农实践中碰到的许多个人能力解决不了的实际困难问题，我要求国家能尽快给予应有的合理解决，让孩子能有一条自食其力的路子可走，我想，该不至于无理取闹和苛刻要求吧。

毛主席：我深知您老人家的工作是够忙的，是没有时间来处理我所说的事。可是，我在呼天不应、叫地不灵的困难窘境中，只好大胆地冒昧地写信来北京“告御状”了，真是不该之至！

谨此敬颂

大安！

福建省莆田县城郊公社下林小学

李庆霖　敬上

一九七二年十二月二十日

1973年6月22日至8月7日，国务院召开全国知识青年上山下乡工作会议，商讨毛泽东提出的“统筹解决”的具体措施，提出了六条办法：切实加强各级党

冬闲时节，各地知识青年大兴水利，掘地开渠

委对知青工作的领导；切实解决下乡知青在口粮、住房、医疗等方面的实际困难；大力加强对下乡知青的培养教育；坚决刹住走后门的不正之风；对破坏知青上山下乡的犯罪活动做坚决斗争；将上山下乡的长远的全面的规划同整个经济建设、开发边疆和文教科研的规划衔接起来。会议还制订了《1973年到1980年知识青年上山下乡初步规划（草案）》，明确规定城镇中学毕业生中，病残不能参加劳动的、独生子女、多子女身边只有一个子女的、中国籍的外国人子女，不动员下乡；并允许地方安排一批毕业生就地就业。同时，按照国家计划，在知青中招工、招生、招兵、提干，为他们打通回城之路。

“统筹解决”的措施对改善知青的处境带来了一系列实质性的利好。安置费用得到成倍提高，由230~250元升至480~500元，牧区达到700元。知青正常出勤的，不低于当地青壮年劳力的吃粮水平，所在社队口粮水平较低的，由国

劳动间歇

家统销给予补助。本人无力负担和因公负伤而拖欠的医疗费用，由社队或单位负责解决，卫生部门为每个知青点培训赤脚医生和卫生员。以国家补助、社队支持、群众帮助的形式，为知青修建住房。下乡知青与当地社员同工同酬，不得歧视、排挤、克扣。严惩迫害、摧残知青的犯罪行为，罪大恶极者，坚决处决。

黑龙江巴彦县 1973 年就帮助下乡知识青年解决生产生活中的实际问题。县建材和物资部门协助社、队新建了 127 间房屋，解决了知青的住房问题；县商业部门给安置下乡知青的社、队调拨锅、缸等生活用品；县卫生部门为安置下乡知青的社、队培养赤脚医生，各公社卫生院每月巡回给下乡知青检查一次身体，发现有病，及时治疗；县委宣传部给下乡知青送去学习材料；县文教部门着手编写文化课函授讲义，并组织农村中学的教员定期到点为知青讲课；县文工团和 14 个电影放映队，经常为下乡知青演出，放电影。

“大力加强对下乡知识青年的培养教育”是“统筹解决”举措之一，这里所讲的“培养教育”实际上超出了“再教育”的范畴，既包括从政治上提高知青的地位，培养优秀知青入党入团，参加各级领导班子，又包括为知青提供文化学习的机会，丰富知青点的文化生活。在国务院知青办的督促检查下，各地都把培养知青当作一项具有重要意义的政治任务来完成，成立了函授教育领导小组或具体工作机构，积极配合高等院校举办函授教育、各类培训班、业余学校，出版各类学习资料。

1974 年，复旦大学、同济大学、上海师范大学等上海 13 所高校在安徽阜阳、江西上饶、云南西双版纳、黑龙江黑河、吉林延边等地为上山下乡的知识青年试办函授教育，招收上海和各地上山下乡的知识青年 3 万人。各科函授的期限一般为半年到一年。招生采取自愿报名、群众推荐、领导批准的办法。其中云南省西双版纳傣族自治州 2500 多名知识青年接受了业余函授教育，分别在景洪、

田间地头
一展才华

知青在表演革命文艺节目

大勐龙、勐养、橄榄坝、勐腊、勐海等六个教学点参加函授学习。1975年扩大到安徽宿县、滁县，江西井冈山，吉林四平，黑龙江呼玛县等5个地区，招生人数也增加一倍。连同原有的5个地区，共招生6万人。此外，1974年上海为春节回沪探亲的知青举办了156个专题讲座、33个短期训练班，参加讲座和短训班的知识青年近20万人次。1975年初，复旦大学、同济大学、上海师范大学、上海交通大学和第二医学院等16所高等院校，又为回沪探亲的知识青年举办电视教育讲座和各种短训班，内容有写作、会计、音乐、美术、电工、柴油机、拖拉机、水泵、有线广播、测量、微生物、针灸、推拿等。

厦门大学于1974年10月开始举办知青函授教育，当年招生303人，1975年招生2971人，1976年招生5934人。福建省的农林大学、师范大学、医科大学也为下乡知识青年举办业余函授教育，全省14个县（市）的近2000名下乡知识青年参加了学习。

武汉大学、华中工学院、华中师范学院、华中农学院、湖北财经专科学校等14所高校为湖北省6个地区10多个县举办知青函授教育，开设政治理论、通讯写作、农业技术、农机、医疗卫生等课程。参加函授学习的上山下乡和回乡知识青年有12300多人。

1975年5月以来，云南大学、昆明师范学院、云南民族学院、云南林学院、昆明医学院和昆明工学院，为上山下乡知识青年举办业余函授教育。他们先后开设了政治理论、写作、橡胶、农村常见病防治及计划生育、农村电工和农用柴油机等6个科目。

一些地方还举办知青共产主义大学、政治夜校、文化夜校等业余学校。广西从 1974 年 3 月起开始试办业余学校，到 1975 年 7 月底已办起 682 所，参加学习的知青达 5.8 万多人。

知青函授教育有两个特点：重政治、重实用。如物理学习“三机一泵”，即拖拉机、柴油机、电动机、水泵；化学学习土壤改良、农药化肥使用；生物学习医疗卫生、农村常见病防治；语文学习应用写作，培养“三员一土”（创作员、故事员、广播员、土记者）；政治学习马列著作和毛泽东著作。厦门大学数学系开办了以水力机械、水工建筑为重点的农田水利专业试点班；生物系开办了以水稻丰产、猪的繁育为重点的农业生物学和农畜生物学专业试点班；化学系开办了以农药化学为重点的有机合成化学专业试点班；还试办了中草药分类、农用数学等函授班。

上海交通大学柴油机专业，原来只搞大马力船用柴油机，接受函授任务后，开设了农用柴油机这门课。同济大学给水排水系，过去搞的是工业生产上的给水排水课题，办函授教育后结合农业生产，开设了农田灌溉工程课。

学习资料出版方面，上海人民出版社出版了《青年自学丛书》《下乡知识青年农业读物》《上山下乡知识青年创作丛书》，人民教育出版社出版了《工农知识

不爱红装爱武装

安徽阜阳地区上山下乡知识青年代表大会的蒙城县全体代表。“统筹解决”的口号提出后，各地纷纷召开知识青年代表大会，听取知青的呼声，以示关心

青年自学读物》等。

这些措施并举，为知识青年送去了几丝重文化、讲学习的气息，让他们感到获取文化知识的过程并没有完全中止。

1975 年 6 月，国务院、中央军委批准撤销安徽生产建设兵团、内蒙古生产建设兵团。12 月，国务院、中央军委同意撤销黑龙江生产建设兵团，改建制为国营农场管理总局。这一年，甘肃、青海、陕西、西藏、山东及安徽生产建设兵团相继撤销。“文化大革命”结束后，知识青年上山下乡的热潮迅速衰退。1980 年 9 月，国务院知青办提出今后知青工作要从有利于解决劳动就业的原则出发，能够做到不下乡的，可以不下。稍后，中共中央书记处决定不再组织和动员知识青年上山下乡。上山下乡将充满理想与激情的知识青年从狂热的政治运动中拉回到冷峻的社会现实，促使他们不断地反思、调整，应对艰苦的生存环境，接触广大的劳苦群众，磨炼自己的意志品质，努力改变中国乡村贫穷落后的面貌。对那一代人而言，这段经历虽然艰难曲折，但也弥足珍贵，有着说不完的话题。

五、“五七”干校

1966年《光明日报》自3月20日起连发五篇社论，论知识分子活学活用毛泽东著作，分别是《跟上工农兵，跟上新时代》《首先要在克服个人主义上狠下功夫》《改变两个公式——世界观上的革命》《言行一致，动手去做》《到工农群众中去，培养阶级感情》。最后一篇社论说：“在知识分子身上，工农阶级感情是可以培养起来的。问题是必须到工农兵群众中去，放下知识分子的架子，甘心当小学生，虚心向工农兵学习，满腔热情地为工农兵服务，同他们一道进行斗争。”“知识分子，除了年老体弱的以外，都应该下定决心到基层去，下工厂，下农村，下连队，下商店，到下边蹲他三年、五年，滚一身泥巴。”

革命委员会普遍成立后，“文化大革命”进入斗、批、改阶段，各地方、各领域精简出大批干部和教师，于是重新提出改造知识分子问题。1968年《红旗》杂志第3期发表《关于知识分子再教育问题》，提出要分期分批组织知识分子到工农兵中去，接受工农兵的再教育。“再教育”的内容是从根本上改造世界观，彻底改变资产阶级思想；“再教育”的途径是同工农兵结合，为工农兵服务。9月12日《人民日报》头版转载了这篇文章。

教师们分期分批走去“五七”干校劳动

中央民族学院教授费孝通在湖北沙洋“五七”干校食堂切土豆

《走五·七道路，坚持继续革命》（宣传画）

1968 年 5 月 7 日，黑龙江省为纪念毛泽东“五七指示”发表两周年，将被精简出来的机关干部和“走资派”安置到庆安县柳河农场参加生产劳动，接受贫下中农再教育。黑龙江省为这个新机构起了一个学校化的名字——“五七”干校，其实主要是劳动改造，不具有学校教育的性质。10 月 5 日，《人民日报》发表《柳河“五七”干校为机关革命化提供了新的经验》，介绍黑龙江省革委会这一举措。编者按中引述毛泽东的指示说：“广大干部下放劳动，这对干部是一种重新学习的极好机会，除老弱病残者外都应这样做。在职干部也应分批下放劳动。”12 月 21 日《文汇报》发表社论《必须解决好知识分子问题》，说：“知识分子是搞意识形态的，是一个比较复杂的阶层。知识分子成了堆，那里的问题就难办。教育、新闻、文艺单位和机关等知识分子成堆的地方，最容易出修正主义。知识分子有致命弱点，就是动摇。他们脱离工农群众，一遇风浪，就会左右摇摆起来……与其蹲在上面，还不如去做工，去种田。在斗、批搞一段时间之后，成群结队地走到工农中间去。”

于是，各地政府机关和事业单位开始大办“五七”干校，安排人员分期分批去参加生产劳动，和贫下中农一起战天斗地，一起批判资产阶级，改造思想。教育上，各级教育行政机关和各高等院校都在农村办起了自己的“五七”干校，先安排经过斗批改和清理阶级队伍而离开工作岗位的干部教师下干校劳动，后又安排在校工作的教职工分期分批到干校学习、劳动，“滚一身泥巴，炼一颗红心”。

1968年5月，中共中央、中央文革小组转发《北京新华印刷厂军管会发动群众开展对敌斗争的经验》，要求各地“有步骤地有领导地把清理阶级队伍这项工作做好”。清理阶级队伍名义上是抓“叛徒、特务和反革命分子”，揭露“没有改造好的地、富、反、坏、右分子”，实际上不断扩大打击面，制造了大量的冤假错案。教育战线上许多干部教师被清理出来，停止工作。“五七”干校的成立，正好解决了如何处置这部分人的难题。如清华大学土建系材测教研组39个人经过“清理”，只有3个干净，工宣队员又扒来扒去，觉得都不可靠，干脆一窝端，全部送到干校劳动。1969年10月，教育部及所属机构1258人下放到安徽凤阳“五七”干校。华东师范大学1971年对全校教师进行排队，904人中能作为骨干使用的仅248名，不到1/3；其中96名正副教授只有2人能作为骨干使用，38人为“一般使用”，32人列为“一批二用”，24人“暂时不能用”。得不到使用的教师，基本送去干校劳动；也有些老师因为没有教学任务，主动要求到干校劳动。

“五七”干校一般设在贫穷落后的农村地区，如文化部的干校在湖北咸宁，教育部的干校在安徽凤阳，中国科学院的干校在湖北潜江，北京各大高校的干校集中在大兴县，上海高校的干校以奉贤和崇明的居多，有的分布在苏北大丰、皖北凤阳，其他高校的干校基本位于所属省市的郊区农村或县。

1969年北大和清华在江西南昌县鲤鱼洲建立试验农场，走“五七”道路，下放教师称“五七战士”。农场位于鄱阳湖畔，有田9300亩，不少是当地老百姓抛弃的荒地。老师们用双手盖房子，开垦田地，种植庄稼，饲养牲畜，有了自己的宿舍、码头、食堂及基本的农机农具设备。当老师们吃到自己亲手种出的新大米和碧绿的新鲜蔬菜时，心情是复杂的。不过，由于鲤鱼洲钉螺丛生，数百名教师得了血吸虫病。清华大学先后有3000多名教职工和家属被送到鲤鱼洲劳动，1969年有747人确诊血吸虫病。北京大学先后有2000多名教职工去鲤鱼洲劳动，有260多人确诊血吸虫病，还有两名教师因在鄱阳湖翻船而遇难。

清华大学、北京大学教师和贫下中农一起，参加修固鲤鱼洲圩堤大会战

两年后，因花费物力财力太大，对当地血吸虫情况调查研究不够和招收工农兵学员等原因，鲤鱼洲“五七”干校突然就不办了，移交给地方，清华与北大师生全部迁回北京。乐黛云回忆说：“人们额手相庆，宰杀了所有的猪和鸡，据说开了三天三夜的‘百鸡宴’。至于我们曾艰辛创建的农田、菜地、住房、砖瓦厂、草棚等等则又重归于荒芜。”鲤鱼洲“五七”干校撤销后，清华北大仍然在北京大兴县建有各自的“五七”干校。

“五七”干校普遍存在环境恶劣、条件简陋、设备落后、医疗卫生条件差等情况，加上繁重的劳动任务，对于从象牙塔里走出来的知识分子而言，既是一个巨大的挑战，也是一场深刻的历练。北大哲学系教授汤一介回忆说：“到鲤鱼洲劳动对我可以说有意想不到的收获。在那里我才真正体会到中国农民的困苦，才知道农活并不那么简单。插一天秧，腰腿之疼痛是难以忍受的；平一天水田的地，骨头几乎要散架。但中国农民就这样一天一天、一年一年地过下来。在这样的情况下，我确实出于真心地在劳动中来改造自己，使自己能和劳动人民更加接近。大概由于我改造得不错，1970 年秋鲤鱼洲招收了一批工农兵学员，哲学系的工军宣队就派我去当教员，并和这些从工、农、兵中来的学员同吃、同住、同劳动、同学习、同斗私批修。与工军宣队的同志们和工农兵学员在鲤鱼洲生活在一起的日子，我感到他们的朴素、诚恳、吃苦耐劳和坦白的胸襟，对我是很大的教育。我到现在也还认为，和他们生活在一起是值得庆幸的。”

“五七”干校强制学有专长、业有专攻的干部教师从事简单繁重的体力劳动，是对专业人才的不尊重，既耗费了个人的宝贵年华，又影响了学校的教学和科研工作。一些人是经过“清理阶级队伍”及各种清查运动而被迫到干校劳动，受到了不同程度的迫害；一些人劳动负荷过重，留下难以愈合的伤痛；更多的人业务被荒废，才智被埋没。

链接

乐黛云记鲤鱼洲草棚大学（节选）

（到鲤鱼洲）一年刚过去，……8341 部队负责北大、清华两校的军宣队头领——迟群同志突然驾临鲤鱼洲，召集全体教职员工训话，宣布成立北京大学鲤鱼洲草棚大学：先办文、史、哲三系，学生从江南各省工农兵青年中推荐选拔。他们不仅要上大学，还要管理大学和改造大学（简称“上、管、改”）。

开学那天，我和女医生乔静被指定和军宣队、工宣队几位年轻领导一起，半夜出发，到南昌近郊的滁槎（距南昌和鲤鱼洲各 50 余里），去迎接工农兵学员。清晨六点多钟，我们和百余名工农兵学员在滁槎胜利会师。队伍略事休息，便重新整队，迈着雄健的步伐，高唱着《我们走在大路上》，向鲤鱼洲进发。真没想到沿途各村镇竟都敲锣打鼓，摆出桌案，递茶送水，鞭炮齐鸣，欢送自己的亲人上大学！到了鲤鱼洲，全体北大人夹道欢迎，红旗招展，把世界教育史上的第一批工农兵学员迎进了草棚大学。

我们深感任务之艰巨，每个人都战战兢兢，唯恐误人子弟，对不起养育我们的老百姓和毛主席！我们呕心沥血，好不容易设计出第一年的课程。除全体师生要天天坚持背诵“老三篇”,体会“老三篇”的精神实质外，哲学系主要讲《实践论》《矛盾论》；历史系主要讲《新民主主义论》；中文系的课程比较丰富，除讲《在延安文艺座谈会上的讲话》外，还讲鲁迅、样板戏，批判四条汉子，外加大量写作实习。另外，几乎占了一半时间的，就是劳动课了！

尽管如此，我们还是和这些充满朝气的学员倾心相交，热忱相待，不久就真心爱上了这些真诚、坦直，积极向上，求知欲极强的年轻人。我们尽一切努力，让他们读到更多的书。为此，我们多次去南昌，到已停办的江西大学尘封乱放的书堆中挑了一批书，成立了一个小小的图书馆；我们时时和工农兵学员生活在一起，虚心接受他们的再教育，诚心希望工农兵学员真正成为“上、管、改”的主人。无奈学期过半，一切仍不得要领。

最值得怀念的，是当时的师生关系。我们朝夕相处，互相敞开心扉，真诚相待，常常谈到深夜。这样的师生情谊，后来再也难寻！

（草棚大学撤销后）全体师生合并到北京总校，开始了新的大学生活。

05

第五章

恢复与整顿

20世纪70年代初，经济形势有所好转，1970年大部分工农产品产量都超过了1966年的水平，但经济结构上强调重工业，实行高积累，国民经济比例失调。1973年国家调整政策，把农业放到首位，以保证人民群众的生活水平，经济结构趋于合理。1971年10月，中华人民共和国在联合国的合法权利得到恢复，国际关系得到极大改善。1972年2月，美国总统尼克松访华期间，中美双方在上海发表了《中美联合公报》。紧接着，奥地利、比利时、英国、荷兰、希腊、日本、德国等相继与中国建立外交关系。经济形势和国际关系的逐步好转，对教育事业的恢复和发展十分有利。再加上中央领导层的人事变动，各个领域出现了整顿复苏的迹象，教育迎来了一些新的转机。

一、招收工农兵学员

在批判修正主义教育路线中，“文化大革命”前重分数的高校招生政策遭到彻底批判，认为“这个制度，不是无产阶级政治挂帅，而是资产阶级政治挂帅，分数挂帅”，分数线是“资产阶级对工农兵的封锁线，资本主义的复辟线”，“一张考卷定终身，工人农民莫进门”。1966年6月13日，中共中央、国务院发出《关于改革高等学校招生考试办法的通知》，认为招生考试“基本上没有跳出资产阶级考试制度的框框”，决定高校招生工作推迟半年。7月24日，中共中央、国务院发出《关于改革高等学校招生工作的通知》，要求取消招生考试。当年起，全国高校停止统一招生。

不招收新生，大学办不办就成了问题。1968年“七二一指示”发布后，一些省市开始尝试恢复高校招生工作，上海市各高校1968年在本市范围内招收了约1万名新生，主要是从农村、工厂、部队选拔具有一定文化程度的工农兵学员，同时也招收了一部分应届高中毕业生。但1968年10月13日，毛泽东在中共八届扩大的十二中全会开幕会上说："大学两年不办。叫他们统统毕业，下去同工农兵去混。两年不办，天塌不下来。以后重新搞，从农村、工厂中工作好的中学生选来上学。"

1970年，"两年不办"的期限已到。由于招生工作大面积停顿，加上在校学生陆续毕业，此时全国在校大学生只有47815人，校均学生数只有100人左右。再不招生，高等学校将名存实亡。

1970年6月27日，中共中央批转《北京大学、清华大学关于招生（试点）的请示报告》，规定大学招生"实行群众推荐、领导批准和学校复审相结合的办法"；主要招收"思想政治好、身体健康、具有三年以上实践经验的工人、贫下中农、解放军战士和青年干部"；学习"以毛泽东著作为基本教材的政治课，实行教学、科研、生产三结合的业务课，以备战为内容的军事体育课"；学员的任务是"上大学，管大学，用毛泽东思想改造大学"。

经群众推荐，各级革委会逐级审批，学校复查，来自全国各地的4000多名工农兵大学生于1970年8月底至9月初正式到北京大学和清华大学报到。这些从五湖四海来到北京上学的工农兵大学生，有的扛着铁锨、锄头，有的拿着镰刀，有的背包里装着理发工具和针线包。来自天津的工农兵大学生组成"长征队"，行军4天，步行300多里到达北京；来自大庆油田的石油工人，身穿工作服，肩扛铁锹，一进学校就到校办工厂参加劳动；来自井冈山的"英雄儿女"，脚穿草鞋，身背斗笠；还有的带来与贫下中农学习"红宝书"时点的小油灯，祖孙三代用过的被子，贫农老大爷送的粮食种子。

《上大学之前》（宣传画）。贫下中农给即将入学的工农兵大学生送上"革命的种子"

欢送工人上大学，赠以两把崭新的锄头

欢送工农兵学员上大学

1970 年 10 月 15 日，国务院通知各地按北京大学、清华大学请示报告提出的意见恢复高等学校招生工作。至此，全国各高校开始大面积招收工农兵学员入学。

招收工农兵学员使高等院校得以一息尚存。但工农兵学员名义上是学生，实际上除了上大学，还被赋予了管大学和用毛泽东思想改造大学的使命。1971 年全国教育工作会议还将“工农兵学员上大学、管大学、改造大学”写进《全国教育工作会议纪要》。这种定位使工农兵学员在学校里到处“伸手”，教师和学校管理人员在他们面前“手足无措”。

工农兵学员认为“上大学就是上战场，管大学就是管路线”，刚进校门就头脑发热，有一种内在的“造反”冲动。华东师范大学首批工农兵学员 1970 年 11 月 27 日报到，12 月 2 日就贴出《师大并不平静》的大字报，批评学校“战备气氛不浓”“军训活动没很好开展”“教师回避新学员，对新学员冷淡”。12 月 19 日，工农兵学员又贴出大字报《师大究竟向何处去》，说学校是“世外桃源，平静得像一潭死水”，要求把“文化大革命”前的学校领导干部拉出来批判，让新学员见面。复旦大学 1974 年招收的工农兵学员一入学就认为学校党委领导不力，官僚主义严重，集体给学校党委贴《一分为二看党委目前的工作》的大字报。

由于工农兵学员文化基础普遍较低，学校一重视专业知识教学，他们就向领导写大字报，认为是“穿新鞋，走老路”，鼓励学员钻进业务堆里，对教育革命漠不关心。复旦大学“五七”文科班一学期安排了 7 门课，学员便批评“上课像吃年夜饭，一盘没吃完，一盘又来了，实在吃不下”，要求走出校门，参加社会上的革命大批判。华东师范大学生物系学员发现《植物生理学》教材厚、内容多，认为这是修正主义谬论流毒未清的反映。有的学员看了三四个小时还看不懂，一气之下就把教材摔在地上；有的学员接二连三贴出大字报，认为《植物生理学》教材是“洋奴哲学”“爬行主义”，讲的是老经验、老古董，要求组成“三结合”编写组，重新编写教材。同济大学工农兵学员对大学教学不适应，便批判说：“教师在课堂上讲理论推导，满满三黑板，写满了擦，擦掉了写。当老师把公式推导完时，我也忘光了。我想照这样下去，别说三年，六年也毕不了业……到底是让工农兵学员去适应所谓‘大学的学习规律’，还是学校教学要适应工农兵的认识规律？这就是两条路线的斗争。我们仔细琢磨了一下，认为我们听不懂，并不是因为我们文化水平低，而是教学方法还是老一套。无产阶级要占领大学阵地，工农兵学员要在大学里站住脚，就要向资产阶级习惯势力，包括所谓‘大学的学习规律’作斗争。”该校路桥系桥梁与道路专业的学生，1973年下半年学习“圬工拱桥”课程时，认为教材中有些内容脱离生产实际，写出200多张尖锐泼辣的大字报，对教材逐章逐节进行批判。

工农兵学员招生实行群众推荐、领导批准，既无标准，也不透明。于是，有少数干部，利用职权，违反规定，私留名额，内定名单，指名选送，授意录取，甚至用请客送礼、弄虚作假等不正当手段，将自己的亲属和老上级的子女送进高等学校。有些招生主管部门和负责招生的干部，讲私人交情，私送名额，或强令招生人员接收某人入学。这些在招生工作中“走后门”的现象，引起人民群众强烈不满。1972年5月1日，中共中央发出《关于杜绝高等学校招生工作中“走后门”现象的通知》，要求各地加强对招生工作的领导，对违反规定的予以制止纠正；今后如违反规定，对有关干部要严肃处理，还要将学生退回。

除了以招收工农兵学员为主的普通班，有些学校（比如清华大学）还举办一

清华大学电力系工农兵学员在上课

年左右的进修班、多种形式的校内外科学研究班、业余大学班以及专题短期培训班，让更多的人有机会接受高等教育。

链接

钟志民退学事件

钟志民，江西瑞金人，原是陆军某师步兵班长，父亲钟学林是福州军区政治部副主任，分管干部工作。1972年钟志民在父亲的帮助下上大学，就读于南京大学政治系哲学专业。在批评“走后门”上学的形势下，他萌生了退学的念头。1973年8月，钟志民向系里谈了退学的想法，9月正式向南京大学党委递交退学申请报告，作自我检讨，认为“走后门”上大学是“几千年来剥削阶级的旧思想的残余”，它的思想基础“是资产阶级私有观念的残余”，它的社会基础“是资产阶级法权的残余”。

1973年11月，江苏省教育部门在第51期内部简报《教育革命情况》上全文刊登了钟志民的退学申请报告。在对待钟志民是否退学的问题上，江苏省委在充分肯定钟志民的前提下，认为既然已经上学了，就不一定退学，等毕业后再回部队。但是，既将退学申请报告作为教育材料转发，又决定不予退学，这本身自相矛盾。后来，江苏省委改变态度，支持钟志民的退学申请，批准他回部队。

1974年1月18日，《人民日报》头版头条以《一份退学申请报告》为题，刊出钟志民的退学报告，并加编者按，指出“走后门”上大学“是事关反修防修，事关培养千百万无产阶级革命事业接班人的大问题”，赞扬钟志民“向地主资产阶级意识形态展开了新的进攻”。2月10日，南京大学召开了欢送钟志民大会。钟志民回到部队后，即行退伍，到他原先插队的江西瑞金县沙洲坝公社大埠大队百花园生产队重新当农民。

经过宣传报道，钟志民的《退学申请报告》产生了一定的社会影响，国务院科教组要求各地学习钟志民，“深入进行一次思想和政治路线方面的教育……自觉地起来与‘走后门’不正之风作坚决斗争。”各地的大专院校组织师生进行了学习讨论，纷纷揭发追查“走后门”上大学的问题，一些领导干部作了检讨，也有一些学生主动表示退学。

二、提倡基础理论

20 世纪 70 年代初，中国外交工作迎来了一个小小高潮，与世界各地的文化与教育交流逐步恢复。1971 年 7 月下旬，诺贝尔奖获得者、美籍华裔物理学家杨振宁回上海探视父亲，顺道访问了上海、北京的一些高校和科研院所，进行了一些座谈。周恩来 8 月 4 日下午会见并宴请了杨振宁博士。1972 年 6 月，杨振宁再度回上海探亲，并先后在上海、北京、南京、沙石峪、西安、延安、广州等地访问，参观了革命历史博物馆、工厂、学校、农村人民公社和科学研究单位，还同科学界进行了座谈。在参观北京大学和中国科学院物理研究所时，杨振宁提出了要加强基础理论学习和研究。周恩来在会见杨振宁时对“提倡一下基础理论”表示赞同，并对周培源说：“你回去要把北大理科办好，把基础理论水平提高。”

1972 年 11 月 23 日起，中国科学家代表团对美国进行了为期 25 天的访问，不论是在哈佛大学和麻省理工学院的所在地波士顿，还是在首都华盛顿或密执安湖边的芝加哥，从濒临大西洋的纽约，到俯瞰太平洋的旧金山，到处都受到热情欢迎和亲切接待。美国全国科学院院长汉德勒博士说，中国科学家的这次访问，“恢复了我们两国科学界之间的老关系，也建立了新的友谊联系”。

1973 年 5 月和 7 月，杨振宁又到访中国，国务院总理周恩来、国务院科教组组长刘西尧等人与他举行会谈。毛泽东曾于 7 月 17 日下午在中南海书房同杨振宁博士进行了一个多小时的谈话，表示支持加强基础理论学习和研究。1974 年 6 月，杨振宁再次回中国探亲访问，叶剑英、邓小平、郭沫若等人同他举行会谈，并有多位科学工作者如周荣鑫、钱学森、华罗庚、王淦昌、邓稼先、周光召等参加会见。1976年3月，杨振宁第六次访问中国，在广州、上海、北京参观访问，并同科技界、教育界人士座谈，4月17日还受到华国锋接见，并举行会谈。

杨振宁的频频到访，敲开了“文化大革命”期间中国科技界国际交流的大门，吹起了加强基础理论研究的学风，对教育事业的整顿和恢复起到了很好的推动作用。

1972年8月7日，国务院科教组发出通知：重建人民教育出版社，担负起编辑出版教材和其他教育书籍的任务。10月6日，《光明日报》发表周培源的文章《对综合大学理科教育革命的一些看法》，认为理科的专业设置仍宜按学科而不宜按产品区分，提出“工和理、应用和理论都必须受到重视，不能偏废”“充分认识到科学实验和自然科学理论的重大意义”“在学校中，基础科学的教学工作一定要做好，综合大学理科要对基本理论的研究给予足够重视”，文章在教育、科技领域里引起了很大的震动和反响。其实，这是周培源当年5月应《人民日报》之约而写的，参加该报“社会主义大学应当如何办”的专栏讨论。由于周培源对极左思想影响下的理科教学提出了不同的意见，反对“理向工靠”，故而被压制了，后被转给《光明日报》正式发表。

出于强调基础理论和提高教学质量的考虑，各地教育行政部门和学校制定了一些具体的举措，振作了师生的学习精神和学习积极性。如恢复文化知识考试，重整学校教学秩序，减少学生劳动时间，引导学生将主要精力放到学习上来。大连工学院要求各系“订出规划，各就各位”“争取三到五年在教育革命各个方面赶上或超过‘文化大革命’前的水平”。黑龙江省集贤县永安公社1972年夏组织大会考，密封考题，串班监堂，考分排名在全公社教师大会公布。各学校纷纷增作业、加课时、搞小考、压缩学工学农时间，教学气象一新。下半年，又兴冲冲来一次全社冬季大会考。辽宁丹东六中停办了部分校办工厂，大大增加作业分量，以分数评选优秀学生和班级。

1972年10月17日至18日，国务院科教组在北京召开教材工作座谈会，参加的有华东、中南、华北17个省市教育局的有关人员。会议就如何推动大、中、小学教材改革和建设进行座谈，交流编写教材的经验，组织协作编写，然后采用分科设点、择优推荐、集体修订、分工出版的办法，出版一批质量较高的教材，供各地参考使用。在此基础上，制定教材改革和建设规划，逐步建立教材编审、出版工作新体制。上海市1973年5月召开大中小学教材工作会议，提出“强调基础课，并不是恢复老一套，不是走老路，走回头路”。到年底，中小学教材和教学参考资料共编写出版223种；大学教材共编写52种，出版33种，各校自编教材有711种。

为恢复正常的教育秩序，努力提高教育质量，各地也召开了一系列中小学教育革命座谈会和教育工作会议，采取了一些实际性措施整顿教育工作，主要有：调整、充实中小学领导班子，使原校一级领导干部恢复领导工作；弄清政治与业务、理论与实践、批判与继承的关系，划清“智育第一”和德智体全面发展、“师道尊严”和尊敬教师、“管卡压”和必要的教学秩序之间的界限；发挥有经验的老教师的作用，开展教师进修和培训活动，保证教师备课与教研活动的时间，树立一些“忠于党的教育事业”的教师典型；加强纪律教育，在一些学校试点，重新建立考勤、考核、升留级等规章制度；积极创造条件，开展体育、科技、阅读、文娱等活动。此外，各科教学上也有不少恢复性举措。如语文课重新加强基础知识教学，数学课加强了代数、几何、三角等基础知识，将革命文艺课中的音乐、美术重新分开设课。

三、落实知识分子政策

“文化大革命”从文教领域发动，对文化教育的负面影响极大。1971年夏天，毛泽东对“文化大革命”彻底否定前17年有所批评，他的意见主要有三条：（1）前17年的估价不要讲得过分。在无产阶级专政下执行了错误的路线，不是大多数人，是一少部分人。（2）多数知识分子还是拥护社会主义制度的，执行封、资、修路线的还是少数人。（3）关于高教六十条。毛泽东说：“总的还有它对的地方嘛，难道没有一点对的地方嘛，错误的要批，批它错误的东西。”毛泽东还说：“人家是教师，还要尊重他嘛。一讲不对就批评，哪能都讲对呀，讲不对没关系，讲错了没关系，大家共同研究，怎么能一下子都讲对，不可能嘛。”

于是，国务院总理周恩来打算从文教领域开始整顿，重新启用知识分子。1971 年全国教育工作会议期间，周恩来于 7 月 6 日和 7 月 29 日，会见了全国教育工作会议领导成员及出席教育、出版等七个专业会议的代表，周恩来指出：“毛主席的红线也是照耀了教育战线的”“知识分子的大多数是接受共产党领导的，是为社会主义服务的”“对教师队伍和解放后培养的学生要作具体分析，要辩证地看问题”。

1972 年 4 月 24 日，《人民日报》发表社论《惩前毖后，治病救人》，引述了毛泽东的话：“要相信百分之九十以上的干部是好的和比较好的。犯了错误的人，大多数是可以改的”“打击面要小，教育面要宽”。提出要严格区分敌我矛盾和人民内部矛盾这两类不同性质的矛盾；除了极少数“阶级敌人和屡教不改、不可救药的分子”外，对一切犯错误的同志，不论老干部、新干部，党内的同志、党外的同志，都要按照“团结—批评—团结”的公式，采取教育为主的方针；要关怀他们，教育他们，信任他们，发挥他们的作用。《人民日报》先后报道了各地团结干部、正确对待和使用干部、团结一切可以团结的力量等方面的消息。

整顿和恢复教育，其基本前提就是充实管理队伍和教师队伍，让有领导能力和专业水平的人重新走上管理和教学岗位。国务院科教组于 1972 年 5 月 10 日至 6 月 20 日召开综合大学、外语学院教育革命座谈会，提出：要全面落实党的知识分子政策，发挥教师的业务专长，合理安排他们的工作，“鼓励教师为革命刻苦钻研科学技术”。要求高校注意进一步提高教学质量，加强基础理论教学，对文化基础较差的学员办补习班。“理科的基础理论课一般宜单独设课，系统学习，基础知识面要适当宽一些，保证必要的教学时间”。要重视科学研究人才的培养，努力开展科学研究。

1972 年 3 月 22 日，《光明日报》发表《狠抓路线教育，坚持对教师边使用边改造》，提出对教师“要大胆使用，并在使用中加强教育与改造”。从 1972 年 7 月起，《人民日报》连续报道各地整顿学校秩序、落实知识分子政策、教

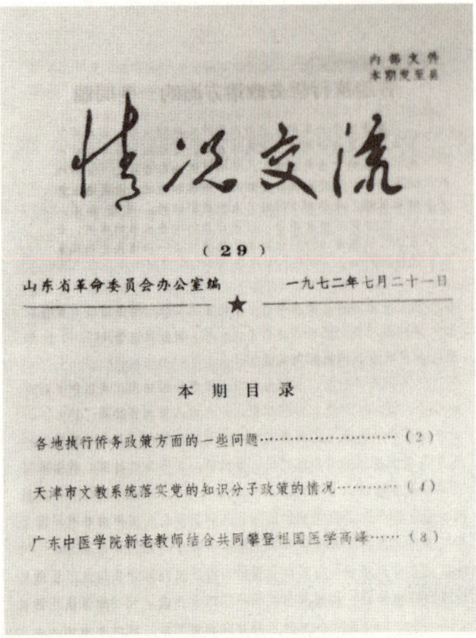
内部文件
本期发至县

情况交流

（29）

山东省革命委员会办公室编　　一九七二年七月二十一日

★

本期目录

山东省革委会编的《情况交流》，刊登《天津市文教系统落实党的知识分子政策的情况》文章

师陆续回到教学岗位的消息，如《充分发挥教师在教育革命中的作用》《发挥老教师的作用》《调动教师为革命而教的积极性》《采取多种形式提高教师的业务水平》《新老教师团结互助，共同提高》《认真抓好教师的业务学习》《鼓励教师大胆抓教学质量》等等。

1972年8月16日，《人民日报》发表吉林省长春市教育局的文章《充分发挥教师在教育革命中的作用》，介绍了长春市落实党的知识分子政策的经验，提出“要正确认识教师在教育革命中的作用”，要让教师工作，在使用中加强教育、改造。此后，《人民日报》还报道了一些地方和学校落实党的知识分子政策的经验，部分教师陆续被安排到教学和科研工作岗位上，一些原来的领导干部重新担任了校内的各级领导职务。

教育战线的一批干部教师开始从“五七”干校和其他地方调回学校，恢复工作。尤其是高级知识分子和一批领导人物复出工作，重新整治中国高等学校。教师方面如南京某大学党委把教师划分为几种类型安排使用：政治条件和业务条件都还比较好的，除教学、科研上积极使用外，可再安排担任校、系革委会的行政领导；政治条件不好，业务上还可以的，在教学上积极使用；有“严重政治历史问题”，“思想反动”，但在业务上有专长的，在教学上一般使用；“政治历史”一时搞不清的，挂事不挂人，控制使用。根据这一原则，该校1367名教师，安排在教学、科研方面工作的818人，担任行政领导工作的475人，使用人数达94%以上。教授、副教授、讲师357人，担任系以上领导工作的58人，参加教学、科研的239人，其他使用的5人，使用人数占84.6%。同时，校党委还做了扣发工资的退还工作，适当调整了部分老教师的住房，原来搬进地下室的老教师也搬回原住处。南京大学通过落实知识分子政策，调动了老师们的积极性，外语系接受了上级交给的资料翻译工作之后，教师们认真负责地在几天之内分别用英、德、法、西班牙文译成了 108 篇资料。复旦大学老校长陈望道于 1972 年被批准复出工作，担任了复旦大学校革委会主任。物理学家谢希德 1968 年被诬陷为“特务分子”，在隔离审查 3 年多后于 1972 年 4 月初恢复业务工作，参加教材编写，“具备任课资格”。据统计，在落实知识分子政策和干部政策中，仅上海高教界，受审查的 114 名局级干部中，“解放”87 人，使用 70 人；434 名处级干部中，“解放”405 人，使用 307 人。1006 名副教授以上高级知识分子，已有 745 人安排工作。

与落实知识分子政策相呼应的是，驻校工宣队人数 1972 年以后逐渐减少。据统计：1973 年 10 月，全国 352 所高校有工宣队员 4892 人，比 1971 年 9 月的 12804 人减少 61.8%，其中有 87 所高校工宣队已全部撤走，约占高校总数的 1/4。

四、高校招生注重文化考查

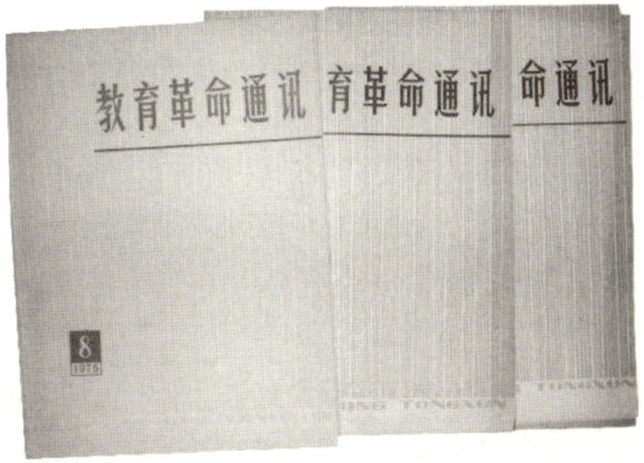

1973 年 1 月创刊、1976 年 1 月停刊的国务院科教组的机关刊物《教育革命通讯》

1970 开始，高校大面积招收工农兵学员，他们文化基础普遍较弱，且程度参差不齐，从小学到高中不等。外语学院的学员，入学时连英文字母 ABC 都不认识。厦门大学 1970 年 10 月 24 日入学的第一批工农兵学员 321 人，来自工厂 81 名，农村 116 名，复退军人 101 名，初中和初中以下文化程度占 1/3。沈阳医学院 1970 年底招新生 461 人，平均只受过 8 年中小学教育。1970 年进清华大学的大寨会计赵素恒只上过三年小学。学生文化程度太低，给高校教学工作带来了一定的难度。教师教浅了，文化程度高的听了不过瘾；教深了，文化程度低的听不懂；讲理论，老工人不容易听懂；搞实践，知识青年和复员军人又感到困难；按初中水平教学，高中水平的吃不饱，小学水平的吃不消。

1972 年 5 月，国务院科教组批转《北京市革委会科教组关于高等学校试办补习班的报告》，该报告反映：北京 11 所高校招收的工农兵学员，初中以上程度的占 20%，初中程度的占 60%，相当于小学程度的占 20%。学员文化程度太低，给高校教学工作带来了一定的难度，北京市要求有重点地为学员补习半年左右的文化基础，补习时间不计入学制。国务院科教组认可这一做法，通知各地高等学校，对于实际文化程度没有达到要求的学员，根据专业的不同，有重点地为学员补习必要的文化基础知识。

借教育整顿之风，高校招生出现了一些新提法，如“坚持政治和业务的统一”，“不讲文化水平不利于培养无产阶级革命事业接班人”。1972 年 7 月，国务院科教组召开高等学校招生工作座谈会，讨论了如何保证学员质量问题。

1973 年 4 月 3 日，国务院批转科教组《关于高等学校 1973 年招生工作的意见》，提出除继续采取“推荐、选拔”的办法外，“要重视文化考查，了解推荐对象掌握基础知识的状况和分析问题、解决问题的

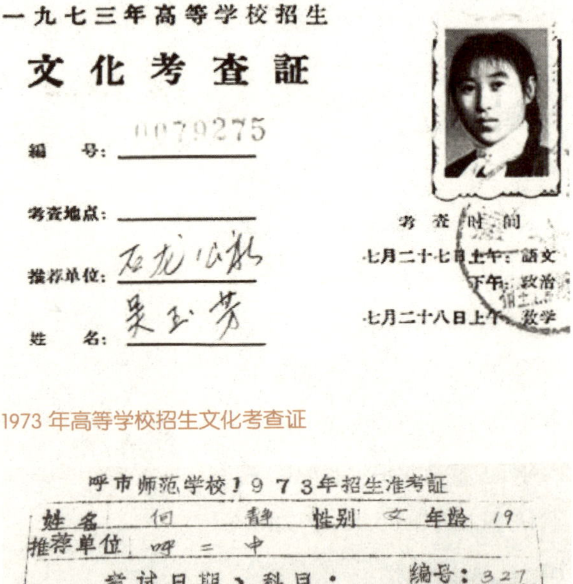
一九七三年高等学校招生
文化考查証
编　号：0079275
考查地点：
推荐单位：石龙公社
姓　名：吴玉芳
考查时间
七月二十七日上午：語文
下午：政治
七月二十八日上午：数学

1973 年高等学校招生文化考查证

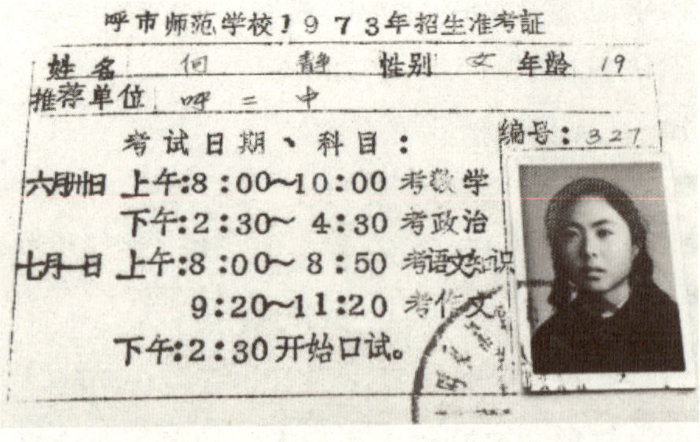
呼市师范学校1 9 7 3年招生准考証
姓名 何静 性别 女 年龄 19
推荐单位 呼二中
编号：327
考试日期、科目：
六月卅日 上午：8：00～10：00 考数学
下午：2：30～ 4：30 考政治
七月一日 上午：8：00～ 8：50 考语文知识
9：20～11：20 考作文
下午：2：30开始口试。

1973 年一所师范学校的招生准考证

能力，保证入学学生有相当于初中毕业以上的实际文化程度”，“考查的内容和方法，各省、市、自治区可根据本地的具体情况和各专业的不同要求进行试验”。6月2日，《人民日报》发表《切实做好大学招生工作》，虽然没有放弃“又红又专”“政治挂帅”，但提出要“德、智、体全面衡量”，把真正合乎条件的好青年送到大学去。

据此，1973年各地在高等院校招生时都提出了文化考试或考查的要求，如：北京市5月召开招生工作会议，要求“全面掌握入学条件，必须从德智体几个方面对推荐对象进行全面考查”。上海市本年各高校招生时均进行了考试，共招生9730名。不过这种选拔方式是以群众推荐、政审合格为主，文化成绩只是一个参考指标，与1977年恢复高考自愿报名，划定录取分数线有着根本的不同。

虽然高校没有恢复招收应届高中毕业生，但高校招生方式中的文化考查仍然对中小学教育发挥着指挥棒的作用。各地中小学刮起了一阵注重文化知识的清风，加强了文化课的教学，初步恢复各主要学科的期中和期末考试，许多教师还主动编印参考资料，以供学生复习。

一些大学对于在读的工农兵学员，也开始举行期末考试，督促师生加强专业课程的教学，提高学员学习的自觉性。如山东工学院1973年1月举行期终考试，重点选择了数学、物理、化学、电工学、电机学等5门课程，对9个班进行了考试，考题内容既有生产实践中的理论问题，又有实验室的科学试验，还有新技术问题。

恢复考试考查在一些地方对强化学生的文化学习起了一定的功效，一些地方则由于阻力太大而不了了之。遗憾的是，1973年6月因一名考生在辽宁省高校招生文化考查中交白卷，被人为放大是交了“一份发人深省的答卷”，从而再次引发了对考试的批判，教育界又刮起了一股否定文化学习的歪风。

五、《园丁之歌》

1972至1973年教育战线调整整顿，许多教师回到了教学岗位，恢复正常的教学秩序，强化基础知识和基本技能，想方设法提高教育质量。1972年3月至4月，湖南省委领导在一次办学现场会上大抓“提高教育质量的典型”，“交流提高

《园丁之歌》剧照之一。左大玢饰俞英

教学质量的经验”，将10篇经验交流材料编成《努力提高教学质量》的小册子。9月，又在贯彻全国招生工作会议精神的座谈会上批评教育革命“以政治代业务”，“学生基础知识差，后进面大”。

为了配合教育发展的新形势，湖南省文艺界1972年创编了一个40余分钟的轻松活泼的花鼓戏——《好教师》。演出后反映比较好，再经长沙市湘剧团柳仲甫执笔改编，更名为湘剧《园丁之歌》。该剧直接取材于学校教育，主要情节是：青年女教师俞英耐心地教育引导小学生陶利克服缺点，爱学习、守纪律，同时也教育青年教师方觉认识了自己对待学生的态度是错误的，从而树立起正确的教育思想。

这一出风格与样板戏迥异、简短明快的小戏，在八亿人民看八个样板戏（《智取威虎山》《红灯记》《沙家浜》《奇袭白虎团》《海港》《龙江颂》《红色娘子军》

《园丁之歌》剧照之二。教师和学生奋勇前进

样板戏主要人物彩绘

《白毛女》）的时代，给文艺界和教育界吹进一丝别样的气息，令人耳目一新。《园丁之歌》在湖南省1972年文艺调演中取得了较大的成功，反响强烈。

1973年，在湖南省委书记华国锋的支持下，《园丁之歌》被拍成彩色电影，送北京审查。因“四人帮”阻挠，未能通过发行，认为台词“没文化怎能把革命重担来承当”是“为资产阶级知识分子唱赞歌”。1974年7月19日，国务院文化组发出《关于批判〈园丁之歌〉的通知》。8月4日，《人民日报》发表初澜（文化部写作组的笔名）的《为哪条教育路线唱赞歌——评湘剧〈园丁之歌〉》，说这部影片“掩盖和抹杀教育战线的阶级斗争和两条路线斗争”，“否定无产阶级文化大革命，为反革命修正主义教育路线招魂，向无产阶级反攻倒算”。1974年11月，毛泽东观看了《园丁之歌》这出小戏，高兴得鼓起掌来，说：“我看是部好戏。”湖南省委立即向文化部反映，提出继续上演和放映。周恩来马上调看影片，认为没有问题。粉碎“四人帮”后，《人民日报》1976年11月29日发表湖南省委宣传部文章《扼杀〈园丁之歌〉也是为了篡党夺权》，为《园丁之歌》平反。影片在全国上映，对于教育领域的拨乱反正发挥了先导作用，“没文化怎能把革命重担来承当”也成为一句经典台词。

链接

《园丁之歌》故事梗概

出身于劳动人民家庭的女教师俞英，在“文化大革命”中，一心要搞好教育革命。她来到工厂征求意见，工人们告诉她，“人从心上育，水往根上浇”，要教育好孩子，就要和孩子们交朋友，和他们交心。

男教师方觉对待出身于工人家庭、调皮贪玩的孩子陶利，不去进行耐心的思想教育，而是没收他的玩具小火车，甚至粗暴地不让他进课堂。方觉认为对陶利这样的孩子，不管怎样做都是“挑沙填海空费力”。为此，俞英与方觉之间产生了认识上的矛盾。俞英批评方觉对陶利态度生硬，没有热情，她决心要以高度负责的精神教育好孩子。

俞英对陶利进行了耐心的说服教育，不但没有没收玩具小火车，还与他一起修理玩具，并婉转地批评了陶利不该拆掉算盘做小火车。她启发陶利，要学会开火车，就必须学习好功课，只有掌握了文化知识，才能更好地为人民服务。她再结合陶利的家庭情况说，过去他父亲受地主压迫剥削，上不起学，现在工作中就有许多的困难和问题。今天，我们生活在优越的社会主义制度下，应该刻苦努力地为革命好好学习，将来为祖国建设贡献力量。

在俞英耐心的说服教育下，陶利转变了。男教师方觉在工作中感到俞英的教育思想和方法是正确的，他决心改掉自己简单粗暴的缺点，和俞英一起把孩子们教育好，让祖国的花朵茁壮成长。

六、“三项指示为纲”

1974年6月1日周恩来病重住院，为遏制“四人帮”的权力欲，毛泽东于10月4日提议邓小平任国务院第一副总理。1975年1月5日，邓小平被任命为中央军委副主席兼总参谋长；1 月 10 日在中共十届二中全会上被选为中共中央副主席、政治局常委；1 月 17 日在四届人大一次会议上被选为国务院第一副总理（这次会议还决定撤销国务院科教组，恢复教育部，由周荣鑫出任部长）。由此，邓小平集党、政、军第一副职于一身，开始出面主持中共中央和国务院的日常工作，大刀阔斧地推行了一系列整顿、纠正和恢复性措施，使国民经济、工业秩序、文化教育都有了明显好转。

邓小平复出在“文化大革命”后期是一个标志性事件。由于“左”倾政治路线没有根本改变，邓小平机智地将他的施政指导思想冠以“三项指示为纲”。三项指示是：学习无产阶级专政理论、要安定团结、把国民经济搞上去。这是毛泽东在不同场合说过的三句话，邓小平巧妙地将其整合在一起，以便为自己的整顿政策赢得更大的政治空间。

1975 年 3 月 5 日，邓小平对各省、市、自治区委员会主管工业的书记讲话说：建立必要的规章制度，增强组织性纪律性，反对派性。5 月 29 日，他又提出钢铁工业重点要解决四个问题：建立一个坚强的领导班子，坚决同派性作斗争，认真落实政策，建立必要的规章制度。邓小平的工作重点是稳定局面、发展经济，以提高经济生产带动其他领域的整顿治理。由于教育领域长期为极左势力所把持，只是在整顿已有初步成效后才被影响到，且受惠时间较短，主要集中在 1975 年下半年。

1975 年 7 月，周荣鑫指示教育部编印《周总理关于基础科学研究和理科教育革命的部分指示》和《毛主席关于自然科学的部分论述》，为清扫教育战线的极左思想作准备。8 月 23 日到 30 日，教育部召开京、沪、津、粤城市中小学教育座谈会，周荣鑫在会上

周荣鑫（右）在视察浙江大学工程训练中心金工实习车间

《学好弄通无产阶级专政的理论》（宣传画）

提出学校要加强文化知识教育，他说："几百万教师在培养学生，还天天讲他们是资产阶级知识分子，这不是自己打自己的嘴巴吗？""学制、课程、教材、教学方法的改革……现在都在试验，缺点是及时总结不够。教育部应该作检讨，过去规定不点头也不摇头，这是要命的规定！今后该点头的就点头，该摇头的就摇头。"9月15日至23日，教育部在江苏无锡召开湖南、湖北、山东、江苏四省城市中小学教育革命座谈会，传达讨论了周荣鑫的讲话。周荣鑫的讲话在教育界引起了强烈的反响，大部分教师感到气氛有所改善，自发或自觉地整顿学校秩序，发挥教师的积极性，加强各种文化课程教学，保证教学时间和质量。

1975年9月26日，邓小平在听取中国科学院负责人汇报《关于科技工作的几个问题》时作了重要讲话，他说："如果我们的科学研究工作不走在前面，就要拖整个国家建设的后腿。""科研工作能不能搞起来，归根到底是领导班子问题，不把领导班子弄好，谁来执行政策？特别要注意提拔有发展前途的人。对于那些一不懂行、二不热心、三有派性的人，为什么还让他们留在领导班子里？""不能叫科研人员还去搞后勤，整天东跑西跑。要让党性好的组织能力强的人搞后勤。""要把那些比较好的、有培养前途的科技人员记下来，建立科技人员档案，帮助他们创造条件，不管他们资格老不老……要给有培养前途的科技人员创造条件，关心他们，支持他们，包括一些有怪脾气的人。首先要解决这些人的房子问题，家庭有困难的也要帮助解决。""我们有个危机，可能发生在教育部门，把整个现代化水平拖住了。比如我们提高工厂自动化水平，要增加科技人员，这就要靠教育。""科学技术叫生产力，科技人员就是劳动者！""要解决教师地位问题。几百万教员，只是挨骂，怎么调动他们的积极性？"

在邓小平的领导下，文教系统开始学习毛泽东关于"学习无产阶级专政理论""要安定团结""要把国民经济搞上去"三项指示，对照做好自我检查。7月11日至13日，上海师范大学召开了三天教育革命讨论会，交流学习"三

《好好学习　天天向上》（宣传画）

项指示”的体会，总结教育革命经验，分析存在的问题，落实干部政策和知识分子政策，商讨改进学校工作的方法和措施，研究今后的努力方向。10月，上海师范大学许多教职工还对学校党委不搞整顿而宣传农业学大寨表示不满。

1976年1月1日，“两报一刊”发表题为《世上无难事，只要肯登攀》的元旦社论，否定“三项指示为纲”，提出“安定团结不是不要阶级斗争，阶级斗争是纲,其余都是目”。教育事业第二次整顿刚刚有一些好转,就被接下来的“批邓、反击右倾翻案风”所中断。

06

第六章

两度反复

“文化大革命”后期，伴随着政治上的领导权和话语权之争，思想意识形态领域内的斗争逐渐加强，且日趋明朗。针对周恩来总理对国家建设事业的整顿，“四人帮”极力宣扬“反潮流”并树立了几个典型，使刚刚恢复生气的学校教育再度遭到破坏性的打击。针对邓小平复出后的整顿，“四人帮”又策划发动“反击右倾翻案风”，给教育战线劈头浇了一盆凉水。由于“文化大革命”后期群众运动的热情大大消退，“反潮流”与“反击右倾翻案风”虽然气势浩大，但不得人心，扭转不了“文化大革命”加速衰败的颓势。

一、“反潮流”

所谓“反潮流”，就是逆潮流而动。1971 年林彪事件后，周恩来总理积极纠“左”，在教育上加强基础理论建设，落实知识分子政策，恢复了一些利于提高教育质量的合理做法。教育战线出现了一些新气象，学校的中心工作逐步回到课堂教学上。但毛泽东认为林彪是极右，主张“极左思潮少批一点”。“四人帮”及其党羽嗅到了扩大政治影响的空间和机会，于 1973 年掀起一股“反潮流”之风，与周恩来等人的矛盾不断积聚，逐渐公开化，并在文教领域的“反潮流”中抓住几个典型事件、典型人物大做文章，否定调整整顿的成果。

（一）“白卷英雄”

1973 年 6 月 28 日至 30 日，辽宁省按照国务院科教组《关于高等学校 1973 年招生工作的意见》，对被推荐上大学的人举行招生文化考试，考试科目有语文、数学、理化（合卷）。兴城县白塔公社枣山大队插队知青张某，在最后一天的物理化学考试中，仅做了三道小题，且不知对错，其余则一筹莫展。张某自知文化知识程度不够，经过几小时的书面考试，根本无法取得大学的入学资格。他非常苦恼，又心有不甘，便利用剩余的考试时间在试卷背面写了一封信，以“尊敬的领导”抬头，发泄内心的不满，说自己因忙于参加生产活动，没有时间复习功课，才导致文化考试答不上题。

谁也意料不到，一个考生偶然的情绪化举动，竟然在全国掀起了一场轩然大波。参加阅卷和招生工作的人员在试卷上发现了张某的信，便报告锦州市招生办公室，锦州市再报到辽宁省委。7 月 10 日，在辽宁省招生考试座谈会上，锦州市被要求汇报张某在答卷背面写信的事。辽宁省委书记要求《辽宁日报》发表这封信。7 月 19 日，《辽宁日报》以《一份发人深省的答卷》为题，刊登了信件全文，特加编者按说：“他对物理化学这门课的考试，似乎交了白卷，然而对整个大学招生的路线问题，却交了一份颇有见解、发人深省的答卷。”还一连发出三个追问：“文化考核的目的，主要是了解分析问题、解决问题的能力，还是检查记住多少中学课程？录取的主要标准，是根据他在三大革命运动实践中的一贯表现，还是根据文化考试的分数？是鼓励知识青年积极接受贫下中农和工人阶级再教育，努力钻研和完成本职工作，还是鼓励他们脱离三大革命运动实践而闭门读书？”

8 月 2 日，《文汇报》率先转载《一份发人深省的答卷》。8 月 10 日，《人民日报》转载，并又加编者按说：“这封信提出了教育战线上两条路线、两种思想斗争的一个重要问题，确实发人深思。”随后，全国各地报刊纷纷转载，张某

《人民送我上大学，阶级委托记心间》（绘画）

《教育革命结硕果，新型大学育新人》（绘画）

一夜之间成了名噪全国的勇于交白卷的“反潮流”英雄。8月16日，《人民日报》发表署名“杨浦”的《反潮流精神——赞〈一份发人深省的答卷〉》，说：“反潮流是马列主义的一个原则”，“一切无产阶级革命战士，都要有反潮流的精神，都要坚持反潮流的斗争”。9月22日，上海师范大学在《人民日报》发表署名“葛明文”（谐音“革命文”）的文章《改革招生制度是巩固无产阶级专政的需要》，为交白卷事件辩护。

张某最终的考试成绩语文38分，数学61分，物理化学6分。因为有了利用价值，被誉为“反潮流”英雄，张某被铁岭农学院录取，进入畜牧兽医系学习，两年后，担任铁岭农学院党委副书记、领导小组副组长。

“白卷英雄”的事迹一经渲染，犹如一瓢冷水，把师生们刚刚焕发出的教学热情全给浇下去了。加强基础理论学习的教学计划，被诬为“复辟的产物”，刚刚有一点安定和起色的学校，又一次闹腾起来。各地教育界还因之发起了“选什么样的人上大学”的大讨论，将文化考查视为资产阶级向无产阶级的挑战，“是对教育革命的反攻倒算”。

1974 年 6 月 15 日，国务院批转科教组《关于 1974 年高等学校招生工作的请示报告》，指责 1973 年招生工作“不少地区曾不同程度地沿袭旧高考的办法”，是受了“修正主义教育路线”的影响，要求在当年的招生工作中无产阶级政治挂帅，把政治表现、觉悟路线放在首位；文化考查则采取调查访问、座谈讨论等多种形式进行试验。各高校对工农兵学员半年的文化补习被视为“修正主义教育路线的复辟回潮”，统统取消了。清华大学 1974 年 2 月刚入学的新生，出去“开门办学”整整一年，致使这些学员上业务课的时间，缩短为总学时数的 45%，有的专业只占 20%。1977 年，上海市革委会科技组对分配到上海科技系统工作的工农兵学员毕业生进行了一次考试，考题是中学的理科基础知识，结果 68% 数学不及格，70% 物理不及格，76% 化学不及格。有些人甚至一道题也答不出，只能交白卷。

与交白卷事件南北呼应，上海发表了工农兵学员刘某的谈话。刘某原为黑龙江肇州县贫农，念过六年小学，种了八年田，于 1970 年 12 月作为首届工农兵学员被推荐到华东师大中文系，担任校党委委员兼中文系团总支副书记。临近毕业时，她失去了留校的机会，便发表一番谈话，宣泄心中郁积的不满和怨气，以“引起领导的注意”。1973 年 11 月 21 日《文汇报》和《解放日报》同时发表刘某的谈话。她从“上、管、改”的视角出发，认为自己经常参加社会工作和政治活动，学习没有搞好，受到讽刺和讥笑，是“有的人往往用考试和分数来卡我们”，而“一些经常跑图书馆、埋头钻研业务，对政治学习和大批判不感兴趣的人，却得到赞赏”。她认为“智育第一”“业务挂帅”的风气给人以很大的压力，让她抬不起头来，甚至感到“孤立”“发闷”。最后，她指责学校在选留毕业生的问题上没有发动群众讨论，没有听取她的意见，选留了她不满意的人。综上所述，她断言“修正主义教育路线‘智育第一’‘业务挂帅’的流毒尚未肃清”。

谈话发表后，教育界大批“智育第一、师道尊严、关门办学”，认为“‘智育第一’是资产阶级专了无产阶级的政”“‘业务挂帅’就会导致资本主义复辟”“‘智育第一’是教育革命的大敌”“学问再多，方向不对，等于无用”。

链接

考教授

“反潮流”的白卷英雄被树立为典型后，辽宁省委主事者突发奇想，何不“以牙还牙”，考一考大学教授，“出资产阶级洋相，长无产阶级志气”。1973年秋，沈阳医学院以开会为名，把基础部38名教授、讲师召到教室，拿出事先策划好的考题，突然袭击进行考试。教师们长期没接触数理化，成绩自然很“糟糕”。学院马上让这些教师谈“认识”、说“感想”，直到他们承认文化考查是检验不出一个人真正的政治水平和业务能力的，“交白卷是可以理解的”。

1973年12月30日，国务院科教组和北京市革委会科教组采取突然袭击的办法，以开座谈会的名义召集北京市17所高校的正副教授631人，进行数理化考试，考题是从1973年一些地区高等学校招生考试的数、理、化题目中选出来的。一些教授采取拒绝应试、交白卷、在考卷上写反对意见的方式进行抵制。考试结果是及格者53名，不及格者360名，交白卷者200人，其他人拒绝参加。北京大学参加考试的121人中，有51人交白卷（其中文科48人）。

继辽宁、北京等地的“考教授”事件后，1974年1月5日，上海市革委会文教组、市教育局向全市18所高校的896名正副教授突然发出开会通知，内称“会议重要，请勿缺席”，共有650人如约而至。文教组人员到场后，宣布“考试”，科目为政治、语文、数学、物理、化学，且卷首标着“大学入学试题”。教授们自知受了戏弄，当即有许多人表示不满，有的以交白卷进行抵制。复旦大学教授张秀山、华东师大教授刘佛年一字未答，拂袖而去。然而考试还是照样进行，并允许记者现场采访，以扩大政治影响。

此后，天津也学做了一遍。

国务院科教组机关刊物《教育革命通讯》1974年第2期曾发表《考

> 教授有感》，文中说："在这次考教授中，不少文科教授的数理化试题交了白卷，他们之中有人说，我平时不接触这些东西，怎么用它来考我呢？这就从反面证明了这样一个浅显的道理：撇开一个人所实践的东西，考谁都不行。""少数教授对这场考试不那么高兴。他们说，这简直是出我们的丑……为了使大家亲身体验一下旧考试制度对学生的危害，以便共同总结经验教训，更好地批判修正主义教育路线，把这个丑现出来，抛弃掉，有什么不好呢？"

（二）马振抚公社中学事件

1971 年以来的教育整顿，不但在高校招生中出现文化考试，各地中小学也相继恢复考试检查，强化教学质量。1973 年 7 月 10 日下午，河南省唐河县马振抚中学进行英语期末考试，初二女生张某在英语考试时答不出题，便在试卷背面写了一首打油诗："我是中国的人，何必要学外文。不学 ABCD，还能当接班人。"班主任知道情况后，对她进行了批评教育，并叫她在全班作检查。张某羞愧，不愿作检查，于 7 月 12 日称病离开学校，投水自尽。学校将此事报告唐河县委，县委又上报南阳地委，地委进行了调查处理，并上报河南省教育局。

半年之后，"四人帮"得知此事，便派人去马振抚公社"调查"。来人于 1974 年 1 月 19 日到河南，不向省、地、县三级党委打招呼，直接到学校召开了两次座谈会，表示要"严肃处理"。回京后，"调查"人员写出《河南省唐河县马振抚中学情况简报》（以下简称《情况简报》），说马振抚公社中学自 1973 年以来，"采取一系列做法，扼杀无产阶级教育革命的新生事物，复活旧的教育制度'智育第一''分数挂帅'的一套，修正主义教育路线的回潮达到惊人地步"。说女生张某是"有'反潮流'的革命精神"，"对学校整天用考试整学生很不满意"，她的自杀是"复辟""回潮"造成的，是"被修正主义教育路线逼死的"。《情况简报》还说马振抚公社中学"有代表性，在其他一些学校里，也程度不同地存

马振抚中学校门

在着类似问题”。1 月 31 日,《情况简报》被中共中央转发后在全国造成恶劣影响，使刚刚恢复的正常教学秩序遭到了严重破坏。

1974 年 2 月，马振抚中学负责人罗长奇、张某的班主任杨天成遭到逮捕，并被判刑两年。河南各地批学校领导，批教师，到处揪“罗、杨式”的代表人物，弄得广大干部、教师惶恐不安，人人自危，不敢教，喘不过气，抬不起头，直不起腰。整个唐河县层层办学习班，揪斗“罗、杨式”人物 280 余人。“文化大革命”结束后，罗长奇、杨天成恢复工作，补足扣发的工资。中共河南南阳地委于 1977 年 11 月召开大会，为在“马振抚公社中学事件”中受迫害的教师、干部平反，恢复名誉。1977 年 12 月 9 日,《人民日报》发表中共河南省委、南阳地委、唐河县委联合调查组的文章《关于“马振抚公社中学事件”的调查》，说“马振抚公社中学事件”是蓄意炮制的冤案。

与“马振抚公社中学事件”相呼应，上海发生了“骊山中学事件”。1973年9月，上海市普陀区骊山中学政治教师胡祖丰向学校党支部写了份思想汇报，说：“如果把上山下乡和学工学农作为衡量教育教学质量的唯一标准，那么，还要学校干什么？”他认为，由于学校的分配制度、升学制度等原因，青年学生中存在“读书无用论”思想，必须加以扭转。胡祖丰的意见得到了其他教师的认同和支持，但上海市委、市革委会授意批判胡祖丰。1974年，胡祖丰被认定是“攻击教育革命的大好形势，妄想恢复原来一套教育制度”，在不同场合受到批判。“骊山中学事件”波及上海全市，全市先后到骊山中学参观人数多达11万，各中学纷纷揪斗“胡祖丰式”的人物，一批中学教师受到迫害。

“文化大革命”中的大批判专栏

（三）一个小学生的来信

1973年3月16日，《文汇报》发表通讯报道《小夏在黄陵》。小夏是上海市普陀区黄陵中学学生，一次老师在上课时说要“制止无政府主义”，被学生故意说成是“支持无政府主义”。围绕“制止”与“支持”两个声音相近意义相反的词，师生之间争论不休。小夏勇敢地站出来澄清事实，和老师站在一起。上海市委、市革委会负责人借此大做文章，认为小夏这样的学生是“旧教育思想的产物”，要求《文汇报》利用这个题目多做文章，展开讨论。于是，《文汇报》就教师"应该怎样看待有无产阶级觉悟，但学习成绩不好、不听话的学生？"以专栏的形式讨论了3个月。市革委会文教组、市教育局党委曾召开扩大会议，以此为例子，来说明学校如果不抓教育思想的路线斗争，就会把学生都培养成"小绵羊"，走上"否定'文化大革命'的邪路"。

上海出了个中学生，北京则出了个小学生。海淀区中关村第一小学五年级学生小黄，对班主任老师的工作方法不满，以日记形式向老师提出批评，如批老师在课堂上说"我真想拿教鞭敲你的头"，说老师上课不该坐椅子，并宣称今后还要提意见。老师看了小黄上交的日记，认为她太过挑剔，对她进行点名批评，弄得师生关系很紧张。小黄不服，认为老师是"压制民主""打击报复"，弄得自己吃不下饭，晚上做梦号啕大哭。在家长的支持下，小黄向《人民日报》《北京日报》《文汇报》等媒体写信，反问道：难道还要我们毛泽东时代的青少年再做旧教育制度"师道尊严"奴役下的奴隶吗？

《北京日报》收到第一封信后，转给了海淀区相关人士。但不久又收到第二封信，便派人去学校调查，收集了小黄的日记。为慎重起见，报社选了六篇日记内部刊登。北京市委、市革委会负责人读后大感兴趣，在清华大学接见了小黄，支持她敢于提意见，敢于"反潮流"。1973年12月12日，《北京日报》发表了《一个小学生的来信和日记摘抄》，支持学生和老师对着干，并在编者按中指出："这个12岁的小学生，以'反潮流'的革命精神，提出了教育革命的一个大问题。""问题虽然涉及的主要是师道尊严的问题，但在教育战线上修正主义路线的流毒不止于此，在政治与业务的关系、上山下乡、工农兵上大学、五七道路、开门办学、考试制度、教师的思想改造、工人阶级领导学校等问题上，也都存在着尖锐的斗争。"28日，《人民日报》全文转载小学生的来信、日记摘抄和《北京日报》编者按，又加上了《人民日报》自己的编者按，称赞她"敢于向修正主义教育路线的流毒开火"。于是，全国中小学掀起"破师道尊严"的高潮。

《一个小学生的来信和日记摘抄》发表后，各地师生和青年群众从帮助小黄的角度出发，纷纷写信劝导她。内蒙古生产建设兵团十九团政治处知识青年

《经常读报，关心时事》(绘画)

王文尧、恩亚立、邢卓以“王亚卓”的笔名给小黄写了一封信，认为徒具“反潮流”之名，而对潮流毫无认识的人，不能有取得群众支持的资格。他们批评小黄“关键是矛头指错了”，劝她正确对待老师，尊敬老师。此举引起了“四人帮”的不满。1974年2月11日，《人民日报》发表《复内蒙古生产建设部队十九团政治处王亚卓同志的一封公开信》，批判“王亚卓”。紧接着，工作组开进内蒙古生产建设部队十九团，发动群众，批判“王亚卓”的右倾思潮，说“王亚卓是资产阶级复辟势力的急先锋”。十九团政治处被停止工作、整顿思想一个月；王文尧、恩亚立、邢卓被打成“反革命”，处以劳动改造。

师道尊严一破，学生们变得胆大气粗，不受纪律约束，不听教师教导。当教师批评学生时，他们会说：“你又来‘师道尊严’了！”弄得教师很难堪。教师人心惶惶，上课时战战兢兢，生怕一不小心便会掉进“反对修正主义教育路线回潮”的陷阱。一些教师怕受冲击，便变被动为主动，向自己曾经批评过的学生“亮思想”，检查错误，作自我批评。有的老师每天都要询问学生对自己有什么意见，生怕学生对自己有看法。还有人写文章说：“师道尊严”就是“私道尊严”，是一切剥削阶级的“阶级尊严”，是私有制的“尊严”。在这种情况下，一些学校出现了“干部管不了、教师教不了、学生学不了”的混乱局面。北京市第五十中学教师吴柏森，有感于学童造反、师道不古，作《感事》诗曰：

恶浪掀腾到学童，翻天覆地闹黉宫。
千年师道成仇敌，万卷缥缃付祝融。
伦理沦亡惊世变，斯文丧尽叹途穷。
春秋直笔评功罪，自有今时太史公。

二、朝农经验

教育领域中，高等教育在“文化大革命”中所受的冲击最大。在备战备荒、支援三线建设等号召下，许多大学遭遇搬迁，如：1969 年 10 月 26 日，中共中央发出《关于高等院校下放问题的通知》，决定将中国科学技术大学、北京机械学院、北京电力学院、北京水利水电学院、北京石油学院、北京地质学院、北京矿业学院等 13 所院校，从北京外迁至河北、陕西、山东、安徽、湖北等地，是新中国成立后规模最大的一次“京校外迁”。还有许多大学停办，如中国人民大学、北京政法学院、北京对外贸易学院、解放军艺术学院、外交学院、暨南大学等。1965 年全国有 434 所高校，1971 年只有 328 所，消失了 100 余所。也有的大学被拆散，如解放军军事工程学院原在哈尔滨，1969 年 12 月奉令把学院主体内迁到长沙；航空工程系迁西安，并入西北工业大学；原子工程系迁重庆，组建重庆工业大学；舰船工程系留哈尔滨，改名哈尔滨船舶工程学院。学院主体 1970 年迁长沙后，成立长沙工学院，1978 年改建为中国人民解放军国防科学技术大学。

农林院校作为一种高等教育门类，整体上受破坏的程度最大。早在 1958 年毛泽东就对农业大学办在城里有很大意见，8 月 17 日他在中央政治局扩大会议上说：“农业大学办在城里不是见鬼吗？农业大学要统统搬到乡下去。”十年后的 1968 年 12 月 1 日，《人民日报》转载《红旗》第五期发表的江苏省靖江县的调查报告《“土专家”和农业教育革命》，提出：农业院校要统统搬到农村，由贫下

河南农学院搬迁至许昌时所建的图书馆

中农管理学校。教学内容要把阶级斗争作为主课，联系各地区农业生产的具体情况。要从“土专家”中招生，到学校学一两年后再回到生产实践中来。原有的教师队伍要进行彻底整顿，要由贫下中农、“土专家”和同工农兵结合得好的知识分子担任教师。

于是，农业大学开始大规模的搬迁。北京农学院先是奉令迁往陕北，后又迁去河北农村。北京林学院 1970 年搬到云南丽江，更名为“丽江林学院”；后转迁至下关市（今大理），更名为“云南林业学院”；1973 年又搬迁至昆明市安宁县。河南农学院搬到许昌，一度改名为许昌农学院。华南农学院先与中南林学院合并为“广东农林学院”，后从广州搬迁到湖南溆浦，更名为湖南林学院。福建农学院先搬迁至闽北山区，后被撤销；1972 年与福建林学院合并复办，成立福建农林大学；1977 年撤销福建农林大学，恢复福建农学院。安徽农学院一分为三，总院设在宿县，分院设在滁县和凤阳。江西农学院、湖南农学院等干脆被撤销。到 1971 年全国教育会议以后，全国 52 所农业院校撤销 17 所，搬迁 23 所，有的连迁数次，有的一分几处，校无定址，师无定居，校产丢失，人心涣散。

沈阳农学院1949年由东北大学农学院和长春大学农学院合并组建，1952年复旦大学农学院并入，“文化大革命”前是农业部部属的八所农业重点院校之一。1970年沈阳农学院一分为五，离开沈阳，分赴铁岭、朝阳、旅大（1981年改称大连）、锦州、瓦房店办学。沈阳农学院原党委副书记徐明带领水利系及一部分农学系、畜牧系、植保系的师生，来到朝阳地区落户办学，连家属一起搬到了农村。根据朝阳地区革委会决定，人员全部到朝阳县北四家子公社插队落户。朝阳十年九旱，严重缺水，省革委会的想法是让他们来帮助解决缺水问题。1970年5月，朝阳地区革委会决定把他们与朝阳农业学校、辽宁省水利学院、朝阳农业科研所和辽宁省水土保持研究所合并，成立朝阳五七农业科技大学。1973年5月，朝阳五七农业科技大学改名为辽宁农学院朝阳分院，办学方针是：“举抗大的旗，走共大的路，半工半读，勤工俭学，自力更生，艰苦奋斗。社来社去是方向，几

朝阳农学院坐落在大凌河畔的山沟里

朝阳农学院农学系一年级学生在教学基地上育秧课

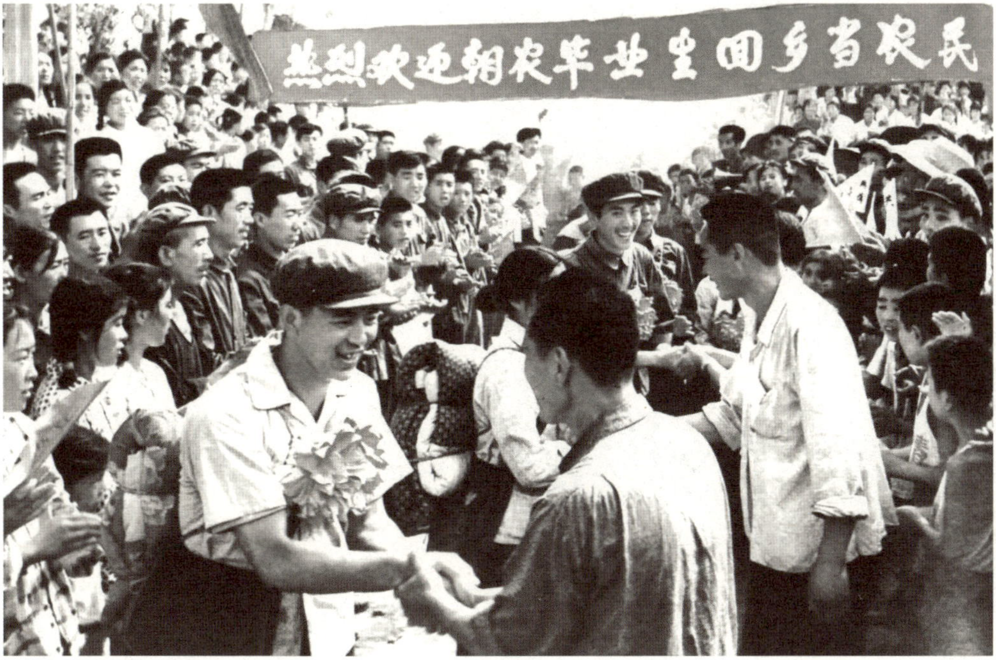

热烈欢迎朝农毕业生回乡当农民

上几下是桥梁，大学毕业当农民，誓叫朝农变共大。”上，即回学校进行课程教学;下，就是回原社、队参加生产实践。1975 年 6 月 15 日，辽宁省革委会农业组、文教组发出通知，将辽宁农学院朝阳分院改为朝阳农学院。

1973 年 11 月 28 日，《光明日报》以《一所深受贫下中农欢迎的大学》为题，发表辽宁农学院朝阳分院（即朝阳农学院）的调查报告。调查报告中把朝阳农学院经验归纳为三点：第一，学生实行社来社去，学生由社队选送，毕业后仍回原社队当农民，为社、队培养农业科学技术骨干——社会主义新型农民。第二，从发展农业生产的需要出发组织教学，建立了教学、生产劳动、科学研究三结合的新体制，以科研促教学。根据农业生产发展需要解决的问题建立若干课题组，围绕科研课题组织教学。第三，办学方式实行“几上几下”，每年分期组织学生回到自己社队，参加当地劳动。

1974 年底，全国报刊开始连篇累牍地宣传“朝阳农学院经验”。1974 年 12

清华大学在北京郊区办农村分校，分校学员在上土壤分析实验课

月2日《人民日报》头版头条刊出《农大毕业当农民好》。12月21日至28日，国务院科教组、农林部、辽宁省委联合召开学习朝阳农学院教育革命经验现场会，会议认为："农大的学生毕业当农民，社来社去挣工分，这是文化革命的新生事物，是教育革命中具有战略意义的经验，是一场深刻的社会革命。""朝农的教育改革就是在同17年修正主义教育路线对着干。"不仅农林院校，而且各级各类学院、各级教育部门的领导机关都应学习研究朝农经验。辽宁省委书记要求朝阳农学院"首先办成政治大学，其次办成劳动大学，最后办成农业大学"。"办成政治大学"，一是以政治为主课，二是学校工作配合政治运动，三是培养"搞阶级斗争"的学生。"办成政治大学"，规定学生每年一个月下社、队参加政治运动。"办成劳动大学"，学生不但参加学校农场的生产劳动，还一年到社、队参加两次劳动大会战。农学系76届学生3年在校976天，上专业课只283天，年均94天，仅占总时间的1/4。"办成农业大学"，对学生实行"社来社去"，"坚持学生不但从工农中来，而且回到工农中去"。录取新生的主要标准，是要立志当一辈子有社会主义觉悟的有文化的新农民，"思想通了的，态度坚决的，就可以入学"。事实上朝农也并未完全做到"社来社去"，有的毕业后在县级机关当技术员，也有的留校当教师。

此外，朝农经验还包括大搞群众办学，吹嘘"大学就是大家来学"，在朝阳地区组织以朝农为中心的"教育网"，华而不实，乱放"卫星"。朝阳地委书记说："大学要大家来办，大家能来上大学，要越办越大，越办越向下"；"全区有多大，朝农就有多大，全区有多少人，朝农就有多少学生”。

1975 年 3 月 15 日至 28 日，教育部在朝阳农学院举办第一期学习班，4 月又举办了第二期。参加学习班的有 28 个省、市、自治区和国务院 24 个部委教育部门的负责同志。4 月 23 日，国务院批转教育部《关于推广辽宁朝阳农学院经验和有关政策问题的请示报告》，学朝农经验活动在全国铺开。报告提出：1975 年高校招生，农业院校一般实行“社来社去”，林、医、师范院校部分试行“社来社去”，其他院校可根据情况进行“社来社去”试点。如厦门大学中文系和生物系 1975 年招收了文艺创作和植物学两个“社来社去”班，共招收学员 85 名，经过两年学习后，回到原单位工作。

1975 年 10 月到 11 月，朝阳农学院革委会组织中层干部和教师、学生代表到大寨参观。参观后兵分两路，一路去江西共产主义大学参观，一路去清华大学和北京大学介绍朝农经验。随着朝阳农学院名声的不断扩大，到 1975 年年底，来自全国 29 个省、市、自治区的 1700 多个单位，超 8 万人先后到朝农参观学习。

清华大学毕业生自愿下乡当农民

朝阳农学院的机构、人员不断扩大，设立了专门接待参观人员的接待科。朝阳地委负责人向参观者介绍说："要问朝农有多大，你就看我们朝阳地区有多大；要问朝农有多少老师，你就看我们地区有多少个贫下中农。"上海市委书记带领14人的代表团赴朝农取经，说"我们是怀着当年到延安上抗大的心情来到朝农的"。

全国高校学习朝农经验，将之绝对化，机械照搬，"社来社去"推行到所有高校，鼓吹大学毕业生当农民，"与17年修正主义教育路线对着干"，连一些专业性很强的高校（如医学院、师范教育）也不例外。具体操作上，各高等学校从缩小"三大差别"着眼，对照朝阳农学院，找出差距，订出规划，招生上"社来社去"，学习上以"学大寨""学大庆"为必修课，培养出来的学生要"头上长角、身上长刺"。大学生毕业分配，争当农民。

1976年，教育部又决定向全国推广辽宁省在高校招生中所实行的"三来三去"，即"社来社去、厂来厂去、哪来哪去"。

城市中小学也要认真学习朝农经验，把学农、爱农、务农作为学生思想政治工作的重要内容，让学生从小打下务农光荣的思想基础。上海市曹杨二中在学朝阳农学院经验时，在长征公社真北大队办起了农村分校，开设拖拉机、农村会计、农村电工、蔬菜栽培等专业课。在农村会计课中，首先讲为贫下中农掌管财权的重要性和算盘上的腐蚀与反腐蚀斗争。在拖拉机课中，通过新旧社会对比，讲"农业的根本出路在于机械化"。在蔬菜栽培课中，突出讲贸易自由的危害性和保障供应城市蔬菜对巩固工农联盟的意义。

链接

电影《决裂》梗概

（北京电影制片厂1975年摄制）

1958年，江南某地区党委决定创办一所"抗大"式的农业学校——共产主义劳动大学，延安"抗大"毕业的垦殖场场长龙国正被派往松山分校担任党委书记兼校长。学校刚刚创办，斗争便十分激烈。龙校长决心把学校建在山头，副校长曹仲和反对，认为"离城市远"。龙说："离城市远，

《决裂》剧照。龙国正校长对开除学生一事义愤填膺，决定恢复被开除学生的学籍

离贫下中农就近了。”教务处主任、兽医教授孙子清为追求学生质量，拒收没有文凭的工农学生。龙校长亲自去镇上的招生站，打开考场大门，把所有报考青年一概放入，重新再考，请贫下中农参加评论，只要他们批准，就可入学。

开学后，龙校长号召全体师生掀起一场“教育革命”，说：“我们共大要成为无产阶级专政的工具。我们不但要学习科学文化知识，还要把学校的小课堂搬到农村的大课堂里去。拜贫下中农为师，做到学用结合，上生产斗争、阶级斗争的主课。”龙校长带领师生一起修马路，搭竹棚，建校舍，种粮食，说：“今天的共大，就是要按抗大来办。先上马，后备鞍，不要国家一分钱，用我们的双手把咱们的学校办起来。”龙校长还鼓励学生写大字报，“彻底批判资产阶级教育路线”，“横扫资产阶级学风”，“不做书本的奴隶，要做知识的主人”。

龙国正的办学思路受到专区赵副专员的批评，他把龙国正调去大城市参观名牌的农业院校。公社农田发生病虫害，共大学生自发组织起来，帮助农民灭虫，耽误了考试。曹仲和以不参加考试为由，开除了几名学生。

龙国正回校后，召开党委会，撤销开除学生的通告。

赵副专员秘书钱某带工作组到松山开展“三自一包”的试点工作，被同学们反对，认为“三自一包”是分田单干，走回头路，跟旧社会一样。龙国正支持学生，并将斗争矛头指向“党内的资产阶级代理人”——赵副专员。赵副专员恼羞成怒，下令撤掉“共大”。龙校长带领师生反抗，决定写信给党中央、毛主席汇报。“我们坚信共大的道路是完全正确的。我们要和资产阶级教育路线坚决斗争到底！”言未毕，一辆轿车急行而至，带来了毛主席肯定“共大”的消息——“同志们，你们的事业我是完全赞成的。”全校师生欢欣雀跃，大喊“毛主席万岁”。龙国正提醒大家：斗争还没有结束，号召“共大”师生要同传统的所有制关系和传统观念实行最彻底的决裂。

影片中有一个著名的情节。教室里，孙子清教授抑扬顿挫地给学生上课：“前几天，我给大家讲了马的呼吸系统、马的消化系统和马的骨骼特点。今天，我给大家讲一讲马尾巴的功能。”这时，讲课被牛叫声打断，一个老农民说：“牛病了，想请老师给看看。”孙教授拉下脸，将打搅讲课的老农轰走了，继续大讲马尾巴的功能。这段戏的用意是嘲讽知识分子放着“正事”不做，偏要研究没有任何价值的“马尾巴”，简直是白吃饭。这一情节给广大观众留下深刻的印象，一时间，许多学校的黑板上出现了马尾巴的图像，学生们纷纷效仿孙子清的形态和腔调——“马尾巴的功能”——嘲笑老师。

三、批孔运动

“文化大革命”时期，常常借历史人物和历史事件甚至历史小说来附会现实的政治斗争，开展大批判活动。清查林彪问题时，发现他藏有许多孔孟言论的卡片，并在住所内挂着写有“克己复礼”的条幅，便认定林彪与孔子的思想一脉相承，“林彪是现代中国的孔子”，都要复辟。

1973 年 5 月，毛泽东作五言诗批孔：“郭老从韩退，不及柳宗元，名曰共产党，崇拜孔二先。”郭老即郭沫若，曾作《十批判书》，推崇孔子与孟子，批判秦始皇。1973 年夏，毛泽东又作七律《谈〈封建论〉——呈郭老》：“劝君少骂秦始皇，焚坑事业要商量。祖龙魂死秦犹在，孔学名高实秕糠。百代都行秦政法，《十批》不是好文章。熟读唐人《封建论》，莫从子厚返文王。”毛泽东认为，中国历史上法家主张厚今薄古，是有成就、有建树的，值得肯定；儒家主张厚古薄今，满口仁义道德，开历史倒车，需要批判。

《“批林批孔”是全党、全军、全国人民的头等大事》（宣传画）

1974 年 1 月 1 日,《人民日报》《解放军报》和《红旗》杂志联合发表社论《元旦献词》，称：“中外反动派和历次机会主义者的头子都是尊孔的，批孔是批林的一个组成部分。”从 1974 年初开始，全国开展批孔运动，并在文史领域大搞评法批儒，将一部中国历史简化为儒法斗争史。

复旦大学 1974 年 1 月 31 日召开了全校性的批孔誓师大会，一个月内就有 550 多名师生走出学校，深入上百个工厂、农村、部队，和工农兵群众一起批孔。历史系师生成立了 20 多个战斗小组，编写了《刘邦项羽》《王充传》《曹操传》《儒林丑史》等小册子；中文系编写出《评曹雪芹的反儒思想》《论〈儒林外史〉的反儒倾向》等讲稿和几十篇批孔文章，并且标点了《论语集注》；哲学系搞了十多万字的《孟子批注》，和上钢五厂工人理论队伍一起编写了《儒法斗争史》《韩

北京大学、清华大学联合召开“批林批孔”座谈会

非子选注》。文、史、哲三系还组织编写《法家著作选读》，加强对法家思想的介绍和宣传。

北京大学1974年2月6日至12日，短短一星期，接待了360个外单位1200多人来校取经，为外单位办批孔学习班，培训骨干900多人，校内组织批判班27个。2月3日至16日，文科师生外出宣讲近100场次，听讲者达十几万人。两个月中，全校召开各类批孔会1800多次，写批判文章5000多篇，办大批判专栏300多期。哲学专业学生一个月竟写出几十篇研究法家著作的论文，中文专业则结合编《柳宗元文选》战斗任务进行教学。

山东大学文科师生配合批孔和批儒评法，在工厂、农村、部队办短训班、讲座，参加学习和听讲的，多达30余万人次。他们还同工农兵一起，写理论书籍和文章，注释法家著作，写通讯报道。政治系写出讲话稿、调查报告等80余篇；中文系编写书籍和注释法家著作10余种，在中央和省市报刊、电台上发表文章200余篇；历史系结合批孔，编写了《罪恶累累的孔府》。

广大中小学在1974年春也参与批孔运动，师生们贴大字报、开批判会。在一些中小学，革命小将狠批“大圣人”，敢把《论语》脚下踩，敢向“圣经”开刀，敢把“圣人”批倒。1974年秋季，《论语》《神童诗》《三字经》《女儿经》节选批注被编入中小学语文课本。11月，各级学校以至幼儿园集中批判教育阵地上的孔孟之道，主要批判《三字经》《神童诗》《名贤集》《弟子规》《千字文》《改良女儿经》六本“黑”书中的“反动教育思想”及“师道尊严”等，“敢于和旧的传统观念彻底决裂，自觉改造世界观，肃清流毒”。如上海铁路五小组织师生大批《三字经》，一个月写800余篇批注批判稿，近百首批判儿歌，开了18次广播批判会。四年级两个班找出一本1964年版的小学一年级上册语文课本，批“孔融让梨”是“忠孝仁义的骗人鬼话”，批“头悬梁、锥刺股”“如囊萤、如映雪”是宣扬“学而优则仕”的反动谬论。山西省大同市三中师生共同编写了《我国教育史上法家反对儒家的斗争》《批判宋江投降派》等单元教材。

红小兵手捧“红宝书”，举行批孔歌咏比赛

链接

林彪孔老二都是坏东西（儿歌）

叛徒林彪、孔老二，
都是坏东西。
嘴上讲仁义，
肚里藏诡计。
鼓吹“克己复礼”，
一心想复辟。
嗨！
红小兵，齐上阵，
大家都来狠狠批。
红小兵，齐上阵，
大家都来狠狠批。
嗨！

在批孔运动和评法批儒中，全国高校的写作班子、批判组粉墨登场，充当了推波助澜的角色。

1973年9月，《学习与批判》杂志在上海出版（编辑部设在复旦大学，直接控制者则是上海市委及其写作组），其创刊号上刊登了一篇《论尊儒反法》文章，将儒法争说成是“守旧和革新，复辟和反复辟的斗争”，赞扬秦始皇“焚书坑儒”，原因是吕不韦任丞相期间“大批儒生混进了政府机关和文化部门”。文章还说：“彻底批判尊儒反法思潮，是思想领域内一场具有重大意义的斗争。深入开展这场斗争，将有助于我们进一步认识和更好地进行现实的阶级斗争和路线斗争。”矛头直指周恩来和一大批刚刚恢复工作的老干部。

上海市委写作组“罗思鼎”炮制了大量文章，如《汉代的一场儒法大论战——读〈盐铁论〉札记》（《学习与批判》1973年第4期），《秦王朝建立过程中复辟与反复辟的斗争——兼论儒法论争的社会基础》(《红旗》1973年第11期),《读韩非〈五蠹〉篇》(《学习与批判》1974年第5期),《评〈吕氏春秋〉》(《红旗》1974年第5期),《论秦汉之际的阶级斗争》(《红旗》1974年第8期),等等。

由北京大学和清华大学两校大批判组结合的“梁效”在“批林批孔”运动中表现最为抢眼。1973年10月，北京大学和清华大学成立“批林批孔研究小组”，1974年人员调整后定名为“北京大学、清华大学大批判组”，以“梁效”为笔名。该批判组还有“柏青、高路、景华、安杰、秦怀文、郭平、施均、金戈、万山红、祝小章、梁小章”等十几个笔名，但“梁效”的使用频率最高，与“罗思鼎”南北呼应——“北有梁效、南有罗思鼎”。

“梁效”分为写作组、研究组，选拔的都是当时国内著名的文史哲专家，如范达人、魏建功、冯友兰、周一良、林庚、何芳川、汤一介、叶朗、胡经之、冯天瑜等。组织成员最多时有三四十人：清华大学10人、北京大学20多人，还有个别从处于停办状态的中国人民大学(1970年停办，1978年复校)抽调。

“梁效”写作组成员的政治地位和经济待遇非常高，在当时的形势下，不少人都以之为荣，乐于参与其事。汤一介说：“因为是毛主席找的我们，我们都觉得特别骄傲。”周一良说：“几十年前古典文献的训练，今天居然服务于革命路线，总算派了用场，不免欣然自得，忘却疲劳。”汤一介曾当选第四届全国人大代表，周一良曾当选党的十大代表。

据统计，为了政治需要，“梁效”共撰写219篇文章，正式发表181篇，其中30多篇成为当时圈定的学习文件。“梁效”编写的《林彪与孔孟之道》材料之一和之二成为全国批孔运动的主要学习材料，其他重要作品还有《“克己复礼”再批判》《儒家和儒家的反动思想》《论孔丘》《孔丘其人》《再论孔丘其人》《从〈乡党〉篇看孔老二》《读〈盐铁论〉》《研究儒法斗争的历史经验》等，甚至抛出了《有作为的女政治家武则天》，其用意昭然若揭。由于这些文章多是命题作文，一般都在《红旗》《人民日报》《北京日报》《光明日报》《北京大学学报》《历史研究》等重要报刊或机关报刊发表，且居于显赫位置。“梁效”的文章一经发表，全国各地大小报刊必先后转载，故流行有“小报抄大报，大报抄梁效，出书靠剪报”的说法。除了写作，“梁效”还奉命搜集、整理、注释中央高层所需要的各种文字材料，达30余种。

大中小学结合批孔运动、评法批儒进行文史类学科的教学，师生们忙着到传统典籍中寻章摘句，做卡片、写批注，这倒引起了许多学生对中国历史和传统思想的兴趣与热情，各地图书馆每天都要接待大量前来查阅资料的师生，成为一道奇特的文化风景。

链接

周一良记“梁效”

“梁效”设支部书记一人，由迟群、谢静宜手下的部队的干部担任；副书记二人，北大清华各出一名。三十几名成员中，两校之外，还有少数人民大学的教师。成员除老教授晚间回家外，都集中食宿，每天三段时间都须到班。“梁效”纪律森严，不得随便请假，不得向外面（包括自己家人）透露工作内容。集中驻地在北大朗润园的北招待所，门禁森严，给外人以神秘莫测之感。“梁效”主要任务是写作，由中青年同志担任，为“四人帮”制造反动舆论。写作意图由迟、谢两人下达，或由《人民日报》《红旗》等报刊的编辑口头传达，有时甚至写成书面提纲交给各写作小组。几个写作组之外，有个研究组，后改名注释组，几名老教授在内。江青听毛主席谈话，遇到她不知的人物或不懂的典故，立即通过迟、谢两人命令这个组查阅报告，起了供顾问咨询的作用。“梁效”还要求老教授对于写作组的文章在文献典故方面发挥所谓“把关”的用处……注释组的任务是对指定的诗词或文章作简明注解或译成白话，据说是供护士读给毛主席听时之用。注释组成员认为这项任务直接为毛主席服务，都兢兢业业，尽心竭力去从事这个工作。

汤一介记“梁效”

进入“清华北大两校大批判组”是依据毛主席的要求编写《林彪与孔孟之道》，开始只有十来个人，主要就是编材料，我算是编材料的主要负责人之一。材料编了若干稿，每稿都交谢静宜和迟群往上送，我们等着上面的修改指示。这份材料共八部分，在基本编成后，仅其中有一部分，上面认为不理想，要我们重编这部分，于是谢静宜、迟群就命令我带着两三个人修改这部分，我记得有中文系的周一良、孙静、陈義仲，而其他人则转入写大批判文章，以便配合《林彪与孔孟之道》的分编。1974 年 1 月《林彪与孔孟之道》以“中共中央一号文件”的形式发件。由于我和周一良自始至终都参加了《林彪与孔孟之道》的编写，所以受命到各单位去讲解这份材料。分工，我讲带有理论性的前四部分，如“克己复礼”之类；周一良先生讲带有解释性的后四部分。当时除了由谢静宜、迟群指派我们在首都体育馆讲，我记得还应余秋里邀请在军队讲，应北京市委邀请在北京市委党校讲，好像还在其他地方讲过，现已记不大清了。

四、“反击右倾翻案风”

1975 年 8 月 13 日和 10 月 10 日，清华大学党委副书记刘冰等人两次上书毛泽东，反映问题。信通过主管文教的副总理邓小平转呈，这引起毛泽东不满。毛泽东认为刘冰等人动机不纯，邓小平偏袒刘冰，加之不能认同邓小平对各条战线进行整顿，便于 11 月停止了邓小平的大部分工作，只让管外事。毛泽东将邓小平主持中央工作期间所采取的路线和工作说成是“右倾翻案风”，中共中央于 11 月下旬开始以“反击右倾翻案风”为名，批判邓小平。邓小平主持中央日常工作以来的努力被全盘否定，全国刚刚趋于稳定的形势再度陷入混乱。

清华大学率先发动全校范围的“教育革命大辩论”运动，一天就贴出 2000

多张大字报，揭开全国“反击右倾翻案风”的序幕。刘冰被定为“正在走的走资派”“投降派”“右倾翻案风急先锋”，撤销党内外一切职务，停止组织生活，在全校批斗200余次。同时，教育部部长周荣鑫也被公开点名批判。

1975年11月30日，上海市委召集复旦大学、上海师大党委和市委大批判组负责人开会，策划“反击右倾翻案风”，要求复旦和上海师大利用其地位和影响力，与清华、北大形成南北呼应之势，发挥“窗口”作用，带头开展大批判。次日，两校就动员师生批判周荣鑫的所谓“摇头派”言论，批判否定“文化大革命”的言论。12月9日，上海师大贴出大字报1700多份，兄弟院校前来参观大字报者达1500余人。江西、浙江、江苏、安徽、内蒙古、山东等省、自治区也相继派人来上海师大取经。上海师大党委还专门成立接待组，负责接待来校参观的外单位人员，介绍经验，散发铅印的大字报选。1976年1月14日，上海市革委会文教组在市第二中学召开“反击右倾翻案风”现场会，着重批判教育部部长周荣鑫，不点名诬陷邓小平。经宣传报道后，约有17万人次前往市二中参观，印发相关材料5000份。

《红旗》杂志1975年第12期发表北大、清华大学批判组的文章《教育革命的方向不容篡改》。文章攻击教育整顿中重理论、重专业的现象：“最近，教育界有一种奇谈怪论，说什么‘文化大革命’以来，教育革命这也不行，那也不是，教育革命的方向‘总没有解决好’，因而‘就是要扭’。这无非是说，教育革命搞过头了，搞糟了，要把教育革命的方向‘扭’回去。问题很明显，当前争论的焦点在于：是坚持教育要革命的方向，把无产阶级教育革命进行到底，还是为修正主义教育路线翻案，复辟资产阶级知识分子统治我们学校的旧教育制度？”“旧北大、清华号称什么‘最高学府’‘红色工程师的摇篮’，可是，摇来摇去，许多学生被摇得晕头转向，追求个人名利，理论脱离实际。学哲学的搞不了哲学，学文学的写不了小说，学工科的既不会开机器，也不会修机器，学理科的只能关在高楼深院里纸上谈兵。有的人怕苦怕死，不服从党和国家的分配，有的甚至堕落为资产阶级右派分子。”

1976年1月15日，《人民日报》发表“梁效”的文章《教育革命与无产阶级专政》，其中说：“树欲静而风不止，斗争并没有停息。1975年7、8、9三个月，教育战线出现的那种刮右倾翻案风的奇谈怪论，就是代表资产阶级反对无产阶级的修正主义路线的突出表现。”2月3日，中央发出一号文件：毛泽东提议华国锋任代总理。2月6日，《人民日报》发表《无产阶级文化大革命的继续和深入》，开始批判“三项指示为纲”和“唯生产力论”。2月25日开始，中央分批召开各省市自治区和各大军区负责人会议，正式命名这次运动为“批邓、反击右倾翻案风”，邓小平开始受到公开的点名批判。3月15日，《人民日报》发表“梁效”的文章《论当前教育战线上的两条路线斗争》，攻击“三项指示为纲”。4月7日，邓小平被撤职，并被定性为“党内最大的不肯悔改的正在走的走资派”。4月13日凌晨，当了一年教育部部长的周荣鑫不堪摧残，含冤去世，年仅59岁。

经历过多次政治风潮之后，越来越多的人对“文化大革命”已经有了自己的认识和判断，逐渐趋于理性。因此，“反击右倾翻案风”虽然来势汹汹，响应者却寥寥无几。1976年10月，“四人帮”垮台，“批邓”便再也批不下去了。

链接

“评《水浒》、批宋江”运动

评《水浒》和批宋江是一场批判所谓“现代投降派”的运动，是“批邓、反击右倾翻案风”的先导。

1975年8月14日，毛泽东对北京大学中文系教师芦荻说：“《水浒》这部书，好就好在投降。做反面教材，使人们都知道投降派。《水浒》只反贪官不反皇帝，摒晁盖于108人之外。宋江投降，搞修正主义，把晁盖的聚义厅改为忠义堂，让人招安了。宋江同高俅的斗争，是地主阶级内部这一派反对那一派的斗争。宋江投降了，就去打方腊。这支农民起义队伍的领袖不好，投降。李逵、吴用、阮小二、阮小五、阮小七是好的，不愿意投降。”

中共中央转发了毛泽东关于《水浒》的谈话，发动了评《水浒》运动，宋江被认为是古代投降派的典型，遭到揭露和批判。

1975年9月至10月，评《水浒》运动达到高潮，仅《人民日报》发表的文章就有《开展对〈水浒〉的评论》《评论〈水浒〉》《反修防修——方腊故乡浙江淳安县叶家公社部分干部和贫下中农评〈水浒〉座谈会纪要》《宋江与“御赐”马》《〈水浒〉和程朱理学》《是批判招安还是歌颂投降？》《宋江的刀与泪》《宋江的磕头术》《学习鲁迅论〈水浒〉》等。

《开展对〈水浒〉的评论》（宣传画）

五、“两个凡是”

1976年1月8日，周恩来逝世，毛泽东为抑制“四人帮”的权力欲，提议由副总理兼公安部部长华国锋任国务院代总理，主持中央日常工作。4月，中央政治局正式通过华国锋任中共中央第一副主席、国务院总理。“四人帮”对人们自发悼念周总理的各种活动，公然进行对抗和攻击，引发人民群众的强烈不满。“四人帮”的野心昭然若揭，举国上下，必欲除之而后快。9月9日，一代伟人毛泽东逝世。10月4日，《光明日报》发表“梁效”的文章《永远按毛主席的既定方针办》，云：“篡改毛主席的既定方针，就是背叛马克思主义，背叛社会主义，背叛无产阶级专政下继续革命的伟大学说。”这是“梁效”作为“四人帮”的写作班子最后一次亮相。10 月 6 日，中共中央采取果断行动，对王洪文、张春桥、江青、姚文元实行隔离审查。14 日，中共中央公布了粉碎“四人帮”的消息。10 月下旬，各省市自治区举行盛大的群众集会和游行，各族人民载歌载舞，热烈庆祝粉碎“四人帮”。

尽管粉碎“四人帮”标志“文化大革命”基本结束，但国内形势依然处于“左”倾政治之中，教条主义和个人崇拜的枷锁并没有完全解除。人们愤怒揭批“四人帮”时，将其定性为“极右”，是“党内资产阶级的典型代表”。各省市领导机构急于撇清同“四人帮”的关系，集中精力整理材料、写批判文章，揭批“四人帮”在“文化大革命”中的种种恶行。教育领域也基本如此，一些学校领导班子面临调整，便坐等消息，在批判中观望。

1977 年 2 月 7 日，两报一刊发表社论《学好文件抓住纲》，提出“两个凡是”：“凡是毛主席作出的决策，我们都坚决拥护，凡是毛主席的指示，我们都始终不渝地遵循。”华国锋在一次讲话中说：“要保持和发展无产阶级文化大革命的胜利成果，继续搞好教育革命、文艺革命、卫生革命、科技战线的革命和知识青年上山下乡的工作，扶植社会主义的新生事物，限制资产阶级法权，真正把巩固无产阶级专政的任务落实到基层。”在 3 月中旬的中央工作会议上，华国锋虽然继续肯定“文化大革命”，但提出了“七分成绩，三分错误”的观点。

1977 年 8 月，中共十一大正式宣布“文化大革命”结束，但在评价“文化大革命”时，持肯定态度，认为“文化大革命”“对于巩固无产阶级专政，防止资本主义复辟，建设社会主义，是完全必要的，是非常及时的”。华国锋在会上强调：毛泽东“关于无产阶级专政下继续革命的理论”，指明了“社会主义建设的根本道路，这是当代社会主义最重要的成果”；“文化大革命”这种政治性质的大革命还要进行多次。

因此，“四人帮”倒台后，“文化大革命”对教育的影响并未结束，教育领域对极左思想的批判，只限于肃清“四人帮”的影响，揭露“反潮流”、“批林批孔”运动和“反击右倾翻案风”中制造的各种典型事件。如 1976 年 11 月 23 日《光明日报》发表教育部大批判组的文章《毛主席的教育方针岂容篡改——批判张春桥的一个谬论》，指控张春桥“宁要一个没有文化的劳动者，也不要一

广大群众满怀喜悦，庆祝打倒“四人帮”

个有文化的剥削者、精神贵族”，是对毛泽东关于培养“有社会主义觉悟的有文化的劳动者”方针的篡改。11 月 30 日《人民日报》发表《一个反革命的政治骗局——揭发“四人帮”利用张铁生的答卷制造政治骗局的真相》。12 月 16 日,《文汇报》发表《“一石”激起什么“浪”？——从〈谈话纪录〉的“讨论”看“四人帮”篡党夺权的狼子野心》，批判上海师大中文系刘某的谈话。1977 年 2 月 23 日,《光明日报》发表《戳穿江青批“师道尊严”的阴谋》，揭露“小学生来信”的真相。

邓小平率先对“两个凡是”提出质疑。1977 年 5 月 24 日，邓小平在与前来看望他的中央办公厅两位负责同志谈话时指出，“两个凡是”不符合马克思主义。他说：“把毛泽东同志在这个问题上讲的移到另外的问题上，在这个地点讲的移到另外的地点，在这个时间讲的移到另外的时间，在这个条件下讲的移到另外的条件下，这样做，不行嘛！毛泽东同志自己多次说过，他有些话讲错了。他说，一个人只要做工作，没有不犯错误的。”邓小平还提到他和罗荣桓“曾经同林彪作过斗争，批评他把毛泽东思想庸俗化，而不是把毛泽东思想当作体系来看待。我们要高举旗帜，就是要学习和运用这个思想体系”。

1977年7月，中共十届三中全会通过了《关于恢复邓小平同志职务的决议》，邓小平再度复出，就任中央副主席、军委副主席、副总理、总参谋长四职，主动负责抓科学和教育工作。邓小平强调要尊重知识、尊重人才，为了早出人才、早出成果，他下决心废除上大学搞群众推荐，提出要恢复从高中毕业生中直接招考学生。9月19日，邓小平召见教育部部长刘西尧，就推倒“两个估计”、恢复高考、撤销工宣队、设重点大学、恢复本科学制、恢复职称评聘、搞好后勤保障等一系列重大问题发表谈话。9月底，决定1977年底恢复高考。12月，全国总共有570万人参加了高考，计划招生数仅21万。由于新政策中存在“左”的偏差和残留，仍有大批符合条件的优秀青年被卡在大学门外。

1978年5月11日，《光明日报》发表《实践是检验真理的唯一标准》。次日，《人民日报》《解放军报》以及不少省级党报全文转载。之后，全国多数省级党报都转载了此文。全国掀起真理标准大讨论，从思想上肃清“左”倾错误，从根本上动摇了“两个凡是”。1978年12月18日至22日，中共十一届三中全会在北京召开，作出改革开放的伟大决策，开启了一个崭新的时代，中国社会主义教育事业翻开了新的篇章。

链接

“四人帮”

“四人帮”是“文化大革命”时期中央高层的一个反革命宗派集团，按职务高低排列依次为：王洪文、张春桥、江青、姚文元。1971年8月至9月，毛泽东在南方巡视期间提出“三要三不要”，即“要搞马克思主义，不要搞修正主义；要团结，不要分裂；要光明正大，不要搞阴谋诡计”。后来他多次用这三句话告诫“四人帮”。1974年7月17日，毛泽东在政治局会议上指责江青“算上海帮”，“不要搞四人小宗派”。1975年5月3日，毛泽东在政治局会议上又说：“不要搞四人帮，你们不要搞了。为什么照样搞呀？为什么不和200多的中央委员搞团结？搞少数人不好，历来不好。”毛泽东虽然对江青等人的“四人小宗派”早有察觉，但态度是基本肯定的，认为他们在反刘少奇、反林彪等重大事件上有功劳，是维护“文化大革命”的。

“四人帮”的权力欲在“文化大革命”后期急剧膨胀，开展了一些有预谋的政治批判活动。毛泽东晚年对身边的人和事非常警觉，他授意政治局开会对“四人帮”进行了两次内部批评。毛泽东逝世后，“四人帮”终因恶行昭著、夺权心切，身陷牢狱。

共和国教育大事记
（1966—1976）

1966年

1月17日，中共中央转发教育部党组《关于减轻学生负担保证学生健康问题的报告》、高等教育部党委《关于减轻高等学校学生学习负担、促进学生德智体全面发展问题的报告》和高等教育部《关于增进高等学校学生健康、实行劳逸结合的若干规定（草案）》。教育部和高等教育部在报告中反映了大中小学学生负担过重的情况，分析和检查了造成学生负担过重的原因，提出了克服学生负担过重的措施。

2月3日，中央文化革命五人小组召开扩大会议，讨论批判《海瑞罢官》问题，形成《文化革命五人小组关于当前学术讨论的汇报提纲》（后被称为《二月提纲》），指出学术批判“要坚持实事求是，在真理面前人人平等的原则，要以理服人，不要像学阀一样武断和以势压人”。

3月5日，教育部和教育工会全国委员会联合发出通知，要在教育战线上掀起一个活学活用毛泽东著作的新高潮。

4月16日，高等教育部发出《关于进一步加强和改进1966年研究生招生工作的通知》，规定：今年研究生招生只考一门业务课；政治课实行开卷考试，且以考生的平时表现为主。

4月17日，高等教育部党委召开北京、天津地区14所高等学校党委书记、政治部主任、党委宣传部长和团委书记座谈会，讨论和部署批判吴晗及其《海瑞罢官》，认为这次学术批判是彻底破除资产阶级专家垄断教育的斗争，是争夺教育领导权的斗争，是高等教育革命的灵魂，要放手发动师生员工参加战斗。

5月7日，毛泽东审阅人民解放军总后勤部《关于进一步搞好部队农副业生产的报告》后，写信给林彪，讲到人民解放军应该是一个大学校，这个大学校，要学政治，学军事，学文化，又能从事农副业生产，又能办一些中小工厂，生产自己需要的若干产品和与国家等价交换的产品。信中说，学生“不但学文，也要学工、学农、学军，也要批判资产阶级。学制要缩短，教育要革命，资产阶级知识分子统治我们学校的现象，再不能继续下去了”。后来称此为“五七指示”。

5月16日，中共中央政治局扩大会议通过《中国共产党中央委员会通知》（简称《五一六通知》），严厉批判《二月提纲》，号召全党“高举无产阶级文化革命的大旗，彻底揭露那些反党反社会主义的所谓‘学术权威’的资产阶级反动立场，彻底批判学术界、教育界、新闻界、文艺界、出版界的资产阶级反动思想，夺取在这些文化领域中的领导权”。《五一六通知》的发布，标志“文化大革命”正式爆发。

5月25日，北大贴出第一张大字报，攻击北大党委和北京市委搞修正主义，提出要“坚决、彻底、干净、全部地消灭一切牛鬼蛇神，一切赫鲁晓夫式的反革命修正主义分子”。6月1日，中央人民广播电台广播了这张大字报。6月2日《人民日报》予以全文发表。

5月下旬，北大附中、清华附中出现“红卫兵”“红旗战斗小组”等群众组织。8月1日，毛泽东写信给清华大学附中红卫兵，热烈支持他们的革命行动。8月18日，毛泽东首次检阅红卫兵，红卫兵组织迅速遍及全国。

6月1日，中共中央批转高等教育部《关于改进1966年高等学校招生工作的请示报告》。规定今年招生办法采取推荐和考试相结合，文科取消按分数段录取。自1966年新生起，国家不包他们毕业后只当脑力劳动者，可以分配当工人、农民。

6月13日，中共中央和国务院发出《关于改革高等学校招生考试办法的通知》，认为招生考试“基本上没有跳出资产阶级考试制度的框框”，“必须彻底改革”，并决定今年高校招生工作推迟半年。同日，中央和国务院批转教育部《关于改革高级中学招生办法的请示报告》，废除高级中学招生考试，走群众路线，实行推荐与选拔相结合，必须突出政治，贯彻党的阶级路线。工人、贫下中农、革命干部、革命军人、革命烈士子女及其他劳动人民子女，凡合乎条件的，应该优先保证升入高中。

6月27日，高等教育部发出通知：因“文化大革命”运动，研究生招生工作暂停。自此，全国停止招收研究生达12年之久。

6月30日，高等教育部发出通知：因“文化大革命”运动，选派留学生工作推迟半年。实际上，全国自此停止选派留学生达6年之久。

7月2日，高等教育部向我国驻外使馆发出通知：目前全国各高等学校正在进行“文化大革命”，经中央批准，将接受来华留学生的工作，推迟半年或一年。实际上，我国停止接受外国留学生达7年之久。

7月13日，教育部发出《中小学招生、考试、放假、毕业等问题的通知》，规定：中小学各年级的学期考试，凡是没有举行的，一律不举行，改由师生民主评定；城市中小学全体教职工、初三和高中学生，今年不放暑假，留校参加“文化大革命”；高中应届毕业生留校参加“文化大革命”，毕业时间推迟到寒假。

7月23日，中共中央同意中宣部的建议，将高等教育部和教育部合并为教育部，何伟任部长。随着运动的发展，9月，教育部和各地教育行政机关逐步陷入瘫痪。1970年7月起，全国教育行政工作由国务院科教组管理。1975年1月，重建教育部。

7月24日，中共中央和国务院发出《关于改革高等学校招生工作的通知》，要求取消招生考试，采取选拔和推荐相结合的办法，并将招生工作下放到省市一级。自此，全国高校停止按计划招生达6年之久。

8月8日，八届十一中全会通过《中国共产党中央委员会关于无产阶级文化大革命的决定》，提出“改革旧的教育制度，改革旧的教育方针和方法，是这场无产阶级文化大革命的一个极其重要的任务。在这场文化大革命中，必须彻底改变资产阶级知识分子统治我们学校的现象”，“学制要缩短、课程要精简、教材要改革”。

8月18日，毛泽东首次在天安门接见来京串连的全国各地的红卫兵、学生和教师。红卫兵组织自此迅速遍及全国。8月31日、9月15日、10月1日、10月18日、11月3日、11月10日、11月25日—26日又七次接见红卫兵、学生和教师。八次共接见1100万人。

9月5日，中共中央发出通知：组织外地高等学校革命学生、中等学校革命学生代表和革命教职工代表来京参观“文化大革命”运动。通知规定，“从9月6日起分期分批来北京参观、学习，相互支援，交流革命经验”，“来京参观一律免费坐火车”，“生活补助费和交通费由国家财政开支”。通知发出后，各省、市、自治区学生有组织地、大规模地乘车或步行到北京或到各地串连，全国大串连达到高潮。

10 月 29 日，中共中央、国务院发出《关于北京大中学校革命师生暂缓外出串连的紧急通知》。11 月 16 日、12 月 1 日又连续发出通知：一律暂停乘火车、轮船、汽车来北京和到各地进行串连。1967 年 2 月 3 日、3 月 19 日，中共中央连续发出通知：停止全国大串连。

12 月 31 日，中共中央和国务院发出通知，委托人民解放军对大中学师生进行短期军政训练。通知转引了毛泽东的指示："派军队干部训练革命师生的方法很好。训练一下和不训练大不一样。这样做，可以向解放军学政治，学军事，学四个第一，学三八作风，学三大纪律八项注意，加强组织性纪律性。"自此，人民解放军派遣干部战士进驻学校。

1967年

1 月 1 日，《人民日报》和《红旗》杂志发表元旦社论《把无产阶级文化大革命进行到底》，要求革命师生和革命知识分子"到工厂去，到农村去，实行与广大工农群众相结合"。由此，师生纷纷到工厂和农村串连，介入社会各界的文化革命活动。

1 月 19 日，北京高校造反派到教育部夺权，劫走部印和一批公文案卷。

2 月 4 日，中共中央发出《关于小学无产阶级文化大革命的通知（草案）》，规定：春节后各地小学一律开学。在外地串连的小学教师和学生，应当返回本校。结合"文化大革命"学习毛主席语录，学唱革命歌曲。低年级学生兼学识字、算术和科学常识。高年级学"老三篇"和三大纪律八项注意，学习《十六条》。小学生可以组织红小兵。

2 月 19 日，中共中央发出《关于中学无产阶级文化大革命的意见（供讨论和试行用）》，规定：自 3 月 1 日起，中学师生一律返校，一边上课，一边闹革命，分期分批进行军政训练。上课学习毛主席著作，批判旧教材和教学制度，以必要时间，复习数、理、化、外语和各种必要的常识；在农忙期间，师生下乡劳动。

3 月 7 日，中共中央发出《关于大专院校当前无产阶级文化大革命的规定（草案）》，规定：3 月 20 日前，师生一律返校，分期分批进行短期军政训练，着手研究改革旧的教育制度、教学方法。

同日，毛泽东在《天津延安中学以教学班为基础实现全校大联合和整顿巩固发展红卫兵的体会》的材料中批示：军队应对学校师生进行军训，并参与关于开学、整顿组织，建立“三结合”领导机关和实行斗、批、改的工作。要说服学生在军训时不要排斥犯错误的教师和干部，以利改造。此即“三七指示”。

同日，《人民日报》发表社论《中小学复课闹革命》，社论提出：复的是毛泽东思想的课，上的是无产阶级“文化大革命”的课。

7月18日，《人民日报》发表文章《打倒修正主义教育路线的总后台》，认为“文化大革命”前17年的教育工作是“封建主义、资本主义、修正主义教育的一套破烂”。制订高校、中学、小学工作条例是大搞“智育第一”“技术至上”。“小宝塔”是“资本家开学店的翻版和发展”。重点学校“是为复辟资本主义培养一批用起来得心应手的精神贵族”。半工半读“就是资产阶级的职业学校”。“两种教育制度”是“人才教育”和“劳动者教育”“双轨制”的翻版。

10月14日，中共中央、国务院、中央军委、中央文革小组发出《关于大、中、小学校复课闹革命的通知》，要求全国各地大学、中学、小学一律立即开学，一边进行教学，一边进行改革，逐步提出教学制度和教学内容的革命方案。

10月25日，《人民日报》发表社论《大、中、小学都要复课闹革命》。

11月26日，《人民日报》又发表社论《再论大、中、小学都要复课闹革命》。

12月，中共中央、国务院、中央军委和中央文革小组印发《毛主席论教育革命》，书中包括1927至1967年期间，毛泽东关于教育工作的书信、语录等共51条。

1968年

4月4日，中共中央、国务院、中央军委、中央文革小组批转黑龙江省革命委员会《关于大专院校毕业生分配工作的报告》，要求各部门、各地区、各单位、各学校“对大、中、小学一切学龄已到毕业期限的学生，一律及时地做出适当安排，做好分配工作”。由此，大量未学完规定课程的中小学生毕业离校，有的还升了学。

6月15日，中共中央、国务院、中央军委和中央文革小组发出《关于1967

年大专院校毕业生分配工作问题的通知》和《关于分配一部分大专院校毕业生到解放军农场去锻炼的通知》。提出：要坚持“面向农林、面向边疆、面向工矿、面向基层，与工农兵相结合”的方针分配1967年大专院校毕业生。打破大专院校毕业生一出校门只能分配当干部，不能当工人、农民的制度。1966、1967年大专院校毕业生（包括研究生）一般都必须先当普通农民、普通工人。

7月21日，毛泽东发出理工科大学要走上海机床厂从工人中培养技术人员的道路的指示：大学还是要办的。但学制要缩短，教育要革命。要从有实践经验的工人农民中间选拔学生，到学校学几年后，又回到生产中去。简称“七二一指示”。全国各地从9月起，相继创办“七二一”工人大学。

7月27日，根据毛泽东的决定，首都工人毛泽东思想宣传队进驻清华大学。同日，中央决定对教育部实行军事管制。至8月29日，工宣队进驻了北京地区全部大专院校。

8月25日，中共中央、国务院、中央军委、中央文革小组联合发出《关于派工人宣传队进驻学校的通知》，要求“以优秀的产业工人为主体，配合人民解放军战士，组成毛泽东思想宣传队，分期分批进入学校”。此后，各城市大、中、小学以及上层建筑各个领域普遍进驻了工人宣传队，领导学校的斗、批、改工作。农村则由贫下中农向中小学进驻毛泽东思想宣传队，成立贫下中农管理学校委员会，对学校实行管理。

8月26日，《人民日报》发表《工人阶级必须领导一切》。文中引述了毛泽东的指示：“工人宣传队要在学校中长期留下去，参加学校的全部斗批改任务，并且永远领导学校。在农村，则应由工人阶级的最可靠的同盟者贫下中农管理学校。”文章提出：“凡是知识分子成堆的地方，不论是学校，还是别的单位，都应有工人、解放军开进去，打破知识分子独霸的一统天下，占领那些大大小小的‘独立王国’，占领那些‘多中心即无中心’论者盘踞的地方。”

9月12日，《人民日报》发表了该报与《红旗》杂志评论员的文章《关于知识分子再教育问题》，指出：“用无产阶级世界观教育知识分子，使他们改变过去从资产阶级教育中接受的资产阶级思想，这就是再教育的内容。同工农兵结合，为工农兵服务，则是再教育的根本途径。”

10月5日，《人民日报》发表了对黑龙江省柳河“五七”干校的报道，并在编者按中引述毛泽东关于“干部下放劳动”的指示：“广大干部下放劳动，这对干部是一种重新学习的极好机会，除老弱病残者外，都应这样做。在职干部也应分批下放劳动。”由此，许多高校和教育行政部门办起了“五七”干校。教职工轮流到干校劳动，或到农村插队。

11月14日，《人民日报》发表山东省嘉祥县马集公社马集小学教师侯振民、王庆余的一封信，建议所有农村公办小学下放到大队来办，国家不再投资或少投资小学教育经费，国家不再给教师发工资，改为大队记工分。

11月15日起，《人民日报》开辟“关于公办小学下放到大队来办”的讨论专栏，一直延续到1976年8月26日，共出了197期，发表了大量拥护、支持、赞扬“侯王建议”的来信和文章。许多地方付诸实施，将大批农村公办小学改为民办，大批农村公办小学教师被强行下放回原籍，改拿工资为记工分，本人及其子女被转为农村户口。

12月2日，《人民日报》发表读者来信，建议城市的中小学由工厂办、街道办，发起“城市的小学及中学应当如何办”的讨论。许多城镇的中小学由此改为工厂接办，搞“定厂办学”；京沪等大城市还将小学改由街道办事处管理。

12月22日，《人民日报》发表甘肃会宁城镇居民到农村安家落户的报道，引述毛泽东的话说：“知识青年到农村去，接受贫下中农的再教育，很有必要。要说服城里干部和其他人，把自己初中、高中、大学毕业的子女送到乡下去，来一个动员。各地农村的同志应当欢迎他们去。”从此，全国各地城镇出现了知识青年上山下乡的热潮。“文化大革命”期间，全国上山下乡的知识青年有1700多万人。

1969年

1月28日，中共中央、中央文革小组、国务院、中央军委联合发出通知：全国大中学校不放寒假，进行斗批改，清理阶级队伍。

1月29日，中共中央、中央文革小组批转清华大学工人、解放军宣传队《关于坚决贯彻执行对知识分子“再教育”“给出路”政策的报告》，向全国推广。

3月29日，《人民日报》发表驻复旦大学工人、解放军宣传队的文章《我们主张彻底革命》，提出“彻底批判旧综合性大学那一套学制、体制、课程、教材、教学方针和方法”，培养“普通劳动者”，废除“高考和统一分配制度”。《人民日报》借此开辟讨论专栏“社会主义大学应当如何办”，一直延续到1976年7月，共出了78期。

4月3日，首都工宣队进驻教育部，会同军事管制小组领导斗、批、改工作。

4月14日，党的九大报告提出：“把上层建筑包括教育、文艺、新闻、卫生等各个文化领域里的革命进行到底。”无产阶级要“把文化教育阵地牢固地占领下来，用毛泽东思想把它们改造过来”。“要继续高举革命大批判的旗帜”，“深入开展活学活用毛泽东思想的群众运动”，把“全国真正办成毛泽东思想大学校”。

5月，遵照九大精神，全国各级学校组织师生下厂下乡参加劳动，与工厂、农村社队挂钩，同时在校内大办工厂、农场，建立校内外学工学农基地，实行“开门办学”和“教学、生产、科研三结合”。许多高等学校拆散原来的基础部和教研室（组），把各门课的教师及学生混合编成专业连队或教育革命小分队，到厂矿、农村进行“教育革命实践”。有的在校内外举办各种短训班、试点班，进行“教育革命探索”。

10月14日—21日，教育部及其所属单位的全体干部职工下放到安徽凤阳县教育部“五七”干校，进行劳动锻炼和斗批改。教育部“五七”干校于1975年11月撤销。

10月26日，中央发出《关于高等院校下放问题的通知》，要求教育部所属高校、国务院各部所属的设在北京以外的高校，全部交给地方革委会领导。

1970年

1月1日，《红旗》第1期发表《文科大学一定要搞革命大批判》，提出：进行“革命大批判”是社会主义文科大学的基本任务。

1月8日，《解放日报》发表《文科就是要办成写作组》，指出“工农兵写作组才是社会主义文科大学的好样子”。

1月30日，《红旗》第2期发表《谁改造谁？——评凯洛夫的〈教育学〉》，认为凯洛夫的《教育学》是“刘少奇反革命修正主义教育路线”的理论根据。文章从三个方面批判凯洛夫的《教育学》：一是完全抹杀了“教育是阶级斗争的现象”，是“建立在反动的教育观的基础之上的”；二是所提出的“五个教学原则”“六个环节”，是“一套反马克思主义的认识论”；三是“核心是一个资产阶级的私字”，“引诱学生按照资产阶级和地主阶级代表人物的观念而拼命奋斗”。

6月2日，理工科大学教育革命座谈会在上海召开，讨论驻清华大学工人、解放军宣传队写的材料《为创办社会主义理工科大学而奋斗》，中心是如何“走上海机床厂从工人中培养技术人员的道路”。座谈会纪要由《红旗》第8期发表。

6月27日，中共中央批转《北京大学、清华大学关于招生（试点）的请示报告》。报告提出废除招生考试制度，实行“群众推荐、领导批准和学校复审相结合的办法”招收工农学员。学习期满后，原则上回原单位、原地区工作，也要有一部分根据国家需要统一分配。10月15日国务院通知各地，高校按报告所提的意见招收工农兵学员。

7月，国务院科教组成立并开始办公，行使原教育部和国家科委的工作职能。

8月24日，《光明日报》发表山东长岛县和山西沁阳县的新闻报道，宣传小学生也可以搞科研，并号召大学师生“要虚心地学习中小学生敢想敢干的创造精神”。

9月5日，《解放日报》发表评论员文章《大学要向中小学学习》，提出“大学必须彻底改变资产阶级传统观念，必须向中小学学生学习”。

11月6日—20日，周恩来五次同北京外国语学院、北京大学等外语院系负责人和师生座谈外语教育问题，强调练好“三个基本功”：政治思想、语言本身、各种文化知识。

11月24日，毛泽东在一份报告中批示：“大、中、小学（高年级）学生是否利用寒假也可以实行野营训练一个月。”

12月10日，中共中央发出通知：大中城市学校在寒假或暑假分期分批对学生进行野营训练。大学每批一个月，中学和小学五、六年级学生，每批20天到30天。

1971年

1月31日，国家计委、国务院科教组向国务院提出《关于高等院校调整问题的报告》。调整意见是：工科院校一般拟予保留；农科、医科、师范院校多数拟保留，少数拟改为中等专业学校或合并；综合大学一般拟先保留下来，少数拟将文理分开，理科试办理工院校，走理工结合道路；政法、财经、民族院校拟多撤销一些。

4月15日—7月31日，国务院召开全国教育工作会议，会议提出“两个估计”：“文化大革命”前17年的教育战线是资产阶级专了无产阶级的政，是“黑线专政”；知识分子的大多数世界观基本上是资产阶级的，是资产阶级知识分子。会议还讨论了高校调整方案，确定将全国417所高校保留309所，合并43所，撤销45所，改为中专17所，改为工厂3所，另增设7所。

6月19日，《人民日报》发表驻北京大学军宣队和工宣队的文章《文科要把整个社会作为自己的工厂》，提出：以社会为工厂，才能坚持坚定的政治方向，才能深入批判资产阶级，才能做到理论和实际的统一，才能改造与建设教师队伍。

7月下旬，诺贝尔奖获得者、美籍华裔物理学家杨振宁回上海探视父亲，顺道访问上海、北京的一些高校和科研院所。8月4日下午，周恩来会见并宴请了杨振宁博士。

8月13日，中共中央批转《全国教育工作会议纪要》，各省、市、自治区先后召开教育工作会议，传达和贯彻纪要的精神。

10月25日，第26届联合国大会以76票赞成、35票反对、17票弃权，通过恢复中华人民共和国在联合国中一切合法权利的提案。

10月29日，联合国教科文组织执行局通过恢复中华人民共和国合法权利的决议。

1972年

1月，全国学校开展批林整风运动，加深对粉碎林彪反党集团重大意义的理解，深入进行思想和政治路线方面的教育，进一步开展“革命大批判”。

4月20日，《人民日报》发表短评《坚持多种形式办学》，提出："农村要尽快普及小学五年教育，坚持两条腿走路的方针，提倡群众集体办学，办学形式要多种多样，方便农民子女就近入学。"

5月1日，中共中央发出《关于杜绝高等学校招生工作中"走后门"现象的通知》，指出：各地招生工作中程度不同地存在着"走后门"现象。通知要求各级领导部门加强对招生工作的领导，严格按党的方针、政策办事，对违反招生规定的予以制止纠正。如有再犯，除对有关干部进行严肃处理外，还要把学生退回。

5月8日，国务院科教组转发北京市革委会科教组《关于高等学校试办补习班的报告》。报告指出：北京11所高校招收的工农兵学员中，初中以上文化程度只占20%，初中程度占60%，小学程度占20%。科教组提出：各高等学校对于实际文化程度没有达到要求的学员，可根据各类专业的不同要求，有重点地补习必要的文化基础知识。

7月2日，周恩来在会见杨振宁时，赞赏他关于加强我国基础理论研究工作和培养研究人才的看法和建议，并要求陪同会见的北京大学教授周培源"提倡一下基础理论"，"把北大理科办好，把基础理论水平提高"。

8月7日，国务院科教组发出通知：重建人民教育出版社，担负起编辑出版教材和其他教育书籍的任务。

10月6日，周培源在《光明日报》发表《对综合大学理科教育革命的一些看法》，提出在理科教育中"对基础理论的教学、研究应予足够的重视"。

10月17日，我国首次派代表出席联合国教科文组织大会。

12月14日，我国选派16名留学生赴英国学习英语，连同派赴法国的留学生20人，共派出留学生36人。这是自1966年以来首批派出的留学生。

10月17日—18日，国务院科教组在北京召开教材工作座谈会，参加的有华东、中南、华北17个省市教育局的有关人员。会议就推动大、中、小学教材改革和建设进行座谈，交流编写教材的经验。提出制定教材改革和建设规划，逐步建立教材编审、出版工作新体制。

1973年

1月，国务院科教组的机关刊物《教育革命通讯》创刊，取代停刊六年之久的《人民教育》。

4月3日，国务院公布《关于高等学校1973年招生工作的意见》，强调要重视文化考查，了解推荐对象掌握基础知识的状况和分析问题、解决问题的能力，保证入学学生有相当于初中毕业以上的实际文化程度。考查的内容和方法，各省、市、自治区可根据本地具体情况和各专业的不同要求进行试验。

5月14日，国务院科教组发出《关于搞好高等学校搬迁合并问题调查的通知》。1969年以来，共有50余所高校从大城市迁往大小三线地区、教育基础薄弱地区和靠近生产基地的地方。

5月，上海市召开大中小学教材工作会议，提出"强调基础课，并不是恢复老一套，不是走老路、走回头路"。

6月5日—18日，国务院科教组召开文科教育革命座谈会，着重研究如何抓住林彪修正主义路线的极右实质，联系教育实际深入开展批林整风；强调要沿着以社会为工厂的道路，改造整个文科。

7月17日，毛泽东在中南海书房同杨振宁博士进行了一个多小时的谈话，表示支持加强基础理论学习和研究。

7月19日，《辽宁日报》发表《一份发人深省的答卷》。8月10日，《人民日报》予以转载，各地报刊也相继转载。此举在学校中掀起了一股轻视文化学习的浪潮。

8月4日，中共中央转发国务院《关于知识青年上山下乡工作会议的报告》。报告提出了统筹解决知识青年上山下乡有关问题的办法。

9月8日—11日，国务院科教组召开教育战线批判孔子问题座谈会，交流北京大学、复旦大学批孔的经验。

10月11日—23日，国务院科教组召开理工科院校教育革命座谈会，总结交流搞好学校批林整风和教育革命的经验。会议强调要加速教师队伍的改造和建设，进一步改革旧的课程体系和教学方法，建立和发展教学、生产劳动、科研三结合的新体制，大力提倡厂矿、农村、部队、医院采取各种形式发展业余教育。

10月，清华大学工宣队和军宣队发动“三个月运动”，批“右倾复辟回潮”，全国高校纷纷仿效。

11月28日，《光明日报》发表《一所深受贫下中农欢迎的大学》，开始宣传朝农经验：学生实行“社来社去”，即学生由社队选送，毕业后仍回原选送社队当农民；教学实行“从农业需要出发”，以科研促教学，即根据当地农业生产发展需要解决的问题建立若干课题组，围绕科研课题组织教学；办学方式实行“几上几下”，即每年分段组织学生回队参加农业学大寨的群众运动和在校学习，“上”就是在校学习，“下”就是回生产队实践。

11月，上海掀起批判“智育第一”的大讨论。

12月12日，《北京日报》发表《一个小学生的来信和日记摘抄》。28日，《人民日报》全文转载，并表扬这个小学生“敢于向修正主义教育路线开火”。全国中小学由此掀起了“破师道尊严”“横扫资产阶级复辟势力”的浪潮。

12月30日，国务院科教组和北京市革委会科教组突然“袭击”，对北京17所高校的631名正副教授进行数理化考试。此举后被上海、天津等地仿效。

1974年

1月18日，《人民日报》刊登南京大学政治系哲学专业学员钟志民的退学申请报告，钟志民在报告中自觉批判了自己“走后门”上大学的错误。此后，一些高校纷纷揭发、追查“走后门”上大学的不正之风，要求“走后门”进大学的学生退学，一些“走后门”“开后门”的领导干部作了检查。

1月31日，中共中央发出《关于河南省唐河县马振抚公社中学的情况简报》，要求就一个中学生因外语考试交白卷，受到老师批评后自杀身亡事件进行严肃处理。由此，全国各省、市、自治区按文件精神，组织学校师生检查、揭露修正主义路线“回潮”“复辟”等等。许多教师遭批斗、下放，甚至开除、判刑，学校教师不敢管学生，不敢抓文化课教学，不敢进行文化考查。

2月5日—8日，国务院科教组召开教育战线第二次“批林批孔”座谈会，以此推进全国各级学校进一步开展“批林批孔”运动，并联系实际，在教育界掀

“复辟势力的代表”。

4月26日，国务院批转科教组《关于内地支援西藏大学、中学、专科师资问题的请示报告》，要求搞定区、定校包干支援。7月，沪、苏、川、湘、豫、辽六省市和国家机关共选派389名教师干部入藏。

5月30日，国务院科教组发出《关于1974年教育事业计划（草案）的通知》，提出本年重点是继续大力普及农村小学五年教育，加强和发展高等教育，发展厂办“七二一”大学，积极开展工农特别是上山下乡知青的业余教育。

6月15日，国务院批转科教组《关于1974年高等学校招生工作的请示报告》，指责1973年招生工作中“不少地区曾不同程度地沿袭旧高考的办法”，提出：本年选拔学生要无产阶级政治挂帅，把政治表现、路线觉悟放在首位；反对“智育第一”，反对“用对付敌人的办法考学生”；在保证工农及其子女有享受教育的优先权的前提下，注意适当招收确实表现好的剥削阶级家庭出身的子女和可以教育好的子女。

8月4日，《人民日报》发表署名初澜的文章《为哪条教育路线唱赞歌？——评湘剧〈园丁之歌〉》。

8月13日—21日，国务院科教组召开京、津、辽、冀四省市中小学“批林批孔”汇报会，认为“儿童团”不仅能批孔老二，而且批得很好，是一支十分可贵的“批林批孔”的生力军，要求把中小学“批林批孔”运动深入、普及、持久地开展下去。

9月29日，国务院科教组和财政部联合发出关于开门办学的通知，认为开门办学是无产阶级教育革命的新生事物，是上层建筑领域的一场深刻革命；要始终把转变学生思想放在首位，以工农兵为师；要勤俭办学，反对铺张浪费，切实纠正借开门办学名义游山玩水等不良倾向。

12月21日—28日，国务院科教组、农林部和辽宁省委联合召开学习朝阳农学院教育革命经验现场会，宣扬朝阳农学院坚持在农村办学、分散办学、教学上实行“三上三下”、学生“社来社去”等经验。此后，全国掀起宣传学习朝农经验的浪潮。到1975年底，朝阳农学院共接待前来参观学习的单位1700多个，84000余人。

1975年

1月17日，四届人大一次会议任命周荣鑫为教育部部长。国务院科教组撤销，教育部恢复。

2月18日，中共中央发出通知《学习毛主席关于理论问题的指示》，各级各类学校师生开始学习无产阶级专政理论。

4月23日，国务院批转教育部《关于推广辽宁朝阳农学院经验和有关政策问题的请示报告》。教育部在报告中说，今年高校招生，农业院校一般实行“社来社去”，林、医、师范院校部分试行“社来社去”，其他院校可根据情况进行“社来社去”试点。

5月—6月，全国推广山西昔阳县大寨大队教育革命经验。

6月，教育部和第一机械工业部联合在上海召开“七二一”工人大学教育革命经验交流会，指出普通大学的教育革命，要沿着“七二一”道路前进。

7月，教育部为研究改进理科教育，编印了《周总理关于基础科学研究和理科教育革命的部分指示》。后又编印了《毛主席关于自然科学的部分论述》，供内部学习。

10月31日，教育部发出通知，要求各地拟定开展教育革命为普及大寨县作贡献的方案。这些方案主要有：树立“以农业为基础，以工业为主导”的思想，积极参加和支援农业学大寨，积极组织学生参加农村基本路线教育和农田基本建设活动，办好共产主义劳动大学、“五七”大学、“五七”中学和农业中学，普通中学要开设农机课或农机班。

12月2日，《红旗》发表北京大学、清华大学大批判组的文章《教育革命的方向不容篡改》，提出坚持教育革命的方向，把无产阶级教育革命进行到底。12月4日，《人民日报》予以转载。

1976年

1月7日，《人民日报》发表署名初澜的文章《无产阶级教育革命的赞歌》，评介元旦上映的以江西共产主义劳动大学为原型的影片《决裂》。文章说：这部影片“旗帜鲜明地、非常适时地参加到教育战线大是大非的辩论中来”，“回击了那股向‘文化大革命’反攻倒算的右倾翻案风，起到了鼓舞人心的战斗作用”，要“向修正主义教育路线和旧教育制度宣战”。

2月6日，《人民日报》以《无产阶级文化大革命的继续和深入》为题，发表了关于清华大学“教育大辩论”的情况报道。在此前后，北京、上海、辽宁等地的学校相继开展“教育大辩论”，掀起了“反击右倾翻案风”的浪潮。

5月6日—6月23日，教育部分批召开高校招生工作座谈会，推广“社来社去、厂来厂去、哪来哪去”（即“三来三去”）经验。

10月，各级学校师生员工和全国人民一起，举行集会、游行，庆祝粉碎“四人帮”的伟大胜利，愤怒声讨“四人帮”的滔天罪行。

11月23日，《光明日报》发表《毛主席的教育方针岂容篡改》。教育界掀起揭发批判“四人帮”破坏教育革命的罪行的高潮。11月29日，《人民日报》发表中共湖南省委宣传部的文章《扼杀〈园丁之歌〉也是为了篡党夺权》。11月30日，《人民日报》发表《一个反革命的政治骗局——揭发“四人帮”利用张铁生的答卷制造政治骗局的真相》。

11月，各级教育部门和学校结合揭批“四人帮”的斗争，按照中央有关文件的精神，检查学校现行教材，清除“四人帮”的言论、文章和“四人帮”及其同伙的形象，以及“四人帮”控制的写作班子写的宣传修正主义观点、制造反革命舆论的文章。

主要参考文献

［1］“七·二一”道路放光芒［M］. 北京：人民教育出版社，1975.

［2］上海师范大学教育革命组. 把无产阶级教育革命进行到底［M］. 上海：上海人民出版社，1974.

［3］大寨精神育新人：大寨、昔阳教育革命经验［M］. 北京：人民教育出版社，1975.

［4］工人师傅上讲台［M］. 上海：上海人民出版社，1975.

［5］前进在“七·二一”道路上［M］. 上海：上海人民出版社，1975.

［6］喜看今日工农兵大学生［M］. 上海：上海人民出版社，1974.

［7］蒲圻县《一所贫下中农欢迎的学校》编写组. 一所贫下中农欢迎的学校：记车埠中学教育革命［M］. 武汉：湖北人民出版社，1975.

［8］华东师范大学大事记：1951—1987［M］. 上海：华东师范大学出版社，1991.

［9］毛泽东. 毛主席论教育革命［M］. 北京：人民出版社，1967.

［10］北京师大校史编写组. 北京师范大学校史：1902—1982［M］. 北京：北京师范大学出版社，1982.

［11］本书编辑组. 历史的审判［M］. 北京：群众出版社，1981.

［12］本书编辑组. 历史的审判：续集［M］. 北京：群众出版社，1986.

［13］陈桂生. 现代中国的教育魂：毛泽东与现代中国教育［M］. 沈阳：辽宁教育出版社，1993.

［14］陈平原．鲤鱼洲纪事［M］．北京：北京大学出版社，2012.

［15］程晋宽．“教育革命”的历史考察：1966—1976［M］．福州：福建教育出版社，2001.

［16］丁晓禾．尘劫：知青畅想曲［M］．北京：中共党史出版社，2006.

［17］冯骥才．一百个人的十年［M］．长春：时代文艺出版社，2003.

［18］复旦大学校志编写组．复旦大学志：第二卷　1949—1988［M］．上海：复旦大学出版社，1995.

［19］高奇．新中国教育历程［M］．石家庄：河北教育出版社，1996.

［20］顾保孜．中南海人物春秋［M］．北京：中共党史出版社，2009.

［21］河南农业大学校史编写组．河南农业大学校史：1913—1993［M］．郑州：河南农业大学出版社，1993.

［22］何沁．中华人民共和国史［M］．北京：高等教育出版社，1997.

［23］黄擎．废墟上的狂欢：文革文学的叙述研究［M］．北京：作家出版社，2004.

［24］季羡林．牛棚杂忆［M］．北京：人民文学出版社，2014.

［25］季羡林．我们都经历过的日子［M］．北京：北京十月文艺出版社，2001.

［26］江沛．红卫兵狂飙［M］．郑州：河南人民出版社，1994.

［27］金春明等．文革时期怪事怪语［M］．北京：求实出版社，1989.

［28］旷晨，潘良．我们的六十年代［M］．北京：中国友谊出版公司，2005.

［29］旷晨．我们的七十年代［M］．南宁：广西人民出版社，2004.

［30］李玉琦，李艳．新中国青年工作编年纪事［M］．北京：中国青年出版社，2012.

［31］刘冰．风雨岁月：1964—1976 年的清华［M］．北京：当代中国出版社，2008.

［32］刘光．新中国高等教育大事记［M］．长春：东北师范大学出版社，1990.

［33］刘文杰．激扬与蹉跎［M］．郑州：河南人民出版社，1994.

［34］吕型伟．上海普通教育史：1949—1989［M］．上海：上海教育出版社，

1994.

［35］罗平汉．墙上春秋：大字报的兴衰［M］．福州：福建人民出版社，2001.

［36］罗荣渠．北大岁月：罗荣渠文集之四［M］．北京：商务印书馆，2006.

［37］苏渭昌．中国教育通史：第六卷［M］．济南：山东教育出版社，1989.

［38］米鹤都．红卫兵这一代［M］．香港：三联书店，1993.

［39］清华大学校史研究室．清华大学九十年［M］．北京：清华大学出版社，2001.

［40］上海交通大学校志编纂委员会．上海交通大学志［M］．上海：上海交通大学出版社，1996.

［41］史卫民．知青日记选编［M］．北京：中国社会科学出版社，1996.

［42］谭宗级，郑谦．十年后的评说："文化大革命"史论集［M］．北京：中共党史资料出版社，1987.

［43］汤一介．我们三代人［M］．北京：中国大百科全书出版社，2016.

［44］同济大学志编委会．同济大学志［M］．上海：同济大学出版社，2002.

［45］苏渭昌．中国教育思想通史：第八卷［M］．长沙：湖南教育出版社，1994.

［46］王年一．大动乱的年代［M］．北京：人民出版社，2009.

［47］王学珍等．北京大学纪事：1898—1997　下册［M］．北京：北京大学出版社，1998.

［48］文聿．中国"左"祸［M］．北京：朝华出版社，1993.

［49］席宣，金春明．"文化大革命"简史［M］．增订新版．北京：中共党史出版社，2006.

［50］厦门大学档案馆，校史研究室．厦门大学校史：第二卷　1949—1991［M］．厦门：厦门大学出版社，2006.

［51］徐涛．毛泽东诗词全编［M］．武汉：湖北教育出版社，1993.

［52］徐友渔．直面历史［M］．北京：中国文联出版社，2000.

［53］薛明扬，杨家润．复旦杂忆［M］．上海：复旦大学出版社，2005.

［54］薛炎文，张雪杉．知青老照片［M］．天津：百花文艺出版社，2002.

［55］杨先材．共和国重大事件纪实［M］．北京：中共中央党校出版社，1998.

［56］叶永烈．新中国沉重的一幕［M］．北京：作家出版社，1993.

［57］袁运开，王铁仙．华东师范大学校史：1951—2001［M］．上海：华东师范大学出版社，2001.

［58］张化，苏采青．回首“文革”：中国十年“文革”分析与反思［M］．北京：中共党史出版社，2000.

［59］张绍春．五七干校研究［M］．北京：人民出版社，2018.

［60］郑谦．被“革命”的教育：“教育革命”始末［M］．北京：中国青年出版社，1999.

［61］中共上海市教育卫生工作委员会党史资料征集委员会办公室．中共上海教育卫生体育系统党史大事记：1949—1989［M］．上海：上海交通大学出版社，1993.

［62］中共中央党史研究室．中国共产党历史：第二卷　1949—1978　下册［M］．北京：中共党史出版社，2011.

［63］中央教育科学研究所．中华人民共和国教育大事记：1949—1982［M］．北京：教育科学出版社，1984.

［64］周全华．“文化大革命”中的“教育革命”［M］．广州：广东教育出版社，1999.

［65］周一良．毕竟是书生［M］．天津：天津人民出版社，2016.

［66］朱政惠，金光耀．知青部落：黄山脚下的10000个上海人［M］．上海：上海古籍出版社，2004.

［67］［澳］约翰·柯莱威利．中国学校教育［M］．张昌柱，等译．石家庄：河北教育出版社，1995.

［68］［加］许美德．中国大学1895—1995：一个文化冲突的世纪［M］．许洁英，主译．北京：教育科学出版社，2000.

［69］［美］海伦·福斯特·斯诺．重返中国［M］．刘炳章，王中一，等译．北京：中国发展出版社，1991.

［70］［英］罗德里克·麦克法夸尔，费正清．剑桥中华人民共和国史：1966—1982 上册［M］．金光耀，等译．上海：上海人民出版社，1992.

［71］董建辉．“文化大革命”时期主流小说创作研究［D］．济南：山东师范大学，2007.

［72］张曙．不对称的社会实验：论“文革”中的知青上山下乡运动［D］．北京：中共中央党校，2001.

［73］张志明．“文化大革命”时期革命委员会研究［D］．北京：中共中央党校，1995.

［74］《人民日报》，1966—1976 年．

［75］《文汇报》，1966—1976 年．

［76］《红旗》杂志，1966—1976 年．

“十三五”国家重点出版物出版规划项目

国家出版基金项目
NATIONAL PUBLICATION FOUNDATION

共和国教育70年

第三卷

柳暗花明

1976—1992

杜成宪 | 主 编
蒋纯焦 | 副主编
张继玺 | 著

江西教育出版社
JIANGXI EDUCATION PUBLISHING HOUSE
·南昌·
广东教育出版社
全国百佳图书出版单位
·广州·

图书在版编目(CIP)数据

共和国教育70年：全四册．柳暗花明：1976–1992 / 杜成宪主编；张继玺著．-- 南昌：江西教育出版社；广州：广东教育出版社，2020.9（2022.1重印）

ISBN 978-7-5705-2037-4

Ⅰ．①共… Ⅱ．①杜… ②张… Ⅲ．①教育史–中国–现代 Ⅳ．① G529.7

中国版本图书馆CIP数据核字(2020)第190986号

共和国教育70年·柳暗花明1976—1992

GONGHEGUO JIAOYU 70 NIAN · LIUAN HUAMING 1976—1992

杜成宪 主编　蒋纯焦 副主编　张继玺 著

江西教育出版社
广东教育出版社 出版

各地新华书店经销

安徽联众印刷有限公司印刷

720毫米×1000毫米　16开本　15.75印张　字数240千字

2020年9月第1版　2022年1月第3次印刷

ISBN 978-7-5705-2037-4

定价：198.00元（全四册）

赣教版图书如有印装质量问题，请向我社调换　电话：0791-86710427

投稿邮箱：JXJYCBS@163.com　电话：0791-86705643

网址：http://www.jxeph.com

赣版权登字-02-2020-405

目录

前言

本卷试图描绘出1976—1992年期间的中国教育景象。需要指出的是，这15年的历史时段由多个层面组成——政治、经济、社会、文化、教育等，其中教育与文化、社会的深层尤其是政治经济状况勾连，构成了复杂的互动关系。例如，1984年10月，十二届三中全会通过了《中共中央关于经济体制改革的决定》，城市改革全面启动，从而引起城市社会的利益分化、价值多元，由此构成了20世纪80年代中后期教育体制改革和文化界空前活跃、喧闹的政治经济背景。

从粗线条来看，这一时期的教育发展大致可以分为如下两个阶段。

第一阶段：1976—1984年，可用“拨乱反正”加以概括。1977年，复出后的邓小平自告奋勇主管科学和教育工作，直接推动了教育领域的拨乱反正。当时最重要的拨乱反正是冲破了“文化大革命”期间的思想禁区，即突破“两个凡是”（凡是毛主席作出的决策，我们都坚决维护；凡是毛主席的指示，我们都始终不渝地遵循）的思想禁锢，正式否定了“四人帮”炮制的否定知识分子和十七年教育路线的“两个估计”。这实际上否定了“文化大革命”的思想基础，解放了广大知识分子，尤其是1978年5月的“真理标准大讨论”，更是将思想解放运动推向深入。无疑，这激发了人民向往新生活的社会热情，为党在新时期的教育路线、方针、政策的制定和实施奠定了群众基础。

1977年，从国家决定恢复高考的那一刻开始，570万青年纷纷从田间地头、工厂车间、军营哨所奔赴考场，一个国家的光明前途在一夜之间被重新点亮。恢复高考，是中国改革开放的先声，也是全面拨乱反正的突破口，在很大程度上清除了“教育革命”思想中裹挟的轻视知识及知识分子价值的反智主义意识和观念，开启了新中国教育史上前所未有的尊重知识、尊重人才的社会风气。从这一刻开始，中国教育步入了改革与发展的新征程。随后，中国开始恢复向外派遣留学生，整顿学校教育教学秩序，平反冤假错案，调整知识分子政策，召开全国科学大会，等等。这一系列举措标志着中国教育重新走上了正常的轨道。

从20世纪80年代开始，国家在制定国民经济和社会发展五年计划和中长期规划时，都把教育事业摆在重要位置。1982年9月，党的十二大首次将教育确定为今后社会主义现代化建设的重点之一，同年全国人大通过的《中华人民共和国宪法》把教育方针、地位和作用等列入了根本大法。此后，邓小平提出教育“三个面向”的现代化任务和培养“四有人才”的目标，确立了新时期教育发展的方向和基本价值。

实际上，20世纪70年代末至80年代中叶教育领域的恢复重建，很多做法是重新回到50年代，如重新建立重点学校制度、重新颁发60年代制定的《高教六十条》等文件。因而，学者杨东平将其认为是“一场未完成的拨乱反正”。我们虽然在“要不要教育”的问题上恢复了常识，但是在要什么样的教育、什么是好的教育的问题上，依然缺少足够的创新，需要进一步探索。

第二阶段：1985—1992年，关键词是“体制改革”。这一时期，随着《中共中央关于经济体制改革的决定》《中共中央关于科学技术体制改革的决定》的出台，1985年《中共中央关于教育体制改革的决定》（下称《决定》）得以颁布，并成为指导这一时期教育改革和发展的纲领性文献。

《决定》明确指出，就整个教育而言，最大的弊端，乃是长期计划经济体制下所形成的僵化模式。对此，《决定》明确提出了“教育必须为社会主义建设服务，社会主义建设必须依靠教育”的指导思想，指出要从根本上改变这种状况，必须从教育体制入手，有系统地进行改革。如，首次提出了实行九年制义务教育的历史性任务，同时提出了相应的政策选择：一是增加政府教育投入。明确提出“在今后一定时期内，中央和地方政府的教育拨款的增长要高于财政经常性收入的增长，并使按在校学生人数平均的教育费用逐步增长”。二是坚持分类指导。三是坚持体制与机制改革。例如基础教育实行“地方负责，分级管理”体制，把发展基础教育的责任交给地方，调动了地方的积极性；职业教育领域，提出要改革劳动人事制度，实行“先培训，后就业”的原则；高等教育领域，则明确要求改革高等学校的招生计划和毕业生分配制度，扩大高等学校办学自主权。四是组织保障。成立国家教育委员会，统筹整个教育事业的发展与改革。

作为对《决定》的一种回应和支持，1986年4月，全国人大四次会议颁布了《中华人民共和国义务教育法》，正式把普及义务教育的国家政策转变为法律条款，其中对政府发展教育和义务教育投入的责任作了明确的规定。该法律的颁布，意味着在我国历史上首次建立了九年义务教育制度。

必须提及的是，这一时期教育体制改革最有声有色的，是高等学校管理体制改革，其明确提出落实大学的办学自主权，实行校长负责制，主要内容包括党政分开、校长对学校负责、聘请合适的人来管理大学、教授治校等。当时有100多所学校成为试点，涌现出一批教育家，像武汉大学的刘道玉、华中工学院的朱九思、深圳大学的罗征启等，是那一时期高校改革的引领者。

经过“拨乱反正”和“体制改革”，全社会的学习热情空前高涨，其时流行的“尊重知识，尊重人才”口号，更像是从人们心灵深处喷薄而出的精神呼号，将经历了十多年知识荒漠和精神空虚的学生和教师紧密凝聚在一起，形成了中国教育史上最为壮观的全民学习热潮，如出国留学热、英语热、文化热等，成为那一时期独特的教育风景。正如诗人于坚所言：“80年代是一个伟大的时代，坚冰在被打破，思想启蒙气氛活跃，敢为天下先，使命感，对自由和真理的追求是时代的潮流。”

到了20世纪80年代末，因经济体制改革、商品经济发展，社会的整体环境发生了巨大变化，以前所未有的加速度前进。而与之相比，教育改革则明显滞后于社会、经济的发展。因而，“教育危机”的警报声不绝于耳，表现在经费短缺、教师待遇偏低、“读书无用论”的重新盛行等方面。尤其是高等教育更是进入了一个比较复杂的时期，高校中的精神形态出现多样化，青年学生的迷惘、叛逆，加之国内外各种复杂因素的影响，造成高校的动荡和学潮不断。

1989年春夏之交的政治风波深深地影响了中国教育现代化的进程。此后的将近三年中，教育的工作重点是对思想的“治理整顿”，改革整体处于“胶着”状态，直至1992年春天邓小平“南方谈话”后，改革开放才得以重新推动。20世纪90年代比较重要的教育文件《中国教育改革和发展纲要》的颁发，是1993年2月的事情了。

01

第一章

冲破思想禁区

1977年，“文化大革命”虽已结束，但整个国民经济到了崩溃的边缘，国运茫茫，中国面临着该怎么走的问题。

一场声势浩大的思想解放运动正在中国大地上酝酿着。要打破禁区，拨乱反正，科技和教育界是最好的突破口。这必须从邓小平主导的推翻“两个估计”说起。

如今，事过境迁，“推翻”两字随便说说容易得很。可如果翻阅尘封不算很久的文献，再回头走进那段历史，虽不是刀光剑影，却也是跌宕起伏，令人感慨不已。这一切，纵然是历史的机遇和选择，更离不开邓小平的智慧与魄力，正是这位一生富有传奇色彩的政治家，亲手扭转乾坤，冲破“文化大革命”中的思想禁区，拨乱反正，让共和国的教育重新回到正轨上来。

1976年，天安门广场上群众载歌载舞庆祝粉碎“四人帮”

一、“我来主管科学和教育工作”

1977年，邓小平迎来了他政治生涯中的第三次复出。邓小平自告奋勇主管科学和教育，如同他自己所说：“我知道科学、教育是难搞的，但是我自告奋勇来抓。不抓科学、教育，‘四个现代化’就没有希望，就成为一句空话。”

1977年5月24日，邓小平在与中央两位同志谈话时指出：“我们要实现现代化，关键是科学技术要能上去。发展科学技术，不抓教育不行。靠空讲不能实现现代化，必须有知识，有人才。”

他还指出，“一定要在党内造成一种空气：尊重知识，尊重人才”。这一口号的提出，是对“文化大革命”极左思潮泛滥时期盛行的“知识越多越反动”“知识分子是臭老九”等谬论的有力批驳，也为当时教育、科技战线的拨乱反正指明了方向。

从此，“尊重知识，尊重人才”以及重申“知识分子是工人阶级的一部分”成了改革开放以后新时期党的知识分子政策表述的代表性口号。

邓小平表示要抓科学和教育工作，但是他还没有正式恢复职务，也没有在公众场合亮相。1977年7月16日至21日，中共十届三中全会在北京召开。这是粉碎“四人帮”之后召开的第一次中共中央全会。这次会议作出了四项重要决定：

第一项，通过了《关于追认华国锋同志任中国共产党中央委员会主席、中国共产党中央军事委员会主席的决议》。

第二项，通过了《关于恢复邓小平同志职务的决议》，决定恢复邓小平中共中央委员，中央政治局委员、常委，中共中央副主席，中共中央军委副主席，国务院副总理，中国人民解放军总参谋长的职务。

第三项，通过了《关于王洪文、张春桥、江青、姚文元反党集团的决议》，决定永远开除王洪文、张春桥、江青、姚文元的党籍，撤销他们党内外的一切职务。

第四项，同意中共中央政治局关于提前召开中国共产党第十一次全国代表大会的决定，完全赞同中共中央政治局为这次代表大会所做的各项准备工作。

在这四项决定中，第一项、第三项、第四项是早在意料之中的，唯有第二项恢复邓小平一切职务引起的震动最大。

由于恢复了邓小平中共中央副主席的职务，中共中央副主席增至两人，即叶剑英、邓小平。由于叶剑英年事已高，邓小平很快就成了仅次于华国锋的“第二号人物”。后来，在1982年9月18日，邓小平曾这样回忆说：“我是在粉碎‘四人帮’之后九个月，即一九七七年七月才出来工作的，到那时我才能参加中央的会议。”

确实，“科学、教育是难搞的”。尤其是邓小平刚刚复出，许多人对他还投以怀疑的目光。更何况，当时社会上依然弥漫着坚持“两个凡是”和“两个估计”的浓厚气氛。邓小平对教育的整顿，首先就是从批判“文化大革命”中占据主导思想地位的“两个估计”入手的。

二、“八八谈话”

拨乱反正，无法绕开教育界的“两个估计”问题。1971年4月15日至7月31日，全国教育工作会议在北京召开。这次会议，集中讨论了新中国成立十七年来教育的成就和问题。

在张春桥、姚文元等人控制和操纵下炮制的《全国教育工作会议纪要》认为，新中国成立后的十七年教育工作基本上执行了一条修正主义教育路线，教育战线是“资产阶级专了无产阶级的政”，是“黑线专政”；教师队伍中的大多数和十七年培养的学生的大多数“世界观基本上是资产阶级的”，是“资产阶级知识分子”。这就是所谓的“两个估计”。

“两个估计”从根本上否定了十七年来教育事业所取得的成就，否定了广大知识分子在政治思想上所取得的巨大进步和他们的重要作用。“四人帮”则利用这“两个估计”在学校中实行“全面专政”，制造大量冤案、假案和错案，使许多干部和教师蒙受不白之冤。邓小平认为，如果要从根本上改变“文化大革命”的局面，非要废除“两个估计”不可。

1977 年，邓小平复出不久，便希望召开科学和教育工作座谈会，听听大家对于科学、教育工作的真知灼见，把科学和教育工作情况全面了解以后再作决策。这年的 7 月 29 日，他听取了国务院副总理方毅和教育部部长刘西尧等关于教育工作的汇报后指出，“最近准备开一个科学和教育工作座谈会，找一些敢说话、有见解的，不是行政人员，在自然科学方面有才学的，与‘四人帮’没有牵连的人参加”。

座谈会的与会人员基本确定以后，就要提出几个问题加以重点考虑。对此，邓小平简明扼要地归纳道：“第一，是否废除高中毕业生一定要劳动两年才能上大学的做法。第二，要坚持考试制度，重点学校一定要坚持不合格的要留级。对此要有鲜明的态度。第三，要搞个汇报提纲，提出方针、政策、措施。”紧接着，他强调说教育与科研两者关系很密切，要狠抓，要从教育抓起，要有具体措施，否则就是放空炮。

八一建军节这天上午，邓小平又约来方毅、刘西尧谈教育问题。他指出，办教育要两条腿走路，根本大计是要从教育着手；重点大学应该可以直接从高中毕业生中招生；一定要吸收世界先进的东西，从最先进的东西教起，一开始就启发学生向着更广更深的方向发展。鉴于座谈会期间还有国内接见活动和外事活动，所以，他告诉两人：“这次科学和教育工作座谈会，我不能都参加，我主要是提点设想，鼓干劲。”然而，他的“提点设想”一鸣惊人，他的“鼓干劲”迅速催动着广大知识分子满腔爱党报国为民的激情之火。

8 月 4 日上午，科学和教育工作座谈会在人民大会堂江苏厅举行。参加会议的有 33 位老中青科学工作者和教育工作者，还有教育部、科学院和国务院政策研究室的负责同志。会议第一天，开了一个带有预备性质的会。邓小平同科学家们自由交谈，他说，到会的科学家中，他只认识少数人，说过话的一个也没有。看来多数在四五十岁，比他岁数大的只有两三位，有希望。召开这次会议的目的，就是想听听大家的意见。

邓小平接着说，自己有一个想法，“要实现四个现代化，就必须从科学教育入手，所以中央、国务院讨论分工时，我自告奋勇管科学和教育，中央也同意了。

1977 年 8 月 4 日—8 日，科学和教育工作座谈会在人民大会堂江苏厅举行

赶上世界先进水平从何着手呢？就从科学和教育着手，我这次主要是听听大家的意见，向大家学习”。他要求参加会议者畅所欲言，有什么好的意见都讲出来。发言可长可短，把会议开得生动活泼。他还宣布座谈会由方毅主持，他有时间就到，没有时间就到不了，不可能都到，但是座谈纪要是肯定要看的。话虽这么说，可是五天的会议他一天也没缺。四天的讨论，他只有两次因为重要活动没有参加，其余时间不仅每天准时到会，和大家一起离开，而且还亲自主持，这是很少见的。座谈时他平等地和大家讨论，不时地插话。大家看到他态度如此认真，都认为机会很难得，很有可能会解决一些问题，就都踊跃发言。当时百废待兴，涉及问题很多。但在他引导下，讨论很快就集中到主要问题上来。

紧接着，邓小平直截了当地触及了一个当时非常敏感、涉及千家万户的问题，实际上也是提出了如何恢复高等院校招生制度的关键问题。他关切地说：对上山下乡知识青年中通过自学达到了较高水平的人，要研究用什么办法、经过什么途径选拔回来。这种人成千上万，要非常注意这部分人，爱护这部分人，千方百计把他们招回来上大学或当研究生。大学可以直接从高中招生。大学要办得活一点。有些青年成绩好，没毕业就可以当研究生，好的班也可以全班转入研究生学习阶段。过几年后，大学要重点培养研究生。

8月6日至8月8日，这是集中讨论“两个估计”重大问题，也是拍板解决恢复高等院校招生制度主要问题的关键时间。这几天的会议是由国务院副总理方毅主持的。据当时担任方毅秘书的郭曰方回忆，8月8日，邓小平在座谈会上作了讲话。当时邓小平手中并无讲稿，一口气讲了三个小时，讲得非常深刻。

邓小平谈话的最重要的内容，就是“关于十七年的估计问题”。邓小平明确指出：

> 对全国教育战线十七年的工作怎样估计？我看，主导方面是红线。应当肯定，十七年中，绝大多数知识分子，不管是科学工作者还是教育工作者，在毛泽东思想的光辉照耀下，在党的正确领导下，辛勤劳动，努力工作，取得了很大成绩。特别是教育工作者，他们的劳动更辛苦。现在差不多各条战线的骨干力量，大都是建国以后我们自己培养的，特别是前十几年培养出来的。如果对十七年不作这样的估计，就无法解释我们所取得的一切成就了。

邓小平的话，在中国教育界引起了极大的震动。尽管经历了“批邓、反击右倾翻案风”运动，邓小平仍不避“右倾翻案”之嫌，充分肯定了“文化大革命”前的十七年。

邓小平8月8日的谈话，意义深远，广为流传，被人们称为“八八谈话”。在此之前，尤其是“文化大革命”期间，“左”倾错误盛行，教育制度、教育秩序、教育生态遭受严重破坏。“文化大革命”结束后，纠正“左”倾错误，彻底扭转十年内乱造成的严峻局势，使国家从危难中重新奋起的社会诉求日益强烈。但是，“两个凡是”的禁锢，让这一愿望难以实现。正是由于邓小平的“八八谈话”，很明确地否定了“两个估计”，才使得情况发生根本转变。

三、推翻“两个估计”

1977年8月13日，邓小平发表“八八谈话”五天以后，教育部再次召开全国高等学校招生工作会议。在这次会议上，许多人谈到，1971年《全国教育工作会议纪要》是错误的，不能把“文化大革命”前十七年的教育界说成被一条“教育黑线专了政”，不能把“文化大革命”前十七年培养的学生说成大多数是“资产阶级知识分子”。

《全国教育工作会议纪要》(下称《纪要》)，是1971年4月15日至7月31日全国教育工作会议的产物，由迟群主持起草，姚文元修改，张春桥定稿。经毛泽东审阅，1971年8月13日中共中央批转了这份《纪要》。《纪要》是一份全面系统地阐述教育方面的“左”倾观点及一系列“左”倾措施的错误文件。《纪要》中提出了完全不符合实际的“两个估计”。由于这“两个估计”是经毛泽东审阅同意的，按照“两个凡是”，谁都不敢碰。

在这次高等学校招生工作会议上，《人民日报》记者敏锐发现与会代表意见分歧很大，主要表现在如何看待《纪要》上。于是《人民日报》记者采访了六名参加过1971年全国教育工作会议的代表，了解《纪要》的情况。

《人民日报》记者采访这件事，触怒了招生工作会议的主持人。于是，被下了“逐客令”。《人民日报》记者把有关情况写成内参，发表在《情况汇编(特刊)》上。邓小平看了《情况汇编(特刊)》，认为必须推倒“两个估计”，因为如果不推翻这“两个估计”，简直没有办法抓教育革命。

邓小平几次跟方毅、刘西尧、雍文涛、李琦谈话，认为非推翻这“两个估计”不可。他又以自己及“天安门事件”为例，批驳“两个凡是”，批驳《纪要》：

> 《纪要》是毛泽东同志画了圈的。毛泽东同志画了圈，不等于说里面就没有是非问题了。我们不能简单地处理。一九七六年天安门事件中关于我的问题的决议，毛泽东同志也是画了圈的。天安门事件涉及那么多人，说是反革命事件，不行嘛！说我是天安门事件的后台，其实，当时我已经

1977年2月7日，华国锋批准由《人民日报》《红旗》杂志、《解放军报》发表“两报一刊”社论《学好文件抓住纲》，公开提出“两个凡是”的错误方针，即：“凡是毛主席作出的决策，我们都坚决维护；凡是毛主席的指示，我们都始终不渝地遵循。”

不能同外界接触了。《纪要》引用了毛泽东同志的一些话，有许多是断章取义的。《纪要》里还塞进了不少“四人帮”的东西。对这个《纪要》要进行批判，划清是非界限。我们要准确地完整地理解毛泽东思想的体系。我提出这个问题，可有人反对哩？

尽管邓小平已经说得如此明确，可是，在当时连“天安门事件”都未公开平反，人们未敢听进邓小平的话。对此，邓小平心中也很明白。他很直率地说：

教育部要争取主动。你们还没有取得主动，至少说明你们胆子小，怕又跟着我犯“错误”。

教育部终于根据邓小平的讲话精神，着手起草了《教育战线的一场大论战——批判“四人帮”炮制的“两个估计”》一文。主持这篇文章起草工作的是罗劲柏。文章写好后，经胡乔木修改定稿。

这篇文章当时交《红旗》杂志发表。《红旗》杂志起初未敢发表。后来，由于考虑到文章中有这么一段“重要依据”，这才同意发表：

> “四人帮”的“两个估计”，与毛主席一九七一年对“文化大革命”前教育战线情况和知识分子情况的估计完全相反。“四人帮”长期严密封锁了毛主席的指示，同毛主席的指示唱对台戏，直至他们的灭亡。

这篇文章把“两个估计”说成是“四人帮”的，而且称“两个估计”与毛泽东的估计“完全相反”。这样，文章借助于首次公布的毛泽东关于教育战线的那段“最高指示”，这才来批判“两个估计”。

不过，文章只是说毛泽东的那些指示被“‘四人帮’长期严密封锁”，却并未具体说明“四人帮”怎么“严密封锁”以及毛泽东那些指示现在又是怎样被发现的。后来，人们才从“内部传达”中得知，毛泽东那些指示是从迟群的一个笔记本上发现的。那是在1971年，谢静宜向迟群传达了毛泽东的谈话，迟群在自己的笔记本上记下了毛泽东的这些话。

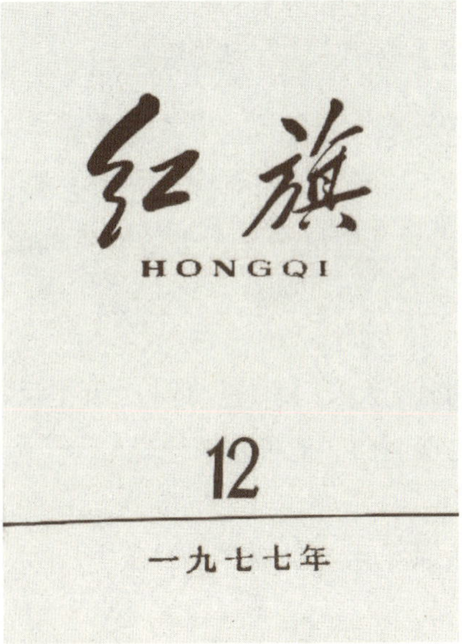

《红旗》杂志的读者对象主要是党内外具有一定文化程度的党员、干部、理论宣传工作者、思想政治工作者和以大专院校学生为主的广大青年知识分子

由于找到了这样的重要依据，于是，人们开始谴责迟群“封锁了毛主席的指示”，这才敢于去否定“两个估计”——倘若毛泽东没有说过这些话，倘若没有在迟群的笔记本上找到毛泽东的这些话，即便邓小平已经明确批判了“两个估计”，人们还是不敢否定“两个估计”。因为人们知道“两个估计”是毛泽东圈阅过的，只有找到毛泽东不同于“两个估计”的话，这才可以批判“两个估计”。

也就是说，在当时，只能以“两个凡是”来反对“两个凡是”——以毛泽东的这一段话来反对毛泽东的另一段话。当然，由于毛泽东的那些指示是从迟群的笔记本上找到的，在“两个凡是”派看来，生怕迟群在记录时打了折扣，所以公开发表时标明只是“毛主席指示的精神”而已。

这样，1977 年第 12 期《红旗》杂志终于发表了署名“教育部大批判组”的《教育战线的一场大论战——批判“四人帮”炮制的“两个估计”》一文。《人民日报》于 1977 年 11 月 18 日加以转载。文章发表时，离邓小平关于批判“两个估计”的“八八谈话”,已整整三个月零十天了。连否定“两个估计”都这么费劲，当时“左”的阻力之大，可见一斑。

链接

教育战线的一场大论战
——批判“四人帮”炮制的“两个估计”（节选）

当教育战线千百万干部和群众奋起砸烂“四人帮”加在他们身上的精神枷锁的时候，当形势的发展迫切要求教育工作大干快上的时候，“四人帮”的“两个估计”为什么还能迷惑一些人，吓唬一些人呢？为什么有的同志还甩不开膀子、赶不上客观形势的需要呢？重要原因之一是这些同志对于教育战线两条路线斗争的历史真相还不完全明了，因而也就难于完整地、准确地掌握和运用毛泽东思想体系去彻底揭破“四人帮”歪曲、篡改毛主席教育路线的鬼蜮伎俩。

揭批“四人帮”炮制的“两个估计”，对于搞好教育革命具有十分重大的意义。当前，教育战线形势大好，我们有许多工作要做。但是最根本的一条，是要用毛泽东思想体系，联系实际，深入揭发和批判“四人帮”的种种谬论邪说，分清路线是非，砸碎精神枷锁，认真总结二十八年来我国教育工作正反两方面的经验，并不断总结当前的新鲜经验。我们一定要解放思想，敢破敢立，善破善立。

过程虽然充满艰辛，但“两个估计”毕竟被推翻了，这为教育界乃至整个社会的拨乱反正清扫了思想上的障碍。

链接

穆扬自述：全教会“纪要”的产生经过

我参加过1971年的全国教育工作会议（全教会），这次会议主要是关于“两个估计”出笼的背景和过程。所谓“两个估计”，就是前十七年的教育战线是“资产阶级专了无产阶级的政”，是“黑线专政”；知识分子的大多数“世界观基本上是资产阶级的”，是“资产阶级知识分子”。“两个估计”是四人帮及其帮派人物一手炮制的，对于恢复高考是起阻碍作用的。

根据邓小平在科教工作座谈会上关于改革高等学校招生制度的指示精神，1977年8月13日开始，教育部再次召开全国高等学校招生工作会议，我是《人民日报》驻会记者之一。在这次会议上，与会代表意见分歧仍然很大。一部分刚解放，原来就是教育系统的代表希望尽快推翻“两个估计”，按照邓小平的指示来办，恢复高考。但是他们刚刚复出，不太敢讲话。而各代表团里面的一些实权人物仍然坚持过去的十六字招生办法，还有一部分人态度模糊。每天一开会，大家就争论不休。

由于我参加过1971年的全教会，更能体会到推翻“两个估计”对于恢复高考的重要性、紧迫性，为此，我分别找到当时的教育部部长刘西尧、副部长李琦和雍文涛，说照这个样子，会议开不下去，我想把这次会议的分歧写一份内参向上级反映。刘西尧和李琦不置可否。雍文涛说“你可以写”。别人都不同意我想推翻“两个估计”和《全国教育工作会议纪要》的意见。这一情况，更使我感到有必要向中央反映情况。因此，在1977年科教工作座谈会后，我写了一份内参《全教会“纪要”是怎样产生的？》递交给中央。

1977年9月15日，编辑部把我写的材料以内参《情况汇编（特刊）》（第六二八期）报送中央。后来我才知道，邓小平在看过我写的材料以后，19 日找教育部领导谈了话。9 月 20 日上午，参加会议的代表到教育部礼堂听传达，会前人们只听说“昨天中央找教育部领导谈过话”，详情就不得而知了。传达开始了，“最近《人民日报》记者找了六位参加过一九七一年全国教育工作会议的同志座谈，写了一份材料……”。我一听，因为不知道结果如何，心提到了嗓子眼。直到传达过了好一阵，我的心才平静下来。其他参会者也从茫然转为舒展眉头，露出了笑容。由此，“两个估计”终于被推翻了。我写的那一篇《情况汇编（特刊）》作为有关材料下发给与会代表，于是，这份内参也传遍了全国。

（穆扬，1926 年出生于山东济南，原名杨竞武，1948 年起调入《人民日报》。1977 年 8 月 13 日开始，教育部召开全国高等学校招生工作会议，穆扬是《人民日报》驻会记者之一，他和同事顶住压力，写内参抨击“两个估计”。）

四、教育界真理标准大讨论

1978 年 5 月 10 日，中共中央党校内部刊物《理论动态》发表了《实践是检验真理的唯一标准》一文，11 日《光明日报》以特约评论员名义刊登此文，当天新华社转发，次日《人民日报》和《解放军报》同时予以转载。一场关于真理标准问题的大讨论在全国范围内展开。

理论动态 60

内部刊物 注意保存

中共中央党校理论研究室 1978年5月10日

实践是检验真理的唯一标准

检验真理的标准是什么？这是早就被无产阶级的革命导师解决了的问题。但是这些年来，由于“四人帮”的破坏和他们控制下的舆论工具大量的歪曲宣传，把这个问题搞得混乱不堪。为了深入批判“四人帮”，肃清其流毒和影响，在这个问题上拨乱反正，十分必要。

检验真理的标准只能是社会实践

怎样区别真理与谬误？一八四五年，马克思就提出了检验真理的标准问题。“人的思维是否具有客观的真理性，这并不是一个理论的问题，而是一个实践的问题。人应该在实践中证明自己思维的真理性，即自己思维的现实性和力量，亦即自己思维的此岸性。关于离开实践的思维是否具有现实

1978 年 5 月 10 日，在胡耀邦的组织和支持下，中共中央党校内部刊物《理论动态》第 60 期发表了《实践是检验真理的唯一标准》一文，锋芒直指“两个凡是”的错误方针

《实践是检验真理的唯一标准》一文刚刚发表时，邓小平没有注意。后来，他听说有人对这篇文章反得厉害，才找来看。5 月

19 日，邓小平在接见文化部核心领导小组负责人时明确表示："文章符合马克思列宁主义嘛，扳不倒嘛！"

链接

关于真理标准问题的讨论大事记

·1977 年 2 月 7 日，华国锋批准由《人民日报》、《红旗》杂志、《解放军报》发表"两报一刊"社论《学好文件抓住纲》，公开提出"两个凡是"的错误方针。

·4 月 10 日，邓小平以一个老共产党员的名义给中共中央写信，针对"两个凡是"的错误方针提出，"我们必须世世代代地用准确的完整的毛泽东思想来指导我们全党、全军和全国人民"。

·5 月 3 日，中共中央转发此信，肯定了邓小平的正确意见。

·7 月，邓小平在党的十届三中全会上再次重申了要完整地准确地理解毛泽东思想这个辩证唯物主义的科学原则。

·12 月 2 日，胡耀邦在中央党校明确提出，研究党的历史要以实践为检验路线是非的标准。

·12 月，中共中央任命胡耀邦为中央组织部部长。胡耀邦遵照党的实事求是、有错必纠的原则，经过大量切实的调查研究工作，坚决平反冤假错案。这就在实际中冲破了"两个凡是"的束缚。

·1978 年 5 月 10 日，中共中央党校内部刊物《理论动态》发表了《实践是检验真理的唯一标准》一文，11 日《光明日报》以特约评论员名义刊登此文，当天新华社转发，次日《人民日报》和《解放军报》同时予以转载。一场关于真理标准问题的大讨论在全国范围内展开。

·某些坚持"两个凡是"主张的人对《实践是检验真理的唯一标准》一文提出责难，并指示党中央的理论刊物《红旗》杂志"不要表态"，企图把关于真理标准问题的讨论压制下去。

·6月2日，邓小平在全军政治工作会议上着重阐述了在新的历史条件下怎样坚持毛泽东思想的问题，有力地支持和推动了关于真理标准问题的讨论，提出："打破精神枷锁，使我们的思想来个大解放！"

·6月24日，《解放军报》在罗瑞卿的直接支持下，以特约评论员名义发表了《马克思主义的一个最基本的原则》。

·9月16日，邓小平在东北视察工作时，再次批评了"两个凡是"的主张。

·12月13日，邓小平在中共中央工作会议上发表的《解放思想，实事求是，团结一致向前看》讲话中，高度评价了这场讨论的伟大意义。

·12月，党的十一届三中全会坚决批判了"两个凡是"的错误方针，高度评价了关于真理标准问题的讨论，认为这场讨论"对于促进全党同志和全国人民解放、端正思想路线，具有深远的历史意义"。

在真理标准讨论濒临夭折的关键时刻，刚刚复出的邓小平以一位伟大政治家的气魄和敏锐抓住了这一历史契机，发出了坚定的声音。5月30日，他在同几位负责人谈话时说："当前有一种思潮……就是不讲要实事求是，就是不讲要从实际出发……现在发生了一个问题，连实践是检验真理的标准都成了问题，简直是莫名其妙！"邓小平掷地有声的讲话，给了《实践是检验真理的唯一标准》有力的支持。

军队率先支持《实践是检验真理的唯一标准》。军委秘书长罗瑞卿在全军政治工作筹备会上说："《实践是检验真理的唯一标准》是一篇坚持马列主义、毛泽东思想的好文章。它提出了一个牵一发而动全身的大问题，全军政治工作会议就是要宣传实事求是的思想路线，宣传一切从实际出发，宣传实践是检验真理的唯一标准。"

1978年6月2日，邓小平在全军政治工作会议上发表了重要讲话，严厉批评了个人崇拜、教条主义和唯心论，号召"打破精神枷锁，使我们的思想来个大解放"，要求部队干部做马列主义、毛泽东思想和革命实践相结合的榜样。

胡耀邦再次组织中央党校撰写《马克思主义的一个最基本的原则》，反驳种种责难的观点，又一次得到罗瑞卿的大力支持。罗瑞卿提出了许多修改意见，他

1978 年 6 月 2 日，邓小平在全军政治工作会议上，阐明了实事求是、一切从实际出发、理论与实际相结合这一马克思主义的思想路线，再次批评了“两个凡是”的错误方针，肯定和支持了正在展开的关于真理标准问题的讨论

在即将去联邦德国治病之时，还惦记着这篇文章，上飞机之前还指示《解放军报》负责人：“那篇文章，你们放胆发表，可能有人要反对，我负责，打板子打我。”遗憾的是，罗瑞卿不久即病逝，没有看到真理标准讨论的最后胜利。

为了将讨论进一步引向深入，邓小平离开了北京，先后去了四川、广东，9月又到了吉林。用他自己的话说，“我这是到处点火”，所到之处，都宣讲实事求是的精神。邓小平的“到处点火”，对于争取各省市对真理标准讨论的支持，起到了极大的推动作用。这样，全国各省、自治区、直辖市党委纷纷对真理标准问题表了态，各地部队首长们也对此表态，都对“实践是检验真理的唯一标准”表示拥护。

然而，斗争依然是艰巨的。就在全国各地广泛开展真理标准问题大讨论的时候，作为中共中央权威理论刊物的《红旗》杂志却保持缄默。

一个月后，邓小平找中宣部部长谈话，要求他不要再“下禁令”“设禁区”了，不要“再把刚开始的生动活泼的政治局面拉向后退”。随后，邓小平又同胡耀邦进行了一次谈话，旗帜鲜明地支持胡耀邦发动的这场讨论：“你们《理论动态》，班子很不错啊！你们的一些同志很读了些书啊！不要搞散了，这是个好班子。”

9月上旬，另一名中共元老李先念在国务院务虚会上指出，实践是检验真理的标准，这是正确的，是我们一向坚持的观点，“我们要解放思想，振奋大无畏的革命精神”。

后来，应《红旗》杂志约请，老一辈革命家谭震林撰写了一篇纪念毛泽东85周年诞辰的文章，文中宣传了实践是检验真理的唯一标准的观点。这与《红旗》不卷入的态度相悖，谭震林又不愿删改，只好将文稿报送中央裁决。

邓小平通过对谭震林的文章的批示，严肃批评了《红旗》对真理标准讨论的消极态度。他说：我看这篇文章好，至少没有错误。改了一点，如《红旗》不愿登，可转《人民日报》登。为什么《红旗》不卷入？应该卷入。可以发表不同观点的文章。看来不卷入本身，可能就是卷入。

1978年11月10日，中共中央召开了一次为期36天的工作会议，在这一次至关重要的工作会议上，邓小平再一次高度评价了实践是检验真理的唯一标准的讨论。一个月后，中共召开十一届三中全会，形成了以邓小平为核心的第二代中央领导集体，并确定了中国社会主义建设的战略方向。

在教育理论界，人们也在清理“左”倾错误在教育领域的表现，讨论“十七年教育”的利弊。1979年10月，《教育研究》杂志发表了署名“本刊特约评论员”的文章，强调应当接受实践的检验，认识新情况，解决新问题。批评了由于“四人帮”否定一切，就对“十七年教育”“肯定一切”形而上学，“他们把十七年当作理想境界，

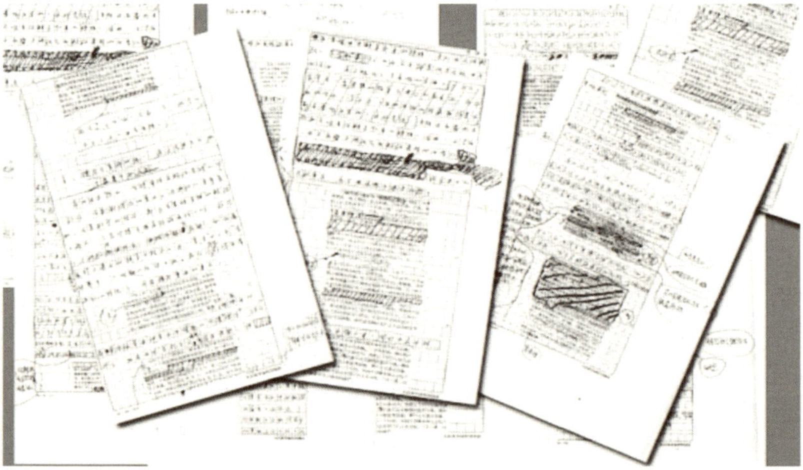

《实践是检验真理的唯一标准》珍贵手稿。剪贴小字为胡福明稿子，稿纸格内手写体为孙长江作，文旁另加部分为吴江添加

‘文化大革命’前的说法就是经典定义。这是变相的语录标准”，认为教育界既遭到林彪、“四人帮”的极大破坏，又受到“两个凡是”的严重束缚，“迫切需要补上实践是检验真理的唯一标准这一课，树立实践的权威，解放思想，立志改革”。

链接

补好真理标准讨论这一课，教育问题要来一次大讨论（节选）

《教育研究》特约评论员

在教育战线上，关于实践是检验真理的唯一标准问题，还没有很好开展讨论，更谈不上深入，必须认真补上这一课。

……尤其重要的是，还有许多是非没有得到澄清，这就更加需要补课。

只有弄清楚三十年来教育战线上的是非得失，认识教育规律，才能改革教育，适应四个现代化的要求。

三十年教育事业虽有很大成绩，但是有两件事是谁也不能否认的：第一，没有普及初等教育，老年人的扫盲尚未完成，在青壮年中又出现不少新文盲；第二，普遍感到人才缺乏，各条战线都是缺了一代人，亏了几代人，出现了人才危机。这两件事是具有代表性的，足以说明一个国家的教育状况。出现这种结果同整个国家的政治、经济状况是分不开的，但也不可避免地要向教育部门尖锐地提出：三十年来，关于教育的理论、方针、政策、方法究竟有没有问题？有什么问题？在教育问题上，思想僵化、半僵化的大有人在。有些人认为，过去都是照着本本和文件做的，有语录为凭，因而都是正确的。……还有些人认为，林彪、“四人帮”干扰破坏的那一段不正确，只要恢复“文化大革命”前的一套就万事大吉了。“同十七年对着干”，否定一切，这是恶劣的形而上学。有人在反对否定一切的同时又走向肯定一切，还是没有摆脱形而上学。他们把十七年当作理想境界，“文化大革命”前的说法就是经典定义。这是变相的语录标准。回到“文化大革命”前就是出路吗？

1980 年 12 月，为贯彻中央指示精神，教育部召开教育工作座谈会，清理“左”的错误在教育领域的表现。认为不仅十年“文化大革命”是一条“左”的路线，而且十七年中就有“左”的路线，在粉碎“四人帮”后，“左”的影响还继续存在。

“左”的错误在教育战线的主要表现是：中华人民共和国成立以来，教育在整个国民经济计划中，没有摆到应有的地位，未能同经济协调发展；政治运动不断冲击学校正常的教学工作，把用功读书说成走白专道路；搞唯成分论，把知识分子列入资产阶级范畴，教师地位低下；强调“外行领导内行”，助长了工作中的瞎指挥现象；在教育发展上追求高指标，不量力而行，造成教育发展大起大落；对人类文化遗产持虚无主义态度，只讲批判，不讲继承。

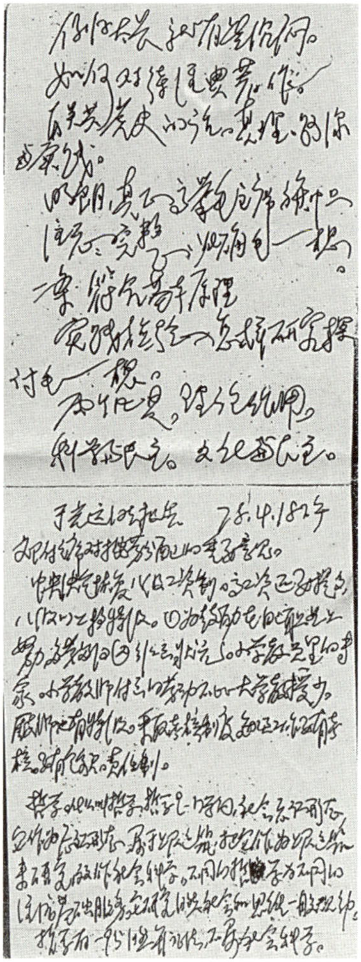

1978 年 4 月 13 日，杨西光、胡福明、王强华等五人就修改《实践是检验真理的唯一标准》一文举行讨论会。会上，王强华对杨西光的总结发言的要点作了笔录，上面提到了“两个凡是”

经过真理标准问题大讨论，人们对教育形成这样一个共识，即教育不仅仅是社会的上层建筑，“教育是阶级斗争的工具”的说法是不准确、不科学的，新的教育指导思想和教育方针应当充分体现教育为社会主义现代化建设服务，充分体现以教学为中心，要反映教育与生产力的关系，认识教育对促进经济发展的巨大功能，要确立一个具有时代特点的完整的培养目标。

教育界在解放思想、摆脱“左”的思想禁锢方面虽然起步比较早，也取得了一些进展，但是与政治、经济领域的思想解放运动相比，依然不够深入。虽在“要不要教育”的问题上恢复了常识，但是对于“要什么样的教育”“什么样的教育是好的”这些问题的回答，没能站在更高的起点，创建符合现代化潮流、具有前瞻性和建设性的新思路。

历史经验表明，坚持实践是检验真理的唯一标准，又是很不容易的。这不但要有很高的思想理论水平，特别是要有在实践检验基础上自我纠错的勇气，还要有健全的机制。教育界在这一思想指导下，开始了全面的恢复与整顿工作。

02

第二章

恢复与整顿

1977年的中国，没有冬天，因为570万考生用激情和渴望驱散了严寒。在邓小平亲自过问和布置下，关闭十余年的考场重新敞开大门，无数人重新出发。于是，这一年便成了中国学子们的狂欢年。随之，教育界以恢复高考为契机，进行了全面的拨乱反正和恢复整顿。

一、重启高考大门

在“文化大革命”的动荡岁月里，新中国成立以来逐步建立起来的全国普通高等学校统一招生制度被彻底否定，学校教育秩序混乱，学生停课闹革命，全社会没有了学习知识的动力和活力，国家出现了严重的人才断档。改革高校招生制度成为当时加快人才培养的迫切需要，也是当时社会最强烈的呼声。

虽然1970年北京大学、清华大学开始试招“新生”，但招生对象仅限于具有

恢复高考是“文化大革命”后中国高等教育、整个教育系统乃至全社会走向新秩序的开始

两年以上实践经验的初中以上文化程度的工人、农民、解放军官兵。招生办法是自愿报名，群众推荐，领导批准，学校复审。这一做法一直实行到 1976 年。

1975 年，邓小平领导开展全面整顿时，在多次谈话中对改变当时的大学招生方法和提高教学质量问题发表过意见。他说："大学究竟起什么作用？培养什么人？有些大学只是中等技术学校水平，何必办成大学？""一点外语知识、数理化知识也没有，还攀什么高峰？中峰也不行，低峰还有问题。""我们有个危机，可能发生在教育部门，把整个现代化水平拖住了。"他要求教育部搞一个教育工作汇报提纲，他当时主张搞一些试点，通过考试直接从高中生中选拔一批优秀学生到大学深造。遗憾的是，由于"四人帮"的干扰破坏和很快发生的"批邓、反击右倾翻案风"运动，邓小平的这些正确主张没能得到实施。

事实上，恢复高考的重大决策，并不是一夜之间冒出来的。1977 年，在正式决策恢复高考之前，邓小平在关于科技和教育问题的多次谈话中，就尽快改变"文化大革命"中实行的高等学校招收工农兵学员制度和恢复高等学校招生考试制度问题，提出了两点重要意见：第一，高等学校招生要恢复文化考试制度。第二，提倡高等学校招生"两条腿"走路（大学要从工农兵中招生，重点学校可以从应届高中毕业生中招），允许高中毕业生直接上大学。关于恢复高等学校招生考试制度，邓小平最初的设想是，1977 年用一年时间作准备，1978 年正式恢复高考，生源一半是应届高中毕业生，一半来自社会，然后逐步走向正规。然而，随着形势的变化，在邓小平复出后主持召开的科学和教育工作座谈会期间，恢复高考的决策提前确定和实施了。

在 1977 年夏天召开的科学和教育工作座谈会上，大家的议题很快从揭批"四人帮"破坏科学教育的罪行转到为振兴科学教育献计献策方面来，而提高教学质量、改革招生制度，成为其中的主要话题之一。

8 月 6 日下午的座谈会上，清华大学党委负责人满含忧虑地说，现在清华的新生文化素质太差，许多学生只有小学水平，还得补习中学课程，根本没法安排大学应该学习的课程。

邓小平当即严厉又不无讽刺地批评道：那就干脆叫"清华中学""清华小学"，还叫什么大学！

时为武汉大学化学系副教授的查全性说："招生是保证大学质量的第一关，它的作用好像工厂原材料的检验一样，不合格的原材料，就不可能生产出合格的产品。当前新生质量没有保证，原因之一是中小学的教学质量不高，二是招生制度有问题。主要矛盾还是招生制度。不是没有合格人才可以招收，而是现行招生制度招不到合格的人才。如果改进招生制度，每年从 600 多万名应届高中毕业生和大量知识青年、青年工人中招收几十万合格学生是完全可能的。"说着，他激动地站了起来。

邓小平看着面前这位又瘦又高、戴着近视眼镜的年轻人，赞许地点点头。

查全性顾不上观察邓小平的表情，事实上，他顾不上观察任何人的表情。他旁若无人地痛陈了现行招生制度的四个重大弊端："第一，埋没了人才，大批热爱科学、有培养前途的青年选不上来，而某些不想读书、文化程度又不高的人却占了招生名额。第二，从阶级路线上看，现行招生制度卡了工农兵子弟。群众里

图为"文化大革命"期间上山下乡的知识青年们。1977 年高考恢复，大多数在农村的知识青年想方设法回原籍去参加考试

流传着‘十七年上大学靠分，现在靠权’的说法，这样就有了第三个弊端——坏了社会风气。据我所知，今年的招生还没开始，就已经有人在请客、送礼，走后门了。如果制度不改革，走后门的不正之风就刹不住。第四，严重影响了中小学生和教师们教与学的积极性。现在甚至小学生都知道，今后上大学不需要学文化，只要有个好爸爸……”

他稍稍停了一下，这才注意到邓小平正认真地看着他，那神情似乎在鼓励他：好！说下去。

他说，一定要当机立断，只争朝夕，今年能办的就不要拖到明年去办。

邓小平点点头，环视四座问：“大家对这件事有什么意见？”

大家早已对以推荐为主的招生方式忍无可忍。于是，数学家吴文俊、光学家王大珩、化学家汪猷等科学家接着查全性的话茬，建议国务院下大决心，对现行招生制度进行改革。

邓小平问：“今年是不是来不及改了？”

这个问题的确要命。往年这个时候，学校的录取通知书早已发出，新生也该整装待发了。虽说今年的高校招生工作稍晚了一些，但招生工作会议已经结束，报告可能都送呈国务院了。

“来得及，最多晚一点。”在座的多位几乎异口同声。

“既然大家要求，那就改过来。”邓小平略一沉吟，微微侧首，问坐在旁边的教育部负责人刘西尧：“你们教育部的那份报告送出去没有？”

“上午刚送出去。”

邓小平作了一个坚决的手势说：“那还来得及，把它追回来！”

他接着说：“今年就要下决心恢复从高中毕业生中直接招考学生，不要再搞群众推荐。从高中直接招生，我看可能是早出人才、早出成果的一个好办法。”

“敢教日月换新天”，这是何等的勇气和胆识！

全场的人静默无声，大家似乎不敢相信：这是真的？

短暂的沉默之后，热烈的掌声持续了很久很久！

除了拼命鼓掌之外，他们竟不知道该如何表达此刻的心情。他们为自己高兴，为年轻人高兴，以至于高兴得手足无措。

一个重大的决策就这样确定了。“忽如一夜春风来，千树万树梨花开。”中国的教育工作由此出现了重大转机。

1977年8月13日，根据邓小平关于改革高等学校招生制度的指示精神，教育部即刻在北京再次召开了全国高等学校招生工作会议。会议开始后，首先传达了邓小平“八八谈话”及其他一系列谈话精神，代表们深受鼓舞。随后，经过代表们讨论的招生工作意见，及时地报告给了邓小平，他对文件详细审阅，并亲自修改。

9月25日，会议结束。会议确定了当年的招生政策，恢复高考已成定局。

10月3日，邓小平在教育部《关于一九七七年高等学校招生工作的意见》的请示报告等文件上批示：“此事较急……建议近几日内开一次政治局会议，连同《红旗》杂志关于教育的评论员文章（前已送阅）一并讨论。”

邓小平嫌教育部起草的招生文件太难懂，太烦琐。于是他亲自修改和审定：“政审，主要看本人的政治表现。政治历史清楚，热爱社会主义，热爱劳动，遵

图为北京大学中文系七七级新闻班学生的合影。全班34名学生，最大的31岁，最小的18岁，没有一个应届高中毕业生

守纪律，决心为革命学习，有这几条，就可以了。总之，招生主要抓两条：第一是本人表现好，第二是择优录取。”

10 月 5 日，中央政治局会议讨论通过了招生工作的文件，邓小平与叶剑英等中央领导同志还接见了出席招生工作会议的代表。

10 月 12 日，国务院正式批转了教育部根据邓小平的指示制定的《关于一九七七年高等学校招生工作的意见》。

文件规定：废除推荐制度，恢复文化考试，实行德、智、体全面考核，择优录取；修改政审标准，贯彻“重在表现”的原则；考生要具有高中毕业或与之相当的文化水平。凡是工人、农民、上山下乡和回乡知识青年、复员军人、干部和应届高中毕业生，符合条件均可报考。从应届高中毕业生中招收的人数占招生总人数的 20%—30%。

为什么只从应届高中毕业生中招收 20%—30%？

1977 年 9 月 6 日，邓小平就高等学校招生问题，致信华国锋、叶剑英、李先念等人：“招生问题很复杂。据调查，现在北京最好中学的高中毕业生，只有过去初中一年级的水平（特别是数学），所以至少百分之八十的大学生，须在社会上招考，才能保证质量。”

搞好大学招生是全国人民的希望

社论

1977 年 10 月 21 日，《人民日报》头版刊发恢复高考的文章

文化考试很有必要

1977年10月23日，《人民日报》头版发表的有关高考的评论员文章

文件还特别提到，“注意招收一九六六、一九六七两届高中毕业生”。这就意味着，从“文化大革命”开始那年直到1977年的10余年间，所有高中毕业生都可以参加考试。

于是也就有了教育史上罕有的一幕：当年报考的考生，小到十五六岁，大到三十而立，甚至当年的大学里还有母女同班的。

教育部全国高等学校招生工作会议废止了林彪、“四人帮”在“文化大革命”中推行的那一套，恢复了“文化大革命”前行之有效的招生政策、办法，主要包括如下内容：

第一，劳动知识青年可以报名，应届高中毕业生也可以报名；

第二，具有高中毕业的文化程度才可以报名，而且必须通过大学入学考试；

第三，政治审查主要看本人表现，破除唯“成分论”；

第四，德智体全面考核，择优录取。

10月21日，几乎全国所有的报纸、广播电台都将此消息作为头号新闻。

消息在中国飞快地传播着，像火一样在高粱地、橡胶林、稻田、军营和车间里蔓延，带给无数在文化的黑暗中挣扎的青年，尤其是身在农村的青年们巨大的希望。

1977年12月10日的高考，是中国历史上唯一的一次冬季高考。这一天，570多万从农村、工厂、部队走来的年轻人，怀揣着希望和奋发的意气，奔向考场。整整关闭了10余年的考场终于敞开大门，以公平的姿态邀约有志青年来此竞技。

最终，27 万年轻人在第二年的春天，迈进了梦寐以求的大学校园。

1977 年冬，高考恢复，这为扭转当时教育战线混乱局面乃至实行全面拨乱反正和开辟新道路打开了一个突破口，更成了一个国家和时代的拐点。图为 1977 年参加高考的学生

链接

知青刘伍明的“梦幻时刻”

公元 1977 年 10 月 22 日。云南生产建设兵团一师一团二营所在的西双版纳景洪农场。

天刚亮，刘伍明就和战友们钻出自己亲手搭建的草屋，奔向橡胶林。割胶，这是他高中毕业后来到这里两年半以来的主要工作。

虽然已经快到停割的季节了，但属于他任务范围内的 200 棵橡胶树，每天还得挨个割过去。在树上划一道口子，树底下放一只碗，奶一样的胶汁就顺着口子流出来，流进碗里。这个过程比较漫长，一般要 3 个小时，直到中午温度升高，胶汁停止流淌为止。

中午，大家都纷纷收工下山吃饭了，地里只剩下刘伍明。也不知道怎么回事，他今天割胶的时候下手有些重，割深了，胶水还在流淌。他就坐在树底下等着。

忽然，营部平时很少使用的高音喇叭响了起来，不断地重复着一句话。刘伍明仔细听，明明听清楚了，却又不敢相信。他跑到胶桶旁，赶紧收拾东西。

高音喇叭里还在一遍遍重复着那句话："恢复高考了！可以考大学了！"声音在一道一道山梁之间撞击、回荡……

他往山下跑，边跑边跳：这是真的吗？高中毕业时，他只有15岁，从湖南来到这里"接受锻炼"。他曾真的以为，割胶就是他的归宿了，他最大的理想就是做个出色的割胶工。

上大学？他真的不敢想。

他所在的连队平均三四年才能推荐一个大学生，即使推荐，一辈子也轮不到他。兵团里都是知青，有上海、北京、重庆、湖南和云南本地的。各个地方来的知青都是一个集体，好事当然首先得给大集体，像他这样几乎就组不成集体的根本没门。

不过他还算是比较上进的人。华南热带作物学院常常有大学生到这里来实习，他们用一种新的方法割胶：添加一种化学试剂，割掉一小块树皮，插一个针管进去，胶水流得很快，还不怕洒到外边。大学生想找个年轻人帮忙，刘伍明毛遂自荐。大学生实习了3个月，他学了3个月。

他跑下山的时候，整个连队都沸腾了。平时开会用作主席台的小土丘旁边围满了人，他往里面挤，有人拍了一下他的肩膀："哥们儿，可以考大学了！"

可以考大学了！那人的力气真大，拍得他生疼。

连队文书拿着一份《云南日报》，站在土丘上大声念着：某某大学招什么专业，某某大学招多少人……已经开始填报志愿了。当时全连队180号人，只有一份《云南日报》，刘伍明从始至终都没能看清楚它长什么模样。

真的可以考大学了！刘伍明激动得不得了，他总算有机会离开这里了。他现在觉得，自己曾经梦想当个好割胶工多没远见！

年初，要好的北京知青在北京过完春节回来后，曾跟刘伍明说，有可能要恢复高考了，让他好好准备准备。他们大多数是“老三届”的，比刘伍明大。

刘伍明当时不太相信会有这种可能。

是梦幻吗？咬咬指头，有疼的感觉。才知道，现在，确已成真。

招生考试于 1977 年冬季进行，新生将在次年春季入学。这次高校招生会议是新中国成立以来教育史上的一次重要会议，据当时参加招生文件起草的教育部高校学生司有关人员回忆：“当时‘文化大革命’刚过，大家很怕再犯‘只专不红’的错误，强调考试了，会不会冲淡政治？会不会让人说只重视智育，不重视德育？怕人扣这个帽子，所以对政审的规定都写得非常详细，什么拥护共产党、走社会主义道路、参加集体劳动……这个稿子当时送给小平同志，受到了严肃批评。小平同志看了非常不满，连说了三个‘烦琐’，而且把我们起草的这一段全删掉。后来我们招生文件上写的政审条件基本上就是小平同志起草的。我们觉得如果要考试，比方要印卷子，要评卷子，总要一部分钱，全靠国家拿也是很困难的。我们希望报名费能够定在一块钱。当时中央政治局讨论说，不要增加群众的负担，收五毛钱就行了。这都是中央政治局决定的。”

在邓小平的倡导和支持下，国家作出恢复高等学校招生统一考试制度的决定后，面临着许多现实的困难。第一，恢复高考动摇了“两个凡是”原则，一些人还有不同意见。第二，1977 年的全国高校招生工作会议已经开过了，当年组织统一考

北京市 1977 年高等学校招生

准考证

姓名 李[illegible]年

报名号 292629

报考科类 理科

县（区）怀柔县

考试地点 城小 8

考试科目及时间表

时间		12月10日（星期六）	12月11日（星期日）	12月12日（星期一）
上午	9:00—11:00	政治	数学	外语（加试）
下午	1:30— 3:30	史地（文）理化（理）	语文	

注：注意事项见后页。

1977 年北京高考考生的准考证

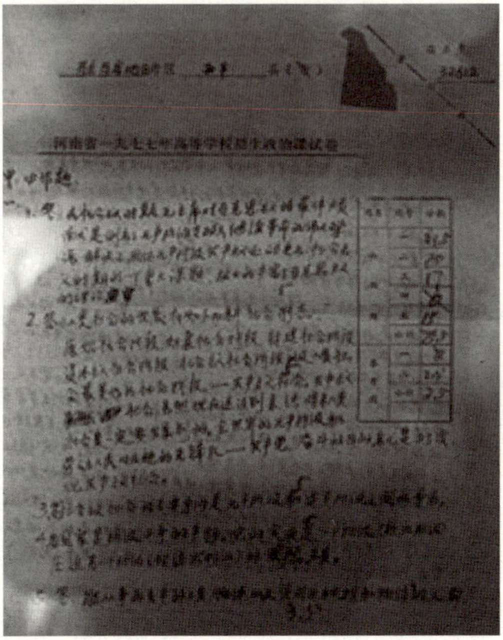
1977 年河南省高考政治试卷

试，时间很紧。第三，试题出来后，却缺少印试卷的纸张。这么多人要考试，上哪儿弄纸呀？

当时纸张很缺。最后，为这件事还请示了中央，中央当机立断，果断决定，把印刷《毛泽东选集》（第五卷）的计划暂时搁置，用印刷《毛泽东选集》（第五卷）的纸张先行印刷考生试卷。这才使当年的恢复高考工作得以顺利进行。

在邓小平的亲自主持下，教育界冲破重重障碍，在 1977 年冬天恢复了中断 10 余年之久的高考制度。恢复高考的消息传开后，一下子搅动了天下学子的心灵。从农村到城市、从内地到边疆，一代青年奔走相告，笑逐颜开，对于他们来说，真正改变命运的时刻到了。

一位 78 级学生描述说："当时一个同学特别兴奋地骑车来告诉我，说要恢复高考了。我一下子就惊呆了，眼泪一涌而出。我跟同学反反复复地说一句话：这下有希望了！当时那种情况，有点像在黑夜里走路，四面全是黑的，什么东西都看不见。恢复高考这个消息，相当于前头突然冒出火光，当时没有别的念头，只想着赶快蹦到那儿去。"

经邓小平亲自修改的政审条件，几乎使所有人获得了平等的权利，就连那些曾经地位极其低下，甚至一度被呼为"狗崽子"的知识青年，也预感到他们命运即将出现的变化。当时，著名记者范长江尚未平反，他的儿子范东生担心自己不能参加高考。后来，已经是《华声月报》社社长的范东生回忆说："当时心里一点儿把握都没有，但是事实证明，这个高考制度给青年人的机会都是均等的，而不是看你出身怎么样。"

1977年，作家胡风当时还在狱中，他的儿子张晓山也获得了高考的资格。包括现在的总理李克强、国务委员兼外交部部长王毅，还有银监会的郭树清都是1977年的考生。同样是这一年参加高考的还有：张艺谋，考入北京电影学院；罗中立，著名的画家，创作了《父亲》，考入了四川美术学院；钱颖一，考入了清华大学。

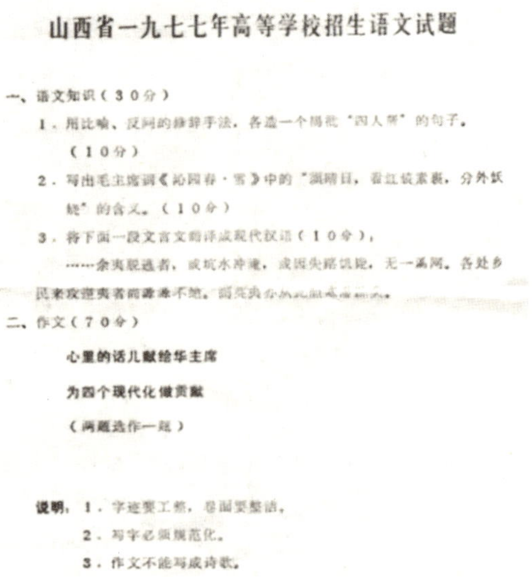

山西省一九七七年高等学校招生语文试题

一、语文知识（30分）

1．用比喻、反问的修辞手法，各造一个揭批“四人帮”的句子。（10分）

2．写出毛主席词《沁园春·雪》中的“须晴日，看红装素裹，分外妖娆”的含义。（10分）

3．将下面一段文言文翻译成现代汉语（10分），

……余夷脱逃者，或坑水淬毙，或困失路饥毙，无一漏网。各处乡民来投奔者[illegible]不绝。[illegible]

二、作文（70分）

心里的话儿献给华主席

为四个现代化做贡献

（两题选作一题）

说明：1．字迹要工整，卷面要整洁。

2．写字必须规范化。

3．作文不能写成诗歌。

1977年山西省高考语文试卷

高考制度的恢复，使得全国人民尤其是“文化大革命”以来被严重耽误了前程的那代青年，得到了高度鼓舞，他们要找回自己失落在农场、田野、工厂和军营的青春，踊跃到所在地区或单位报名，要求参加高考。

1977级大学新生开学典礼

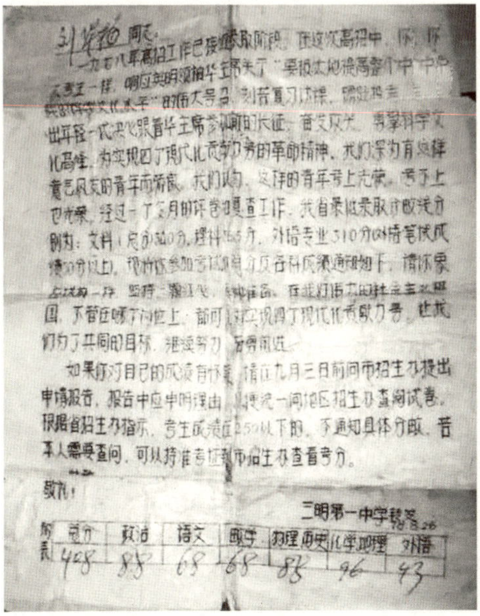
三明第一中学转交

分数	总分	政治	语文	数学	物理化学	史地	外语
	408	85	68	68	85	96	43

一张珍贵的 1978 年高考成绩通知单

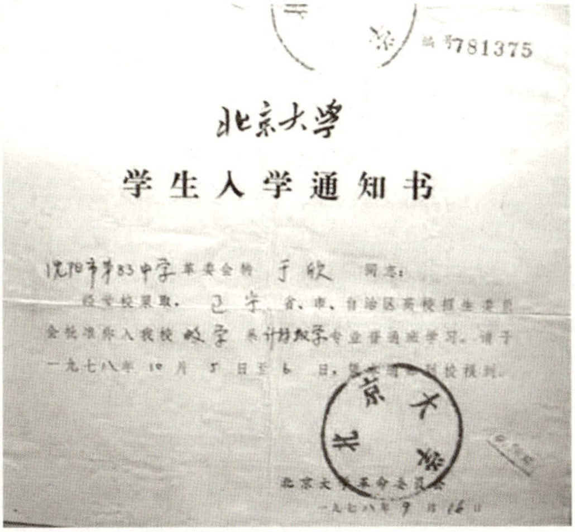
编号 781375

北京大学

学生入学通知书

沈阳市第83中学革委会转 于欣 同志：

经专业录取，已经省、市、自治区高校招生委员会批准你入我校数学系计算数学专业普通班学习。请于一九七八年10月5日至6日，凭本通知到校报到。

北京大学革命委员会

一九七八年9月16日

1978 年北京大学录取通知书

在全国拨乱反正的大潮下，高考成为当时社会最大的关注点，积压了 10 余年的考生拥进考场。1977 年冬季，全国有 570 万人报考，当年全国高等学校录取新生 27.3 万人；半年后，1978 年的夏天，610 万人报考，录取了 40.2 万人，同时还有 6.35 万人报考研究生，1.07 万人获得了深造机会。冬夏两季，全国共有约 1180 万名青年参加了考试，迄今为止，这是世界考试史上人数最多的考试，堪称一项“世界之最”。

二、将耽搁的时间抢回来

恢复高考宛如冬天里的一把火，顷刻间点燃了广大青年的读书热情，全国上下读书学习蔚然成风。图书馆、新华书店里人头攒动，成为最拥挤、最热闹的地方。蒙满了灰尘的旧课本，一时间洛阳纸贵，人们到处寻找。

1978 年的春天，被录取的新生们迈入大学的校门。在“教育要革命”的岁月里，

恢复高考宛如冬天里的一把火，顷刻间点燃了广大青年的读书热情

他们虚掷了太多的光阴。大学，这个本该属于他们的知识殿堂，却整整让他们等了几年甚至十几年。此刻，他们相信只有知识才能主宰自己的命运，他们恶补知识，就像干渴已久的禾苗，贪婪地吮吸着每一滴雨露。

当时的大学校园里流行“三抢”：一“抢”是抢座位，抢教室的位子。每次上课前，同学们都会早早来到教室，用书抢占前排的位子，自己占好了还帮别人占。女生们更是抱成团，哗啦一下子就要占掉十几个座位；二“抢”也是抢座位，抢自修室的位子。有人甚至用废书长期“占踞”着一些好座位，以致常常引起纠纷；三“抢”依然是抢座位，抢图书馆的位子。早晨图书馆还没开门，门外就已排起了长队。华东师范大学政教系 1977 级学生许纪霖，如今已是知名学者，他在回忆大学生活的文章中写道：

> 当年的大学图书馆哪像现在门可罗雀，其热门程度，只有牛市里的证券交易所可比。晚上六点半开门，五点半就要等在门口去抢座位。不仅抢座位，还要抢杂志。大门一开，就直扑事先瞄好的目标，晚一步就势必落入他人之手！

恢复高考后的最初几届大学生异常用功，他们要将被耽误的时间抢回来。那时，图中的景象在各高校中寻常可见。每天晚饭后，图书馆阅览室的座位是要去“抢”的

除了图书馆，许纪霖们“最常去的地方就算书店了……我们常常利用课间15分钟的休息时间，去看看有何新书。教室在河西，要来回跑步才赶得上。即使这样，也乐此不疲：要知道，那个时候的新书，比如李泽厚的《中国近代思想史论》、托尔斯泰的《安娜·卡列尼娜》，实在比如今股市中的新股还紧俏，你晚到一步，就会遗憾终生”。

如今，恢复高考已经走过40多年的历程。40多年来，通过高考，有两亿多人成为各行各业的佼佼者。高考，不仅为国家选拔了一批又一批的人才，而且改变了许多普通人的命运。在此，选取两位以作说明：

蒙进喜是陕西澄城人，1977年考生，录取院校为北京林学院（现北京林业大学），现在是一家公司老总。

蒙进喜出生在澄城县庄头镇蒙家村，从小就禀赋聪明，学习优异。1973年高中毕业后，瘦小的蒙进喜撑起养家糊口的重担，到煤矿和硫磺矿先后当矿工。

尽管是临时工，但他干活踏实认真。1977 年 10 月的一天，他刚从矿井上来，便听到矿区大喇叭广播说马上要高考了，这消息如春雷，让他和许多人震惊，继而喜出望外。

“当时情况非常特殊，一本书都没有。”蒙进喜说，课本早送人了，高考报了名，就在准备复习时，突然身患伤寒。距高考仅有 20 天时仍未痊愈，他只好找出以前的学习笔记，咬着牙带着病痛复习。

高考前一天，病痛让他无法入眠，索性爬起来复习，直到高考当天凌晨三四点才睡着。1977 年 12 月 9 日高考第一天，首场考数学，蒙进喜本想放弃，后在同学劝说下才坚持参加考试。结果，因身体缘故，几道原本会做的大题却做错了。一整天，他心里都很难过。第一天高考结束，他天黑才回到家，简单吃碗红苕面条就上床休息。第二天稍微有了精神继续参加考试。1978 年春天，蒙进喜踏上北去列车，第一次到了首都，踏进了当时的北京林学院的大门，成为木材机械加工专业的学生。

20 世纪 70 年代末，天安门广场，华灯下，复习高考内容的青年。知识改变命运这一信念，越发坚定地扎根在年轻人心中

时过多年，提起当年的作文题“难忘的一天”，蒙进喜仍清楚地记着开头：

> 今天，当我坐在窗明几净的考场参加高考时，内心激动万分。高中毕业后，我从来没有想到，还能有今天这个机会考大学。没想到党和政府能给我们这批年轻人这么好的机会，让自己有机会成才……如果考上大学我就有机会深造，我的命运跟随国家命运将改变提升……

评论家李国平，同样是1977年考生。1976年1月，高中毕业一年的他作为知青在所在县云阳公社樊尧大队插队，和来自咸阳、西安等地的知青一起在砖瓦窑场干活。“作为当年高考知青，我至今感念我所插队的生产队。”时隔40多年，李国平的思绪依然清晰如昨。

他回忆道，当年生产大队支书、大队长对知青们都很关心。高考前一个月，知青们不用再在砖瓦窑场干活，可回家复习。1977年12月9日，李国平骑着自行车，从家里赶了30里路，到了云阳考点参加高考。

李国平说，当年填报志愿时，因为不太懂专业，第一志愿报的是武汉大学图

恢复高考后，北京师范学院第一届毕业生合影

书管理系，在当时全国仅有两所高校设有此专业，除了武大，就是北大。因喜欢读书，误认为考上图书管理专业就可常在图书馆看书了。当拿到大学录取通知书时，李国平成为西北大学中文系的一名新生，这是他的第二志愿。当年中学同校6个班300多人中，考上大学的寥寥无几，李国平始终认为自己是时代的幸运儿。

1978年春，李国平走进了西北大学校园，当时同班71人年龄相差10多岁，他和其他4名同学年龄最小，只有18岁。李国平自己也没想到，6年后，他会走进陕西省作家协会大院，成为《延河》编辑部编辑，更幸运的是，与著名作家路遥、陈忠实、贾平凹成为同事。贝弗里奇曾说过："成年人上升高度只能达到青年时期打下基础的一半。"李国平这样阐释这句话的含义：一个人在青年时期做事的积累有多么充分，就能决定自己在未来上升空间有多大。

再看看如下名单：1978年3月，时年31岁的老鬼，30岁的罗中立、何多苓、霍东龄，22岁的刘学红，19岁的杨千走进大学校园。他们是从570万名考生中脱颖而出的幸运儿。在大学之门关闭了10余年之后，1977年12月，平均每29个考生中就有1个如愿以偿。从走进考场起，那代人是追赶时间的一群人：70年代忙着上学，80年代忙着出国、下海，90年代忙着晋级、当总裁、办展览、发表著作……

20世纪80年代之后，我国高考逐渐标准化、规范化，形成了"千军万马挤独木桥"的现象。1983年，教育部正式提出"定向招生，定向分配"的方法。阿里巴巴集团主要创始人马云就是在这样的环境下参加了高考。他立志要考上北京大学，然而第一年的高考成绩，他的数学只有1分。随后连续两年奋战，他的总分数却总是比本科线差一点。

正当他打算以专科生身份进杭州师范大学的时候，由于学校刚升为本科院校，招生人数不够，马云竟凭借自己优秀的英语水平被录取。"人生变化无常，今天不成功并不意味着未来就没有机会。如果你考进了名牌大学，请用欣赏的眼光看看别人！如果你考进或考不进大学，请用欣赏的眼光看看自己！"面对自己的高考经历，马云这样感慨道。也正是这种自信，让他取得了如今的成就，创立阿里巴巴，用淘宝和支付宝改变了成千上万人的购物习惯，开辟了中国电商新时代。

可以说，恢复高考牵动着全社会的脉搏，更是改变了一代人和整个国家的命运。2007 年，全国人大代表范谊在“两会”上提案废除高考；学者刘海峰则说：尽管有各种缺陷，但 30 年来，高考制度无疑是中国所有制度中最公平、最具公信性的制度之一。诚如斯言，高考只有在不断改革中才能得以健全和完善。

链接

高考恢复40年大事记

◆ 1977 年 6 月 29 日至 7 月 15 日，第一次高校招生座谈会举行，讨论参加高考的学生资格。

◆ 1977 年 8 月 13 日至 9 月 25 日，第二次高校招生座谈会举行，确定高考招生办法。具体包括：1. 劳动知识青年和应届高中毕业生都可以报名；2. 具有高中毕业的文化程度才可以报名，而且必须通过大学入学考试；3. 政治审查主要看本人表现，破除唯“成分论”；4. 德智体全面考核，择优录取。

◆ 1977 年 10 月 12 日，国务院批转教育部《关于一九七七年高等学校招生工作的意见》，正式恢复高等学校招生统一考试的制度。

◆ 1983 年，教育部正式提出“定向招生，定向分配”的方法。规定在中央部门或国防科工委系统所属的某些院校，按一定比例实行面向农村或农场、牧场、矿区、油田等艰苦行业的定向招生。

◆ 1985 年，教育部规定：可以从参加统一高考的考生中招收少数国家计划外的自费生。一向由国家“统包”的招生制度，变成了不收费的国家计划招生和收费的国家调节招生同时并存的“双轨制”。同年，从美国引进标准化考试，并于当年首先在广东省进行了英语、数学两科的试点。

◆ 1985 年以后，高考改革的总体趋势向减少高考科目方向发展。先是将理科 7 门、文科 6 门各减为 3 门、2 门，共 5 门，上海则实行“3 + 1”方案。同年，国家教委决定在北京大学等 43 所高等学校进行招收保送生的试点。

◆ 1989 年 8 月，国家教委决定将标准化考试逐步在全国推行。

◆ 1996 年，中国高等教育试行并轨招生，高校学费开始增加。后续几年中，高校学费年增长幅度达到了 30%，甚至 50%。2000 年，一直由国家“全包”的师范专业也实行收费，招生并轨改革完成。

◆ 1999 年，教育部开始推行“3+X”科目考试方案。广东省率先开始在高考科目设置和考试内容上进行改革。

◆ 2000 年，北京、上海、安徽进行春季招生的改革。高考由一年一次增加为一年两次。

◆ 2001 年 4 月 2 日，教育部宣布取消对高考考生年龄和婚姻的限制。

◆ 2002 年，普通高校招生工作第一次全面实现网上录取，全国网上录取新生率达到了 85%。

◆ 2003 年，北大、清华等 22 所高校被赋予 5% 的自主招生权（2006 年，自主招生的高校扩大到了 53 所）。同年，教育部允许香港高校在内地自主招生。同年，考虑到天气炎热，高考比以前提前一个月举行，固定安排在每年 6 月的 7、8、9 日。

◆ 2006 年，在北京、上海两地试行高考自主命题后，高考考场上共有 15 个版本的高考试卷。

◆ 2007 年 3 月 5 日，温家宝总理在十届全国人大五次会议上所作的政府工作报告中指出，教育部直属师范大学实行师范生免费教育。师范生免费教育重返大学校园。

◆ 2012 年，国务院办公厅要求各地 12 月 31 日之前出台异地高考办法。

◆ 2014 年，《国务院关于深化考试招生制度改革的实施意见》标志新一轮考试招生制度改革全面启动，作为试点区域，上海和浙江率先出台改革方案。

◆ 2016 年，全国 26 个省份使用统一命题试卷，北京、上海、天津、江苏、浙江 5 省市仍为分省命题。

◆ 2017 年，上海和浙江迎来全新的“3+3”模式：外语可考两次，自选 3 科学业水平考试成绩计入总成绩。已公布高考新方案的省市，也大多采用这一模式。该年被称为“新高考元年”。

三、平反冤假错案

“四人帮”倒台后，中共中央面临“两个凡是”和堆积如山的冤假错案两大亟待解决的难题。在这场要彻底改变十几年来根深蒂固的“左”的路线的搏战中，打先锋的便是胡耀邦。

回眸1978
“天安门事件”平反：
开启拨乱反正
年度拨乱反正大事记
1978记忆
文学艺术反映冤假错案

上海《新闻晨报》纪念改革开放30周年的系列报道。在短短一年的时间里，胡耀邦以非凡的胆略和勇气，组织领导了平反冤假错案、落实干部政策的大量工作

从1977年12月10日中共中央决定委派胡耀邦担任中央组织部部长，到1978年12月胡耀邦被调离，他共在组织部部长的岗位上工作一年。在这短短一年的时间里，胡耀邦以非凡的胆略和勇气，组织领导了平反冤假错案、落实干部政策的大量工作，使大批受到迫害的老干部重新走上领导岗位，为大批蒙受冤屈和迫害的干部、知识分子和人民群众平反昭雪、恢复名誉。

1977年12月15日上午，西单商场北边的中央组织部院里，忽然噼里啪啦地响起了一片鞭炮声，引得行人驻足观望。大家挺纳闷：今天是什么日子，这么喜庆？其实，这是为欢迎胡耀邦第一天上任，中央组织部出现的从未有过的感人一幕。由于此前胡耀邦在担任中央党校常务副校长期间，率先向“两个凡是”发起挑战，打破“两个凡是”的精神枷锁，深得民心。所以，中央组织部的同志对胡耀邦到组织部主政是热烈欢迎的。

胡耀邦上任时，等待他的不只是欢迎的鞭炮，还有档案室里堆积了好几间屋子的冤假错案材料。

所以，当中央组织部大院里欢迎的鞭炮烟雾还在弥漫时，胡耀邦已经在二楼召开处长以上干部会议了。部里的同志们将胡耀邦在这个初次见面会上的讲话，视为他的施政纲领，连同他会后的决策，归纳成“一句话、两个要求和一个大动作”。

胡耀邦严肃地提出：对新中国成立后和“文化大革命”中每一件冤假错案的清理和落实政策，自然是我们组织部门责无旁贷的首要任务，我们组织部门要把这些问题的彻底解决，当作自己义不容辞的责任。不管如何艰难，我们也要有“会当凌绝顶”的决心。

在当时的情况下，召开全国性的大型组织工作会议很难得到批准。胡耀邦只好采取灵活机动的方式，化大为小，分别组织由部门负责人参加的小型座谈会。今天找这几个省和部，明天找那几个省和部，一年中开了十几个座谈会。胡耀邦还多次亲自主持召开这样的会议，参与讨论各地带来的典型案例。1978 年 2 月到 4 月，胡耀邦先后指示召开了 3 批由 28 个省、自治区、直辖市组织部门 92 人参加的“疑难案例座谈会”，研究解决了 118 件疑难案件；3 批由中央和国家各部委 22 个机关 56 人参加的“疑难案例座谈会”，讨论疑难案件

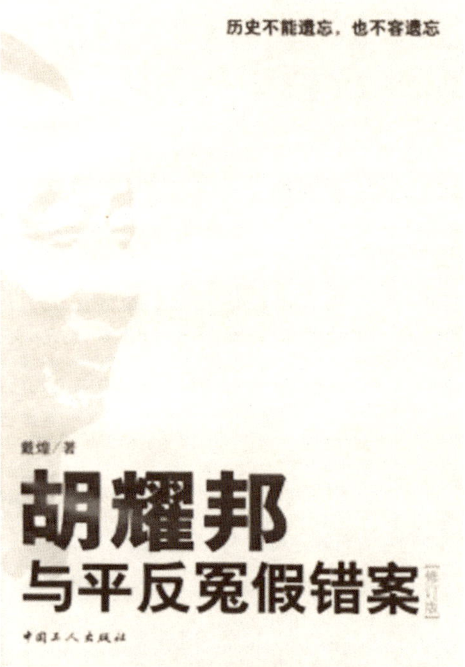

《胡耀邦与平反冤假错案》书影

74 件。

早在 1977 年 11 月 9 日，周培源就在中国科学技术协会一届二次会议上宣布，为科协原副主席、党组书记范长江平反昭雪，恢复名誉。1977 年 11 月，经中共中央批准，北京市委宣布：对 1976 年清明节到天安门广场悼念周恩来总理、声讨“四人帮”而受迫害的同志一律平反。1978 年 2 月，中国科学院宣布“四人帮”及其余党制造的所谓“两线一会”特务集团纯属假案，为著名科学家赵九章、熊庆来等彻底平反。

随后，分五批给全部右派分子摘了帽子，许多人热泪盈眶。在胡耀邦的关心和推动下，被错划为右派的著名“六教授”——曾昭抡、费孝通、黄药眠、陶大镛、钱伟长、吴景超，得到了平反。同时，成千上万名在 20 年前被以“右派”名义打倒、剥夺正常工作权利、发配到农村和基层单位劳动改造的学校教师、干部和青年学生的命运出现转机。

其中，最为典型的是 1979 年年初，各地爆发激烈的知青请愿事件。长达 25 年的时间里，知青们在农村饱尝艰辛、错过发展机会，改革启动后，他们极力要求回城。在胡耀邦主导下，妥善制定政策，1980 年开始，1000 多万名知青陆续回城，并获得工龄补偿。

在以后的日子里，胡耀邦继续遵循实事求是的原则，指示中央组织部对“文化大革命”前历史遗留的冤假错案进行了全面的清理和纠正。之后，又集中力量复查了 20 世纪三四十年代的沉冤遗案，其中包括为蒙冤多年的中共早期领导人瞿秋白、李立三等恢复了名誉……同时，也陆续为教育战线上遭受打击和迫害的师生洗清罪名，使他们脱离牢狱之灾。比如，1978 年 11 月 25 日，国家科委、中国科学院联合召开庆祝“四五”运动大会，为在“天安门事件”中遭受迫害的科技人员平反。

一大堆历史问题得到清理，一大批老干部、老同志得到解放，驱散了长期笼罩在亿万中国人心中的阴云。

党的十一届三中全会后，整个科技界、文化界和教育界也开始了大规模的平反工作，各地各系统开展落实知识分子政策的工作思想更为解放，措施更加彻底，取得了更大的进展。

1979 年 8 月 20 日，国家科委《关于“文化大革命”中遗留的几个问题的请示报告》上报中央。在中央的统一部署下，科技战线平反工作进行得很顺利。同时，根据中央摘掉右派分子帽子的决定和为右倾机会主义分子平反改正的通告，对被错划为右派的科技人员进行了平反改正。据 23 个省、自治区、直辖市的不完全统计，仅 1979 年、1980 年两年，得到平反昭雪的涉及科技人员的案件即达 73339 起。

据贵州省 1982 年的统计，全省中小学教育系统各个时期被错误处理的人数占教职工总数的 13%，高教系统被错误处理的冤假错案 71235 件，到 1984 年已经全部得到改正。江西省对在 1957 年反右运动中被错化为右派的干部和教师，给予平反和改正，并恢复公职，回归原单位或重新分配工作；对十年内乱中受到迫害并予以停薪停职处罚的教职员工给予平反，并补发工资。湖北省教育部门对历年造成的 40000 多起冤假错案进行了平反。1978 年，陕西省高校为冤假错案中的 3516 人平反;1979 年春天，又全部纠正被错划为右派的 1240 名教师和学生。上海市各高校平反各种冤假错案 1373 起，包括文物、字画、古玩在内的各种“文化大革命”期间的抄家物资，凡物主查明的，均予清退；中小学校在历次运动中造成的冤假错案，也基本得到了有效的纠正。

四、调整知识分子政策

“文化大革命”之后，“正确对待知识分子”一直成为党的重要课题。1977 年 8 月，邓小平在科教工作座谈会上，坚决否定了“两个估计”的错误论断，肯定了我国的知识分子的绝大多数是自觉自愿地为社会主义服务的。

同年 9 月，在同教育部部长刘西尧谈话时，他说：“两个估计”是不符合实际的。怎么能把几百万、上千万知识分子一棍子打死呢？我们现在的人才，大部分还不是十七年培养出来的？并批评教育部思想落后，“不为广大知识分子说话，还背着‘两个估计’的包袱，将来要摔筋斗的”。邓小平的这些观点，为党在新时期恢复正确的知识分子政策奠定了理论和舆论的基础。

胡耀邦指示中央组织部起草了《关于落实知识分子政策的几点意见》。文件起草后，经胡耀邦修改定稿，于 1978 年 11 月下发执行。这份文件主要内容包括：对知识分子队伍要有一个正确的估计；继续做好复查和平反工作；充分信任，放手使用和做到有职有权；调整用非所学，做到人尽其才；努力改善工作条件和生活条件；加强领导；等等。明确了许多是非界限，对加快落实知识分子政策，大胆提拔使用知识分子，起到了积极的促进作用。

同时，胡耀邦还强调，制定政策在领导，掌握政策靠干部。因此他强调，要选择立场坚定、旗帜鲜明、坚持原则、办事公道并且具有一定的历史知识、工作经验和政策水平的同志，落实这项工作。除了政策上的调整外，这一时期中央还通过报刊大力宣传知识分子政策，进一步在全党确立了爱护知识分子的思想。这些努力取得了很好的效果，极大地振奋了广大科技知识分子的政治热情。

1982 年，第五届全国人大第五次会议通过的《中华人民共和国宪法》庄严规定："社会主义的建设事业必须依靠工人、农民和知识分子，团结一切可以团结的力量。"把知识分子的地位和作用载入宪法。

1983 年 12 月 18 日，国务院批准了国家科委《科学院工作汇报提纲》中提出的有关知识分子政策的六条政策界限。这六条界限，务实具体，是党的科技政策和知识分子政策的集大成，进一步解放了科技人员的思想，解除了他们心中的某些疑虑。上述方针政策的实施，为科技界知识分子施展才能发挥了作用，振奋了精神。

但是，对于"臭老九"——知识分子的种种偏见，并没有随着政策的出台而烟消云散。1983 年 4 月 8 日，《长沙晚报》头版头条刊登了湖南动力机厂职工陈理安的一封信《我为什么要调到苏州去》，立即引起了广泛关注，一场关于知识分子的大讨论在全市上下展开，也正是这场讨论，使长沙的知识分子地位得到了前所未有的重视。

1957 年，陈理安被分配到湖南农业机械厂（湖南动力机厂前身）工作，因为是第一个大学生，领导还是很重视他的。1958 年全国"大炼钢"，厂里派陈理安去上海学习了炼钢技术。除了厂里的工作，他还担任了湖南省机械工程学会铸造分会的秘书长，经常参与省内其他各厂的学术交流活动。但是，陈理安在学校时，因“右派言论”而被扣上了“内控右派”的帽子，厂领导对他并不那么信任。“我印象最深的就是周末出去搞学术交流竟有人跟踪我。”

“文化大革命”开始后，知识界首当其冲。大批学有成就的知识分子被诬为“反动权威”“臭老九”，惨遭迫害。陈理安从工艺科调到了质量办，他一心想着促进省、市铸造行业的发展，可强烈的事业心得不到厂领导的支持，反而被加以种种限制。

1981年，中南六省一市在贵阳召开提高铸造质量学术交流会，陈理安写的《实行科学管理，提高铸件质量》的论文，经评审定为大会宣读，大会打电话通知厂里要他去开会。湖南省机械厅领导多次催促，他也多次要求，厂领导就是不同意。同年年底，一机部、教育部对湖南大学12项科研项目进行成果鉴定，湖南大学派有关教研室主任来厂里找领导，要求让陈理安代表市铸造学组参加会议。个别厂领导不让他去，并且说：“点名点到我们厂里来了，我有权决定派谁去。”

事隔25年之后，陈理安回忆道：“我很气愤，1978年开始，全国各地都在落实知识分子政策，说要充分信任、大胆使用人才，在我这里却屡屡受阻。”令陈理安想不通的还不止这些，“我申请入党，厂里领导没找我谈过一次话；厂里补员招工8名待业子弟，我小孩是高中毕业，考上了结果又以我小孩眼睛近视为由不予录取。我至今还想不通”。当时，陈理安心情郁闷，在朋友的联系下，他有意调到苏州去，并写了封《我为什么要调到苏州去》的信送到《长沙晚报》。

陈理安的信在《长沙晚报》刊登后，立即引起了读者的强烈反响，他们纷纷来信，反映的问题涉及知识分子工作与生活的方方面面。

1983年那场讨论过后，不少关于落实知识分子政策的好消息频频见诸报端。湖南动力机厂1984年后在落实知识分子政策上有很大改变，百余职工入了党，部分知识分子进入了领导层，在各个岗位发挥着才能，扭转了该厂多年来亏损的局面。

1983年年底，陈理安调走了，他并没有去苏州，而是调到了湖南省机械厅下属的机械工业学校（现湖南工业职业技术学院），成了一名教师。一年后，陈理安的入党问题也解决了，学校领导很重视他，并给了他充分的时间去进行铸造专业知识理论与实践的研究。他的教学成绩也很出色，许多学生中专毕业后，在他的鼓励下继续深造读研、读博，成了国家栋梁。

陈理安的事例作为个案，反映了改革开放初期调整和落实知识分子政策的曲折过程。由于党中央在知识分子问题上的态度十分坚决，政策十分明确，使得全社会对知识分子的认识和评价发生了很大变化，从中央到地方都相继采取了一系列政策，类似陈理安的事例得到解决。这对于调动广大知识分子的积极性，在全社会形成尊重知识分子的风气，起到了良好的作用。

据 1980 年统计，全国各地较好地解决了 80 万知识分子学非所用的问题，知识分子的工作和生活条件得到了明显改善。

这一时期在调整和落实教师政策上，可以说举措十分具体而且全面。在提高教师的社会地位方面，1978 年，经过教育部批准，北京景山学校 3 名小学低年级教师晋升为特级教师。随之，全国一些省市也将一批在教育和教学上有很高造诣、有较大社会影响的教师提升为特级教师，如上海市到 1983 年，中、小、幼教师队伍中被评为特级教师的有 57 人；各地陆续授予一批教师以“劳动模范”“三八红旗手”“先进工作者”“模范班主任”“优秀教师”等荣誉称号，如 1983 年上海市受到全国和市级表彰的教师共 2084 人次；一些中小学教师中的优秀代表，被推选担任全国和省市的人大代表、政协委员，如 1983 年上海市教师担任全国人大代表的有 6 人，市人大代表 77 人，全国政协委员 3 人，市政协委员 38 人；各地教育主管部门和学校还在教师中发展了一大批中共党员，如湖北省 1979—1984 年间在中小学教师队伍中发展党员 17073 人。所有这些举措，都产生了广泛的社会影响。

这一时期，也在着手解决教师工资待遇偏低的问题，不断提高教师的物质待遇。早在 1977 年 10 月，国家为全国公办学校教职员工调整工资，重点是调整工作时间长、工资偏低的教职工工资，近 60% 的教职工不同程度受益。1979 年 11 月，教育部根据国务院规定，给 40% 的教职工提高了工资。比如上海，1977—1982 年间，先后四次调整中小学教师工资，1982 年给全市中小学教师普调了一级工资，给优秀教师上调两级工资。

与此同时，教育部与有关部门联合通知，在全国普通中学和小学公办教师中试行班主任津贴制度；教师住房困难问题也受到政府重视，比如到 1983 年，天津市为中小学教师兴建住宅 337700 平方米；由于各种原因造成的教师夫妻分

民办教师转正政策，是对民办教育历史贡献的认可与肯定

居、配偶和子女户口问题，也开始得到解决，如山西省委1980年决定，大学、大专和中专学校讲师职称以上的教师和科研人员，凡是配偶和15岁以下子女户口在农村者，准予将户口迁入城市，解决其长期夫妻和家庭分居的问题。所有这些举措，一定程度上解决了教师的实际困难，尤其是让教师们看到了希望和奔头。

还必须指出的是，这一阶段，为了发展教育，国家根据民办教师自身情况以及社会影响，提出了民办教师转正政策，以1986年为限，1986年之前执教的全部硬性转正。民办教师转正可以说是我国特有的一种教育现象，既对民办教师作出的贡献给予了充分肯定，同时也填补了当时公办教师奇缺的空白。

解决教师待遇问题绝不是一朝一夕的事情，但毕竟认识到了教师待遇确实是个问题以及解决这个问题的重要性和迫切性。改变正在开始，这是一个良好的开端。

链接

朱威烈：1978，我执教生涯的转折点

1978年，是我半个多世纪执教生涯的转折点。那年我忽然“三喜临门”。一是在上海外国语学院当了13年助教后，在限额40%的首次职称评审中晋级为讲师；二是婚后分居10多年历尽艰难困惫后，妻子终于调入上海团聚；三是有幸参加“文革”后国家教委首批遴选出国进修老师考试，平生第一次出国，赴埃及开罗大学攻读。这三事攸关我的安居乐业和学力提升，称之为“喜”，自不为过。

我这一代教师，最关切的是党的知识分子政策。“文革”期间，我虽还承担不少业务工作，如上课、编教材、接待阿拉伯国家访沪代表团和为输出影片配音等，但因被指为是“资产阶级教授接班人”“只专不红”而无望入党出国，属“可使用不培养”之列，内心总感失落沮丧。1978年尚未出现“尊重知识，尊重人才”“知识分子是工人阶级一部分”的提法，但我通过自己境遇的“柳暗花明”，已能感受到社会政治生态发生的变化，察觉到正在神州大地上荡漾的一股沁人心脾的春意。

改革开放这40年，党的知识分子政策，从解放思想、实事求是，到人文社会科学与自然科学的“四个同样重要”、以人为本的科学发展观，直到今天的“大兴识才爱才敬才用才之风”“聚天下英才而用之”，使像我这样的高校文科教师都置身于满园春色，有了各得其宜、各行其志的可能。我似有三件事值得一述。

一是能专心致力于学科建设。我于1980年回国后即受命创办《阿拉伯世界》（现名《阿拉伯世界研究》）期刊，任主编30多年，视野从语言文学扩展到文化、经济、社会、国情等方方面面。80年代中期走上阿语系管理岗位，通过组建科研团队，做到教学科研并重，从而在国家倡导推进学位制过程中，把一个仅七八所院校开设、注重技能训练的阿语专业建成了二级学科硕士点、博士点。进入新世纪后，又成为上海市重点学科和国家重点（培育）学科。1996年后转到研究岗位，先是申报以阿语博士点为

基础的中东研究所获准进入了教育部人文社会科学重点研究基地，后又通过引进国内外人才，加强校内协同，在上外设立起国际关系博士点。可以说，我这40年最用心竭力的就是学科建设。如果这能称之为寸功寸进的话，那么它仰仗的是改革开放大环境和对知识分子的信任。

二是能参与人文交流和智库建设。自90年代起，我担任了中国中东学会副会长、教育部外语专业教学指导委员会阿语组组长等职，外事接待和组团出访明显增多，我还被约旦、埃及和沙特等国学术机构聘为外籍院士、荣誉研究员或顾问，多次应邀出国参会、演讲和讲学。进入新世纪后，鉴于阿拉伯国家当时的处境和需要，中国于2001年12月建立中阿友协、2004年1月宣布成立中阿合作论坛。我是首届中阿友协理事，曾任第四次中阿政治对话团团长，出访埃及、利比亚，率团访问过黎巴嫩、约旦，也是外交部亚非司设立在上外的中阿合作论坛研究中心主任。最令我振奋的是，今年（2018年）7月10日有幸参加中阿论坛第八届部长级会议在人民大会堂的开幕式，当听到习主席演讲中说到“我倡议成立的中阿改革发展研究中心运作良好，已成为双方交流改革开放、治国理政经验的思想平台”时，真是心潮澎湃。因为这个中阿改革发展研究中心是2016年1月习主席在阿盟总部埃及开罗演讲时提出的，交由外交部、教育部和上海市共同领导，上海外国语大学具体承办的重要智库。

三是能有一批为改革开放和社会主义现代化建设服务的学生。教师肩负教书育人天职，自己要明道、信道，也要言传身教，培养学生成为国家建设的有用之才。40年间我获得过国内外多种奖项，如上海市优秀教育工作者、市劳模，是1991年首批获国务院表彰享受政府特贴的高校教师。但内心最感欣慰的是，我教过的工农兵学员、培训班学员、本科生，已大都在自己岗位上为改革开放、国家发展作出了贡献。他们中有教授、研究员，有大使、总领事、参赞，有驻外首席记者，也有局级甚至副部级干部。作为教师，还有什么比自己的学生成长成才更高兴的事呢？年逾古稀，回眸改革开放40年之喜事、乐事，真是不胜枚举。中国知识分子的春天深似海，美如画，我不但深信不疑，而且充满期待。

五、恢复与整顿学校

“文化大革命”过后，摆在教育工作者面前的紧迫任务是恢复和重建教育秩序。1978 年，邓小平在全国教育工作会议上要求“学校要大力加强革命秩序”，“提高教育质量，提高科学文化的教学水平”。中央采取一系列措施，对学校教学和教育工作进行全面恢复和整顿。

第一项措施，在邓小平的直接干预下，1977 年 11 月，中央批示决定从大中小学校撤出工宣队。1978 年 8 月 19 日，中共中央转发共青团十大筹备委员会《关于红卫兵问题的请示报告》指出，作为“文化大革命”中产生的红卫兵组织，已经完成了它的历史使命。现在，学校共青团组织早已恢复，红卫兵组织可不再继续存在了。文件下达后，学校中的红卫兵组织即行撤销。在中小学撤销红卫兵、红小兵组织，恢复了中国少年先锋队。

另一项重要工作是收回“文化大革命”期间被占校舍，并恢复、增建一批高

“文化大革命”期间的工宣队合影

校和中专学校。在 1972 年之前，由于学校教育秩序被严重破坏，全国各级学校被占用的校舍共有 1542 万平方米，至 1978 年，仍有 1000 多万平方米被占未还。在中央三令五申的严格督促下，各地采取有效措施清退校舍并新建校舍。“文化大革命”期间，数量可观的高等院校和中专学校被关、停、并、迁，遭到严重破

20 世纪 70 年代末，上海某学校少先队员参加宣传活动

20 世纪 70 年代，有的大学校园还并不健全，甚至有的课都是在室外上的，但是学生们却都是一脸的认真

坏。“文化大革命”结束后，这些学校的恢复和重建工作很快被提上日程。

1977 年，西南政法学院首先得以恢复；同年，撤销了“文化大革命”期间设立的“五七”艺术大学的建制，恢复原有的中央音乐学院、中央戏剧学院、中央美术学院、北京电影学院、北京舞蹈学院、中国戏曲学校等高校。1978 年 4 月，国务院批准恢复和增设 55 所高校，并恢复暨南大学和华侨大学；同年 7 月，恢复了 1971 年被撤销的中国人民大学；11 月，被迁至河北涿县的北京农业大学恢复原名，并搬回北京原址；12 月，恢复和增设 169 所普通高等学校。

其中，恢复和增设力度较大的是上海。从 20 世纪 70 年代末开始，上海陆续恢复和新建一批高等院校，复旦大学、上海交通大学等重点高校建立分校，师范、财经、政法、外贸、医药、旅游等方面学校得到重点建设。1983 年，复旦大学、华东师范大学、上海外国语学院等大学分校实行合并，组成上海大学。到 1985 年，高校数量达到 45 所，在校大学生突破 10 万人。

从全国范围来看，至 1981 年，全国普通高等学校已从 1977 年的 404 所增加到了 704 所。

链接

黑龙江省佳木斯市教育恢复重建概况

中小学教育经费逐年增加，从 1978 年的 333 万元，提高到 1981 年的 544 万元。新办职业中学 5 所，技工学校 14 所，培养初级技术人员。农业中专学校除承担正常招生任务外，还举办在职人员短期培训班。省中医药学校、商业学校、农垦学校、冶金工业学校、林业卫生学校等，都实行学历教育与非学历教育并举的办学体制。

佳木斯医学院于 1977 年参加全国统一招生，招收本科生，学院 6 个学科具有硕士学位授予权。1977 年，佳木斯农机学院开始招生，设 7 个本科专业。1978 年，佳木斯师范专科学校在师范学校基础上，再度复建招收大专生。1979 年，创建佳木斯广播电视大学，举办三年学制业余班和两年学制离职班。1980年至1981年先后创办6所在职成人大学，有市职工大学、市建筑工程大学、市机械局工学院、市二轻局工学院、市纺织工学院、市直属机关职工大学等。

1978年至1981年，黑龙江省、佳木斯市有关部门先后办起6所干部培训学校，分别是省工商银行干校、省农业银行干校、省税务干校、市军转干校、市供销干校、市公安干校等。

1978年前，佳木斯市科学技术研究机构主要有：农业科学研究所、防爆电机研究所、水稻研究所、化工研究所、机械研究所、林业研究所、蔬菜研究所、农机研究所等8家。1978年至1981年，又新建或改建了农垦科研所、林业科研所、农副产品加工机械研究所、特产鱼类研究所、畜牧研究所、科技情报研究所、饲料研究所、轻工业研究所、塑料工业研究所、建材工业研究所、农业气象实验站等省属、市属科研机构。

第二项措施，先后恢复中小学12年学制（“文化大革命”期间改为10年）、恢复职称制度、实行学位制度等，进而从制度上恢复和重建教育秩序。

1978年9月至10月，教育部参照“文化大革命”前的相关文件，重新修订和颁发《全日制中学暂行工作条例（试行草案）》《全日制小学暂行工作条例（试行草案）》和《全国重点高等学校暂行工作条例（试行草案）》，整顿和恢复大中小学各项工作制度。

三个试行草案的颁行，标志着“文化大革命”后从制度层面对教育工作予以整顿，其意义非常重要。尽管有学者认为选择以“文化大革命”前的教育制度作为新时期恢复和重建教育秩序、发展教育事业的范本，是一场“未完成的拨乱反正”，但是，在缺乏基于改革开放的国际视野又无更佳可资借鉴的本土经验的背景下，这不失为应急状态下的一种便利性选择。教育秩序的恢复与重建为此时学校的拨乱反正、走上正轨以及其后的教育改革奠定了良好的制度基础。

六、重新编写教科书

教科书是教育的重要载体。1977 年，中国刚刚结束十年的“文化大革命”，此时亿万中小学生手中捧着的教科书依然是“文化大革命”时期的产物。1977 年 7 月底至 8 月初，邓小平几次提出，要编写全国通用的中小学教材，并要求 1978 年秋季新生入学时使用新教材。教育部于 1977 年 9 月开始教材编写工作，1978 年秋季开始供应各科课本第一册。到 1979 年年底，中小学各种教材已经基本编成。

尤其重要的是，1978 年 1 月，教育部颁发了《全日制十年制中小学教学计划试行草案》，按照中、小学学制各五年的架构，制定了新的教学计划，澄清了诸多中小学各科教学中的思想认识，纠正了学校教学和教材编写中的混乱，促进了教学秩序的迅速重建。

因此，在此基础上编写的中小学教材特点鲜明，主要表现在强调提高科学水平，注意运用先进的科学知识充实教学内容。例如，中学数学增加了微积分、概率统计、逻辑代数等初步知识，删去了传统教材中过于烦琐、用处不大或可以用先进的东西替代的内容；中学物理精选经典物理知识，增加了一些现代物理的重要观点和内容，如交流电路、电子技术等基础应用知识；中学化学加强了化学基础理论，以物质结构的初步知识为主要理论来认识和研究物质，提高了某些内容的起点；等等。

事实上，当时编写教材的过程并非一帆风顺，因“文化大革命”刚刚结束，而如何筛选教材更是敏感问题。在一些具体问题的处理上，极左思潮的烙印还随处可见。比如，在中学语文教科书中，选择了不少类似“草原人民歌唱华主席”“大寨花开红烂漫”“《东方红》的故事”等政治色彩浓厚、宣扬个人崇拜的文章，致使在一年之后的修订版中，竟然有 30 多篇这类文章被撤换。

20 世纪 70 年代末至 80 年代末，人民教育出版社根据教育部颁布的大纲编写教材，当时大陆中小学通用人民教育出版社的教材，所谓“一纲一本”就是源于此。在比较长的一段时间里，语文教材编写是教育部门所属的专门的职业，编写教材的人员是非常专业的，因此，编写者往往也就是专家。这一现象一直延续到20世纪80年代末。人民教育出版社出版的统编语文教材，在语文教材史上留下了光辉的一页，它开创的许多第一是后来者难以突破的。例如，使用教材的学生和教师人数第一；编写人员中有许多全国著名语文专家学者，编写专家的实力与人数第一；第一次完整地出版了博大精深的全套的语文教材并长期使用。

对于参与理科教材编写的编辑们来说，受意识形态表述的困扰要少一些，但却面临着其他问题。当时邓小平的指示是“要用先进的科学知识来充实中小学的教育内容”，但何谓先进的科学知识？难题再一次上交到中央。

邓小平明确批示：“要引进外国教材，吸收外国教材中有益的东西。”请注意，这里的“外国”，并不仅限于社会主义国家，还包括西方发达资本主义国家。并且他还亲自指示，在外汇储备本已十分紧张的状况下拨专款10万美元，责成中国驻美国、英国、联邦德国、法国、日本等国使领馆协助选购一大批最新的中小学教科书，尽快空运回国，供教材编写人员研究参考。邓小平这一批示，给人们带来了巨大的触动。1978年秋天，全国亿万中小学新生都如期领到了油墨喷香的新教科书。

中华人民共和国成立以来第五套统编全日制十年制中小学教科书自1978年正式出版，直至1980年，小学、初中、高中才全套出齐。到1993年全面“退役”为止，这套书虽经历了大小几次修订和改编，但基本风

20世纪80年代五年制小学语文课本1—10册（人教版）

格与结构长期得以延续，影响了无数儿童少年学子。而高中部分的教材，更是一直被沿用到20世纪末。

在高等教育方面，教育部于1978年9月先后印发了《关于高等学校理工科教学工作若干问题的意见》和《关于高等学校文科教学工作座谈会纪要》，同时组织专家成立各学科教材编审委员会。到1979年，就已经出版文科教材71种，理、工、农、医等各科教材548种，适时满足了教学需要。

第一版 第二版 第三版 第四版 修订第四版

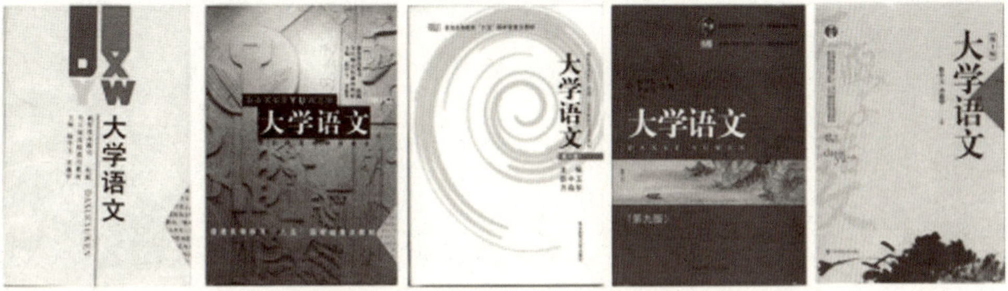

第六版 第七版 第八版 第九版 第十版

20世纪70年代末，时任华东师范大学中文系主任的徐中玉和南京大学校长匡亚明等共同倡议，恢复开设因1952年全国高校院系大调整而中断的大学语文课程，发起组织部分全国高校专家、学者，一起来共同编写新的《大学语文》教材。10个版本在延续基本编写思路的同时，在选目的视野上有所拓宽，在内容设计和撰写上不断完善

03

第三章

转折与新起点

1978 年，中国教育界在邓小平等领导同志的带领下，推翻了“两个估计”，采取了一系列的拨乱反正措施，但当时的中国仍然面临着严峻的政治局势：党内个人迷信、个人崇拜依旧盛行，“两个凡是”横空出世，让中国人对国家民族的前途感到迷茫。在此背景下，党的十一届三中全会召开，随之中国的教育进入新的发展阶段。

一、十一届三中全会

前文已述，真理标准问题的大讨论，为党的十一届三中全会的顺利召开，奠定了舆论基础。

党的十一届三中全会于 1978 年 12 月 18 日至 22 日在北京举行。全会的中心

中国共产党十一届三中全会会场

议题是讨论把全党的工作重点转移到社会主义现代化建设上来。

这次全会前，中央召开了历时 36 天的中央工作会议。在中央工作会议上，党的许多老一辈革命家和领导骨干，对“文化大革命”结束后两年来党的领导工作中出现的失误提出了中肯的批评，对把党的工作重点转移到经济、政治方面的重大决策，党的优良传统的恢复和发扬等，提出了积极的建议。邓小平在会议闭幕式上作了题为《解放思想，实事求是，团结一致向前看》的重要讲话。这次中央工作会议，为随即召开的十一届三中全会作了充分准备。邓小平的讲话实际上成了十一届三中全会的主题报告。

十一届三中全会结束了粉碎“四人帮”之后的两年中党的工作在徘徊中前进的局面，实现了新中国成立以来党的历史的伟大转折。这个伟大转折，是全局性的、根本性的，集中表现在以下几个主要方面：

第一，全会实现了思想路线的拨乱反正。思想路线的拨乱反正是各方面拨乱反正的前提和先导。全会冲破了党的指导思想上存在的教条主义和个人崇拜的严重束缚，坚决批判和否定了“两个凡是”的错误方针，高度评价了关于真理标准问题的讨论，指出实践是检验真理的唯一标准是党的思想路线的根本原则，从而重新确立了马克思主义的实事求是的思想路线。会议在充分肯定毛泽东同志在我国长期革命斗争中的巨大作用的同时，着重强调要从科学体系上掌握和运用毛泽东思想，不能一切照搬照抄，不能搞“两个凡是”。否则，党和国家就会失去生机，就要亡党亡国。全会指出：“党中央在理论战线上的崇高任务，就是领导、教育全党和全国人民历史地、科学地认识毛泽东同志的伟大功绩，完整地、准确地掌握毛泽东思想的科学体系，把马列主义、毛泽东思想的普遍原理同社会主义现代化建设的具体实践结合起来，并在新的历史条件下加以发展。”

第二，全会实现了政治路线的拨乱反正。这是最根本的拨乱反正。新中国成立之初，党就要求各项工作必须以发展生产力为中心。党的八大确定要以在新的生产关系下保护和发展生产力为主要任务。十一届三中全会果断地作出把全党工作着重点和全国人民的注意力转移到社会主义现代化建设上来的战略决策。这是对八大正确路线的恢复和发展，是在新的历史条件下对建设中国特色社会主义道路的探索。

第三，全会实现了组织路线的拨乱反正。组织路线的拨乱反正包括多方面的内容，是一个从中央贯彻到各级的较长的过程。一大批老一辈革命家重新回到党中央的领导岗位，以邓小平为代表的中央领导集体经过本次全会在实际上建立起来，这是最重要的成果。正是从这个意义上，可以说十一届三中全会实现了组织路线的拨乱反正，使重新确立的正确的思想路线和政治路线有了组织上的保证。

第四，全会开始了系统清理重大历史是非的拨乱反正。全会认真地讨论了“文化大革命”中发生的一些重大政治事件，也讨论了“文化大革命”前遗留下来的某些历史问题。会议肯定了 1975 年邓小平受毛泽东委托主持中央工作期间各方面工作取得的成绩，肯定了他和中央其他领导同志与“四人帮”干扰破坏行为进行的斗争，肯定了 1976 年 4 月 5 日天安门事件的革命性质，决定撤销中央发出的有关“反击右倾翻案风”运动和天安门事件的错误文件。会议审查和纠正了过去对彭德怀、陶铸、薄一波、杨尚昆等同志所作的错误结论，肯定了他们对党和人民的贡献。

第五，全会恢复了党的民主集中制传统。全会讨论并着重提出了健全社会主义民主和加强社会主义法制的任务。全会决定根据党的历史经验，健全党的民主集中制，健全党规党法，严肃党纪；全体党员和党的干部，人人遵守纪律，是恢复党和国家正常政治生活的起码要求；强调党中央和各级党委要加强集体领导。全会针对“文化大革命”及其以前党和国家政治生活遭到破坏的情况指出：必须有充分的民主，才能做到正确的集中。宪法规定的公民权利，必须坚决保障，任何人不得侵犯。为了保障人民民主，必须加强社会主义法制，使民主制度化、法律化，使这种制度和法律具有稳定性、连续性和极大的权威性，做到有法可依，有法必依，执法必严，违法必究。

第六，全会作出了实行改革开放的新决策，启动了农村改革的新进程。全会在讨论 1979 年、1980 年两年的国民经济计划安排时，提出了要注意解决国民经济重大比例失调问题，搞好综合平衡的要求。全会还讨论了农业问题，认为农业这个国民经济的基础就整体来说还十分薄弱，只有大力恢复和加快发展农业生产，才能提高全国人民的生活水平。全会提出了当前发展农业的一系列政策措施，并同意将《中共中央关于加快农业发展若干问题的决定（草案）》等文件发到各省、

人民日报
RENMIN RIBAO

让我们更加紧密地团结在毛泽东思想的旗帜下，团结在以华国锋同志为首的党中央周围，为根本改变我国的落后面貌，把我国建成现代化的伟大社会主义强国而奋勇前进！

中国共产党第十一届中央委员会第三次全体会议公报
（一九七八年十二月二十二日通过）

十一届三中全会揭开了党和国家历史的新篇章，是新中国成立以来我国历史上具有深远意义的转折

老百姓争相抢阅报道十一届三中全会的报纸

自治区、直辖市讨论和试行。这个文件在经过修改和充实之后正式发布，接着一些重要的农业方面的文件相继制定和发布施行，这些举措有力地推动了农村改革的进程。

十一届三中全会所作出的这些具有重大意义的转变，标志着中国共产党从根本上冲破了长期“左”倾错误的严重束缚，端正了党的指导思想，使广大党员、干部和群众从过去盛行的个人崇拜和教条主义束缚中解放出来，在思想上、政治上、组织上全面恢复和确立了马克思主义的正确路线，结束了1976年10月以来党的工作在徘徊中前进的局面，将党领导的社会主义事业引向健康发展的道路。十一届三中全会揭开了党和国家历史的新篇章，是新中国成立以来中国共产党历史上具有深远意义的伟大转折。以此为契机，中国教育迈向一个新的发展时代。

链接

一份邓小平珍贵手稿的发现

韩 钢

邓小平同志逝世后的第三天，即2月22日，郑惠同志和我一道去著名学者于光远同志家约稿。谈话间，于老偶然说起小平同志在1978年12月中央工作会议闭幕会上讲话稿起草的一些情况，还说他保存有小平亲自拟定的这篇讲话的提纲手稿。这真是一个意外而又重要的发现！因为小平同志的这篇讲话，就是以《解放思想，实事求是，团结一致向前看》为题收入《邓小平文选》第二卷的著名文章，在文章的题解中被称作“实际上是三中全会的主题报告”。这是我们党和国家处在历史转折时刻的一个极其重要的指导文件。我们知道，海内外对于这篇文稿的起草情况有过一些不同的说法，但从来没有听说小平同志自己写过一份提纲，这引起我们想要看到这份提纲和了解这篇讲话稿产生经过的极大兴趣。

可惜，提纲手稿经过十多年的“深藏密窖”，反而弄得不知去向。在于老堆满文稿材料的房间里，我们颇有“只在此山中，云深不知处”的感叹。无奈，只好请于老再仔细找一找。过了一星期，于老在电话中告诉我们：他和老伴翻箱倒柜好几天，提纲手稿原件还未找到，但找到了一个复印件。第二天我们就赶到他家去看复印件，果然是小平同志的笔迹。兴奋之余，我们仍旧感到有些遗憾：毕竟不是手稿原件，而且复印效果不太好。就在我们企望于老继续努力以求找到原件时，一直在寻找着的于老的夫人蓦然从另一房间走出来，拿着几张纸高兴地说：原件找到了！这真使我们大喜过望。

这份提纲是小平同志用铅笔写在16开的白纸上的，一共3页，近500字。由于年深日久，纸面已微微发黄。小平同志的提纲列了七个方面的问题：一、解放思想，开动机器；二、发扬民主，加强法制；三、向后看是为的向前看；四、克服官僚主义、人浮于事；五、允许一部分先好起来；

六、加强责任制，搞几定；七、新的问题。在最前边，还加了“对会议评价”一句。这当然是指对中央工作会议的评价。

找到了提纲，又引起于老的一些记忆。他建议我们还访问其他了解情况的同志，如林涧青等。通过对这些同志的采访，我们基本上搞清了小平同志讲话稿产生的经过。原来，小平同志的讲话稿是在中央工作会议期间写成的。最初请另外的同志起草了一个稿子，小平看了不满意。他就自己亲拟了这份提纲，召集胡耀邦、于光远等来谈起草讲话稿的问题。小平同志按照这个提纲，谈了讲话稿所要写的几个部分的问题，对需要阐明的思想观点、方针政策都一一做了交代，讲得很具体。

光远同志清楚地记得，讲话稿的题目也是小平同志提出的。小平同志问这个题目好不好，耀邦说好，光远也说好，觉得题目很新鲜，醒目。当时，胡耀邦是中央组织部部长，于光远是国务院研究室负责人之一，都是中央工作会议上十分活跃的人物。小平同志将提纲交给他们，指示他们负责重新起草稿子。这时中央工作会议正在民主大发扬的热烈气氛中进行，议程已经过半，时间很紧迫。胡耀邦、于光远于是赶忙找了国务院研究室林涧青等执笔起草。两天之后初稿形成，送给小平同志。他再次召集耀邦、光远等同志逐字逐句地边念边做修改。以后又经过若干文字润色，形成了最后的讲话稿。讲话稿起草完成之后，这份提纲手稿就留在于光远手里，一直保存至今。

经过与《邓小平文选》对照，可以看出，从思想观点、逻辑结构到主要观点的文字表述，讲话稿都是根据提纲写成的。

提纲第一个问题讲了“实践是检验真理的标准——争论的必要”，重申坚持党的“实事求是，理论和实际相结合，一切从实际出发”的思想路线，号召“全党全民动脑筋”。这个问题写成了讲话稿的第一部分：“解放思想是当前的一个重大政治问题。”

提纲第二个问题强调“民主集中制的中心是民主”，要求实行“民主选举、民主管理（监督）”，坚持“政治与经济的统一”，提出“目前一个时期主要反对空头政治”，主张“权力下放”。这些观点集中体现在讲话稿的第二部分："民主是解放思想的重要条件。"

提纲第三个问题提出了"向后看是为的向前看"的方针，指出"解决遗留问题要快，要干净利落，时间不宜长"；同时强调对毛主席和对"文革"的评价都"要大局为重"，"安定团结十分重要"；对于犯错误的人要"给机会"，"总结经验，改了就好"。这些精神，在讲话稿的第三部分"处理遗留问题为的是向前看"中做了具体的阐述和发挥。

提纲第四、五、六、七个问题，在讲话稿中综合为第四部分："研究新情况，解决新问题。"当时改革开放在中央会议上尚未正式列入议事日程，但提纲提出的这几个问题，实际上大都是讲的改革。这说明正是小平同志，提出了中国改革开放的新思路。

基于要把工作重心转移到经济建设上来的观点，小平同志在提纲中突出强调了经济管理方法和管理制度改革的必要性，明确主张要"克服官僚主义、人浮于事"，"学会管理，选用人才，简化手续，改革制度（规章）"，要"用经济方法管理经济"，并且提出要搞试点，"以一批企业做出示范"。主张在经营管理上"加强责任制"，"搞几定"，而且要"从引进项目开始"，"请点专家"，即要借鉴国外的先进管理方法。考虑到经济体制改革后可能出现的问题，小平同志在提纲中强调了企业党委的改革，提出要"扩大管理人员的权力"，"党委要善于领导，机构要很小"，还提出"人员考核的标准"，"多出人员的安置"要通过"开辟新的行业"的办法来找出路，这实际上为改革不合理的管理、人事制度和产业结构提出了新的思路。

在提纲中最为引人注目的两个思想，一是"允许一部分先好起来"，明确指出"这是一个大政策"。这是改变长期形成并成为顽症的平均主义的分配体制，以"先好起来"的示范作用推动整个国民经济发展、人民生活改善的一个基本政策。二是"自主权与国家计划的矛盾，主要从价值法则供求关系（产品质量）来调节"。小平同志在强调下放自主权，发挥国家、地方和企业这三方面的积极性的同时，已经清醒地预见到自主权与国家计划的矛盾问题，并且大胆地提出了通过价值法则供求关系（实际上就是市场）来调节的观点。在提纲中还写下"国内市场的重要"这样的语言。这在当时的历史条件下是极其可贵的。可以说，这是邓小平后来的建立社会主义市场经济体制思想的最早萌芽。

十一届三中全会召开时，全党着重关注的，是进行思想上、政治上和组织上的拨乱反正，经济的恢复和发展。改革还没有成为全党注意的中心。相对于拨乱反正来说，改革是一场复杂得多、艰巨得多、深刻得多的革命。邓小平在提纲中提出的关于改革的一系列富有创造性的观点和主张，是他对建国以来历史经验深思熟虑的结果，显示了他过人的智慧和超前的意识。

新发现的这份提纲手稿本身和讲话稿起草经过都表明，讲话稿是在小平同志精心设计、直接指导下写成的。毫无疑问，这份提纲手稿为研究邓小平的理论思想，研究建国以来党和国家历史的伟大转折，提供了一份十分重要的第一手文献资料。这也正是它被发现的价值所在。

二、向科学技术现代化进军

“文化大革命”期间，一出出骇人听闻的悲剧、荒唐无比的闹剧在科技教育界轮番上演。国家科委、中国科协、中科院先后被“砸烂”，虽然1970年中科院与国家科委合并，组成新的中科院，对外活动仍用中国科协的名义，但这“三科合一”仍处于混乱之中。

全国科技工作一直处于混乱瘫痪状态。陈伯达竟提出“要把牛顿、爱因斯坦远远抛在后面”，批爱因斯坦的相对论。为此，中科院革委会专门组织了“相对论批判办公室”，出版刊物;“上海市科技革命大批判写作组”把爱因斯坦说成“自然科学中最大的资产阶级反动学术权威”，“是自觉地充当资产阶级恶毒攻击马克思主义的‘科学喉舌’”。像“知识越多越反动”“卫星上天，红旗落地”“科技系统知识分子中的特务不像果树上的苹果是一个一个的，而是像香蕉一样是一串一串的”“科技界有六多:知识分子多，统战对象多，进口货多，特务多，集团案件多，现行反革命多”等不可理喻的谬论，作为“至理名言”甚嚣尘上。

1975 年 3 月 5 日，邓小平在题为《全党讲大局，把国民经济搞上去》的讲话中，旗帜鲜明地指出：“现在有一个大局，全党要多讲。大局是什么？三届人大一次会议和四届人大一次会议的政府工作报告，都讲了发展我国国民经济的两步设想：第一步到一九八〇年，建成一个独立的比较完整的工业体系和国民经济体系；第二步到二十世纪末，也就是说，从现在算起还有二十五年时间，把我国建设成为具有现代农业、现代工业、现代国防和现代科学技术的社会主义强国。全党全国都要为实现这个伟大目标而奋斗。这就是大局。”

1975 年始，邓小平在全国各条战线雷厉风行地开展全面整顿。其中，科技界是他花大力气狠抓整顿的领域。邓小平清楚，我国的科研机构受到“四人帮”严重摧残，科技人员受压制、受迫害，队伍已经散了。虽然一部分科技人员还在艰苦奋斗，作出了一些成绩，但从总体上来讲，同国际先进水平的差距更加拉大了。一些工业企业基本上还在沿用第一个五年计划期间引进的工艺方法。不把科学技术搞上去，经济很难发展上去，现代化建设更是一句空话。因此，邓小平特别指示：要大力整顿科学院。

邓小平亲自布置领导了科学院的整顿，要求整顿首先是针对党的组织领导力量的整顿，要坚决同派性作斗争，搞好安定团结，而且特别指出科学院思想整顿的任务很重。他希望通过整顿，统一思想，鼓起干劲，尽快地把科研工作搞上去，不要拖国民经济的后腿。

1975 年 7 月，他调派尚在湖北“五七”干校劳动的胡耀邦、李昌和王光伟到中科院工作，以加强领导。胡耀邦来到中国科学院，马不停蹄，雷厉风行，立即投入邓小平布置的“全面整顿”之中。胡耀邦清楚，要把整顿工作落到实处，除了要抓鼓劲的工作，还必须为知识分子扎扎实实地解决实际困难，力量在细节之中，措施不是空话。另外，根据中央 9 号、13 号、18 号文件的精神，特别是邓小平、叶剑英在中央军委扩大会议上讲话的精神，胡耀邦抓了六个方面的整顿工作，从而拉开了科技整顿的序幕：第一，深入学习理论，坚持安定团结和把国民经济搞上去；第二，落实党的知识分子政策和干部政策；第三，批判资产阶级派性；第四，调整院所领导班子；第五，整顿机构；第六，整顿科技出版工作。

1975 年 8 月 11 日，在充分调查研究的基础上，针对中科院存在的问题，胡耀邦写出了《关于科技工作的几个问题》（又称《汇报提纲》）。《汇报提纲》在起草过程中，得到了邓小平的高度重视。邓小平多次参与讨论，提出了许多重要观点。《汇报提纲》的第一稿出来后，印发给各单位征求意见，还送给胡乔木、于光远、张爱萍等人征求意见，后又根据征求来的意见反复做了多次修改。《汇报提纲》全面反映了当时科技界的真实情况，恢复了1956年周恩来代表党中央做的《关于知识分子问题的报告》的正确论断，即“知识分子是工人阶级的一部分”。显然，《汇报提纲》是科技界整顿的一个纲领性文件。

然而，这份文件在接下来的“批邓、反击右倾翻案风”中因邓小平和胡耀邦再一次被打倒而“胎死腹中”，拨乱反正工作也不得不中断。从胡耀邦7月18日受命，7月22日就来到科学院，到11月19日被停止工作，前后仅有120天。在这短短的120天里，他主持制定的《汇报提纲》所提出的一系列将科学工作引入正轨的措施，为“文化大革命”结束之后的整顿工作奠定了基础，吹皱了一池春水。

在第三次被“打倒”期间，邓小平对“中国到底往哪里走”的问题作了深刻的反思。1977年5月，他一出来工作，就重新提出建设“四个现代化”的口号。1977年5月24日，他在一次谈话中提出，“尊重知识，尊重人才”，一心一意搞现代化。他复出后的一系列讲话，都是在讲“尊重知识，尊重人才”这个主题，而1978年的全国科学大会则成为向国人和世界表明落实这个主题的重要舞台。

链接

党中央在舆论方面营造重视科学的风气

因为“文化大革命”中“知识越多越反动”和“读书无用”等谬论的流传，形成了轻视科学、轻视现代科学文化知识的社会风气。为此，党中央在进行拨乱反正的同时，注意利用舆论宣传来促进全社会对科学的重视，引导青年学习科技，大大扭转了被败坏的社会风气。

1977年，《中共中央关于召开全国科学大会的通知》“号召全国青少年奋发努力，学政治、学文化，树立爱科学、讲科学、用科学的风气”。

1978年12月12日，《中国青年报》发表了毛泽东1941年1月31日给毛岸英、毛岸青的信和1946年1月8日给蔡博等五位青年的信，并为此发表了题为《为四个现代化多向自然科学学习——学习毛主席给青年同志的两封信》的编辑部文章。

1980年7月，中央书记处邀请科学家给中央领导讲课，内容包括农业、能源、人口、计算机、数学、空间技术等现代科学技术知识。

1981年，中共中央、国务院在批转国家科委党组《汇报提纲》的通知中说："30多年来，我们吃不重视科学技术的亏是不少的。这种状况如不改变，我国的社会主义现代化建设就没有成功的希望。"在党中央的示范和新闻宣传的正确引导下，整个社会学习科学文化蔚然成风，尊重科学、学习科学成为人们的思想共识。

1978年的全国科学大会，最初是由华国锋提议召开的。其间，做了充分的酝酿和发动工作。1977年6月6日，成立由方毅、李昌、武衡、张爱萍等16人组成的全国科学大会筹备工作领导小组。

1977年9月5日至9月15日，全国科学大会预备会议在北京前门饭店召开，会议印发了叶剑英副主席的诗《攻关》："攻城不怕坚，攻书莫畏难。科学有险阻，苦战能过关。"

大会召开前两天，聂荣臻元帅赋诗《攀高峰　争朝夕》作为祝贺："华阳出谷天下明，阴霾一扫九州通。昂首赶超新距差，顿足狠批四帮凶。廿余沧桑足堪训，奋起攻关新长征。且喜《沁园春》意好，今朝更待《满江红》。"

大会召开七天后，叶剑英元帅抑制不住内心的激动之情，也泼墨挥毫写下一首新词《祝科学大会——调寄忆秦娥》："追科学，西文世界鞭先着。鞭先着，宏观在宇，微观在握。　　神州九亿争飞跃，卫星电逝吴刚愕。吴刚愕，九天月揽，五洋鳖捉。"

"科学大会的召开是中央一系列会议联动的结果。"科学大会文件起草组成员、科技日报社原社长林自新认为，自中央决定召开大会后，在思想和理论问题上作

1978 年全国科学大会会场

了一系列准备，召开了一系列筹备会议和两次科学规划会议。同时，聂帅、叶帅为科学大会作诗赋词，体现了中央高层和部队的多数领导与邓小平达成了共识。

经过九个多月的筹备工作，1978 年 3 月 18 日，全国科学大会终于开幕。这一天注定要被历史铭记。

会场内红旗飘扬，主席台上悬挂着郭沫若为大会题写的“全国科学大会”的横幅。

5000 余名代表相继来到会场。

链接

1978年全国科学大会的一组数据

出席 1978 年全国科学大会的有包括台湾省在内的 30 个省区市，中直和国家机关，以及解放军和国防工业部门，共 32 个代表团。他们当中有来自科研机构、高等院校、工厂、农村、部队、医院的科技人员3478人，占代表总数的62.3%。其中，副研究员、副教授、副总工程师以上的有978人，包括中科院学部委员117人，各学会理事长54人。35岁以下的青年159人，约占2.9%；36岁至55岁的中年3732人，占66.8%；56岁以上的老年1695人，占30.3%。其中，年纪最轻的只有22岁，80岁以上的有31人，年纪最大的90岁。

会上，许多科学家们彼此握着手，顿生大难不死喜相逢的感慨，“哽咽不能语，唯有泪千行”。

参加会议年龄最大的是90岁高龄的我国地质学界的老前辈何杰教授。他早年创建了北京大学地质系，后来又在9所大学连续任教几十年，他曾和著名的地质学家李四光一起，培养了许多地质科学工作者，桃李满天下。参加大会的地质工作者，就有12位是何杰的学生。

科学大会的召开，如春风送暖，激发了中青年科学家的报国情怀，也搏动了暮年科学家老骥伏枥的不已壮心。30年后，当年亲眼所见、亲耳所闻这一情景的吴明瑜，发出了这样的感叹：“我们中国那一代的知识分子是最廉价，也是最可爱的，56块钱的工资一拿就是几十年，‘文化大革命’受尽了非人的折磨，一旦我们的党进行了拨乱反正，向他们发出召唤，最后还是一心向着党，向着祖国，向

出席1978年全国科学大会的石油化工系统全体代表合影

着科学。”

大会上，邓小平作了重要讲话。他明确提出“四个现代化关键是科学技术的现代化”“科学技术是生产力”“知识分子是工人阶级一部分”等著名论断。这些在现在看来都已是共识的提法，在当时却遭到了争议，起草讲话的过程一波三折。

数学家们在全国科学大会上。左起：数学家华罗庚、陈景润、杨乐、张广厚

邓小平的讲话稿一共有三个部分，第一部分有两个主要论点：科学技术是生产力；知识分子是工人阶级自己的一部分。关于“科学技术是生产力”，引用了马克思的话“生产力中也包括科学”，并作了进一步的分析和阐述。第二部分讲科技队伍建设。第三部分是科技工作的一些具体的措施，包括党如何领导科学技术工作、科学工作中如何配备干部、怎么选拔人才、学术上坚持“百家争鸣”方针等丰富的内容。

邓小平的讲话稿当时在科技系统内部没有遇到任何障碍，却遇到了来自上层的压力。中共中央主管宣传教育工作的一位领导同志在政治局开会讨论稿子时说：“我看这个稿子马克思主义水平不高。

少先队员向科学家献花

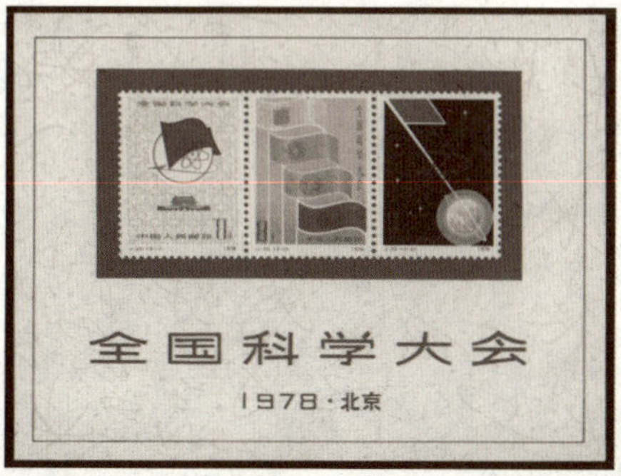

全国科学大会纪念邮票

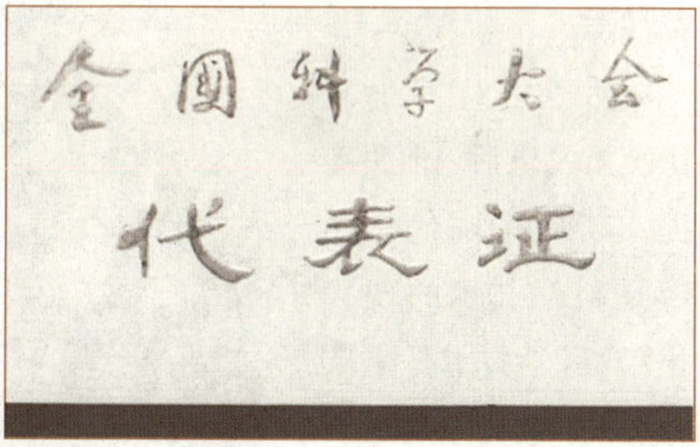

全国科学大会代表证

关于科学工作和知识分子问题，毛主席讲了那么多，为什么不引用？”他特别列举了“对知识分子要团结、教育、改造”这一条，质问起草组为什么没有写。会后，方毅和文件起草组请示邓小平，邓小平说，这个稿子的内容都是他讲过的意思，文字也很流畅，坚持“一个字也不要改”。“当时能够顶住压力，是很不容易的事情。”吴明瑜回忆说。

在开幕式讲话中，邓小平首先提纲挈领地指出：“四个现代化，关键是科学技术的现代化。”接着，他谈到对科学技术是生产力的认识问题。他说：“科学技术是生产力，这是马克思主义历来的观点”，“现代科学技术的发展，使科学与生产的关系越来越密切了。科学技术作为生产力，越来越显示出巨大的作用”。

邓小平以历史巨人的目光把握了时代潮流：当代社会生产力的巨大发展，劳动生产率的大幅度提高，最主要的是靠科学的力量、技术的力量。

这席讲话在人民大会堂，在神州大地引发了深远而持久的历史回响。

“粉碎‘四人帮’后，中国经济到了崩溃的边缘，这是大家的共识。但是科教领域落后问题的严重性是邓小平讲话后才明确提出的。这个讲话就是针对和回应了当时政治界和社会热烈争论的问题。”林自新说。

在大会的小组讨论中，中国社科院哲学研究所查汝强如是评价：小平同志进一步阐明科学是生产力这一原理，我们党关于科学技术的一系列政策、方针就将奠定在一个更加坚实的理论基础上，也就彻底驳倒了“四人帮”炮制的所谓“自然科学是上层建筑”这一反动理论观点。

查汝强认为，只要立住了“科学技术是生产力”，邓小平接下来要谈的问题也就顺理成章了：“既然科学技术是生产力，那么，科学技术人员是生产劳动者，就更没有疑问了，我们就应当把他们当作劳动人民的一部分来依靠”；“既然科学技术是生产力，它本身就没有什么阶级性可言，它就不属于上层建筑的范畴。那么，我们对科学技术本身的问题，就不能贴阶级的标签，不能乱扣政治的和哲学的帽子”；“既然科学技术是生产力，那么，它就不是哪一个国家哪一个阶级的创造，而是人类共同创造的财富。根据这个认识，加之我们现在的落后，我们就特别需要努力学习外国、引进必要的先进技术，而将此诬蔑为‘卖国’‘投降’，就是完全反马克思主义的”。

邓小平关于“知识分子是工人阶级一部分”的提法是一个划时代的突破，当时被看作胆大妄为，被认为是“用资产阶级世界观改造无产阶级世界观”。文件起草时有人就反对，提出应该改成继续坚持“对知识分子团结、教育、改造”。邓小平坚持了原稿。早在 1975 年邓小平就说了“科技工作者是劳动者”，在科教座谈会上也强调了这一点，这是他一贯的观点。

邓小平在讲话中指出，我们向科学技术现代化进军，要有一支浩浩荡荡的工人阶级的又红又专的科学技术大军，要有一大批世界第一流的科学家、工程技术专家，要打破常规去发现、选拔和培养杰出人才。

在科学大会之前，中国大大小小所有的政治运动都以知识分子为对象，科学大会是改弦更张的大会，彻底改变了知识分子的地位。邓小平的讲话不仅从根本上澄清了林彪、江青反革命集团多年来在许多问题上制造的混乱，而且明确地指出了科学技术在经济社会发展中的地位和作用，彻底解除了极左路线强加在知识分子身上的精神枷锁。这对于提高全党和全国人民对科学技术作用的认识，为我国在新的历史时期制定发展科学技术的基本方针和各项政策，奠定了思想理论基础。

国务院副总理、国家科委主任方毅向大会作了工作报告。他在报告的第三部分“全党动员，大办科学”中提出了科技工作的十项具体任务，即整顿研究机构，建成科学技术研究体系；广开才路，不拘一格选人才；建立科学技术人员培养、考核、晋升、奖励的制度；坚持“百家争鸣”；学习国外的先进科学技术，加强国际学术交流；保证科学研究工作时间；努力实现实验手段和情报图书工作的现代化；分工合作，大力协同；加强科学技术成果和新技术的推广应用；大力做好科学普及工作；等等。他着重指出，在全国各族人民向着农业、工业、国防和科学技术现代化进军的过程中，把科学技术工作提到十分重要的地位，标志着中国科学技术事业进入了一个兴旺发达的崭新阶段。他要求，力争到1985年，使中国部分重要科技领域接近或达到20世纪70年代的世界先进水平。

在科学大会闭幕式上，著名科学家、中国科学院院长郭沫若，满怀激情，以《科学的春天》为题，发表了热情洋溢的书面讲话。他在讲话中热烈欢呼："我们民族历史上最灿烂的科学的春天到来了。""我们不仅要有政治上、文化上的巨人，我们同样需要有自然科学和其他方面的巨人。我们相信一定会涌现出大批这样的巨人。"他的讲话，赢得了全场的阵阵掌声。

链接

科学的春天

——在全国科学大会闭幕式上的讲话

郭沫若

（1978年3月31日）

亲爱的同志们：

英明领袖华主席和敬爱的邓副主席的重要讲话，方毅同志的报告，我表示衷心的拥护和热烈的欢呼。我们民族历史上最灿烂的科学的春天到来了。我是上一个世纪出生的人，能参加这样的盛会，百感交集，思绪万千。

在旧社会，多少从事科学文化事业的人们，向往着国家昌盛，民族复兴，科学文化繁荣。但是，在那黑暗的岁月里，哪里有科学的地位，又哪里有科学家的出路！科学和科学家，在旧社会所受到的，只不过是摧残和凌辱。封建王朝摧残它，北洋军阀摧残它，国民党反动派摧残它。我们这些参加过"五四"运动的人，喊出过发展科学的口号，结果也不过是一场空。大批仁人志士，满腔悲愤，万种辛酸，想有所为而不能为，真是英雄无用武之地。我们不少人就是在这种暗无天日的岁月中，颠沛流离，含辛茹苦地度过了大半生。伟大领袖和导师毛主席领导中国共产党进行了艰苦卓绝的斗争，建立了新中国，人民得到了解放，科学得到了解放。毛主席和周总理又亲自为我国规划了建设社会主义现代化强国的宏伟蓝图，对科学事业和科学工作者给予了无微不至的关怀。我国的科学事业有了突飞猛进的发展。回忆起这些情景，一桩桩、一件件的往事都涌上心头，好像就在眼前一样。饮水思源，我们怎能不万分感激和无限缅怀伟大领袖毛主席和敬爱的周总理呢！万恶的“四人帮”对科学工作百般摧残，对科学工作者横加迫害，妄图重新把我们的祖国拉回到愚昧、落后、黑暗的旧社会去。但是，“蚍蜉撼树谈何易”。华主席为首的党中央，一举扫除了这伙祸国殃民的害人虫，使我们得到了第二次解放。现在，我们可以扬眉吐气地说，反动派摧残科学事业的那种情景，确实是一去不复返了！科学的春天到来了！从我一生的经历，我悟出了一条千真万确的真理：只有社会主义才能解放科学，也只有在科学的基础上才能建设社会主义。科学需要社会主义，社会主义更需要科学。看到今天这种喜人的情景，真是无比感慨和兴奋。“老夫喜作黄昏颂，满目青山夕照明。”敬爱的叶副主席的光辉诗篇，完全表达出了我们这一代人的心情。

我们中华民族在人类文明发展史上，曾经有过杰出的贡献。现在，在共产党的领导下，我们民族正在经历着一场伟大的复兴。恩格斯在谈到十六世纪欧洲文艺复兴时曾经说过，那是一个需要巨人而且产生了巨人的时代。今天，我们社会主义祖国的伟大革命和建设，更加需要大批社会主义时代的巨人。我们不仅要有政治上、文化上的巨人，我们同样需要有自然科学和其他方面的巨人。我们相信一定会涌现出大批这样的巨人。

科学是讲求实际的。科学是老老实实的学问，来不得半点虚假，需要付出艰巨的劳动。同时，科学也需要创造，需要幻想，有幻想才能打破传统的束缚，才能发展科学。科学工作者同志们，请你们不要把幻想让诗人独占了。嫦娥奔月，龙宫探宝，《封神演义》上的许多幻想，通过科学，今天大都变成了现实。伟大的天文学家哥白尼说：人的天职在勇于探索真理。我国人民历来是勇于探索，勇于创造，勇于革命的。我们一定要打破陈规，披荆斩棘，开拓我国科学发展的道路。既异想天开，又实事求是，这是科学工作者特有的风格，让我们在无穷的宇宙长河中去探索无穷的真理吧！

我祝愿我们老一代的科学工作者老当益壮，跟随英明领袖华主席进行新的长征，为我国科学事业建立新功，为造就新的科学人才作出贡献。

我祝愿中年一代的科学工作者奋发图强，革命加拼命，勇攀世界科学高峰。你们是赶超世界先进水平的中坚，任重而道远。古人尚能“头悬梁，锥刺股”，孜孜不倦地学习，你们为了共产主义的伟大理想，一定会更加专心致志，废寝忘食，刻苦攻关。赶超，关键是时间。时间就是生命，时间就是速度，时间就是力量。趁你们年富力强的时候，为人民作出更多的贡献吧！

我祝愿全国的青少年从小立志献身于雄伟的共产主义事业，努力培育革命理想，切实学好现代科学技术，以勤奋学习为光荣，以不求上进为可耻。你们是初升的太阳，希望寄托在你们身上。革命加科学将使你们如虎添翼，把老一代革命家和科学家点燃的火炬接下去，青出于蓝而胜于蓝。

我的这个发言，与其说是一个老科学工作者的心声，毋宁说是对一部巨著的期望。这部伟大的历史巨著，正待我们全体科学工作者和全国各族人民来共同努力，继续创造。它不是写在有限的纸上，而是写在无限的宇宙之间。

春分刚刚过去，清明即将到来。“日出江花红胜火，春来江水绿如蓝。”这是革命的春天，这是人民的春天，这是科学的春天！让我们张开双臂，热烈地拥抱这个春天吧！

大会举行了隆重的授奖仪式，表彰了7657项科研成果，奖励了826个先进集体和1192名先进科技工作者。大会期间，还在北京举办了全国科研成果展览会，展出了新中国成立以来取得的重大科研成果600多项，展示了我国科技战线所取得的伟大成就。

山西省农学院培育“晋豆一号、二号”和海绵田研究的获奖证书

全国科学大会盛况空前，不仅受到全体代表和科技人员的热烈欢迎，而且引起了全国人民和广大侨胞的关心和反响。在1978年3月12日到3月31日这20天时间里，大会共收到来自全国各地和海外侨胞的贺信、贺电1.5万余封；接受包括成果实物、学术论文、设计图纸、创新产品、改革建议、书画锦旗在内的各项献礼达4000余件。这些信件和物品，有的出自儿童少年，有的来自耄耋老人，表达亿万人民迎来科学春天的激动心情。大会期间，新闻媒体进行多方面的报道。《人民日报》还在开幕和闭幕当天分别发表了“树雄心，立壮志，向科学技术现代化进军——热烈祝贺全国科学大会开幕”和“神州九亿争飞跃”的社论，科学技术成了亿万人民关注的话题。

这次大会后，随着大会精神的贯彻，科技战线加快了拨乱反正的步伐，开始出现欣欣向荣的景象。知识分子政策开始得到落实，科技人员处境开始得到改善，国家颁布了发明奖励条例，恢复了评定技术职称制度，并对中青年科技骨干实行科研津贴。一些科研人员用非所学的问题，也开始得到解决。

在此前后，科研机构也开始得到恢复和发展。

“文化大革命”前，中国科学院有106个研究机构。在“文化大革命”中，这些研究机构有的被下放，有的被撤销，到1976年还剩下20个直属研究机构和44个与地方双重领导的研究机构，这使科学院失去了综合配套的优势，也破坏了科研工作稳定和连续的环境。拨乱反正开始后，各研究机构大多恢复或重新划归科学院领导，到1978年年底，中国科学院已有独立研究机构110个，超过了“文化大革命”前的数字。

在农业科研系统，1978年5月，国务院批准恢复中国农业科学院和中国林业科学院。地方的农业研究院所也同时得到恢复。到1979年，地市以上的农林牧渔和农机方面的研究机构已恢复到597个，职工达到2.2万人。

工业系统的科研工作也逐步得到恢复和发展。仅机械工业系统的企业，到20世纪80年代初，约有科技人员34万人。其中，从事开发研究的约5万人，部分骨干企业已具备独立研究开发的能力。

科学春天的到来，温暖了广大科技人员的心，激发了他们献身科技事业的热情。一时间，“要把被‘四人帮’耽误的时间夺回来”，成为常挂在科技人员嘴边的一句话。他们振奋精神，投入到科学研究工作中去。从1978年到1982年，全国获得国家发明创造奖的项目多达642项，比此前获奖的总和还要多。1980年，取得重大科技成果2600多项，经国家批准的创造发明107项。1981年，重大科技成果和创造发明分别是3100多项和120项。拨乱反正完成后，新时期全面系统的科技政策已是呼之欲出了。

科学的春天真的到来了！

链接

亲历者追忆1978年全国科学大会

中国科学家的心在十年“文化大革命”中冰冷到了极点。

国家最高科技奖获得者、中科院院士赵忠贤，2018年3月22日在参加中科院举办的纪念“科学的春天”40周年座谈会时，回忆起了“文化大革命”中的待遇。那时，他在中科院物理所参与一项国防任务，很辛苦，也很努力。但在和人因工作的问题而发生矛盾后，竟被骂“你个臭知识分子！”。

一个“臭”字表明了赵忠贤的地位，也表明了中国知识分子包括科学家在那一时代的地位。经过严冬的人才能感受到春天的温暖。

当邓小平在全国科学大会上宣布知识分子是工人阶级的一部分时，当邓小平掷地有声地强调科学技术是生产力时，难怪知识分子高兴，多少颗冰冷的心开始温暖化冻了。

在座谈会上，中科院院士杨乐把那次大会称为“标志性的划时代的里程碑的会议”。而 1978 年在全国科学大会召开之前刚刚考入中科院研究生院、成为“文化大革命”后全国第一批研究生的白春礼，也把那次大会称为我国科技发展史上的一座丰碑。

杨乐回忆说，在那次会议召开前后，邓小平就部署了一系列推动中国科教发展的举措。邓小平是 1977 年盛夏时节复出的。他力主恢复了中断 10 余年的高考，随后又恢复了研究生入学考试。

杨乐说：“那一年，我所在的中科院数学所准备招收 27 名研究生，而全国竟然有 1500 人报考，这是空前的。”中科院院士、现任中科院院长的白春礼也正是在那次研究生考试后走进中科院大门的。

中科院数学所的陈景润在哥德巴赫猜想研究中世界领先，但他仅是一名助理研究员。1977 年 10 月，《人民日报》刊登消息，陈景润破格晋升为研究员。那时他已经 44 岁，而他在哥德巴赫猜想研究领域的成果也已问世 10 年之久了。那一次，杨乐也破格晋升为副研究员。“职称评定也在各个研究所普遍地开展起来。”

40 岁左右当研究员在今天是再平常不过的事。现在我国正是靠着一大批科学家，特别是中青年科学家的努力，才使科技发展由跟踪到并行，再到领跑。白春礼自豪地说，经过 40 年，我们在世界科技前沿领域取得了一批具有世界影响力的重大成果，在国家战略必争领域实现了重大突破，科技创新能力水平加速迈向国际第一方阵。

这一切，均发端于《科学的春天》。用赵忠贤的话说，那是因为知识分子在政治上“翻身”了。

1978 年全国科学大会还通过了 1978—1985 年的科技发展规划。赵忠贤、杨乐、白春礼等人在科学的春天里逐渐成为中国科技界的中坚力量。而他们之后的“60 后”“70 后”“80 后”则沐浴着春风茁壮成长。

1978 年，曹晓风还在北京中关村一小上六年级。班级里有 30 几个同学都是中科院的子弟。她经常听同学说，爸爸白天在单位做科研，晚上回到家还要加班加点。这种精神鼓舞了她。如今已成为中科院院士的曹晓风说，我们这一代人是幸运的，是沐浴着科学春天的阳光成长起来的。

而“80后”的中科院计算所研究员陈云霁则从小就被科学吸引着，那时就立志成为科学家的他如今研发出了国际上首个深度学习处理器芯片“寒武纪”。他深有感触地说：非常幸运，我们“80后”生在科学的春天，又在自己年轻富有干劲时，遇上了当今这样一个好的创新时代。

1978年的全国科学大会彻底解放了知识分子。它使中国几代科学人受益，也使中国受益。它确是一座丰碑。

三、科大少年班

1977年，是中国教育值得载入史册的一年。这一年，中国恢复高考。

这一年，中国教育界发生一起轰动事件：13岁的江西男孩宁铂被中国科技大学录取，他是新中国成立以来大学录取的年龄最小的学生。

众所周知，1977年，一封信改变了少年宁铂的命运，也因此产生了科大少年班。

1977年，中国科大提出的关于创办少年班的设想很快得到中科院的批准。随之，科大选派教师带着考卷去各地招考优秀少年，根据面试成绩录取。

首期少年班就在这样一个特定的年代，以千万分之一甚至亿分之一的比例，遴选出21位从11岁到16岁的早慧少年。这些少年经半年预科学习，和67位1978年秋季招收的少年大学生合并编成一个班，88名少年班学生开始接受中国教育史上前所未有的超常教育实践。

超常教育也称英才教育、天才教育，这是一种对天资优异的学生所进行的教育。第二次世界大战后，欧美等发达国家相继开展了对超常教育的研究和实践，超常教育在各国勃兴。据有关资料记载，到20世纪70年代，美国成立“天才儿童教育局”，有100多所大学对天才学生进行专门培养；英国成立“天才儿童国家协会”；法、德、日、澳等40多个国家也都开始发展超常教育。

据记载，早慧儿童在世界上并不罕见：英国物理学家汤姆孙 10 岁上格拉斯哥大学；苏联物理学家道郎 14 岁上大学；美国的赛德兹 1 年读完小学，11 岁进入哈佛大学；控制论创始人维纳 14 岁大学毕业；等等。

宁铂是一个很有争议性的人物：2 岁多就能背诵 30 多首毛泽东诗词，3 岁时可以数 100 个数，4 岁学会 400 多个汉字，5 岁上学，6 岁开始学习《中医学概论》和使用中草药，8 岁能下围棋并熟读《水浒传》，9 岁就会吟诗作赋，在不到 14 岁时，就成为中国科大少年班“第一人”。几乎是一夜之间，这个戴眼镜的神奇少年为许多家庭所熟知，头顶光环

1974 年，毛泽东和周恩来接见著名物理学家李政道。李政道这位诺贝尔奖获得者建议：理科人才也可以像文艺、体育那样从小培养。这一建议得到毛泽东和周恩来的赞同。“我实际的目的是要打破不重视培养基础科学人才和其他人才的局面。这个突破口就是对早慧少年进行超常规的培养。”倡导者李政道先生曾回忆少年班说，少年班见证了重新重视知识与人才的改革年代。

就这样，中国教育史上的创新之举——中国第一个少年大学生集中培养基地——少年班诞生了，中国超常教育的荒漠上长出了第一棵嫩苗。

从少年班诞生之日起，一代伟人的一双慧眼一直关注着中国高等教育的这棵幼苗，他就是邓小平。

邓小平对中国教育以及对人才培养的重视异乎寻常：恢复高考，提出教育要“三个面向”，开启科学春天的大门，乃至于提出计算机以及理工科人才要从娃娃抓起等。这些都是他的战略性构想。

彼时正百废待兴，在日理万机中，邓小平已注意到了科大少年班这棵幼苗，并且力倡少年班应该办，应多办。

1979 年 4 月 30 日，科大向中科院汇报第一、第二期少年班办学情况。5 月 2 日，中科院确定：少年班必须继续招生，不能中断。第二天，教育部下文表达了同样的意见。

1977 年，中国科技大学成立少年班，招收了 21 名少年大学生。图为少年班的学生在上物理实验课

这年科大决定将高考作为初试的门槛。如果说 1977 年、1978 年为第一阶段的话，1979 年可作为第二阶段的开端。高考后卷子送到科大评阅，学校再派老师到各地复试初选出来的学生。

实际上，高考与以数理为主要考核内容的科大考试并不冲突，周逸峰、王凯宁、翁征宇 1978 年都参加了高考，李剑芒 1977 年也参加过高考，以他们的高考成绩都能上科大——当时国内理科高考录取分数最高的学校之一。

科大派老师到各地复试的做法一直维持到 1985 年，其中的问题渐渐地暴露出来了。少年班管委会第一任少年班直属党支部书记和第一个专职班主任叶国华 1984 年加入到少年班，他说，经过几年试验，派老师到外地复试至少有三个方面的问题：一是笔试部分不能完全保证各地同样严格；二是口试部分很难统一，每位老师打分方式不一致；三是每年各地派两名老师复试，一次就有 50 多人，成本较高。

1986 年少年班招生方式再次改变，把原来派老师到各地复试的方式，改为让学生集中到科大面试。这年有 40 人左右参加，学生路费由学校出，费用降低了。

科大不遗余力地加大复试比重是有个过程的。每位老师、校领导在接受记者采访时都反复强调复试的重要性，高考只是一道门槛，最终能否进入少年班，需要看复试的成绩，复试权重超过一半。1980 年、1981 年两年的招生基本根据高考成绩录取，结果出现了让学校不愿意看到的情况，一位报考少年班的学生差几分没录取，第二年却成为该省的高考状元。对于这两届没有进行复试的学生，老师的总体感觉是学生的智力水平差距较大。1982 年起，复试成为必不可少的部分。

整个复试分为几部分。首先是笔试，考高中课程中的数学、物理、英语 3 门，题目比高考稍难一些。其次是较为关键的，给学生上 3 次大学课程，每次课后都有作业，上完 3 次课进行小考。把高考成绩、复试笔试成绩、上课成绩综合起来，得出学生的最后成绩。

图为脖子上挂着红领巾的 11 岁大学生谢彦波踩着凳子在黑板上演算数学题

其间，还要进行心理测试，综合考核请有经验的班主任和学生交流并和他们住在一起，观察他们的生活能力、与人交往的能力、纪律性及自制力等。

叶国华介绍，最后结果，有些高考成绩好的，复试不一定能过，相反，复试中优秀的学生会留下来。总的比较下来，少年班的学生高考成绩比学校高考成绩大概低 5 分。

王凯宁的数学天分为人们所认识很偶然。本该去参加初中数学竞赛的他，走错了考场，参加了高中数学竞赛，并且考了第一名，一下子王凯宁出名了。其实王凯宁当时将近 15 岁，才读初二，之前他就自学初三以及高中课程，自认为参加高考没有问题。恰好 1978 年少年班招生，他成为南京唯一被录取的学生。

86 级少年班学生、现在在慈善机构任职的江勇从小学开始就跳级，中学又跳级，1985 年读高二时他感觉自己完全可以参加高考。这年有一位北京高校的老师到他所在的甘肃兰州招生，他找到老师希望能报考这所大学，结果因他不是高三学生，老师让他第二年报考。第二年江勇知道自己够条件上科大少年班，就报考了少年班。进入科大后，少年班学生和普通大学生没有太大区别。相反，老师还时常提醒：你们不是神童、天才。

1978 年 3 月 8 日，少年班开学典礼上，当时的教务处副处长任之恕作了个报告，特别提到了《伤仲永》一文。这些都写进了任之恕的日记里，表示了他

中国科技大学建校 20 年纪念活动中，第一期少年班留念。前排左一是宁铂，中间戴红领巾的是谢彦波，把手搭在谢彦波肩上的是科大校长严济慈

的担忧。现在进入少年班的第一课是“要正确认识自己”，即告诉他们不是神童、天才。

1984 年，邓小平在会见诺贝尔奖获得者、著名物理学家丁肇中时兴奋地说：“少年班很见效，也是破格选拔，其他几个大学都应办少年班，不知办了没有。至少北大、清华、交大、复旦应办一点少年班。”

邓小平的“办一点”很快漫延成汪洋的一片：1985 年，全国又有 12 所大学办起了少年班。

至此，中国超常教育已蔚为壮观，少年班的创办不但在全国反响强烈，还在国际上引起高度关注，杨振宁、李政道、丁肇中、吴健雄等大师纷纷到科大看望少年班学生，中科院、教育部以及国外的科学巨子、政要甚至党和国家领导人也纷纷前来探望或参观。

少年班的学生在做实验

1985 年，科大在总结和吸

宁铂与科大少年班同学在一起。左起第三为宁铂

收少年班办学成功经验的基础上，针对高考成绩优异的学生，又仿照少年班模式开办了“教学改革试点班”即零零班，把普通大学生中的优秀分子和少年班放在一起统一管理，优势互补，相得益彰，使之成为一个和谐的整体。

至此，少年班培养模式基本稳定下来，开始沿着健康的轨道发展。

少年班的成功得益于一套逐渐完善的育人机制，这套机制由非常严格的招生、培养、管理三个模式组成。招生模式是：学生先在当地报名，经审核通过，参加高考，上分数线后，科大再集中考生进行笔试、面试和心理测试后再录取。育人机制的核心是培养模式——宽口径通才教育培养模式。实施“学导制”：学校邀请院士、资深教授和杰出青年学者担任“少年班学生指导教师”（即学导），指导学生进行专业选择和学习。每个学导负责指导三至八名学生，对他们选择课程、制定学习计划提供建设性意见，帮助他们了解各学科发展的最新动态和选择合适的科研课题。此外还有大学生研究计划，这是该校从麻省理工学院引入的经验：让本科生在本科阶段就进到研究所，跟研究人员一起工作，每年工作一两个月，使学生能领悟创新性劳动的实质，增加对科研的兴趣。在管理模式上，学校专门成立少年班管委会，配备责任心强的教师担任班主任，精心照料心智高但生活自理能力弱的学生。

招生模式尽可能避免了不合格学生入选，培养模式使学生的聪明才智得以最大限度的发挥，而管理模式则保证这些早慧少年能健康成长。在科大这个宽松的环境里，少年班的学生健康、茁壮地成长着。

然而社会对少年班的质疑、责难之声仍不绝于耳。

对少年班成败之争，朱清时认为要以统计的方法来说明。据了解，少年班每年至多有一两个“问题学生”因自控力差、贪玩、学业跟不上、品行不端或心理问题被劝退学，这些现象在普通大学班级里同样存在，甚至更严重，不独少年班特有。

“不能用个别否定整体。”科大教务处原处长向守平教授说。然而社会对少年班的期望目标是大科学家、诺贝尔奖获得者。仅仅是成为教授、专家、博士，这样的成就离大众的期望值差距太远。

一位少年班老校友对此的看法是，如果按照现在的一般标准，拿社会上和企业里的地位来说，1978级少年班的同学绝大多数都能算是成功者，那么这个班级也就算成功。可是如果按照少年班成立时的标准，以培养科学家为目的，那么这个班就不能说成功了。这些人里继续从事科学的人不是很多，不少人都放弃了原来的专业。

其实说穿了，社会上一些人对少年班的非议和指责，主要是因为少年班学生只成了教授、某个领域的专家或博士，却没有成为大科学家，没有获得诺贝尔奖。可人们有什么理由把整个国家整个民族对科学对教育对人才的最高期望全部寄托在一个少年班身上？凭什么整个国家半个多世纪都没能实现的获得诺贝尔奖的期望就非得由少年班来实现？

中国第一个少年班在中国科技大学创办。最小只有11岁的21名“神童”没有经过高考便被中国科学技术大学直接破格录取，组成少年班，集中接受教育培养。40年前，这是一种创举。于是，在中国教育界，从来没有哪个班级像科大少年班这样饱受争议

在所有非议中，宁铂无疑是一个焦点。这位曾被捧上天的神童，在出家后被无情地摔向地面。在大众的眼中，出家成为他人生失败的证明，成为少年班的耻辱，于是谴责的矛头直指少年班：是这种培养模式害了他！如果当年他不入少年班，他就不会有今天的结局！

宁铂的今天是少年班培养的结果吗？

“那个年代需要一个宁铂去唤醒人们对于教育和科学的重视，这种需要形成巨大的压力，最终却压垮了宁铂。”宁铂的同学秦禄昌这样说。

宁铂自己也承认，他是时代需要的产物。的确，时代需要他去唤醒人们尊重知识、尊重教育的意识，需要他去激起一个民族对知识和教育的仰望，需要他成为教育上的“普罗米修斯”，用自己的“生命”点燃中国超常教育之火。但他自己的需要却被忽略，被轻视，被置之不理，乃至于他不得不选择出家来逃避现实。

宁铂的苦恼，宁铂的结局，媒体也需要反思。“成也萧何，败也萧何。宁铂走到今天这一步，媒体该负什么责任？”有人激愤地质问。一位老新闻工作者说，宁铂 13 岁考入科大少年班后便成为媒体追逐的目标，媒体对他的过度热情和夸大宣传给他蒙上了神奇而又神秘的色彩，他被宣传成神童、天才，他成为明星，一举一动都被置于大众的视线里。但他毕竟还是个孩子，过度的荣耀和期望使他背上沉重的心理包袱，他无法面对失败。他曾 3 次报考研究生，都因为担心失败而半途而废，这使他在人生之途上失去了许多机会。

如今，全国 10 多所大学的少年班都停办了，但科大还在坚持。科大少年班办学已 40 多年了。硕果仅存的科大少年班能坚持下来，殊为难得。几十年的办学经历风风雨雨，然而这道中国教育界的风景亮丽依然，无论外界肯定或是否定，赞赏或是贬抑，事实向人们昭示，作为一种探索，少年班是值得肯定的，其成果不容抹杀。少年班的探索不仅有益于中国的超常教育，有益于大众化时代需要的精英教育，乃至于对整个中国的高等教育都有积极意义。

四、新教育方针

邓小平是中国改革开放的总设计师，也是这一时期教育方针和教育改革方向的奠定者。1977 年 5 月，他的《尊重知识，尊重人才》的著名讲话，在很大程度上推动了新时期教育的发展方向和基本价值的确立。

> 现在看来，同发达国家相比，我们的科学技术和教育整整落后了二十年……
>
> 抓科技必须同时抓教育。从小学抓起，一直到中学、大学。我希望从现在开始做起，五年小见成效，十年中见成效，十五年二十年大见成效。办教育要两条腿走路，既注意普及，又注意提高。要办重点小学、重点中学、重点大学。要经过严格考试，把最优秀的人集中在重点中学和大学。

从讲话中，可以看出邓小平赶超型的发展战略和以科学技术教育和精英教育为重的教育价值倾向。虽然 1977 年的恢复高考给新时期的教育提供了一个公平的强大推动力，源自阶级斗争理论的对所谓非革命阶级的受教育权利的歧视消除了，但是，在新的发展境遇中，对教育公平的关注马上就被发展科学技术、实行赶超型战略、实现现代化的国家目标所压倒。

在教育的普及与提高之间，邓小平显然更强调提高。教育重新确立起以精英教育和科学技术教育为重的价值观，重新步入精英主义的发展路线。不管是教育的普及路线还是精英路线，培养的人才目标需要对“文化大革命”时期极左的错误予以纠正。因此，邓小平考虑制定新的教育方针，集中体现在培育“四有新人”和“三个面向”上。

1980 年 5 月 26 日，邓小平为《中国少年报》和《辅导员》杂志题词：“希望全国的小朋友，立志做有理想、有道德、有知识、有体力的人，立志为人民作贡献，为祖国作贡献，为人类作贡献。”1982 年 5 月 4 日，《人民日报》发表的社论《当代青年的历史使命》把邓小平的题词延伸为：“培养青年成为有理想、有道德、有文化、有纪律、有强健体魄的新一代。这不仅是学校和共青团的责任，而且要靠所有家庭和整个社会的共同努力。”

1985 年 3 月 7 日，邓小平说：“现在我们国内形势很好。有一点要提醒大家，就是我们在建设具有中国特色的社会主义社会时，一定要坚持发展物质文明和精神文明，坚持五讲四美三热爱，教育全国人民做到有理想、有道德、有文化、有纪律。这四条里面，理想和纪律特别重要。我们一定要经常教育我们的人民，尤其是我们的青年，要有理想。为什么我们过去能在非常困难的情况下奋斗出来，战胜千难万险使革命胜利呢？就是因为我们有理想，有马克思主义信念，有共产主义信念。我们干的是社会主义事业，最终目的是实现共产主义。”

培养社会主义的新人，这是马克思主义关于人的重要思想。马克思和恩格斯站在人类社会发展的高度，指出未来共产主义社会需要一种全面发展的新人，认为共产主义社会就是以每个人的全面而自由发展为基础的社会形态。列宁指出，我们对青年一代训练和教育的目的，是培养有知识、有道德、有纪律的共产主义者；只有用人类创造的全部知识来丰富自己的头脑，才能成为共产主义者。他特别强调，在一个文盲充斥的国家是不能建成社会主义的。毛泽东在新中国成立初期，对青年提出了“身体好、学习好、工作好”的要求，后来又提出“又红又专”的口号和“使受教育者在德育、智育、体育几个方面都得到发展，成为有社会主义觉悟的有文化的劳动者”的教育方针。

从20世纪60年代开始，随着阶级斗争扩大化的不断升级和“以阶级斗争为纲”的提出，我国在培养人的目标上开始偏离了正确的方向，改变了育人的标准，造成了人才培养和使用的重大失误。党的十一届三中全会以后，根据新的形势和任务，邓小平在总结新中国成立以来人才培养的经验教训的基础上，提出了培育“四有新人”的目标。党中央将这一目标郑重地确定下来，成为全国人民加强精神文明建设的行动指南。有理想、有道德、有文化、有纪律，是对全体公民素质提出的综合要求，是“全面发展的人”在社会主义建设新时期的具体规定。其中，有理想、有道德、有纪律，是对公民思想道德素质方面的要求；有文化，是对公民科学文化素质方面的要求。培养“四有新人”成为20世纪80年代重要的教育口号。

基于“四有新人”的培养目标，邓小平提出了“三个面向”的教育指导方

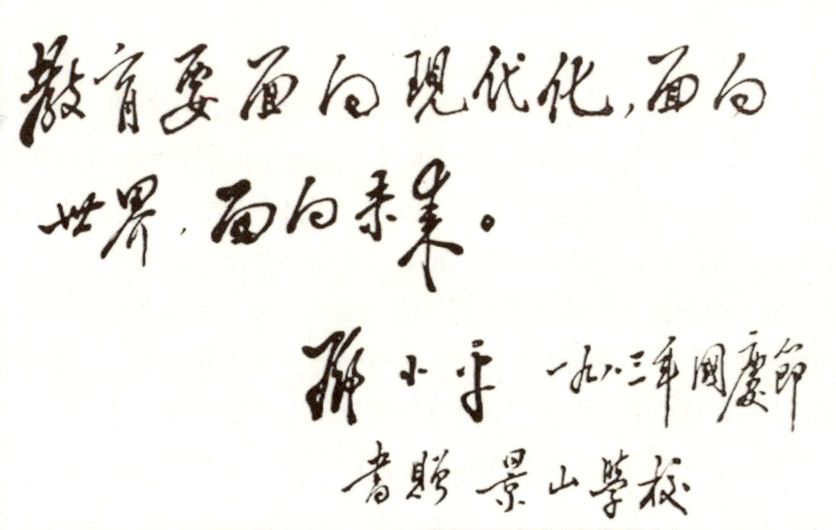

邓小平题写的“三个面向”手迹

针，即“教育要面向现代化，面向世界，面向未来”。这是1983年国庆节前夕邓小平为北京景山学校的题词，也是邓小平关于改革开放时期中国新教育方针的表述。“三个面向”的核心问题，是要培养适应社会主义现代化建设需要的一代新人。邓小平关于教育要“三个面向”的题词，既是他关于教育问题一系列重要论述的集中概括，又是在新形势下对教育工作提出的指导方针，具有强烈的时代特色和战略指导意义。

“往事历历在目，岁月悠悠情深。”75岁的贺鸿琛回忆小平同志题词“三个面向”时谈锋甚健。这位景山学校主要创始人，曾多年任学校党委书记、校长的老人，亲历了小平同志题词“三个面向”全过程。

1960年，中共中央宣传部创办了一所专门进行教学改革试验的中小学一贯制的实验学校——北京景山学校，创建初期学校的教改试验取得了可喜成果。然而“文化大革命”开始后，“四人帮”诬陷景山学校是“贵族子弟学校”“封资修的黑试验田”，教师是“资产阶级知识分子”，学生是“修正主义苗子”。

“四人帮”被粉碎后，1977年邓小平重新出来工作，在抓教育时特别强调要重视中小学教育。邓小平说：“抓科技必须同时抓教育。从小学抓起，一直到中学、大学。”“高等院校学生来源于中学，中学学生来源于小学，因此要重视中小学教育。”

时任教育部副部长的李琦 1978 年到景山学校宣布两件事：景山学校是“红”学校，不是“黑”学校；马淑珍、郑俊选、方碧辉三位老师是特级教师。这两件事都是在邓小平的直接关怀下促成的，特别是后一件事体现了邓小平关心全国教育质量、提高全国教师地位和待遇的远见卓识。

1978 年全国教育工作会议召开时，邓小平指出：“要采取适当措施，鼓励人们终身从事教育事业。特别优秀的教师，可以定为特级教师。”在会议召开之前，邓小平已经把景山学校当作试点，把学校挑选申报的三位老师亲自定为特级教师，这是全国第一次任命的，也是最早的特级教师。

1983 年景山学校进入全面改革中小学教育的新阶段，但我国中小学的整体改革应该怎样改，应该按什么方向来设计？贺鸿琛回忆说：“在这道关口我们很自然地想到了要请小平同志为我们题词，或者说几句话，给我们指明新时期教育改革的方向。”1983 年 9 月 7 日，学校以全校师生的名义给小平同志写了一封信。9 月 8 日送去信，9 月 9 日小平同志就为学校题了词：“教育要面向现代化，面向世界，面向未来。”

“三个面向”虽然是给景山学校的题词，但它不是一般的题词，而是针对整个教育工作讲的，也是针对传统教育的弊端提出来的，是根据我国社会主义初级阶段的基本国情和基本路线提出的在教育领域改革和发展的基本方针。“三个面向”成为我国教育改革和发展史上一个新的里程碑，也开辟了我国教育新航道。

“三个面向”的新提法，与同期邓小平从社会主义精神文明建设角度提出的“有理想、有道德、有文化、有纪律”的“四有新人”培养目标，对 20 世纪八九十年代的教育改革与发展产生了广泛而深刻的影响。“三个面向”准确地揭示了我国教育的历史性转折，即从“以阶级斗争为纲”和相对封闭的教育转向改革开放、以“经济建设为中心”的教育。“三个面向”从三个不同的维度，描绘了中国教育未来的发展方向，那就是：立足传统，面向现代化；立足中国，面向世界；立足当下，面向未来。

“三个面向”和“四有新人”之间密切关联。我国各类学校所培养的学生不但是现代化建设的人才，而且是社会主义和共产主义事业的一代新人。只有按照“三个面向”的要求改革学生思想政治工作，才能真正适应培育“四有新人”的需要。培育一代又一代有理想、有道德、有文化、有纪律的公民，是邓小平在总结我国社会发展变化规律的基础上，对全国人民精神素质提出的总的要求，也是我国教育事业的重要任务。

04

第四章

改革涉入体制层

从20世纪80年代初期开始，邓小平提出了党和国家领导制度改革的任务。他指出，“旧中国留给我们的，封建专制传统比较多，民主法制传统很少”，“如果不坚决改革现行制度中的弊端，过去出现过的一些严重问题今后就有可能重新出现”，“现在应该明确提出继续肃清思想政治方面的封建主义残余影响的任务，并在制度上做一系列切实的改革，否则国家和人民还要遭受损失”。

20世纪80年代初的体制改革，首先从经济体制改革开始。1984年10月，党的十二届三中全会通过《中共中央关于经济体制改革的决定》；1985年3月，颁发《中共中央关于科学技术体制改革的决定》；1985年5月，改革开放后的第一次全国教育工作会议召开，讨论并通过《中共中央关于教育体制改革的决定》（下称《决定》）。《决定》与同期中共中央连续发布的关于经济体制改革的决定、科学技术体制改革的决定，构成这一时期以体制改革为特征的社会改革与发展的总框架，形成了20世纪80年代以改革为主的强劲旋律，极大地推动了社会现代化的进程。

一、《中共中央关于教育体制改革的决定》

1984年10月29日，《中共中央关于经济体制改革的决定》颁布仅仅一个星期之后，中央书记处就开会讨论决定，将科技、教育改革提上议事日程，并成立领导小组。领导小组下设两个工作班子，分别由教育部和国家科委主要负责人牵头，尽快提出关于教育体制和科技体制改革的初步方案。由此，教育体制改革文件起草工作正式启动。

教育体制改革究竟改什么？现实的教育实践弊端在哪里？造成这些弊端的体制根源是什么？改革朝着什么目标、什么方向去改？需要什么样的制度设计和政策调整？从哪里做突破口？怎样抓住关键环节？这些问题，是教育体制改革必

中共中央关于教育体制改革的决定

（一九八五年五月二十七日）

1985 年 5 月 27 日通过的《中共中央关于教育体制改革的决定》对教育形势和问题的认识、所提出的各项改革措施，不仅是正确的，而且至今并不过时

须解决的，也是文件必须回答的。

在教育部准备关于教改问题的汇报提纲时，胡耀邦指出，关于教育改革，这次要写出一个纲领性文件，要抓住教育上的主要问题、主要矛盾，旗帜鲜明地作出回答。所谓“纲领性”，就是要重点突出，观点明确，条理清楚，语言简洁。他强调说，教育改革是中央的大事、国家的大事，搞文件就是抓大事，要下大力气，认真调查研究，坚持群众路线，集中全国教育工作者和广大人民群众的智慧，写出一个好文件，指导推动教育体制改革。时间宜早不宜晚，工作要往前赶。

工作组将主要精力投放到研究制订教改文件上来。他们首先搜集了有关教育方面的文献资料，并对当时苏联、美国等国家的教育制度，特别是战后德国、日本高度重视教育尤其是基础教育、职业教育的经验进行了考察，然后又到教育实践第一线进行了调研。

1984 年 11 月 20 日，教育部、中央办公厅和文件起草班子的同志乘火车南下，第一站到了安徽，在合肥、芜湖先后同省市各级教育行政部门的领导、大中小学的教师们座谈。安徽一些大学的书记、校长们最集中的反映是，高校办学活力不足，政府行政部门管得过多过死，在财政体制、招生制度、用人制度、分配制度上都是僵化模式，学校没有自主权，难以成为独立自主的办学主体，也缺乏积极性，内在潜力发挥不出来。当地经委、计委、政法委等一些部门管干部和人事的同志，则从用人的角度来谈教育改革。他们反映，一方面是人才奇缺，各地、各部门、各系统都需要大量的符合社会要求、有觉悟、有能力的专门人才；另一方面，是以往分配来的不少大学生不对路，不合乎需要。

11 月 24 日，调研组从安徽到达江苏，先后在南京、苏州、无锡进行调研考察。江苏和安徽存在着一个共同问题，就是僵化的管理体制束缚了教育发展。江苏有 26 所部属高校，分属 20 个不同的部。地方 44 所高校，由于体制原因，形成条块分割，各院校都搞大而全，小而全，形成资源极大浪费。江苏地处长三角，特别是苏南地区，经济发展很快，乡镇企业异军突起，在全国处于领跑地位。这就使得江苏对职业技术教育有着更紧迫的要求。从江苏的实践看，加强职业教育已成为经济建设所必需。

11 月 27 日，调研组从江苏转赴江西。江西是革命老区，也是经济相对欠发达地区。尽管新中国成立后老区面貌有很大变化，但经济基础仍然十分薄弱，特别是在一些山区，“交通基本靠走，通信基本靠吼，安全基本靠狗”。当年红军驻扎过的宁冈县，1983 年全县人均年收入才 190 元。因此，教育的条件特别是中小学的条件相当艰难。考察人员走访了一些山村小学，发现许多学校缺乏基本的办学条件，校舍破败，少门缺窗，夏不避雨、冬不挡风，学生的课桌就是用几块土坯垒起来的，真的是“黑屋子，土台子，泥孩子”。教师工资也少得可怜，拖欠工资现象十分普遍，有的教师连自己的温饱问题都没解决，完全凭着良知和职业责任感坚守在教育岗位上。江西的情况有特殊性，但问题有普遍性。

12 月 2 日，调研组又从江西南下广东。广东属沿海开放地区，由于城乡经济改革的推动，教育改革也充满了生机和活力。广东高校数量比较少，改革开放以来，人才需求激增，为适应经济和社会发展需要，他们不拘一格，多层次、多渠道、多形式办学，电大、夜大、函大和各种培训班，如雨后春笋，方兴未艾。

20 世纪 80 年代的乡村校舍。中国幅员辽阔，20 世纪 80 年代，有限的教育资源无法支撑起基础教育。一些老少边穷地区校舍破损严重，孩子们在泥坯房里上课的现象屡见不鲜

广东人发扬敢想、敢闯、敢试的精神，大胆突破体制障碍，为教育改革提供了实践经验。

这一次调研，历时半个多月，辗转四个省，前后到过几十所学校，开了大大小小近百个座谈会，与逾千人交流、讨论。在这个过程中，有时是冷静的探讨，有时是激烈的辩论。为了节省时间，提高效率，调研组的行程安排一般是白天座谈、考察、参观，晚上乘车赶路，在车上把白天听到、看到的情况进行消化、议论、归纳。经过这样一个相对比较集中、系统、深入的调查研究，对整个教育领域的基本状况、基本矛盾、基本问题就有了较为清楚的了解。

在调研中，大家痛切地感受到，教育领域里还残存着“文化大革命”遗毒和“四人帮”干扰破坏的问题，有受“左”的指导思想影响的问题，也有受经济能力和发展水平制约的问题，但是，就整个教育而言，最大的弊端，乃是在长期计划经济体制下所形成的僵化模式。一个拥有 56 个民族、10 多亿人口的大国，各地情

况迥异，基础各不相同，发展很不平衡，但统统实行同一种办学模式：清一色的全日制，正规化，统一招生，统一考试，统一教材，统一标准，统一学制……大学无论是省办、部办还是国办，一概统招统分统配，其结果是，学校吃政府的大锅饭，学生吃学校的大锅饭，学生只要考进大学，就像进了保险箱。

在教育结构上，高等教育、基础教育、职业技术教育，设置比例严重不合理；片面强调高等教育，轻视基础教育，职业技术教育十分薄弱（据统计，当时职业学校在高中教育阶段中的比例不到 10%）。

在教育思想上，高校里普遍存在着重理工、轻人文，重智育、轻德育，重学历、轻能力，重理论、轻实践的倾向。基础教育严重滞后，师范教育不受重视。在广大农村，特别是在一些老少边穷地区，学校数量少，条件差，师资缺乏。

在学校管理体制上，由于政府权力过于集中，学校无法成为一个独立自主的办学主体，外无压力，内无动力，整个学校缺乏活力。无论是课程设置，还是教材内容、教学方法，在相当大程度上都是为了一纸文凭，严重脱离现代化建设和社会发展的需要。于是就形成了这么一种局面：一方面，我们财力窘困，穷国办大教育，投入不足，经费奇缺；另一方面，投入的经费效益很差，造成事实上的

广东属沿海开放地区，由于城乡经济改革的推动，教育改革也充满了生机和活力

极大浪费。一方面，各条战线都痛感人才匮乏（当时，全国4000万技术工人中，高级工只占2.3%，三级工以下的占70%）；另一方面，学校培养出来的不少人才又因不合实际需要而形成大量积压。一方面，教育行政部门把人、财、物统得很死；另一方面，真正需要协调、统筹的事情却又因条块分割，无人问津……

在调研过程中，大家一方面深切感受到教育问题的严重性，另一方面也深切感受到广大干部、群众和广大教师对教育改革的热烈期盼和空前的积极性。许多教师、校长、教育科学工作者和教育行政部门的领导干部常常和调研组成员交流、讨论到深夜，有的同志还主动拿出书面报告和建议。

回到北京，调研组将调研情况以及对教育改革的认识和思考经过梳理，形成了一份《关于教育体制改革的几点意见》的书面报告。这份报告陈述了现行教育体制存在的弊端，重点提出了几点设想和建议。

报告的基本观点是：教育必须为社会主义建设服务，社会主义建设必须依靠教育。教育改革的目的是培养人才，要培养适应现代化建设的数以亿计的高素质的劳动者和数以百万、千万计的社会各个领域的专门人才；教育改革的目标是建立和经济体制相配套的，符合中国国情，适应经济和社会全面发展要求的教育体制。主要措施包括：第一，改革高校管理体制。首先是改革招生计划和分配制度，在党和国家大政方针指导下，逐步改变高等学校全部按国家计划招生，毕业生全部由国家包下来分配的办法，增强高校主动适应社会发展需要的动力和活力，改变政府对学校统得过多、管得过死的弊端，使高校成为依照国家法律和教育规律办学、相对独立的办学实体，逐步建立和完善高等学校内部管理体制，充分调动高校办学的主动性、积极性和创造性。第二，改革中等教育结构，大力发展职业技术教育。这是德国、韩国等许多国家快速发展的"秘密武器"，我们应认真研究和借鉴。第三，稳定中小学教师队伍，组织全社会力量，加强基础教育，在中国建立九年义务教育制度。义务教育的经费应当由国家和社会"包"起来。第四，为了加强对教育体制改革的领导，建议成立中央、国务院教育领导小组，统筹考虑教育改革和发展的大政方针，研究制定相应对策，把教育事业纳入经济和社会发展总体规划之中。

这份报告送上去之后，政治局常委们很重视。陈云、李先念都圈阅了报告。

报告送给小平同志，小平同志 12 月 30 日批示："很赞成。"

1985 年 1 月 8 日，即邓小平对报告批示后一个星期，胡耀邦和中央书记处再次听取了文件起草小组的汇报，正式敲定文件的指导思想、基本宗旨以及框架结构。胡耀邦强调，我们讲的教育改革是体制改革，体制改革改些什么，怎么改，这些道理在文件中一定要讲清讲透，其他次要的，零零星星的就不讲了；制定文件要着眼于解决问题，推动工作，写上了就要落实，定下来就要干。

3 月 16 日，领导小组再次开会研究讨论。就在这次会上，有关教育体制改革中的若干重大方针政策问题得以拍板定案。会议确定，必须狠抓基础教育，要把在全国城乡实行九年义务教育，作为关系民族素质提高和国家兴旺发达的重要战略任务，动员全党和全社会，用最大的努力，积极地有步骤地予以实施。要在中央领导统筹之下把基础教育管理的责任和权力交给地方政府；调整中等教育结构，把职业技术教育放到十分重要的位置；大力改革高等教育，对高校实行简政放权，改变过去对毕业生由国家包下来统一分配的制度，改变政府对高等学校统得过多的管理体制，在国家教育方针指导下，扩大高校办学自主权，增强学校主

在起草《中共中央关于教育体制改革的决定》过程中，文件起草小组还专门征求了人大常委会委员、部分全国人大代表和政协委员的意见

动适应经济和社会发展需要的积极性和能力；要增加国家（包括中央和地方政府）对教育的投入，在今后一定时期内，政府拨款的增长要高于财政经常性收入的增长，并使按在校学生人数平均的教育经费逐步增长，同时要多渠道筹措教育经费，调动各方面办学的积极性，要鼓励和指导企业、社会团体和个人办学。会议确定，为了加强对教育工作的领导，统筹整个教育事业的改革和发展，国务院设立全国教育委员会，统筹协调教育事业。会议还提出，办教育也要纳入法治轨道，要考虑研究教育立法问题。

为确保文件的质量和进度，1 月中下旬，文件起草小组加强和充实力量，把曾经参与起草中央经济体制改革文件的几位同志也调进来。充实后的起草小组综合中央领导同志和几次书记处会议讨论的精神，反复研究，反复讨论，写出了第五稿。根据书记处决定，将第五稿作为一个讨论稿，发给各省、自治区、直辖市、中央各部门、各民主党派、各群众团体征求意见。六届全国人大三次会议期间，还专门征求了全国人大常委会委员、部分全国人大代表和政协委员的意见。

4 月份，文件起草小组汇集了各地、各部门、各方面对第五稿提出的修改意见（其中书面意见有 300 份），连续修改三次，形成第八稿。

为了借鉴吸取外部经验，增强改革的国际视野，教育部还派了一个调研小组带着第八稿，专程赴美国征求美籍华人专家、学者对教育改革的意见和建议。调研小组在美国先后访问了几十位专家学者，其中杨振宁、李政道、林家翘、聂华桐等一批世界知名的专家学者都发表了许多中肯切实的意见。文件起草小组吸纳了他们的意见，改出第九稿。

5 月 13 日，中央书记处开会，逐段逐句逐字讨论了第九稿。会议原则上通过了这个稿子，同意将这个稿子再作修改后作为主要文件交全国教育大会学习、讨论。

1985 年 5 月 15 日至 20 日，党中央、国务院在北京召开改革开放以来的第一次全国教育工作会议。会议的中心任务就是学习邓小平和中央领导关于教育工作的指示，讨论修改《中共中央关于教育体制改革的决定》（草案），同时研究贯彻落实的措施。

在这次大会上，万里代表党中央、国务院作了讲话。会议开得隆重、热烈而富有成效。分组讨论时，与会人员解放思想，实事求是，既领会中央关于教育改革的基本指导思想，又结合实际提出了在本地区、本部门贯彻落实的办法和措施，还对文件提出了一些建设性的意见。

5 月 19 日，邓小平到会，作了《各级党委和政府要把教育工作认真抓起来》的重要讲话。

邓小平在讲话中说，《中共中央关于教育体制改革的决定》（草案）是个好文件。纲领有了，蓝图有了，关键是要真正落实。他在讲话中再次强调科技和教育的重要性，说："我们国家，国力的强弱、经济发展后劲的大小，越来越取决于劳动者的素质，取决于知识分子的数量和质量。""中央提出要以极大的努力抓教育，并且从中小学抓起，这是有战略眼光的一着。如果现在不向全党提出这样的任务，就会误大事，就要负历史的责任。""一个地区、一个部门，如果只抓经济，不抓教育，那里的工作重点就是没有转移好，或者说转移得不完全。忽视教育的

为重温 1985 年《中共中央关于教育体制改革的决定》，进而为《国家中长期教育改革和发展规划纲要》的制定建言建策，北京大学中国教育财政科学研究所于 2008 年 12 月 30 日在北京大学组织召开了"公共财政支持教育体制改革——重温《中共中央关于教育体制改革的决定》座谈会"

领导者，是缺乏远见的、不成熟的领导者，就领导不了现代化建设。”

5 月 27 日，中央政治局开会讨论了《中共中央关于教育体制改革的决定》（草案），同意正式公布。全国各地迅速行动，纷纷学习邓小平讲话和《中共中央关于教育体制改革的决定》，制定贯彻落实中央关于教改决定的具体措施。教育改革随着经济改革的步伐，犹如春潮涌动，呈现出空前强劲的发展态势。

时光流转，白驹过隙，转眼之间，30 多年过去了。中国的教育事业和教育改革的发展在深度和广度上与当年早已不可同日而语。作为当时指导和推动教育改革的文件，是受限于那个时代认识和实践的产物，其是非功过也应由时间和实践去裁定。今天，重新回顾那个文件的诞生过程，在中国的改革发展史上，也许只算得上大河中的一朵小小的浪花或短短的插曲。

链接

《中共中央关于教育体制改革的决定》主要内容

《中共中央关于教育体制改革的决定》（下称《决定》）共分五部分，主要内容为：

（一）教育体制改革的根本目的是提高民族素质，多出人才、出好人才。《决定》认为，教育必须为社会主义建设服务，社会主义建设必须依靠教育。指出党的十二届三中全会关于经济体制改革的决定，为我国社会生产力的大发展，为我国社会主义物质文明和精神文明的大提高，开辟了广阔的道路。今后事情成败的一个重要关键在于人才，而要解决人才问题，就必须使教育事业在经济发展的基础上有一个大的发展。《决定》分析了教育工作中存在的问题，指出要根本改变这种状况，必须从教育体制入手，有系统地进行改革。《决定》还规定，在今后一定时期内，中央和地方政府的教育拨款的增长要高于财政经常性收入的增长，并使按在校学生人数平均的教育经费逐步增长。

（二）把发展基础教育的责任交给地方，有步骤地实行九年制义务教育。《决定》指出，实行九年制义务教育是关系到民族素质提高的一件大事，要动员全党、全社会和全国各族人民，用最大的努力，积极地、有步骤地予以实施。为此，需要制定义务教育法。《决定》认为，义务教育要因地制宜。地方各级人民代表大会根据本地区的情况，制定本地区的义务教育条例，确定本地区推行九年制义务教育的步骤、办法和年限。《决定》规定，基础教育管理权属于地方。除大政方针和宏观规划由中央决定外，具体政策、制度、计划的制定和实施，以及对学校的领导、管理和检查，责任和权力都交给地方。

（三）调整中等教育结构，大力发展职业技术教育。

（四）改革高等学校的招生计划和毕业生分配制度，扩大高等学校办学自主权。《决定》指出，改变高等学校全部按国家计划统一招生，毕业生全部由国家包下来分配的办法，实行以下三种办法：(1) 国家计划招生。毕业生分配，实行在国家计划指导下，由本人选报志愿、学校推荐、用人单位择优录用的制度。(2) 用人单位委托招生。委托单位要按议定的合同向学校交纳一定数量的培养费，毕业生应按合同规定到委托单位工作。(3) 在国家计划外招少数自费生。学生应交纳一定数量的培养费，毕业后可由学校推荐就业，也可以自谋职业。不论哪类学生，都必须经过国家考试合格，由学校录取。实行中央、省（自治区、直辖市）、中心城市三级办学的体制。

（五）加强领导，调动各方面积极因素，保证教育体制改革的顺利进行。《决定》规定，撤销教育部，成立全国教育委员会；学校逐步实行校长负责制，有条件的学校要设立由校长主持的、人数不多的、有威信的校务委员会；要建立和健全以教师为主体的教职工代表大会制度。《决定》指出，在整个教育体制改革的过程中，必须牢牢记住改革的根本目的是提高民族素质，多出人才、出好人才。衡量任何学校工作的根本标准是培养人才的数量和质量，而不是经济收益的多少。

二、中小学管理体制改革

1978 年，党和政府开始整顿教育秩序，逐步理顺中小学领导管理体制，基本上恢复了 20 世纪 50 年代时的中小学领导管理体制。

1978 年 9 月，《全日制中学暂行工作条例（试行草案）》《全日制小学暂行工作条例（试行草案）》规定：在中学外部领导管理体制方面，“全日制中学原则上由县以上教育行政部门领导和管理。社队办的中学，可以在县的统一领导下，由社队管理。具体办法由省、市、自治区制定”。在小学外部领导管理体制方面，基本上与 1963 年的做法相同。在小学内部领导管理体制方面，确立了党支部领导下的校长分工负责制，学校的一切重大问题必须经过党支部讨论决定。1978 年的《全日制中学暂行工作条例（试行草案）》《全日制小学暂行工作条例（试行草案）》基本奠定了 20 世纪 80 年代初我国中小学领导管理体制的基础。

1980 年 12 月，中共中央、国务院作出了《关于普及小学教育若干问题的决定》，其中对中小学外部领导管理体制方面作了一些补充规定：“今后普通教育的发展规划和年度计划、事业经费、基建投资、人员编制，由各省、市、自治区党委和政府统筹安排，组织实施。实行两级财政，国家要加强计划指导。今后普通教育经费要由省、市、自治区下达到县，专款专用……各级党委和政府应该把普及小学工作纳入重要议事日程，省、地、县党委和政府的主要负责人要亲自关心教育工作。县和公社的党政机关要对本地普及小学教育工作切实负起责任。”

到 1982 年，全国普通中学的领导管理体制出现了如下情况：

第一，省（市、自治区）教育厅（局）直接领导少数首批办好的重点中学；第二，省（市、自治区）同行署（市、区、州）、县（旗）双重领导首批办好的重点中学；第三，行署（市、区、州）、县（旗）合办的重点中学的管理，以行署（市、区、州）或县（旗）为主；第四，大中城市的区办重点中学，自行管理；第五，一般中学以市属区、省属市、县领导为主；第六，县、公社领导管理社办中学、联办中学；第七，小学戴帽子初中班，由公社或大队管理。

这种情况是特定历史条件下的产物，因为当时的行政划分与机构比较复杂，故导致中小学的领导管理体制的多样性。从总体上看，这一体制在延续 20 世纪 70 年代末的中小学领导管理体制的基础上有所发展。当然，这并不排除一些地方也在进行中小学领导管理体制改革的探索。

直到 20 世纪 80 年代中期，中学管理体制改革的政策才得以明确，标志是 1985 年 5 月《中共中央关于教育体制改革的决定》的出台。

20 世纪 80 年代初，中共中央提出，领导班子要坚持“精干”“革命化”“年轻化”“知识化”“专业化”。为贯彻这个精神，1984 年教育部党组作出《关于全日制普通中学学校领导班子调整工作的意见》。该意见的内容有：一是提出了普通中学校级领导班子成员的入选标准，它从政治、职业道德、才能、文化程度与身体素质方面进行了具体的规定。二是根据党章规定，普通中学实行党支部领导下校长负责制，明确提出党政要分工。具体来说，学校的党支部要集中精力做好党的工作、思想政治工作和组织工作，领导工会和共青团的工作，切实保证党的路线、方针和政策的贯彻执行。学校党支部，除对重大原则问题进行讨论和作出决定外，支部与党支部负责人不要包办代替学校的行政工作。团结全校教职工，遵循教育、教学规律，全面完成学校的教育教学任务。普通中学规模在 18—24 个班的，校级领导一般不要超过 3 人，党支部书记和校长由一人担任，可设专职党支部副书记 1 人。这个规定成为 1985 年 5 月《中共中央关于教育体制改革的决定》作出之前对中学内部领导管理体制很好的总结。

1984 年，十二届三中全会通过的《中共中央关于经济体制改革的决定》，促进了我国社会生产力的解放与大发展，为我国物质文明与精神文明的发展开辟了广阔的道路，也为教育的发展带来了契机。《中共中央关于经济体制改革的决定》认为：今后事情成败的一个重要关键在于人才，而要解决人才问题，就必须使教育在经济发展的基础上有一个大的发展。因为我国教育是为社会主义建设服务的，社会主义建设必须依靠教育。

由于社会轻视人才与教育的现象仍然存在，加上我们的教育在面对对外开放、对内搞活，面对经济建设时的尴尬，迫使人们不得不重新思考教育。要求教育改革的呼声也越来越高。教育改革的一个重要方面就是管理体制的改革。当时的中小学管理体制在领导管理体制方面存在的主要问题是：在教育管理权限上，政府有关部门对学校统得过死，使学校缺乏应有的活力，而政府应该管理的事情又没有管理好。因此，《中共中央关于教育体制改革的决定》明确规定："把发展基础教育的责任交给地方""实行基础教育由地方负责、分级管理的原则"。这是对中小学外部管理体制改革方针的总的概括。

"地方负责、分级管理"的含义是什么？《中共中央关于教育体制改革的决定》认为，基础教育管理权属于地方。除了大政方针和宏观规划由中央决定外，具体政策、制度、计划的制定和实施，以及对学校的领导、管理和检查，责任和权力都交给地方。省、市（地）、县、乡分级管理的职责如何划分，由省、自治区、直辖市决定。为了保证各地方发展教育事业，除了国家拨款以外，地方机动财力中应有适当的比例用于教育，乡财政收入应主要用于教育。地方可以征收教育费附加，此项收入首先用于改善基础教育设施。

在中小学内部管理体制改革方面，《中共中央关于教育体制改革的决定》也提出：学校逐步实行校长负责制，有条件的地方要设立由校长主持的、人数不多的、有威信的校务委员会，作为审议机构。要建立和健全以教师为主体的教职工代表大会制度，加强民主管理和民主监督。学校中的党组织要从过去那种包揽一切的状态中解脱出来，把自己的精力集中到加强思想政治工作上来；要团结广大师生，大力支持校长履行职权，保证和监督党的各项方针政策的落实和国家教育计划的实现。

1986 年 4 月 12 日，六届全国人大四次会议审议通过了《中华人民共和国义务教育法》，以国家立法的形式正式确立我国实施九年义务教育

至此，20 世纪 80 年代我国中小学领导管理体制改革的总方针确定下来。之后，对该总方针的落实主要体

现在 1986 年 7 月 1 日实施的《中华人民共和国义务教育法》中。《中华人民共和国义务教育法》在中小学外部领导管理体制方面的规定是：总的原则是在国务院领导下，实行地方负责，分级管理。国务院的教育行政主管部门应当根据社会主义现代化建设的需要和儿童身心发展的状况，确定义务教育的教学制度、教学内容、课程设置、审定教科书。地方各级人民政府应当合理设置小学、初级中等学校，使儿童、少年就近入学。义务教育所需的事业费和基本建设投资，由国务院和地方各级人民政府负责筹措，予以保证。

中共中央关于中小学领导管理体制改革方针的确立，为中小学领导管理体制改革的实施奠定了坚实的基础。在国家有关中小学领导管理体制改革的方针指导下，各地先后进行了中小学领导管理体制的改革。这一时期的改革大致可以以 1988 年为界，分为前后两段。前段以试验为主，后段以推广为主。

《中共中央关于教育体制改革的决定》指出，为了加强党和政府对教育工作的领导，成立国家教育委员会，负责掌握教育的大政方针，统筹整个教育事业的发展，协调各部门有关教育的工作，统一部署和指导教育体制的改革。1985 年 6 月 18 日，国家教育委员会正式成立。国家教育委员会下设基础教育司负责中小学管理工作。为了加强对教育事业的管理，国务院批准在中央及各级教育行政部门成立教育督导机构，以配合教育管理体制的改革。

链接

1949年以来我国教育主管部门的变化

1949 年，成立教育部；

1952 年，分为高等教育部和教育部；

1958 年，高等教育部和教育部合为教育部；

1970 年，成立国务院科教组，撤销教育部；

1975 年，重新成立教育部；

1985 年，教育部调整为国家教育委员会；

1998 年至今，国家教育委员会重新调整为教育部。

1986 年 9 月，国家教育委员会督导司成立，同年 12 月，国家教育委员会督导司在京召开了全国督导工作座谈会。1987 年 3 月，国家教育委员会转发了这次座谈会纪要。纪要指出：“督导工作应面向整个普通教育，包括中小学。督导机构是在整个教育行政部门内设置的专门负责对下级教育行政部门和学校工作进行监督、评价、帮助和指导的行政职能机构。”此外还对督导机构的设置、任务、人员任免等方面作出了规定。

1987 年 12 月，全国 15 个省、自治区、直辖市的教育委员会（教育厅），27 个地（市）级教育委员会（教育局）建立了教育督导机构。1988 年，国家教委、人事部联合发出通知，要求各县以上人民政府应在其教育行政部门建立教育督导机构或配置专职督导人员。1988 年年底，全国 24 个省、自治区、直辖市，11 个计划单列市，137 个地市，直辖市的 35 个区、县建立了教育督导机构。教育督导机构的建立是中小学领导管理体制改革的一个重要举措。

1987 年 6 月 15 日，国家教育委员会、财政部联合下发《关于农村基础教育管理体制改革若干问题的意见》（下称《意见》），对当时中小学领导管理体制改革作出了一些说明：“基础教育实行地方负责、分级管理，其根本目的是充分调动地方发展教育事业的积极性，使之从当地经济和社会发展的实际需要出发，统筹规划基础教育、职业技术教育和成人教育，把文化教育与职业技术教育、职前教育与职后教育有机地结合起来，使教育以为当地的两个文明建设服务为主，

2006 年 9 月 1 日实施的《中华人民共和国义务教育法》，一改过去的“人民教育人民办”，引入问责制，明确义务教育法的实施是各级政府的责任。把义务教育落实在政府的肩上，特别是在体制上予以落实

促进教育与经济的良性循环。”《意见》提出要科学划分各级政府对基础教育的管理职责与权限：要从实际出发，科学划分地方各级政府管理基础教育的职责权限。省、地（市）、县、乡四级都要有各自的职责。省、地（市）教育行政部门，要抓紧中小学，尤其是初中和职业技术学校的师资培训；办好师范院校和教育学院。县级（或县以上）教育行政部门负责教师资格考核、教师任务考核和学校校长的考核任免；根据中央的方针政策，把教育事业纳入全县总体规划；制定调动本地区各级政府和社会力量办学积极性的具体办法；改善办学条件；加强学校的业务指导；在普及小学教育的基础上，有计划、有步骤地“普九”。扩大乡管学校的职责与权限；乡管学校机构要在乡政府领导和具体教育行政部门指导下，行使上级所赋予的职权；协助县教育行政部门搞好教育规划和队伍建设；筹措、管好本乡的教育经费；解决民办教师工资福利，密切学校与社会的关系，逐步改善办学条件；要充分发挥好现有学区和中心中学、小学的作用，负责本乡范围内调动和使用教师。村一级负责解决危房，改善办学条件；提高教师待遇，筹措民办师资；管好学校资产，维护学校权益；动员适龄儿童入学；参与监督学校工作。

《意见》是20世纪80年代中小学领导管理体制改革的最重要指导文件之一。之后，全国各地中小学领导管理体制的改革由试验转入推广阶段。

1989年10月，国家教委在长沙召开的全国“燎原计划”与农村教育改革实验县工作会议上肯定了湖南彬县的教育改革经验，即县学县办、乡学乡办、村学村办，以及各乡镇党政干部责任制评分中，教育享有一票否决权。在此政策的鼓舞下，各地继续进行改革。

1992年3月14日，国家教委颁发了《中华人民共和国义务教育法实施细则》。该细则规定：实施义务教育，在国务院领导下，由地方各级人民政府负责，按省、县、乡分级管理。城市以市或市辖区为单位组织进行；农村以县为单位组织并落实到乡镇。各级教育主管部门在本级政府领导下，具体负责组织、管理本行政区内的实施工作。学校的设置，由设区的市级或县级政府统筹规划，合理布局。地方各级政府所设学校的事业经费和基建投资，由地方各级政府负责筹措。

到20世纪90年代初期，全国初步形成了五种分级办学与管理的模式：（1）市、区小学区管，中学市、区共办共管；（2）县、乡两级办学，县、乡两级管理；（3）县、乡、村三级办学，县、乡、村三级管理；(4)县、区、乡、村四级办学，县、区、乡、村四级管理；(5)县、乡、村三级办学，县、乡两级分工管理。

链接

几种典型的管理模式实践与探索

北京市：两级政府的两级管理模式

到 1985 年年底，北京市远郊县有 70.5% 的乡镇进行了改革，农村的中小学实行由县教育局和乡政府双重领导的分级管理办法。具体做法是：九年制义务教育由县（区）负责，实行统一领导；各乡（镇）的教育发展规划，由乡（镇）负责。农村中小学的教育业务由县（区）教育局统筹，学校的行政工作、人事、财务由县（区）、乡（镇）分管。乡（镇）人民政府为了加强对教育工作的领导，乡（镇）设教育助理，由乡（镇）长或副乡（镇）长、教育助理、乡（镇）有关负责同志、中学校长、中心小学校长等组成乡（镇）教育委员会领导中小学的工作。

安徽省：以县、乡、村三级管理为主，县、区、乡、村四级为辅的管理模式

1986 年年初，安徽全省小学基本上实行了乡(镇)管理。其中，随着《安徽省农村中小学分级管理职责的暂行规定》的颁布实施，安徽各地先后展开了改革。其办法如《安徽省农村中小学分级管理职责的暂行规定》之规定：对全省农村中小学实行以县（含县级市和省辖市的郊区）、乡（含镇）为主，区和行政村为辅的分级管理体制。对初等教育，县的主要职责是：制定实施小学教育工作的具体政策、规定和制度；负责审批全县初等学校的设置、停办以及布局的调整；管理实验小学、示范幼儿园和特殊学校；负责区、乡教育管理干部的培训工作；负责全县教职工的定编定员，负责管理公办教师，负责民办教师的资格考核和聘任、辞退的审批；负责县级教育事业经费的安排和管理，负责制定并实施教育费附加的征收方案。乡的主要职责是：制定并实施本乡教育工作计划和规章制度；主管本乡初等学校和幼儿园，保证适龄儿童入学接受义务教育；对中心小学校长的任免提出建议，决定中心小学副校长、一般小学校长和幼儿园主任的任免；负责本乡教职工的调配；主管初等学校教育教学研究和教改实验；组织安排教师的培训进修，负责全乡的教育经费，不断改善办学条件。县以下的区的主要职责是：协调县做好全区初等教育工作，并受县委托负责有关小学的人事、经费管理的指导、检查和督促工作。村的主要职责是起办学的后援作用，并协助乡管理本村的小学和幼儿教育。贯彻执行国家的教育方针，保护学校，改善教师的社会地位和物质待遇等是各级政府的共同职责。

四川省：多种分级办学与管理的模式

1983年四川省就开始了小学领导管理体制改革的试点。其做法是把农村中小学划归乡、村管理，国家教育经费照拨，农村小学校长、教师由办学单位选聘等办法。1985年11月，四川省委、省政府根据《中共中央关于教育体制改革的决定》精神，结合试点经验，制定了《关于基础教育实行分级管理的试行意见》（下称《意见》）。《意见》从五个方面，即学校领导管理、教育事业发展的计划管理、学校干部教师管理、教育经费管理和教学业务管理对省、市、县、乡四级政府的职责与权限作了明确的规定，形成了多种分级办学与管理的模式。

20世纪80年代中小学领导管理体制改革的突出特点是中央和省、市、县级人民政府将中小学教育的管理权层层下放，下放到了乡镇甚至村委会，中央和省、市、县级人民政府对中小学教育的宏观调控能力相应减弱；同时加快了教育督导机制建设。

三、武汉大学引领改革浪潮

20世纪80年代高等教育领域最重要的也是最艰难的，是扩大高等学校的办学自主权的改革。

1979 年 12 月 6 日，《人民日报》发表复旦大学校长苏步青、同济大学校长李国豪、上海师范大学（现华东师范大学）校长刘佛年、上海交通大学党委书记邓旭初呼吁给高等学校一点自主权的有关文章。为调动高校的办学积极性，各地教育行政部门陆续提出一些简政放权的措施。1984 年 11 月，教育部通知下放直属高校人事管理权，该通知指出今后教育原则上只管直属高等学校主要领导干部，其他各级干部下放学校自行管理。

链接

复旦大学校长苏步青：应该相信校长能管好大学（节选）

学校自主权问题，是个教育体制问题。直属教育部的全国重点大学，权力都集中在教育部。学校要请外国学者讲学或者派人出国学习，招收多少学生，开设什么专业，等等，统统由教育部规定。这样一来，当校长的只要按上面规定办就是了。结果是，办出来的学校都是一模一样。拿综合性大学来说，复旦大学就与北京大学没有什么区别。各个工科大学也是一个式样。外国人来参观时，每类大学只看一所就行了，因为各个大学没有自己的特色。

我想，中国这么大，学校这么多，什么事都由教育部管是管不好的。为什么不给大学一点自主权呢？其实，教育部对重点大学每年的人员进出、招生人数和教育经费订个计划，作出预算后，就应放手让学校去做。如使用外汇问题，文科和理科情况不一样，上面规定总额后，把钱交给银行或财务部门保管，使用权交给系里，需要时系主任批准就可到银行领取。但现在不是这样，规定使用经费超过 1000 元的都要由校长批准。复旦大学十几个系，我怎么能具体了解每个系用钱的情况？这样的权力可以下放到系里，但我没有这个下放的权力。

我们是由国务院任命当校长的，那就应该相信我们是会用好这个权的。……我觉得，我们党和国家对学者和专家是很重视的，给了我们很高的荣誉和地位，但由于制度还有些缺陷，至今仍不能很好地发挥我们的作用。照现在这样的管理制度，校长的手脚被束缚住，是很难办好学校的。

1985 年的《中共中央关于教育体制改革的决定》提出："当前高等教育体制改革的关键，就是改变政府对高等学校统得过多的管理体制，在国家统一的教育方针和计划的指导下，扩大高等学校的办学自主权，加强高等学校同生产、科研和社会其他各方面的联系，使高等学校具有主动适应经济和社会发展需要的积极性和能力。"根据这一原则，1986 年 3 月，国务院发布《高等教育管理职责暂行规定》，决定扩大高等学校在招生、毕业分配、经费、基本建设、干部任免、教职工聘任、教师任职资格评定、教学科研工作等方面的管理权限。

从当时高校办学的实际情况来看，上海交通大学在党委书记邓旭初的主导下，武汉大学在校长刘道玉的带领下，进行锐意改革创新，从而成了中国高校改革的旗帜，成为千万学子向往的精神家园。下面着重介绍刘道玉带领的武汉大学的教学改革。

1981 年 8 月 22 日，《人民日报》头版报道了国务院对武汉大学校长的任命："经中央批准，48 岁的刘道玉，被任命为武汉大学校长。他是我国解放后自己培养的大学生中第一个担任大学校长的人，也是全国重点大学中最年轻的校长。"时值盛夏酷暑，各种媒体以火辣的调子报道了这一消息。

20 世纪 80 年代的武汉大学因刘道玉的锐意改革，成为众学子向往的精神家园

当事人刘道玉多年后在其自传里谈到，“在接受这一任命时，我心里是忐忑不安的。我在想，武汉大学是名牌老校，前14任校长，不是学术贤达就是政界名流，他们要么有雄厚的学术资本，要么有坚强的靠山。然而，这一切我都没有，论年龄，我尚不到‘知天命’之年；论级别，我是个21级干部；论职称，由于评定职称停止了20多年，我还是一个小小的讲师。看一看，像北京大学、清华大学、复旦大学、南开大学等重点大学，他们的校长都是留学归国的博士，是一级教授、科学院的学部委员。与他们相比，我更感到自己相形见绌。”

当然，刘道玉也有自己的优势。他有崇尚勤奋刻苦的精神，不怕吃苦。他敢想敢干、敢于负责，从不摆官架子，能够与广大基层群众打成一片。刘道玉还崇尚创造，励志改革，热爱教育，办事求新，这是办好大学十分重要的条件。最后一点，刘道玉既做过基层干部，也做过教育部高教司司长，熟悉教育方针政策，具有一定的领导管理工作经验。

刘道玉，1933年11月生，湖北枣阳人，汉族。著名教育家、化学家、社会活动家。1977年，出任教育部党组成员兼高教司司长，为高教战线上的拨乱反正和恢复统一高考起到了很大的作用。1981年至1988年担任武汉大学校长，是当时中国高等院校中最年轻的一位校长。他倡导自由民主的校园文化，从教学内容到管理体制率先推行了一系列改革措施——学分制、主辅修制、转学制、插班生制、导师制、贷学金制、学术假制等，拉开了中国高等教育改革的序幕，其改革举措在国内外产生了重大影响

48岁的刘道玉，已不再是青年人了，但是媒体仍把他当作最年轻的校长，这只是相对而言的。刘道玉后来心想：既然被冠以年轻的校长，那就应当表现出年轻校长的样子来，干出一番年轻校长应当干出的成绩来。作为一校之长，就是武汉大学这个大舞台上的主角，应当胸怀全局，提出振兴武汉大学的方略来。

刘道玉接手领导武汉大学工作时，由于十年“文化大革命”的影响，武大的学术和科研水平

大大降低，1980 年，在教育部举行的三大科学奖励中，武汉大学被剃了光头。刘道玉语重心长地说：“知耻而后勇啊！我们要像越王勾践复兴越国一样复兴武大啊！”正是带着强烈的忧患意识，刘道玉执掌武大七年间，以蓬勃的朝气，锐意改革，使武汉大学阔步走在时代前列。

教师队伍是高校发展的根本。武汉大学藏龙卧虎，有许多非常著名的专家学者，如病毒学家高尚荫，数学家李国平，电化学家查全性，历史学家唐长孺、吴于廑，哲学家江天骥，训诂学家黄焯，法学家韩德培等，都是泰斗级的人物。上任伊始，刘道玉一一登门拜访，请他们出山执教。

接下来，刘道玉花了一个多月的时间把主要精力放在调查研究上，调查的问题主要有三个：第一，作为一所著名老校，在历史上，武汉大学的历任校长和学者们，在办学和治学方面，有哪些主要的经验？第二，解放以后，武汉大学急剧滑坡的原因是什么？第三，如何振兴武汉大学，应当把武汉大学办成一所什么样的大学，突破口应如何选择？

在调查研究的基础上，刘道玉提出：坚持改革，勇于开拓，大胆创新，调动一切积极因素，努力把武汉大学办成以中国 3—9 世纪传统文化（文史哲）、国际问题（经济、法律、国际关系）、信息科学技术（图书、情报、计算机）、空间物理、功能材料（生物活性高分子）、能源（电化学）和病毒学为重点的，涵盖文、法、理、技、信、管六大类的新型综合大学。

一所高校的发展，首要是有利于促进科学研究工作的迅速发展。在一次会上，刘道玉对教师提出了一个硬性指标，凡在职的正教授、副教授，五年之内必须培养出三至五个研究生，完成一项科研成果（理论或应用），出版一本著作。他甚至用激将法提出：如果五年写不出一部专著，那就出版一本教材，再不行就写一本科普书，实在还做不到，那就出版一本“小人书”。如果连这个最基本的要求也达不到，将通过学术职称评定委员会免去教授或副教授职务，学校决不搞大锅饭，也决不保护落后！一位老教授对此感触颇深，他说：“我在武汉大学工作 50 多年了，像这样抓科研还是头一次。应当动真格的了，否则真的会被取消重点大学的资格。”

从一开始武汉大学的教育改革就是走一条完全不同于其他学校的路子。刘道玉大刀阔斧地采取了以下几个措施推行改革：

第一项是推行以学分制试验为主要内容的教学改革。

武汉大学学分制的试验工作，实际上是从 1980 年开始的。为了防止冒进，还是本着先试点后推广的方法，使改革稳扎稳打地进行。选定历史系和物理系作为试点，分别摸索文科和理科实行学分制的方法、问题和经验，刘道玉本人具体抓物理系的试点工作。

1981 年秋天，武汉大学用了一个月的时间，自下而上、上下结合，对各系的教学进行了大检查，特别是对历史系和物理系试行学分制的情况进行总结。通过对比发现，在这两个系进行的学分制试点基本上取得了成功。与没有实行学分制的系相比，十分明显的变化是：学生们积极性调动起来了，学习兴趣广泛了，知识面也拓宽了，教师开设新的选修课的积极性也增加了，并且由于学生的自由选课而导致了教师们的积极竞争。

鉴于学分制显示出了诸多的优越性，学校决定：自 1982 年秋季起，在全校全面推行学分制。这是在全国高等学校中，第一个经过试点而全面实行学分制的学校，所以备受世人注目。

武汉大学由于实行了教学制度的改革，特别是学分制、主辅修制、双学位制的实施，在学生中出现了生动活泼的局面，涌现了大批横向成才的先进典型。例如，学历史的，有多人成了报业领导人；学哲学的，许多人成了企业家；学外语的，有多人成了国际法专家和司法部门高级领导人；学数学的，有一些人成了经济学家和亚洲银行的高级雇员。可以肯定地说，如果没有这些新的教学制度的实施，这些优秀的人才，可能被埋没，也可能学非所用，会造成人才的极大浪费。

链接

学分制简介

学分制，教育模式的一种，与班建制、导师制合称三大教育模式。19 世纪末学分制首创于美国哈佛大学。1918 年北京大学在国内率先实行“选课制”，1978 年国内一些有条件的大学开始试行学分制，现在学分制改革已在国内高校全面推开。

到底什么是学分制？形象的说法就是，学分制如一个教育超市，学生上课像在市场选购商品，学生根据自己的经济承受能力、兴趣爱好、学习潜质自主安排学习。是攻读一个学位还是两个学位，提前毕业还是推后毕业，是否跨专业、跨系科选修课程都由学生自己选择，最终实现教育公平。

我国高校为什么要实行学分制改革？主要原因是“一言堂”的体制已经越来越不适应我国高等教育发展的需要。主要体现在：学什么课程？上哪个老师的课？学制多少年？不上课到底交不交学费？想提前毕业怎么办？……这样的问题在实行学分制改革前都是学校说了算。现行的高等教育形势要求必须进入学生“自主点菜”时代。

学分制改革好处在哪里？

一是学分制对提高高等教育质量大有裨益。学生根据自己的实际情况来选择学时和课程，达到真正学有所好、学有所成。同时，学生选课、选教师使教师上课“创造”的收入一目了然，这就促使教师不断更新知识，提高教学质量。

武汉大学学生刘东梅在大学三年级时就拿到了毕业证和学位证。按照规定，只要修满本专业的学分就可以毕业。刘东梅说：“我在大一大二就选修了很多高年级的课程，大三上学期就把规定学分修满，剩下的时间就做论文和找工作。”

更多的同学是享受学分制带来的自主选择专业和自主选课的好处。武汉大学新闻系学生蒋乐进在毕业时选修课学分远远高于规定的学分，他说：“我从大一开始就拿着学分卡在学校到处选课，选修自己感兴趣的文学、哲学、法学等课程。学分制让我有机会学自己想学的东西。”

第二项措施是大学生的转学制度探索。

大学生在校学习期间，能否根据自己的兴趣而转换系科和专业呢？在计划经济相应的教育体制下，这是一个禁区，在当时是没有人敢于闯这个红灯的。但是，刘道玉凭着一股勇气，居然在没有领导部门的批准下，从 1981 年起，在校内实行转学制度。

刘道玉是如何萌发创立转学制度的想法的呢？这要得益于他和大学生之间的沟通。据他在自传里回忆，他和学生之间没有代沟，他们不仅把他看作一校之长，而且也将他当作朋友。刘道玉除了经常参加他们的活动以外，还常常收到他们写给他的信件，其中有批评、有建议，也有他们的烦恼与要求。对他震动最大的是生物系 79 级学生田贞见的一封信，田贞见的信中写道：

> 亲爱的校长：当我写这封信时，我简直苦恼到了极点！我自幼喜爱文学，做梦都想当一名作家。然而，乔太守乱点鸳鸯谱，却把我录取到了生物系，尽管生命科学是当前的热门，可是我对它却没有一点兴趣。每当我上解剖课时，我想我也是一只兔子，现在不也是被放在砧板上，被人用手术刀一刀一刀地宰割吗？校长，请你救救我，不要把我再当作兔子……

看了这封信，刘道玉的心情难受极了。他想，难道我们的教育就这样的残忍吗？为什么要强迫学生学习他们不喜欢的专业，又为什么不允许人们选学他们喜爱的专业呢？他决心不能让这样的状况再继续下去了，禁区一定要打破。于是，刘道玉批准田贞见转入中文系学习。转学中文的田贞见如鱼得水，学得生动活泼，他不再是一只“被解剖的兔子”，而成了驰骋千里的“千里马”。

转学制度一推出，立即得到广大学生们的拥护，他们把它称作“学习的解放运动”。学校实行的转学制度，是广义上的转学制度，在尊重和保护学生兴趣的前提下，允许学生不仅在系内各专业之间转换，而且还允许学生在系与系之间、文理科之间，甚至是学校之间转学。例如，中文系 78 级学生徐传毅对数学有着特别的爱好，他转入数学系以后学习成绩优秀，毕业后被美国著名的麻省理工学院数学系录取为研究生，别人需要五年才能获得博士学位，而他五年却拿到了应用数学和物理学两个博士学位。他毕业后立即被斯坦福大学数学系聘为副教授。

第三个探索是作家班和插班生制度。这也是武汉大学当时教育改革中的两个亮点。萌发这两项改革措施的背景是：过去文人相轻，学者瞧不起作家，认为

刘道玉之所以萌发转学制度，得益于和学生之间的良好沟通

他们没有学历、没有高深的学问；而作家又瞧不起学者，认为他们一生都写不出一本小说来。于是，刘道玉希望能够打通他们之间的隔阂，借用了遗传学上“杂交原理”，萌发出了要培养学者化的大作家的想法，这一想法与时任中国作协副主席的王蒙先生的想法不谋而合。于是，在中国作家协会的支持下，武汉大学创办了史无前例的作家班，先后两期，被称为“黄埔一期、二期”。

探索插班生制度的起因有两点：一是刘道玉对一次高考定终身甚为不满，希望在高考制度以外，另开辟一条升大学的途径；二是他希望能把那些自学成才的优秀人才和其他普通大学中学习优秀的学生，以插班的形式招入到武汉大学来，给武汉大学学生注入新的活力。同时，还想把武汉大学已在学但不思进取、学习不好的学生分流出去，形成竞争的局面。

另外，刘道玉还大胆起用新人作为学术带头人。他不怕流言蜚语，破格启用70届毕业生、留日归来的何克清讲师当软件工程所副所长。杨小凯是湖南的一位工人，“文化大革命”中坐过牢，在牢里自学，对计量经济学和经济控制论有较深的造诣，却由于政审不合格不能上大学。刘道玉得知情况后，请湖南省委书记帮忙，调杨小凯到武汉大学。一年后，报教育部批准破格晋升他为讲师。杨小凯后来成就斐然，成为澳大利亚国家科学院院士。

在一番改革下，武汉大学的科研学术风气位列全国首位，到1983年年底，排部属大学第二名。《文汇报》1984年撰文介绍，武汉大学77级至80级的四届本科生，在全国近50种刊物上发表论文、作品共1570篇，出书14本，有28名学生提前毕业，879名学生考取研究生，其中有130多名学生考取外国的研究生。《中国青年报》说该校学生在校期间就开展科学研究并取得成果。在全省创作及科研成果竞赛中，该校获得 85 项奖，占全省一半以上。

刘道玉的高教改革在当时取得了巨大的成功。一时间舆论纷纷称："珞珈山，中国高教改革的试验区。"当时的一部反映大学生活的电影《女大学生宿舍》就以武大校园为蓝本，展示了当时武大的学生生活与学术氛围，这部电影风靡海内外，使很多人认识了改革后蒸蒸日上的武汉大学。也正因为这次改革，武汉大学在当时获有"三大桂冠"之称号。

链接

20世纪80年代武汉大学的"三大桂冠"

武大是中国高校中的"深圳"

深圳意味着改革开放，是改革开放的前沿阵地，高速度，高效率。那时武大被誉为"高校中的深圳"，表明武大在高校改革中敢为天下先。深圳的改革精神给武大的改革带来了明显的效益，凭着自身挖潜，向着文、法、理、技、信、管等多科综合办学方向去发展。当时的武汉大学有着全国独一无二的建筑学系、空间物理系、病毒学系、统计学系等 8 个新学科体系。

武大是高校中的"解放区"

解放区意味着民主、自由、没有或者很少强制性的管制。刘道玉任职期间，很赞同孔子的"教而不诛"的主张，他允许学生不上不喜欢的课，可以自由在校内转系，允许自主组织社团，允许提前毕业，一般不因学生学习不好而勒令退学，提倡对学生多采用教育而不是惩罚的教育手段。他还十分鼓励学生进行业余创作或科学研究，发表或出版著作，同时学校不设立政治辅导员，提倡学生自己管理自己。

当时武汉大学的学术氛围，媒体上用了"蔚然成风"这个词加以形容，它吸引了不少北大、清华、中国科技大学等高校的学生，他们纷纷要求转学来武大，其中不乏高考状元。还有北大法律系主任和化学系的两位学部委员以及中国社科院的多个研究员也主动要求调到武汉大学来。

武大是“快乐大学”

“学在 ××，吃在 ××，玩在武大。”这是当时流传的一句顺口溜。说到“玩”，刘道玉校长一直推崇孔子的一句话：“知之者不如好之者，好之者不如乐之者。”他强调，这个“玩”并非玩物丧志的“玩”、昏天暗地的“玩”，而是轻松愉快地学习和交流，自由地进行发明创造，师生乐教，学生乐学，这是教学的最高境界。

20 世纪 80 年代，上海交通大学的管理体制改革也产生了广泛的影响

当时除了武汉大学锐意改革之外，还有其他一些高校也积极进行改革并取得明显效果，产生了广泛的影响。如华中工学院的师资队伍建设和学科建设、上海交通大学的管理体制改革、深圳大学的办学体制改革，这些改革为我国高等学校的教育教学改革提供了有益经验。

如今回首几十年前的改革，并无恍若隔世之感。这几年，高校的“热点”诸如与企业联姻开发技术、跨学科培养人才等举措，或多或少可在当年的探索中找到出处。那个年代高校校长和媒体不断发出呼吁：给大学校长一点自主权。几十年过去了，类似的呼声仍时有耳闻。也许，这正说明了高校管理体制改革的任重道远。

链接

20世纪70年代末、80年代初上海交通大学改革概况

1979 年的上海交通大学，经过几次院系调整和“文化大革命”，学科

陈旧单一，人才严重积压，工作效率低下，办学经费匮乏。管理体制本是高校改革的难点，党委书记邓旭初和他的“一班人”进行大刀阔斧的改革。

第一项，促进人才流动。7年间，调出教职员工501人，选留、调进教师537人。“一进一出”，优化了师资结构，为人才提供了施展才能的空间。

第二项，打破“大锅饭”。拉开收入差距，调动教师的积极性，也是当时的创举。学校决定从科技服务的收入中，拿出10%向中年教师发放岗位津贴。每人每月平均6元钱的津贴，先在3个系搞试点。之后，国务院有关部门将上海交大列为自费工资改革的试点。

第三项，优化学科设置。上海交大在“文化大革命”刚结束的1977年率先恢复理科，1979年组建管理专业，1980年又率先在工科大学开设文学艺术专业，在著名电脑专家王安等美国校友的帮助支持下，建立计算机等一批高精新学科，使上海交大重新走上了综合性理工科大学的发展之路。

1984年2月16日，邓小平、王震等接见上海交大部分教职员工。邓小平对上海交大的改革表示满意。万里副总理也3次接见邓旭初等人，指示：“改革必须坚持，不改革就没有出路，教育要讲效益，多出、快出、出好人才。”他还指出：“搞改革，必然要得罪一些人。……党中央号召改革，凡是搞改革的，都会得到政府支持。凡是阻碍改革的，我们都不允许，这是个原则问题。上海交大的改革是党中央、国务院肯定的，要放心大胆地干下去。”

1984年5月15日，六届全国人大二次会议的政府工作报告中，专门提到上海交大的管理改革：“近年来在教育、科研战线已进行了一些有益的探索和试验。上海交通大学等院校改革管理制度，层层扩大自主权，实行定编定员，人员流动，挖掘学校科研潜力，承担经济建设研究课题，制订教师工作规范，明确干部岗位责任，试发岗位津贴和职务工资，提高了教学质量，出现了科研新局面。”

1984年，上海交大同北京大学、清华大学、复旦大学、西安交大一同进入部属36所高校的5所重中之重，时称“五朵金花”。

四、校长负责制

“校长负责制”这个词不是20世纪80年代才出现的。20世纪50年代的《中小学暂行规程（草案）》《小学暂行规程（草案）》就明确规定要实行校长负责制，20世纪60年代又实行了当地党委和主管的教育行政部门领导下的校长负责制。50年代的校长负责制由于没有建立监督制约机制，而导致校长个人的独断专行；60年代的校长负责制由于没有很好地处理党支部与校长的关系，又出现了党政不分，以党代政或者党政都不管的弊病。

20世纪60年代后期出现了双重领导下的校长负责制，这种体制对过去的党政不分、以党代政问题有所克服，但由于“文化大革命”的爆发而终止实行。20世纪70年代末80年代初建立的党支部领导下的校长分工负责制，事实上又回到了20世纪50年代的那种校长负责制，因而出现的弊病也大致相仿。在校长分工负责制下，一种情况是或者校长兼书记，或者书记兼校长，党政一把抓，但这样往往容易导致“党政不分，以党代政”；另一种情况是书记是一把手，校长也是一把手，二者相和，问题还少一点，如果“将相不和”，彼此对着干，问题就多了。尤其是在这种领导体制下，学校往往形成两套领导班子，党一套、政一套，学校事务先由党支部作决定，再召开党政会议统一认识；或者行政会议形成意见，再交党支部拍板议决。费时、费力，且冗员众多、效率低下，甚至内耗不断。

中小学实施校长负责制，激发了中小学的办学活力

从中小学层面来看，在《中共中央关于教育体制改革的决定》（1985年）、《关于加强全国中

小学校长队伍建设的意见（试行）》（1992 年）等政策指导下，全国各地进行了中小学内部领导教育管理体制的改革实验，取得了一些经验，大致如下：

一、明确了校长的职责。确立了校长的法人代表地位和相应的职权，校长对外是学校的代表，对内全面管理学校，拥有校内机构设置权、人事管理权、经费使用权、教育教学管理权、资产管理权。

二、明确了校长与党支部、校长与教代会的关系。学校党支部是党在学校的基层组织，它的主要职责是加强党的自身建设，并对党和国家的各项方针政策在本校的贯彻执行实行保证、监督。教代会的主要职责是负责评议或审议学校的重大事项，对学校工作实行民主管理与监督。实行校长负责制后，党支部不再是学校的领导机构，教代会也不是学校的权力机构。

三、建立了多种形式的监督机制。校内有党支部和教代会的监督，校外有上级教育行政部门，法律、审计部门，监察部门的监督。

四、初步形成了校长的选拔、考核、任命（资格）和培训制度。

五、进行了以“四制”为核心的内部改革。所谓“四制”，一般是指校长负责制、教职工聘任制、工资总额包干制和结构工资制。

1989 年，沈阳调查的 984 所学校中未聘人员有 7049 人，占调查总数的 7.5%。沈阳市的改革办法是：首先，定编、定员、定岗、定责，实行工资总额包干制。其次，实行校内聘任制，进行优化组合。校长根据工作需要，对全校教职工进行聘任。职称评定与聘任分开，评上职称的可以不聘，低职的可以高聘，高职的可以低聘，未聘的不享受在岗人员待遇，鼓励其流动。再次，贯彻按劳分配原则，实行校内结构工资制。结构工资由基础工资、岗位工资、职务工资和教龄工资组成；基础工资按原工资的 40%—70% 确定，可不分档次；教师实行岗位工资，领导实行职务工资，实行定量考核，按劳付酬。

1989 年，上海市在落实校长负责制的基础上，推行了聘任制与校内结构工资制的改革试点。其聘任原则是：“条件公开，双向选择，择优上岗，合理组合”。不仅教师实行聘任制，学校中层干部也实行聘任制。

中小学内部领导管理体制改革在一定程度上激发了教师的工作积极性，提高了教育质量。但改革很不平衡，很多地方的学校仍处于观望之中。出现的原

校长负责制，从某种程度而言，是学校去行政化的重要举措之一

因一方面是人们的观念未能及时转变，社会保障体系不完备，另一方面是教育经费投入不足，学校财力有限，以及尚未建立对中小学内部领导管理体制改革进行科学评价的体系，等等。

总体上说，中小学实施校长负责制的改革是成功的。它理顺了学校里的党政关系，既保证了国家和党的路线、方针、政策在学校的贯彻和落实，也保证了校长和行政领导的作用得到发挥，还有利于调动教职工参与学校管理工作的积极性与主动性，提高了学校办学水平。所以，经过若干年改革探索、实验和总结，1993 年颁布的《中国教育改革和发展纲要》明确规定：我国“中等及中等以下各类学校实行校长负责制”。

从高校层面来看，高等教育各类学校，自从 1985 年《中共中央关于教育体制改革的决定》颁布后，实行校长负责制的学校数量也显著增加，到 1986 年年底增加到 100 多余所，占当时全国高校的 1/10。高校校长负责制改革措施与中小学类似。然而，高校与中小学相比，工作情况更为复杂。比如，高校的任务是培养高级专门人才，发展科学、技术、文化，为社会主义建设服务，要完成这些相当艰巨与复杂的任务，对思想教育的要求很高。又如，高校高层次专业人才十分集中，是人文社会学科建设、社会意识形态和精神文明建设的重要场所，思想十分活跃，社会上发生的问题会在高校引起反响，高校发生的问题也可能会在社会上引发震动。所以，中央对高校的领导一贯重视。1989 年后，国家教育委员会明确表示，高校校长负责制的试点暂不扩大，绝大多数高校依然实行党委领导下的校长负责制。

出于对高校工作性质的认识，也出于办好高校的愿望，实行党委领导下的校长负责制，在具体的学校内部管理实践中，高校也注意探索适合高校特点的、行

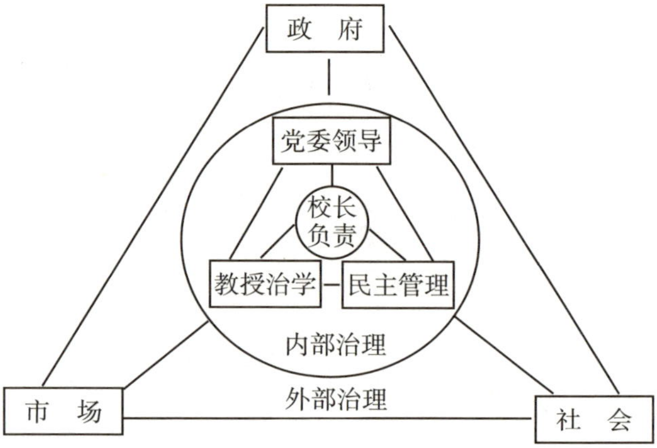

高校校长负责制框架示意图

之有效的管理举措。高校管理举措总的指导思想是理顺党政关系，党政各司其职。通常的做法是学校党委只对事关学校发展全局的重大问题作出研究和决定，这些问题包括学校发展定位、办学指导思想、学校发展规划、学科建设、人事制度、教学工作等重要改革方案。学校党委的主要精力在于思想教育和党的自身组织建设方面，而校长和学校行政领导负责落实和执行经集体研究作出的决定，对学校的行政事务行使充分的职权，充分发挥自身的作用。

制度的设计尽管如此，但具体工作实践中也会比较复杂多样，在相当多的高校中存在不同情况。如果党政两位一把手相处和谐，配合默契，学校的党政工作就会头绪清楚，理顺得当，学校的事业就会发展较顺利。

五、重点学校制度

“文化大革命”期间，我国教育事业受到严重破坏，教育质量普遍低下，高精尖人才极度缺乏。1977 年 5 月，邓小平提出：“办教育要两条腿走路，既注意普及，又注意提高。要办重点小学、重点中学、重点大学。要经过严格考试，把最优秀的人集中在重点中学和大学。”

1978 年 1 月，教育部《关于办好一批重点中小学的试行方案的通知》提出，建构中小学“小金字塔”结构，重点高中及完全中学、重点初中和重点小学分别达到 6000 所、12000 所和 50000 所，形成国家级、部委级、省市级、地市级、县市区级的重点学校系列，几乎所有中小学，都设有重点班级和重点对象，形成“层

十一届三中全会后，应全国几十所高等学校负责同志的要求，邓小平提名蒋南翔任教育部部长，蒋南翔重返教育战线。在这段工作中，蒋南翔坚持了实事求是的思想路线，坚决贯彻“调整、改革、整顿、提高”的八字方针。在正确总结历史经验的基础上，提出了在国民经济计划的安排上要认真解决文教建设与经济建设相平衡的意见

层重点”的格局。并在经费投入、办学条件、师资队伍、学生来源等方面向重点学校倾斜，由此形成国家级、省级、地级、县级的重点学校“层层重点”的格局。1978年2月，确定由教育部举办20所重点小学。此后，各地陆续确定一批重点学校。

1979年年初，由邓小平提名，60年代的高教部部长，清华大学原校长、党委书记蒋南翔重新出任教育部部长、党组书记。蒋南翔部长按照“文化大革命”前十七年教育的模式建设新时期的教育，重新颁发在60年代的条例的基础上修改而成的《全日制中学暂行工作条例（试行草案）》《全日制小学暂行工作条例（试行草案）》《全国重点高等学校暂行工作条例（试行草案）》，并在中小学重新建立重点学校制度。

1980年10月，教育部印发《关于分期分批办好重点中学的决定》再次强调，

“必须首先集中力量办好一批条件较好的重点中学”，“今后增加的中学教育经费，在统筹安排下，要保证重点中学的需要”。

至 1981 年，全国各省、自治区、直辖市（不包括上海市）共有重点小学 5271 所，占小学总数的 0.6%；在校生 417.7 万多人，占小学在校生总数的 2.9%。共有重点中学 4016 所，占中学总数的 3.8%。这些重点学校几乎全都是以理科优秀为特征的，同时，基本分布在城市地区。1982 年对 13 个省、自治区、直辖市的 348 所重点中学的调查显示，城市有重点中学 243 所，占 70%；县镇有 98 所，占 28%；农村有 7 所，占 2%。其中有 7 个省、直辖市的农村没有一所重点中学。

到 20 世纪 80 年代中期，随着《中共中央关于教育体制改革的决定》和《中华人民共和国义务教育法》的先后颁布，我国开始实施九年制义务教育，要求实行少年儿童就近入学。此时国家把基础教育的注意力开始集中到义务教育和全面办好每一所学校上。随着应试教育的弊端日益凸显和愈演愈烈的择校竞争，我国开始逐步淡化小学、初中重点学校制度，甚至明令规定不设重点校（班）。

从当时教育发展的情况看，实施重点教育与普通教育相结合，是全面促进我国教育事业发展的正确方针，符合事物发展的客观规律。重点学校制度在有效利用已有的教育资源，推动部分中小学办学条件的改善和教育质量的提高，加快精英人才培养，使一些经济发达的地区基本实现义务教育的现代化和信息化等方面发挥过应有的历史作用，在一定程度上取得了快出人才的办学效益，满足了国家和社会对高素质人才的渴求。

但 20 世纪 80 年代以来，重点中学政策的负面影响日益彰显，教育界的讨论和反思持续不断。当时达成共识的是：作为一种政府行为，人为地扩大了义务教育学校间在资源配置和教育质量上的差距，不可避免地带来了许多弊端，导致了教育公平的缺失。重点学校制度违背了义务教育的性质，不利于义务教育培养目标的实现。同时，重点学校制度违背了义务教育的均衡发展原则，不利于教育公平的实现。重点学校制度是对教育公平的一大挑战。重点学校没有起到示范性、实验性的作用，反而通过拉大学校差距，强化了学校之间对于升学率的竞争，恶化了基础教育气氛，成为推动应试教育的重要机制。

1981 年，作为教育部顾问的叶圣陶在《中国青年》杂志发表《我呼吁》一文，

20 世纪 80 年代“片面追求升学率”、学生负担过重的情况仍然愈演愈烈，成为严重的社会问题

呼吁各方面关注中学生在高考重压下负担过重问题，引起强烈社会反响。此后，教育部下发文件要求“重点中学已基本装备齐全的地区，应把投资的重点转移到改善一般中学的办学条件上来”。多数地区取消了重点小学。但基础教育气氛的恶化并没有解决，教育部为此下发的文件多达数十种，各种讨论和发表的文章不计其数。但“片面追求升学率”、学生负担过重的情况仍然愈演愈烈，成为严重的社会问题。

从高等教育来看，我国重点大学制度在 20 世纪 80 年代也经历了一个恢复与重建阶段。1977 年 9 月，邓小平提出要恢复重点大学制度，重点大学要承担教学和科研双重任务。在这一精神的指导下，1978 年 2 月 17 日，国务院转发教育部《关于恢复和办好全国重点高等学校的报告》(下称《报告》)，标志着我国重点大学制度得以恢复和重建。《报告》指出，恢复重点大学的目的是推动教育战线的整顿工作，迅速提高大学的质量，以适应经济和社会建设发展需要。

重点大学的任务是成为教学的中心和科研的中心，一方面提高教育教学质量，另一方面提高科学研究水平，解决现代化建设中的最新科学技术问题。该阶段的重点大学制度的主要内容包括：(1) 全国重点高校的数量与规模有所增加。

1963年全国重点高校为64所（不包括军委所属3所院校），至1979年年底，全国的重点高校增加到97所。（2）重新调整了全国重点学校的领导体制。少数全国重点高校由国务院有关部委直接领导，多数由相关部委和省（区、市）双重领导，以部委为主。（3）突出了重点高校的科学研究任务和功能。表现为重点大学的研究生教育工作得到重视。（4）在重点高校进行了高校管理体制改革，为我国高等教育改革作出了贡献。这些改革包括领导体制、师资调配和招生优先等。

20世纪80年代，我国重点大学制度经历了恢复与重建之后，终于得以规范化和制度化。这种制度化表现为重点大学制度的制度框架与运行机制在此之后得到延续。比如，重点大学建设列入国家重点建设项目、重点高校在内部管理的优先权、研究生院制度、重点学科建设制度等都得到确立与发展。其后，20世纪90年代以来，我国高校的“211工程”和“985工程”也是在此基础上的创新与完善。

链接

20世纪80年代时就享誉高教界的88所全国重点大学，今何在?

1978年2月17日，国务院下达《关于恢复和办好全国重点高等学校的报告》，报告中指出：“全国重点高等学校的数量，可以适当增加一些，第一批拟定为八十八所，约占现有高等学校总数四百零五所的百分之二十二。”加上后来1979年到1981年又陆续增加的11所全国重点高校，总数达99所。近20年来，随着“211工程”“985工程”和“双一流”建设相继推出，全国重点大学已经少有人提及，不过它们的发展现状仍旧值得关注。

经过40多年发展，曾经的全国重点大学大致可以分为四类：未更名、未合并，经过更名、未合并，经过大规模合并以及未能入选国家重点建设高校名单。对首批88所全国重点大学现状的整理归纳如下：

未更名、未合并：实力依旧强悍

在1978年入选的全国重点大学中，大多数都经过更名和大规模合并，仅有少数全国重点大学未更名、未合并，这些高校共有14所，包括中国科学技术大学、南京大学、天津大学、南开大学、厦门大学、西北工业大学、北京师范大学、兰州大学等。这14所中一流大学建设高校共有9所，一流学科建设高校共有5所。由于没有合并，这些高校在综合排名和各种数据评比中不占优势。尽管如此，这些高校实力依然非常强劲，基本上都拥有全国领先的学科。

1978年公布的88所全国重点大学名单（未更名、未合并）		
序号	原全国重点大学	学校类型
1	中国科学技术大学	一流大学A类
2	南京大学	一流大学A类
3	天津大学	一流大学A类
4	南开大学	一流大学A类
5	厦门大学	一流大学A类
6	西北工业大学	一流大学A类
7	北京师范大学	一流大学A类
8	兰州大学	一流大学A类
9	云南大学	一流大学B类
10	西北大学	一流学科高校
11	内蒙古大学	一流学科高校
12	合肥工业大学	一流学科高校
13	西南交通大学	一流学科高校
14	中央音乐学院	一流学科高校

经过更名、未合并：理工类特色院校为主

经过40年的发展，曾经的全国重点大学很多在后来的发展中都进行了更名，这些高校数量超过了30所。这些高校后来基本上也都入选了“985工程”或“211工程”高校名单，也成功入选“双一流”建设高校名单。

学校类型主要以各类特色院校为主，包括理工科院校（北理工、华南理工、大连理工等）、航空航天类院校（北航和南航）、外语类院校（北外和上外）、地矿油类院校等，其中地矿油类院校由原先的中国地质大学、中国矿业大学、中国石油大学3所高校变为目前的6所一流学科建设高校。

值得注意的是，1969年开始，由于某些特殊原因，北京13所重点高校陆续外迁全国各地，使得一些高校的名称也发生了较大变化。其中北京林学院迁往云南，后来更名为丽江林学院（云南林业学院）；北京电力学院由邯郸迁到保定，更名为河北电力学院。不过，后来这些高校又恢复了校名。

1978年公布的88所全国重点大学名单（经过更名、未合并）

序号	原全国重点大学	学校现名	学校类型
1	北京航空学院	北京航空航天大学	一流大学A类
2	北京工业学院	北京理工大学	一流大学A类
3	华南工学院	华南理工大学	一流大学A类
4	大连工学院	大连理工大学	一流大学A类
5	南京工学院	东南大学	一流大学A类
6	成都电讯工程学院	电子科技大学	一流大学A类
7	山东海洋学院	中国海洋大学	一流大学A类
8	长沙工学院	国防科技大学（原国防科学技术大学，后更名为国防科技大学）	一流大学A类
9	中央民族学院	中央民族大学	一流大学A类
10	东北工学院	东北大学	一流大学B类
11	南京航空学院	南京航空航天大学	一流学科高校
12	华东水利学院	河海大学	一流学科高校
13	上海化工学院	华东理工大学	一流学科高校
14	北京钢铁学院	北京科技大学	一流学科高校
15	北京化工学院	北京化工大学	一流学科高校
16	北京外国语学院	北京外国语大学	一流学科高校
17	上海外国语学院	上海外国语大学	一流学科高校
18	华东工程学院	南京理工大学	一流学科高校
19	北京邮电学院	北京邮电大学	一流学科高校
20	北方交通大学	北京交通大学	一流学科高校
21	西北电讯工程学院	西安电子科技大学	一流学科高校
22	大连海运学院	大连海事大学	一流学科高校
23	华东石油学院	中国石油大学（华东）、中国石油大学（北京）	一流学科高校
24	武汉地质学院	中国地质大学（武汉）、中国地质大学（北京）	一流学科高校
25	四川矿业学院	中国矿业大学、中国矿业大学（北京）	一流学科高校
26	哈尔滨船舶工程学院	哈尔滨工程大学	一流学科高校
27	河北电力学院	华北电力大学	一流学科高校

（续表）

1978 年公布的 88 所全国重点大学名单（经过更名、未合并）			
序号	原全国重点大学	学校现名	学校类型
28	云南林学院	北京林业大学	一流学科高校
29	上海纺织工学院	东华大学	一流学科高校
30	北京对外贸易学院	对外经济贸易大学	一流学科高校
31	北京体育学院	北京体育大学	一流学科高校

大规模合并：部分高校综合实力大增

从 20 世纪 90 年代开始，高校合并潮就席卷了整个高等教育界。经过合并后，这些高校综合实力大增。据不完全统计，1990—2006 年，我国共发生了 431 次高校合并，涉及院校 1082 所，其中曾经的全国重点大学也是合并的主力军。

目前在各大排行榜中排名最靠前的高校，包括北京大学、清华大学、浙江大学、复旦大学、上海交通大学、吉林大学、武汉大学、中山大学等基本上都经过了两校或多校合并，其中合并高校最多的吉林大学更是实现了六校大合并。

值得注意的是，北京医科大学、上海医科大学、华西医科大学、中山医科大学、重庆建筑工程学院等曾经的全国重点高校由于合并到另一所全国重点大学中，这些高校的校名已经消失。

遗憾落选国家重点建设高校名单

在曾经的全国重点大学中，绝大多数都曾入选“211 工程”或“985 工程”高校行列，然而包括湘潭大学在内的 10 所高校却遗憾落选这两大工程，错失了发展的重大机遇。

在 2017 年公布的“双一流”建设高校名单中，其中的 9 所高校依然未能入选，令人惋惜。其中曾落选“211 工程”的全国重点大学——南京信息工程大学，依靠大气科学的强劲实力，顺利跻身一流学科建设高校行列，成为本次“双一流”建设的幸运儿。

不过，好在国家“双一流”建设高校并不是终身制的，2022 年将会进行动态调整，这无疑将给这些高校创造一些机会，我们也期待它们未来能顺利进入。

六、民办教育复苏

民办教育在我国有着源远流长的历史，但新中国成立后，因各种因素而一度中断和沉寂。20 世纪 70 年代末开始的拨乱反正之后，才逐渐得以复苏。

这一时期民办教育得以恢复并获得初步发展，有着深刻的历史背景和动因。首先是高考制度的恢复。1977 年，邓小平复出后所做的第一件大事就是恢复高考招生制度，这一举措既为在全社会实施改革开放作了思想和人才准备，也给一批又一批勤奋努力、有才华的优秀青少年创造了改变人生的机会。荒废多年的读书、学习热潮重新得到人们的重视，进修、升学成为这一时期的热门话题。

其次是“出国热”的急速升温。20 世纪 80 年代改革开放的实行，促使国门大开。国家启动留学生公派计划，后来逐步放开了自费留学政策及多种留学渠道（如校际交流、地方集资、部门公派和自行联系等），促使出国留学、进修热潮在全国范围迅速兴起。

从某种意义上说，恢复高考和新时期留学大潮的兴起，继承和发扬了中国尊重知识和人才的优良传统，给中国带来了更加理性与开放的心态，也成为推动中国民办教育恢复和发展的一股重要力量。当时公办高校和进修培训机构数量有限，无法满足广大青年升学以及学习文化知识的要求。

在这种背景下，一些文化补习班、职业技能培训机构等民间教育机构应运而生。当代民办教育大发展也由此拉开序幕。

从当时的发展状况来看，一些热心教育的人士，利用星期日、节假日办起了一些文化补习班、初等职业培训班等形式的教育机构。比如，1978 年北京出现的一些由退休教师组织的为参加各类考试人员进行

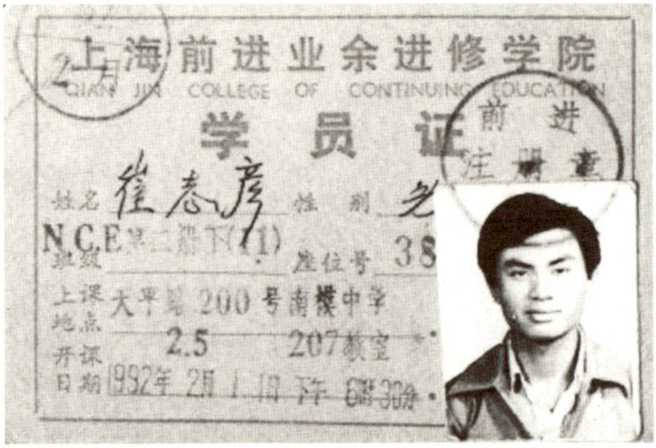
上海前进业余进修学院
QIAN JIN COLLEGE OF CONTINUING EDUCATION
学员证
姓名 徐春彦 性别 男
班级 N.C.E第二册下(1) 座位号 38
上课地点 大平路200号南楼中学 207教室
开课日期 1992年2月1日 下午6时30分
2.5

上海前进业余进修学院学员证

考前辅导的实习小组和实习班，同年长沙出现的高考文化课补习班和 1979 年湖南的会计培训机构，等等。上海最早的培训机构是由蔡光天举办的前进业余学校（后更名为上海前进业余进修学院）。他从高考辅导开始，以后又通过搞外语培训，积聚了一大批英语教师。

总体而言，这些培训机构数量虽然不是很多，但它们以非学历教育的姿态出现，这种纯为“长本事”的培训机构得到了大家的认可和欢迎，也满足了当时社会发展的需要。严格而言，这些都是“非公立的中学后教育机构”。

直到 20 世纪 80 年代初期，学前教育、中小学教育、高等教育领域才陆续出现民办幼儿园、民办中小学和民办大学。比如，1980 年温州乐清高中毕业生高淑双腾出自家住房，向社会招收 18 名幼儿，于是全国第一个家庭幼儿班诞生；1984 年，文成知青李道銮，靠自筹集资和政府补助创办了求知中学；1985 年，筹建中的温州大学向社会发行“三元券”，成功募齐办学资金……

到 20 世纪 80 年代末，温州民办幼儿园已发展到 1500 多所；民办中小学、高职也蓬蓬勃勃发展起来。国有民办、民办公助、公办民助、企业办学、部门办学、独资办学、股份办学……一条多元化的办学路子，被温州人蹚了出来。2010 年，温州成为全国民办教育综合改革的试点区。

这一时期，民办高校也开始出现。1980 年 10 月，79 岁的乐天宇带着平反时补发的 5 万元工资，从北京回到家乡湖南永州宁远县，在离县城 30 多公里的九嶷山舜帝庙，借用舜帝庙残存的两栋建筑，翻瓦补漏，在几根石柱上盖上油毛毡作教

九嶷山学院校门

室，创办了湖南第一所民办高校——九嶷山学院（有人也称其为新中国第一所民办高校）。

1981 年 3 月 1 日，九嶷山学院文化补习班开班，仅有学生几人，学费每人每期 7 元。由时任湖南省政府参事的长沙高级教师刘养玄等任教。

1981 年 9 月 1 日，九嶷山学院开学，招收文史、农林、医学专业的新生 100 多名，学费每人每期 15 元，少数民族学生、贫困生、革命烈士后代免收学杂费。第一堂课由乐天宇开讲，算是开学典礼，并提出十二字校训："贵自学、敦品德、勤琢磨、爱劳动"。当时任课教师有北京中医药大学陈克正、陈士垚教授，湖北中医药大学朱增柏教授，等等。农林系谭涤教授行走不便，由学生背到田间授课。教授每月津贴及职工每月工资均 5 元。没有教材，教师自己刻钢板、印资料。

1981 年 12 月 13 日，上将萧克千里迢迢来到学院给师生们作报告，并题写校名。1982 年下学期，乐天宇决定扩建学院，将全校师生分成砌工组、钢筋工组、木工组，并买来一头老水牛和泥打砖，由乐天宇负责割草喂牛。1984 年 7 月 5 日，教学楼二层完工。乐天宇非常高兴，当晚，从不喝酒的乐天宇破例给大家敬了一杯酒。10 天后，乐天宇因脑出血去世，终年 84 岁。

1984 年 9 月，乐天宇教授的长子乐燕生等人带着萧克将军给湖南省委书记熊清泉的信赴长沙。熊清泉先后三次接待他们，并作了四点批示：一是乐老病逝，学院还是应当办下去；二是学院应保留民办性质；三是招生主要在本省；四是地点可选择郴州或冷水滩农校。省长刘正也批示：按熊清泉书记的意见落实。

2002 年 6 月，在北京人民大会堂，全国民办高等教育委员会主任刘培植向九嶷山学院负责人授予"新中国第一所民办大学"的牌匾。同年 8 月，湖南省教育厅同意九嶷山、冷水滩两分院合并，冠名为湖南九嶷山专修学院。

从湖南九嶷山专修学院几十年的发展，可见民办教育发展的大致脉络。同时悄然复苏的民间教育实践，在一定程度上推动了当时国家法律法规的改进。1982 年 12 月 4 日公布的《中华人民共和国宪法》规定："国家鼓励集体经济组织、国家企业事业组织和其他社会力量依照法律规定举办各种教育事业。"彭真在《关于中华人民共和国宪法修改草案的报告》中进一步肯定了"私人办学"，强调依靠广大群众来办学。1985 年公布的《中共中央关于教育体制改革的决定》和

1986年公布的《中华人民共和国义务教育法》，都鼓励社会力量办学。

国家与政府对社会力量办学的政策支持和舆论导向，引起了社会的广泛关注，各地根据国家政策并结合本地区实际情况，制定了关于社会力量办学管理办法和一系列鼓励政策，使民办学校稳步健康发展。据1989年有关资料统计，仅京、津、沪等十几个城市，经教育行政部门批准的各种民办学校已有2000多所，在校学生达300多万人。截至1991年年底，仅民办普通中小学，全国已达1199所，其中中学544所，小学655所。

在这段历史时期，民办教育主要处于探索和初步发展阶段，虽然针对民办教育的发展，当时还缺乏专门的法律、法规，但在政府的相关文件中总能找到“肯定”和“鼓励”的文字。尽管许多人仍将其视为“另类”，处在边缘或补充地位，但这一新生事物仍然表现出十分旺盛的生命力。如南昌职业大学董事长章跃进回忆创业情景时说：“当时，招生不用宣传，学生就蜂拥而至。我们填补了一个极大的市场空白，受到的政府干预也很少。”

同时，从发展的路径而言，当时的民办教育是一种自下而上的带有原始自发性质的办学行为。地方对业余补习班的客观需求，造成民办业余培训机构的产生，继而延伸到学历教育机构领域。需要指出的是，国家教育主管部门总体上仍对民办学校持忽视态度，无意把发展民办教育列入当时的工作日程。这多少与那一时段的改革开放程度有关。

05

第五章

开放与交流

追溯历次留学大潮，我们发现，它伴随着中国近代史的发展，贯穿于中国现代化的进程中。党的十一届三中全会以来，全国的工作重心转向经济建设，中国历史上第一次把改革开放列为国策。为学习和吸收国外先进科学技术、经营管理经验及其他有益的文化，向世界开放、加速培养人才成为第一要务。

1978 年 6 月 23 日，时任中共中央副主席的邓小平作出了关于扩大派遣留学生的重要指示，由此掀起了留学的热潮，中国的留学工作从此进入了一个全新的发展阶段。国门开启，扩大派遣留学生成为中国开放的前奏曲。20 世纪 90 年代以来，中国政府提出“支持留学，鼓励回国，来去自由”的留学方针，出国留学事业得到了迅猛发展。

一、“破冰之旅”

1978 年 6 月 23 日下午，邓小平同当时的国务院副总理方毅，教育部领导蒋南翔、刘西尧等人，专门安排时间听取时任清华大学校长兼党委书记刘达的汇报。在听取汇报过程中，邓小平对留学工作作出了重要指示：“我赞成增大派遣留学生的数量，派出去主要学习自然科学。要成千成万地派，不是只派十个八个……这是五年内快见成效、提高我国科教水平的重要方法之一。现在我们迈的步子太小，要千方百计加快步伐，路子要越走越宽。我们一方面要努力提高自己的大学水平，一方面派人出去学习，这样可以有一个比较，看看我们自己的大学究竟办得如何。”

针对一些人的担忧，邓小平当时就指出：“不要怕出一点问题，中国留学生绝大多数是好的，个别人出一点问题也没什么了不起，即使一千人跑掉一百个，也只占十分之一，还剩九百个。”邓小平还要求：“我们要从外语基础好的高中毕业生中选派一批到外国进大学。今年三四千，明年万把人。这是加快速度的办法。”

由此可见邓小平加快扩大留学生派遣步伐的急切心情。在历史的抉择面前，中国没有走封闭的道路。邓小平的这一讲话被称为“扩大派遣出国留学人员的重要讲话”，对于开创改革开放时期中国的出国留学工作具有划时代的意义。在中国发展的关键时刻，邓小平高瞻远瞩，从国家和民族未来生存与发展的全局高度，作出了扩大派遣留学人员出国学习的战略决策，从而翻开了新时期我国出国留学工作崭新的一页。

决策果断而坚决，但真正付诸实施，却是前路多艰。当时中国的大环境是，一方面，经过长期的封闭，人们的思想很不解放，真正懂得出国留学意义、价值的人不多，相反，人们对出国留学，特别是把人派到资本主义国家去留学，还难以接受。另一方面，当时国家经济受到了严重摧残，国家财政非常紧张，于是就有人问，在这种形势下，花很多钱派人出国留学，有这个必要吗？还有一些人把派人出国留学和发挥国内现有人才的作用对立起来。即使是那些渴望了解外部世界的知识分子，当机遇来临时，他们也不是没有顾虑的。

上海交通大学原党委书记邓旭初对此感触颇深，他说：“现在，到美国访问、留学是一件平常事。可在20年前，这真是摸着石头过河。”这话缘于邓旭初的亲身经历。

1982年，美国前总统吉米·卡特访问上海交大时，与邓旭初等交大领导合影

在中美两国尚未建交时，邓旭初领导下的上海交通大学已经在积极争取组织专家教授访问美国。这一“出格”举动，在校园内外引起了极大

争议。邓旭初为此成为许多人攻讦的对象。

访美一直是上海交通大学梦寐以求的愿望。当时仅仅在美国，上海交通大学的校友就有600多人，他们组成了上海交通大学同学会，迫切希望与母校取得联系。与此同时，上海交通大学师生和社会人士都要求加快提高上海交通大学的科研教学水平，学习外国的先进技术和办学经验。上海交通大学曾向上级部门汇报过访美设想，但一直未能得到批准。当在美国的上海交通大学同学会再一次提出与母校取得联系的愿望时，邓旭初和交大党委再次上报申请访美，可惜又是石沉大海，杳无音信。

邓旭初不甘心。他让校部打报告给六机部（六机部也是上海交通大学办学的主管领导部门）。在六机部部长柴树藩的推动下，交大访美申请得到了中央的支持。

1978年春夏之际，邓小平在文件上批示：上海交通大学“可以利用与美国交大同学会的关系，请他们回来讲学”。国防工办依此向上海交通大学发文：先由上海交通大学组织一个有名望的教授参加的小组前去美国，和校友会进行接触，相继邀请他们来华讲学、旅游，同时参观几个美国理工大学，为今后进一步开展工作进行准备。

自1978年率领新中国成立以来第一个访美教育代表团——上海交通大学代表团出访美国后，邓旭初多次访美，保持中美教育界的联系。图为邓旭初在北美交大校友会上演讲

上海交通大学访美申请经多年曲折，终于获得批准，邓旭初欣喜若狂，立即召开党委会，传达邓小平的批示，着手组织访美教授小组。派谁去？这又是个伤脑筋的问题。不少老教授大多刚摘下“反动学术权威”“反革命”的帽子，仍心有余悸。但邓旭初认为，不派这些教授去，美国校友就会对改革开

放政策存有怀疑，也就不能打开美国的大门。凭着 20 多年的共事经验，他坚信这些老教授“没问题”。果然，代表团名单传到美国，校友们看到久违的老师、同窗的名字激动万分，奔走相告。在 12 个人的代表团里，还有几个中年教师。这样安排，是因为他们曾在苏联留学，访美能使他们客观地对比研究，了解美国的教育制度。

20 世纪 70 年代末中美之间壁垒重重，上海交通大学组织代表团到美国访问，不仅是粉碎“四人帮”以来第一次，而且是新中国成立以来第一次，作为中美高等教育界的“破冰之旅”，其分量之重可想而知。当邓旭初乘上去美国的航班时，心里真是感慨万分。这位 1938 年奔赴延安的革命者，曾在皖南事变中被围、突围、受伤、被俘的新四军战士，并不是没有与美国人打过交道。在抗美援朝的战争烈火中，他是志愿军的汽车运输团团长。在炮火连天的朝鲜，他的由一百多辆苏制汽车组成的运输团队，成为东部战线上的“钢铁运输线”，源源不断给前线送去弹药粮食等各种补给，立下了赫赫战功。20 多年后，这位大学党委书记带着教授学者去“美帝国主义老窝”做客、学习。

到了美国，问题又出来了。根据当时的外事纪律，出国在外必须两人同行。可是，美国校友只请某一位代表团成员赴宴叙旧，旁人又怎能同行呢？邓旭初“胆大包天”：就让代表团成员一个人去了。

在美国的一个半月里，代表团会见了 200 多名交大校友，考察了 27 所大学和 14 个研究所、企业。邓旭初最大的感受是“打了一针清醒剂”：我们再也不能闭目塞听，夜郎自大了！当时，美国麻省理工学院一年的办学经费是 7 亿多美元，而上海交通大学只有 1000 多万元人民币；计算机已被美国广泛运用于教学、科研、生产、医疗等各个方面，而上海交通大学还没有这个专业。

写访美总结报告，也需要一番勇气：怎么看待我们和美国的差距？邓旭初的回答和做法是，既然能向美国如实介绍我国的情况，为什么不能向我国如实介绍国外的情况呢？

这次“破冰之旅”，取得了很大的成功。不仅在中美交大校友之间建立了联系，连台湾新竹交大的校友也加入了校友圈，上海交通大学还与美国一大批名校签订了姊妹学校协议。邓旭初率团回京向王震、柴树藩汇报访美成果时，王震副总理一连说了三个“好”！

新中国首批赴美教育交流访问遇到的阻力就如此之大，更不必说向海外派送留学生的压力了。

二、海外留学

虽然上海交通大学代表团赴美交流的“破冰之旅”已然开启，但真正将中国教育的对外交流上升到政策层面乃至加以完善，还有一段比较曲折的道路要走。

熟悉中国教育对外交流史的人想必还记得，1966 年 6 月 30 日，由于“文化大革命”的影响，当时负责留学工作的高等教育部向全国下发了《关于推迟选拔、派遣留学生工作的通知》，提出为使拟留学出国人员“在无产阶级‘文化大革命’的斗争中进一步得到锻炼和提高，经请示中央批准，今年选拔、派遣留学生的工作决定推迟半年进行”。

虽然在 1973 年和 1974 年，当时的外交部、国务院科教组先后向有关方面呈递了《关于 1973 年接收来华留学生计划与留学生工作若干问题的请示报告》以及《关于改进和加强出国留学生选派管理工作的请示报告》，但是整个“文化大革命”期间，中国这个当时拥有近 10 亿人口的泱泱大国，也仅仅是向海外 21 个国家派出了 337 名留学生而已，而同时期世界上很多国家包括一些中小国家一年派出的出国留学人员都远远超出这个数量。

这种现象引起了党中央第二代领导集体的高度关注。1978 年 10 月 10 日，邓小平在会见来华访问的德意志联邦共和国新闻代表团时痛心地说：

> 由于受林彪、“四人帮”的干扰，我们国家的发展耽误了十年。六十年代前期我们同国际上科学技术水平有差距，但不很大，而这十几年来，世界有了突飞猛进的发展，差距就拉得很大了。同发达国家相比较，经济上的差距不止是十年了，可能是二十年、三十年，有的方面甚至可能是五十年。到本世纪末还有二十二年，二十二年以后，世界是什么面貌？包

> 括你们在内的发达国家，在七十年代的基础上再向前发展二十二年，将是什么面貌？我们的四个现代化，要在本世纪末达到你们现在的水平已不容易，要达到你们二十二年后的水平就更难了。所以，要实现四个现代化，就要善于学习，大量取得国际上的帮助。要引进国际上的先进技术、先进装备，作为我们发展的起点。

邓小平的倡导，旋即化为中国政府的决策。由此可见，扩大派遣留学人员是邓小平为中国改革开放事业设计的宏伟蓝图的一个重要组成部分。就在邓小平发表著名的“增大派遣留学生的数量”的重要讲话后不到20天，教育部就提交了《关于加大选派留学生数量的报告》，确定了选派计划。但是，在国家交往尤其是国际教育交往中，没有政治自信心是不行的，光有政治自信心又是不够的。

据时任教育部副部长的李琦回忆，当时他作为教育部分管外事的副部长，看到邓小平的“增大派遣留学生的数量”的重要讲话后既受到极大鼓舞，又清醒地意识到我国长期被封锁，特别是“文化大革命”十年同外边几乎隔绝，同西方文化交流不多，对他们学校的情况，以至如何派遣留学生等，十分缺乏了解，我们只有新中国成立初期向苏联、东欧派遣留学生的经验，要想一下子向西方国家派遣这么多留学生，许多工作确实很棘手。教育部拟订方案时，多方向国内了解情况的学者请教。教育部当时商定先向美国、日本、加拿大以及西欧派遣留学生。

1978年7月，时任国务院副总理兼国家科委主任、中国科学院副院长的方毅在会见来华访问的美国科技代表团时，与对方商定我国派团赴美直接商谈双方互派留学生事宜。不久，美国卡特总统科技顾问弗兰克·普雷斯向方毅副总理发出邀请，请中国政府派代表团去美商谈其后几年中国向美国派遣留学生的有关事宜。

谈判之门似乎已经开启，但是却遇到了一个非常大的困难，中国和美国这两个世界性的大国当时并没有建立正式的外交关系，所以中国赴美谈判代表团只能以民间身份出现。选谁做团长成为当时中央和教育部考虑的一个重要问题。这个团长既要在国外科技和教育界有影响，知名度较高，有外事活动经验，又要对国内教育情况相当熟悉。

国务院有关部门最后选定了当时担任中国科协代主席、中国科学院副院长、

1978 年 12 月，首批赴美访问学者抵达美国

北京大学校长的周培源。从 1924 年起，周培源曾经先后多次往来于中国与美国之间，先是以学生的身份，后是以学者的身份，但这一次，他却是以团长的身份赴美，要商讨的问题可能并不比 1936—1937 年他在美国普林斯顿高等学术研究院参加爱因斯坦亲自领导的广义相对论讨论班简单。因此，时任全国政协副主席的周培源对外只能用中国科协代主席、北京大学校长名义出任代表团团长，时任教育部副部长的李琦也只能用中国教育协会副会长名义出任代表团的顾问。

中国代表团于 1978 年 10 月 7 日抵美，先在西部的旧金山、洛杉矶地区参观访问，11 日抵达华盛顿，从 12 日起正式开始与美方谈判。美方派出了包括白宫、国务院、国家科学基金会、美国总统科技顾问、科技政策办公室等方面有关人员在内的阵容强大的代表团。

周培源在首次谈判时，作了基调发言。他说："从本学年开始，我们将派遣大批科技人员和留学生出国进修和学习。派我们所需，学你们所长。派遣来美国的学生以进修人员和研究生为主，还有部分大学本科生。学习专业以自然科学为主，还有少量学习社会科学和语言的。……1978—1979 年派遣的总数 500 名。""1979—1980 学年派遣的人数将大于 1978—1979 学年，如果两国关系正常化，派遣人数将会有更大的增长。"

虽然当时的中美两国还处于“蜜月”阶段，但由于隔绝已久以及意识形态差异等方面原因，双方难免有分歧，谈判甚至一度出现僵持局面。经过反复协商，最后双方达成了11项口头谅解。为保证准确无误，双方还逐字逐句，共同核对了文字记录。下面是当年的11项口头谅解的部分内容：“在1978—1979学年美方接受中方500—700名留学生、研究生和访问学者，中方接受美方60名留学生、访问学者”；“学习费用由派出一方支付，但对于可能提供的奖学金，双方均可充分利用”；“派出人员应遵守接受国的法律和规定，并尊重其风俗习惯”；“为了每年确定交换的学生和学者数及讨论计划的进展，双方将在必要时会晤，重要问题也可通过两国政府协商”；“双方鼓励两国的大学、研究机构和学者之间进行直接接触”。

当年12月26日，中国第一批派赴美国的52名访问学者启程抵达了美国。登上飞机的一刹那，这52个人还有些恍惚，在此之前，没有一个人想到自己能得到去美国访学的机会。这是因为，很多人来自“剥削阶级家庭”，这种包袱仿佛有万钧之重，足以影响一个人求学的自信心，甚至将他压垮，大家因此也心有余悸，害怕万一去了，国家的路线改了，就倒霉了，要么回不来，要么回来了又要被“戴帽子”。

1978年12月底，国务院副总理方毅在人民大会堂为首批52名赴美留学生送行

1984 年 4 月 16 日，美国总统里根同 12 名应邀到白宫做客的中国留学生交谈。交谈时他告诉中国客人他将于 4 月 22 日起程，开始他的第一次中国之行

柳百成，清华大学机械工程系教师，第一批去美国留学的 52 人的总领队，在“文化大革命”停止教学的日子里被下放到铸造车间劳动，他白天扛沙子，晚上坚持阅读英文专业书籍，边看边做笔记，笔记本积累了一尺多厚。开始第一批留学生选拔时，他已经 45 岁，当时机械工程系分得了一个参加清华大学的选拔名额，系主任亲自面试，他得了第一名。接着学校、教育部也组织了统一考试，他连闯三关后最终入选。

教育部告诉他们，这是国家的需要，是邓小平同志的要求！到美国去学习他们的科学技术，回来给国家作贡献，这样大家才得以安心。1978 年 12 月 26 日，飞机万里飞行，满座的中国学者难抑心中兴奋，当时大家对美国就像对月球一样陌生。

他们到达后还赶上了参加中国驻美使馆 1979 年元旦举行的中美建交庆祝活动。同时，我国在 1979 年也热情接待了美国的第一批来华留学生、访问学者。中国此举引起当时外国舆论的广泛关注，“使北京的外交官感到震惊”。他们认为，这“迄今在共产主义世界中尚无先例”，“令人信服地表明中国的政治自信心”。

这 52 名公费留学生学成后，悉数回国，成了各个领域的佼佼者，个人命运的轨迹也因此发生急速转折。1981 年年初，柳百成回国。当年清华赴美的 9 人中，如今已有 3 人当选为中国科学院院士或工程院院士。柳百成也在促进信息化技术与先进制造业深度融合上作出了自己的贡献，使爱国奉献、报效祖国的夙愿得以实现。改革开放确实为知识分子带来了春天，使知识分子有了充分发挥聪明才智的平台。

这一切的改变，依然要归功于邓小平。1979年年初，邓小平访问美国，并于1月31日与美国总统卡特签署了有关协议，将以周培源为团长的中国代表团与美方谈判达成的关于派遣留学生的口头谅解，作为正式协议加以签署，从而载入了史册。

在邓小平的大力倡导下，中国出国留学的大门终于打开，通过派遣留学生的方式，中国教育在与世界隔绝了多年之后正式开启了对外合作与交流的新征途，出国留学很快从细流小溪演变成巨大洪流。与美国达成协议后，中国陆续与英国（1979年）、埃及（1979年）、加拿大（1979年）、荷兰（1979年）、意大利（1980年）、日本（1981年）、联邦德国（1981年）、法国（1981年）、比利时（1981年）、澳大利亚（1986年）等国政府达成交换留学生协议。

中国大量派留学生的决定得到了海外科学界的热情支持。20世纪80年代初，李政道先生发起中美联合招考物理研究生计划（CUSPEA），到1986年按此计划安排了700多名中国学生进入美国的大学学习。康奈尔大学的吴瑞教授于1981年倡议把CUSPEA扩展到中美生物化学和分子生物学领域（CUSBMBEA），复旦大学名誉教授、哈佛大学化学系主任、美国科学院院士多林教授于1981年发起了中美化学研究生计划（CGP）。丁肇中先生于1982年提议设立实验物理研究生培养计划，陈省身先生1982年倡议并组织实施选择赴美数学研究生项目，等等。

历史的可贵在于它留给人们的深刻记忆。据当年第一批52名赴美留学人员之一、现为北京邮电大学教授的陈俊亮回忆：

作为首批留学生，我当时没有任何心理准备，觉得一切都很突然。那是1978年暑假，当时我在北京邮电学院（现北京邮电大学）任职，第一次通知考外语我没有报名，不久，学校第二次动员，我才报了名，报名后10天就参加了考试，到10月份就接到了录取通知，紧接着就是集中学习，那个紧张程度让人有点火烧眉毛的感觉。12月下旬，在邓小平访美前夕，

> 我们一行52人便搭乘当时先进的波音707飞机，绕道巴黎，飞往美国。邓小平对我们这些留学人员非常关心，1979年1月，邓小平第一次访美时，在中国驻美大使馆亲切接见留学生，并同我们分批合影。

这段历史同样留在第一批52名赴美留学人员之一、现为中国原子能科学研究院研究员的许谨诚记忆中：

> 邓小平访美期间，我和一些留美同学参加了卡特总统夫人在子午线饭店为小平夫人卓琳举办的招待会。招待会后，卓琳把留学生叫到一起，嘱咐我们说，国家派你们来不容易，你们学成后要回国，你们要是不回去的话，小平同志要着急的。当时我们感到，小平同志为了派人出国留学，承受着很大的压力。现在来看，小平同志作出的扩大派遣留学生的决策是很有远见的。

1978年，中国实行改革开放政策，实施了新的、更大规模派遣出国留学人员的政策。虽然改革开放初期的出国留学人员政策还明显带有试探与摸索的性质，但已逐步克服了留学活动中遇到的各种政策性障碍，开创了大量派遣出国留学人员的新局面。在以后的几十年里，我国的留学政策根据中外经济、社会和教育发展的实际，也适时调整和完善。

1984年，国家颁布了《国务院关于自费出国留学的暂行规定》，打开了人们自费留学的渠道，掀起了出国留学的大潮。

龙门陡开，江鲫飞跃，此前积压了十多年的出国留学热潮开始再次喷涌。中国留学生带着那个年代特有的激情、勇气和梦想去往世界各地。他们看起来有点“狂”，但“狂”得很有底气。

1985年，吴鹰做了一个艰难的选择——从待他不薄的北工大辞职，考入美国新泽西州理工学院，带着一箱行李和30美元，只身一人来到美国攻读硕士学位。十年后，他创办UT斯达康公司，靠一种叫“小灵通”的电信产品闻名一时。

他们用一种非常艰苦的过程证明了自己的坚韧。

中国留学生带着激情、勇气和梦想去往世界各地

出生于陕西西安的张朝阳在考取李政道奖学金时，对手是祖国各地的700名尖子生，竞争的激烈程度可想而知，最终，他成为被选中的100人之一。后来有人问成为搜狐掌门人的张朝阳："在面对风险投资时心理压力能不能承受？"他回答道："这些压力比起我在清华参加考试的时候的压力要小得多。"

1986年，阎焱、熊晓鸽、张朝阳、张亚勤去了美国。

1987年，徐小平先去美国，再到加拿大，在那里刷了很久的盘子。田溯宁也在这一年去了美国，之后成为亚投行第一任行长的金立群则赴美国波士顿大学经济系研究生院进修。

越来越多的青年奔向国外。仅在1985年年底，出国留学生的总人数就达到3.8万人，其中自费留学生7000人。在之后的十多年间，这些人中的很多人都回到中国，政界、学界和商界都不乏他们的身影，他们还奋战在中国的新技术、新理念和IT等产业、行业的前沿。这些后来中国各领域的"领航者"，此刻都默默地奔波在各自的留学之路上，谁也不会想到，时代会在某个瞬间猛一转身，把聚光灯打在他们身上。

1986 年，国务院批转国家教育委员会的《关于出国留学人员工作的若干暂行规定》。文件明确了派遣留学生的政策是对外开放基本国策的一部分，必须长期坚持。政府确定了新的留学方针，即“按需派遣，保证质量，学用一致”，并建立公派出国留学人员与派出单位签订协议书的制度，以尽可能保证公派留学人员如期回国服务。这一文件的颁布，标志着我国留学教育政策开始走向成熟。

1989 年后，在多数西方国家的不符合实际的肆意渲染下，我国出国留学工作与留学生归国工作都受到了一定程度的影响，国家因此对留学教育政策作出了适当调整。这些消极影响消退后，我国留学教育又走上了健康发展的道路。

1992 年邓小平在南方视察时说：“希望所有出国学习的人回来。不管他们过去的政治态度怎么样，都可以回来，回来后要妥善安排。这个政策不能变。告诉他们,要作出贡献,还是回国好。”1992 年 8 月,政府制定了“支持留学,鼓励回国,来去自由”的留学工作方针，适应了改革开放、建立社会主义市场经济体制的需要，为留学工作健康、迅速发展提供了切实有力的指导。

改革开放 40 多年来，中国政府采取了不断扩大派遣公费留学人员和不断放宽自费留学限制的政策。从国家到地方，从高等院校到科研院所，已逐步建立起一整套与国家、社会和个人发展相适应的出国留学政策运行机制。国家公派、单位公派、自筹经费三条留学渠道优势互补，出国留学与留学回国两组政策体系相得益彰。出国留学事业的发展历程表明，出国留学政策是改革开放的重要内容和组成部分，出国留学实践是对留学政策的体现与检验。

源自 20 世纪 70 年代的扩大派遣留学生以及我国留学政策的调整和完善，是思想解放的标志性成果，也是中国封闭多年后大开放的开端，它打开了人们的眼界，激发了中国改革开放的活力，也给世界一个重要信号——中国的国门已经开放，中国正在走向世界，满腔热情地学习别人，追赶先进。中国的教育也开始融入世界教育发展的浪潮中。

三、来华留学

20世纪80年代，一位来华留学的美国学生，在离开北京时写下了这样一段话：

> 一年前，当我乘坐的飞机抵达北京时，我对这片陌生的土地有种莫名的恐惧。现在回想起那时的情景，就像经历了一个轮回，我又有了当初那种紧张、兴奋的感觉。过去一年里，我把曾经的我从身上抖落，在中国大地上给自己刻出了一个新的生命。这个我有着全新的思维方式。从此以后，我将以另一种眼光审视自己在美国的生活，并带着自豪和怀念的心情，追忆和思考我在中国经历的一切。

像这位这样通过教育服务机构和所在院校来华留学的美国学生，自20世纪80年代以来不断增多。他们来中国学习中文，观察中国社会，了解中国文化，体验中式生活。不少人学习结束后继续留在中国实习、工作，或者回国后又来中国做项目、搞调研。在中国的学习、生活乃至工作经历在他们的人生历程中留下了浓重的一笔。这一切，都要归功于我国海外来华留学生教育政策的转变和调整。

从1978年开始，中国调整和制定来华留学生教育政策，赋予高校接受外国留学生的权利。这一举措顺应了中国改革开放的历史潮流，顺应了来华留学生教育发展的趋势，有力地推动了来华留学生教育的发展。

20世纪80年代以来，来中国求学、生活、工作的外国人越来越多，这都归功于我国留学生政策的转变和调整

政策的转变，最初体现为开设短期汉语班和接受自费留学生。1978年暑

假，来自法国的28名学生在北京语言学院（即现在的北京语言大学）参加短期汉语培训班。与其他留学生不同的是，他们的课程是中国高校首次举办的短期汉语班的课程，同时，他们是自己支付费用。此前，其他在中国的留学生基本上都是享受各种形式的奖学金，不用自己支付学费。正是从这28名自费生的到来开始，中国政府的来华留学政策有了新的转变。

1980年，教育部发出《关于高等学校开办外国人中文短训班问题的通知》。这个通知打破了由教育部垄断海外留学生的招生权，此后一些高校也享有海外招生自主权。于是，在这些大学的校园里，出现了越来越多不同肤色的外国学生

以此为肇始，1979年，国家批准的《关于接受自费外国留学生收费标准问题的请示》中，第一次明确规定了对自费留学生可以收取哪些费用，并且还规定了具体收费数额标准。

1980年，教育部下发了《关于高等学校开办外国人中文短训班问题的通知》，这个通知带来更多突破：一是可以举办汉语短训班的高等学校的范围扩大了——“有条件的综合大学、师范学院、外语院校，经所在省、直辖市、自治区教育部门和外事部门批准，可以举办短训班”，这一规定赋予了有关高校招收留学生的资格，虽然是招收短期留学生，但已经开始了突破；二是“举办汉语短训班的学校可以自行招生”，此前由于留学生基本上都是由政府提供奖学金，留学生的招生权基本上在教育部，而现在学校开始有了一部分留学生的招生自主权。

在这个通知的基础上，1983年教育部颁布的《为外国人举办短期学习班的有关规定》，继续把高校举办外国人短训班的审批权下放到省、自治区、直辖市政府主管教育部门，并进一步规定高等学校有直接从国外招收外国留学生参加短训班的权利——“为确保短训班的学员来源，学校可直接与外国有关单位签订协

议”。1985 年教育部颁发的《关于进一步办好为外国人举办的短期学习班的几点意见》，则使国内具有条件的高等学校都有了为外国人举办短训班的权利——“除综合大学、师范学院和外语院校外，具备师资条件的其他高等院校也可以举办汉语短训班”；同时还扩大了短训班的教学内容，不仅仅限于汉语，“可以根据学校的特点，举办中国历史、文学、书法、古建筑、法律、中医（针灸）、音乐、舞蹈、戏剧、绘画、武术等多种形式的短训班”。

1985 年公布的《外国留学生管理办法》规定：各个院校在完成国家任务的前提下，可以通过校际联系或其他途径接受外国留学生。这里的留学生不仅仅指参加短训班的留学生，也包括其他类型的外国留学生。这使高等学校具有了接受其他类型外国留学生的权利。国家教委于 1989 年 1 月发布的《关于招收自费外国来华留学生的有关规定》，进一步就高等学校接受外国留学生的权利作出明确规定。这个文件规定：接受外国留学生院校的资格审批，由有关省、自治区、直辖市一级教育主管部门负责；凡具有接受外国留学生资格的高等学校，都可以接

《外国留学生管理办法》的出台，意味着我国接受外国留学生的高校，已完全具有对外国留学生的管理权

受外国人来华学习的申请，由学校决定是否录取。

《外国留学生管理办法》还赋予高校表彰留学生的权力以及部分处分犯错误留学生的权力：给予留学生勒令退学和开除学籍处分的，经学校的上级主管部门审核，报国家教育委员会批准，其他处分由学校决定。1987年以后，国家把对外国留学生给予勒令退学或开除学籍处分的权力归还给学校，不再需要报国家教委审批，而由学校自己决定。至此，我国接受外国留学生的高等学校，已经完全具有对外国留学生的管理权。此后出台的多个规章制度的核心也是不断完善高校对留学生实施教育管理的职责和权力。

留学政策的调整，吸引越来越多的外国人来华读书求学。不过总体来看，在20世纪80年代，外国人在中国依然是“很稀有”的，一个外国人走在街上，总会被人指着说：“你看，那个老外！”在衣食住行上，外国人与中国人有着一条分明的界限，外国人有他们指定的旅店、餐厅、商店。而且，外国人用外汇券，可以兑换成美元，而中国人用人民币，不能兑换。1992年春天，88岁的邓小平在南方视察工作时的一句“不管黑猫白猫，捉到老鼠就是好猫”成为坊间最流行的话语。由此市场经济的大门被打开，民间人士纷纷下海从商，经济在瞬间腾飞，中外交流也在这一年开始真正自由频繁起来。如今出国留学、旅游，中外高校合作等现象在国内外都已极为普遍。

高校在被赋予招收留学生的权利的同时，也就被推到了世界留学生市场，要面对世界留学生市场的竞争。而事实证明，这一政策收到非常好的效果。1978年，中国接受外国留学生的高校仅有35所，1990年增加到110所，1999年增加到350多所，到2007年则达到了544所，到2018年更是高达1004所。至1990年，中国高校自费留学生的人数开始首次超过获得政府奖学金的人数。此后，尽管政府奖学金的名额不断增加，但自费生的人数一直占绝对优势，基本上保持在95%以上。

链接

外国留学生眼中的20世纪80年代的中国

金培尧博士，美国籍，1981年第一次踏上中国大陆，从此与中国结下不解之缘。1997年至今，金博士一直担任浙江师范大学外籍文教专家、客座教授，成为中国学生眼中的长者与导师、同事眼中的学者与朋友。

1981年，我想来中国做博士论文研究，当时北大、复旦、上海交大、西安交大都邀请我去。本来我想去北大，但我的中国导师说，“北京冬天没有东西吃，除了白菜”，而上海“一年到头有好东西吃”。那时，如果说北大是中国的哈佛大学，复旦就是中国的耶鲁大学，我想也不错，就来了上海。

80年代，我们去哪儿都要办旅游证

因为会说普通话，我和我太太成为仅有的住在教工宿舍里的外国教师。那时，教工宿舍很好，但电压很小，如果有一户人家要烫衣服，整栋楼都会没电。冬天很冷，没有暖气，而且一用电热器，整栋楼也会没电。

虽然我在加拿大也度过零下30摄氏度的冬天，但到现在，我还一直觉得在上海度过的那段日子是最冷的。

那时，中国人不能随便出国，外国人在中国生活也有很多限制。我们不能随便离开上海，买火车票要凭公安局发的旅游证，要先向公安局申请，学校盖章同意，再到公安局拿旅游证，写明为什么去，去哪里，多少天，住在哪个宾馆，等等，才可以走。而且我们只能去限定对外开放的十几个城市。

80年代，我们和中国朋友不能坐一桌吃饭

那时不论做什么，都有一定的规矩和大量的盖章手续，复印也一样。教师复印东西，印什么内容，印几张，都要先到单位盖章许可，然后再到复印室盖章允许，才可以复印。复印条子一式三份，一份给复印室，一份给单位，一份自己保留。“半天的时间复印一张纸！”

80年代的友谊商店，外国人可以凭护照进去买东西，中国人不能进。

我们用外汇券，可以兑换美元，中国老师用人民币，而且不能兑换。每次他们想买点好东西，就会偷偷地把钱交给我们，让我们在友谊商店帮他们买。

那时，我们和中国朋友进同一家餐厅，却不可以坐在一桌吃饭。大家交流很少，也很谨慎。到了晚上，才偶尔过来宿舍交谈一些生活、学习上的事情。

交流多了，中国人不再是“扎小辫子”的模样

我在浙江师范大学教书快十一年了，主要是给学生上应用语言学和英文写作课。在教育上，我觉得中国与外国存在很大差别。在国外，我们教书不只是教给学生内容和信息，更重要的是让学生学会分析思维，用自己的脑子去提问并解答。

但是在中国的80年代，人们好像不习惯有自由思维。老师按书而教，学生按书而学。那时，教学设备简陋，参考资料也很少，老师发什么，学生读什么。上海图书馆每天排了长长的队伍，但只允许少量的人进去看书，而且不能外借。

现在条件好多了，学生思想更自由了，中外教育差别也在逐渐缩小，除了全球化的影响之外，我觉得，这与现在很多中国教师去国外进修硕士、博士学位，并将自己学到的教学理念带回中国也有很大关系。

同样，越来越多留学国外的中国人，也让外国人了解到现代中国的模样，因为很多外国人对中国的印象至今还停留在“扎着小辫子”的清末时代。在浙师大，我也经常组织美国一些高校的学生来中国参加英语夏令营，增进彼此间的了解，不少美国学生还因此爱上中国，想留在中国任教呢！

马克梦，美国堪萨斯大学东亚系前主任，曾在中国的台湾、北京和上海等地学习、研究多年。

我于1985年秋第一次到北京大学做访问学者。80年代的北京，现在回想起来，还真有那个时代的独特感受，只是今天的人不一定理解。例如：

第一种享受是，洗衣服得自己手洗，每天都得洗，要不然脏衣服就会堆起来，到洗的时候无形中就增加了负担。当时的洗手间有那种很大很长的水池子，得把衣服泡在脸盆里等一等，然后冲洗，回到屋子里挂起来晾着。没有空调，没有电风扇，开着窗户就好了，热一点就用扇子。直到现在我还喜欢用东方式的扇子。

第二种享受是在食堂吃饭。勺园那时候的食堂现在已经拆了，又盖了新的。当时的食堂屋顶很高，是一个大厅，没有现在的第二层。1985 年时食堂师傅还有几个是从以前的留学生食堂过来的。那会儿的食堂是个好地方，也是时常聚会的地方，每天都会有朋友一起吃饭，尤其是我认识的几个意大利朋友，其中一位在意大利那不勒斯的一所大学任教，到现在都还保持联系。当时食堂中有几个菜做得非常好，尤其是鸡腿，那时我总要两份。1991 年跟我爱人开始谈恋爱时，她还老是嘲笑我这么能吃，到现在她都还记得。

那时的第三种享受是骑自行车，全北京到处跑。我的一位复旦大学老同学住在东城区人民日报社附近，我有时会骑车去看他。我们都没有电话，我有过一两次花一个多小时的时间跨过几乎整个北京，到了他的住处他却不在的经历，那时只好往回骑。4 号楼当时只有一部电话，在楼长师傅那里。一般来说，最好当作没有电话一样，不要依赖它。要约会就写信，或者老早约好时间、地点，不见不散，最起码到了约定的地方会在一小时以内死等。

这些对欧美留学生来说都是新鲜及要学的事，属于另外一种非语言课的教育。我们都要学会如何在一个没有洗衣机、没有电风扇或空调、不通电话的地方生活。之外零零碎碎的享受还有：听马蹄的声音、那种老的靠烧煤作运输动力的火车头的声音（五道口就有）、未名湖周围知了的叫声，热天时坐在勺园楼前看着蝙蝠高高低低飞来飞去。还有一次骑自行车，拐弯时突然看见一辆卡车，上面躺着许多骆驼，因为是冬天，它们呼出的白气飘扬而上……

1979 年到 1981 年那段时间，大家穿的都是中山装，彩色的衣服几乎没有。在美国穿红色衬衫很正常，在中国则会引人注目，让人觉得最好不穿。朋友会说："噢，你穿得很花！"这意味着你有点不正常。但他们这么说时，一点看不起你的意思都没有，只是表示你有点不一样，当然一样可能比不一样好一点。到了1985年，虽然大多数人还是穿中山装，但已有很多人穿带花纹或文字的T恤衫、牛仔裤以及西装。总之一切都在变。

四、英语热潮

国门大开和留学政策的转变，也引发国人学习英语的热潮。自20世纪80年代以来，放眼中国，从《跟我学》《疯狂英语》到《双语宝宝》，数以亿计的中国人学好英语的愿望从未消减。英语，已不可避免地嵌入了中国人的生活。

"1978年10月，中国第一本英语学习类杂志《英语学习》的复刊，是一件水到渠成的事。"时任《英语学习》主编，也是该刊的创办人之一的高厚堃这样回忆道。

确实如此，当时社会大环境已经变了。工厂恢复生产，学校恢复教学，高考也恢复了。荒废了很多年，各行各业都有一股学习的劲头和氛围。英语在这一刻成了人们迫切想掌握的一项技能。高厚堃的爱人当时在中科院植物所工作，为了给单位工作人员培训英语，她被领导派回来"抢"（招聘）英语老师。高厚堃感慨道："总算开始正经搞科研了。国际上通行的学术语言是英语。我们国家最早和苏联好，很多研究员开始学俄语，半道改了英语，'文化大革命'十年耽误下来，基本都扔得差不多了。"

然而，颇为有趣的一个现象是，各种官方媒体上，学习英语是阶级斗争需要的论点，也被反复强调。

1978年年初，《北京日报》刊登了一篇文章《理论战线——以革命导师为榜样努力掌握外国语》，文中称："努力掌握外国语这个武器，为把我国建设成为伟大的社会主义强国贡献自己的力量。"1978年年底，为纪念毛主席85周年诞辰，《中国青年报》发表的文章中还提到了这样一个细节，毛主席到晚年仍每天抽空学英语。工作人员见他如此刻苦，就问老人家，您都这么大岁数了，还要学习外语？

毛主席亲切地告诉她，这是斗争的需要。

《英语学习》复刊后，当时的主办者沿用了陈毅的题词，并在第二期重刊了陈毅 1962 年对外语师生的一次讲话。讲话中，除了感慨自己留法时未能有精力学习语言外，时任国务院副总理的陈毅还总结了学习外语的意义："掌握了外语，可以把外国人的长处介绍到中国来提高我们的经济和文化，还可以把我们的革命斗争经验介绍出去。"重刊这篇讲话，是因为文中一些提法放到这一刻依然很适用：外语学院的学生在校内是否可以只讲外语不讲汉语？一些人反对人家讲外语的做法对不对？学好英语是不是忽视政治的表现？学习用功的学生是不是个人主义？

可见，在 1978 年前后，英语依然被作为一种政治工具。大多数中国人还没有意识到学好英语、开放国门对于中国的实际意义，但少数日后的精英人士已逐渐感受到，英语是一个选拔标准，一个超越芸芸众生的撑杆。

1978 年年底，改革开放后选拔的第一批 52 名赴美留学者在夜幕中离开北京。他们年龄最小的 32 岁，最大的 49 岁，学期 2 年。选拔标准有 4 个：政治、业务、外语、身体。外语取代出身，成了名列第三的选拔标准，并在实际中卡住了绝大多数的报名者。此时，英语已经成为出国留学、访学选拔的一个标准。

临行前，时任国务院副总理的方毅亲自接见他们，中国科协代主席周培源、

20 世纪 80 年代，李阳时常把他的"疯狂英语"带到不少中小学里，与学校的全体师生进行"疯狂"英语体验

《跟我学》的教材当时在中国一度卖出了3000万册

教育部副部长李琦到机场送行。虽然比较急促，但这已是一个开始。当年的英国《观察家报》还报道，中国已请求在下一年度向加拿大、英国、法国、德国和日本分别派出500名以上的留学生。文章称：这些年轻人将充分地接触英文。

1978年，在国内，英语同样成了一个重要的选拔指标。前一年的12月，高考恢复，并“统一考试时间，统一考试内容，统一录取标准”。最后一条，尤令国人耳目一新。1978年的高考，英语列入了考试科目——“不计总分，但是录取的重要参考”。

英语的地位在这时就已悄然确立。在社会上，学英语热开始兴起。仅以《英语学习》为例，复刊后，发行量很快达到50万份，数年后，更是猛增到100万份。而在1958年这份杂志创刊时，首期发行量仅为2000册，最高时不过15000册左右。

1982年1月5日，《跟我学》在中央电视台开播，由一名中国人和英国人搭档主持。外国人的原版教材第一次进入中国，让电视节目少、外国节目更少的中国人大开眼界。这一年的《中国日报》说：《跟我学》在中国拥有1000万观众，与中国当时居民拥有的电视机数一样。此后不久，有资料披露，《跟我学》的教材当时在中国卖出了3000万册。

也是从1982年起，《许国璋英语》《新概念英语》《疯狂英语》《华尔街英语》《双语宝宝》在中国各个层面铺开，几乎每隔两三年，就会出现一个新的“神奇”教材。

此后的几十年，作为一个选拔标准，英语逐渐深入到社会的每一个角落，并左右着无数中国人的个人命运：1983年，初中升高中需考英语；1984年，英语正式列入高考科目；1999年，职称英语考试在全国通行。

英语这种世界沟通工具的普及，使得中国与世界尽可能地无缝对接。不少来华留学的外国学生，在用英语沟通的同时，也熟练掌握汉语，甚至热爱上了中国文化

当然，对于全民学习英语的热潮，社会上并非没有争议。一些支持的声音认为，作为一种国际沟通的工具，英语不再属于某一个国家或者民族，它正以空前的速度在全世界普及。为什么不努力去学习它呢？另一些反对的声音则表示：应试教育下的中国，一个普通学生50%以上的学习精力都放在了外语上，与此同时，大多数学生的中文能力每况愈下。学英语是好事，但不等于事事都要考英语，中文国度，何必把英文摆到如此之高的地位呢？

在现实生活中，更多的人发现，学好英语一定会带来更多的机会，要和外面的世界自由交流，就要会说、会写真正的英语。学好英语的愿望成就了很多人，他们在社会的各个行业脱颖而出。1986年，一名清秀的高三女孩考上了北京外国语学院，1990年，这个女孩毕业后，依靠流利的英语从数千名竞争者中脱颖而出，入主《正大综艺》节目组。9年后，《亚洲周刊》将“亚洲二十位社会与文化领袖”的头衔送给了她，她就是杨澜。也是在1986年，在北京中关村，多次出国未成的北大留校老师俞敏洪，站在电线杆子前，一手拿糨糊刷，一手拿英语出国培训班的小广告，准备赚些小钱提高自己家庭的经济水平。20年之后的2006年9月7日，新东方在美国纽约股票交易所挂牌上市。身为新东方董事局主席和CEO，俞敏洪身家27亿美元。

1990年，在甘肃兰州，兰州大学毕业生李阳创办的《疯狂英语》，依靠“教人张嘴说英语”的一招鲜，也开始了持续十多年风靡大江南北的历程。中国人学习英语的疯狂情形，以及应运而生的畸形的英语教育产业化，也吸引了不少西方人的兴趣，BBC和CNN驻中国记者曾采访大街小巷里形形色色的学习英语者，他们试图通过这些人的英语奋斗史，弄清楚“中国为什么要如此狂热地学习英语”这个令西方人难解的疑问。

如今回望那段历史，英语让那个时代的一些人改变自身命运的同时，也逐渐回归其本来面目，成了一个个人爱好，一个与世界相互交流的工具。而对于整个国家来说，英语这种世界沟通工具的普及，使得中国与世界尽可能地无缝对接，人类社会的智慧财富，在两者之间自由流淌，共同繁衍更新。

当然，教育与文化的交流是相互的。在20世纪80年代，我们不仅仅学习西方，也向欧美国家输出我们的语言和文化。当时中国实行改革开放，不少华人直接从大陆移民欧洲，旅欧华人移民逐渐增加，到20世纪90年代末，旅欧华人约有100万人。随着华人社会的发展壮大，侨胞中的有识之士大声疾呼，急切希望旅欧各社团创办中文学校。20世纪70年代以后，荷兰、英国等国的华社纷纷开办中文学校，英国七八十年代不同形式的中文学校约达120所。20世纪80年代，随着中国综合国力的增强，对外开放的深入，从大陆移居欧洲的人数大幅增加，华文教育得到进一步发展。1984年，内伦敦教育局（ILEA）双语教学处支持开展中文教学，影响较为积极。法国华社20世纪80年代以前由于文化水平和经济能力较差等原因，未能重视华文教育。20世纪80年代后，各地华社开始创办华文学校或学习班，当时的东方语言学院是全法国的中文最高学府。荷兰在20世纪80年代开始大办华文学校，到20世纪90年代中期已达30多所。1988年，荷兰文化福利部曾拨款20万荷兰盾，支持华人社团办华文教育。1991年荷兰政府启动对中文母语教育教材方面的调查，于1992年拨出专门经费开发适应该国的中文教材。同时，有关方面也积极倡导将中文母语教育作为荷兰政府正式认准的外语科目。德国初、中级中文学校在当时虽不多，但中文在其高等教育中却占有一定的比例，至少有20所大学开设了中文系。

时至今日，我们的语言，已在大洋彼岸成为新的“英语”。

06

第六章

文化与教育

“文化大革命”结束后的思想解放运动和改革开放给中国思想界带来新鲜的空气，新涌入的西方思潮与固有的中国传统文化纠结在一起，造就了20世纪80年代颇具特质、令人心动的文化图景。这是一个人文风气浓郁、人文知识分子和文艺家等引领潮流的时期，知识精英对各种“主义”（比如马克思主义、存在主义、弗洛伊德主义）兴趣浓厚，对精神和文化的偏爱大大超过对制度安排的探索，关心的是中华民族的复兴、中国文化的重建，追问人何以为人、何以安身立命等终极关怀的大问题。20世纪80年代的文化热潮，承载了太多的光荣与梦想，其背后，折射的是教育观念的变迁。

一、启蒙阅读

卢新华——中国当代文学史上一个标志性的人物

1978年4月初的一个周末，一位刚刚以优异成绩考入复旦大学中文系的大学生趴在未婚妻家小阁楼的缝纫机上，写下了短篇小说《伤痕》的第一句：“除夕的夜里，车窗外墨一般的漆黑……”这位青年就是“伤痕文学”第一人——卢新华。这篇小说的发表，立刻引起了全社会的共鸣。由此，暴露“文化大革命”问题的“伤痕文学”，在全社会引起了关于“人的问题”的争论与反思。加上当时刚刚从“文化大革命”中走出来的人们，面临着反思“文化大革命”、建设社会新秩序等一系列重大社会问题，社会形势需要新的思想资源从话语高度上予以回答和指导。于是，一个启蒙阅读的时代来临，带有启蒙特征的读书生活是整个20世纪80年代社会精神生活最活跃的部分。

在这股阅读潮流中，精英知识分子起到了引领和主导的作用。而西方思潮的涌入，则适时地填补了由于文化封闭造成的文化断裂和文化空白。翻译、介绍近现代西方思想的学术传播，从20世纪80年代初发轫，到80年代中期形成高潮。如同五四时期引进西方思想、学术、文化，向西方学习的高潮，它被称为20世纪的“第二次西学东渐”。1984年至1988年短短几年间，仅仅是翻译的西方现代哲学和思想丛书，就有许多种，影响较大的有“走向未来”丛书、“走向世界”丛书、“西方学术译丛”、“新知文库”等，每种丛书都有几十种，甚至上百种。当时西学引进的强度可见一斑。

从20世纪80年代思想性丛书的名称，也可看出其明显的精神取向，比如吁请“走向未来”、熔冶“文化：中国与世界”、揽括“二十世纪文库”，要么是一派理想情怀，要么是深思熟虑的文化构想。

链接

“文化启蒙热”在20世纪80年代中期达到高潮，代表性丛书有四套：

一是金观涛等编的“走向未来”丛书（四川人民出版社），主要译介西方科学、哲学等方面的著作，包括“老三论”（系统论、信息论、控制论）、“新三论”（协同论、耗散结构论、突变论）等。

二是甘阳等编的“文化：中国与世界”丛书（三联书店），主要译介西方近代以来的哲学著作，比如尼采的《悲剧的诞生》、海德格尔的《存在与时间》、萨特的《存在与虚无》、韦伯的《新教伦理与资本主义精神》、本雅明的《发达资本主义时代的抒情诗人》等。

三是汤一介等编的“中国文化书院”书库，主要是介绍和弘扬中国传统文化。

除这三套丛书之外，一套介绍近代中国知识分子走向世界的“走向世界”丛书，由钟叔河先生主持完成，在当时影响也非常大。除系列丛书之外，像《第三次浪潮》《大趋势》等书，亦在社会上引起了轰动。

据对北京地区主要出版社的统计，从1949年至1984年的35年中，平均每年出版社会科学新书大约250种，其中翻译著作只占很小一部分。1985年，翻译、出版了社会科学著作399种，1986年为477种，1987年为600种，1988年仅第三季度就翻译出版了600多种。

与伤痕主题并行的《天安门诗抄》、手抄书小说《第二次握手》成为人们思想和情感解冻的代表性读物。伴随着对人性、人的情感、人的价值等问题的回答，伤痕记忆、人文精神、现代主义和先锋派、文化寻根等中西文化潮流你方唱罢我登场，一时引领思想时尚；同时各种极具影响力的文学样式，如朦胧诗、伤痕文学、先锋小说、寻根小说等也各显神通，引来众多拥趸。

现在回过头来看，从“真理标准”开始的思想解放虽然有石破天惊之势，但就实质内容而言较多的是近乎本能地解脱精神束缚的冲动。“解放”的动力和思想资源基本上局限于既有的知识基础，多是把过去批判的对象翻转过来进行反思和重新评价，如对“人性”“人道主义”等观念的重新认识。

《天安门诗抄》是经历过“文化大革命”时期的一代青年人慰藉心灵的读物之一

当时对学术理论观念进行反思的理论依据仍然来自经典论著，只是对经典进行新的阐释，如对马克思《1844年经济学—哲学手稿》的重视和重新阐释就是一例。由于知识视野所限，这种思想解放在理论创新方面还谈不上有多少进展。可以说，这个时期的学术思想解放是激情的释放。

链接

一份20世纪80年代的读书清单

静　夜

从1966年到1977年，十多年里没有正常的读书生活，那种苦闷现在很难想象。“文化大革命”后期，我已经开始读书识字了，寻常的红小兵读物根本无法满足我的阅读欲，偶尔见到供批判用的苏修读物也不甚解渴，众多内部发行的白皮书也不是我等生斗小民能看到的，那个时候谁要是借到了一本“文化大革命”前的出版物（特别是世界名著），那可是一件盛事，朋友圈子辗转流传还要排队挂号的。我们兄弟三个算是出身于读书人家，天生好书，无书可读之苦，苦不堪言。

终于等到了“大快人心事，揪出‘四人帮’”，春天来了，有书读了。1978年年初的某一天，那一天是预定发售第一批外国文学名著的日子，我哥哥起了一个大早，赶到新华书店排队购书，等我放学回家，一堆崭新的书已经等着我去东摸摸，西翻翻，爱不释手了。其实当天发售的书并不多，记忆中只有《高老头》、《欧也妮·葛朗台》、《悲惨世界》（第1、2册）、《艰难时世》、《易卜生戏剧集》、《曹禺戏剧选》几种，只是哥哥下手狠，每种都买了三本，大概是让我们兄弟三个各持一本吧，现在想起来真是不可思议，当年久旱逢甘霖的狂喜如今的人们很难理解了。

1978年还买了一批重版的书，我特别喜欢《契诃夫短篇小说选》《希腊的神话和传说》《斯巴达克斯》《鲁滨逊漂流记》，那一年真是开了眼界，向往已久而不可得的名著一下出来这么多，爽极了！我经常把书塞进书包带到学校看，有一次测验，我做完题目后偷偷地把一本《鲁滨逊漂流记》掏出来看，结果被老师发现没收，我只好眼睁睁看着那个老师靠在窗台上津津有味地翻看我的“鲁滨逊”。

1979年后外国文学的翻译出版走向正规化，各式各类的出版物层出不穷，用时下流行的语言来说——中国出版业出现了“一道亮丽的风景线”！其中规模最庞大的重点工程就是这套“外国文学名著”丛书，封面清一色米黄色网格，俗称“网格本”。这套丛书收集整理了从希腊史诗到19世纪末的经典名作，每一本都是沉甸甸的，堪称浓缩的人类文明史。人生一世，能享受到如此盛宴，绝对不枉了。

其实“外国文学名著”丛书在“文化大革命”前就开始策划了，中宣部、社科院文学所、众多的翻译家以及出版社已经做好了准备，可惜被“文化大革命”打断了。1978年后这一工程重新启动，由人民文学出版社和上海译文出版社联合出版。这30年来网格本影响之大，与“二十世纪外国文学”丛书可谓交相辉映，各擅胜场。在中国新时期文学的启蒙历程中，这两套书功莫大焉。从精神层面讲，网格本凝集了人类几千年的思想精华，贯穿了人道主义和批判现实主义的主旋律，对中国文学实质上的影响更大一些。而“二十世纪外国文学”丛书充满了现代意识，表现手法丰富多元，在形式上对中国作家影响深远，并为先锋派的崛起提供了食粮。

在20世纪80年代的启蒙浪潮里，三联书店是中流砥柱。80年代也是三联的黄金年代，不知道给饥渴的中国读者喂食了多少五花八门营养丰富的精神食粮。如今成为社会中坚的五六十年代人，少许70年代人，谁没有受到过三联出版物的影响？经过当年的启蒙打下了根基，如今面对这纷杂的世界才能应对自如，三联功不可没。

80年代的三联出版物，《读书》杂志是第一号精神指南。《读书》之外，下列这些三联的丛书相信很多人都记忆犹新：

“当代西方学术文库”是甘阳主编的“文化：中国与世界”系列之一，看看书目就知道多么强悍：海德格尔《存在与时间》、萨特《存在与虚无》、韦伯《新教伦理与资本主义精神》、尼采《悲剧的诞生》、舍斯托夫《在约伯的天平上》、本雅明《发达资本主义时代的抒情诗人》、马尔库塞《审美之维》……都是重量级人物的重量级著作，让人望而生畏。我当年追赶时尚买了十几本，有几本特别喜欢，如萨特《词语》、别尔嘉耶夫《俄罗斯思想》、丹尼尔·贝尔《资本主义文化矛盾》；有几本则一直没能读懂，尤其是《存在与时间》，犹如天书。此书印了51000册，我不相信51000个读者都能读明白，其实只要有1000个零头的读者能深入海德格尔的世界，这本书就没白出。最近读到查建英女士《80年代访谈录》，甘阳先生叙述他们当年编辑这套丛书的甘苦，大为感佩。这一批中生代学人筚路蓝缕之功，历史是不会忘记的。

“新知文库”也是“文化：中国与世界”系列之一，小开本，篇幅都不长，内容却很丰富。评介西方的人物、思想、制度，娓娓道来，通俗易懂；大师们撰写的小书，短小精悍，令人爱不释手。其中我特别欣赏第一辑里的几种：《关于爱》《西西弗的神话》《劳伦斯》《乔伊斯》《我与你》……如果说“当代西方学术文库”是主战坦克，这套“新知文库”收入的小册子就是手榴弹，体积虽小，杀伤力却不容小觑。

“读书文丛”这套书用“可爱”两字形容再合适不过。当年我曾在新华书店目睹过抢购董鼎山《天下真小》的场面，几十本书一会儿即被抢购一空，一个学生模样的青年买到书后，那欣喜的眼神犹令我印象深刻，当年人们的读书热情恐怕是再也回不来了。让我惋惜的是，这套书我只有几本，大概是当年该买该读的书太多，这些文坛名人们写的小随笔火力不够，不过瘾，所以放弃了，现在回想起来真是悔不当初。尤其是错过黄裳的《珠还记幸》，罪不可恕，前些时看到该书再版的天价，更加不是滋味。

“文化生活译丛”是在读书人心目中地位很高的一套丛书，至今仍在出版中，但是感觉不如当年那样吸引人了。在三联的丛书群中，这套收集的最多，喜欢读的也最多，特别是几本关于我钟爱作家的小书：《海明威谈创作》《一部小说的故事》《番石榴飘香》《昨日的世界》。其他还有几本当年的热门读物：《人类的群星闪耀时》《异端的权利》《情爱论》《自我论》……本本精彩纷呈，令人难忘。

“现代外国文艺理论译丛”这套书和人民文学的“外国文艺理论”丛书互成犄角，后者收入的是19世纪之前古典文学家的著作，“现代外国文艺理论译书”则收入20世纪的经典文艺理论著作。这套书里的《英国作家谈文学》《法国作家谈文学》《美国作家谈文学》可读性很高。而韦勒克、沃伦《文学理论》、巴赫金《陀思妥耶夫斯基诗学问题》更是经典中的经典。

> 80年代的三联还有一套世界文化史方面的丛书，浅黄色封面，装帧格式一样，但没有标示丛书名称。其中《欧洲文化的起源》《基督教的起源》《文明与野蛮》《关键时刻》都很好看。这套书里房龙的《宽容》是当时的超级畅销书，颇类似时下的品三国、品论语相关著作。世界变了，也进步了，《宽容》这样的书也许再也不会像当年那样受到特别的关注。

西方人文学术理论和观念的大量引进，对于20世纪80年代刚刚从思想禁锢状态开始走向解脱和开放的中国思想界与文学界来说，应当是绝对必要的。正是这种引进的热情促进了思想的解放，然而过分急切的热情面对的是对这些思想成果语境阐释、理解的相对欠缺，使得对“新方法”和“新观念”的认识往往停留在望文生义和由断章取义的概念、术语乃至叙述方式所产生的陌生化效果上。五花八门的陌生概念、术语和形形色色的新奇理论、观念对文化现象的狂轰乱炸因此开始。大量引进西方思想的结果除了产生眼花缭乱的新鲜观念刺激外，伴生的问题就是食洋不化，即简单套用现成的西方理论来解释中国的文化现象和问题。20世纪80年代末的激进改革思潮从一定意义上说就带着简单借用西方观念的倾向。

在整个20世纪80年代，对于“人的本质”问题的思考，对于带有“形而上”“终极关怀”的哲学和美学阅读，成为那个时代许多大学生的学习生活的重要部分。1982年，上海人民出版社《书林》编辑部在大学生中进行了一次读书调查，在“你最喜欢的哲学、社会科学书”一栏中，填得最多的是西方近代以来的哲学著作，如罗素的《西方哲学史》、斯宾诺莎的《伦理学》、詹姆斯的《实用主义》、卢梭的《论人类不平等的起源》、萨特的《存在主义是一种人道主义》等。西方思想家中的萨特、尼采、弗洛伊德在当时大学生中的影响最为广泛，他们引起的热潮在高校更迭出现。当时，几乎每位大学生都是美学家，或者说是美学爱好者。他们津津乐道于宗白华的《美学散步》和李泽厚的《美的历程》《批判哲学的批判：康德述评》等美学著作，关注启蒙时代的人的审美情趣、如何做人、终极关怀等话题。

在关注微观的、本质的人的同时，不少读者还关注着中国的现实命运和未来。国家宏大叙述和民族主义自尊情感同样混杂到这场反思和追问中。反映对越自卫反击战英雄事迹、反映国家女子排球队拼搏精神、反映数学家陈景润等科学家钻研精神的文学作品，唤起了从“文化大革命”中走出的多难的“中国心”的澎湃激情。而中国从“文化大革命”中走出来，又向哪里去，一时构成了公共性的话题。当时社会上有大量的东欧社会主义国家出版的思想著作，如原南斯拉夫领导人卡德尔的《新南斯拉夫的道路》、德尔拉斯的《新阶级》，捷克经济学家奥塔·希克的《第三条道路》，匈牙利学者科尔内的《短缺经济学》，等等。

20 世纪 80 年代，中国知识分子对中西文化知识的系统自觉的梳理和译介，引导和开阔了人们的阅读视野，为社会文化发展提供了充足的思想资源。同时，一代知识人也在知识梳理和译介的过程中，成长为富有时代使命感、铁肩担道义的主流精英知识分子，他们扮演了社会启蒙的声音之源的角色。

就在社会启蒙阅读的主流表层下，另一股阅读潮流——大众阅读潮流（或称通俗阅读潮流），也在悄悄地进行着。

大众阅读潮流涌动，主要出现在 20 世纪 80 年代后期，那时社会上出现了男读武侠、女读言情的热潮。金庸与琼瑶成为当时最受欢迎的作家。读金庸、梁羽生小说的，不但有大学教授、文化学术界名人等，也有“引车卖浆者之流”。他们是地地道道的男女老幼通吃的“万人迷”。中国民间的读书会并不发达，那期间，不少武侠小说的爱好者三五个、七八个地自觉成立了“金庸阅读会”“梁羽生兴趣小组”，或者干脆就叫“武侠小说迷”，定期聚会，讨论武侠小说的故事情节，也讨论小说所涉及的正史和野史。

由于担心武侠小说“毒害青少年”，虽然同名的影视剧早已公开播放，但直到 20 世纪 80 年代后期，金庸的小说才在书店“大行其道”。在此之前，人们大多是通过街上的租书店看到他的作品。当时，

金庸的小说直到 20 世纪 80 年代后期，才在大陆的书店“大行其道”

琼瑶的言情小说让那个年代的少男少女如痴如醉

青少年里同学或兄弟凑钱租书是普遍现象——对于当时的中学生来说，这已经是他们最“奢侈”的文化消费方式了。

但金庸还并不是20世纪80年代影响最大的偶像派作家，在影响一代人的思想观念方面，他比不上台湾言情小说家琼瑶——最起码，看了《射雕英雄传》就想找个山洞练九阴真经的男生，绝对没有看过《一帘幽梦》后发誓要嫁费云帆式男人的女生多。

北方交通大学教师鲁竹清楚地记得，第一次接触到“琼瑶”这个名字“是1985年，我记得是暑假到新华书店去，正好在搞琼瑶小说的展销，很多同学都买了，我没买，因为那时候我的性格很别扭，不愿意追随一切流行的东西”。不过，几个月后，她还是没有抵抗住“流行”的诱惑，开始看琼瑶的小说，“第一本是《窗外》，之后就一发不可收拾”。

女生也是当时爱情小说的主流读者，这个群体上下延展到了一部分大学低年级和小学高年级学生。她们中的许多人是以一种狂热的态度茶饭不思地在读琼瑶的作品，中学生不那么隐秘地议论“爱情”也由此开始。因而它在知识界和教育界引起的争论也更大，甚至有家长写信要求禁止琼瑶小说及后来岑凯伦小说的出版。但是，在中学生几乎不再读琼瑶以后，他们的母亲和外祖母却拾起琼瑶小说读了起来，一些平常不太买书的城市家庭，都想法配齐了

三毛浪迹天涯的生活方式和自由浪漫的心灵，让她拥有无数忠实的读者粉丝

琼瑶在大陆出版过的所有小说。因为港台爱情小说在大陆如此受欢迎，以致两个四川的青年男人合作以“香港・雪米莉”的名义出版的几十本爱情小说，也都本本畅销。

当然这一时期产生巨大影响的还有三毛，她写的多半是散文，比如，《梦里花落知多少》《雨季不再来》《撒哈拉的故事》等。这个长发女子的作品并没有“飞雪连天射白鹿”或《几度夕阳红》那样广泛的传阅度，但她浪迹天涯的生活方式和自由浪漫的心灵，却让她拥有无数忠实的读者粉丝。

20 世纪 80 年代，知识界的精英阅读和民间的大众阅读，这两股热潮不但大规模地普及了阅读，使阅读不再只是精英阶层的专利，而且自新中国成立以来，第一次赋予了读书以消遣性和休闲性。

链接

20世纪80年代的文化标志

●诗歌：从朦胧诗到台湾抒情诗，标志性的著作应该是《五人诗选》，作者北岛、舒婷、杨炼、顾城、江河。此外包括席慕蓉、余光中、泰戈尔和纪伯伦等，都是这个时代的主流。

●小说：从创作来讲，20 世纪 80 年代影响最大的小说应该是《平凡的世界》，其他诸如《人到中年》《蹉跎岁月》《新星》等虽然也有着巨大的反响，但只有路遥影响最大。从阅读来讲，金庸、琼瑶和三毛是这十年的另一个标志，这些迟来的港台畅销小说改变了 20 世纪 80 年代的阅读风尚。

●文化读物：阅读是思想解放的前提，20 世纪 80 年代影响深远的书籍包括“走向未来”丛书、“走向世界”丛书、“五角丛书”等，这些图书以介绍为主，把新知带给这个年代的读者。几套文学名著同样影响深远，“外国文学名著”丛书（后来被称为“网格本”）、“二十世纪外国文学”丛书从经典和当代两个层面给文学界带来冲击，这些名著中影响最大的应该是《百年孤独》。

●思想读物：虽然读者不多，但思想类读物的出版影响却更为深远，这方面包括“汉译世界学术名著”丛书、“二十世纪西方哲学译丛”、“二十世纪文库”、“学术名著文库”。

●杂志：20世纪80年代是杂志的繁荣时期，几乎所有杂志都能够畅销，可以作为文化地标的则是《读书》，另外大型文学双月刊如《收获》《十月》等“四朵金花”也是那个时代的主流，普及大众层面最流行的杂志是以《读者文摘》为首的文摘类刊物。而20世纪70年代末出现在北京的《今天》也成为民办文学刊物的标志。

●艺术：20世纪70年代末出现在北京的民间艺术组织“星星画会”举办的两届“星星美展”成为“中国现代艺术的敲门砖”。随后1985年到1989年间席卷全国的“85美术新潮”真正打开了中国现代艺术的大门。

●儿童读物：连环画成为这个时代的主流，其中产生了无数的精品。其他如《世界五千年》《上下五千年》《十万个为什么》等也都影响了一代孩子的成长。

二、校园文化

20世纪80年代初期，也就是改革开放的最初几年，社会各个领域都呈现出一种开放的姿态，“解放思想”成为每一个行业的关键词。西方思潮的涌入，打开了青年学生的眼界，也让他们开始了解世界，在当代文化的视野中塑造自己，并认识和思考中国的问题。这也形成了20世纪80年代独特的大学校园文化风景。

第一道风景：高校学生社团林立。

年轻的大学生们怀着热情组建各种社团，积极参与当时的思想解放运动，探讨各种思想和学术问题。1979年，北京大学“五四文学社”在停止12年后恢复活动，并创办文学刊物《未名湖》。同年，由武汉大学中文系《珞珈山》编辑部成员、全国13所高校学生文艺社团参加的大学生文艺刊物《这一代》在武汉创刊，封面由中央美术学院版画系徐冰设计。1980年，北京大学组织了学校历史上规模最大的“五四科学研讨会”，184 名学生提交了 198 篇论文，其中 20 多篇在《人民日报》等报刊发表。复旦大学中文系的“春笋社”、哲学系的“求索社”、历史系的“史翼社”、新闻系的“四五学会”等都具有特色和影响。辽宁大学成立了“蓓蕾学社”“春秋学社”“求真学社”“探索学社”“光明剧社”“朝晖摄影社”“哲学理论组”“社会主义经济问题研究小组”等。据统计，1986 年安徽省的 32 所高校中，共有学生社团 292 个，参加者 2.1 万人，约占学生总数的 40%。在这些学生社团中，问题娱乐型的占 56.2%，专业学术类的占 34.2%，社会服务型的占 9.6%。全省学生社团共出版不定期刊物约 70 多种。另据统计，1988 年上海、安徽、黑龙江三省市的高校学生社团达 1400 多个。

那个时候，伴随着教育改革和民主政治建设的进程，校园民主的建设也被提到议事日程。1986 年，上海交通大学学生会成立“学生民主评议会”，通过改善机制，突出学生利益，减少学生会干部，学生会主席通过竞选产生，学生会威信和效率大为提高。

第二道风景：大学生诗潮涌现。

学生社团的成立和校园民主建设的加强，促进了大学生思想解放和思想活跃。当时最有影响的是一些高校的诗歌社团诗人，他们组织诗歌朗诵会，风潮席卷整个校园，波及全国各大学，参加者几乎遍及每一个寝室，诗歌真正成了那个时代的心声。诗歌是心灵革命的载体，也是承载社会和个人命运的渡船。

《面朝大海，春暖花开》是海子的抒情名篇，写于 1989 年 1 月 13 日，两个月后，海子在山海关附近卧轨自杀。《面朝大海，春暖花开》这首诗歌以朴素明朗而又隽永清新的语言，拟想了尘世新鲜可爱、充满生机活力的幸福生活，表达了诗人真诚善良的祈愿，愿每一个陌生人在尘世中获得幸福

在 20 世纪 80 年代初，大学生诗歌运动风起云涌，几乎遍布全国

的各个角落，用“随便扔出一个石子就会砸到一个诗人”来形容当时的盛况并不过分。毋庸置疑，朦胧诗发源自北京，当时北岛、顾城、芒克等都在北京；而大学生诗歌则不一样，似乎全国各地高校都有优秀的学院诗人。各地各院校都有潮头人物。上海是学院诗歌的重镇，当时华东师范大学的《夏雨岛》和复旦大学的《诗耕地》是众多诗歌民刊中最具分量、最具影响力的诗歌刊物，它们不像别的学院民刊那样昙花一现，而是持久地贯穿于学院诗歌兴衰的始终，在当年的大学生诗刊中无疑有着标志性的力量。

链接

面朝大海，春暖花开

从明天起，做一个幸福的人
喂马，劈柴，周游世界
从明天起，关心粮食和蔬菜
我有一所房子，面朝大海，春暖花开
从明天起，和每一个亲人通信
告诉他们我的幸福
那幸福的闪电告诉我的
我将告诉每一个人
给每一条河每一座山取一个温暖的名字
陌生人，我也为你祝福
愿你有一个灿烂的前程
愿你有情人终成眷属
愿你在尘世获得幸福
我只愿面朝大海，春暖花开

海子

1989年1月13日

复旦大学的许德民、孙晓刚、李彬勇、邵濮、张真、卓松盛、傅亮等，华东师范大学的宋琳、张小波、李其钢、于奎潮、徐芳、张黎明、林锡潜、于荣健、郑洁、陈鸣华等，以及上海师范大学的陈东东、王寅和陆忆敏等，他们以别树一帜的艺术手法，使得上海在高校大学生诗歌运动中拥有举足轻重的位置。被称为大学生诗歌旗手的于坚，自 1981 年起，即开始参与在中国各大学兴起的大学生诗歌活动，他在云南以自己独特的诗歌风格，成为大学生诗歌运动中的一面旗帜。除此之外，南部的简宁、钱叶用、马莉、柯平、伊甸、曹剑、曹汉俊、沈宏菲、祁智、尚方、唐亚平、翟永明、李亚伟、周伦佑、柏桦等，西部的菲可、封新成、人邻、潞潞、韩霞、张子选、周同馨、沈奇等，北部的程宝林、杨榴红、潘洗尘、骆一禾、海子、西川、林雪、阎月君、阿吾和苏历铭等，还有众多美好的名字，都在这场中国学院诗歌的合唱中唱响自己的声部。他们的作品既不同于朦胧诗，也不同于先期的学长，以清新、智慧、奇特、探索等特质在语言和形式上进一步突破传统的窠臼，这些鲜明个性成为当时新生代诗歌的共同特点。

20 世纪 80 年代的大学生诗歌，有一些关键词，如“远方”“大海”“西部”等，这些被普遍使用的词，甚至成为那个时候的时尚用词，这源自一股青春的力气。当然，从深处看，也表达了对一个新的尚不明朗的未来世界的向往之情。

画家、诗人许德民 1986 年 6 月受邀在香港的《文汇报》上发表介绍大学生诗歌现状的短文，其中写道：

> 谁都不会否认，近年来的中国诗坛，出现了诗潮迭起的壮阔场面。每一个挟着梦想和海风的年轻歌手，汇聚在东太平洋的白色海岸上，咏唱着多声部的撼人心魄的青春组歌。这时，你若将眼睛仍旧停留在朦胧派诗人北岛、舒婷、顾城们的身上，那你就无法全面地了解处在更新阶段的中国诗坛，更不能清晰而透视地预言中国现代诗歌的走向。

不论这群校园诗人的内部构成如何，作为整体，他们最为显著的特点就是新鲜，以及似乎永远处于动态的创造力。大家发现，中国诗歌跨过许多人为的阻碍和限制之后，正朝着真正的艺术归依。诗不再是图解政治、目标的工具，诗就是诗，是想象和思索天地里的一大群洁白的鸽子。这些诗人既继承了本民族传统文化的优秀部分，又广泛涉猎了外来艺术的种种倾向，这种多元性和比较性，增强了他们把中国文化推向世界的责任感和使命感。

当时最有影响的是中国新时期第一个大学生诗社——复旦诗社，成立于1981年5月27日，有诗刊《诗耕地》《语声》，诗集《海星星》《太阳河》，源接20世纪40年代的《诗垦地》，形成复旦诗派。复旦诗社在20世纪80年代初就在中国诗坛铸就了自己的辉煌。以其编辑的全国第一本大学生诗集《海星星》为例，该诗集是1982年年底决定编的，1983年年初就编辑完成，在同年年底出版，第一次印刷37000册，到1984年共印近8万册，几乎在全国的新华书店都有销售，即使在新疆、内蒙古的边远县城里，都出现过这本诗集，它成为当时真正的畅销书。

时过境迁回头看，再不怀旧的人大概都会认可，20世纪80年代是一个诗的黄金年代，也是新诗有史以来最好的年代。诗歌不仅仅温暖并照亮了那个年代青年学生的心灵，而且，通过那个年代的诗歌，可以想象到在改革开放的历史语境中，当时社会各个领域厉行变革所焕发出的那种勃勃生机，所呈现的那种发展势头。

链接

闪回20世纪80年代诗歌（节选）

唐晓渡

不过，我真正的快乐时光还是在另一个空间。直到今天，我仍会不时回味当年与各路朋友无以计数的彻夜聚谈。那时大家都足够穷，绝大多数情况下，酒是廉价酒，烟是劣质烟，菜是就市菜，最奢侈的是音乐，而更奢侈的是那嘈嘈切切的语流。每一次聚谈都是一次相互砥砺，一次语言的盛宴，一次小小的灵魂节日。还有什么比如此织成的纽带更能体现诗的自由本质，因而更可靠、更值得信赖？它们带来的是不断增进的理解、友爱、自信和对诗的敬畏、感激之情。

这也往往是我孤灯一盏，漏夜阅读时的心情。那是另一种交谈，其对象大多是所谓“诗歌江湖”上已然成名或正崭露头角的人物的代表性作品。美国文学史家考利有句话，20 世纪 80 年代常被用来指称先锋诗歌，说是“诗人被创新的狗追得连撒尿的时间都没有”，可见一时风气，亦可知阅读的难度。

如果要开列一份那些年曾大耗我精气心血的作品名单，会是长长的一串，这里只好略过；我真正想说的是，正是这种出入于锐利的词锋，在沉入黑暗的郁闷和被照亮的喜悦之间转换不定，充满质疑、困惑、盘诘、推敲的阅读和交流，一点点粉碎着我的诗歌成见和制式教育残留的美学桎梏，不断更新着我的视野，锻炼着我的眼光。

第三道风景：校园民谣热。

20 世纪 80 年代的新时尚是英语热和台湾校园歌曲热。鼎盛并开始膨胀的台湾校园民谣很快开始了向大陆的第一轮冲击，他们把校园民谣这股热浪烧到了大陆，并发展到全世界的每个华人角落，华语圈子那些玩歌的学生无疑是当时受这股“台湾校园风”影响最深的群体。

“等到睡觉前才知道功课只做了一点点，等到考试以后才知道该念的书都没有念……”罗大佑的这首歌曲，有着典型的校园特色，浓郁的校园民谣风味在这里被展现得淋漓尽致。20 世纪 80 年代中期这首歌传入大陆，经过歌手成方圆怀抱木吉他，辅以悠扬的口哨的演绎，对大陆一代校园人乃至一代人产生了深远的影响。一方面看到身处这个时代的无限风光，另一方面感到身处这个时代的压力（痛苦），这或许就是罗大佑欲说而未说出的命运。“命运、沧海桑田、云烟、转移、梦”是罗大佑歌词中频繁出现的单词。它们后面才是共同的一个主题：变化和动荡。他的歌曲，以动荡为主题整齐一致地晕染了一个心理的乱世，无论爱情、光阴、家园、社会、人生，不管表面在说什么，却都有一种伤逝的特质，一种“往生不再”的苍凉。

以罗大佑为代表的台湾音乐人创作的流行歌曲，对大陆的校园歌曲创作产生了深刻的影响。1982 年罗大佑《之乎者也》，陈永裕、李宗盛组成的木吉他合唱团出的专辑也代表了台湾校园民歌的水准。罗大佑又以《未来的主人翁》卷起了“黑色狂潮”。《橄榄树》《却上心头》《春夏秋冬》《未央歌》等大批校园风格的歌曲，在众多20世纪八九十年代成长起来的大学生心中，仍在隐约地回响着。

罗大佑1979年创作的《童年》被举国传唱。紧跟着是《光阴的故事》《恋曲1990》《你的样子》《滚滚红尘》《明天会更好》等，罗大佑至今谱写了150多首经典流行歌曲

再如叶佳修的《外婆的澎湖湾》，其歌词唱道：“晚风轻拂澎湖湾，白浪逐沙滩，没有椰林缀斜阳，只是一片海蓝蓝。坐在门前的矮墙上一遍遍怀想，也是黄昏的沙滩上，有着脚印两对半。那是外婆拄着杖，将我手轻轻挽，踩着薄暮走向余晖，暖暖的澎湖湾……”这首歌曲深受青年学生的喜爱和推崇。武汉热线曾转载了一个“某杂志评出的100首中文经典单曲”，其中是这样介绍它的：“潘安邦的故事，叶佳修的代表作，校园民歌运动的纪念碑，乡土情怀的音乐写真，童年生活的纯真回忆，影响一代人的不朽之作——《外婆的澎湖湾》。”也有人这样评论《外婆的澎湖湾》：“这首歌在这里的位置，应该是缘于它在心里的位置。”

与此同时，1986年大陆原创音乐也开始崭露头角，更为重要的是中国的摇滚音乐也在这股音乐的浪潮催生下“呱呱落地”了。以崔健为代表的

自崔健出现，大学校园里才真正有了激进的吉他声

中国摇滚音乐从一出现就给流行音乐界带来了耳目一新的感受，也给 20 世纪 80 年代的校园音乐树立了一个鲜明的旗帜。尽管，中国民族音乐及欧美流行音乐，均对校园民谣的产生有着或多或少的影响，但在大陆原创音乐中，以崔健为代表的摇滚乐对校园歌曲的产生最有推动力量。

20 世纪 80 年代后期，崔健的专辑《新长征路上的摇滚》发行面世。这个专辑把年轻人身上所共有的情绪性及反叛性发挥得淋漓尽致，这种共鸣使崔健不但以自己的作品征服了年轻人的心，《一无所有》等歌曲在中国乐坛上也当仁不让地具有了划时代的意义。“他是 60 年代的一道伤痕，90 年代的一滴血。”他带给大陆校园歌曲的主要影响，更重要的是一种共鸣的精神，一个激情的形象。可以说，自崔健出现，大学校园里才真正有了激进的吉他声，对校园歌曲的演绎也进入了另一个崭新的天地。即使是现在，崔健的很多看似歇斯底里的歌曲仍然被现在的大学生歇斯底里地传唱着，仍在大学的校园广播里时时响起。

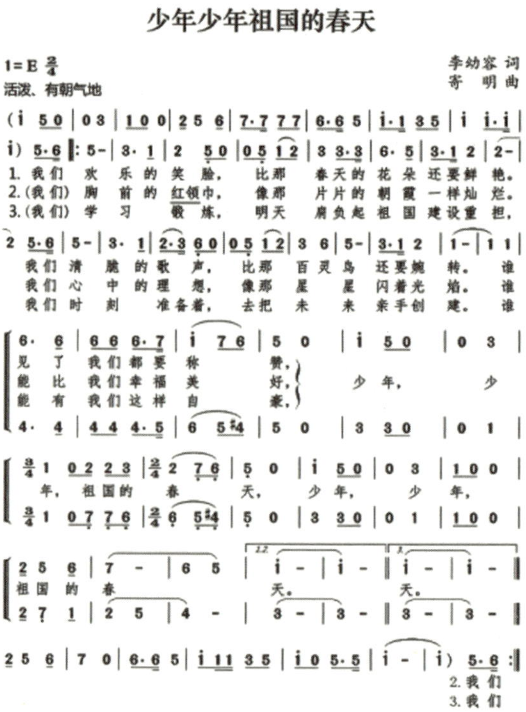

校园歌曲《少年少年祖国的春天》在当时很流行

20 世纪 80 年代校园歌曲大多格调健康清新，情感单纯而又充满童趣。少儿校园歌曲这时也在发展中，如《种太阳》《春天在哪里》《少年少年祖国的春天》，这些经典校园歌曲也因为易于传唱，且旋律舒缓而为大多数学生所接受。

以《种太阳》为例，这首极富想象力的歌曲很快风靡校园，为此歌谱曲的徐沛东说：“《种太阳》这首歌曲创作于 1988 年，创作这个歌词的是一个孩子，叫李冰雪，我开始还以为是小女孩，其实是男孩，才 9 岁。当时我就被他的歌词吸引了，孩子的那种童真特别可爱，因为在那个年代‘文化大革命’过去后，儿童歌曲的创作不是非常地顺利，出现了这么一首歌词，当时我就被吸引了，用一种很质朴的心理，写出了孩子对温暖、对太阳的渴望，希望种太阳。”

还有一首由李幼容填词、寄明谱曲的少年校园歌曲《少年少年祖国的春天》，在当时也很流行，歌词是：“……我们胸前的红领巾，像那片片的朝霞一样灿烂。我们心中的理想，像那星星闪着光焰。谁能比我们幸福美好，少年，少年，祖国的春天，少年，少年，祖国的春天……”

作为校园文化的一部分，作为记录着年轻人梦想与激情的音乐篇章，校园歌曲以真诚与纯洁为标志，给人们（尤其是年轻人）留下了青春的证明与印迹。它带给人们那么多纯净的快乐，那是滚动在青青草叶上的露珠，那是绽放在青春里的花朵。

三、心怀天下

整个20世纪80年代的大学和大学校园里充满了求真精神，充满了倾慕与向往之情。那时校园空气里弥散着的东西与现在是很不一样的，学生不是刚进学校就紧张地关心就业和待遇，不着急去考各种实用性的证书，也不会疲于奔命地置身在打工兼职之中。但那时大家也很忙，忙着读书、听讲座，忙着讨论与争辩，忙着关注社会的每一点变迁，虔诚而又充满激情地执迷于价值的探讨、文化的反思、知识的传承、民族的振兴等问题。对祖国充满了爱和责任，是20世纪80年代大学生的精神写照。“天下兴亡，匹夫有责”，让他们神往和沉醉。

大学生们对政治的关心和热衷，首先体现在对当时政治人物的关注上。至今依然被人津津乐道的是在新中国成立35周年的国庆大典上，北京大学学生打出的“小平您好”横幅的故事。1984年10月1日，天安门前游行队伍中的北京大学学生打出了“小平您好”的横幅，这一画面很快传遍世界，并成为刻画中国的一个经典场景。这条横幅的诞生并非官方的命令，而是在匆忙之间完成的。

当时的电视画面记录的场景是这样的：站在天安门城楼上的中共中央总书记

胡耀邦最先看见了什么，微笑了起来，然后倾斜过身子对邓小平说了一句话，同时手指向长安街上的游行队伍，邓小平的脸上随即露出笑容。这时，电视镜头转向游行队伍中间，在一群年轻大学生的队伍中，一幅绿底黑字的大型横幅——“小平您好”在此时亮相。

北京大学游行总指挥兼领队彭兴业后来了解到，这是北大生物系的几个学生的杰作，他们经商议后，由常生执笔写下了“小平您好”这四个字。1984 年 9 月 30 日，已练了一个月队列的生物系同学，还在紧张扎制第二天游行时用的花束。常生、张誌、李禹、郭建崴、毛小洪、栾晓峰、王新力等同学在聊天时说，光喊口号、挥舞花束，不能充分表达感情，要制作一幅横幅来表达心意。

写什么标语呢？有人说“教育要改革”，有人说“改革要加速”……大家都

在 30 多年前，直呼国家领导人的名字，而且是在国庆游行这样的重大场合，这样一幅制作简陋的标语，的确令世界吃了一惊。当时在场的许多记者，看到这个标语时，没有任何思想准备，许多人都蒙了，错过了极宝贵的拍照机会。据说，当时有 400 多名摄影记者在场，但到目前为止，已知拍到这个画面的只有《人民日报》原记者王东和《中国青年报》的贺延光两人。这幅就是王东拍摄的，最早刊登在 1984 年 10 月 2 号的《人民日报》上

觉得这些标语虽好，但只说出了人们一个方面的愿望，不能集中、充分地表达大家共同的愿望。此时，大家想到了邓小平。于是有人建议："就写'邓小平同志你好'吧。"

但是大家又觉得这七个字不够好——在中国人的意识里，加了个姓，叫起来有点不太亲切。于是，又有人建议，写上"邓"字见外，"同志"二字显得累赘，不如都去掉。于是，"小平您好"横空出世了。这四个大字由常生执笔，写在了四张绿色大纸上。后来，李禹又拿来自己的塑料床单做底衬，用订书机订在上面。

怎么把横幅带进现场，又让这些年轻的学生们费了心思。想来想去，郭建崴等人提出，把墩布把儿截短当双杆，再选个高个的同学，穿上做实验时穿的白大褂，把横幅卷起，夹在胳肢窝下，就这样，横幅被"违规"带进游行队伍。

与游行队伍中常规打出的几十米长的横幅相比，这幅用床单制作的横幅太"小"了，以至于它几乎没有引起其他摄影记者的注意。但当时《人民日报》的记者却拍下了这个场景，并将它刊登在了 10 月 2 日的第二版上。

在浩浩荡荡的游行队伍中，这条横幅比起那些巨大的模型和彩车，的确是过于朴素了，然而它在国内外人们心目中的反响，却异常强烈。这一句平常的问候，道出了千百万知识分子的心声，凝聚着他们深厚的感情，表达了群众对领导者最亲切的敬意。"小平您好"，从那时开始就成为国人思想解放、矢志改革的代名词。

总体回望，20 世纪 80 年代，从思想的束缚中忽然解放的年轻人，激情和思想剧烈碰撞，给那个时代烙上理想主义和浪漫主义的强烈色彩。

他们以佩戴校徽为无上荣耀，写诗歌，谈理想，话人生。他们关心时局，心怀天下，为国家和民族而读书。

"我觉得我们比现在的年轻人要浪漫得多。"叶航教授这么说，"那是一种真实的'大鸣大放'，学术和艺术，国家和未来，是我们唯一关心的问题。这样的理想主义是普遍存在的，好像天下大任在我们肩上的感觉。"

四、榜样的力量

20世纪80年代，旧的体系被打破了，新的体系尚未建立起来。当时，百废待兴，但总的基调是积极向上的。可是在思想上，社会上又弥漫着迷惘的气息，尤其是青年人，面对新的形势，未来的路如何去走？青年人需要精神上的指引和激励。

无疑，“张海迪”这个光辉的名字，最具有代表性，她的名字在当时的神州大地上到处传扬。这位三分之二躯体失去知觉而不向命运屈服的姑娘，这位“即使跌倒一百次，也要一百零一次地爬起来”的勇士，这位以缩短自己的生命来延续他人生命的时代楷模，感动了整个社会。

在年轻人谈理想、谈人生，建设四化奔小康的20世纪80年代，张海迪的出现，既符合社会道德价值的追求，又得到政府层面的高度肯定。她对几代人的理想与信念的鼓舞确确实实是无穷的。

1955年出生于济南的张海迪，在5岁时因患脊髓血管瘤而瘫痪，但她并没有向厄运低头，坚强勇敢的她，虽不能和同龄人一样上学读书，但由于对知识的渴求，她坚持与病魔抗争，先后自学了小学、中学、大学的课程，并阅读了大量的书籍。

那个年代，几乎每一个听到张海迪故事的青年都备受鼓舞，并在她身上看到了信仰荒漠的绿洲

15岁那年，张海迪因为父亲工作调动而搬往聊城莘县尚楼村。在这里，性格开朗又热心的张海迪很快就成了村里最受欢迎的人：小孩子们都爱围着这个教他们识字、教他们唱歌、帮他们缝纽扣的大姐姐，老人们有什么头疼脑热也会找这个自学针灸的热心姑娘帮忙治病。张

海迪的小屋每天都会聚集很多小伙子、大姑娘，大家唱歌、弹琴，谈论最近发生了什么事、看了什么书，欢声笑语不断。

张海迪的事迹开始受到媒体的关注，源于一次偶然的机会，新华社记者宋熙文听到了张海迪的故事，他觉得“这个姑娘很有意思”，便把她的故事写下来发回了单位。他没想到稿件竟一炮而红，张海迪也成了全国青年学习的榜样人物。

1981 年 12 月，新华社将报道张海迪事迹的通稿发给包括《人民日报》在内的多家报社，《人民日报》于 1981 年 12 月 29 日将这篇报道放在了头版头条的位置，宋熙文这样分析《人民日报》的决定 ：“在当时的背景下，有一个比较信得过的人物出现，是当时人们思想，特别是青年思想，非常需要的。”

接下来，当地共青团组织、妇联、党报都纷纷报道张海迪的事迹，各级单位也力邀她去座谈，大家惊奇地发现这个被病魔纠缠的女孩竟有如此大的感染力 ：每一个听到张海迪故事的青年都备受鼓舞，并在她身上看到了坚韧不拔的精神。

1983 年，张海迪精神的影响达到了顶峰。1983 年 2 月 28 下午，时任共青团中央书记处书记、全国青联主席的胡锦涛主持召开“首都新闻单位听取张海迪同志事迹介绍会”，张海迪分别用中文、英文、日文唱了《生活多美好》《哆来咪》和《四季歌》三首歌。1983 年 3 月 1 日，《中国青年报》头版刊发了长篇通讯《生命的支柱——张海迪之歌》以及张海迪的自述《是颗流星，就要把光留给人间》一文，再次重点报道了张海迪自强不息的感人事迹。1983 年 3 月 7 日，共青团中央授予张海迪“优秀共青团员”称号，全国妇联授予她“三八红旗手”称号。

1983 年 3 月 7 日，共青团中央举行表彰大会，授予张海迪“优秀共青团员”的称号，并作出向她学习的决定。图为张海迪在大会上发言

同年 3 月 11 日，共青团中央安排张海迪到北京作报告，27 岁的她第一次走进了人民大会堂，为来自全国各地的人们作了一场激情澎湃的报告。那天她穿着妈妈带来的薄呢子外套，卷曲的长发披在肩上，看起来青春漂亮，与会人员被她的感人事迹深深打动。

1983 年 5 月，中共中央发出《向张海迪同志学习的决定》，党和国家领导人邓小平、叶剑英、李先念等老一辈无产阶级革命家先后为张海迪题词，表彰她积极进取、无私奉献的精神。随着对张海迪报道的日益深入，大家对张海迪的赞誉也越来越多，而最常被人们提起的美誉有两个：一个是“八十年代新雷锋”，一个是“当代保尔”。

广大青年从张海迪身上看到了激情、勇气和力量，他们争相将张海迪列为自己的榜样，全国上下掀起了一股“向张海迪学习”的旋风：无数的信件像雪片一样从全国各地飞到张海迪的手中，甚至有的人不知道张海迪的通信地址，只要在信封上写上“张海迪”三个字，信件也能送到张海迪的家里。张海迪每天收到的信，需要用麻袋装起来，然后一麻袋一麻袋地送到单位、送到家里。

在镁光灯下的张海迪再一次与死神擦肩而过。在人民大会堂作完报告后，张海迪忽然陷入昏迷，经过紧急抢救才从死亡线上挣扎了回来。经过这次生死考验，她选择了激流勇退，拒绝了组织安排的职位，淡出人们视线，回归自己原有的生活轨迹——从事自己热爱的文字创作和翻译工作。

专心从事文字工作以来，她先后出版了《轮椅上的梦》《绝顶》《孤独的碎片》《天长地久》等书，翻译了《山村诊所》等书，并和丈夫王佐良合作翻译了《莫多克——一头大象的真实故事》，她的著作和译作受到了广泛好评，并多次获得国家级奖励。

张海迪于绝境中辟新径，她坚韧不拔的精神不仅鼓舞了一代中国青年，甚至还辐射到了全世界的青少年：1997 年日本 NHK 电视台将她评选为“世界五大杰出残疾人”之一，2001 年新华社《环球》杂志将她评为“环球二十位最具影响力的世纪女性”。

张海迪的精神在 20 世纪 80 年代的迷雾中为人们指出了一条创造人生价值的奋斗之路。纵观张海迪走过的人生道路，与病魔的斗争和对学习的热爱昭示了那个年代不可或缺的坚韧和勇敢，而在荣誉面前激流勇退又展现了一个智者的坚定平和。她的生命奇迹让20世纪80年代的年轻人看到了奋斗的力量，在那个年代鼓舞了一大批青年人。

张海迪的人生经历，就像她曾写的小诗——“世上既有苦水，也有美酒，就看你怎样去追求。只要你能昂起头，苦水也能化美酒。”她用自己奋斗的力量酝酿了生命的美酒。

在那个年代，张海迪绝对是自强者的偶像，无数“50后”“60后”“70后”就是“海迪姐姐”忠实的粉丝。只不过，那时的偶像叫作“榜样”，媒体上常用的一句话是“榜样的力量是无穷的”。如果说苦难是人类面临的永恒主题，那么张海迪精神所代表的就是人类在陷入困境时最有力的自我超越之路。

张海迪和孩子们在一起。20世纪80年代被誉为“中国保尔”的张海迪，在娱乐明星充斥的今天，已被不少年轻人遗忘，但她在逆境中崛起的精神无疑具有永恒的启示作用和榜样价值

五、社会教育

在改革开放之初，热闹与喧嚣不仅仅在于知识界和校园里，民间也有自己喜闻乐见的大众文化，包括港台电视剧、流行歌曲以及武侠小说等，这些都发挥出一种潜在的社会教育力量。

作为第一部引入内地的港剧《霍元甲》，让第一次看到港剧的内地观众像着了魔，万人空巷，万人争睹，万众评说

《霍元甲》能成为第一部引进内地的香港剧集，首先在于其内容和主题。抵抗外侮，惩恶扬善，弘扬爱国主义精神，是当时内地能够接受和欢迎的。

在内地播出时，《大侠霍元甲》的片名被剪去前面二字，这是因为“大侠”带有“封建文化”色彩，怕观众收看后产生对所谓“大侠”的崇拜，会冲击体制文化多年来树立起来的各类“英雄模范”在人们心目中的地位。这种拘谨和警惕在后来迅速冰释，《黄河大侠》《白眉大侠》《侠客行》《侠女十三妹》等层出不穷。

第一次看到港剧的内地观众像着了魔一样，万人争睹，万众评说……

1983 年电视连续剧《霍元甲》热播的时候，电视机还不那么普及，有的人家干脆将电视搬到庭院里，待电视剧主题曲一响起，左邻右舍男女老少聚拢过来或蹲着或站着，眼巴巴地盯着那台黑白电视机上的画面。以至于到了白天，无论是街头巷尾还是田间地头，都有年轻人刻苦钻研迷踪拳的场景。

1984 年《上海滩》开始在内地播出，是又一次席卷全国的大众文化热潮。黑风衣和白围巾很快成为当年最时髦的装束，连流行一时的喇叭裤和蛤蟆镜都要靠边站。同时流行起来的还有周润发抽烟的姿势：落寞地低头点烟，然后皱起眉头深深一吸……假如模仿者长得还有三分帅气的话，这就足够让他收获无数女孩子的芳心。

经历过那个时代的人都知道，《上海滩》在社会上的影响极其巨大，几乎无人不为它着迷。如果头天晚上播出的是《上海滩》，那么第二天在任何地方、任何人等见面就必定兴奋地讨论、交流观后感。

曾子航在其《〈上海滩〉：永恒的魅力宣言》一文中如是写道：

它的播出甚至引起了《参考消息》这样的国家级大报的关注。据说在真正的上海滩，这部如假包换的作品更是引来无数的知音，男生纷纷作许文强状，围起了白丝巾；女生统统向冯程程看齐，梳起了两条小辫儿；哥儿们见面互道“文哥”“力哥”。这还不算，一个80年代在文学青年当中享有一定盛名的先锋小说作家，过年回家探亲，已届退休年龄的老父亲居然问他能否写出像《上海滩》这样的小说来……

周润发和赵雅芝主演的《上海滩》剧照。电视剧从一个学生到黑道枭雄的演变突破了内地作品的题材禁忌，而江湖、爱恨、快意恩仇的主题至今仍未过时

被称为“香港象征”的周润发，就是以这部电视剧而成名的。他一袭风衣，和女主角扮演者赵雅芝撑着雨伞，在纷纷雨雪中并肩散步、谈笑，那是一代电视观众心中的永恒爱情画面。

让我们将目光拉回到1983年9月。在北京中央工艺美院（即今清华大学美术学院）的新生报到处，放着两排长长的桌子，一排后面坐着登记资料的老师，另一排后面坐着剃头的师傅，所有留长发的男生必须先到这排桌子后面被彻底“修理”一番后，才能到对面的桌子前完成入学登记。

也是在那一年，一些城市的街头还出现了手拿剪刀的“执法”人员看到有穿喇叭裤的青年，就立刻将他们的裤腿剪掉的事例。

如今可能已经很少有人还记得1983年时，长发、喇叭裤与邓丽君曾一道被列为毒害年轻人的精神垃圾。然而长发可以被剃去，喇叭裤腿也能被剪掉，但邓丽君的歌声却不是轻易就可以抹去的。尽管随时可能被扣上“散播黄色歌曲”的罪名，但从北京、上海到偏远县城，这个温柔甜美的声音依然传播到了越来越多年轻人的耳中。这或许就是大众文化的魅力之所在。

除了前文所提到的琼瑶、《霍元甲》、《上海滩》，对于大众而言，邓丽君的歌声也是他们对于20世纪80年代最深刻的记忆之一。

现在已经很难确认，大陆青年第一次听到邓丽君的歌是通过什么方式了。一般认为，最早是从海外探亲或旅游回来的人带回了邓丽君的磁带和录像带——那时她已经红遍“外面的世界”。

很快，邓丽君的歌声就通过“地下”的方式在年轻人中迅速流传开来，先是翻录磁带、盗版磁带，然后就是翻唱集锦。从程琳、成方圆、张蔷到后来的那英、田震、王菲，20世纪80年代出道的女歌手们几乎没有人不曾翻唱过邓丽君的歌。

1980年，以邓丽君演唱歌曲为代表的港台歌曲和以李谷一的《乡恋》为代表的大陆流行歌曲已经在大城市里广受欢迎，以至于一些老音乐人为此特意召开了一场“西山会议”，邓丽君的歌曲自此被定性为“黄色歌曲”和“靡靡之音”，遭到了全面被禁的命运。

禁令进一步助长了邓丽君歌曲的流行。清华美院的老师邹文在20世纪80年代初在贵州生活，他回忆说：“当时我们听邓丽君的歌主要是通过广播，我记得那时候有个‘澳洲人民广播电台’，经常在节目中插播邓丽君、刘文正、凤飞飞他们的歌。那时候都说这个台是‘敌台’，‘收听敌台’可不是闹着玩的，但我们还是会偷偷地听。”

对那些听惯了口号式歌曲的男女老少来说，邓丽君那情意缠绵、柔情万缕的歌声，带来了别样的感受

作为最早接触邓丽君歌曲的一批人，《人民音乐》的编辑部主任金兆钧后来总结说，其实邓丽君之所以在世界各地的华人中广受欢迎，主要是因为她的音乐与20世纪

三四十年代上海的“孤岛文化”有着一脉相承的关系。当然，也正是因为同样的原因，她翻唱的李香兰的《何日君再来》成了最早被严禁的“汉奸歌曲”。

不过，20 世纪 80 年代初期她在大陆的风靡，更是因为当时人们文化生活上的贫瘠，通过邓丽君的歌，年轻人找到了一种全新的表达情感、表达个性的方式，并再也不愿意放弃。此后，年轻人开始用“歌星”来称呼那些受人喜爱的歌手，在邓丽君之外，他们还包括刘文正、凤飞飞、罗大佑等，事实上，他们组成了大陆 20 世纪 80 年代的第一批流行文化偶像。

1984 年，来自香港的张明敏出现在春节联欢晚会上，用不太标准的普通话演唱了《我的中国心》。他自己大概也没有想到，这首歌会在一夜之间成为整个中国的流行旋律。当时《读者文摘》的两位创刊人胡亚权和郑元绪是在沙发上听完这首歌的，感动之余，他们决定要把这首歌发到杂志上。找不到歌的正式词曲，他们就找录音录像，请人一句一句对着录音抄词打谱，最后将词曲登在当年 2 月号《读者文摘》的封三上。结果，那期杂志在各地被一抢而空。

作为一名歌手，张明敏完成了那些著名歌手所不能完成的任务：让港台流行音乐第一次以官方许可的形式席卷大陆。此后，无论是港台还是国外的音乐在大陆的传播渠道变得越来越通畅。

1985 年 4 月 7 日，英国的“威猛乐队”来到中国，在北京和广州举办了两场音乐会。尽管没有刻意宣传，上万张门票依然被连夜排队的人们抢购一空，最早的黄牛党们将票价

20 世纪 80 年代张明敏的歌曲风靡全国

从 5 块炒到了 25 块——相当于那时人们半个月的工资。

1986 年，费翔在太平洋影音公司录制了他在大陆的首张专辑《跨越四海的歌声》，正式进军大陆市场。尽管在磁带的封面上，费翔穿的“睡衣”式外套现在看来实在有点“雷”，但那一年，费翔在大陆女性中的受欢迎程度大概只有后来的 F4 可以相比。

1988 年，中央电视台在《潮——来自台湾的歌声》中第一次播放了包括小虎队、王杰等在内的当红歌星的 MTV，至此，两岸的流行节奏终于开始接轨。

现在回头去看，尽管在 20 世纪 80 年代中前期，这些风靡大陆的偶像不是过于“地下”，就是过于脱节，但香港岭南大学的博士生黄薇子分析说，在很大程度上，“他们培养出了流行音乐的听众，也培养了他们的欣赏习惯，以至于大陆后来的流行音乐产业模式基本都是从港台复制而来”。

当然，那个年代除了对港台文化的引进，也有大陆人民自娱自乐的文化形式。中央电视台的春节联欢晚会就是在此无法绕过的一个话题。

1983 年除夕之夜，春节联欢晚会隆重登场。由时年 45 岁、部队文工团小提

1983 年，中央电视台第一次举行春节联欢晚会。从此以后，春节联欢晚会成为大年夜必不可少的一道“大餐”，同时也造就了无数大红大紫的艺人

琴手出身的黄一鹤导演的1983年“春晚”，除了齐集文艺精英之外，还采取了现场直播、设节目主持人、装会场热线电话、请国家领导人出席等四大新举措，并且邀请台湾艺人参加。这些空前成功的做法成为后来“春晚”的基本格调和模式。

1983年的这届春节联欢晚会，由王景愚、刘晓庆、姜昆和马季主持。它的开场真的像一个“会”：首先是赵忠祥致开幕词，然后是主持人介绍到场嘉宾，接下来是相声大师侯宝林讲话，再是主持人代表所在行业向全国观众拜年。这些“议程”结束，《拜年歌》响起，然后又是主持人介绍到场演员。而主持人和演员的衣饰，绝不可与后来动辄数十万的造价相比。主持人姜昆的那身行头，今天的普通工服都比它光鲜。1983年春节联欢晚会获得了巨大的成功。第二天，各地民众互相拜年问好之后，就是急切、兴奋地谈论这台晚会。绵延至今的除夕固定大戏“春晚”，由此奠定；历时30多年的“新民俗”，由此发端。

因为大陆长期封闭，改革开放之初还带着惯性的拘谨、谨慎，大众文化热潮往往由港台引领；而港台时尚进入大陆的渠道开始并不通畅，获得的承认也有限，时常出现民间已热潮掀起，而主流阵地毫无动静的情况。春节联欢晚会，却常常能得风气之先，它邀请的港台艺人和推出的节目，不止一次领导了大众文化新潮流。在相当长一段时间内，春节联欢晚会是大众文化热潮的阀门。

20世纪80年代的音乐、影视领域成了一个时代不可磨灭的印记，构成了大众文化的无法缺失的要素，事实上成为一股强大的社会教育力量，从而改变了许多人的人生，改变了他们对历史的单一理解，对爱情的模糊态度，以及对自由的懵懂无知，还有，为这一时代的人们带来的，却是异常纯粹的美好。

07

第七章

改革再出发

20世纪80年代改革的重点在经济领域，相比而言，教育改革明显滞后。这样，教育与社会、经济发展的矛盾逐渐突出，引起全社会的关注。20世纪80年代末，“教育危机”的警报之声不绝于耳，在每年春天的全国两会上，教育问题总是成为被关注的热点。这些问题包括教育经费短缺、学生学习负担过重、“新读书无用论”以及青年价值观摇摆不定等。这一切，意味着我国教育改革需要再思考、再出发。

一、增加教育投入

我国教育的诸多问题有一个基本的根源，即国家对教育的投入不足，教育经费严重短缺。早在20世纪80年代初，我国就明确地将教育作为国民经济建设的战略重点，后来更确定了“科教兴国”的战略。但教育战略地位的落实，教育在实际社会生活中的重要性，并不是完全体现在文件和口号中，更要体现在国家对教育的投入上。特别是基础教育，作为一种准公共产品，它投资回报周期相对较长，单纯依赖个人的投入，不足以支撑国家通过教育手段提升全体国民素质的需求。在这样的情况下，政府应该而且必须为公共教育支出提供必要的经费保障。这一点在公共财政理论上是无可争议的，但回到现实生活中，由于国情国力等原因，事实上国家对公共教育的投入也有一个历史的发展过程。

20世纪70年代末，重新出任教育部部长的蒋南翔就在天津的一次教育会议上发出沉痛的呼吁：“救救孩子！”稍后，教育部组成由刚刚出任教育部副部长张承先牵头的调查组，兵分几路，进行全国性的大调研。

调研的结果令人心寒：全国中小学的危房率为17%，超过2亿平方米，而且还在以每年4%—5%的速度增长。如果按每个学生占有5平方米校舍计算，全国有4000万学生的生命安全每日每时都在受到威胁。据不完全统计，当时，全国死伤于校舍倒塌的学生每年都在千人以上。调研的结论更是令人忧虑：以当时国家每年能够拨出的用于校舍改造的款项计算，要完成全国的危房改造需要100年以上。

在20世纪七八十年代，像山东不少农村小学生用土台子当课桌凳上课这样的情景寻常可见

面对中国“穷国办大教育”的现实，要想在短期内实行全面教育，突破历史和现实的滞重，实现百年义务教育的梦想，中国教育面临着从未有过的严峻挑战。

1985年5月，改革开放后的第一次全国教育工作会议在北京召开，在这次会议上，《中共中央关于教育体制改革的决定》（下称《决定》）颁布，根据我国经济和社会发展的新形势，明确提出了在全国有计划、有步骤地普及九年制义务教育的任务。

链接

教育优先发展战略地位与教育经费占GDP 4%的由来

“把教育摆在优先发展的战略地位”十四个字来之不易

1988年5月起，中共中央决定研究起草一份有关教育改革和发展的纲领性文件，这份文件就是《中国教育改革和发展纲要》（下称《纲要》）。在近五年的时间里，《纲要》起草研讨小组听取了社会各界专家学者近千人的意见，最终于1993年正式发布了这份适应20世纪90年代中国经济社会发展和建立社会主义市场经济体制要求的纲领性教育文件。

据参与《纲要》起草研讨的人士回忆：在提“把教育摆在重要发展的战略位置”还是“把教育摆在优先发展的战略位置”上，当时研讨小组内部就有不同看法，而当向社会各界征求意见时，也确实有教育界以外的人士曾经提出疑问说，把教育摆在优先发展的战略位置，那其他领域怎么办，要不要优先发展？所以，千万不要小看“把教育摆在优先发展的战略地位”这十四个字，这十四个字确实来之不易。

教育经费占 GDP 4% 的由来

1983 年年初，教育经费短缺问题在社会各界引起高度关注。为此，中央专门在国家社会科学基金规划研究项目中制定了一个“教育经费占国民生产总值合理比例研究”的重大课题。曾经参与过该课题的王善迈教授在谈到该政策的出台时回忆说，“当时我们专家组做过一个表态：教育部、财政部和国家计委提出的观点都不采纳，主要采用联合国教科文组织的统计数据”。

根据邓小平提出的 2000 年中国人均 GDP 达到 800 美元到 1000 美元的目标，并依据一个公式计算，专家组最后得出结论：中国政府的教育支出应占 GDP 的 3.87%。

后来经过上下多部门的反复研究协商，中央政治局决定，国家财政性教育经费支出占国民生产总值的比例到 2000 年末达到 4%，并将这一决定最终写入了 1993 年的《中国教育改革和发展纲要》。

《决定》起草过程中，中央派人到全国各地进行调查研究，当时中国农村校舍很破烂，到处是黑屋子、泥台子。据当时参加调研的人士回忆：教育部派调查组到青海调查，调查人员走进一所学校的教室，小学生全体站立，热烈地鼓掌欢迎，经久不息。调查组请学生坐下，都不坐，一看，原来都没有板凳，孩子们全部站着上课。

这次调查后，教育部讨论普及九年制义务教育需要的金额，初步算了算大概要几千亿元，这么多钱国家拿不出来。后来把这些问题汇报给中央，中央提出了有计划、分步骤地实施措施，就这样把普及义务教育的目标写入了《决定》。

1986年，全国人大颁布的《中华人民共和国义务教育法》规定:“实施义务教育所需事业费和基本建设经费，由国务院和地方各级人民政府负责筹措，予以保障。国家用于义务教育的财政拨款的增长比例，应当高于财政经常性收入的增长比例，并使按在校学生人数平均的教育费用逐步增长。”《中华人民共和国教育法》则规定了“三个增长”，即政府教育财政拨款的增长高于财政经常性收入的增长，并使按在校学生人数平均的教育费用逐步增长，以及保证教师工资和学生人均公用经费逐步增长。

20世纪七八十年代，广西昭平县花罗村小学的师生在上课

但是，从实施的情况来看，远远不尽如人意。在发展经济的热潮中，无论是中央政府还是地方政府，更倾向于为“看得见”的经济项目投资；教育经费被称为“剩余财政”，有剩余才投给教育。于是，具有战略地位的教育，在实际生活中成为“略占地位”。譬如，衡量一个国家教育经费基本状况的重要指标“国家公共教育经费占国内生产总值的比值”，即国家公共教育经费占GDP的比值，在我国，多年来一直徘徊在2.5%左右的低水平。1991年这一比值为2.86%，此后持续下降，最低为1995年的2.41%。经过艰苦地努力，2000年的这一比值虽然回升为2.87%,但是仍然没有达到1993年《中国教育改革和发展纲要》所规定的4%的目标。

“穷国办大教育”，使得我国教育发展步履维艰、困难重重。难，就难在国家财力有限，教育经费短缺，投入不足。在20世纪80年代末，我国尚有约2亿文盲和约1亿贫困人口，在1980—1988年全国未入学的适龄儿童有3700万人，仅1989年当年因家庭贫困而失学的儿童就有109万人。尽管政府逐年增加教育投入，但人均教育经费仍不足40元，居世界倒数几位。全国592个贫困县，基础教育更是面临重重困难，举步维艰。

20世纪80年代，在一些贫困的山区，教育经费严重不足

据不完全统计，20世纪80年代初，全国中小学危房占校舍总面积的16%。以人口大省山东为例，当时危房占全省校舍的一半；许多学校甚至没有校舍，上课夏天围着树荫转，冬天围着太阳转，被人称为“影子学校”。20世纪80年代每年山东省用于校舍维修的费用仅有2000万元，分到130多个县市的8万多所学校，每校只摊250元。其余的校舍也差不多是土草房、老祠堂、庙宇或旧民房。“有砖不过千，有门没法关，有窗垒着砖，有顶漏着天”；“土坯墙，椽子瓤，用材尽是箭杆杨，没过几天成危房”……这些当年在中国大地流传甚广的顺口溜，便是当时中国农村中小学校舍的真实写照。

链接

20世纪80年代中国农村校舍状况写真

下面这段文字记载的是1990年《中国教育报》报道的20世纪80年代初期我国基础教育的真实现状，足见当时中国基础教育发展面临的困难。

旧闻：黑屋泥凳。“起立！”——上课了，孩子们屈膝弓背地站起；“坐下！”——轰隆一声，泥凳被坐塌，可怜那孩子四脚朝天，仰翻在地。

旧闻：朽木糟墙，裂缝纵横，梁上结网，墙垣穿洞。课间，顽皮的孩子就顺着这洞钻进钻出。

旧闻：七米高的干打垒墙竟只有三面，空缺的一面早已坍塌，开了一扇天然“大窗”。终于有一天，这三面墙也轰然塌毁，6 名学生葬身废墟……

这是 20 世纪 80 年代我国农村校舍状况的极端却又典型的写照。

某报曾以整版篇幅报道校舍倒塌事件。仅那标题，看了就让人心碎：“危房啊，下面可都是孩子！”然而，就是在这样的屋顶下，孩子们却仍旧书声琅琅，欢声阵阵，做着憧憬未来之梦。

20 世纪 80 年代，国家有限的教育投资较多用于发展高等教育。大学教育由国家统包，免交学费；虽然 1986 年颁布了义务教育法，但中小学实际上还要交付各种费用，难以承受读书的经济负担一直是农村儿童大量流失辍学的一个主要原因。即使从城市来看，1986 年，我国城市居民教育经费支出仅占消费支出的 1.1%，这在当时是全世界最低的。还有一项数据，颇能说明国家教育经费投入在各级教育之间的差距：1987 年，我国小学生人均教育经费 59.90 元，中学生为 141.15 元，大学生则为 2314.70 元，一个大学生的费用相当于 38 个小学生或 16 个中学生。三级教育经费的比重如此失调，是世界各国少有的。

当然，只依靠国家增加财政投入去解决教育经费不足的问题，在那个时期是不现实的。因而，就有了民间组织的参与。希望工程就是非常具有代表性的一个项目。

中国青少年发展基金会经过详实的社会调查后，于 1989 年 10 月推出公益项目——希望工程。它通过募集民间捐款，创建救助贫困地区失学少年基金，资助农村家庭经济困难学生继续学业，资助乡村小学改造危旧校舍，援建希望小学，以实现希望工程“助农民的后代人人有书读”的使命。

其中，1991 年 5 月，苏明娟作为张湾小学的一年级学生，就是希望工程的受益者。当时，《中国青年报》摄影记者解海龙到安徽省金寨县采访拍摄希望工程，跑了十几个村庄，最后来到大别山的张湾小学发现了课堂上的苏明娟，一双特别能代表贫困山区孩子渴望读书的“大眼睛”摄入他的镜头。自从那张著名的《大眼睛》照片发表后，苏明娟便受到了许多来自社会团体及个人的无私帮助和关心，同时这也带动了希望工程的发展，使得许多贫困地区的失学儿童在大家的帮助下重返校园。

在 20 世纪 80 年代末，我国尚有约 2 亿文盲和约 1 亿贫困人口，在 1980—1988 年全国未入学的适龄儿童有 3700 万人，仅 1989 年当年因家庭贫困而失学的儿童就有 109 万人

二、提高教师待遇

“文化大革命”期间，学校正常的教育教学秩序被荒废，读书在当时的社会中几乎没什么地位。拨乱反正后，读书的热情得以恢复和高涨。但到了 20 世纪 80 年代末，读书无用论再次出现。其中，“脑体倒挂”是“新读书无用论”的最集中体现。

那时，中青年知识分子（脑力劳动者）收入普遍低于同龄的工人（体力劳动者），其中教师的待遇最低，一个教师的工资很难养活一家人。当时民间流行的说法是，“造导弹的不如卖茶叶蛋的，拿手术刀的不如拿剃头刀的”。

曾有人算过一笔账：1985 年，一个茶叶蛋的成本为 0.15 元，市场售价为 0.40 元，一天只要卖出 100 个茶叶蛋，每月至少有 750 元收入；而从事导弹原子弹研究的科学家，月薪最多不过 400 元。至于“拿手术刀的不如拿剃头刀的”，也有人算了一笔账：一个外科主任医生，月薪也就 600 元左右，每做一个大手术的补贴只有 10 元左右；而一个发廊的理发师，如果做女士美发，每天至少收入 100 元，一周的收入就超过外科主任医生一个月的收入。

当时，即使是在国内外享有盛誉的数学家杨乐，买西瓜也要拣小的买；著有《平凡的世界》《人生》的大作家路遥，为了省钱，午饭只吃两个馒头、一根大葱。

现代社会，学历往往是衡量劳动价值的标准。20 世纪 80 年代的实际情况却是：50 岁以上的一代人，是从“旧社会”过来的，50 年代初期定下的职务级别，还能算是“教育程度越高，收入越多”；40 岁以下的一代人里面，文化教育水平越高，工资收入反而越少。

为什么会这样呢？比如同是 1956 年的中学毕业生，一部分中学毕业后没考上大学就参加工作；另一部分升入大学（五年制），学了五年后才参加工作。但 20 世纪 80 年代初大学本科毕业生的收入（月薪 62 元或 69 元）却往往低于中学毕业的工人（五级工月薪 65.5 元，六级工月薪 77.1 元）。

调整工资时，又总是以年度（工龄）划线，1956 年是一道杠。1956 年前参加工作的可升一级，1957 年工作的则不能升级。这种仅按工龄划线，而不考虑教育程度的不合理规定，造成“脑体倒挂”的怪现状，但这时差距还不算悬殊。

改革开放初期，我国依旧沿用“文化大革命”前制定的工资级别标准。在六类地区，1959—1969 年毕业的助教月薪一律是 56 元，中国科学院的实习研究员、技术员（大学五年制毕业后）一直也是 56 元，“实习期”长达十几年，一直没有升职、提级；随着物价逐年上涨，实际工资逐年降低。“脑体倒挂”完全背离了“按劳取酬”的社会主义分配原则。

1989 年全国政协主办的《学习参考资料》第 4 期，载有南开大学陈荣悌教授的文章《从脑体倒挂看四化和教育危机》，在文中，陈荣悌教授指出：清代末年教师人均月收入约 100 两银子（合 140 银圆），是普通体力劳动者月收入（8—10 两）的 10 倍至 13 倍。从辛亥革命以后至新中国成立的 38 年间，除陷于战乱以外，大学毕业工作一年后的月工资为 80—100 元，而“高薪阶层”，如教授，月薪大约 300 元，当时城市中体力劳动者的平均工资大约 15 元。1949 年新中国成立以后，社会分配制度发生了根本性的变化。1952 年前后一般知识分子与工人的收入大致相等；极少数教授的最高收入，约为机械工人的 2.4 倍。1956 年工

20 世纪 80 年代的教师们在集体备课

资调整后，中青年知识分子与同龄工人的工资也相差不大，大学毕业生月工资 56 元（第一年实习期每月 46 元），而工厂学徒满师后月工资约 42 元。1957 年以后由于正常的晋升得不到保证，脑力和体力劳动收入差距逐渐消失。北京统计局的调查认为 1966—1976 年脑力和体力劳动工资基本持平，约为每月 40—50 元人民币。

1977 年以后改变了十几年不长工资的停滞局面。但因体力劳动者收入的增长幅度较大，特别是附加工资和奖金多，而脑力劳动者的收入增长很慢，以至于出现了“脑体倒挂”的现象。据北京地区 1982 年调查，脑力劳动者的平均收入（60 元左右），比体力劳动者低 8 元。

陈荣悌在文章中指出：“从以上数字可知，百余年来，三个不同的历史时期中脑力和体力劳动收入差距的变迁：清朝时期脑力和体力劳动收入相差十几倍；民国时期虽然新型知识分子取代了士大夫，但脑体收入差距仍有数倍至十数倍。解放（新中国成立）初期除少数‘高知’外，脑体收入持平；到 70—80 年代脑体收入出现了 10%—30% 的倒挂现象。现在（1989 年）的倒挂幅度更大了！有些一级、二级的老教授已在申请生活困难补助。”

此外，文章还附录了“国际水平的比较”，从中可以看出：“同档次的发展中国家的教师工资收入指数都比我国的高。”根据“联合国教科文组织 1987 年教育年鉴的一些数字”，上面列有 17 个国家和地区，中国的人均教育经费为 8 美元，居末位，甚至比不上非洲国家尼日利亚。

文章也指出了“脑体倒挂”的恶果：“现在的教育危机是众所周知的事，学生厌学，教师厌教，1988 年小学生失学的人数 428 万，中学生 287 万，全国还有文盲 2.3 亿人……目前社会上出现的许多不良现象都可归之于人的素质低下，如贪污腐化，行贿受贿，投机倒把，青少年犯罪增加，一切向钱看，等等，都是人的素质低的表现，学校培养不出建设的人才，不合格的教师人数占很大比例（小学 1/3，初中 2/3，高中 1/2）。如要改变这种情况，增加智力投资是唯一出路。现在学历越高的研究生毕业后越不容易找到工作。”

“脑体倒挂”现象的本质特征之一，就是教师及知识分子经济地位低下导致的生存危机。它引致了文化贬值、知识尊严失落等社会价值观的混乱和偏斜，造成教师队伍的流失和学校教育行为的畸变。

链接

20世纪80年代中年知识分子“英年早逝”

1987 年上半年，著名数学家张广厚（50 岁）、钟家庆（49 岁）、董泽清（51 岁），著名地质学家曾庆丰（54 岁）和著名化学家黄敬坚（53 岁）等相继去世，引起中央和社会高度重视。据对知识分子集中的北京市海淀区的调查，1985 年 1 月至 1987 年 8 月，科技人员和大学教师共死亡 384 人。分析结果显示，除知识分子外，其他各行业人员死亡年龄的分布正常；科技人员、教师和干部的死亡年龄分布不正常，越是出成果的科技人员，其死亡率越高。

邓小平显然意识到了教育问题的严重性，1988 年 12 月，他指出：“我们要千方百计，在别的方面忍耐一些，甚至牺牲一点速度，把教育问题解决好。”

链接

六届全国人大常委会九次会议决定每年9月10日为教师节

1985年1月11日，国务院向全国人大常委会提出关于确定每年9月10日为“教师节”的议案，在1月15日上午举行的六届全国人大常委会九次会议全体会议上被列入这次常委会会议的议程。

议案中说，建立“教师节”，是为了进一步提高人民教师的政治地位和社会地位，逐步使教师工作真正成为社会上最受人尊敬、最值得羡慕的职业之一，形成尊师重教、尊重知识、尊重人才的社会风气。议案特别强调，确定每年9月10日为“教师节”的建议，是根据全国人大代表、全国政协委员的多次提议和各地开展尊师活动的经验提出的。

六届全国人大常委会九次会议1月21日下午在人民大会堂闭会，会议同意国务院关于建立教师节的议案，决定每年9月10日为教师节。

三、人生观大讨论

20世纪80年代的第一个春天，“十年浩劫”才刚消散，中国改革的洪流初见端倪，巨大的政治、经济、文化的变革前兆却已在两个年轻人的两封信中显现出来，并引发了中国数千年来思想史上最大规模的、完全是由百姓自发地挑起并广泛参与的人生观大辩论——“潘晓讨论”。

“潘”者，是北京经济学院经济数学系二年级的学生，名叫潘祎；“晓”者，是北京第五羊毛衫厂的女工黄晓菊。二人分别去信给《中国青年》杂志，讲述了自己的人生境遇，也谈到他们对人生和社会的种种看法。编辑们敏锐地察觉到他们的看法具有很大的代表性，于是将他们的来信加以综合整理，署名“潘晓”，以《人生的路呵，怎么越走越窄……》为题，发表在《中国青年》杂志1980年第5期上。这封信吐露的彷徨、苦闷、迷惘和怀疑，一下子击中了刚刚经历“文化大革命”

的亿万青年的心。

链接

人生的路呵，怎么越走越窄……

编辑同志：

我今年23岁，应该说才刚刚走向生活，可人生的一切奥秘和吸引力对我已经不复存在，我似乎已经走到了它的尽头。反顾我走过来的路，是一段由紫红到灰白的历程；一段由希望到失望、绝望的历程；一段思想的长河起于无私的源头而最终以自我为归宿的历程。

过去，我对人生充满了美好的憧憬和幻想。小学的时候，我就听人讲过《钢铁是怎样炼成的》和《雷锋日记》。虽然还不能完全领会，但英雄的事迹也激动得我一夜一夜睡不着觉。我还曾把保尔关于人生意义那段著名的话"人的一生应当这样度过：当回忆往事的时候，他不会因为虚度年华而悔恨，也不会因为碌碌无为而羞愧……"工工整整地抄在日记本上的第一页。日记本记完了，我又把它抄在第二个本上。这段话曾给我多少鼓励呀。

我想，我爸爸、妈妈、外祖父都是共产党员，我当然也相信共产主义，我将来也要入党，这是毫无疑义的。

后来，我偶然看到了一本过去出的小册子《为谁活着，怎样做人》。我看了又看，完全被迷住了。我开始形成了自己最初的也是最美好的对人生的看法：人活着，就是为了使别人生活得更美好；人活着，就应该有一个崇高的信念，在党和人民需要的时候就毫不犹豫地献出自己的一切。我陶醉在一种献身的激情之中，在日记里大段大段地写着光芒四射的语言，甚至一言一行都模仿着英雄的样子。

可是，我也常隐隐感到一种痛苦，这就是，我眼睛所看到的事实总是和头脑里所接受的教育形成尖锐的矛盾。在我进入小学不久，"文化大革命"

的浪潮就开始了，尔后愈演愈烈。我目睹了这样的现象：抄家、武斗、草菅人命；家里人整日不苟言笑；外祖父小心翼翼地准备检查；比我大一些的年轻人整日污言秽语，打扑克、抽烟；小姨下乡时我去送行，人们一个个掩面哭泣，捶胸顿足……我有些迷茫，我开始感到周围世界并不像以前看过的书里所描绘的那样诱人。

我问自己，是相信书本还是相信眼睛，是相信师长还是相信自己呢？我很矛盾。但当时我还小，我还不能对这些社会现象进行分析。况且过去的教育赋予了我一种奇怪的能力，这就是学会把眼睛闭上，学会说服自己，学会牢记语录，躲进自己高尚的心灵世界里。可是，后来就不行了，生活的打击向我扑来。那年我初中毕业，外祖父去世了。一个和睦友爱的家庭突然变得冷酷起来，为了钱的问题吵翻了天。我在外地的母亲竟因此拒绝给我寄养费，使我不能继续上学而沦为社会青年。我真是当头挨了一棒，天呵，亲人之间的关系都是这样，那么社会上人与人的关系将会怎样呢？我得了一场重病。病好后，借助几个好同学的力量，给街道办事处写信，得到了同情，被分配在一家集体所有制的小厂里，开始了自食其力的生活。那时候，我仍然存在着对真善美的向往，也许家庭的不幸只是一个特殊的情况，我现在已经踏上了生活，生活还是充满诱惑力的，她在向我招手。

但是，我又一次地失望了。

我相信组织。可我给领导提了一条意见，竟成了我多年不能入团的原因……

我求助友谊。可当有一次我犯了一点过失时，我的一个好朋友，竟把我跟她说的知心话全部悄悄写成材料上报了领导……

我寻找爱情。我认识了一个干部子弟。他父亲受“四人帮”迫害，处境一直很惨。我把最真挚的爱和最深切的同情都扑在他身上，用我自己受伤的心去抚摸他的创伤。有人说，女性是把全部的追求都投入爱情，只有在爱情里才能获得生命的支持力。这话不能说没有道理。尽管我在外面受到了打击，但我有爱情，爱情给了我安慰和幸福。可没想到，“四人帮”粉碎之后，他翻了身，从此就不再理我……

我躺倒了，两天两夜不吃不睡。我愤怒，我烦躁，我心里堵塞得像要爆炸一样。人生呵，你真正露出了丑恶、狰狞的面目，你向我所展示的奥秘难道就是这样？！

为了寻求人生意义的答案，我观察着人们，我请教了白发苍苍的老人，初出茅庐的青年，兢兢业业的师傅，起早摸黑的社员……可没有一个答案使我满意。如说为革命，显得太空，不着边际，况且我对那些说教再也不想听了；如说为名吧，未免离一般人太远，“流芳百世”“遗臭万年”者并不多；如说为人类吧，却又和现实联系不起来，为了几个工分打破了头，为了一点小事骂碎了街，何能奢谈为人类？如说为吃喝玩乐，可生出来光着身子，死去带着一副皮囊，不过到世上来走一遭，也没什么意思。有许多人劝我何必苦思冥想，说，活着就是为了活着，很多人不明白它，不照样活得挺好吗？可我不行，人生、意义，这些字眼，不时在我脑海翻滚，仿佛脖子上套着绞索，逼我立刻选择。

我求助于人类智慧的宝库——拼命看书，希望从那里得到安慰和解答。我读了黑格尔、达尔文、欧文的有关社会科学方面的著述；读了巴尔扎克、雨果、屠格涅夫、托尔斯泰、鲁迅、曹禺、巴金等人的作品。可是，看书并没有使我从苦恼中得到解脱。大师们用像刀子一样犀利的笔把人的本性一层层地揭开，让我更深刻地洞见了人世间的一切丑恶。我惊叹现实中的人与事竟和大师们所写的如此相像，不管我沉陷在书本里还是回到现实中来，看到的都是一个个葛朗台、聂赫留道夫式的人物。我躺在床上辗转反侧，想呀，使劲地想，苦苦地想。慢慢地，我平静了，冷漠了。

社会达尔文主义给了我深刻的启示。人毕竟都是人哪！谁也逃不脱它本身的规律。在利害攸关的时刻，谁都是按照人的本能进行选择，没有一个真正虔诚地服从那平日挂在嘴头上的崇高的道德和信念。人都是自私的，不可能有什么忘我高尚的人。过去那些宣传，要么就是虚伪，要么就是大大夸大了事实本身。如若不然，请问所有堂皇的圣人、博识的学者、尊贵的教师、可敬的宣传家们，要是他们敢于正视自己，我敢说又有几个能逃脱为私欲而斗争这个规律呢？过去，我曾那么狂热地相信过“人活着是为了使别人生活得更美好”“为了人民献出生命也在所不惜”，现在想起来又是多么可笑！

对人生的看透，使我成了一个双重性格的人。一方面我谴责这个庸俗的现实；另一方面，我又随波逐流。黑格尔说过：“凡是现实的都是合理的，凡是合理的都是现实的。”这几乎成了我安慰自己、平复创伤的名言。我也是人。我不是一个高尚的人，但我是一个合理的人，就像所有的人都是合理的一样。我也挣工资，我也计较奖金，我也学会了奉承，学会了说假话……做着这些时，我内心很痛苦，但一想起黑格尔的话，内心又平静了。

当然，我不甘心浑浑噩噩、吃喝玩乐了此一生。我有我的事业。我从小喜欢文学，尤其在历尽人生艰辛之后，我更想用文学的笔把这一切都写出来。可以说，我活着，我现在所做的一切，都是为了它——文学。

然而，似乎没有人能理解我。我在的那个厂的工人大部分是家庭妇女，年轻姑娘除了谈论烫发就是穿戴。我和她们很难有共同语言。她们说我清高、有怪癖，问我是不是想独身。我不睬，我嫌她们俗气。与周围人的格格不入，常使我有一种悲凉、孤独的感觉。当我感到孤独得可怕时，我就想马上加入到人们的谈笑中去；可一接近那些粗俗的谈笑，又觉得还不如躲进自己的孤独中。

我自己知道，我想写东西不是为了什么给人民作贡献，什么为了四化。我是为了自我，为了自我个性的需要。我不甘心社会把我看成一个无足轻重的人，我要用我的作品来表明我的存在。我拼命地抓住这唯一的精神支柱，就像在要把我吞没的大海里死死抓住一叶小舟。

我体会到这样一个道理：任何人，不管是生存还是创造，都是主观为自我，客观为别人。就像太阳发光，首先是自己生存运动的必然现象，照耀万物，不过是它派生的一种客观意义而已。所以我想，只要每一个人都尽量去提高自我存在的价值，那么整个人类社会的向前发展也就成为必然的了。这大概是人的规律，也是生物进化的某种规律——是任何专横的说教都不能淹没、不能哄骗的规律！

按说，一个人有了事业，就会感到充实、快乐、有力量。可我却不是这样，好像我在受苦，在挣扎，在自己折磨自己。我处处想表现出自己是强者，可自知内里是脆弱的；我工资很低，还要买大量的书和稿纸，这使我不得不几角钱几分钱地去算计……我有时会突然想到，我干嘛非要搞什么事业，苦熬自己呢？我也是一个人，我也应该有一个温暖幸福的小家庭，去做一个贤惠的妻子、慈爱的母亲。再说，我真能写出什么来吗？就算是写出来了，几张纸片就能搅动生活，影响社会？我根本不相信。

有人说，时代在前进，可我触不到它有力的臂膀；也有人说，世上有一种宽广的、伟大的事业，可我不知道它在哪里。人生的路呵，怎么越走越窄，可我一个人已经很累了呀，仿佛只要松出一口气，就意味着彻底灭亡。真的，我偷偷地去看过天主教堂的礼拜，我曾冒出过削发为尼的念头，甚至，我想到过死……心里真是乱极了，矛盾极了。

编辑同志，我在非常苦恼的情况下给你们写了这封信。我把这些都披露出来，并不是打算从你们那里得到什么良方妙药。如果你们敢于发表它，我倒愿意让全国的青年看看。我相信青年们的心是相通的，也许我能从他们那里得到帮助。

潘　晓

1980 年 4 月

不少青年在来信中说，他们读着读着这封信，泪水一下子就涌出来了。《中国青年》杂志随即展开了一场震动全国的“人生的意义究竟是什么”的大讨论。从 5 月号到 12 月号，讨论持续半年多，共收到 6 万封来信，其中不少信稿还是几十个或几百个青年联名写来的。这个数字，

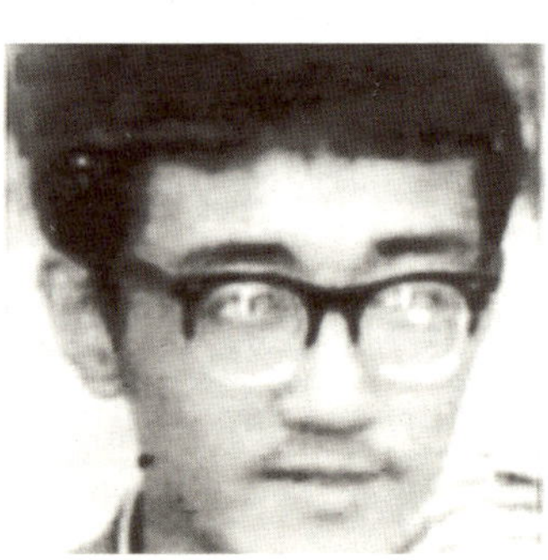

“潘晓来信”的两位主人公：左为潘祎，右为黄晓菊

刊登潘晓来信的《中国青年》杂志

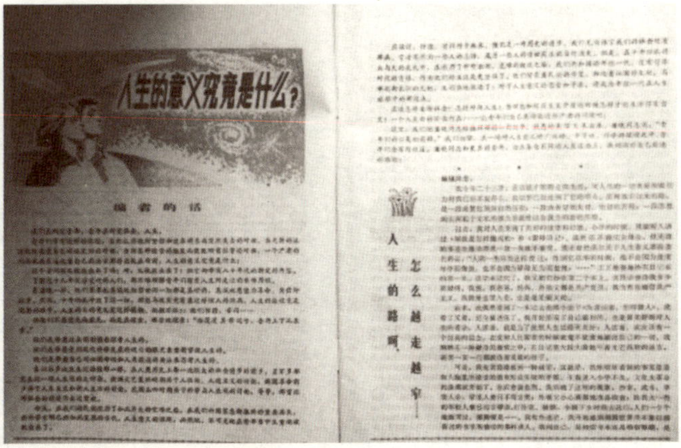

潘晓的来信引发了整个社会的讨论：人生的意义究竟是什么？

打破了 20 世纪 100 年报刊专题讨论来稿数量的纪录。来信的也有不少中年人和老年人，还有大批海外来信。

所有的来信讨论中，意见大致有以下几种：

一种意见认为,“人活着是为了使别人更美好”。有些人受的挫折比潘晓还大，但他们不改初衷，为了理想不惜献出生命，这样的人生态度才是正确的。“主观为自己，客观为别人”，是错误的人生观。

另一种意见认为，“人活着是为了使别人更美好”不是科学人生观。共产主义不是禁欲主义，为自我和为别人不是截然对立的，人考虑自我是正常的。人生的河流是由为自己和为别人等各种源泉汇合而成的，要承认为自我有存在的合理性。合理的解决方法应是发展的合题：“主观为社会，客观成就我。”

还有一种意见赞成“主观为自己，客观为别人”，认为人的活动首先是要满足自己的生存需要，然后才能满足别人。黄河本身必须有丰富的水源和生命力，才能成为中华民族的摇篮。

在众多来信中，武汉大学哲学系学生赵林的来信颇具爆炸性。他的来信被编辑部加了一个题目：《只有自我才是绝对的》。这个题目使赵林后来吃了不少亏。文章说，自私是一个广义的哲学概念。自私是什么？是社会发展的动力，康德和黑格尔看到了这一点，认为历史就是在恶中发展的。按照人的本性来说，自私是最神圣不可侵犯的东西，是人类最原始也是最正当的权利。自私就是人的自我发现，是个人意识到了自己的价值。一切总体主义的观念都是个体灵魂被歪曲的结果，是个人本质异化的结果。没有这种广义的自私，社会就不能发展。从这个意义来说，人是目的，而不是手段。当然，这里所说的自私，不是指蝇营狗苟的个人占有，而是指表现自我，开发个人价值。

各种观点进行了针锋相对的交锋，杂志社通过编发稿件，对一些偏激的观点做了平心静气的说服工作。

当时，不少改革者高度评价《中国青年》的讨论，认为通过这场讨论，可以使青年人获得一个研讨人生的平台，有利于大家在切磋中共同前进。有的杂志发表文章说："这是中国报刊前所未有的光荣——不同的声音发出来了，说明我们的神经衰弱症正在好转。"

保守一点的人就不这么看了。有人写信指责《中国青年》说，"根本不应该发表这种来信"，甚至谩骂编辑部是"纵火犯"，说这是"阶级斗争的新动向"。

有的单位扣押了这几期《中国青年》杂志，不许职工看。有不少单位的领导把参加这场讨论的青年当作"危险分子"，甚至视他们为"洪水猛兽"。有的人给杂志社写信不敢署真实姓名，怕单位里打击报复。

幸好，《人民日报》适时地发表了评论《人生观讨论值得重视》，说这次讨论"提供了很可贵的新鲜经验"，"感人至深"，局面才有所缓解。

但是，参加这场讨论的主角，却遭遇了不少坎坷。

"潘晓讨论"开展起来之后，黄晓菊结识了一个崇拜她的大学男生，两人结婚几年之后又离婚。在这个过程中，渴望学习的黄晓菊离开羊毛衫厂，通过考试进入一家研究所担任图书资料员，她对这里能够读书的环境很满意。

但是，"不久，潘晓之事传入所里，我感觉领导看我的眼神怪怪的。也许领导认为，我的思想和言论会对正常的工作秩序产生威胁吧。而且，我的确不太听话，喜欢自作主张，按自己认为对的办，不能不折不扣地服从上级。于是，当所里第一次实行人事制度改革时，头一个被停聘的就是我。"黄晓菊后来写文章这样说。

已经离婚的黄晓菊狠狠心，把三岁的儿子送进全托幼儿园，于 1988 年孤身南下，到海南、深圳"闯世界"。三年下来，当过记者，做过女佣，吃尽辛苦，所剩无几。1993年，她又回到北京，借钱开小店卖羊毛衫，经受了被人骗钱等种种惨境之后，终于凭着血汗拼搏，开了自己的服装公司。如今，她觉得自己的路越走越宽了。

出生于1959年的潘祎吃了大苦头。他说："那场讨论改变了我几乎全部的人生。"潘祎的父母在"文化大革命"中被迫移居青海，潘祎为了考学，寄居在北京亲戚家，饱尝寄人篱下的痛苦滋味。他在1978年考入北京经济学院。潘祎的性格孤僻乖张，"上了大学又怎么样？这样杳渺昏暗生不如死的未来之路，何去何从？"在学校期间，因为孤独苦闷抑郁，再加上对人生问题百般思索找不到出路，1979年5月他曾服药自杀。抢救过来之后，被诊断为"精神分裂"。

"潘晓讨论"过去40多年了，之所以产生如此轰动的影响，实在是和当时的社会背景有着密切的联系。1980年的中国，"文化大革命"刚刚结束不久，社会充满了困惑，旧的意识形态仍占着统治地位，但它已经受到了怀疑和挑战。例如，当时有些青年穿喇叭裤，社会上议论纷纷，说这是学西方的颓废派。有些单位就在大门口设了岗，见谁穿就把裤腿剪掉。当时的中国就是这样，没有什么个人的事情政府和社会是不可以干涉的，小到穿衣、夫妻打架，大到就业离职，全都有人管。因而，"潘晓讨论"也可以说是一场朴素的、自发的、产生于民间的思想解放运动。它不像关于真理标准大讨论那样经过深思熟虑和反复酝酿，具有复杂的政治背景和高深理论。这场讨论，正因为其情绪化的诉说，才将人们压抑已久的自然人性迸发出来。

"潘晓讨论"也可以说是一场朴素的、自发的、产生于民间的思想解放运动，和当时的特定环境有着密切的关系

后人这样评价"潘晓来信"："它曾让当年千百万青年为它哭为它笑为它激动为它争辩为它深思，也让千百万今天的中

年频频回首没齿不忘。”“它是中国期刊史上令人难以置信的一个传奇，也是中国思想史上一阕回声不断的绝唱。”

也有学者指出：这场人生观大讨论所引发的怀疑精神和批判意识，深深地渗透到新一代人的精神骨髓当中。这场充满了感性的泪水和激动的情绪的思想解放，在今天看来似乎有些幼稚，但是那种带血的纯真的呐喊，那些在精神桎梏中痛苦挣扎的自由心灵，实在具有振聋发聩的意义。如果说 1978 年的真理标准讨论标志着政治思想的重大转折，那么 1980 年关于人生观的大讨论，则标志着价值观和人生态度的重大转折。

链接

“潘晓讨论”始末

1980 年年初，《中国青年》杂志酝酿在青年中发起一场讨论。编辑部当时收到了很多信，都是青年诉说人生苦恼，看透社会，找不到出路，等等，女编辑马丽珍就考虑把讨论主题从“讲实惠”“一切向钱看”转移到人生观上面来。经过时任总编关志豪的批准，马丽珍和另一位编辑马笑冬开始奔忙于北京的机关、学校、商店、工厂，召开各种层次的座谈会。

两位编辑深切地感到，“十年动乱”给青年造成了深重的心灵创伤，青年的真诚和信仰被雪崩一样冲毁了，而新的信仰还在社会生活中艰难孕育。一次座谈会上，马笑冬认识了黄晓菊。她觉得黄晓菊的经历和思想很有代表性，就问她愿不愿意毫无隐瞒地写出来供青年讨论。黄晓菊同意了。

看了黄晓菊 8000 多字的稿子，马笑冬惊呆了，她尤其被“主观为自我，客观为别人……”那段惊得目瞪口呆。最后见刊的那封信，人生经历和主要观点基本都取自黄晓菊的稿子，很多话是原文，北京经济学院学生潘祎的一些话也糅了进去，还吸收了一些在座谈会上听来的语言。她从黄晓菊和潘祎的名字里各取一个字合成了“潘晓”这个笔名。

那期杂志 5 月 1 日发行，14 日编辑部就开始收到读者参与讨论的来信，

17日上升到100件，27日突破了1000件，前后共收到了6万多件。

“真实，有时虽然是丑恶的，但它要比那些粉饰和虚伪的东西有力一百倍！”“一个诚实人的心声，能唤起一大群诚实人的共鸣！”“谢谢敢写的人和允许发表的人！”寄来的还有许多钱和包裹，读者们向“潘晓”这个“弱女子”献上同情和爱心。

令编辑部感到最鼓舞的，是6月18日下午，胡乔木来到了编辑部。《中国青年》编委会副主任彭明榜说，胡乔木不仅肯定了这场讨论的意义，还提出了道德是分层次的观点。这在当时说来是很超前的。

七八月份，“潘晓讨论”也热到了顶点。编辑部领导被邀到各种场合去作关于讨论的报告；越来越多的读者或打电话或直接找到编辑部要见“潘晓”；社会上甚至出现了一些被别人指认为“潘晓”和自己冒充“潘晓”的人；许多记者成天堵在编辑部提出直接采访“潘晓”……

黄晓菊一夜成名。1980年8月20日，中央电视台在《新闻联播》后播放了对黄晓菊的这次采访。作为“潘晓”的代表，黄晓菊在亿万观众面前对那封信作了说明，最后的表态很正面，成为名言被许多人传诵：“我们不能因为社会上存在着垃圾就像苍蝇那样活着！”

可是，随着黄晓菊的这次“出场”，形势急转直下。

9月23日，《情况参考》刊登了两封群众来信，一封是“山西娘子关电厂宁翠荣”写的《此种做法弊多利少——有感于“潘晓”上电视》，另一封则是“北京石月”写的《邻居眼里的潘晓》——“黄在生活中，‘主观为自己’是做到了，‘客观为别人’还差得很远”。

1984年，《中国青年》第1期发表了《“主观为自我，客观为别人”错在哪里？》的专文。在“编者按”里，编辑部向社会公开检讨：“……由于我们工作失误，这场讨论的效果不好，在青年中造成了不良影响，我们要认真吸取教训。”

参与“潘晓讨论”的6万多封来信，也被当成废纸，化为纸浆。

其实，从整个20世纪80年代甚至直到今天，“潘晓讨论”远没有结论和答案。20 世纪 80 年代初期，在思想领域出现了关于人道主义和“异化”问题的争论。1983 年年底，开展了全国性的“清除精神污染”的运动，人道主义的观点被当作精神污染的内容遭到批判，像“潘晓讨论”这样比较“自由化”的讨论，也受到了不点名的批评。

1987 年，在全民经商的气氛和教育滑坡的危机中，青年学生感受到了真正的压力。1987 年的大学生毕业分配中，北京、上海等地高校有 5000 多名毕业生破天荒地被用人单位退回，约占当年毕业生总数的 1.5%。研究生招生也出现严重滑坡，考生比 1986 年减少了 15%。博士生招生更是生源不足。“读书无用论”之风在高校学生中蔓延，大学生打麻将、跳舞、谈恋爱成风。1987 年 1 月至 1988 年 3 月，仅复旦大学就有 58 名研究生提出退学申请。1987 年，全国中途退学的研究生达 700 多人，1988 年达 900 多人。

链接

来自神圣学府的呼声（节选）

潘益大

1978 年，刚刚结束“十年动乱”噩梦的古老国土上，1000 万长期忍受知识饥渴的青年人，呼拥着走向高考试场，为的是参加一场 20∶1 的空前激烈较量，求得一张象征知识的文凭。

十年后的今天，我们看到的却是另一幅图景：

成千上万的中小学生中途辍学，从南到北，从沿海到内地，形成一支童工、童农、童商的浩荡大军。

大学生厌学成风，据对上海一所全国重点大学的调查，学生旷课已严重到有的教师无法开讲，晚自修的学生锐减，昔日人头济济的图书馆如今灯火稀疏，与此相反，宿舍里打牌、下棋、搓麻将的学生成倍增长。

研究生大量流失，上海、北京的高校研究生退学率直线上升，成为市人大代表议论的热门话题……

从狂热的求知到冷漠的厌学，一股新的“读书无用论”正在全国范围急剧膨胀，教育的神圣殿堂面对着猛烈的冲击。

在山东大学，有人对180名大学生进行问卷、访谈调查，结果是38.6%的学生认为知识分子待遇太低，知识贬值导致厌学。

在江苏某地，当小学教师家访动员流生复学时，家长回答说：“你一月63元工资，我10岁的孩子一天绣花边可赚10元，读书有什么用？”教师顿时哑口无言。

“读书有什么用？”我们无法回避这一提问。而现实的答案已一目了然：由于知识的贬值，导致求知热情的冷却。

与此同时，因为20世纪80年代大学校园风潮和以青年为主的社会冲突事件（例如知青返城风潮、1985年“五一九”球迷骚乱事件等）的发生，成人社会对青年一代和青年学生的评价也不断变化。时而赞扬他们献身四化，勇于担当建设祖国重任，时而认为他们出现了“信仰危机”，甚至有人诘问我们的大学究竟是培养“接班人”还是“掘墓人”。

其实，在任何一个时代的改革浪潮中，思想界总是超前的。20世纪80年代中期，在浪漫主义的氛围中，开始流行“文化热”。剧烈的社会变迁和文化冲突总是集中在青年尤其是青年学生身上，青年学生的思想、情绪动态于是成为汇聚社会思潮以及表征社会变化敏感的晴雨表和风向标。

四、改革再出发

与20世纪80年代激情澎湃、理想飞扬不同，20世纪90年代的社会心态是务实和重视实利的，经济活动成为从政府到民间的实际重心。就教育体制改革而言，实质上已经被中断。教育发展低迷缓慢，重新陷入高度政治化的旋涡，100余所试行校长负责制的高等学校陆续恢复了原有体制。

20世纪90年代初，教育领域重点开展“治理整顿”工作，加强思想政治教育、抵制西方国家的“和平演变”成为最突出的任务。同时，采取对大学生实行军训、减少高校招生、调整留学生派遣方针等收缩政策。北京大学、复旦大学1990年新生到军队院校军训一年。

1989年后，教育领域开展“治理整顿”工作，加强青少年的思想政治教育进一步得到重视。其中，学生军训成为其中的一个重要内容

在高校招生政策上也进行了较大调整，1989年，普通高校研究生招生比上年减少10.8%，本专科招生减少19.4%，国家教委规定1990年文科研究生不从应届生中招收，工、农、医科研究生从应届生中招收的比例不超过40%。从1989年至1991年，研究生和本专科招生数连续三年低于1988年。

链接

在国家教委1990年工作会议上的讲话（节选）

李铁映

国家教委召开90年代第一次工作会议。借此机会，我向全国广大教育工作者致以亲切的慰问！

这次会议要认真贯彻党的十三届四中全会、五中全会精神，重点研究如何加强学校的思想政治工作和基础教育工作。

党的十一届三中全会以来，我国教育在发展和改革中走过了十年多的历程。在实践中，我们既取得了巨大的成就，积累了丰富的经验，同时也有过失误，而且存在着不少困难和问题。下面，我着重谈谈十年来教育方面的基本经验。

第一，在社会主义经济建设的整个过程中，必须坚持把教育放在优先发展的战略地位。党中央提出的把经济建设转移到依靠科技进步和提高劳动者素质轨道上来的战略思想，是我们党在经济建设指导思想上的一个重要发展，是对我国经济建设正反两方面经验的科学总结，也是对“教育必须为社会主义建设服务，社会主义建设必须依靠教育”这一方针的重要补充。把教育放在优先发展的战略地位，努力振兴我国的教育事业是我们党坚定不移的方针。在处理教育同经济建设的关系时，应当遵循教育与经济协调发展并适当超前的原则。即使在经济遇到暂时困难的情况下，也要确保教育的发展。宁肯在其他方面忍耐一点，甚至暂时牺牲一点经济建设的速度，也要增加对教育的投入。……党政主要负责同志要亲自抓教育，使社会主义建设依靠教育的方针落到实处。

第二，必须坚持党对教育工作的领导，坚持教育的社会主义方向，坚持用马列主义、毛泽东思想教育学生，坚持把坚定正确的政治方向始终放在教育工作的第一位，坚持把培养社会主义事业的建设者和接班人作为学校工作的根本任务。这是社会主义教育的根本原则，也是社会主义教育同资本主义教育的本质区别。四项基本原则与资产阶级自由化的尖锐对立，争夺青少年一代的斗争，将是长期的。因此，教育任何时候也不能偏离社会主义方向。……把端正办学方向这一根本大计落到实处。

第三，教育必须为社会主义建设服务，教育必须与生产劳动相结合。邓小平同志指出：“整个教育事业必须同国民经济发展的要求相适应。”“在无产阶级取得政权之后，这是培养理论与实际结合、学用一致、全面发展的新人的根本途径，是逐步消灭脑力劳动与体力劳动差别的重要措施。”我国教育是社会主义教育，必须为社会主义建设服务。……实行教育同生产劳动相结合，是马克思列宁主义的一个重要原理，对于保证学生德、智、体、美、劳诸方面都得到发展，促进知识分子同工农相结合，具有十分重要的意义，也是克服教育不同程度存在的脱离实际，使教育更好地为社会主义建设服务的重大措施。我们要从各级各类教育的特点出发，探索和落实在新情况下，实行教育同生产劳动相结合的具体途径和形式。

第四，必须坚持教育的改革、开放。我国经济体制、政治体制改革正在逐步深入，世界新技术革命迅速发展，教育面临的社会环境发生了很大变化，只有以面向现代化、面向世界、面向未来的战略思想，坚持改革教育思想、教育体制、教育结构、教学内容和教育方法，才能使教育更好地适应经济建设和社会主义发展的需要。教育改革是社会主义教育制度的自我完善与发展，其目的在于全面贯彻党的教育方针，提高教育质量，使教育更好地为社会主义建设服务。在改革、开放中，应该开展国际教育交流与合作，借鉴国外有益的经验，博采各国之长，但必须从中国的国情出发，坚持教育的社会主义方向，绝不能搞“全盘西化”。还要继承和发扬我国优秀的教育和文化传统，做到古为今用。教育改革要遵循教育的特点和规律，要与其他方面的改革配套进行。

第五，必须坚定不移地从我国的国情出发，发展和改革教育。我国人多地广，发展极不平衡。因此，发展教育，必须……因地制宜，实行分区规划，分类指导，不搞“一刀切”。依靠人民群众办教育，也是从我国国情出发发展教育的一条重要经验。只要我们为人民办好教育，使教育很好地满足人民的需要，不仅可以使教育获得更多的财力、物力的支持，而且能够使教育更好地适应当地经济和社会发展的需要，大大增强教育对广大学生、家长和社会的吸引力，推动教育事业生机勃勃地向前发展。

根据党中央和国务院的总体部署，在今后几年内，教育战线的主要任务有两项，一是纠正十年来的最大失误，加强各级各类学校的思想政治教育，维护安定团结的政治局面；二是认真贯彻十三届五中全会关于进一步治理整顿和深化改革的方针，促进教育事业持续、稳定、协调地发展，努力提高教育质量。

1992 年 1 月到 2 月期间，邓小平在武昌、深圳、珠海、上海等地视察，针对当时改革开放徘徊不前、思想禁锢的情况，发表了一系列讲话，要求“改革开放胆子要大一些”，并提出“三个有利于”的新的评价标准，即“是否有利于发展社会主义社会的生产力，是否有利于增强社会主义国家的综合国力，是否有利于提高人民的生活水平”。邓小平的“南方谈话”成为20世纪90年代社会变革的转折点，中国重新启动了改革开放的进程。

同年，党的十四大报告提出，“现阶段我国社会的主要矛盾是人民日益增长的物质文化需要同落后的社会生产之间的矛盾，必须把发展生产力摆在首要位置，以经济建设为中心，推动社会全面进步”。会上提出加快社会主义现代化建设步伐，建立社会主义市场经济体制的战略任务，并指出，与之相适应，需要在经济基础和上层建筑等诸多领域进行一系列体制改革和政策调整。

在此思想的指导下，要求教育要服务于“经济建设这个中心”，要有利于解放生产力，要为社会主义现代化建设服务，要同经济、科技密切结合。教育体制改革再次成为社会各界的强烈呼声。但受当时的社会诸多现实因素影响，教育体制改革总体处于停滞的状态。直到1993年，中共中央、国务院颁发《中国教育改革和发展纲要》，确立了“教育必须为社会主义现代化建设服务，必须与生产劳动相结合，培养德、智、体全面发展的建设者和接班人”的方针，成为20世纪90年代推进教育体制改革的重要教育文件。

教育改革，永远在路上；教育改革，从20世纪90年代再出发。

共和国教育大事记
（1976—1992）

1976年

10月6日，中共中央政治局采取措施，粉碎“四人帮”，为国家教育的恢复整顿奠定了基础。

11月28日，《人民日报》发表《彻底揭发批判“四人帮”》的社论。此后两年里，《人民日报》《光明日报》《人民教育》等报刊连续发表文章，清算“文化大革命”时期在教育方面的各种倒行逆施行为。

1977年

3月5日，教育部发出通知，要求各地教育部门和学校“把教育战线学雷锋的运动，既轰轰烈烈，又扎扎实实地开展起来，深入持久地进行下去”。

5月24日，邓小平同中央两位同志谈话时指出，“两个凡是”不符合马克思列宁主义。

8月8日，邓小平在主持召开的科学和教育工作座谈会上否定“两个估计”。他说：教育战线十七年的工作，主导方面是红线，绝大多数知识分子是好的。他还说：我自告奋勇管科教方面的工作，中央也同意了。我们国家要赶上世界先进水平，要从科学和教育着手。

9月19日，邓小平与教育部部长刘西尧谈话时指出：要对1971年全教会纪要进行批判，划清是非界限。我们要准确地、完整地理解毛泽东思想体系。“两个估计”是不符合实际的，教育部要争取主动，大胆放手抓。由此教育战线以推翻“两个估计”为突破口，进行拨乱反正，平反冤假错案。

10月12日，国务院批转教育部《关于一九七七年高等学校招生工作的意见》，从此恢复了高等学校招生统一考试的制度。

11月3日，教育部、中国科学院联合发出《关于一九七七年招收研究生具体办法的通知》。“文化大革命”期间长期中断的招收培养研究生的工作从此开始恢复。

11 月 18 日，《人民日报》发表教育部大批判组的文章——《教育战线的一场大论战》，揭批“四人帮”炮制的“两个估计”。

1978年

年初，根据邓小平指示，教育部成立巡视室，标志着我国督导制度的恢复。

3 月 7 日，国务院批转教育部《关于高等学校恢复和提升教师职务问题的请示报告》。至 1981 年，高等院校中原有的教授、副教授、讲师和助教都恢复了职称。

3 月 18 日，全国科学大会在北京召开。邓小平在大会开幕式上讲话指出，四个现代化，关键是科学技术的现代化。科学技术人才的培养，基础在教育。我们要全面地正确地执行党的教育方针，端正方向，真正搞好教育改革，使教育事业有一个大的发展和提高。

4 月 22 日—5 月 16 日，教育部在北京召开全国教育工作会议。4 月 22 日，邓小平发表重要讲话，强调提高教育质量，提高科学文化的教学水平，更好地为社会主义建设服务；学校要大力加强革命秩序和革命纪律，促进整个社会风气的革命化；教育事业必须同国民经济发展的要求相适应，培养社会主义建设需要的合格人才；尊重教师的劳动，提高教师的质量。会后，6 月至 9 月，各省、自治区、直辖市先后召开教育工作会议。

7 月，经国务院批准，教育部重建中央教育科学研究所。

8 月 26 日，教育部发出通知，决定从 9 月 1 日起在全国中小学执行《小学生守则》和《中学生守则》，以后又相继发布了《高等学校学生守则（试行草案）》、《中等专业学校学生守则（试行草案）》和《中等师范学校学生守则（试行草案）》，成为新时期各级各类学校学生行为准则。

8 月 30 日，国务院批准教育部筹建中央电化教育馆和中央教育电影制片厂。

1979年

2 月 2 日，教育部、外交部、财政部发布《关于加强外国教材引进工作的规定和暂行办法》。该办法对快速编审出版反映国内外科学技术先进水平的社会主义新教材，提高我国高等学校的教学质量起到了推动作用。

2 月 6 日，教育部、中央广播事业局共同举办的中央广播电视大学在北京举行开学典礼。

3 月 19 日，中共中央批转教育部党组的报告，决定撤销 1971 年中共中央批转的《全国教育工作会议纪要》和 1974 年中共中央转发的《关于河南省唐河县马振扶公社中学的情况简报》两个文件。中央批示指出，这两个文件，是在“四人帮”及其亲信一手把持下炮制出来的，是错误的。它在教育战线的危害极大，流毒很深，应当继续批判。由此而造成的冤案、错案、假案，尚未平反昭雪的，要抓紧解决。

3 月 23 日—4 月 13 日，教育部、中国社会科学院在北京联合召开全国教育科学规划会议。会议讨论了 1978 年至 1985 年的《全国教育科学发展规划纲要（草案）》。教育部副部长张承先到会讲话，并代表教育部宣布，1958 年批判心理学和 1963 年批判“母爱教育”是错误的，予以彻底平反。

4 月 12 日，中国教育学会成立。

4 月 15 日，中央教育科学研究所主办的《教育研究》杂志创刊。

4 月 22 日—5 月 7 日，教育部在北京召开全国中小学思想政治教育工作座谈会。

1980年

2 月 12 日，五届全国人大常委会第十三次会议审议通过《中华人民共和国学位条例》，决定于 1981 年 1 月 1 日起施行，这标志着我国学位制度正式建立。1981 年 5 月 20 日，国务院批准了《中华人民共和国学位条例暂行实施办法》。国家教委据此制定了研究生培养和学位授予系列规章制度。此后，我国本科生和研究生的培养能力显著增强，规模不断扩大。

9 月 5 日，国务院批转教育部《关于大力发展高等学校函授教育和夜大学的意见》。《意见》指出，发展高等教育应贯彻两条腿走路的方针，采取多种形式办学。

10 月 7 日，国务院批转教育部、国家劳动总局《关于中等教育结构改革的报告》。把改革中等教育结构，大力发展职业技术教育作为教育改革的重要的内容之一。

10 月 21 日，中共中央、国务院批准教育部、国家民委《关于加强民族教育工作的意见》。《意见》提出大力扶持和发展民族教育的方针和具体措施。

12 月 3 日，中共中央、国务院下发《关于普及小学教育若干问题的决定》。《决定》提出，在 20 世纪 80 年代全国应基本实现普及小学教育的历史任务，有条件的地区还可以进而普及初中教育。

1981年

1 月 13 日，国务院批转教育部《关于高等教育自学考试试行办法的报告》。高等教育自学考试在北京、天津、上海、辽宁三市一省先行试点。

1 月 14 日，国务院批转教育部等七单位《关于自费出国留学的请示》和《关于自费出国留学的暂行规定》。明确提出，自费出国留学是培养人才的一条渠道。并对自费出国留学人员的条件、审批费用、待遇、政治思想工作和管理教育工作等作出了具体规定。

3 月 31 日，国务院批转教育部《关于抓紧解决中小学危房倒塌不断发生重大伤亡事故问题的请示报告》。批示指出：请各地根据实际情况，认真研究落实中宣部教育部建议采取的六条措施，尽早解决中小学危险房屋的维修和翻建等问题。

8 月 1 日—11 日，教育部在北京召开全国学校思想政治教育工作会议。会议强调，要以《中共中央关于建国以来党的若干历史问题的决议》为教材，加强学生的思想政治工作，全面贯彻党的教育方针，积极引导学生德、智、体全面发展，走又红又专的道路。

11 月 18 日，教育部发出通知：凡“文化大革命”以来参加工作的青壮年职工，其语文、数学、物理、化学的实际水平不及初中毕业程度者，一般应补课。1982 年 1 月 12 日，全国职工教育管理委员会、教育部、国家劳动总局、中华全国总工会、共青团中央发出《关于切实搞好青壮年职工文化、技术补课工作的联合通知》。此后，各地及企业开展“双补”工作。

1982年

3月9日，国务院批转教育部、外交部、公安部《关于安排外国进修生和研究学者有关问题的指示》。

8月5日，中国儿童少年活动中心在北京开幕。邓颖超代表中共中央、国务院在开幕式上讲话。

8月10日—19日，第一届全国大学生运动会在北京举行。

9月1日，党的十二大把农业、能源、交通、教育和科学作为经济发展的战略重点。从此，确立了教育在整个社会主义现代化建设中的战略地位。

9月14日，中共中央宣传部同意教育部恢复出版《教师报》，并改名《中国教育报》。

1983年

8月24日，中共中央、国务院发出《关于引进国外智力以利四化建设的决定》。《决定》指出，在充分利用外资和引进国外先进技术的同时，积极有计划有步骤地引进国外人才，特别是引进现在国外的华侨华裔人才，将大大利于我国的社会主义现代化建设。

9月9日，邓小平为景山学校题词：教育要面向现代化，面向世界，面向未来。

9月26日，全国教育科学规划领导小组成立。

1984年

2月，邓小平在上海视察中国福利会儿童计算机活动中心时说：计算机要从娃娃抓起。5月28日，教育部发出通知：中小学进行计算机教育试点工作。6月，教育部拨款20万元购置300台计算机及配套设备，装备30所小学作为试验点。

8月8日，教育部发出通知，在22所全国重点高等院校试办研究生院，并发布《教育部关于在部分全国重点高等院校试办研究生院的几点意见》。该文件对高校试办研究生院的条件、组织框架、职责等作了规定。

1985年

1月21日，六届全国人大常委会第九次会议同意国务院关于建立教师节的议案，决定每年9月10日为教师节。

3月7日，邓小平在全国科技工作会议上发表重要讲话。邓小平指出，我们在建设中国特色社会主义社会时，一定要坚持发展物质文明和精神文明，坚持五讲四美三热爱，教育全国人民做到有理想、有道德、有文化、有纪律。

3月18日，教育部发出通知：建立科学技术进步奖励制度，奖励高等学校在推动科学技术进步中作出重要贡献的集体和个人。

3月28日，教育部发出关于印发长春5市初中招生制度材料的通知，从此逐步推开取消初中招生入学考试，凡准予毕业的小学生就近直接升入初中学习的办法。

5月15日—19日，中共中央、国务院在北京召开改革开放以来第一次全国教育工作会议。会议的主要议题是：讨论《中共中央关于教育体制改革的决定（草案）》，并结合各地各部门实际情况，研究贯彻执行的步骤和措施。5月19日，邓小平出席闭幕式，并做了重要讲话。邓小平强调，各级领导要像抓好经济工作那样抓好教育工作。5月27日，中央政治局讨论通过了《中共中央关于教育体制改革的决定》，并于5月29日在《人民日报》公开发表。

6月18日，六届人大常委会第十一次会议决定设立国家教育委员会。国家教委成立后，教育部即予撤销。

7月5日，国务院批转国家科委、原教育部、中国科学院《关于试办博士后科研流动站的报告》。11月，全国博士后科研流动站管理协调委员会确定，由北京大学等73个高等院校和科研机构首批试办102个博士后科研流动站。

8月11日，国家教委、中共中央直属机关党委、国家机关党委联合举行欢送中央直属机关和国家机关培训中小学师资讲师团大会。胡耀邦在会上讲话，阐述讲师团工作的意义和当代年轻知识分子的成长之道。

1986年

2月25日—28日，国家教委、广播电影电视部、国务院电子振兴领导小组等9单位在京召开卫星电视教育工作会议。会议决定积极采用先进技术，开展卫星电视教育。10月1日，卫星电视教育正式开播。

4月12日，六届全国人大四次会议通过《中华人民共和国义务教育法》，决定于同年7月1日起施行。其中规定，国家实行九年制义务教育。

4月28日，国务院发布《征收教育费附加的暂行规定》，决定自7月1日起施行。其中规定教育费附加专用于改善中小学办学条件。

9月6日，国家教委发布《中小学教师考核合格证书试行办法》。

9月22日，全国中小学教材审定委员会及各学科教材审查委员会成立。

9月25日，党的十三届六中全会通过《中共中央关于社会主义精神文明建设指导方针的决议》。《决议》指出，精神文明建设包括思想道德建设和教育科学文化建设两个方面，培养“四有”新人，提高整个中华民族的思道德素质和科学文化素质是精神文明建设的根本任务。

12月30日，邓小平就1986年学潮约见中央负责同志并作重要讲话。邓小平指出，要理直气壮地坚持社会主义道路，坚持四项基本原则，要旗帜鲜明地反对资产阶级自由化，争取安定团结的政治局面。

1987年

2月27日—28日，国家教委和河北省政府联合在河北涿州市召开农村教育改革实验区工作会议，标志着我国农村教育改革实验工作启动。1988年9月30日，国务院办公厅批复国家教委《关于组织实施“燎原计划”的请示》，原则批准国家教委实施“燎原计划”的总体设想。1989年5月23日，国家教委发出在全国建立百县农村教育综合改革实验区的通知。

5月29日，中共中央发出《关于改进和加强高等学校思想政治工作的决定》，提出了在改革开放条件下改进和加强高等学校思想政治工作的指导方针与措施。

6月6日，国家教委、国家计委、财政部联合发出《高等学校培养第二学士学位生的试行办法》。同年，国家教委批准 26 所高校举办第二学士学位班。

6 月 15 日，国家教委、财政部发出《关于农村基础教育管理体制改革若干问题的意见》。

6 月 23 日，国务院批转国家教委《关于改革和发展成人教育的决定》，明确提出从根本上改变成人教育基础薄弱状况的工作指导方针与措施，强调把开展岗位培训作为成人教育的重点。这是成人教育的一次重大改革。

7 月 8 日，国家教委发出《关于社会力量办学的若干暂行规定》，指出社会力量办学是我国教育事业的组成部分，是国家办学的补充，应予以鼓励和支持。

7 月 31 日，国家教委、财政部发布《普通高等学校本、专科学生实行奖学金制度的办法》和《普通高等学校本、专科学生实行贷款制度的办法》，规定在 1987 年入学的普通高等院校的新生中全面实行奖学金制度和学生贷款制度。

10 月 25 日，党的十三大提出，必须把坚持发展教育事业放在突出的战略位置，把经济建设转到依靠科技进步和提高劳动者素质轨道上来。

11 月 18 日—22 日，国家教委在湖北省沙市召开了 11 个城市办学方向研讨会，从此拉开了城市教育综合改革工作的序幕。

1988年

2 月 5 日，国务院颁发《扫除文盲工作条例》。

6 月 1 日—4 日，国家教委在北京召开全国中小学德育工作会议，推进了中小学德育工作的整体改革。

12 月 25 日，中共中央发出《关于改革和加强中小学德育工作的通知》，要求中小学必须把德育工作放在首位。

1989年

3 月 23 日，邓小平在会见乌干达总统约韦里·卡古塔·穆塞韦尼时谈话指出："我们最近十年的发展是很好的。我们最大的失误是在教育方面，思想政治工作薄弱了，教育发展不够。"

5 月 5 日，国家教委发出《1989 年普通高等学校试行招收自费生意见》。

9 月 29 日，江泽民在庆祝新中国成立 40 周年大会上发表重要讲话，指出要大力发展教育和科学，要继续贯彻“尊重人才”的方针，努力为知识分子创造提供良好的工作条件和生活条件，要关心青年知识分子的成长。

10 月 30 日，中国青少年发展基金会决定实施“希望工程——百万爱心行动”。1990 年 5 月 19 日，全国第一所希望小学在安徽金寨县诞生，500 名失学儿童重返校园。

12 月 11 日，江泽民给北京医科大学学生布仁巴雅乐回信。信中指出：青年中有一大批热爱共产党、热爱社会主义，决心为共产主义事业而献身的人，他们代表了当代青年的主流。

12 月 17 日—24 日，国家教委召开全国筹措教育经费、改善办学条件山东现场会。

1990年

4 月 12 日—16 日，中共中央组织部、宣传部、国家教委党组联合在京召开第一次全国高等学校党的建设工作会议。江泽民接见全体代表并与部分代表进行座谈，要求对青年学生进行近代史教育、国情教育、形势教育。

5 月 3 日，首都举行纪念“五四”报告会。江泽民作《爱国主义和我国知识分子使命》的重要讲话，阐述了新时期爱国主义的特征和知识分子在社会主义现代化建设中的使命。

8 月 20 日，国家教委发出《关于在普通高中实行毕业会考制度的意见》。到 1993 年，全国各地均实行此项制度。

12 月 17 日—21 日，国家教委、国家科委联合在北京召开全国高等学校科学技术工作会议。会议提出高校科技工作是我国科技工作十分重要的组成部分，要把建设国家重点实验室、承担重大科技攻关项目与培养人才密切结合起来。

1991年

3 月 9 日，江泽民致信国家教委负责人李铁映、何东昌，就对青少年儿童进行中国近代史、现代史国情教育问题作出指示。为落实江泽民的指示，国家教委颁发了《中小学加强中国近代、现代史及国情教育的总体纲要》。

4 月 15 日，国务院发布《禁止使用童工规定》。

4 月 26 日，国家教委发布《教育督导暂行规定》。

5 月 21 日，国家教委发出《普通中小学校督导评估工作指导纲要》和《实施〈普通中小学校督导评估工作指导纲要〉试点的意见》。我国普通中小学校的督导评估工作逐步走向规范化轨道。

6 月 6 日，国家教委发出《关于大力发展乡（镇）、村农民文化技术学校的意见》。

7 月 29 日，国家教委发出《关于实施〈现行普通高中教学计划的调整意见〉和普通高中毕业会考制度的意见》。实施“调整”和“会考”，是对普通高中课程、教材和考试制度的两项改革。

9 月 4 日，七届全国人大常委会第二十一次会议通过《中华人民共和国未成年人保护法》。

10 月 17 日，国务院发出《关于大力发展职业技术教育的决定》。根据 20 世纪 90 年代我国经济社会发展需要，明确了职业技术教育的发展任务。

1992年

1 月 27 日，国家教委办公厅印发《关于深化城市综合改革若干问题的意见》《全国城市教育综合改革实验工作指导纲要》。

5 月 20 日，江泽民与首都应届高校毕业生代表座谈，指出努力为各种人才的脱颖而出和正确使用创造良好的条件，最大限度地发挥知识分子的创造才能，应当始终成为我们党和政府坚定不移的方针。

8 月 21 日，国家教委发出《关于国家教委直属高校深化改革，扩大办学自主权的若干意见》，提出要加大高校改革力度，激活办学机制。

8 月 23 日，中共中央办公厅受邓小平委托给北京大学等高校学生回信，对学生们的良好祝愿表示谢意，殷切希望大学生担负起振兴中华的重任。邓小平视察南方谈话公开发表后，北京大学等十几所高校学生给邓小平写信，对他的讲话表示衷心拥护。

9 月 23 日—25 日，党的十四大召开，江泽民作《加快改革开放和现代化建设步伐，夺取有中国特色社会主义事业的更大胜利》的报告，提出科技进步、经济繁荣和社会发展，主要取决于提高劳动者的素质，培养大批人才。要把教育放在优先发展的战略地位，各级政府要增加教育投入，鼓励多渠道、多形式社会集资办学和民间办学，改变国家包办教育的做法。

主要参考文献

[1] 邓小平 . 邓小平文选 : 第二卷 [M] . 北京 : 人民出版社，1994.

[2] 中共中央文献研究室 . 邓小平同志论教育 [M] . 北京:人民教育出版社，1990.

[3] 中央教育科学研究所 . 中华人民共和国教育大事记 : 1949—1982 [M] . 北京 : 教育科学出版社，1983.

[4] 王一华，白水，赵呈元 . 中华人民共和国大事日志 [M] . 济南 : 济南出版社，1992.

[5] 刘英杰 . 中国教育大事典 : 1949—1990 [M] . 杭州 : 浙江教育出版社，1993.

[6]《中国教育年鉴》编辑部 . 中国教育年鉴 : 1949—1981 [M] . 北京 : 中国大百科全书出版社，1984.

[7] 毛礼锐，沈灌群 . 中国教育通史 : 第六卷 [M] . 济南 : 山东教育出版社，1989.

[8] 郭笙，王炳照，苏渭昌 . 新中国教育四十年 [M] . 福州 : 福建教育出版社 . 1989.

[9] 袁振国 . 中国当代教育思潮 : 1949—1989 [M] . 上海 : 生活・读书・新知三联书店，1991.

[10] 杨东平 . 艰难的日出 : 中国现代教育的 20 世纪 [M] . 上海 : 文汇出版社，2003.

[11] 改革开放 30 年中国教育改革与发展课题组 . 教育大国的崛起 : 1978—

2008［M］. 北京：教育科学出版社，2008.

［12］郭福昌，韦鹏飞，吴德刚，张安民，等. 中国教育改革发展简论［M］. 北京：教育科学出版社，1993.

［13］国家教委办公厅. 改革中的中国教育：中国教育发展改革的实践与经验［M］. 北京：高等教育出版社，1993.

［14］刘道玉. 高等教育改革的理论与实践［M］. 武汉：武汉大学出版社，1986.

［15］杨德广. 西方思潮与当代中国大学生［M］. 郑州：河南人民出版社，1991.

［16］刘道玉. 一个大学校长的自白［M］. 武汉：长江文艺出版社，2005.

［17］田正平. 中外教育交流史［M］. 广州：广东教育出版社，2004.

［18］吴霓. 中国人留学史话［M］. 北京：商务印书馆，2004.

［19］雷晓云. 中国高等教育制度变迁及其文化透视［M］. 武汉：华中科技大学出版社，2007.

［20］中国高等教育学会. 改革开放 30 年中国高等教育发展经验专题研究：1978—2008［M］. 北京：教育科学出版社，2008.

［21］王英杰，刘宝存. 中国教育改革 30 年：高等教育卷［M］. 北京：北京师范大学出版社，2009.

［22］改革开放以来的教育发展历史性成就和基本经验研究课题组. 改革开放 30 年中国教育重大历史事件［M］. 北京：教育科学出版社，2008.

［23］刘国新. 教育体制改革［M］// 刘国新，贺耀敏. 中华人民共和国历史长编：第四卷. 南宁：广西人民出版社，1994.

［24］俞贵麟. 亲历：1978—2008［M］. 北京：人民出版社，2008.

［25］查建英. 八十年代：访谈录［M］. 北京：生活・读书・新知三联书店，2006.

［26］新京报. 追寻 80 年代［M］. 北京：中信出版社，2006.

［27］伊北，苏合. 风尚六十年：中国流行热潮 1949—2009［M］. 北京：中国经济出版社，2010.

[28] 吕型伟 . 上海普通教育史：1949—1989 [M] . 上海：上海教育出版社，1994.

[29]《上海普通教育志》编纂委员会 . 上海普通教育志 [M] . 上海：上海社会科学院出版社，2015.

[30] 中国共产党中央委员会关于建国以来党的若干历史问题的决议 [M] . 北京：人民出版社，1981.

[31] 江泽民 . 加快改革开放和现代化建设步伐 夺取有中国特色社会主义事业的更大胜利：在中国共产党第十四次全国代表大会上的报告 [M] . 北京：人民出版社，1992.

[32] 国家教育委员会师范教育司 . 师范教育工作资料汇编：1988—1995 年 [M] . 长春：东北师范大学出版社，1996.

[33] 刘亚东 . 春颂：邓小平同志与中国科技事业 [M] . 北京：科学技术文献出版社，2004.

[34] 中共中央关于全面深化改革若干重大问题的决定 [J] . 人民日报，2013-11-16（03）.

[35] 中办国办印发《关于深化教育体制机制改革的意见》[J] . 人民日报，2017-09-25（01）.

[36] 中国教育政策大事记：1997—1999 [G/OL] .（2001-08-27）http://www.edu.cn/20010827/208795.shtml.

[37] 中共中央 国务院关于印发《中国教育改革和发展纲要》的通知 [J] . 中华人民共和国国务院公报，1993（4）.

“十三五”国家重点出版物出版规划项目

国家出版基金项目
NATIONAL PUBLICATION FOUNDATION

共和国教育70年

第四卷

乘风破浪

1992—2019

杜成宪｜主 编
蒋纯焦｜副主编
王明建 章小谦｜著

江西教育出版社
JIANGXI EDUCATION PUBLISHING HOUSE
·南昌·
广东教育出版社
全国百佳图书出版单位
·广州·

图书在版编目(CIP)数据

共和国教育70年：全四册．乘风破浪：1992–2019 / 杜成宪主编；王明建，章小谦著．— 南昌：江西教育出版社；广州：广东教育出版社，2020.9（2022.1 重印）

ISBN 978-7-5705-2037-4

Ⅰ．①共… Ⅱ．①杜… ②王… ③章… Ⅲ．①教育史 – 中国 – 现代 Ⅳ．① G529.7

中国版本图书馆 CIP 数据核字 (2020) 第 190992 号

共和国教育70年·乘风破浪 1992—2019

GONGHEGUO JIAOYU 70 NIAN · CHENGFENG POLANG 1992—2019

杜成宪 主编 **蒋纯焦** 副主编 **王明建 章小谦** 著

江西教育出版社
广东教育出版社 **出版**

各地新华书店经销

安徽联众印刷有限公司印刷

720毫米 ×1000毫米 16开本 19.25印张 字数300千字

2020年9月第1版 2022年1月第3次印刷

ISBN 978-7-5705-2037-4

定价：198.00元（全四册）

赣教版图书如有印装质量问题，请向我社调换 电话：0791-86710427

投稿邮箱：JXJYCBS@163.com 电话：0791-86705643

网址：http://www.jxeph.com

赣版权登字 -02-2020-405

目录

前言

在1992年至2019年的27年中，我国教育发展的一大背景是社会主义市场经济体制的确立，一直贯穿的是把教育摆在优先发展的战略地位，兼顾质量与规模、公平与效率的政策导向。从“实施科教兴国战略是本届政府最大的任务”到“实施人才强国战略”，到“把教育列为民生之首”，再到“坚持‘教育第一’”等政策理念的提出和倡导，鲜明体现的是这27年教育发展的一贯性，同时也反映出针对不同的时代实际和需求所采取的不同教育发展战略，特别是从这一时期最具影响力的教育事件如“两基”工作、素质教育、高校扩招、“211工程”、“985工程”、“两免一补”、“互联网+”教育等来看，在它一贯的发展中也呈现出从规模发展到内涵建设，从效率突出到强调民生公平的阶段性特征。本卷就以此为据，以上述政策理念的提出为时间节点，将27年的教育划分为科教兴国、人才强国、把教育列为民生之首、坚持“教育第一”四个阶段，通过聚焦每一阶段中最具影响力的教育事件来呈现27年的教育发展。需要说明的是每个阶段之间并不存在截然明了的时间和事实分割，甚至前一阶段的教育发展战略也是后一阶段的主要内容，或后一阶段却是前一阶段战略在新的历史境遇中的时代聚焦。

一

1992年1月18日至2月21日，邓小平以对全球政治风云变化和经济发展的高瞻远瞩，在武昌、深圳、珠海、上海等城市发表了“南方谈话”，深刻剖析“苏东剧变”及其之后国际共产主义运动的发展状况与趋势，作出“计划经济不等于社会主义，资本主义也有计划；市场经济不等于资本主义，社会主义也有市场。计划和市场都是经济手段”等系列科学论断，指明了中国特色社会主义的发展路向，为社会主义现代化建设及改革开放的继续推进开辟了广阔领域，澄清了人们对社会主义发展道路的迷茫和困惑，在全国引发了自由市场经济改革的新浪潮。

“南方谈话”恰在中共十四大召开之际，中共中央迅速将其在全党进行传达。江泽民于1992年6月9日给中共中央党校省部级学员的讲话与“南方谈话”的精神高度一致。在讲话中，他指出中共十四大将以“社会主义市场经济”替代“社会主义经济体制”。随即召开的中共十四大明确提出：“我国经济体制改革的目标是建立社会主义市场经济体制”，“我们要建立的社会主义市场经济体制，就是要使市场在社会主义国家宏观调控下对资源配置起基础性作用”。与之相应，次年2月13日，中共中央、国务院颁布的《中国教育改革和发展纲要》全面反映了建设社会主义市场经济体制的要求，提出：“教育领域必须适应这一历史性变化(以市场经济为基础进行资源配置，由单一的计划经济向社会主义市场经济进行战略转型)，进行相应体制改革，适应市场经济的外在要求和教育自身可持续发展的内在要求。”1994年6月，第二次全国教育工作会议强调“建立与社会主义市场经济体制相适应的教育体制”。

二

20世纪中后期以来，知识经济、科技革命和经济全球化的急剧发展，深刻影响了人类的生产生活方式。人力资源和智力资源逐渐代替自然资源和经济资源，成为经济发展的主要动力和载体，国家实力的提升越来越取决于国民文化水平。教育在国民文化水平提升及促进经济增长中的作用日益明显。将教育作为“立国之本”，在国民经济社会发展中将教育置于优先发展的战略地位，发挥教育对经济增长的贡献作用是发达国家的普遍做法。我国改革开放发展至 1992 年，国家实力有了较大程度的提升，教育、科学、文化事业有了相当程度的发展。然而，较之发达国家，我国教育发展的不足还很明显，人民文化素质不高依然是进行现代化建设面临的巨大压力。

提升人民的科学文化水平，把教育摆在优先发展的战略地位成为我国应对知识经济、科技革命和经济全球化挑战的重大使命。1992 年 10 月 12 日至 18 日，在中共十四大上，江泽民向全党、全国人民提出：“我们必须把教育摆在优先发展的战略地位，努力提高全民族的思想道德和科学文化水平，这是实现我国现代化的根本大计。”

1993 年，中共中央、国务院正式颁布的《中国教育改革和发展纲要》以“教育是社会主义现代化建设的基础，必须坚持把教育摆在优先发展的战略地位”的话语，延续和强调了十四大报告提出的“优先发展教育”的战略决策。1994 年，江泽民在改革开放后的第二次全国教育工作会议上指出：“落实教育优先发展的战略地位，这是实现我国现代化的根本大计。在整个社会主义现代化建设的过程中，教育优先发展的战略地位必须始终坚持，不能动摇。”次年，“教育是社会主义现代化建设的基础，国家保障教育事业优先发展”被写入了《中华人民共和国教育法》，从而在法律上明确了教育优先发展的战略地位。

把教育摆在优先发展的战略地位，这既是党和政府审时度势的伟大抉择，也是对教育价值认识的不断深化。重视教育对国民经济社会发展的重要贡献是我们党和政府一贯的指导思想。改革开放后的第一次全国教育工作会议就旗帜鲜明地提出：“今后事业成败的一个重要关键在于人才，而要解决人才问题，就必须使教育在经济发展的基础上有一个大的发展。”1987 年，党的十三大报告强调：“把发展科学技术和教育事业放在首要位置，使经济建设转到依靠科技进步和提高劳动者素质的轨道上来”，“必须坚持把发展教育事业放在突出的战略位置”。特别是在党的十四大把优先发展教育首次提升到国家战略和根本大计之后，把教育摆在优先发展的战略地位成为我国社会主义现代化建设的重要指导思想和行动指南。党的十八大将教育服务于社会主义现代化建设与人民统一起来，将教育置于改善民生和加强社会建设的首要位置，强调必须要“坚持教育优先发展”。2016年9月，习近平在考察北京八一学校时指出：“我国正处于历史发展最好的时期，但要实现‘两个一百年’奋斗目标，实现中华民族伟大复兴的中国梦，必须更加重视教育，努力培养出更多更好能够满足党、国家、人民、时代需要的人才。”党的十九大从“两个一百年”的奋斗目标，实现中华民族伟大复兴，建设教育强国的角度指出：“必须把教育事业放在优先发展的位置，深化教育改革，加快教育现代化，办好人民满意的教育。”

三

1998年3月19日，在九届全国人大一次会议落下帷幕之际，新任国务院总理朱镕基和四位副总理与中外记者的见面会如期举行。在这次会上，朱镕基总理语气凝重地说：“科教兴国是本届政府最大的任务。江泽民主席非常重视这个问题，多次阐明科教兴国的重要性。但是我们因为没有资金，贯彻得不好”，“中央的财政和银行都拿不出钱来支持科教兴国的方针”，“中央已经决定成立国家科技教育工作领导小组，我来任组长，李岚清副总理任副组长。这个决定已经过江泽民主席批准。我们有决心进一步把科教兴国方针贯彻到底”。

1995年，江泽民在全国科技大会上强调要把经济建设转移到依靠科技进步和提高劳动者素质的轨道上来，加速实现国家的繁荣强盛，必须实施科教兴国战略，并指出：“科教兴国，是指全面落实科学技术是第一生产力的思想，坚持教育为本，把科技和教育摆在经济、社会发展的重要位置，增强国家的科技实力及向现实生产力转化的能力，提高全民族的科技文化素质。”

1996年，八届全国人大四次会议将科教兴国确定为基本国策。1997年，党的十五大对科教兴国的落实作了全面部署。1998年，为推动科教兴国战略的实施，国家科技教育领导小组由中央批准成立。1999年1月13日，国务院正式转批了教育部《面向21世纪教育振兴行动计划》，作为落实科教兴国战略的抓手。该计划的制定本着使教育更加主动地为社会主义现代化建设服务，真正担当起科教兴国重任的立意，依据“全面规划、突出重点、抓住关键、重在落实”的原则，成为我国面向 21 世纪落实科教兴国战略的施工蓝图。

四

科教兴国战略为 20 世纪末以来国民经济和社会发展的政策措施提供了“元依据”，特别是促成了教育经费占 GDP 4% 目标及中央财政每年增加一个百分点政策的确立和实现，为人才强国战略的实施作出了良好的开端。如《2002—2005 年全国人才队伍建设规划纲要》描述的：随着经济全球化的发展，人才全球化趋势进一步增强。我国加入世界贸易组织后，面临的人才问题更加突出。发达国家利用各种手段吸引我国人才，人才竞争日益激烈；全球范围内的经济结构调整对人才素质提出了更高要求；综合国力的竞争更加倚重于科技进步和人才开发。把建设中国特色社会主义事业不断推向前进，人才是关键。抓住机遇，迎接挑战，走人才强国之路，是增强我国综合国力和国际竞争力，实现中华民族伟大复兴的战略选择。在这一背景下，党的十六大报告提出“造就数以亿计的高素质劳动者、数以千万计的专门人才和一大批拔尖创新人才”的发展目标。

2003 年 5 月 23 日，“非典”肆虐的氛围还未消失殆尽，中共中央政治局专门研究和部署加强人才工作的会议就在北京召开。会上，以胡锦涛为总书记的中央领导集体正式提出人才强国战略，制定出加强和改进人才工作的系列方针政策，确立了人才工作的基本思路和宏观布局。

2006 年 8 月 29 日，胡锦涛在中共中央政治局第三十四次集体学习时强调：“当今世界，知识越来越成为提高综合国力和国际竞争力的决定性因素，人力资源越来越成为推动经济社会发展的战略性资源。”“必须坚定不移地实施科教兴国战略和人才强国战略，切实把教育摆在优先发展的战略地位，推动我国教育事业全面、协调、可持续发展，努力把我国建设成为人力资源强国。”为此，胡锦涛首次提出以“三个优先”落实教育优先发展战略的重要思想，即“经济社会发展规划要优先安排教育发展，财政资金要优先保障教育投入，公共资源要优先满足教育和人力资源开发需要”。

五

党的十七大报告指出："要按照民主法治、公平正义、诚信友爱、充满活力、安定有序、人与自然和谐相处的总要求和共同建设、共同享有的原则，着力解决人民最关心、最直接、最现实的利益问题，努力形成全体人民各尽其能、各得其所而又和谐相处的局面，为发展提供良好社会环境。"报告强调："必须在经济发展的基础上，更加注重社会建设，着力保障和改善民生，推进社会体制改革，扩大公共服务，完善社会管理，促进社会公平正义，努力使全体人民学有所教、劳有所得、病有所医、老有所养、住有所居，推动建设和谐社会。"因此，在十七届二中全会上中央把优先发展教育列在了扩大就业、完善社保体系和建立基本医疗保障制度等系列政策任务之首。

在党的十七大召开之前，教育事业在我国国家战略中更多的是为国民经济建设服务，国家各项事业发展的重点都围绕经济建设这一中心。党的十七大将教育事业的这一定位进行改变，强调教育事业处于"以改善民生为重点的社会建设"的首要位置，要"努力办好人民满意的教育"。

2008 年 3 月，温家宝在十一届全国人大一次会议报告中将教育放在了着力保障和改善民生的社会建设工作的第一位。2010 年的全国教育工作会议指出："教育是国计，也是民生。"同年的《国家中长期教育改革和发展规划纲要（2010—2020 年）》把"实施科教兴国战略和人才强国战略，优先发展教育，办好人民满意的教育，建设人力资源强国"作为国家中长期教育改革和发展的指导思想。

在新时代，习近平多次指出，人民对美好生活的向往，就是党和政府的奋斗目标，要始终把教育摆在优先发展的战略位置，不断扩大投入，努力发展全民教育、终身教育，建设学习型社会，努力让每个孩子享有受教育的机会，让 13 亿人民享有更好更公平的教育，获得发展自身、奉献社会、造福人民的能力。党的十九大报告提出，"保障和改善民生要抓住人民最关心最直接最现实的利益问题，既尽力而为，又量力而行，一件事情接着一件事情办，一年接着一年干"，"努力办好人民满意的教育"。随后，中共中央、国务院印发的《关于深化教育体制机制改革的意见》要求全面深化教育领域综合改革，从"使各级各类教育更加符合教育规律、更加符合人才成长规律，更能促进人的全面发展”的全局出发，对“办好人民满意的教育”进行了具体部署。

六

党的十八大以来，以习近平同志为核心的党中央立足“教育决定着人类的今天，也决定着人类的未来”“教育兴则国家兴，教育强则国家强”的高度，着眼统筹推进“五位一体”总体布局、协调推进“四个全面”战略布局，紧紧围绕实现“两个一百年”的奋斗目标、实现中华民族伟大复兴的中国梦，建设教育强国、加快教育现代化、办人民满意的教育。高度重视培养社会主义建设者和接班人，坚持把立德树人作为中心环节，把思想政治工作贯穿教育教学全过程；从深化考试招生制度改革，到统筹推进世界一流大学和一流学科建设，从统筹推进县域内城乡义务教育一体化，到全面深化新时代教师队伍建设、规范校外培训机构……从百姓最关切的问题入手，从最难改的地方入手，我国教育发展进入中国特色世界水平的现代教育新时代。

2013 年 9 月，在给联合国“教育第一”全球倡议行动一周年纪念活动的视频贺词中，习近平强调“中国将坚定实施科教兴国战略，始终把教育摆在优先发展的战略位置”，进一步明确教育在国民经济社会发展中的优先发展的战略地位，表现出“教育第一”的鲜明态度和坚定决心。2016 年 12 月，习近平提出“四个服务”，进一步突出了教育促进人的发展和满足社会建设需要的功能，科学回答了“教育是什么，教育为什么”的重大问题。2018 年 9 月，习近平提出的“五育并举”，是对“培养什么人，怎样培养人”的最新概括，提出的“九个坚持”是对“办什么教育，怎么办教育”的科学阐释，指出了新时代教育改革发展的根本遵循。

2012 年，我国财政性教育经费支出占当年国内生产总值比例首次超过 4%，且逐年只增不减。与此同时，免费师范生政策重新回归，当年就有 1.2 万名师范生享受到了免费教育大餐。教育新体制的“四梁八柱”基本搭建完成，整体进入“全面施工内部装修”阶段，在重点领域和关键环节取得了突破性进展。教育体制改革进入了管办评分离的新阶段。省级政府的教育统筹权和高等学校的办学自主权不断扩大，法治政府和服务型政府建设持续推进。截至2017年，教育部深化“放管服”改革，累计取消15项部本级教育行政审批，取消所有非行政许可审批事项，取消2项行政审批中介服务事项，取消11项中央指定地方实施的教育行政许可事项。公益普惠的学前教育公共服务体系即将构建完成，“入园难、入园贵”问题得到缓解。到2018年年底，普惠性幼儿园占全国幼儿园的比重达到68.57%；普惠性幼儿园在园幼儿占全国在园幼儿的比重增加到73.07%。城乡教育一体化进程加速，县域义务教育均衡发展成效显著，“择校热”问题初步解决。弱势儿童接受义务教育状况不断改善。截至2017年，占全国总县数81%的县义务教育发展实现基本均衡；在公办学校就读的随迁子女比例稳定在80%左右，30个省份实现随迁子女在流入地参加高考。截至2016年，残疾儿童义务教育入学率达90%以上。恢复高考以来最系统、最全面的考试招生制度改革全面推进。2017年，第一批高考综合改革试点平稳落地，国家支援中西部地区招生协作计划惠及28.7万人。国家农村和贫困地区定向招生专项计划累计招生27.4万人。实现农村和贫困地区学生上重点高校人数连年增长。“双一流”逐步形成。在英国泰晤士高等教育2018年全球大学排行榜中，清华大学、北京大学均跻身前30位，复旦大学等5所高校入围前200名；在2017“软科世界一流学科排名”中，中国大陆高校上榜1289次，仅次于美国，位列全球第二，并有7个学科位列世界第一。

与此同时，建立健全了覆盖大中小学师德建设的长效机制，职业发展通道比较畅通，事权人权财权相统一的教师管理体制普遍建立，涌现出了黄大年、李保国等一大批优秀教师先进典型。教育对外开放呈现出全方位、多层次、宽领域的新格局，中国教育正在走向世界教育中心。出现新中国成立以来最大规模的“归国潮”。越来越多的中国人走上国际组织高官的角逐场，开启了中国人执掌联合国教科文组织的历史。人文交流与政治互信、经贸合作一道成为我国外交的三大支柱。我国劳动力人均受教育年限的提升进入加速阶段。目前，我国劳动力人均受教育年限10.5年，新增劳动力人均受教育年限达到13.5年，继续高于世界平均水平。劳动力队伍的人力资本积累已经达到了发达国家水平，并将OECD（经济合作与发展组织）中的一些新兴国家成员远远地甩在后面。

01

第一章

世纪之交的“两基”工作

一、庄严的承诺

第二次世界大战以后，世界教育事业得到了空前的发展，尤其是发展中国家，贡献尤为突出。就初等教育而言，发展中国家的入学儿童从1960年的2.17亿增加到1990年的5.053亿；6—11岁儿童的入学率则从1960年的48%提高到1990年的77.8%。与此同时，全世界的识字成年人（15岁及15岁以上者）在20世纪50年代约为8.9亿，到80年代末则增至26.33亿；全世界的成人文盲率从1950年的44%下降到1990年的26.5%。尤其在发展中国家，成人文盲率在短短的20年（1970—1990）中，就从54.7%减小至34.9%。然而，进入90年代以后，发展中国家在普及义务教育、扫除青壮年文盲方面所面临的形势依然非常严峻。全世界约有2.8亿儿童（约占学龄人口的20%）未能接受初等教育，其中绝大部分在发展中国家。尽管全世界文盲的比例自20世纪50年代以来一直在下降，但是文盲的总数仍在不断增加。全世界文盲人数在1950年为7亿，1970年为8.9亿，1990年达到9.6亿。文盲及新增文盲也主要集中在发展中国家。

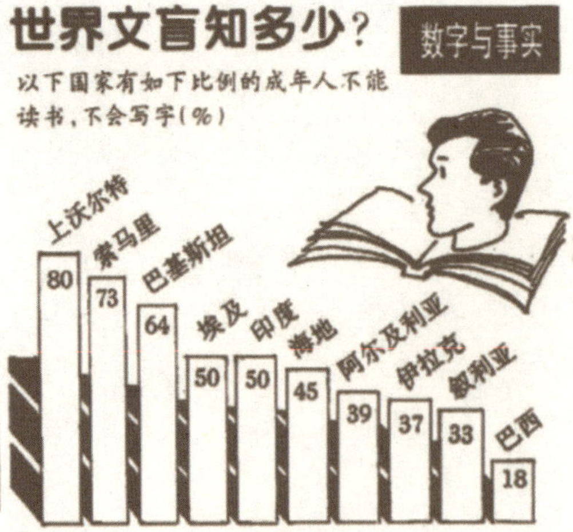

资料来源：《柏林晨邮报》（严建卫　收集）
1995年5月21日《光明日报》转载

正是基于世界教育的这种现状，1990年3月5日至9日，联合国教科文组织、儿童基金会、开发计划署和世界银行在泰国宗滴恩举行了“世界全民教育大会”，来自世界150多个国家以及联合国系统各机构、20个政府间组织和150多个非政府组织的约1500名代表、观察员及专家出席了会议。大会讨论并通过了《世界全民教育宣言》

和实施宣言的《满足基本学习需要的行动纲领》。1993年12月12日至16日，“九个人口大国全民教育高峰会议”在印度首都新德里召开，中国国务院副总理李岚清出席了会议。其间，九国除了分别制定各自的全民教育目标外，还通过了九国政府实现全民教育的决心与庄严承诺——《德里宣言》。出席会议的九国领导人在《德里宣言》中庄严声明：“我们，九个人口众多的世界发展中国家的领导人在此重申：我们保证以最大的努力和决心去实现世界全民教育大会和世界儿童问题首脑会议在1990年提出的目标，普及初等教育并扩大儿童、青年和成人的学习机会，以满足我们人民基本的学习要求。我们充分意识到，我们九国的人民总数占世界人口的一半以上，因而我们的努力取得成功是全球实现全民教育目标的关键所在。”

根据联合国教科文组织提议，自1966年起，每年9月8日为国际扫盲日。联合国还决定，从2003年1月开始的十年为国际扫盲十年。这是一位45岁的阿富汗医院工人在喀布尔一所扫盲班学习。据联合国提供的数字显示，连年战乱使阿富汗90%的成人处于文盲状态（新华社）

链接

世界全民教育宣言（节选）

40多年前，世界各国通过的《世界人权宣言》宣告：“人人享有受教育的权利。”尽管全球各国为确保每个人的受教育权利作出令人瞩目的努力，但以下事实依然存在。

1亿多儿童，其中包括至少6000万女童，未能接受初等学校教育；9.6亿多成人文盲，其中2/3是妇女；功能性文盲已成为包括工业化国家和发展中国家在内的所有国家的严重问题；世界1/3以上的成人未能学习能够改进其生活质量并帮助他们适应社会和文化变化的文字知识及新技能和新技术；1亿多儿童和不计其数的成人未能完成基础教育计划；更多的人虽能满足上学的要求，但并未掌握基本的知识和技能。

与此同时，这个世界还面临着令人生畏的问题：明显加重的债务负担，经济停滞和衰退的威胁，人口的迅速增长，国家之间及各国内部日益扩大的经济差距，战争，侵占，内乱，暴力犯罪，本可预防的无数儿童的夭亡以及普遍的环境退化。这一系列问题限制了为满足基本学习需要所作的努力，而相当一部分人基础教育的缺乏又阻碍了各社会全力且有目的地解决这些问题。

这些问题导致了20世纪80年代基础教育在许多不发达国家的明显倒退。在其他一些国家里，经济的增长使资助教育的扩展成为可能；但即使如此，仍有许许多多的人处于贫困之中，未受过教育或仍为文盲。在某些工业化国家，整个80年代政府开支的削减也造成了教育状况的恶化。

中国是世界上人口最多的发展中国家，也是当时世界上教育最落后的国家之一。1990年全国第四次人口普查表明，我国15岁以上文盲有1.82亿，成人文盲率为22.23%；其中，15—45岁的青壮年文盲6171万，青壮年文盲率为10.34%。每10万人中拥有各种文化程度的人数为：具有大学文化程度的1422人，具有高中文化程度的8039人，具有初中文化程度的23344人，具有小学文化程度的37057人。具有初中以上文化程度的人不到总人口数的1/4。

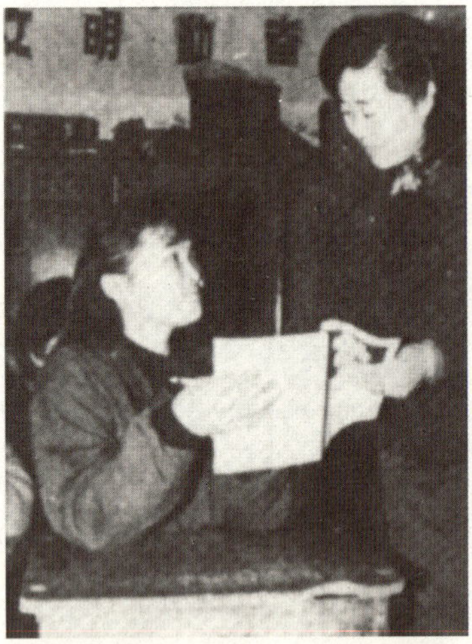

北京海淀区9名中小学教师和机关干部自愿组织在一起，建成中关村义务文化扫盲班，不收一分钱，辅导20多名外地来京做家务的农村姑娘学文化，帮助她们摘掉文盲的帽子

为了实现在《德里宣言》中的庄严承诺，为了实现“三步走”的战略目标，中国政府决定把基础教育作为20世纪90年代教育工作的重点，把基本普及九年义务教育和基本扫除青

壮年文盲即“两基”作为教育发展的“重中之重”。1992年10月12日至18日，中国共产党第十四次全国代表大会在北京举行。党的十四大报告提出：“科技进步、经济繁荣和社会发展，从根本上说取决于提高劳动者的素质，培养大批人才。我们必须把教育摆在优先发展的战略地位，努力提高全民族的思想道德和科学文化水平，这是实现我国现代化的根本大计。要优化教育结构，大力加强基础教育，积极发展职业教育、成人教育和高等教育，鼓励自学成才。各级政府要增加教育投入。鼓励多渠道、多形式的社会集资办学和民间办学，改变国家包办教育的做法。各级各类学校都要全面贯彻党的教育方针，全面提高教育质量。到20世纪末，基本扫除青壮年文盲，基本实现九年制义务教育。”

依据党的十四大确立的指导思想，1993年2月26日，中共中央、国务院发布了《中国教育改革和发展纲要》(下称《纲要》)，明确提出了基础教育发展的目标：“九十年代，在保证必要的教育投入和办学条件的前提下……全国基本普及九年义务教育（包括初中阶段的职业技术教育）；大城市市区和沿海经济发达地区积极普及高中阶段教育。大中城市基本满足幼儿接受教育的要求，广大农村积极发展学前一年教育。”1994年6月，中共中央、国务院在北京召开了改革开放以来的第二次全国教育工作会议，进一步动员全党全社会认真实施《纲要》，确立教育优先发展的地位。这次全国教育工作会议明确地将基本普及九年义务教育和基本扫除青壮年文盲列为教育工作的重中之重。

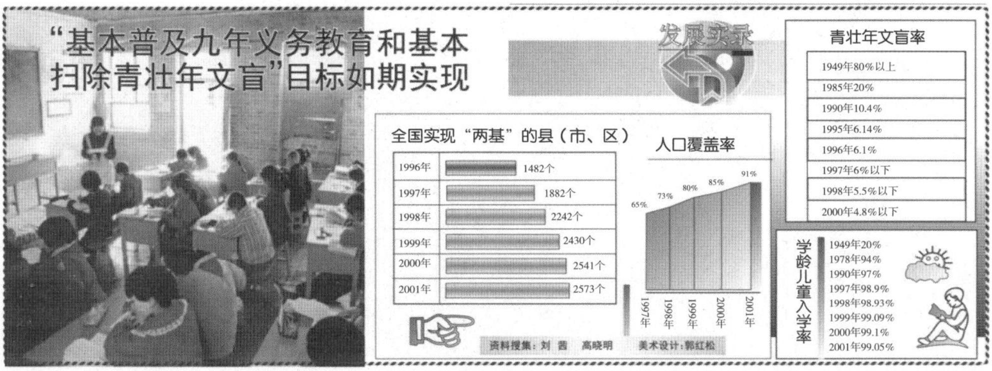

二、安得广厦千万间

要实现党的十四大提出的在20世纪末基本普及九年义务教育的目标，必须加大教育投入，改善办学条件。首先，要确保有足够的合格校舍。90年代初，我国城市中小学的办学条件比较完善，但是，在广大的农村，尤其是贫困地区，校舍不足、校舍破旧的情况还普遍存在。因此，对农村中小学的危房进行改造，是90年代“普九”工作中的一项重大任务。

我国中小学危房问题由来已久。教育部1981年1月在《关于抓紧解决中小学危房倒塌不断发生重大伤亡事故问题的请示报告》中提到，1978年，据不完全统计，农村中小学危房面积为5000余万平方米，占中小学校舍总面积的17.2%，当年因危房倒塌砸死师生177人，重伤931人。1980年，据11个省、自治区报告，因危房倒塌而伤亡的师生仍有921人，其中死亡62人，重伤357人。

西部贫困山区的孩子在危房教室外读书

为此，中共中央、国务院在当年发出的《关于普及小学教育若干问题的决定》中要求：用两三年或稍长一些的时间，做到“校校无危房，班班有教室，学生人人有课桌凳”（简称“一无两有”），以保证教学工作的顺利进行。该决定发布以后，在全国范围内出现了一个由农民集资修建校舍的高潮。到1985年，危房面积的比例下降到7%，但据不完全统计，当年年底尚有危房3800多万平方米。为此，中共中央办公厅、国务院办公厅在1986年6月《关于进一步加强中小学危房修缮和改造的通知》中再次要求各级党委和政府“力争在两三年内，使全部中小学校舍面貌有显著改变”，真正实现“一无两有”。经过上下各方的努力，到1991年，全国中小学危房占校舍总面积的比例下降到3%左右。1992年11月，国家教委和财政部、国家计委共同发布了《全面消除和杜绝中小学危房的规定》，要求“各地要尽快修订全面消除中小学危房的规划，在1994年前全面消除中小学危房”。

然而，1992年提出的两年内全面消除中小学危房的目标没能如期实现。“九五”期间，通过“国家贫困地区义务教育工程”和地方各级政府投入以及社会捐资集资，已经对5200多万平方米的农村中小学危房进行了改造、维修，使农村中小学的校舍状况得到了较大改善。然而，由于种种原因，新的危房还是不断出现，到了20世纪末甚至有所回升。教育部于1999年12月发出的《关于加强中小学校舍危房修缮和改造的紧急通知》中提道：“由于多种原因，全国中小学仍存有1200多万平方米危房，部分地区危房比例还出现了回升势头……各地必须高度重视中小学危房改造工作，采取各种措施，力争不把危房带入21世纪。”

当距离21世纪还有53天的时候，2000年11月7日，由建设部和教育部共同出台的《关于进一步加强中小学校舍工程质量管理工作的通知》又重复了上述“紧急通知”中提及的同样问题：“由于多方面原因，全国中小学仍存有1300多万平方米的危房，部分地区危房比例还有回升趋势……”

2001年年初，教育部、财政部、国家计委对全国农村中小学危房进行了普查，发现到2000年年底，除北京、天津、上海、江苏、浙江、广东等6省市及大连等5个计划单列市之外，其他地区农村中小学共有各类危、破校舍8400万平方米，其中危房5700万平方米。为此，国务院在2001年和2002年共拨出30亿元专项危房改造补助资金，并要求地方政府拿出配套资金，实施全国农村中小学危房改造工程。到2002年年底，整个工程投入资金约120亿元，改造危房3000万平方米。

尽管危房改造工程取得了一定的成效，但仍有4000万平方米的危房尚未改造。为此，2003年1月6日，国家科技领导小组召开第12次会议，决定继续实施农村中小学危房改造工程。为了建立危房改造工作的长效机制，遏止新的危房出现，2004年4月5日，教育部、国家发展改革委员会、财政部、建设部联合下发了《关于进一步加强农村中小学危房改造工程管理的意见》，要求各级政府成立危房改造工程领导小组，将资金筹措、工程管理等工作纳入制度化渠道。到2005年，中央财政两年间共计投入60亿元，基本消除了农村中小学原有的D级危房，师生安全问题得到了暂时缓解。

2005年，国务院决定建立农村义务教育经费保障新机制，将农村义务教育全面纳入公共财政保障范围，建立农村中小学校舍维修改造投入机制。2006年修订颁布的《中华人民共和国义务教育法》将这一机制以法律的形式固定下来。通过按照学生数、校舍数、每年校舍的折旧数、每年新增危房数，按一定造价进行补助的方式，到2008年，普通中小学办学条件进一步改善，全国普通中小学校舍建筑面积达到了136521.37万平方米。之后，随着中央财政教育支出的逐渐增加，农村中小学校舍维修改造单位面积补助标准得到了进一步提高。在2012年中央财政继续安排全国中小学校校舍安全工程建设

农村学校旧貌

学校旧貌换新颜

资金20亿元之后，2013年，中央财政累积下拨农村义务教育薄弱学校改造计划补助资金207亿元，用于支持义务教育薄弱学校改善基本办学条件。也是在这一年，教育部、国家发展改革委、财政部印发《关于全面改善贫困地区义务教育薄弱学校基本办学条件的意见》，要求在3年至5年内，聚焦贫困地区义务教育薄弱学校，全面改善基本办学条件。为此，从2014年起，中央财政对农村义务教育薄弱学校改造计划进行适当调整，并加大了投入力度，安排310亿元补助资金支持贫困地区义务教育薄弱学校改善基本办学条件。2015年，教育部和财政部印发《农村义务教育薄弱学校改造补助资金管理办法》，在明确薄弱补助资金的管理办法的同时，提出“推进义务教育阶段学校标准化建设”的工作任务。2016年5月20日，习近平总书记主持召开中央全面深化改革领导小组第二十四次会议，审议通过的《关于统筹推进城乡义务教育一体化改革发展的若干意见》把加快推进县域内城乡义务教育学校建设标准统一作为了“四个统一”之一，并要求到2020年学校标准化建设取得显著进展。截至2018年年底，全面改善贫困地区义务教育薄弱学校基本办学条件工作，中央财政共投入专项补助资金1699亿元，带动地方投入3727亿元，合计5426亿元，比规划投入多200亿元；校舍竣工面积占规划建设总面积的比例达98.34%，设施设备采购完成比例达99.7%，提前一年基本实现五年规划目标。全国30.96万所义务教育学校（含教学点）办学条件达到“20条底线”要求，占义务教育学校总数的99.76%，农村义务教育学校特别是贫困地区农村学校办学条件显著改善，面貌焕然一新。

三、别了，民办教师

民办教师现象具有明显的中国特色。在革命战争年代，中国共产党人已经创造了“小学民办”“民办公助”等灵活的办学形式。中华人民共和国成立之后，百废待兴，为了尽快发展基础教育，国家在积极创办公立小学的同时，吸取革命年代红色根据地的办学经验，继续鼓励和支持群众办学，民办学校、民办教师的数量有增无减。据统计，1949年小学民办教师为10.5万人，占全国小学教师总

没有半个世纪以来数百万民办教师的艰苦奉献，就不可能有“穷国办大教育”的成绩

数的 12.6%，1951 年，小学民办教师增加到 42.5 万人，占全国小学教师总数的 34.8%。

从 1952 年开始，随着国家财政状况的好转，政府实行了将民办中小学转为公办的政策，民办教师的数量随之减少。到 1956 年，小学民办教师减少到 9.1 万人，仅占全国小学教师总数的 5.2%，而中学民办教师只有 1497 人，只占全国中学教师总数的 0.8%。然而，1957 年之后，由于基础教育的规模迅速扩大，教育经费和师资都变得紧张起来。于是，国家重新号召群众办学，民办教师的数量再次大幅度增长。1966 年，民办教师的数量增加到 177.4 万人。“文化大革命”期间，大部分农村公办学校下放为集体民办，而这个时期学龄儿童剧增，师范院校又长期停办，公办教师得不到及时补充，民办教师的数量因此迅速膨胀。1977 年，民办教师增加到 471.2 万人，占全国中小学教师总数的 56%。

从 20 世纪 50 年代到 20 世纪末，民办教师一直是中国农村教师的主体，他们在普及农村义务教育和扫除农村青壮年文盲方面，为国家作出了重大的贡献。民办教师同公办教师相比，收入少，身份低，生活和工作条件差。在一定意义上可以说，没有半个世纪以来数百万民办教师的艰苦奉献，就不可能有“穷国办大教育”的成绩。在 1994 年的全国优秀民办教师表彰大会上，国务院副总理李岚清深有感触地说:“我国有几百万民办教师。长期以来,他们在十分艰苦的条件下,辛勤耕耘、无私奉献，为我国的教育事业作出了巨大贡献。我国的民办教师特别应该受到全社会的理解、关心和尊重。”

在普及农村义务教育和扫除农村青壮年文盲方面,民办教师功不可没。但是，民办教师作为一个群体，素质参差不齐，年龄差异很大。随着社会主义教育事业的发展，民办教师问题亟待解决。

1979 年 10 月，国务院决定将全国 136 个边境县的 8 万余名中小学民办教师转为公办教师，从此拉开了党和政府妥善解决民办教师问题的序幕。十一届三中全会后至 1990 年，国务院有关部委和各级人民政府积极采取措施，通过整顿教师队伍、中师招收民办教师、“民转公”等形式，使民办教师从 1977 年的 491 万人减少到 1990 年的 280 万人，教师队伍建设取得了明显成效。

1992 年 8 月，国家教委、国家计委、人事部、财政部联合下发《关于进一步改善和加强民办教师工作若干问题的意见》，明确提出了解决民办教师问题的“关、转、招、辞、退”五字方针。所谓“关”，是指堵住口子，不再增加新的民办教师；所谓“转”，是指将合格的民办教师转为公办教师；所谓“招”，是指从师范院校的招生计划中拿出一部分，定向招收年轻的民办教师；“辞”就是辞退不合格的民办教师，对超编人员也要辞退或者对其岗位进行调整；“退”是指让达到退休年龄的民办教师离开教学岗位。

1994 年 6 月 14 日至 17 日，国务院召开了全国第二次教育工作会议，会议明确提出，“争取到本世纪末基本解决民办教师问题”。同年 7 月 3 日，国务院颁发了《关于〈中国教育改革与发展纲要〉实施意见》，其中第 26 条规定：各级政府“要采取措施提高民办教师待遇，逐步做到民办教师与公办教师同工同酬。今后不再增加新的民办教师。现有合格的民办教师经考核认定资格后逐步转为公办教师。不合格的要予以调整。国家计委、人事部及各地要作出规划，分年度实施，争取到本世纪末基本解决民办教师问题”。按照这个要求，国务院有关部门和各级政府积极行动，使民办教师的数量和比例大幅度下降。据统计，从 1994 年年底到 1997 年年初，全国中小学民办教师的数量从 200 万下降到 120 万。

1997年，国务院办公厅发出《关于解决民办教师问题的通知》，对在20世纪末解决民办教师问题作出了具体部署，提出“九五”期间全国解决民办教师问题工作的分年度目标：1997年民办教师占全国中小学教师总数的比例要从1996年的17%减少到12%，1998年减少到7%，1999年减少到3%，2000年基本解决民办教师问题。实际执行的结果是，1997年年底，民办教师占全国中小学教师总数的比例为13.7%，1998年年底为9.75%，1999年年底为5.95%，2000年年底为3.1%。到2000年年底，全国民办教师的总数为30万。为此，国家再次安排了20万个“民转公”专项指标，用于解决民办教师问题。

当中国跨入21世纪的时候，民办教师的数量已经不再出现在教育部的教育年度统计公报上。尽管一些落后地区的农村中小学还是要聘请少量的代课教师，但民办教师作为一个社会群体，已经退出了中国教育历史的舞台。

四、渴望读书的大眼睛

他们渴望走进课堂，却由于贫困而失去了读书的机会

20世纪80年代末，通过《九年义务教育法》的实施，我国初等教育的普及已经取得了突破性进展。截至1991年秋统计，初等教育阶段适龄儿童入学率已达到97.87%，小学在校学生辍学率已降到2.35%，普及初等教育地区的人口占全国人口总数的90%以上，15—40周岁人口的识字率已达90%以上。但是，要在我国城乡全面普及初等教育，任务还是十分艰巨的。这是因为尚未普及初等教育的人口地区多数分布在我国西部的困难地区；未入学或中途辍学的儿童少年也有1/3左右是属于家庭经济困难造成的。

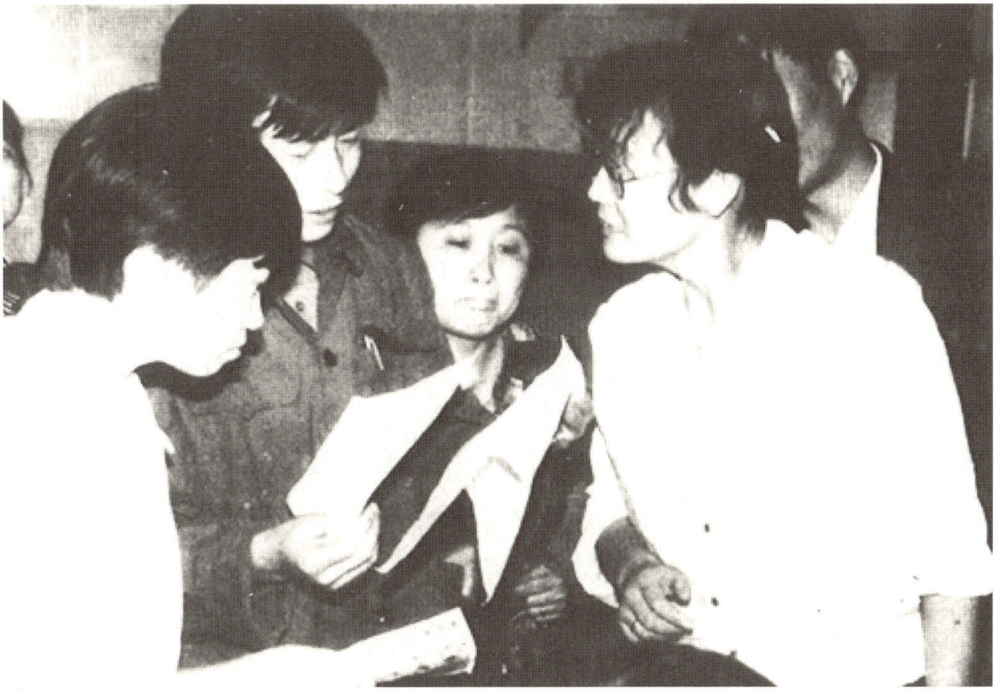

铁道部第十一工程局二处机关干部工人刚领到工资就踊跃捐资

纵观世界各国教育经费的计算，均包括政府预算支出和民间投资两个方面。实践表明，任何国家的教育经费都不可能是由政府全包的。特别是像中国这样的发展中大国，虽然国家每年投入教育的经费不断增加，但因人口庞大和经济相对落后，仍有不少贫困地区的儿童因家庭贫困不能继续上学。据统计，从 1980 年到 1988 年，全国中小学生流失累计达 3700 万人。针对这种现象，1989 年 10 月，中国青少年发展基金会发起实施希望工程，借鉴国外经验，动员社会力量，帮助贫困地区失学儿童少年重返校园接受教育，推动中国贫困偏远地区基础教育的发展。

希望工程从实施的那一天起，就得到了社会各界的广泛理解和支持，各界人士纷纷解囊相助，出现了很多感人至深的动人事例。不少海外友人也认为希望工程表达了人类共同的美好愿望，给予热情关注和实际援助。从 1989 年 10 月 31 日天津塘沽区实验小学二年级学生周桐写信并捐款 27 元零用钱起——这是希望工程收到的第一封捐赠信和第一笔捐款，一年半后，已筹集资金逾千万元。至

1991年，全国23个省（区）、130个县的3万名失学孩子已经享受到希望工程助学金重返校园，中国青少年发展基金会还援助建立了15所希望小学，以改善贫困地区办学条件。

1991年，《中国青年报》记者解海龙来到安徽省金寨县桃岭乡张湾村，拍摄了一张《我要读书》的照片，照片中有着一双明亮大眼睛的贫困地区8岁女孩渴望求学的目光，深深地打动了无数热心希望工程事业的人，这张照片因此被选作希望工程的宣传照，希望工程从此更加深入人心。人们纷纷伸出援助之手，为了孩子的童年和祖国的明天，出一份力，尽一份责。一时间，爱潮在神州大地涌动，一个全民族的社会大行动开始了。

1992年4月，希望工程推出"百万爱心行动"。"百万爱心行动"是通过基金会和各级团组织的牵线搭桥，把捐赠者（个人或集体）与失学少年结对挂钩，建立直接联系，进行定向资助至小学毕业的一种救助方式。"百万爱心行动"推出以后，得到了社会各界及海内外人士的广泛关注和认同，上千万人慷慨解囊。一年之内，捐款过亿元；救助失学少年32万名，比上一年增长了近10倍；建设希望小学70多所。希望工程进入一个快速发展的阶段。

1994年是联合国"国际家庭年"。家庭是社会的细胞，在希望工程的发展过程中，千百万家庭的参与发挥了十分重要的作用。第四次全国人口普查结果表明，我国市镇家庭为7000多万户，其中收入处于中等以上水平的家庭约为80%。在我国经济较发达的农村，许多家庭也已开始步入小康，如果我国城市一切有经济能力的家庭能够参与

第一所希望小学——安徽金寨希望小学

希望工程，就能基本解决每年上百万贫困地区适龄儿童失学的问题。据此，希望工程以“国际家庭年”为契机，向全国推出以千百万家庭为参与主体的“希望工程:1（家）+1 助学行动”,即以家庭为单位或以家庭的某一成员出面资助一名（或多名）失学儿童，使希望工程真正进入千家万户，深入人心。“1（家）+1 助学行动”得到了全社会的积极响应，从中南海到地方，从各级党政领导到普通群众，从企事业单位、机关团体到部队学校以及许多海外机构和热心人士，纷纷慷慨解囊。全年共救助失学儿童 46.6 万名，当年救助额接近前 4 年的总和，总规模达到了 101.5 万名。建希望小学的总数量达到 749 所。至此，希望工程积 5 年之功，全方位推进，加速发展，达到了一个新的高度。希望工程不仅已经家喻户晓，成为海内外最有影响的社会公益事业，而且，支持和参与希望工程已经成为一种社会时尚。

希望工程实施四年来有很大发展

年度	筹资额（元）	资助小学生（名）	援建希望小学（所）
1990	17251547.34（含1990年）	40000	8
1991		39600	13
1992	94844636.37	231359	59
1993	89142493.17	238041	124
累计	201238676.88	549000	204

资料来源：中国青少年发展基金会

世纪之交的希望工程，一路走来，经历了三个发展阶段，即 1989—1992 年的宣传启动阶段，1992—1994 年的蓬勃发展阶段和 1995—1997 年的巩固提高阶段。经过三个阶段的稳步健康发展，1998 年中国青少年发展基金会推出希望工程志愿者劝募行动，招募 20 余万名志愿者，深入社区，贴近公众，以一种全新的社会化筹款方式，再次掀起了捐资助学的热潮。

1999 年，希望工程实施 10 年，共救助失学儿童 230 万名，援建希望小学 8000 所，接受海内外捐款 18 亿元，影响遍及海内外，成为中国最著名、最具影响力的公益事业。为了落实贯彻我国政府提出的到 20 世纪末基本解决贫困人口温饱问题和普及九年义务教育的战略决策，适应希望工程自身完善的客观需要，希望工程从当年起实施战略重点的转移：由过去对贫困地区失学儿童的普遍救助，转到对优秀受助生的跟踪培养；希望小学由硬件建设为主转向以教师培训、现代化教学设施配置等软件建设为主；希望工程不再直接接受救助失学儿童的捐款。对有意为贫困地区失学儿童捐款助学的人，将介绍其直接与贫困地区乡村小学联系，通过学校安排助学对象。

希望工程25年获百亿捐赠，495万名农村贫困生受益

2002年，希望工程启动新的助学行动：动员社会慈善财力资源，建立“希望之星助学基金”，面向贫困地区特别是西部地区，为农村特困家庭的小学生、初中生、高中生、大学生提供助学金。这项行动还包括配合教育部门实施的“校校通”工程，继续资助农村学校建设“希望网校”，实现计算机教学、远程教育，并为周边农民提供技术、市场信息。为满足海内外捐款人捐建希望小学的愿望，重点在西部地区国家重点扶持的贫困县资助乡村小学改造危旧校舍。随后的几年，希望工程进入了一个不断深化和拓展的新的历史时期。

据2008年11月网络最新数据，在社会各界的大力支持下，希望工程共收到海内外捐款逾40亿元人民币，救助了400多万名失学儿童重返校园，在贫困地区援建了近15000所希望小学，培训了51000多名希望小学校长和骨干教师。同时，由希望工程衍生出的“希望之星”“希望网校”“希望工程园丁奖”“希望工程建设奖”“绿色希望工程”“古诗文诵读工程”“国际青少年消除贫困奖”“希望小学教师培训”“爱心标志”等数十个丰富多彩的公益资助奖励项目，进一步拓宽了希望工程的实施领域，扩大了希望工程的海内外影响。

希望工程的实施，改变了一大批失学儿童的命运，改善了贫困地区的办学条件，唤起了全社会的重教意识，促进了基础教育的发展；弘扬了扶贫济困、助人为乐的优良传统，推动了社会主义精神文明建设。希望工程推行至今，已经让无数和苏明娟一样的孩子走出了大山，让无数的中国人收获着感动，又激发出无数的中国人去奉献感动。可以说，希望工程的意义，已远远超出教育范畴，已经深深影响了中国人的精神世界，影响着中华民族的道德重塑。科技部中国科技促进发展研究中心的评估结果表明：希望工程已经成为我国 20 世纪 90 年代社会参与最广泛、最富影响的民间社会公益事业。全社会的爱心造就了希望工程，希望工程期待全社会的更广泛的参与、更深入的研究。

链接

希望工程

希望工程是团中央、中国青少年发展基金会以救助贫困地区失学少年儿童为目的，于 1989 年发起的一项公益事业。其宗旨是根据政府关于多渠道筹集教育经费的方针，从社会集资，建立希望工程基金，以民间救助方式，资助贫困地区失学儿童继续学业，改善贫困地区的办学条件，促进贫困地区基础教育事业的发展。

截至 2018 年，全国希望工程累计接受捐款 150.23 亿元，资助困难学生 594.9 万名，援建希望小学 20110 所，希望厨房 6236 个，援建希望工程图书室 31109 套，培训教师 114306 名。还资助建设希望工程音乐教室、体育教室、美术教室，开展远程支教、科学文体、夏令营等各种活动，积极进行教育扶贫，促进贫困地区基础教育全面发展

（资料来源：中国青少年发展基金会）

希望工程大事记（1989—1997）

1989年3月，中国青少年发展基金会成立。 1989年10月30日，中国青基会向海内外庄严宣布：实施希望工程。同时，在河北省涞源县桃木疙瘩村救助第一批失学儿童。 1990年5月19日，全国第一所希望小学在安徽省金寨县建成。 1990年9月5日，邓小平同志为希望工程题字。 1992年4月，推出“希望工程：百万爱心行动”，掀起全社会捐资助学热潮。 1992年12月，首次组织“希望工程社会监督日”活动，此后每年都举办一次。 1993年9月，设立“希望工程园丁奖”奖励基金，此后每年表彰奖励1000名贫困地区优秀农村小学教师。 1994年1月，向社会推出“希望工程：1（家）+1助学行动”。	1994年3月10日，李鹏总理在八届人大二次会议《政府工作报告》中指出“动员社会力量，继续实施希望工程”。 1994年12月，希望工程全国监察委员会成立，希望工程社会监督走上制度化轨道。 1995年4月，推出“希望书库”。 1995年6月，在浙江省嵊泗县建立“希望工程全国教师培训基地”。 1996年10月，党的十四届六中全会决议中指出，要深入开展希望工程…… 1997年4月，希望工程服务商标注册，此举为国内公益事业首创。 1997年5月，“希望工程国内最后一轮劝募行动”启动。 1997年5月，推出“希望工程绿城国际希望园”项目，并设立“希望之星奖励基金”。

资料来源：中国青少年发展基金会

五、春风渡过玉门关

20世纪末，中国政府兑现了自己在《德里宣言》中的庄严承诺，在全国范围内基本实现了“两基”目标。到2002年年底，“两基”人口覆盖率达到91%，15岁以上文盲、半文盲人口占总人口的比重降低到6.7%，人均受教育年限提高到8年。但是，全国基础教育发展的水平很不均衡。西部地区经济社会发展落后，地方财政困难，教育投入严重不足，教育基础薄弱，义务教育远远落后于全国平均水平。西部地区人均受教育年限仅有6.7年，比全国平均水平低1.3年；“两基”人口覆盖率仅77%，低于全国14个百分点；15岁以上文盲、半文盲人口占总人口的比重为9.02%，高于全国2.3个百分点。截至2002年，西部地区仍有372个县（市、区）以及新疆生产建设兵团的38个团场，共410个县级行政单位尚未实现“两基”目标，涉及345万平方千米国土和8300多万人口。西部地区“两基”攻坚已经成为提高整个中华民族素质的当务之急。

2003年12月30日，温家宝总理主持召开国家科教领导小组会议，审议通过了由教育部、国家发展改革委员会、财政部和国务院西部开发办公室制定的《国家西部地区“两基”攻坚计划（2004—2007年）》（下称《攻坚计划》），西部攻坚工作正式启动。该计划明确了西部攻坚的主要目标：到2007年，西部地区整体上实现“两基”目标，“两基”人口覆盖率达到85%以上，初中毛入学率达到90%以上，扫除文盲600万，青壮年文盲率下降到5%以下。按照这个目标，《攻坚计划》进一步明确了攻坚的主要任务，提出了完成攻坚目标的具体措施：①加快农村寄宿制学校建设；②扶持西部农村地区家庭经济困难学生就学；③实施农村中小学现代远程教育；④大力加强西部农村地区教师队伍建设；⑤深化教学改革，提高教育质量；⑥加大教育对口支援力度；⑦明确地方各级人民政府在“两基”攻坚中的责任。

在明确了目标、任务和措施之后，中央有关部委和西部各省及建设兵团就积极行动了起来。为加强对西部地区“两基”攻坚工作的领导和管理，国家科教领导小组第二次会议决定，成立国家西部地区“两基”攻坚领导小组，陈至立国务委员任组长，教育部、国家发展改革委、财政部、农业部、科技部、国务院西部开发办、国务院扶贫办负责人任组员。领导小组办公室设在教育部，办公室主任由教育部副部长陈小娅兼任。“两基”攻坚办的主要职责为：在国家西部地区“两基”攻坚领导小组的领导下，组织实施西部地区“两基”攻坚计划，负责农村寄宿制学校建设工程的组织实施和管理监督。紧接着，西部地方各级政府也成立了攻坚领导小组和攻坚办，负责实施本地区的“两基”攻坚计划。

新疆维吾尔自治区的面积占全国总面积的1/6，当2004年国家正式启动西部“两基”攻坚计划时，新疆未实现“两基”的县还有28个。这些县大多数地处南疆地区，点多面广，光是建设成本就高得惊人。要用3年的时间实现“两基”的目标，难度很大。但在自治区主要政府机构的主动担当下，攻坚县的资金压力得到了有效的缓解。到2006年年底，全区共有81个县（市、区）实现了“两基”目标，全疆“两基”人口覆盖率达到80.99%，与“两基”攻坚计划实施前相比，上升了近13个百分点；初中毛入学率达到98.24%，青壮年文盲率控制在3%以下，“两免一补”受益比例达到91.53%。

为推进“两基”攻坚工作，青海省和各州、县党委政府也克服重重困难，在2007年年底如期实现了“两基”攻坚的目标。2011年年初，青海省最后8个少数民族聚居县通过“两基”任务的省级评估验收，经国家复核批准后，标志着青海省“两基”攻坚任务的全面完成。

“黑房子、土台子、泥桌子”，曾是攻坚计划实施之前重庆市农村很多中小学校舍的真实写照。2004年以来，重庆市大力实施中小学校舍建设和危房改造方面的一系列工程，统筹校舍建设专项资金、城市教育费附加、城市住宅建设配套费、农村税费改革转移支付资金和奖补资金等各项资金73.7亿元，新建和改扩建义务教育阶段学校校舍869.5万平方米。到2006年年底，全市现存D类危房全部改造完毕，校舍危房比例下降到1%以内。307所寄宿制学校全部竣工，覆盖学生32.12万人，新增寄宿学生6.26万人。2007年1月19日，全市40个区县（自治县）的“两基”工作已全部通过教育部审查认定，“两基”人口覆盖率达到100%。

2006年，经国务院同意，教育部、财政部、人事部、中编办启动了“农村义务教育阶段学校教师特设岗位计划”，中央财政设立专项基金，招募高校毕业生到西部“两基”攻坚县农村学校任教，及时缓解当地教师不足、素质不高的问题。2006年，有1.6万多名大学毕业生充实到西部地区260多个县的2850所农村中小学校。2007年，全国招聘特岗教师约1.7万人。两年内共招聘特岗教师3.3万名，覆盖13个省、395个县、4074所农村中小学。

为了加强对在职教师的培训，教育部实施了西部农村教师远程培训计划、城镇教师支援农村教育计划、援藏教师培训计划、援疆教师培训计划以及农村学校教育硕士师资培养计划。通过这一系列培养计划的实施，西部地区累计有130万名教师接受了培训，其中有很多中小学教师第一次参加这样的培训。

重庆市城口县修齐中学学生宿舍旧貌

重庆市城口县修齐中学学生宿舍新颜

西部各省市也因地制宜，探索解决偏远地区农村教师短缺问题的方法。宁夏为解决宁南山区中小学教师紧缺问题，要求山区机关事业单位限期清退所占用的教职工编制；同时，2004—2007年，每年组织1000名大学生志愿者到山区乡以下学校支教一年，所需费用全部由自治区财政承担。2004—2006年广西共招聘录用了4.5万名中小学教师；在分配教师编制时，重点向寄宿制学校和教学点倾斜。从2007年起，甘肃每年为农村中小学新增5000个教师编制，并从全省普通高校选拔5000名毕业生到农村中小学支教。重庆2007年一次性按照教师合格标准，从农村义务教育阶段学校代课人员中招聘8000名公办教师。新疆4年累计投入5700万元，培养培训少数民族汉语和“双语”教师1万多名。

为了及时了解情况，解决问题，抓各项工作的落实，在“两基”攻坚实施过程中，国家西部地区“两基”攻坚领导小组分别于2005年8月和2006年11月在内蒙古、广西召开了两次现场汇报会，检查各省责任书落实情况，及时总结交流经验，加大推进力度。

2007年11月28日，国家西部地区“两基”攻坚总结表彰大会在京隆重召开。《国家西部地区“两基”攻坚计划（2004—2007年）》提出的各项任务如期完成，西部地区“两基”人口覆盖率达到98%，比攻坚计划实施前的77%提高了21个百分点，初中毛入学率达到了90%以上，青壮年文盲率降到5%以下。

链接

教育部等启动“特岗计划”
2006年计划安排2万—3万个特设岗位

由教育部、财政部、人事部、中编办联合组织实施的“农村义务教育阶段学校教师特设岗位计划”（“特岗计划”）启动实施。这一计划将通过公开招募高校毕业生到西部“两基”攻坚县县以下农村义务教育阶段学校任教，引导和鼓励高校毕业生从事农村教育工作，逐步解决农村地区师资力量薄弱和结构不合理等问题，提高农村教师队伍的整体素质，并在中央财政的引导下，促进地方逐步建立起农村教师补充的新机制。

据介绍，“特岗计划”从2006年起，用5年时间实施。“特岗计划”2006年计划安排2万—3万个特设岗位，纳入试点的将按1个县100个左右，一个学校3—5个来安排，2006年“特岗”教师招聘工作将于6月中旬结束，被聘用者将于秋季开学时正式到岗任教。

“特岗”教师在中小学现有编制内，实行聘任制，公开招聘、择优录用、合同管理。另外，“特岗”教师享受《中共中央办公厅国务院办公厅印发〈关于引导和鼓励高校毕业生面向基层就业的意见〉的通知》和人事部等部门《关于组织开展高校毕业生到农村基层从事支教、支农、支医和扶贫工作的通知》规定的各项优惠政策，“特岗计划”的实施还可与“农村学校教育硕士师资培养计划”相结合，符合相应条件要求的“特岗”教师，可按规定推荐免试攻读教育硕士。

这项计划得到了中央财政的支持。“特岗计划”所需资金由中央财政和地方财政共同承担，以中央财政为主。中央财政设立专项资金，用于“特岗”教师的工资性支出，并按人均年1.5万元的标准，与地方财政据实结算。

（摘自《光明日报》2006年5月20日）

02

第二章

逐步推进的素质教育

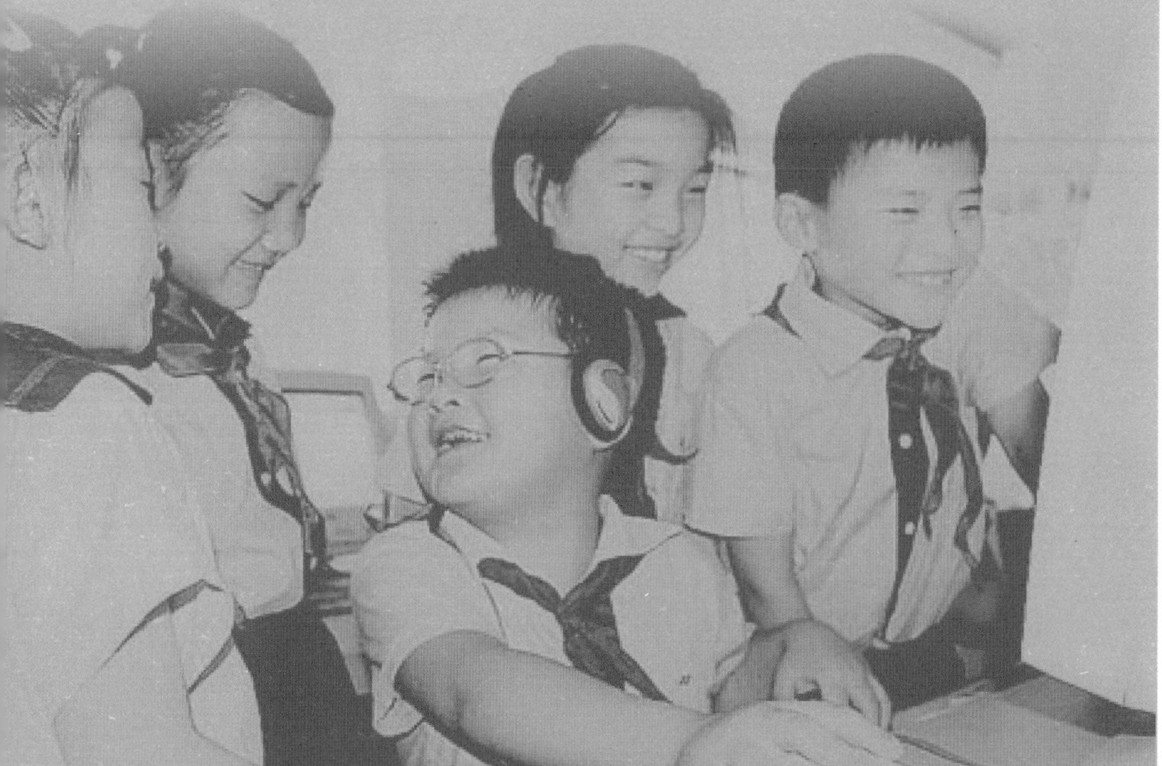

一、“素质”问题

我国的素质教育发端于20世纪80年代中期，既是改革开放以来国家对提高教育质量的外在需求，也是教育自身对日益走向死胡同的应试教育的一种内在反应。这一时期，政府的相关文献、法规中很少出现“素质教育”一词，只是反复强调教育要全面提高劳动者素质、全民素质、国民素质、学生素质等内容。而在更为活跃和多元的教育理论界，由探讨人才素质出发，进而频频出现对素质教育及相关内容的讨论。于是，在批判片面追求升学率、反对应试教育的同时，素质教育的概念也初见端倪，其形成逻辑大致是：经济发展和综合国力的增强有赖于全民族素质的提高，教育尤其是基础教育是提高全民族素质的奠基性工程，然而应试教育已不能适应提高全民族素质的要求，必须实施素质教育。

在相当一段时期里，对什么是素质教育，人们的认识并不明确，也不一致

20世纪80年代初，随着国门的打开以及工作重心向经济建设的转移，整个中华民族既体验到了改革开放带来的新鲜空气和力量，也切身体会到了中国与世界发达国家在经济、科技和文化教育等各方面的巨大差距。当时各发达国家都陆续进行着教育改革，旨在提高教育质量，培养更多人才，这种情势给刚刚走出十年“文化大革命”阴影，尚未恢复元气的中国教育事业提出了巨大挑战。如何迅速培养一大批高学历人才，缓解人才严重紧缺和断层问题，是当时中国教育面临的最大问题。然而，刚刚恢复的高考制度下的选才模式及其相应的基础教育，正日益暴露出诸多严峻的问题：基础教育重智育，轻德育、体育、美育和劳动教育；重知识，轻实践；重

分数，轻能力；似乎教育教学的一切思想和行为，都开始围着高考这根指挥棒转动。于是1985 年5 月，邓小平同志在全国教育工作会议上指出：“我们国家国力的强弱，经济发展后劲的大小，越来越取决于劳动者的素质，取决于知识分子的数量和质量。”从而明确地提出了要提高劳动者素质的问题。同年5 月27 日发布的《中共中央关于教育体制改革的决定》中明确指出：“在整个教育体制改革过程中，必须牢牢记住改革的根本目的是提高民族素质，多出人才，出好人才。”该决定成了素质教育的政策源头。

与此同时，教育理论界也开始日益关注素质问题。20世纪80年代对人才素质的最早探讨，可能源于1984年6月《教育研究》一篇名为《改革教育观念，迎接新的技术革命》的文章。该杂志在当年的8月刊上，又刊出了讨论在新技术革命条件下，学生应具备什么样素质，如何培养这种素质的长篇文章。之后，《教育研究》还在1986年第4期至1987年第4期专门开辟《端正教育思想　明确培养目标》的讨论专栏，对升学教育的弊端以及片面追求升学率的现象进行了批判，提出中小学要从升学教育转向以提高素质为核心的国民基础教育。这些关于人才素质的讨论，是教育界对改革开放以来国情转变的一种及时反应，也与当时国家倡导提高国民素质的相关政策、文件遥相呼应。

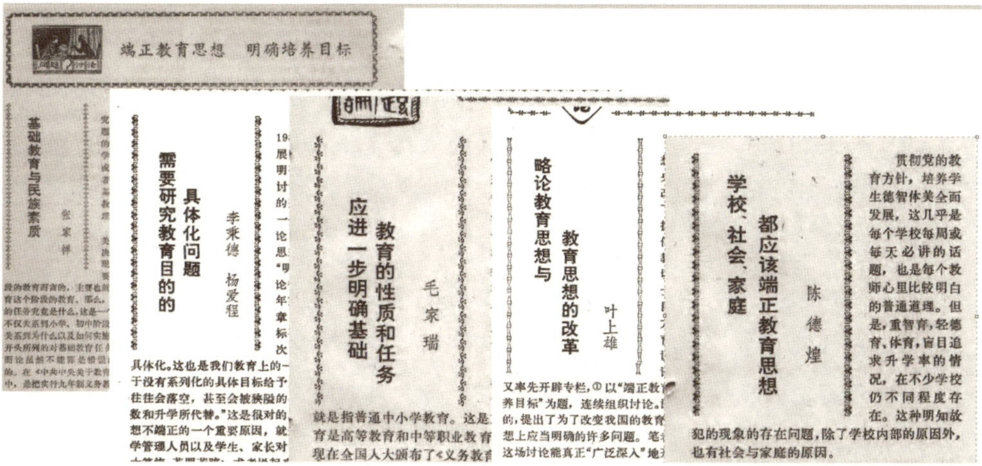

1986—1987年《教育研究》《端正教育思想　明确培养目标》的讨论专栏连续刊登的素质教育讨论文章

链接

如果郭沫若参加现在的高考

谢湘

做事向来严肃认真的中国科技大学校长朱清时，这次特地带来了他的四川老乡、中国科技大学老校长郭沫若先生早年读中学时的两张成绩单。

一张系嘉定府官立中学堂于1908年5月28日所发。郭老时年16岁，读完了中学二年级。成绩单上的成绩是：修身35分，算术100分，经学96分，几何85分，国文55分，植物78分，英语98分，生理98分，历史87分，图画35分，地理92分，体操85分。

另一张成绩单为四川官立高等中学堂所发。郭老当时18岁，读完了该校三年级第一学期的课程。成绩是：试验80分，品行73分，作文90分，习字69分，国文88分，英语98分，地理75分，代数92分，几何97分，植物80分，图画67分，体操60分。

从两张成绩单上的成绩看，郭沫若当时显然算不上优等生。第一张成绩单平均成绩79分，包括国文、图画、修身在内的3门功课不及格，最差的仅35分。第二张成绩单上，图画、习字的成绩也很一般，倒是理科成绩如几何、代数等比较优秀。

朱清时笑着说，谁能想到，郭老后来没有成为数学家或医学教授，却成了大诗人、大书法家、大考古学家，“从小看到老”的话不一定靠得住啊！如果郭沫若在今天上中学，这样的成绩是很难考进大学的，即使考上了，家长和学校也一定要他上理科。像郭老这棵大师苗子肯定会被“善意”地扼杀了。

朱清时认为，目前在我国不利于培养创新人才的最大问题，是高考导向出来的应试教育体制。一分之差就可以改变一个人的命运，它迫使学生集中全力应付要考试的那几门课程，全面素质教育无法实行。

（资料来源：《中国青年报》）

1988 年，《上海教育（中学版）》刊载了言实的《素质教育是初中教育的新目标》一文，该文章是针对上海改变初中薄弱学校、全面提高初中毕业生素质而撰写的一篇述评，是第一篇以“素质教育”一词命名的文章。文中提出：“初中教育是九年义务教育的最后三年，它的质量的好坏不仅关系到后续教育的质量，也关系到整个劳动者队伍的素质，初中抓好了，整个教育就容易搞活。当前，改变薄弱初中这一任务，就总体来说进展很快，现在最主要的任务是如何全面提高初中毕业生的素质，把素质教育作为初中教育工作的一个基本目标来抓。”作者认为初中教育是素质教育，包括提高思想道德素质、劳动技术素质、科学文化素质以及心理健康素质四个方面，这与我们现在倡导的素质教育基本已属同一个范畴了。但此时教育理论界对素质教育的探讨，多以反对升学教育、分数教育或就业教育的名义出现，着重于对教育与人的关系的探讨，因此，严格说来还属于一种倡导的口号。相应地，“素质教育初探”“从升学教育转向素质教育”等，似乎也是20 世纪80 年代末至90 年代初最常见的文章题名。

二、减负的效应

应试教育是否十恶不赦？教育界尚有争论。但是，应试教育加重了学生的课业负担，这是不争的事实。学生课业负担过重，必然不利于德、智、体、美的全面发展，因而也就必然和素质教育的理念相违背。减负所产生的一个重要效应，是推动了素质教育讨论的深入。

1988 年 5 月，国家教委发布了《关于减轻小学生课业负担过重问题的若干规定》（下称《规定》），其中提道：“学生课业负担过重，是当前许多小学存在的一个突出问题。解决的关键在于引导小学教育工作者端正教育思想，坚持全面育人，在提高教育质量上下功夫。为此，必须采取措施，纠正违

背教育规律的做法，保证学校的正常教学秩序，使儿童少年在德、智、体、美诸方面生动活泼地健康成长。”《规定》还在教学计划、教学大纲、课外作业、初中选拔考试改革、学校工作评奖、复习练习材料、自习课、假期假日、竞赛、后进生等问题上提出了十项具体要求。

该规定下发之后，各地政府、教育管理部门以及中小学校采取了很多措施，包括开展学生课业负担及课余生活质量调查、制定相关政策等，然而，似乎成效不大。两年之后，国家教委又下发了《关于重申贯彻〈关于减轻小学生课业负担过重问题的若干规定〉的通知》，通知中说：“至今仍有不少地方对此问题熟视无睹，没有组织所属学校认真贯彻落实《规定》的各项要求，因而在这些地方，学校教学秩序混乱，学生课业负担过重现象仍然存在，严重影响着党和国家教育方针的贯彻，不利于小学生在品德、智力、体质诸方面生动活泼地全面发展。”

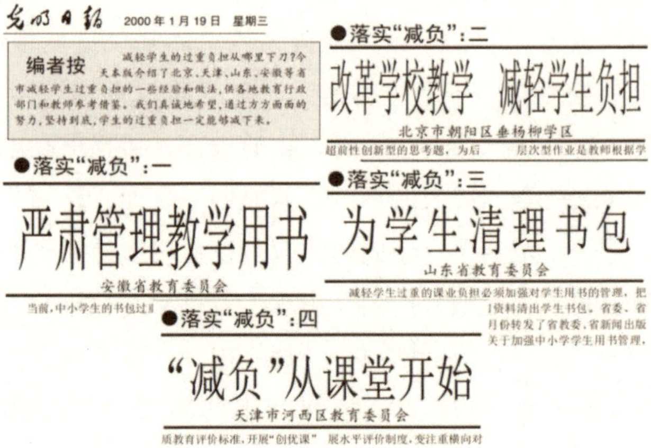
光明日报 2000年1月19日 星期三

编者按 减轻学生的过重负担从哪里下刀？今天本版介绍了北京、天津、山东、安徽等省市减轻学生过重负担的一些经验和做法，供各地教育行政部门和教师参考借鉴。我们真诚地希望，通过方方面面的努力，坚持到底，学生的过重负担一定能够减下来。

●落实“减负”：一

严肃管理教学用书

安徽省教育委员会

●落实“减负”：二

改革学校教学 减轻学生负担

北京市朝阳区垂杨柳学区

●落实“减负”：三

为学生清理书包

山东省教育委员会

减轻学生过重的课业负担必须加强对学生用书的管理，把

●落实“减负”：四

“减负”从课堂开始

天津市河西区教育委员会

学生课业负担过重的问题甚至引起了党和国家领导人的高度关注。2000年2月1日，江泽民同志发表《关于教育问题的谈话》，指出：“现在一些学生负担很重，结果形成了很大的心理压力。这不利于青少年学生的健康成长。还有一些学校和地方，对学生的知识教育和学校的设施建设抓得比较紧，而对学生的思想品德、纪律法制教育，对学生在校外活动的情况，抓得比较松，有些学生在社会上接受了不良影响，有的甚至走上了违法犯罪的道路。这些问题，必须引起各级党委、政府和各级教育部门的高度重视，对学生的教育工作特别是思想品德教育、纪律法制教育，校内校外，课内课外，都要抓紧，一点放松不得。”科学家钱学森也为学生的课业负担抱不平，他说：“你看我们这些人，生活在苦难的

二三十年代（20世纪），却有一个愉快的学生生活。现在的孩子们虽然生活在幸福的社会主义时代，却遇到了苦难的学生生活。”

其实，70年来，党和政府及各方人士曾多次呼吁减轻学生课业负担，仅1985—2000年的15年里，中央就下达减负令49次。直到2009年2月9日，教育部还组织了“减轻学生课业负担问题”征求意见座谈会。2010年7月公布的《国家中长期教育改革和发展规划纲要（2010—2020年）》还通过“建立学生课业负担监测和公告制度”等方式，为中小学生减负。2013年8月，教育部发布《小学生减负十条规定》（征求意见稿）作出了“阳光入学”“均衡编班”“零起点教学”“不留作业”“规范考试”“等级评价”“一科一辅”“严禁违规补课”“每天锻炼1小时”“强化督查”十条规定，公开征求意见。2018年12月29日，教育部等九部门联合印发《中小学生减负措施》（减负三十条），从规范学校办学行为，严格校外培训机构管理，家庭履行教育监护责任，强化政府管理监督等方面规定了三十条减负措施。

减轻中小学生过重负担喊了几十年，实际情况却是学生课业负担不但没减下来，反倒呈现出越演越烈之势。

链接

一位小学生家长的心里话

我非常赞成为中小学生减负。看着有些学生每天被课业负担压着，每天做作业到夜里十一点，幼小的心灵和身躯承受着不能承受之重，会觉得这不是孩子真正的童年。为孩子减负，相信是每一位家长的愿望。但是，当学校采取了一系列减负措施以后，如少留作业、减少教辅材料、不补课等等，家长却要“加负”，老师不留作业了，家长会自己布置；学校不补课了，家长会找到学校质问为什么不补，如果你不补，别的学校补了那不是我的孩子吃了亏。

学生课业负担过重的根子在升学制度。李岚清在《李岚清教育访谈录》中作了分析："过去是靠'读书'、科举走上仕途，反映在现代便是千军万马挤'独木桥'，家长都希望自己的孩子考上大学以谋个好的前途。从客观上说，接受良好的高等教育是个人就业的有利条件，而大学的资源又远远不能满足需要，这就形成考大学的激烈竞争。这个高考'指挥棒'就必然要求中小学追求升学率。追求高升学率就需要在考分上比高低，就需要加重课业负担，不断加深课业难度，加重作业分量。"因此，解决问题的出路，一是高校扩招，二是扩大优质高中资源。但是，与此同时，也必须解决观念上的问题。正如李岚清所说，"减轻中小学过重的课业负担，关键还是要进一步加强宣传教育，在全社会范围内真正转变和树立正确的教育观念。要让全社会都认识到课业负担过重对孩子身心健康和成才的危害，认识到全面实施素质教育的重大意义"，因此，1999年发布的《关于深化教育改革全面推进素质教育的决定》，正式把减轻课业负担和素质教育问题联系起来，指出"减轻中小学生课业负担已成为推行素质教育中刻不容缓的问题，要切实认真加以解决。各级政府都要建立健全减轻学生课业负担的监督检查机制"。

三、民间探索

1990年，《江苏省教育委员会关于当前小学教育改革的意见（试行）》中明确指出："实施以提高素质为核心的教育，关键是转变教育思想，树立国民素质教育的观念。各级教育行政部门要组织学校和教师学习教育科学理论，开展素质教育的研究和讨论，并扩展到家庭和社会，唤起为中华民族的未来而全面提高学生素质的公共教育意识，形成强大的舆论力量和良好的改革环境，推进小学素质教育的全面实施。"这是首次以政府文件的方式明确提出"素质教育"一词，素质教育的地位得以确立。

1993年2月，中共中央、国务院制定发布的《中国教育改革和发展纲要》（下称《纲要》）指出："中小学要从'应试教育'转向全面提高国民素质的轨道，面向全体学生，全面提高学生的思想道德、文化科学、劳动技能和身体心理素质，促进学生生动活泼地发展，办出各自的特色。”《纲要》中有几十处提及“素质”一词，并提出了全面提高学生四个方面素质的具体要求。

相应地，20世纪90年代伊始，关于素质教育的理论探讨也如雨后春笋般争先恐后地冒了出来。1990—1993年，有关素质教育的论文数量几乎呈指数增长，据不完全统计，在中国期刊网中国期刊全文数据、中国博士学位论文全文数据、中国优秀硕士学位论文全文数据和中国年鉴全文数据四个数据库选录的文章中，总共有200篇题名中包括“素质教育”一词的文章。该时期参与讨论的作者多为教育理论研究者、中小学教师和管理者，前者侧重分析素质教育提出的背景意义、素质及素质教育的内涵以及素质教育的实施策略等问题，后者则往往从中小学某一学科教学与素质教育的关系，或者中小学教学管理改革入手，探讨素质教育与当时教育教学改革的紧密关系。

在中小学教育实践领域，一些基层学校自发进行了各种单项教学改革和综合改革的尝试，但由于当时教育管理部门未明确制订素质教育的具体举措，教育理论界对素质教育的相关概念等也尚未取得一致意见，多数学校对素质教育的指导思想还不够明确，也无法开展实质性改革。这一期间与素质教育主题联系最紧密的实践改革是中小学整体改革，京、沪、杭等地较早进行探索，如北京市教育科学研究所、华东师范大学教育科学学院、杭州大学教育系等机构，皆与当地中小学合作，开展教育整体改革。此后，全国进行整体改革的学校不断涌现，并出现了“愉快教育”“成功教育”“和谐教育”以及“主体性教育”等诸多改革实验。这些源于民间的教育改革实践，为素质教育理论的完善提供了实践基础，也为我国政府从国家层面倡导和推广素质教育奠定了群众基础。

链接

上海市第一师范学校附属小学原是教育家陈鹤琴创办的实验学校。20世纪80年代初，出于减轻学生学业负担的愿望，上海一师附小开展教育探索，提出通过教育者正确运用适应儿童年龄特点的教育方法和教育手段，创设生动、活泼、和谐的教育氛围，激发学生的情趣，唤起学生自主性、能动性和创造性，使他们以最佳的精神状态自觉地参与各种教育活动，从而在德、智、体、美、劳诸方面得到全面、主动、充分、和谐发展的“愉快教育”。包括爱、美、兴趣、创造基本要素。其宗旨是：教学生5年，为他们想50年，为国家、民族想500年。其目标是：使每个学生都有幸福的童年，有美好的心灵、创造的才干、健壮的体魄、活泼的个性。其实现途径是：愉快的教学、活动、生活和学生组织。“愉快教育”被赞誉为素质教育的一种模式。之后，各种素质教育的探索如雨后春笋般涌现。

2006年以来，为全面推进素质教育，由政府支持、以学校为主体、媒体联手打造了“阳光伙伴”全国少年集体体育竞赛活动。活动以推进素质教育为宗旨，以培养和展示孩子的集体主义精神、奋发向上的精神、勇于拼搏的精神为目的，通过政府、媒体和教育部门紧密结合的组织形式，坚持以班级团队参与为主，实现了素质教育推动的德育实践创新。

2007年4月29日，“全国亿万青少年学生阳光体育运动”全面启动仪式在北京朝阳公园举行。该活动是坚持健康第一，增强学生身体素质的战略举措。这一活动通过阳光体育的抓手作用，促进各级各类学校形成浓郁的校园体育锻炼氛围和全员参与的群众性体育锻炼风气，吸引广大青少年学生走向操场、走进大自然、走到阳光下，积极主动参与体育锻炼，培养体育锻炼的兴趣和习惯，有效提高学生体质健康水平。

四、汨罗经验

从20世纪90年代中期到90年代末，素质教育的理论探讨逐步深化，研究者们从教育学、心理学、社会学等相关学科出发，进一步探讨了素质教育的内涵、本质特征以及推进素质教育的具体举措等内容。虽然大家对素质教育诸多问题的看法还存在分歧，但在如下一些方面则达成了共识：①实施素质教育的战略是针对我国教育实践中的某些弊端而提出的战略性转变；②实施素质教育必须多头并进、多管齐下，尤其要课程、评价和教师队伍三管齐下；③在实施素质教育的过程中不能搞形式主义，应实现基本要求和多样性要求的统一，不同地区、不同类型的学校不能一刀切；④总体而言，对素质教育的理论研究落后于对素质教育的实践探索，对于素质教育推行过程中产生的大量课题，理论界的回应不够及时；⑤素质教育的真正实施，还需要得到更多方面的理解和支持，包括来自社会和家庭等方面的理解。同时，一些研究者开始针对当时相关概念不统一、指导思想不明确等现象，对素质教育的各个层面进行了总结归纳，包括对素质教育理论探讨的总结，以及对近些年来中小学素质教育改革实践的归纳与反思。如在1998年12月10日至12日华东师范大学主办的“素质教育研讨会”上，有代表就归纳了理解素质教育概念较为典型的几种思路：①将素质教育作为应试教育的对立面；②将素质教育理解为国民性的教育问题；③将素质教育视为全面发展的教育；④将素质教育演绎为人的“主动发展 + 全面发展 + 所有人的发展”；⑤将素质教育理解为全体人的发展，因而又可看作及格教育；⑥从脑科学角度理解素质，将素质教育与右脑联系起来。

这一时期教育实践第一线的校长和教师们，一方面从初期自发的素质教育改革试点中吸取经验教训，另一方面也从教育理论界日益明晰深入的探讨中受到启发，开始把前期的中小学整体改革进一步推广。中小学整体改革是在20世纪80年代中小学分科、分项改革探索的基础上，提出的一项从多维度、多层次进行的综合性教育改革实践活动，倡导一种整体教育观点，既把学校作为一个系统的整体，也把学生作为一个整体发展的人。这种改革形式灵活多样，针对各所学校自身特色，确定改革主题和总目标，在此基础上构建相应的课程体系和评价体系，从目标到具体操作措施，层层分解。中小学整体改革中，虽然各个学校确立的主题不尽相同，但都把重点和目标放在中小学教育由应试教育转向全面提高国民素质教育的目标上，积极探索面向21世纪的基础教育新模式。始于20世纪80年代中期的中小学整体改革，到了1996年，参与的学校增至2000多所，遍布全国的27个省、市、自治区，其全国性组织——全国中小学整体改革专业委员会拥有700多个会员单位、24个实验基地。

面对当时轰轰烈烈的教育改革实践与理论呼声，教育决策部门也开始旗帜鲜明地推进和倡导素质教育。1994年6月，李岚清在改革开放以来的全国第二次教育工作会议上提出："现在社会上对教学改革的呼声很强烈。基础教育必须从'应试教育'转到素质教育的轨道上来，全面贯彻教育方针，全面提高教育质量。"同年8月，《中共中央关于进一步加强和改进学校德育工作的若干意见》第一次正式在中央文件中使用了"素质教育"的概念。

链接

中共中央关于进一步加强和改进学校德育工作的若干意见（节选）

增强适应时代发展、社会进步，以及建立社会主义市场经济体制的新要求和迫切需要的素质教育。要重视培养学生开拓进取、自强自立、艰苦创业的精神；大力加强法制教育特别是宪法的教育；要有计划地进行社会公德和职业道德教育；要在九年义务教育阶段中进一步落实音、体、美课程，并积极在普通高校和高中阶段开设艺术选修课，陶冶学生情操，提高学生的艺术修养和欣赏水平；要积极开展青春期卫生教育，通过多种方式对不同年龄层次的学生进行心理健康教育和指导，帮助学生提高心理素质，健全人格，增强承受挫折、适应环境的能力。

在素质教育理论和政策的指导下，地方各级政府、教育行政部门、广大教师在推进和实施素质教育方面进行了不懈的探索，积累了丰富的经验，并涌现出一大批素质教育改革典型。20世纪90年代后期，在声势浩荡的素质教育改革中，湖南汨罗异军突起。汨罗推行素质教育的可贵之处在于，早从1984年开始，就已正式大面积推行素质教育，并脚踏实地办了两件事情：一是“三个控制”——控制重复教育、控制留级率、控制班额；二是“四个面向”——面向属地每一类教育，面向每一所学校，面向每一个学生，面向学生的每一个方面。汨罗的成功，离不开新闻人物黄泽南，这个1984年以一名高中数学教师兼副教导主任的身份直接当上县教育局局长的教育改革家，属于棱角鲜明的刚性人物，刚走马上任，就因大刀阔斧的教育改革举措成为舆论焦点。

汨罗素质教育的成功可以从20世纪90年代中期的一组数据中得到证明：小学教育，入学率100%，巩固率99.98%，合格率98.5%，分别比全省平均水平高出2.52、1.59、12.34个百分点；初中教育，适龄少年进初中比例达96.3%，学生年度巩固率97.5%，三年直升率89.5%，分别高出省平均水平17.73、4.61、15.95个百分点；普通高中教育，巩固率96%，合格率99.5%，若按全市总人口计算，1995年上大学人数的比例超过16人/万人，高出全省水平一倍以上。

1996年2月，《人民教育》以五万余字的篇幅，介绍了湖南汨罗大面积推行素质教育的经验，在全国引起巨大反响，数万教育工作者赴汨罗参观学习。这是素质教育实践过程中的一个重要转折点，标志着素质教育改革实践逐步从学校的单个试点扩展为区域改革，于是，全国各地纷纷开始探索素质教育区域推进的举措。

1997年9月，国家教委在山东烟台召开了全国中小学素质教育经验交流会，时任国家教委主任朱开轩作了《全面贯彻教育方针，积极推进素质教育》的主题报告，指出素质教育“以面向全体学生、全面提高学生的基本素质为根本目的，以注重开发受教育者的潜能，促进受教育者德智体诸方面生动活泼的发展为基本特征”。会议对历时数年、牵动亿万学生家长和社会各界的素质教育实践进行了全面总结和交流，进一步推广了汨罗、烟台等地大面积推进素质教育的经验，并对今后的工作进行了全面部署。烟台会议是在全国推进素质教育的一个标志性会议，素质教育由之前以汨罗为典型的区域推进，进而成为有统一领导、有规范文件、有实施步骤、有操作措施的整体配套的全国性改革。烟台会议之后，国家教委又于当年10月发布了《关于当前积极推进中小学实施素质教育的若干意见》，国家主管部门在吸收各地改革经验基础之上，提出了在全国推进素质教育的各项政策配套措施。

五、新课改

经过20世纪90年代的理论探讨和实践摸索，广大中小学校在素质教育的实施上取得了诸多进展，但从严格意义上说却并未取得根本性突破。一些地方对素质教育号召多而落实少，一些学校对素质教育的理解仍存在着简单化、片面化的倾向，个别地区甚至有应试教育愈演愈烈的倾向。究其原因，关键在于没有为素质教育的实施选择一个恰当的切入口和支撑点，于是，以2001年6月教育部颁发的《基础教育课程改革纲要（试行）》为标志，新一轮全国基础教育课程改革开始。

漫画《欢呼高中新课改启动》

这次新课程改革发端于1998年教育部组织的一项全国九年义务教育课程状况调查，该调查反映了从小学到初中一系列不容乐观的情况，包括教师对教材知识的难度、繁杂程度、陈旧状况等的评价，以及学生在校期间的生存状态、心理感受等。在调查形成文字报告后不久，国务院即于1999年1月批转了《面向21世纪教育振兴行动计划》，其中明确提出了“跨世纪素质教育工程”，提出素质教育工程的项目之一，就是“争取经过10年左右的实验，在全国推行21世纪基础教育课程教材体系”。同时，教育部基础教育课程专家工作处成立，开始着手启动基础教育课程改革项目。同年6月，中共中央、国务院召开了改革开放以来的第三次全国教育工作会议，颁布了《关于深化教育改革全面推进素质教育的决定》，发出了深化教育改革、全面推进素质教育的动员令，素质教育的全面推进和实施作为一项重大战略正式确立。2001年6月，教育部颁发了《基础教育课程改革纲要（试行）》（下称《纲要》），系统地规划了21世纪我国基础教育课程改革的蓝图，中华人民共和国成立以来的第八次课程改革正式开始。这次课程改革的课程体系涵盖幼儿教育、义务教育和普通高中教育，主要目的是改革传统基础教育的课程体系，加快构建符合素质教育要求的新的基础教育课程体系，标志着素质教育的实施进入了以课程改革为核心的新阶段，素质教育有了真正的载体和保障。在《纲要》的基础上，国家陆续研究制订了义务教育阶段各学科课程标准，编写审定了各科实验教材。

2001年秋，教育部确定的38个国家级课程改革实验区进入新一轮课改实验，新课改的18科课程标准、49册实验教材通过审查，并开始在全国各个实验区投入课堂教学。接着，课程改革实验范围不断扩大，到2005年秋，全国义务教育阶段起始年级全面进入新课程改革实验，中小学阶段各起始年级原则上都启用了新课程。根据课程改革的实际需要和总体规划，教育部继2005年首先启动了义务教育数学学科课程标准的修订工作以后，2007年4月又全面启动了义务教育阶段18个学科课程标准的修订工作。为了保证课程标准修订工作的质量，每个学科修订组都由该学科领域的专家和部分院士、原课程标准组的部分人员、一线教研人员和教师组成，同时还通过多种方式向全社会征求意见。之后，“立德树人”“核心素养”和深化考试招生制度改革成为新课改的关注焦点。

链接

基础教育课程改革的具体目标

改变课程过于注重知识传授的倾向，强调形成积极主动的学习态度，使获得基础知识与基本技能的过程同时成为学会学习和形成正确价值观的过程。

改变课程结构过于强调学科本位、科目过多和缺乏整合的现状，整体设置九年一贯的课程门类和课时比例，并设置综合课程，以适应不同地区和学生发展的需求，体现课程结构的均衡性、综合性和选择性。

改变课程内容"难、繁、偏、旧"和过于注重书本知识的现状，加强课程内容与学生生活以及现代社会和科技发展的联系，关注学生的学习兴趣和经验，精选终身学习必备的基础知识和技能。

改变课程实施过于强调接受学习、死记硬背、机械训练的现状，倡导学生主动参与、乐于探究、勤于动手，培养学生搜集和处理信息的能力、获取新知识的能力、分析和解决问题的能力以及交流与合作的能力。

改变课程评价过分强调甄别与选拔的功能，发挥评价促进学生发展、教师提高和改进教学实践的功能。

改变课程管理过于集中的状况，实行国家、地方、学校三级课程管理，增强课程对地方、学校及学生的适应性。

（摘自《国务院公报》2002 年第 12 号）

03

第三章

市场杠杆撬动规模发展

一、破墙开店

据新华社记者调查，从1984年下半年开始，上海有313所中小学校将校舍和场地出租、出借给外单位用作车间、仓库、办公室、商场等；20多所学校利用校舍开设旅馆、招待所；114所学校的运动场地被开辟成停车场；66所学校破墙开店经商、设立服务部；72所学校在正常教学时间将教室出借给其他系统办学。中小学校出租、出借的校舍场地面积，总共达10余万平方米。如上海复兴中学利用其地处繁华路段的优势，推倒临街围墙，盖起一间间门面房，出租给一家家商店，当年为学校创收100多万元，解决了学校活动场所不足和教学器材短缺问题，也结清了拖欠的教师工资。对此，上海市人民政府专门发文，并限期于1985年 4 月底前将出租、出借的校舍、场地清理完毕。1989年，上海市教育局局长向中小学校长们宣布：该局将会同有关方面，对中小学“破墙开店”的做法采取三条措施，制止这股风的蔓延。

实际上，这股风并没有被制止，正如新华社记者调查的：全上海市约50%有出租、出借校舍及校舍移作他用的中小学校进行了清理；但还有不少存在类似现象的学校，用种种借口拖延清理工作。1992年郑州大学拆除学校周边界墙建设经营性用房，1993年北京大学推倒南墙建设商业街之后，学校“破墙开店”在全国蔚然成风。

应该说，党的十四大对以市场为基础配置资源的强调，为1992年后的“破墙开店”提供了政策支撑。1993年的《中国教育改革和发展纲要》全面反映了建立社会主义市场经济体制的要求，它的第一条就是“建立社会主义市场经济，加快改革开放和现代化建设步伐……这对教育工作既是难得的挑战和机遇，又提出了新的任务和要求”。这其中的“挑战和机遇”既包括了如“破墙开店”的政策支撑，也包括了应对社会主义市场经济这一新生事物和当时国家经济实力及教育经费的捉襟见肘；“任务和要求”则是在这一“挑战和机遇”下完成十四大提出的

吴县校办企业走集团化发展道路，1992年由15家骨干校办企业联合组建起实力较强的企业化集团——江苏吴中集团有限公司。图为吴中集团天翔实业公司引进的德国针织大圆机

“提高全民族的思想道德和科学文化水平”，“培养大批人才，建立适应市场经济体制、政治体制、科技体制改革所需要的教育体制”；党的十五大提出的“培养同现代化要求相适应的数以亿计高素质的劳动者和数以千万计的专门人才”。建立适应社会主义市场经济体制的教育体制，实现教育的规模发展成了完成这一“任务和要求”的首要工作。

在这一背景下，校办产业与高校后勤改革应运而生。1992年4月，在朱镕基副总理的倡议下，产学研联合开发工程被提上日程。次年1月，国家教委《关于加快改革和积极发展普通高等教育的意见》发布，要求高等教育必须面向经济建设主战场，改革办学体制，积极发展以高新技术产业为主的校办产业。1993年12月召开的高校科技产业工作会议把以高新技术产业为主的校办产业提升到了“科教兴国”范畴。1994年3月，国家教委、国家科委、国家体改委联合发布《关于高等学校发展科技产业的若干意见》，对高校校办产业发展的主要任务和奋斗目标作了进一步明确。

据不完全统计，到1996年，全国高校校办产业总数多达7159个。但这一时期，高校校办产业虽然取得了一定的收入，提高了高校领导、教师参与经济建设的意识，但是也还存在不少问题。比如，尽管高校产业的发展像雨后春笋般破土而出，但高校科技成果的转化问题并未得到很好的解决，科研和经济“两张皮”的问题仍然突出。有统计得出，至1996年年底，高校科技成果的转化率不足20%，高校产业真正能够形成产业规模的只有5%左右，有些高校产业还不同程度地影响了正常的教学、科研秩序，甚至滋生了腐败现象。

1997年9月12日，江泽民在党的十五大报告中强调指出："有条件的科研机构和大专院校要以不同的形式进入企业或同企业合作，走产学研结合的道路，解决科技和教育法制上的条块分割、力量分散的问题。"11月6日，在全国高校科技产业讨论会上国家教委明确提出：高校科技产业的发展，应根据市场和需求，结合自身优势和特色，有重点有选择地发展产业，要重点发展高新技术产业。对已办的科技企业要进行调整、改造、改组，向集团化、规模化、国际化方向发展。1999年以后，在国务院领导下，教育部和相关部委相继出台了《关于促进科技成果转化的若干规定》《关于充分发挥高等学校科技创新作用的若干意见》与《高等学校知识产权保护暂行条例》等相关文件。

在国家一系列政策的指引下，高校产学研结合工作有了很大的进展。结合的模式日趋多样，合作规模不断扩大，合作内涵日益扩展，合作机制逐步健全，科研和经济"两张皮"的问题得到大致解决，基本形成了教学、科研、生产一条龙的产学研结合体系，建设了一批研发和产业化基地，创办了一批科技型企业，加快了科技成果的转化速度，为企业带来了巨大的经济效益。同时，也为人才培养创造了更好的环境。产学研结合既满足了学校对实习基地、实验设施及办学经费的需求，又为企业培养更适合的岗位人才创造了条件。

高校后勤是与教学、科研共同构成高等教育系统不可或缺的基本要素之一。在我国高校内部管理体制改革之前，高校后勤一直维持着"一校一户办后勤，校校后勤办社会"的局面。计划经济条件下建立起来的高校后勤，在历史上曾起到了重要作用。但是这种以供给制、福利性为特征的封闭式的运作方式，导致了生产率低下、服务质量不高、行政负担过重，极大地限制了高校后勤的发展，成为困扰和制约高校改革与发展的瓶颈问题。

从20世纪80年代初开始，高校后勤改革借鉴农村和城市经济体制改革的经验，首先从伙食改革起步，由单项定额承包，发展到综合定额承包，由点及面、由浅入深地扩展到整个后勤部门，逐步开始了对高校后勤社会化改革的探索。初步把后勤"统得过死，包得过多"、平均主义、吃"大锅饭"的单纯行政管理体制，改变为采取部分经济核算制的半企业化管理体制。转变传统的经验管理方

浙江大学通过后勤内部体制改革管理，提高了后勤服务质量

式，逐步实行科学的定额管理，实行与个人工作实绩挂钩、按劳分配的办法。

进入20世纪90年代，我国高校内部管理体制改革开始全面推行，后勤改革也不断走向深入，开始了管理体制和运行机制的改革。后勤改革由综合承包的模式，通过改体制、转机制、引入企业化管理，发展到小机关、多实体或小机关、大实体、大服务模式，继而又发展到组建后勤服务集团。浙江大学的后勤改革在一路先行的基础上，抓住四校合并的机遇，按新的体制和运行机制组建后勤集团，基本实现了后勤实体与学校行政管理剥离，建立大后勤体制，实行完全的企业化管理。它不但较好地适应了四校合并后的新要求，有效覆盖了四个校区，而且积极向校外市场延伸，其学生公寓服务管理公司与社会企业签订了联合建设8万平方米学生宿舍的合同；在水、电、通信等方面利用社会资源加速社会化，节约经费3500万元；浙江大学后勤集团与杭州市联办的超市，年销售额在3000万元以上，这在有效改变学校周边环境的同时，也为师生提供了廉价优质的商品。在利用社会资源，加快高校后勤设施建设，提高后勤服务能力方面，福建师范大学、曲阜师范大学和苏州大学等很多高校都取得了较大成效。

高校后勤改革一直受到党和国家的高度重视。1985年《中共中央关于教育体制改革的决定》就提出："高等学校后勤服务工作的改革，对于保证教育改革的顺利进行，极为重要。改革的方向是实行社会化。学校所在地的党政领导机关要把解决好这个问题的责任担当起来。"1993年，中共中央、国务院发布的《中国教育改革和发展纲要》又提出："学校的后勤工作，应通过改革逐步实现社会化。"1999年1月，国务院转批的教育部《面向21世纪教育振兴行动计划》对高校后勤改革提出了明确的要求："加速高校后勤工作社会化改革，精简分流富余人员。高等学校招生计划的扩大要同学校后勤工作社会化的进程挂钩。选择若干条件好的城市组建企业化经营管理的高校后勤生活服务集团公司，从事学生公寓物业管理以及学校后勤生活服务。争取3—5年内，大部分地区实现高校后勤工作社会化。"

1999年11月2日至4日，国务院办公厅在上海召开了第一次全国高校后勤社会化改革工作会议，这标志着我国高校后勤社会化改革进入了一个大力推进的新阶段。李岚清在这次会议的讲话中强调，高校后勤社会化改革的实质是实现我国高校办学模式的重大转变。要大力推进高校后勤社会化，解决制约高校发展的后勤瓶颈问题，提高办学效益，加快发展高等教育。争取用三年时间，建立起符合中国国情，适应高等教育特点与发展需要的新型高校后勤服务体系。2000年，我国高校后勤化改革正式拉开帷幕。2000年1月14日，国务院办公厅以一号文件编号，转发了教育部、国家计委、财政部、建设部、人民银行、税务总局向国务院联合呈报的《关于进一步加快高等学校后勤社会化改革的意见》，提出了"政府主导、统筹规划、政策支持、分类指导、全面推进"的后勤社会化改革方针。随后的两年又连续召开了全国高校后勤社会化改革工作的三次会议，具体部署改革措施及分享经验总结。

在国家号召推动及学校的积极响应下，学生公寓、食堂等高校后勤服务设施建设取得了史无前例的进展。据统计，实行高校后勤社会化改革三年来，河北、浙江等省的高校后勤设施建设量超过了改革开放前50年总量的3倍。全国新建的食堂和学生公寓可以解决400多万大学生食宿问题，有力支持了我国高等教育的快速发展，使我国高校的扩招工作顺利完成。同时，高校后勤社会化改革也促进了后勤服务质量的提高。以学生伙食为例，学生能够吃到物美价廉、干净卫生、花样众多、口味适合的饭菜，就是因为各高校在后勤社会化改革时，引入了竞争机制。在同一座食堂楼里，楼上楼下有竞争；在同一个食堂里，窗口和窗口之间有竞争。就餐的学生、教师就成了后勤改革中的最大的受益者。

高校后勤这块“蛋糕”越做越大，带动了房地产开发、物业管理、商业零售、餐饮等服务业的发展，为高校分流人员的再就业、社会失业人员创造了就业机会。例如，上海高校后勤服务中心创办教育超市60多家，除了消化原来的高校后勤人员外，还吸纳社会失业人员500多人。武汉华中科技大学后勤集团接受学校分流人员200多人，接受应届大中专毕业生200多人，安排社会失业人员400多人，从2000年到2003年三年间为社会提供新工作岗位800多个。

二、并轨收费与自主择业

从中华人民共和国成立直到20世纪80年代中期之前，我国高等教育一直实行免费政策，实行由国家统一下达招生计划、统一招生、统一分配的“统招统分”制度。那个时候，迈进大学校门就等同于成了“天之骄子”“国家干部”“社会栋梁”，从而“吃国粮”，捧上“铁饭碗”。上大学不仅不需要缴学费和住宿费，而且国家还给大学生发放生活补贴。如教育部颁发的《关于1977年高等学校招生工作的意见》规定：学生毕业后，除“社来社去”外，由国家统一分配。分配计划由国家计委负责制订，调配计划由教育部负责制订。面向本省、市、自治区院校的毕业生，原则上由省、市、自治区分配，国家根据需要，进行适当调节。

链接

关于高校毕业生分配的“抽成调剂，分级安排”办法

（1）国家教委直属院校面向全国培养人才，毕业生由国家本着“加强重点，调剂质量”的原则统一分配，对学校所在地区需要的毕业生，给予适当留成；（2）中央其他部门下属的院校主要为本系统、本行业培养人才，毕业生原则上在本系统、本行业内分配，根据需要，部分毕业生可以实行国家抽成分配，同时适当照顾学校所在地的人才需求；（3）省、自治区、直辖市主管的院校毕业生，原则上由地方自行分配，国家根据需要也可以对某些专业的毕业生适当抽调。

（摘自国务院转国家计委、教育部和国家人事局《关于改进1981年普通高等学校毕业生分配工作的报告》）

改革开放到了20世纪80年代中后期，国家建设对人才的需求量越来越大，富裕起来的民众对接受高等教育的愿望也是越发强烈。在这个时候，一些国有企业或国家机关开始以“委培”的名义，额外增加一些录取名额留为己用。大学从获取更多经费的角度考虑，也乐意开这个口子。委培招生很快在高校招生中推行开来，单一的全国统招模式逐渐被指令性计划国家任务和调节性计划委托培养的招生方式所取代。与此同时，形成了两种不同的收费标准和分类标准：以国家任务方式的招生继续免费，录取分数较高；以委托培养方式的招生需缴纳学费，录取分数较低。国家顺应这一趋势，1983年，教育部正式提出“定向招生，定向分配”的方法。规定在中央部门或国防科委系统所属的某些院校，按一定比例实行面向农村或农场、牧场、矿区、油田等艰苦行业的定向招生。

链接

中国科学院院士何祚庥曾在一篇文章中提道：一些老同志，特别是在新中国成立前后参加革命的老同志曾多次表示未能学到科学文化知识的遗憾，并把希望寄托在儿女身上。可儿女一代不幸赶上了“文化大革命”，被耽误了；让儿女上大学的梦想不能成真，只好又把希望寄托在孙辈身上。可是现在高考竞争这么激烈，新一代人能否考上大学，仍然是一个疑问！为什么不能将高考之桥铺得宽一些，让更多的孩子在该读书的年龄多读几年书，满足广大人民群众合情合理、并不过分的要求呢？！

（摘自《教育大国的崛起 1978—2008》）

随着改革进程的加快，一部分先富起来的人自愿花钱送孩子上大学，于是自费生应运而生。1984年教育部又规定：可以从参加统一高考的考生中招收少数自费生。自费生是指在国家下达的招生计划人数外由高校自主招收的收费走读生，毕业后不包分配或由学校推荐就业。1985年中共中央发布的《关于教育体制改革的决定》正式提出国家计划招生、用人单位委托招生和在国家计划外招收少数自费生三种高校招生办法。1989年国家教委公布《1989年普通高等学校试行招收自费生意见》。1990年国家教委、人事部、国家计委、公安部、商业部联合颁布《普通高等学校招收自费生暂行规定》。自此，高校招生的“双轨制”体制正式确立。

与此同时，高校毕业生就业工作开始由统一分配向双向选择的就业方式探索。国务院转批的国家计委、教育部、劳动人事部关于《1983年全国毕业研究生和高等学校毕业生分配问题报告》提出，实行学校与用人单位直接见面的“供需见面”就业办法，把培养、分配与使用更好地一贯化。清华大学等一批学校率先进行了“供需见面”就业试点。“这种供需见面、政策公开的做法，打破了多年来就业政策、就业计划的神秘性，使毕业生不再感觉被蒙在鼓里，从实质上已经接近于双向选择的就业方式。”1989年，国务院转批了国家教委、国家计委和财政部提出的《高等学校毕业生分配制度改革方案》。该方案提出以毕业生社会选择就业制度逐步代替计划分配就业制度。在这一年就有包括了国家教委直属和部属及省市属在内的100余所院校在招生时宣告本年度招收的学生四年后毕业时实行双向选择就业制度。

1993年《中国教育改革和发展纲要》进一步明确了高校招生的“双轨制”，规定：“调节性计划由学校及其主管部门根据社会需求和办学条件确定。”这一年的12月，国家教委颁发的《关于加强普通高校招生计划管理工作的通知》从赋予高校在招生方面更多自主权的角度，再次强调“改变由国家统一计划招生的制度”。从单一统招模式被打破到1993年，高校的委培和自费招生已经达到招生总计划的50%。

“双轨制”对于扩大高校招生规模，为国民经济和社会建设培养更多急需人才，减轻学业压力，挖掘高校办学潜力，优化资源配置，增加办学经费等方面起到了积极的推动作用。特别是在国家经济实力薄弱的现实条件下，“双轨制”是“穷国办大教育 ”不得不为的明智之举。同时，“双轨制”也开创了城乡集体所有制单位甚至个体企业委托高校培养人才新渠道。然而，委托培养和自费生的录取分数必然要低于统招计划生的分数。无论“双轨制”的初衷如何和产生的正面效果怎样，收费和降分录取在形式上挂了钩，给人以“花钱买分数”的感觉，致使民众认为高校招生就是“分数不够钱来凑”。实际上有人也正是利用了“双轨制”政策，批条子、走后门，滋生腐败问题，严重破坏了招生录取的公平、公正原则。

针对“双轨制”实施中产生的问题，1993年《中国教育改革和发展纲要》（下称《纲要》）在明确实施“双轨制”的同时，还提到对“双轨制”进行并轨试点，即不再划分计划内招生和计划外招生，对所有考生实行统一的录取分数和收费标准。同年，国家教委选择东南大学和上海外国语大学进行招生“并轨”试点。1994年4月，国家教委在《关于进一步改革普通高等学校招生和毕业就业制度的试点意见》中指出，高校招生时，应在考生填报志愿前公布分省市、分学校、分专业招生计划，并明确公布分学校、分专业收费标准和学生奖、贷学金等设置情况，供考生参考报考，对同一学校只划定一个最低控制分数线，不再按指

自主择业的就业市场

令性计划和调节性计划两种方式划定分数线。同时要求进行招生“并轨”试点院校要一步到位，不能以新、老两种形式同时招收同一层次的新生。

同时，《纲要》对高校毕业生就业指出：“改革高等学校毕业生‘统包统分’和‘包当干部’的就业制度，实行少数毕业生由国家安排就业，多数由学生‘自主择业’的就业制度。”1994年7月，《国务院关于〈中国教育改革和发展纲要〉的实施意见》进一步明确要求，要积极推进高校招生收费制度改革，逐步实行学生缴费上学，大多数毕业生自主择业的制度。国家教委《1995年深入进行普通高等学校招生和毕业生就业制度改革的意见》具体规定了一些毕业生就业制度的细节问题，要求原则上在本系统、本行业范围内自主择业，并在条件成熟后逐步过渡到大多数毕业生自主择业。1997年，国家教委颁布的《普通高等学校毕业生就业工作暂行规定》把制定就业计划的原则规定为：依据国民经济和社会发展需要，优先保证国防、军工、国有大中型企业、重点科研和教学单位的需要；

来源于边远省区的本、专科毕业生，只要是边远省区急需的，原则上回边远省区就业；师范类毕业生原则上在教育系统内就业；定向生、委培生按合同就业；实行招生“并轨”改革学校的毕业生在国家就业政策指导下，在一定范围内自主择业；毕业研究生在国家规定的服务范围内就业；其他类型毕业生按国家有关规定就业。可见，这一时期的毕业生自主择业制度仍保留着明显的行政调控成分。直到2000年，教育部以“报到证”替代以往安排毕业生就业的“派遣证”，标志着自主择业的毕业生就业制度正式确立。

链接

《中国教育改革和发展纲要》关于高校毕业生就业要求：近期内国家任务计划招收的学生，原则上仍由国家负责在一定范围内安排就业，实行学校与用人单位“双向选择”的办法，委托和定向培养的学生按合同就业，自费生自主择业；随着社会主义市场经济体制的建立和劳动人事制度的改革，除对师范学科和某些艰苦行业、边远地区的毕业生，实行一定范围内定向就业外，大部分毕业生实行在国家方针政策指导下，通过人才劳务市场，采取“自主择业”就业办法。

1997年，除师范和一些艰苦、特殊专业外，其他院校和专业全面实行招生“并轨”收费。2000年之后，师范类院校和专业也开始收费。大学告别免费“午餐”，进入全面缴费上学，自主择业阶段。

三、向高等教育大众化进军

早在1986年，邓小平就曾提出要扩大高校招生规模的意见，但限于当时百业待兴的国情及有限的高校资源还不能进行规模性扩招，只能通过广播电视大学、函授大学、夜大及高等自学教育等高等教育的多层次发展使更多的人学习高等教育专业课程。直到1999年之前，我国高等教育一直处于稳步发展的状态，没能实现邓小平规划的规模性扩招。

全国普通高校招生数

年份	招生数（万人）
1952	7.9
1965	16.4
1970	4.2
1975	19.1
1978	40.2
1985	61.9
1991	62.9
1992	75.42

链接

1999 年之前，中国高等教育实行稳步发展的政策。1992 年、1993 年高等教育有点儿小小的冒进，这也是各地要求发展高等教育的反映，但中央政府对高等教育规模扩大及时地进行了严格控制。1993 年以后，中央政府对高等教育的规模扩大，采取了非常严格谨慎的态度。从 1994 年开始，每年扩大招生名额大约在 3%—4%。主要是考虑财政的压力，所以原则上提出低于 GDP 增长的两个百分点。

1996 年国家实行高校“并轨”招生，把自费、公费统一起来，“双轨”变成“并轨”，这是中国高等教育全面走向市场经济的一个嬗变。“并轨”之后，免费的“午餐”基本没有了，中国大学在收费制度改革的同时，通过部分学费补充了教育经费的不足，也为实现扩大招生作了经费筹集方面的准备。到 1997 年、1998 年扩招计划年增长率依然只提高到 8%。

（摘自《教育大国的崛起 1978—2008》）

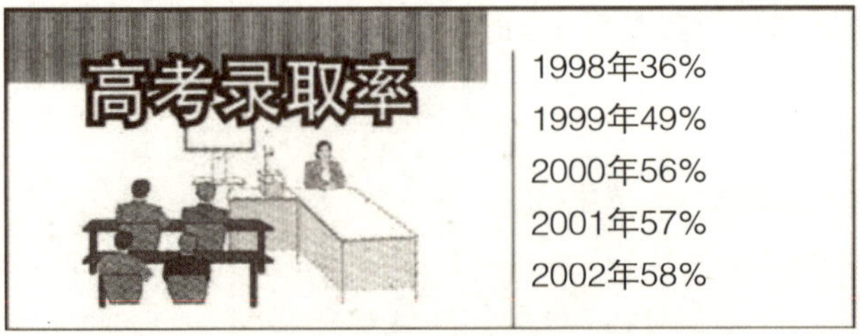

扩招：高等教育迈向大众化时代

1999年6月16日，国家计委、教育部联合发出紧急通知，决定1999年我国高校招生在年初已扩招23万人的基础上，再扩招33.7万人。这样一来，1999年普通高校招生达到了159.8万人，比上一年增加了51.32万人，增幅达47.4%。自1999年开始，我国高等教育连续三年进行了大规模扩招。2000年扩招到220.61万人，增幅达31.45%；2001年扩招到268.28万人，增幅为21.61%。据2003年全国普通高等学校招生计划工作会议上的报告，“2002年，我国普通高校招生320.5万人。截至2002年秋季，全国各类高等学校在校生已达1600万人，比1998年翻了一番多。高等教育毛入学率由1998年的9.8%提高到15%，历史性地跨入了国际公认的高等教育大众化阶段”。

1999年教育部发布的《面向21世纪教育振兴行动计划》提出，力求到2010年实现大学毛入学率15%，“十五”计划将这一目标的实现提前到了2005年。实际上由上述2003年全国普通高等学校招生计划工作会议上的报告可见，在2003年我国就已经实现了这个目标。

为了保障高校扩招后的正常运转，国家采取了非常措施筹集教育经费。从扩招的第一年开始，国家连续四年安排国债资金投放到教育领域，仅扩招的前三年就从中央国债资金中总计安排了90亿元对扩招工作进行支持。“十五”期间中央财政用于教育投入每年所增加的一个百分点，相当大的部分投入到了高校扩招。扩招的四年里，中央投入高等教育领域资金高达120亿元之多，地方及部门相应投入的资金更是达到了150亿元左右。与四年前的高等教育资金投入相比，直接增长了200多个亿。

对于我国高等教育在这一时期发展政策的画风突变及其跨越式超常规发展的背景与起因，当时担任国务院副总理的李岚清在其《李岚清教育访谈录》中有如下回忆：

> 大幅度扩大高等教育招生规模，是在1999年6月上旬，朱镕基总理主持召开的国务院办公会议上决定的，是在6月中旬中共中央、国务院召开的全国教育工作会议上由朱镕基总理宣布的。为什么作出这样的决定？有四个主要原因：一是我国持续快速发展的经济需要更多的高素质人才，这也是党的十五大所要求的。1998年我国的大学生在校人数只有780万，占同龄人比例为9.8%，不但大大低于发达国家的水平，也低于国际高等教育大众化最低标准15%的水平。就平均每万人中大学生的比例而言，我国也比印度低许多。我们需要培养更多的大学生。二是广大群众普遍渴望子女都能受到高等教育，政府有责任尽量满足他们这种愿望。三是扩招也可以推迟学生就业，增加教育消费，是拉动内需、带动相关产业发展的重要举措。四是由于过去招生比例低，录取人数少，考大学难，迫使基础教育集中力量应付高难度的考试，因此影响了素质教育的全面推行。所以，高校大幅度扩招是客观的必然，也是民心所向，势在必行。

在上述四个主要原因中，第三个原因最能说明为什么在1999年这个时间节点决定高校招生扩招。有人也因此把这次扩招称为以“拉动内需、刺激消费、促进经济增长、缓解就业压力”为目标的扩招。

始于1997年的亚洲金融危机迫使我国必须通过加大固定资产投资规模和基础设施建设力度的方式，刺激内需，确保人民币稳定，促进经济持续发展。几乎与金融危机同步，我国改革开放及市场经济建设正处于大规模国企改革实施和经济软着陆阶段。一方面是大批经营不善的国企倒闭，大量工人下岗，也就没能力接受应届高校毕业生，致使很多毕业生处于待业或失业的状态。我国面临近50年来规模最大的突发性失业高峰；另一方面为了抑制过高的通货膨胀率，国家对过热的经济进行降温，经济发展速度放缓，国内消费需求疲软。对此，有经济学家建议通过扩大高等教育招生规模，提升高等教育发展速度，来拉动内需，缓解就业压力。如1998年11月，经济学家汤敏、左小蕾以个人名义向中央政府提交的《关于启动中国经济有效途径的思考——扩大高校招生量一倍的建议》中的建议就被中央采纳。该建议书认为“在诸多的选择中，扩大高校招生将是一个国家投资少，刺激内需力度大，又能实现群众迫切愿望的有效措施”。

链接

关于启动中国经济有效途径的思考

——扩大高校招生量一倍的建议（节选）

我们认为，在诸多的选择中，扩大高校招生将是一个国家投资少，刺激内需力度大，又能实现群众迫切愿望的有效措施。

为此，我们建议有关部门考虑在三年至四年内使高校（含成人教育等）的招生量扩大一倍，即从每年两百万人增加到四百万人。新增学生实行全额自费。（按目前的标准为每人每年一万元左右）同时国家建立助学贷款系统，给部分有困难的学生提供贷款。

此项建议基于如下理由：

第一，扩大高校招生每年可增加一千亿元左右的消费需求。

第二，扩大高校招生可部分缓解当前的就业压力。

第三，通过挖潜与增加投资，我国现有的大学有能力承担招生量增加一倍的任务。

第四，配合助学贷款系统，大部分群众愿意也能够承担全额学费。

第五，扩大高校招生对提高民族素质，加强我国在知识经济时代的竞争力必将产生深远的影响。

综上所述，我们认为，高校扩大招生是于国、于民均为有利的大好事。它不但可以在短期内形成一个巨大的新的经济增长点，而且对提高民族素质，加强我国在知识经济时代的竞争力都有着不可估量的作用。科教兴国战略的成功与否从根本上来说取决于教育，特别是高等教育的质量与数量。

（汤敏、左小蕾于1998年11月呈交有关领导）

曾亲历过高校扩招决策过程的时任国家计委社会发展司负责人的回忆，更能说明当时扩招的经济背景：

1999年上半年，国民经济运行中出现了社会的消费需求一度萎靡的局

面，主要表现为城乡居民对未来的支出预期性增强，而对当下的消费意愿减弱，储蓄化的倾向增强；在固定资产投资方面，增长缓慢，投资需求对经济增长拉动作用明显减弱，实际上对当时工业生产的增长带来了直接的影响和制约；同时物价也呈连续下降的迹象，造成了企业经营上的困难，从另一个方面看也影响了投资的信心。在这种情况下，下岗职工自然就增多，就业机会相应减少，居民收入水平下降。针对这种情况，中共中央在7月初转批了国家发展计划委员会的一个报告《当前国民经济社会发展的形势和任务》。在这个文件里面，明确了要加大实施积极财政政策的力度，有效拉动消费投资和出口需求，以便保持国民经济持续快速健康发展。也就是在这个文件里面，把扩大高等学校招生规模作为实施扩大内需任务的重要组成部分。应当说这是当时提出扩招的直接的经济背景。

可见，在1999年这个时间节点我国高等教育发展策略的突变并不单是高等教育自身的突然冲动，更多的是对我国经济社会发展需求的顺应。

链接

据时任国家教育发展中心的负责人回忆：20世纪90年代初，国家教委组织了一批专家对高等教育的发展问题作了专门研究。比如，到2000年，我国应该怎样发展高等教育，其规模发展到多大合适；东西部的地区差异怎么解决；GDP的增长速度及其对教育发展的影响等。后来有些专家提出，教育的增长要低于 GDP 增长一到两个百分点，国际上也是如此。当时，按照经费保障来看，我国高等教育的发展只能限于每年招收 300 万人的规模，如果超过一倍，不仅教育经费有很大的缺口，还会出现连带的其他问题，如校舍、师资、图书、设备等。为此，国家教委专门召开了关于 2000 年高等教育发展规模的大型研讨会。参加研讨会的人员有国家教委有关部门的负责人、教育战略研究专家，还有一部分大中小学校长。大家提出了多种发展思路，规模从 480 万到 800 万不等。像这样集合多方面智慧和视角进行决策是以前没有过的，体现了决策过程的科学化、民主化。讨论后的方案又报送中央政治局常委讨论，当时的国务院副总理李岚清同志说，可以考虑《纲要》里就不要写具体数字，等国家计委作出规划后，再写在《纲要》的实施意见里。这个决策过程经过研究协商，审视了不同方案，大家敞开思想，最后作出选择。

（摘自 2007 年 3 月 1 日至 2 日在教育部召开的专家座谈会上对有关同志的访谈整理）

回过头来看，始于1999年的高校招生扩招确实拉动了当时的内需，刺激了消费，为我国经济社会持续发展作出了贡献，有效化解了亚洲金融危机对我国的冲击。据不完全统计，扩招带动国民经济总支出129.9894亿元，基建投入173.688亿元和社会总产出515.632亿元。也是在这次扩招中，人们看到了教育对于消费的拉动作用，教育产业得到了国家和社会各界前所未有的重视。

当然，高校扩招最直接的影响是为数千万人提供了接受高等教育的机会，使公众对高等教育的渴望得到了较大程度的满足，促进了教育机会的均等化。例如，1998年高考招生录取率为36%，通过连续几年的扩招，高考录取率维持在了55%左右。

链接

高校扩招的重大影响

扩招引发了我国高等教育发展指导思想的重大转变：宏观发展政策的把握由“稳步发展”转为“加快发展”。这就在主导思想上，从以条件确定高等教育发展规模转变到按社会需求促进发展、通过发展促进条件的改善。

扩招促进了我国高等教育规模的扩大和高等教育结构的变化：高校扩招一半在高等职业院校，有力推动了高等职业教育的发展。与此同时，深化高校后勤社会化改革和高校安居工程也普遍展开，确立了利用社会资金、社会力量，按照市场规律，为高校提供后勤服务以及设施建设等方面的改革思路。

扩招加速了高等教育办学体制改革的进程：计划经济体制下形成的高等教育办学体制的突出特征是采取“国家所有，政府主办”的办学模式：办学资金主要由国家财政划拨；办学管理由中央政府或地方政府主管部门直接操作。从1999年启动的连续三年的高校扩招，使高校在校生数量较1998年翻了一番。这需要巨大的财力支撑，只依靠政府的财力显然是远远不够的。在这方面，国家主要采取了以下措施：一是发挥高等学校办学潜能，即内部挖潜，提高资源利用效率，以原有既定的投入创造了更大的产出；二是政府财政资金增大了对高等教育的投入；三是拉动了社会资金对高等教育的投入。高校扩招，得益于体制的改革，同时也如杠杆促进了体制改革，把办学体制改革推向了新的平台，多元化、社会化的办学模式逐渐改善着我国高等教育办学生态。

扩招优化了高校类别结构，促进了高校后勤社会化改革。

扩招推进了教育制度创新，带动了高校打破传统的封闭模式，更加开放地面向社会办学。

（摘自《教育大国的崛起 1978—2008》）

高校扩招也遗留下了一些不足之处。有些地区和学校在条件准备不足、心理准备不充分的情况下扩大招生，引发了四个方面的矛盾。一是规模与质量的矛盾，有些学校扩招后师资、校舍、设备满足不了需求；二是规模与投入的矛盾，有些学校在经费没有保障的情况下扩招，盲目贷款征地、造房，欠债很多；三是规模与就业的矛盾，扩招之后每年有数百万的毕业生涌入人才市场，但相应的就业机制还不健全，学校、社会对毕业生就业的准备工作不充分，导致不少地区的高校毕业生就业难；四是规模与结构的矛盾，我国高校毕业生总量并不算多，从总体而言仍满足不了社会的需求，有些专业人才紧缺，但有些专业人才饱和，出现了结构性失调，扩招时在专业设置上缺乏宏观调控和科学的论证。

高校扩招加速了我国高等教育大众化的进程，有利于提高我国国民的整体素质。然而，在高校的大蛋糕还没有做到足够大的情况下，吃的人突然增多，能否保证吃的人吃饱吃好呢？即扩招之后的高等教育质量是怎样的呢？这是很多人对高校扩招决策与实施的疑问。清华大学谢维和教授在《中国高等教育大众化过程中的结构分析——1998—2004年的实证研究》中对这个疑问提供了一个答案：

> 1999年拉开帷幕的高等教育大众化进程或“扩招”中，经过6年的快速发展，中国的高等教育总体结构在保持基本稳定的基础上，某些学科和层次的结构正在逐渐形成新的格局和特点；文科和理科的比例正在趋于平衡，应用型学科与专业的规模，以及专科的规模正在持续扩大；各个不同地区高等教育的规模发展与地方社会经济发展之间的关系比较协调，高等教育机会在不同地区的分布也逐渐趋于公平与合理，但不同地区高等教育的学科与层次结构仍然存在比较大趋同性。因此，从整体上说，尽管中国高等教育的总体结构在大众化的初期并没有出现明显的拐点，但新的变化形式已初见端倪，而且整个中国高等教育的结构也得到了优化。中国高等教育大众化初期的这些结构变化基本符合高等教育大众化的一般规律，也适应了中国的国情，那么，出现的这些问题也就属于发展中的问题，也是正常现象。
>
> 在反思和回顾此次中国高等教育大众化过程时，我们不能奢望在短短7年间高等教育结构就能够完全合理，更不能将高等教育发展中存在的种种问题简单地归结于政府或者高校，甚至人为地夸大这些问题和矛盾。中国接受

高等教育的人数巨大，位居世界第一，2004 年毛入学率达到 21%，在发展中国家中名列前茅，这种人力资源整体水平上的快速发展，已经是不言自明的成功。

四、中国民间办学年

改革开放至1992年之前的民办教育大多是以租用校舍、外聘兼职教师、依靠收取学费的方式，深耕短期培训、自考助学等非学历教育，处于公办教育的补充性和辅助性地位，呈现出数量不多、规模不大、样式单一、条件简陋、国家监管薄弱的特点。尽管我国有着悠久的私学传统，但是私立学校在20世纪50年代中期到“文化大革命”结束期间基本上处于销声匿迹的状态。20世纪70年代末，随着高考制度的恢复，一些由社会团体或公民个人举办的文化补习性质的学校开始出现。比如，作为中华人民共和国建立后最早的民办高校之一的湖南中山进修大学，就是在1978年10月由湖南省部分退休老教师凭借从街道借来的300元开办费，租借长沙市大同小学三间教室，进行高考文化补习教学发展起来的。这一时期的民办高校基本与湖南中山进修大学一样，虽然都冠大学之名，其实还是一种建立在个人自学、社会助学和国家考试相结合基础上的高等教育形式。

我国文化比较落后，为了较快地发展教育，既要靠正规的学校教育，又要靠各种形式的业余教育。国家一定要用足够的力量举办教育事业，同时又要发动各种社会力量，包括集体经济组织、国家企事业组织、其他社会组织以及经国家批准的私人办学者，采取多种形式和依靠广大群众来举办教育事业。

1982 年 11 月 26 日，宪法修改委员会副主任委员彭真在第五届全国人民代表大会第五次会议上作《关于中华人民共和国宪法修正草案的报告》时讲道：“地方要鼓励和指导国营企业、社会团体和个人办学，并在自愿的基础上，鼓励单位、集体和个人捐资助学，但不得强迫摊派。同时严格控制各方面向学校征收费用，减轻学校的经济负担。”

1985年出台的《中共中央关于教育体制改革的决定》也明确了“地方要鼓励

和指导国营企业、社会团体和个人办学，并在自愿的基础上，鼓励单位、集体和个人捐资助学，但不得强迫摊派。同时严格控制各方面向学校征收费用，减轻学校的经济负担”。

1992年，号召“胆子更大一点，步子更快一点”的邓小平“南方谈话”，促成了我国民办教育进入到空前繁荣的发展阶段。各种类型各种层次的民办学校如雨后春笋般涌现。以至于有人称1992年是“中国民间办学年”。

1992年2月29日，国务院批准实施了《中华人民共和国义务教育法实施细则》，其中第5章第28条规定：“社会力量举办实施义务教育学校的事业费和基本建设投资，由办学单位或者经国家批准的私人办学者负责筹措。”这一年的8月10日，《人民日报》刊发《社会力量办学利国利民应大力支持》一文。9月，“首届私人办学理论研讨会”成功举办。在这个研讨会上国家教委工作人员与来自9个省市的教育学者、一线教师代表达成一个共识：民办教育不只是对公办教育的补充，而应该是社会主义教育事业的重要组成部分。随后，国家教委在《关于加快教育改革和发展的若干意见》中提出“鼓励、支持社会力量兴办以职业技术教育、基础教育、继续教育、社会文化生活教育和助学性质的高等教育为主的各类学校”。

链接

社会力量办学

“社会力量办学”的概念出自我国宪法。《中华人民共和国宪法》第十九条指出：“国家鼓励集体经济组织、国家企事业组织和其他社会力量依照法律规定举办各种教育事业。”1995年颁布的《中华人民共和国教育法》第二十五条规定：“国家鼓励企事业组织、社会团体、其他社会组织及公民个人依法举办学校及其他教育机构。”1997年国务院颁布的《社会力量办学条例》，根据宪法和教育法的有关规定，对社会力量办学主要从办学主体、经费来源及服务面向三个方面作出了明确界定。

1992年10月，中共十四大报告首次提出“要改变国家包办教育的局面，支持和鼓励民间办学”。随后的八届全国人大一次会议明确提出要“积极探索建立以政府办学为主体，社会各界共同办学的新体制”。在这一年，我国民办教育发展情况在主流媒体如《人民日报》《光明日报》《中国教育报》等频频展示，为掀起民办教育发展热潮造足了势。

有调查显示，1992年邓小平“南方谈话”以后，北京市当年就举办民办学校500余所，辽宁省当年就筹办民办高校11所，全国各地要求设置民办高校50所以上。不到一年时间，民办幼儿园增加14.2%，在园幼儿增加39.27%；民办小学增加31.9%，在校学生增加108%；民办中学增加23.7%，在校生增加49.33%。将1993年的数据和1992年的数据比较显示，1993年民办小学比1992年增加3.66倍，民办小学在校生比1992年增加10.75%。

1993年2月13日，中共中央、国务院颁布的《中国教育改革和发展纲要》，提出“改变政府包办办学的格局，逐步建立以政府办学为主体，社会各界共同办学的体制”，“国家对社会团体和公民个人依法办学采取积极鼓励、大力支持、正确引导、加强管理的方针（简称‘十六字方针’）”。有了“十六字方针”的规范和支持，社会力量办学空间越来越大，基本可以从事从学前到高等教育所有学段和层次的教育活动。之后，“十六字方针”被1997年《社会力量办学条例》、1998年《面向21世纪教育振兴行动计划》和2002年《民办教育促进法》等涉及民办教育的重要法律、文件继承下来。

也是在1993年，原国家教委主任朱开轩在《人民日报》发表了题为《积极支持　正确引导——关于民办学校的几个问题》的文章，提出可以对现有公办学校改制，即改为公办民助、民办公助或完全民办的形式来发展民办教育。文章发表之后，国内很快出现了大批的改制学校。从1993年起，公办学校改制成为民办教育发展的一种重要形式。

链接

从全国范围看，这一时期，中国基础教育阶段公办学校改制试验的主要模式，大致可分为以下几类：

经营承包型的转制试验模式。如“学校国有、民间承办、自主办学、经费自筹”，“混合型”或“联办型”模式。这种类型的学校采取原公办学校的人事编制和经费渠道，引入民营机制办学的模式。如利用民营企业资金，与民营企业联合举办精英学校，学校向部分学生（学区外择校入学者、低于学校录取分数者）或所有学生实行高收费。这类学校一般采用“股份制”办学模式。

“名校办民校”的模式。一些原公办重点学校利用其品牌和管理资源，举办相对独立而又在相当程度上归属于该品牌学校的民办学校。如有些地区，在实行初、高中分离过程中，有些重点中学将初中部（属于义务教育阶段，这类学校因与义务教育法抵触而受到社会广泛质疑）实行分离转制，使之成为相对独立的国有民办学校。

优质公办学校“翻牌型”模式。这是一种在师资、教学设施以及社会影响等方面具有优势的重点或准重点学校引进民营机制办学的模式。学校转制后，招生可通过考试择优录取，可按办学成本收取较高的学费、杂费。

公办学校产权转让型模式。将原公办学校整体拍卖给私营企业主，转为纯粹的民办学校。

“校中校”“校中班”模式。在公立学校中设立一所内部学校或几个特别的教学班，采取高收费招生和特殊待遇对学生进行教育。这种做法后来在1998年国务院转发教育部《关于义务教育阶段办学体制改革试验工作的若干意见》的文件中被禁止。

（摘自《教育大国的崛起1978—2008》）

1994年6月14日至17日召开的全国教育工作会议重申以政府办学为主体、社会各界共同办学新体制的重要性。1994年的《教育年鉴》首次列入“民办学校发展情况”一项。1995年3月18日通过的《中华人民共和国教育法》延续了对社会力量（包括个人）办学的鼓励做法，其中第25条规定：“国家鼓励企事业组织、社会团体、其他社会组织及公民个人依法举办学校及其他教育机构。”相比之前关于社会力量办学的法律条款，1995年的教育法一方面对我国民办教育的性质与地位作出了明确界定；另一方面意识到民办教育投资者的营利性动机，强调了民办教育的非盈利性原则。

随着教育改革步伐的逐渐加大，民办教育呈现出突飞猛进的发展势头，有些层次的民办教育甚至出现了井喷式扩张。1992年至2002年的十年间，民办幼儿园在园幼儿数增长了6.5倍，从53.62万人发展到400.52万人；民办小学在校生增长了39倍，从5.52万人发展到222.14万人，民办中学在校生从1996年的38.45万人发展到2002年的305.91万人，实现了近7倍的增长；民办中等职业学校数从1996年的568所猛增到2002年的1085所，增幅达到了91%；民办普通高校从1996年的6所发展到了2002年的133所，增加了21倍。其中，民办高等职业学院的发展速度更是惊人。1998年到2003年，全国高职在校生从117万人增加到480万人，招生人数从54万人增加到200万人。与此同时，民办非学历教育近乎是野蛮生长。这一时期成为民办非学历的外语培训和电脑培训的黄金时代，成就了许多著名的外语和电脑培训机构，如新东方、新华电脑培训学校和北大青鸟集团等。特别是1995年我国开始在医药、法律、建筑等多个行业实行执业资格制度以后，参加职业技能培训成为很多人就业的新选择。仅在1995年当年，全国职业技术培训机构结业人数就达到了7698.2万人，注册人数达到5329.2万人。

在我国民办教育迅猛发展的过程中，由于相应的立法工作没能跟上，加之市场经济改革的影响和冲击，教育“产业化”“市场化”“商业化”等舆论的鼓动，教育甚至成了人们心目中的暴利产业，成为资本追逐的热点。这一时期民办教育发展的突飞猛进很大一部分就是受此影响，认为有政府的大力支持，不管是谁，不管是否有足够的资金和必要的管理经验，只要去申请民办学校，就一定能获批，批了以后，就一定能办起来。而不少地方教育行政官员也把民办学校和民营企业等量齐观，提出“你申请，我批准；你赚钱，我收税；你倒闭，我不管”的管理思路。这导致一些办学条件不具备，办学思想不端正，经营管理方式不科学甚至存在违法经营的民办教育机构掺杂在了民办教育突飞猛进的大潮中。有些民办教育机构为了获得最大的营利，制作虚假广告，发放虚假文凭，或采用收取教育储备金的方式非法融资；有些不法者为中饱私囊，借公办学校改制侵吞国有资产；有些公办重点学校办民办性质的“校中校”，以达到变相高收费的目的。

1997年7月31日，国务院颁布了我国第一部专门规范民办教育发展的行政法规《社会力量办学条例》（下称《条例》）。《条例》坚持了1993年《中国教育改革和发展纲要》提出的“十六字方针”，重申：民办学校不得以营利为目的，教育机构的积累只能用于增加教育投入和改善办学条件，不得用于分配，也不得用于校外投资。另外，《条例》表现出了严格限制民办高等教育的政策导向，要求“国家严格控制社会力量举办高等教育机构”，把社会力量办学的范围圈定在职业教育、成人教育、高级中等教育和学前教育的领域。与《关于社会力量办学的若干暂行规定》相比，《条例》对民办教育发展的规范更为具体清晰，它详细规定了民办教育机构成立的必备条件、审批流程、内部管理和政府的职责等，并首次明确了民办教育机构与公办教育机构具有平等的法律地位。可以说，《条例》为我国社会力量依法办学、依法管理、健康发展提供了切实的支撑和依据。

然而，随着民办教育的发展，《条例》也凸显了诸多不足。如《条例》要求的“国家严格控制社会力量举办高等教育机构”明显制约了民办高等教育的发展。再如，《条例》规定“教育机构清算后的剩余财产，返还或者折价返还举办者的投入后，其余部分由审批机关统筹安排，用于发展社会力量办学事业”，这就使民办教育投资者得不到任何资本回报，不利于调动民办教育投资者的积极性。还有，《条例》规定“教育机构建设需要使用土地的，县级以上的地方各级人民政府应当根据国家有关规定和实际情况，纳入规划，按照公益事业用地办理，并可优先安排”，但是事实上土地出让费是地方政府财政收入的主要来源之一，要地方政府无偿地划拨土地给民办学校几乎不可能。

1998年教育部制定的《面向21世纪教育振兴行动计划》为了形成“以政府办学为主体、社会各界共同参与、公办学校和民办学校共同发展的办学体制”，提出“设立社会力量办学表彰奖励基金，对有突出贡献的集体和个人给予表彰”。1999年，朱镕基总理在第三次全国教育工作会议讲话中明确指出：“鼓励社会力量以各种方式举办高中阶段和高等职业教育，有条件的也可以举办民办普通高等学校。”《面向21世纪教育振兴行动计划》是我国首次提出在国家层面设立民办教育基金的文件。朱镕基总理的讲话是我国高层领导人第一次对民办普通高等教育作出明确的肯定性表态。这就促使我国民办教育发展迈出更大步伐，有些教育管理部门开始直接给予民办教育机构以资金等方面的支持。

链接

在发展民办教育方面迈出更大步伐

进一步解放思想、转变观念，积极鼓励和支持社会力量以多种形式办学，满足人民群众日益增长的教育需求，形成以政府办学为主体、公办学校和民办学校共同发展的格局。凡符合国家有关法律法规的办学形式，均可大胆试验。在发展民办教育方面迈出更大的步伐。鼓励社会力量以各种形式举办高中阶段和高等职业教育。经国家教育行政主管部门批准，可以举办民办普通高等学校。在保证适龄儿童、少年均能就近进入公办小学和初中的前提下，可允许设立少数民办小学和初中，在这个范围内提供择校机会，但不搞“一校两制”。积极发展以社区为依托的、公办与民办相结合的幼儿教育。要因地制宜制定优惠政策（如土地优惠使用、免征配套费等），支持社会力量办学。

各级人民政府要加强对民办教育的管理、引导和监督，国家要加快民办教育的立法，促进民办教育的健康发展。各级各类民办学校都要依法办学，不断提高办学水平。

（摘自 1999 年 6 月《中共中央国务院关于深化教育改革，全面推进素质教育的决定》）

1998年，全国人大教科文卫委员会牵头形成了《中华人民共和国民办教育促进法（草案）》。经过四次审议后，2002年12月28日，全国人大常委会审议通过了《中华人民共和国民办教育促进法》（下称《民办教育促进法》）。该法对投资者的合理回报、民办教育应享有的优惠政策及民办学校的产权等问题作出了原则性的规定。比如在坚持“民办教育属于公益性事业，是社会主义教育事业的组成部分”的基础上，《民办教育促进法》提出民办教育的举办者可以在满足一定条件之后，通过必要的程序从办学结余中获得“合理回报”。

“合理回报”的政策认可，有效点燃了民间办学的积极性，社会力量投入教育领域的热情极大提高，民办教育发展再次驶入快车道。其中由公办高校与

民办高校的招生人员在北京火车站前发放招生材料（常虹　摄）

社会力量合作举办的独立学院如雨后春笋般涌现出来。另外，2003年3月，国务院发布的《中华人民共和国中外合作办学条例》使民办教育中的中外合作办学有法可依，为中外合作举办的民办高校的发展奠定了基础。该条例提出“鼓励引进外国优质教育资源的中外合作办学”，认为中外合作办学“是中国教育事业的组成部分”，“中外合作办学者、中外合作办学机构的合法权益，受中国法律保护”，“依法享受国家规定的优惠政策，依法自主开展教育教学活动”。

但是要落实这些法律规定，必须由国务院制定具体的实施条例。由国务院法制办牵头，教育部、财政部、国家工商总局、国家税务总局共同参与组成的《实施条例》起草小组几乎是与《民办教育促进法》起草小组同时开展工作的。但《实施条例》并没有随2003年9月1日正式生效的《民办教育促进法》如期面世。直到2004年2月25日的国务院常务会议才原则通过《实施条例》，决定4月1日正式实施。《实施条例》要求民办教育机构依法办理税务登记，并依据是否要求获得合理回报把民办教育机构分为两类，实行不同的管理政策。如规定对于不要求获得合理回报的民办教育机构，可依法享有与公办教育机构同等的税收及其他方面的优惠政策，等等。

这些法律法规在规范民办教育办学的同时，再次促进了民办教育特别是民办高等教育的发展。截至2006年年底，独立设置的民办高等学校在校生达到133.8万人，比2002年增长了318.4%，再加上独立学院的在校生146.7万人，民办高校的在校生超过了280万人，占本专科在校生总人数的16.1%。民办高等教育成为满足我国民众教育需求的重要力量，为我国教育规模的扩大及高等教育大众化作出了显著贡献。

五、职业教育占了“半边天”

改革开放初期，由于受“文化大革命”的冲击和影响，我国职业教育事业十分薄弱，学校数量较少，在校生规模小，办学条件差，教育结构单一，高、中级技工严重缺乏，难以满足经济建设对高素质劳动者和技能型人才的迫切需求。

特别是在教育结构方面，职业教育所占比例非常低。1978年中等职业学校在校生仅占高中学段在校生总数的7.6%，且这一时期的技术工人的文化程度和技能等级水平也是非常不尽如人意。据第三次人口普查数据显示，截至1982年7月1日，非农业社会劳动者中文盲、半文盲、小学及初中文化程度的占绝大多数，比例高达72%。截至1984年年底，在全国全民所有制和集体所有制单位的所有生产工人中，近一半工人是处于三级及以下的初级工，约占49.2%，如果加上技能水平更低的学徒工，那么这个比例将达到55.1%。无论是从量的方面讲还是从质的方面讲，我国职业教育发展的这一状况根本不符合经济建设的要求。

为了扭转这一状况，在“四人帮”被粉碎后的第一次全国教育工作会议上就有了“中等教育结构改革”的提法。在这次会上，邓小平代表党中央强调要扩大农业中学、中等专业学校、技工学校的比例。时任教育部部长的刘西尧在这次大会的主题报告中提出：“要在调整、整顿、提高普通高中的同时，大力发展各种形式的农村中学、中等专业学校和技工学校，多数实行半工（农）半读，大大提高这些学校在整个中等教育中的比重。”这一思想在随后几年的党和国家相关会议或文件中被频繁提及，并且把调整中等教育结构，大力发展职业教育聚焦到了职业学校招生的数量上。如1980年10月7日，国务院转批教育部、国家劳动总局的《关于中等教育结构改革的报告》就要求，经过调整改革，要使各类职

北京劲松职业高中烹饪专业学生在上专业课，该校创办于1983年

业（技术）学校的在校生数在整个高级中等教育中的比重大大增长。1983年5月6日，中共中央、国务院发出《关于加强和改革农村学校教育若干问题的通知》，其中提出改革农村中等教育结构，发展职业技术教育，力争1990年农村各类职业技术学校在校学生数达到或略超过普通高中在校生数。1983年5月9日，教育部、劳动人事部、财政部、国家计委联合发出的《关于改革城市中等教育结构发展职业技术教育的意见》要求各级党委、政府和有关部门应把改革中等教育结构、发展职业技术教育作为实现“四化”奋斗目标的一项重大措施，认真抓好，力争到1990年使各类职业技术学校在校生与普通高中在校生的比例大体相当。

最终将中等职业教育招生人数与中等教育招生比例大体相当上升为国家意志的是1985年5月27日发布的《中共中央关于教育体制改革的决定》。这一份文件共包括五个部分，首先它开宗明义地指出：“教育体制改革的根本目的是提高民族素质，多出人才、出好人才。”接着在第一部分提出教育为社会主义现代化建设服务就要“造就数以千万计的具有现代科学技术和经营管理知识，具有开拓能力的厂长、经理、工程师、农艺师、经济师、会计师、统计师和其他经济、技术工作人员”。在第三部分则以“调整中等教育结构，大力发展职业技术教育”为题，专门阐述职业教育在社会主义现代化建设中的重要地位，强调：“社会主义现代化建设不但需要高级科学技术专家，而且迫切需要千百万受过良好职业技术教育的中、初级技术人员、管理人员、技工和其他受过良好职业培训的城乡劳动者。没有这样一支劳动技术大军，先进的科学技术和先进的设备就不能成为现实的社会生产力。”该文件进而提出“力争5年左右，使大多数地区的各类高中阶段的职业技术学校招生数相当于普通高中招生数”的发展目标。

有了50%这个比例，大力发展职业教育就有了明确具体的目标和底线，也为地方政府发展职业教育、国家考评职业教育的发展提供了最具操作性的抓手。在此后对职业教育发展产生过重大影响的文件中，几乎无一例外地提及了普通教育与职业教育招生数的具体比例，或是明确了职业学校招生数。教育部评估地方职业教育发展情况的关键性指标之一就是看中等职业教育招生数所占比例是否达到了50%。可见这个50%的比例对职业教育发展影响之深刻。

链接

1985年以来的重要政策

——关于“普职比”的表述

《中国教育改革和发展纲要》（中发〔1993〕3号）：高中阶段职业技术学校在校学生人数有较大幅度的增加，未升学的初中和高中毕业生普遍接受不同年限的职业技术培训，使城乡新增劳动力上岗前都能得到必需的职业技术训练。到2000年，各类中等职业学校年招生数和在校生数占高中阶段学生数的比例，全国平均保持在60%左右；普及普通高中阶段教育的城市可达到70%。

《全国教育事业“九五”计划和2010年发展规划》（教计〔1996〕45号）：职业教育以初中后为重点，实行小学后、初中后和高中后三级分流。高中阶段各类职业学校在校生达1275万人左右，比1995年增加335.7万人，年递增率6.3%。全国各类高中阶段职业学校在校生占整个高中阶段在校生的比重提高到60%左右。

《面向21世纪教育振兴行动计划》（教育部1998年12月24日）：继续实施初中后教育分流，从各地实际出发，积极发展中等职业教育。全国高中阶段职业教育与普通教育之间应保持现有比例，努力达到《中国教育改革和发展纲要》提出的目标。

《国务院关于大力推进职业教育改革与发展的决定》（国发〔2002〕16号）：要以中等职业教育为重点，保持中等职业教育与普通高中教育的比例大体相当，扩大高等职业教育的规模。

《国务院关于大力发展职业教育的决定》（国发〔2005〕35号）：到2010年，中等职业教育招生规模达到800万人，与普通高中招生规模大体相当；高等职业教育招生规模占高等教育招生规模的一半以上。

《国家中长期教育改革和发展规划纲要（2010—2020年）》：根据经济社会发展需要，合理确定普通高中和中等职业学校招生比例，今后一个时期总体保持普通高中和中等职业学校招生规模大体相当。

《国务院关于发展现代职业教育的决定》(国发〔2014〕19号):总体保持中等职业学校和普通高中招生规模大体相当,高等职业教育规模占高等教育的一半以上。

《现代职业教育体系建设(2014—2020年)》:今后一个时期总体保持普通高中和中等职业学校招生规模大体相当。高等职业教育规模占高等教育的一半以上,本科层次职业教育达到一定规模。

《国家教育事业发展“十三五”规划》(国发〔2017〕4号):巩固提高中等职业教育发展水平。在义务教育阶段开展职业启蒙教育。保持普通高中和中等职业教育招生规模大体相当,在中西部地区以中等职业教育为重点发展高中阶段教育。

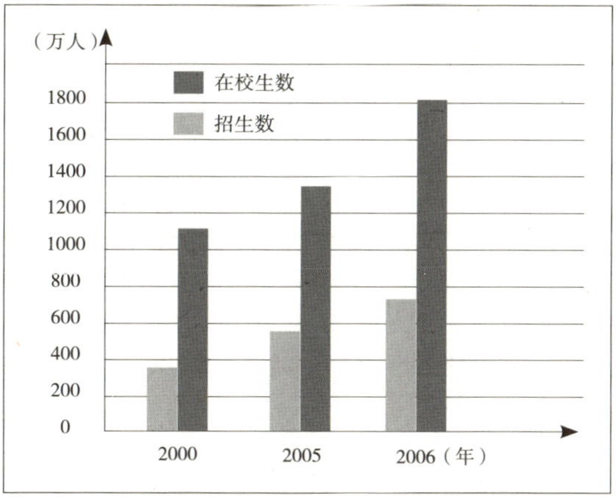

2006年,我国中职总招生规模已经达到750万,在校生规模已经达到了1800万。2000年全国中等职业教育在校生1073.33万人,招生336.37万人;2005年在校学生1324.74万人,招生537.29万人

到了20世纪90年代,我国职业教育进入了丰产丰收时期。据1991年《国务院关于大力发展职业技术教育的决定》统计,“到1990年底,各类职业技术学校已发展到一万六千多所,在校生超过六百万人,同时全国建有就业训练中心二千一百多所,每年培训待业人员九十多万人;高中阶段各类职业技术学校和普通高中的招生数已接近一比一,中等教育结构单一的状况有了较大改变”。仅两年之后,《中国教育改革和发展纲要》就宣布:“职业和技术教育得到相当程度的发展,中等职业技术学校招生和在校学生人数占高中阶段学生人数的比例,均已超过50%。”到1995年年底时,中等专业学校、职业高中和技工学校的在校生已有939.3万人,同期的普通高中在校

我国高职教育规模首破千万

2014年在校生达1006.6万人，占整个高等教育规模的四成

「今日聚焦」

■本报记者 万玉凤
9月15日发自北京

教育部今天公布的《全国职业教育工作专项督导报告》显示，2014年全国高职院校在校生1006.6万人，规模首次突破千万人大关，高职教育已占整个高等教育规模的40%；全国中职招生628.85万人，占高中阶段招生数的44.12%，与普通高中招生规模基本持平。

招生规模稳步增长，中职就业率达96.5%

近日，国务院教育督导委员会办公室组织6个督导组对天津、黑……

……师、专任教师学历层次继续提高，而且专兼结合的“双师型”队伍建设进展明显。

数据表明，2014年，全国中等职业学校生师比达到21.34：1，更加接近《中等职业学校设置标准》中生师比20：1的要求；高等职业院校生师比为17.57：1，与普通本科院校的17.73：1相当。全国中等职业学校专任教师队伍中具有本科学历的比例为83.1%，具有硕士、博士学位的比例为6.24%，分别比上一年提高0.98和0.5个百分点。

从就业率来看，就业水平不断提高。数据显示，2014年，全国中等职业学校就业率为96.5%，对口就业率为75.98%；全国高等职业院校应届毕业生毕业半年后就业率为91.5%。督查显示，上海、浙江、江西三省市中职学校对口就业率超过85%；黑龙江省高等职业院校应届……

生为713.16万人。职业学校在校生占整个高中阶段在校生的比例达到了56.8%。随后几年职业学校招生人数继续增长，发展到1998年，全国中等职业学校（含中专、技工学校、职业高中）共有17116所，在校生1089.4万人，占高中学段在校生总数的比例达到了57.4%。

然而，在1998年之后中职招生开始迅速下滑。其中的原因既有从1998年起人们通过中等专业教育获取的统包统分的铁饭碗被彻底砸碎，取而代之的是收费上学，不包分配，也有因国有企业改革对社会职能的剥离引发的技工学校或被撤销与合并，或被归属到了教育行政部门，其办学性质与职业中学完全并轨，还有高等教育的大规模扩招对职业教育招生的雪上加霜。到2000年，普职比例下滑到了46.5%，2001年下滑到了41.8%，已明显低于50%这一底线。

即使这样，职业教育总体招生规模也并没有就此衰退下去。其原因除了国家陆续出台遏制中等职业教育招生滑坡的系列政策之外，还有1998年之后我国高等教育持续多年的扩招促成了高等职业教育的大规模发展。在20世纪90年代中期之前，我国的高等职业教育主要是以为数不多的职业大学的形式存在，国家相关政策也没有表现出对高等职业教育的特别重视。即使1991年出台了《国务院关于大力发展职业技术教育的决定》，其中也仅是提到“努力办好一批培养技艺性强的高级操作人员的高等职业学校”。直到1994年的全国教育工作会议召开，才使这一状况得到了改变。在这次会议上发展高等职业教育被系统性地提出。这次大

教育质量稳步提升 适应产业需求能力增强 吸引力和社会影响力大大提高

高职教育已成高等教育半壁江山

本报北京6月28日讯（首席记者 高靓）"今年，我们学校的自主招生名额是800人，却吸引了8249人来报名。"温州职业技术学院院长谢志远在今天举行的教育部新闻发布会上表示。

记者从新闻发布会上获悉，在实施国家示范性高等职业院校建设计划、加强专业建设服务产业升级、强化实践教学等一系列提升高等职业教育质量的重点举措支持下，我国高等职业教育快速发展，越来越适应产业需求，吸引力和社会影响力大大提高。

"匹配产业是高职发展的主旋律。去年，我们颁布了新的高职专业目录，总共收入748种专业，其中一、二、三产相关专业数比例为6.8:39.4:53.8，与当前国内生产总值比例基本吻合。"教育部职业教育与成人教育司司长葛道凯分析指出，"这种吻合是逐年专业调整形成的。以2014年为例，高职撤销或停招5200多种专业，减少文秘、计算机信息管理、法律事务等专业点，同时增加了3000多个与新业态密切相关的专业，如物联网、老年服务等。"

"区域有什么支柱产业，学校就设置什么专业，"谢志远说，"目前，温州已形成低压电器、泵阀、汽摩配、鞋服等五大支柱产业和十大新兴产业。温州职业技术学院现有的35个专业全部根据区域支柱产业和特色行业设置。"

课程是推进内涵发展、提高教育质量的核心。过去，高职课程往往被认为是"本科的压缩饼干"。为解决这个问题，天津职业大学以基于工作过程的课程开发模式为主导，根据职业岗位能力及工作过程确定典型工作任务，以典型工作任务为轴心整合课程内容，形成了工学结合的理论知识和实践训练系统化的课程教学体系。围绕课改，配套建成了一批融教学、培训、职业技能鉴定、技术研发和生产功能于一体的学训基地，组建了一批高水平的"双带头人"专兼职结合的专业教学团队。

学校的改革举措背后是国家的大力支持。截至目前，教育部、财政部启动实施的国家示范性高职院校建设计划，共投入中央财政资金45.5亿元，引领带动地方财政投入89.7亿元、行业企业投入28.3亿元，总投入160多亿元，支持200所国家示范（骨干）高职院校重点建设788个专业点。近年来，中央财政共投入16.667亿元，支持715所高职院校建设910个实训基地，带动"教、学、做"一体化教学模式改革。国家还投入中央财政资金3.8亿元，建设覆盖全部19个高职专业大类的职业教育专业教学资源库。

据介绍，截至2015年底，全国所有省份均建立了高职生均经费制度。按照相关政策要求，到2017年，各地高职院校生均财政拨款水平应不低于1.2万元。这意味着，高职院校的经费投入将与本科实现同等待遇。

（下转第三版）

会是我国高职教育发展的重要转折，我国高职教育的发展从此得到实实在在的推动。之后积极发展高等职业教育成为国家相关政策的重要议题。如1994年7月颁布的《国务院关于〈中国教育改革和发展纲要〉的实施意见》就明确提道："积极发展多样化的高中后职业教育和培训。通过改革现有高等专科学校、职业大学和成人高校以及举办灵活多样的高等职业班等途径，积极发展高等职业教育。"1996年的《中华人民共和国职业教育法》和1998年的《中华人民共和国教育法》都明确界定了高等职业教育在我国教育序列中的具体位置。其中，前者规定：职业学校教育分为初等、中等和高等职业学校教育；后者规定高等职业学校是高等学校的组成部分之一。

随着办学路径和办学权力的不断拓宽和下放，特别是乘着高等教育扩招大潮的东风，高职院校的招生人数超过了其他高等学校的招生数，占据了高等教育的半边天。

链接

关于积极发展高等职业教育的政策摘要

积极发展高等职业教育，是提高国民科技文化素质、推迟就业以及发展国民经济的迫切要求……对于高等职业教育，除对现有高等专科学校、职业大学和独立设置的成人高校进行改革、改组和改制，并选择部分符合条件的中专改办（简称“三改一补”）发展高等职业教育之外，部分本科院校可以设立高等职业技术学院，基本不搞新建……要通过试点逐步把高等职业教育的招生计划、入学考试和文凭发放等方面的责权放给省级人民政府和学校，省级人民政府在国家宏观指导下，对本区高等职业教育的资源进行统筹。

（摘自1998年12月24日教育部颁布的《面向21世纪教育振兴行动计划》）

举办高等职业教育的五条路径。一是短期职业大学、职业技术学院和具有高等学历教育资格的民办高校。上述学校原则上须承担此项试办任务。二是普通高等专科学校。三是本科院校内设立的高等职业教育机构（二级学院）。四是作为过渡措施，经教育部批准的极少数国家重点中等专业学校，改办为既从事高等职业教育，又从事中等职业教育双重任务的学校（限于骨干专业举办高等职业教育）。五是办学条件达到国家规定合格标准的成人高校。但须视办学条件状况，相应调整成人脱产学历教育的培养规模。

（摘自1999年教育部颁发的《试行按新的管理模式和运行机制举办高等职业技术教育的实施意见》）

通过多种形式积极发展高等教育，到2010年，我国同龄人口的高等教育入学率要从现在的百分之九提高到百分之十五左右……高等职业教育是高等教育的重要组成部分。要大力发展高等职业教育，培养一大批具有必要的理论知识和较强实践能力，生产、建设、管理、服务第一线和农村急需的专门人才。现有的职业大学、独立设置的成人高校和部分高等专科学校要通过改革、改组和改制，逐步调整为职业技术学院（或职业学院）。支持本科高等学校举办或与企业合作举办职业技术学院(或职业学院)。省、自治区、直辖市人民政府在对当地教育资源的统筹下，可以举办综合性、社区性的职业技术学院（或职业学院）。

（摘自1999年《关于深化教育改革全面推进素质教育的决定》）

04

第四章

经济增长方式转变加速内涵建设

一、两个转变

改革开放以来，我国充分发挥了本土人力资源和自然资源的优势，很大程度上走的是偏重资源消耗的粗放型经济发展道路。虽在短期内实现了国民经济的快速发展，甚至成了“世界工厂”，但也造成了极大的资源浪费、环境污染等关切人类福祉的现实问题。特别是在创新能力及核心技术掌握方面，我国与发达国家的差距依然明显。虽然党的十四大就确立了社会主义市场经济体制，也提出了对我国经济增长方式进行重大变革的要求，但总体效果并不明显，粗放型增长仍然是我国大部分工农业生产的突出特征。1995年召开的十四届五中全会就曾明确指出：“资源消耗高、资金周转慢、损失浪费严重、经济效益低的粗放型经济增长方式，是当前经济生活中许多矛盾和问题的症结所在。”因此，党中央《关于国民经济和社会发展“九五”计划和2010年远景目标纲要的报告》提出：“实现今后15年的奋斗目标，关键是实现两个具有全局意义的根本性转变——一是实现从传统的计划经济体制向社会主义市场经济体制的转变，二是经济增长方式由粗放型向集约型的转变。”

从此以后“两个根本性转变”上升为了国家战略方针，尤其是“转变经济增长方式”成为党和国家重要文件的高频词语。

1996 年 3 月 28 日，在与四所交通大学负责人座谈的会上，江泽民明确指出：“我们的经济工作正在实现经济体制和经济增长方式的两个根本性转变。在这种新的形势下，我们的教育工作必须要进一步解决两个重要问题——一是教育要全面适应现代化建设对各类人才培养的需要，二是要全面提高办学的质量和效益。这也可以说是当前全国教育工作面临的两个重要转变。”

二、示范校

图为江苏省泰州中学的体育活动课。该校创办于1902年，是一所历史悠久、具有优良办学传统的国家级示范性普通高中

为加速人才培养，推动普通高中教育的发展，带动我国教育水平的提高，1994年《国务院关于〈中国教育改革和发展纲要〉的实施意见》颁布，其中针对高中教育的发展，要求："到2000年普通高中在校生要达到850万人左右，每个县要面向全县重点办好一两所中学，全国重点建设1000所左右实验性、示范性的高中。"国家教委于1995年发出《关于评估验收1000所左右示范性普通高级中学的通知》，提出在2000年以前分期分批建设并评估验收1000所左右示范性普通高级中学（下称"示范性高中"），要求各级政府、教育行政部门和社会各界进一步重视和加强示范性高中的建设，增加投入，改善办学条件，调动示范性高中的积极性，深化教育改革，发挥示范性高中在全面贯彻教育方针，全面提高教育质量方面的示范作用。为此，国家教委制定了《示范性普通高级中学评估验收标准（试行）》（下称《标准》）作为引导各地加强示范性高中建设的指导性意见和评估验收示范性高中的基本依据。先由学校自评、申报，主管教育行政部门审核，省、自治区、直辖市人民政府组织评估，符合《标准》的，再由省（区、市）人民政府报国家教委，经评估验收后正式公布申报步骤，组织有计划、有步骤的分期分批建设。并指出对国家教委公布的示范性高中实行定期复查，不搞"终身制"。如复查发现问题，要责成当地政府和学校加以改正；对少数办学问题较多，达不到《标准》要求的，取消示范性高中的称号。

然而，就在这个通知发布的第二年，示范性高中评估验收活动就被国家教委叫停了。对于其中的缘由，有学者作出了如下分析：

国家教委出台的有关政策，虽然将过去的“重点高中”改为“示范性高中”，并附加了“对薄弱高中扶持改进的积极措施”等条件，但它对各地高中建设的导向作用，与过去重点高中的政策并无实质区别，甚至可以看作是对我国重点学校制度的一脉相承。示范性高中评估标准对学校硬件设施这些可见标准的过分强调，更导致评估实施后许多学校过分注重规模和硬件建设的倾向。为规避评估活动的消极影响，1996年国家教委叫停了示范性高中评估活动。

（摘自张巧灵、冯建军的《公平视野下重点高中政策的合理性审视》）

更深层次的原因是重点高中或示范性高中政策是在我国教育资源相当匮乏，而现代化建设又需要快出人才、多出人才、出好人才这一历史境遇下，采取集中资源办大事的特殊策略。在有着特殊国情的特殊时期采取重点高中制度这一特殊策略应该说是符合国情且高效的，是当时我国教育在短时间内实现较大发展不得不为的，其历史合理性非常明显。然而，当我们即将进入到义务教育基本普及，高等教育及职业教育迈入了大众化阶段的历史时期，这一特殊策略已经失去了原有的特殊国情，“其现实合理性已经丧失”。

但是示范性普通高中建设并没有随着国家教委的叫停而停止，全国各省市依据自身经济社会发展实际陆续开展了名称虽有所差异，但均是指向提升办学水平、发挥示范性的普通高中建设。

大致与示范性高中建设同步，国家有关部门先后组织实施了各类中等职业学校和高等职业学院的评估认定和示范建设工作，旨在形成一批在教育教学及管理等方面发挥示范作用的高质量职业教育学校，带动整个职业教育水平的提升。

其中，在中等职业教育建设方面，早在1980年就有239所中专被评定为全国重点，1990年又评出了455所省级重点职业高级中学。1994年国家教委评出了249所国家级重点中等专业学校，劳动部批准了47所国家级重点技工学校。1996年国家教委评出了296所国家级重点职业高级中学。1999年劳动和社会保障部对1995年以前认定的国家级重点技工学校组织重新认定，其中重新认定了75所，新批准了40所。2001年有1176所中等职业学校被教育部认定为国家重点。

链接

20世纪90年代至21世纪初我国重点中等职业学校评估认定情况

年份	文件	评定情况
1990	国家教育委员会办公厅《关于对职业高级中学开展评估，认定“省级重点职业高级中学”的通知》（教职厅〔1990〕007号）、《省级重点职业高级中学的标准》（教职厅〔1990〕008号）	455所省级重点职业高级中学
1993—1994	《国家教育委员会关于评选“国家级、省部级重点普通中等专业学校”的通知》（教职〔1993〕12号）	249所国家级重点中等专业学校
	《劳动部关于公布国家级重点技工学校名单的通知》（劳部发〔1994〕337号）	47所国家级重点技工学校
1995—1996	《关于开展国家重点职业高级中学评估认定工作的通知》（教职厅〔1995〕1号）	296所国家级重点职业高级中学
1999—2001	《教育部关于印发〈关于调整中等职业学校布局结构的意见〉的通知》（教职厅〔1999〕3号）	1176所国家级重点中等职业学校
	《劳动部关于印发〈国家重点技工学校标准〉（修订）的通知》	115所国家级重点技工学校

进入21世纪之后，教育部在前期中等职业学校合格评估工作的基础上，对国家级重点中等职业学校开展调整认证工作。2003年到2005年期间，共计评估认定了1633所国家级重点中等职业学校。从2006年起，教育部决定将国家级重点中等职业学校的认定工作作为中等职业教育发展的常规工作，每年进行一次。

特别是2010年以来，我国职业教育改革发展进入了质量全面提升的关键阶段。在这一年教育部颁布的《中等职业教育改革创新行动计划（2010—2012年）》，把“支持国家中等教育改革发展示范学校建设”作为基础能力建设的重要目标和“十大计划”的重要内容。同一年，由教育部、人力资源与社会保障部、财政部联合下发的《关于实施国家中等职业教育改革发展示范学校建设计划的意见》，决定在2010年到2013年期间由中央财政在全国范围内重点支持建设一

中等职业学校的学生在上缝纫课

批示范性中等职业学校。经过连续四年的建设，到2013年4月，共计评审出了1000所国家中等职业教育改革发展示范校。

在高等职业教育建设方面，各类示范性高等职业院校的评估认定工作也与前两者大致同步地陆续展开。1995年，国家教委下发《关于开展建设示范性职业大学工作的通知》拉开了建设示范性职业大学的序幕。之后的两年间国家教委陆续批准了15所高职院校为国家示范性职业大学试点学校。1999年，国务院转批的《面向21世纪教育振兴行动计划》要求挑选30所现有学校建设示范性职业技术学院。为此，同一年教育部启动了为期两年（2000—2001年）的示范性职业技术学院建设工作，分两批共计评估认定了31所示范性职业技术学院。2002年，中央财政抽调12.45亿元专项资金，又重点支持建设了41所示范性高等职业院校。到2005年，全国在建示范性高等职业院校达到了67所（上述共计72所示范性高等职业院校中有4所为重复建设）。

2005年10月，《国务院关于大力发展职业教育的决定》（下称《决定》）出台，决定组织实施职业教育示范性院校建设计划，重点打造100所示范性高职院校，被称为高职中的“211工程”。作为对《决定》的落实，教育部、财政部2006年下发《关于实施国家示范性高等职业院校建设计划，加快高等职业教育改革与发展的意见》，该意见对国家示范性高等职业院校建设计划的目标任务、主要内容、各方责任及具体步骤作了具体明确的规定，并指出在“十一五”期间国家将至少抽调20亿专项资金支持100所示范性高等职业院校的建设。在随后连续三年的建设中，中央财政实际共计投了24.3亿元，地方财政投入了60多亿元，行业企业投入近15亿元。至2011年，参与示范性职业院校项目的100所单位全部通过了验收。

2010年，教育部、财政部决定继续实施“国家示范性高等职业院校建设计划”。这一年6月下发的《教育部、财政部关于进一步推进“国家示范性高等职业院校建设计划”实施工作的通知》，提出新增100所左右“国家示范性高等职业院校建设计划”骨干高职院校。11月即完成了对100所骨干高职院校立项建设单位的确定。

三、“八字方针”

改革开放以来，我国高等教育事业获得长足发展，取得了令人瞩目的成绩。高等教育毛入学率和在校生数量跃居世界首位，不仅完成了从精英教育到大众教育的转变，且已进入高等教育的普及阶段，为数百万原本无望读大学的青年学生提供了接受高等教育的机会，极大地满足了广大人民群众接受高等教育的热切愿望。这些成就的取得有多方面的原因，如整个国家经济发展水平的快速提升，城镇化进程的加快，中等教育普及，劳动力市场的需求，人们对更多更高教育的追求，政府政策的引导和激励，等等。但其中起到基础性作用的因素则是高等教育制度，尤其是高等教育管理体制的变革与重构。

我国原有的高等教育管理体制创建于20世纪50年代，是高度集中的计划经济体制在教育领域的具体化，表现为国家集中计划、中央部门和地方政府分别办学并直接管理，呈现出中央各部门系统办学和地方省、市办学的条块分割的高等教育格局。这一管理体制在中华人民共和国成立初期的宏观环境中，对于保证高等教育投资，培养专门人才，提高教育效益，对接社会经济发展最大的需要，加快我国工业化进程起到了积极作用。然而，随着社会主义市场经济体制的逐步确立和发展，经济体制的重要转变已成事实，国有企业大多下放或转制到地方，政府的管理方式也由直接管理逐渐转向以间接管理为主，由微观管理转向宏观管理。

原有的高校管理体制既不能适应社会主义市场经济发展的要求，也明显制约了高等教育的发展。国务院原副总理李岚清在其教育访谈录中就曾对20世纪90年代之前高等教育管理体制存在的问题与影响有过具体的描述。他说道：

> 在改革前，我国的高等教育基本格局是中央一套、地方一套，低水平重复建设。中央部委的院校办学是面向全国、面向行业的，地方需要人才不能从那里得到满足，地方就要自己办一套。而中央所属高校也是分别由各部委办的，后来有不少地方的行业行政管理部门（厅、局）也办了高校。此后，有的地方就形成“你有什么，我也有什么”，与中央部门所属院校和专业设置更加重复。我曾形象地描绘当时高等教育资源被分割的局面，就好像一块蛋糕，先被横切，再被竖切，左切右切，最后被切成蛋糕屑了。中央部委所属的高等院校虽然历史较长、基础较牢，但由于数量太多，经费有限，主管部门鞭长莫及，高校发展步履维艰。改革前中央部委所属院校共有571所，仅机械部一个部就有25所。当时有的部委直属高校的同志无奈地说，我们出身于“多子女家庭”，一碗饭得大家分着吃，只能熬苦日子。而地方所属高等院校的总体情况是办学历史较短、基础相对较差。尽管与中央所属院校的许多专业是重复的，但因为他们是地方的“亲儿子”，地方也得竭尽全力地予以支持，形成了一个大家都陷入低水平重复建设的困境。再加上中央所属院校在观念上或多或少摆出一副“我是为全国服务”的架子，对地方培养人才、对地方经济发展和社会进步的关心支持不够。地方自己还有许多“亲儿子”嗷嗷待哺，压力也很大，因此中央所属院校也难以得到地方的有力支持，从而加剧了高校办学上的两难困境。

李岚清的这段描述，真实概括和反映了20世纪90年代以前，我国高等教育中央一套、地方一套，低水平重复建设，“大家都吃不饱，大家也吃不好”的基本格局。

链接

1954 年，全国共有高等学校 188 所，由省、自治区、直辖市管理的学校只有 17 所。1955 年，全国高等学校发展到 227 所，全部隶属于高等教育部和中央业务部门领导。1958 年，由中央有关部门领导的 229 所高等学校中的 187 所（约占学校总数的 81%）下放地方领导。下放后由于缺乏宏观指导，仅三年时间，全国高等学校就从 229 所猛增到 1289 所。1965 年，全国共有 434 所高等学校，其中高等教育部门直接管理 34 所，中央业务部门管理 149 所，省、自治区、直辖市管理 251 所。1966 年到 1976 年，教育部所属的高等学校全部交由省、自治区、直辖市领导；中央业务部门直接管理的学校除在北京的以外，也全部交所在省、自治区、直辖市领导。1985 年，全国普通高校共 1002 所，其中教育部举办的 34 所，其他中央业务部门举办的 273 所，省、自治区、直辖市举办的 695 所。

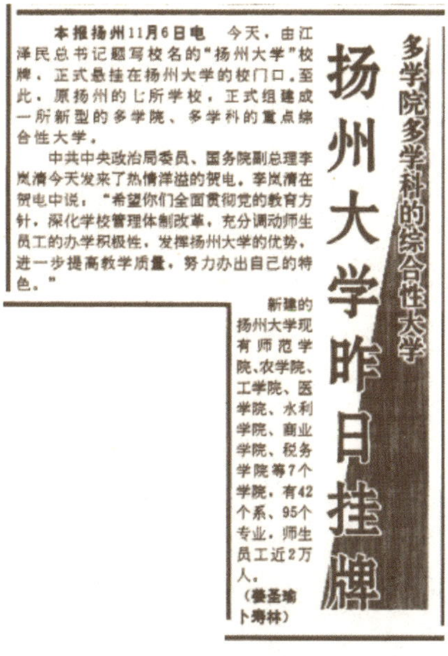

多学院多学科的综合性大学

扬州大学昨日挂牌

本报扬州11月6日电 今天，由江泽民总书记题写校名的"扬州大学"校牌，正式悬挂在扬州大学的校门口。至此，原扬州的七所学校，正式组建成一所新型的多学院、多学科的重点综合性大学。

中共中央政治局委员、国务院副总理李岚清今天发来了热情洋溢的贺电。李岚清在贺电中说："希望你们全面贯彻党的教育方针，深化学校管理体制改革，充分调动师生员工的办学积极性，发挥扬州大学的优势，进一步提高教学质量，努力办出自己的特色。"

新建的扬州大学现有师范学院、农学院、工学院、医学院、水利学院、商业学院、税务学院等7个学院，有42个系、95个专业，师生员工近2万人。

（娄圣瑜 卜寿林）

在1992年之前，我国高等教育布局结构调整就已经开始。1985年颁布的《中共中央关于教育体制改革的决定》就曾提出"扩大高等学校办学自主权"的问题。但这一时期的高等教育布局结构调整仅是出现在少数地区，调整数量相对较少，参与调整及调整后的高校办学层次普遍不高，办学规模较小，在全国高等教育系统中产生的影响不大。

1992年，江苏农学院、江苏商业专科学校、江苏水利工程专科学校、扬州工学院、扬州医学院、扬州师范学院和国家税务局扬州培训中心合并组建扬州大学。自此，我国高校布局结构改革工作正式启动。这一时期，在合并新建的20所院校中，除了扬州大学、郑州大学外，参与合并的高校仍以专科学校和成人高校为主，多为“强弱合并”或“同类合并”。

1993年，参与布局结构调整的高等院校数量虽有所减少，但这一年的调整多为以增强实力为目的的“强强联合”，或以学科综合为目的的“互补性合并”。如在这一年新成立的贵州大学就是由原贵州大学和贵州人民大学合并而成，南昌大学是由江西大学和江西工业大学合并而成，青岛大学则由原青岛大学与山东纺织工学院、青岛医学院及青岛师范专科学校合并而成。也是在这一年，国家教委与广东省人民政府共建中山大学和华南理工大学，6月又与山东省共建山东大学和青岛海洋大学。

1995年，由国务院办公厅转发的国家教委《关于深化高等教育体制改革的若干意见》提出：要着重抓好高等教育管理体制的改革，争取到2000年或稍长一点时间，基本形成举办者、管理者和办学者职责分明，以财政拨款为主多渠道经费投入，中央和省、自治区、直辖市人民政府两级管理、分工负责，以省、自治区、直辖市人民政府统筹为主，条块有机结合的机制框架。到1996年，“共建”“合并”“合作”“协作”“划转”作为高等教育管理体制改革的主要形式成为官方和实践一线的共识。从1995年到1997年的三年间，参与合并及形成的新高校在数量和质量上相较前几年均有所提高，在合并形成的55所院校中，专科层次院校仅有6所，大多数是如同济大学、宁夏大学、广西大学、苏州大学等“强强合并”或“互补性合并”而形成。

在党的十五大提出“优化教育结构，加快高等教育管理体制改革的步伐，合理配置教育资源，提高教育质量和办学效益”之后，高等院校管理体制改革进入到全面推进阶段。1998年，国务院作出《关于调整撤并部门所属学校管理体制的决定》，对原归属9个部委的普通高校、成人高校以及中等专业学校的管理体制进行调整，涉及普通高校93所、成人高校72所。这一年的11月，李岚清副总理把原来的“共建”“合并”“合作”“协作”“划转”五种改革形式归纳为“共建、调整、合作、合并”四种，简称为“八字方针”。1999年，又有25所普通高校、34所成人高校及几百所中专和技校完成了管理体制改革。随后，国务院又作出了《关于进一步调整国务院部门（单位）所属学校管理体制和布局结构的决定》，调整了国务院机构改革后的50个部委和单位所属高校的管理体制及布局。

从20世纪90年代初到21世纪初的十余年间，全国共有556所高等学校（普通高等学校387所、成人高校169所）合并调整为232所（普通高等学校212所、成人高校20所），减少了324所，形成了如上海大学、南昌大学、扬州大学、广西大学等高校合并重组的典型，以及像浙江大学、吉林大学这样的“航空母舰”高校。

在这期间，让老百姓感受最为明显的高校合并是一批重要大学的合并举措。除了前面提到的浙江大学之外，1999年中央工艺美术学院合并进清华大学。2000年，已于1995年合并组建的上海铁道大学并入同济大学，广州大学与其他8所院校合并成新的广州大学，华中理工大学与同济医科大学、武汉城市建设学院合并组建为华中科技大学，吉林大学与其他4所院校合并组建新的吉林大学，武汉大学与其他3所院校合并组建新的武汉大学。

此外，这一时期还有不少规模较大、水平较高的医科大学并入综合性大学。2000年北京医科大学并入北京大学，上海医科大学并入复旦大学，四川联合大学与华西医科大学合并组建为四川大学。2001年中山医科大学并入中山大学。

2000年7月10日，经教育部批准，河南省委、省政府将郑州大学、郑州工业大学、河南医科大学强强合并，宣布组建新的郑州大学。图为2002年郑州大学新校区一角（何进喜　摄）

链接

“八字方针”

在“共建、调整、合作、合并”的“八字方针”中，“共建”即将部委与地方各自办学转变为共同办学，高校除了为部门和行业服务外，还要为当地经济建设和社会进步服务，并从中获得办学经费；“调整”即针对高等教育区域设置不合理或办学体系不合理的问题进行适当的调整，将那些专业通用性强，地方建设又需要的中央部门所属院校划转地方政府管理;“合作”即距离相近的不同学科类型的学校，实行资源共享、协同发展，共同提高办学水平和效益；“合并”即根据学科优势互补和提高规模效益的原则，因地制宜地将某些学校合并一体，以进一步优化教育结构和提高教育投资的使用效率。

四、“211工程”与“985工程”

国家教委在1990年6月研制全国教育事业十年规划和“八五”计划时就曾考虑集中力量重点办好一批高校的问题。当时提出在二到三个“五年计划”内，有计划地重点投资建成30所左右的重点大学。后考虑到要形成一批行业带头学校，经过多次研究，确定了到2000年前后，重点建设的高等学校为100所左右，并要求将此事当作面向21世纪的大事来抓。这项发展高等教育的重要措施开始简称为“211计划”，后来确定为“211工程”。

1991年4月，重点办好一批大学和一批重点学科被列入七届全国人大四次会议批准的《国民经济和社会发展十年规划和第八个五年计划纲要》。1991年12月，国家教委会同有关部门就“211工程”问题向国务院和有关领导作了专门报告。1992年8月26日，国务院第111次常务会议纪要明确提出：“会议原则同意教委和有关部门提出的面向21世纪，重点办好一批（100所）高等院校的‘211工

“211工程”即将启动

本报讯 通讯员赵健青从国家计委获悉：我国高等教育跨世纪战略工程——“211工程”总体建设规划已经国务院批准，即将由国家计委、国家教委、财政部发布实施。

“211工程”的具体内容是，“面向21世纪，重点建设100所左右的高等学校和一批重点学科”。《规划》制定了“211工程”的3个具体目标：一是通过工程建设，使一批高等学校和重点学科点在教育质量、科学研究、管理水平和办学效益等方面有较大提高，在高等教育改革特别是管理体制改革方面有明显进展，起到骨干和示范作用；二是面向经济建设，适应地区和行业发展，使其成为立足国内培养高层次人才，解决经济建设和社会发展重大问题的基地；三是少数重点高等学校和重点学科，接近或达到国际同类学校和学科的先进水平。

据悉，“211工程”作为国家重点建设项目将列入国民经济和社会发展中长期规划和第九个五年计划，分期滚动实施。

程’规划意见。”

1992年10月29日，中央政治局常委会会议讨论了《中国教育改革和发展纲要（草案）》。会议认为，该纲要提出要办好100所重点大学，这很重要，把这些学校办好可以把整个高等教育带动起来。1993年1月，国务院转批了国家教委《关于改革和积极发展普通高等教育的意见》，文件中明确了“211工程”的建设目标。同年2月13日，党中央、国务院正式发布的《中国教育改革和发展纲要》明确指出：“要集中中央和地方各方面的力量办好100所左右重点大学和一批重点学科、专业。”随即在7月，国家教委发出《关于重点建设一批高等学校和重点学科点的若干意见》，决定设置“211工程”重点建设项目，即面向21世纪，重点建设100所左右高等学校和一批重点学科点，1994年5月开始启动部门预审。

链接

“211 工程”是一个以倾向性资金为保障实现重点办学、有选择地发展高等教育事业的工程。所需建设资金采取中央、有关主管部委、地方政府和高等学校共同筹集的方式解决。建设内容主要包括学校整体条件、重点学科和高等教育公共服务体系建设三大部分。学校整体条件建设是基础；重点学科建设是核心，是体现教学科研水平的重要标志，是带动学校整体水平提高的有效途径；高等教育公共服务体系以重点建设的学校为依托，按照资源共享、服务全国的原则，从整体上加强我国高等教育基础设施建设，提高高等学校的办学水平和办学效益。

1995年，经国务院批准，“211工程”正式启动建设。“九五”期间“211工程”在99所高校中实施建设，主要安排了602个重点学科和2个全国高等教育公共服务体系建设项目。“九五”建设资金为186.3亿元，其中中央安排专项资金27.5亿元，部门和地方配套103.2亿元，学校自筹55.6亿元。在这些专项建设资金中，用于重点学科建设64.7亿元，学校和全国的公共服务体系建设36.1亿元，基础设施建设等85.5亿元。

“十五”期间，“211工程”在107所大学中实施建设，主要安排了821个重点学科和3个全国高等教育公共服务体系建设项目，并加强了师资队伍建设。“十五”建设资金为187.6亿元，其中中央专项资金60亿元，部门和地方配套59.7亿元，学校自筹67.8亿元。用于重点学科建设97.9亿元，公共服务体系建设37.1亿元，师资队伍建设22.2亿元，基础设施建设等30.4亿元。

2008年1月16日，国务院总理温家宝专门主持召开了国务院常务会议，听取高等教育“211工程”的有关汇报。会议同意进行“211工程”三期建设。此后，

数字“211工程”

- 育人能力大幅提升，培养了一大批优秀人才
- 缩小了与世界一流大学的差距
- 公共服务体系建设成果显著
- 吸引和汇聚大批优秀人才
- 建成一批具有国际先进水平的学科基地
- 西部人才队伍建设成效显著
- 学科装备条件显著改善

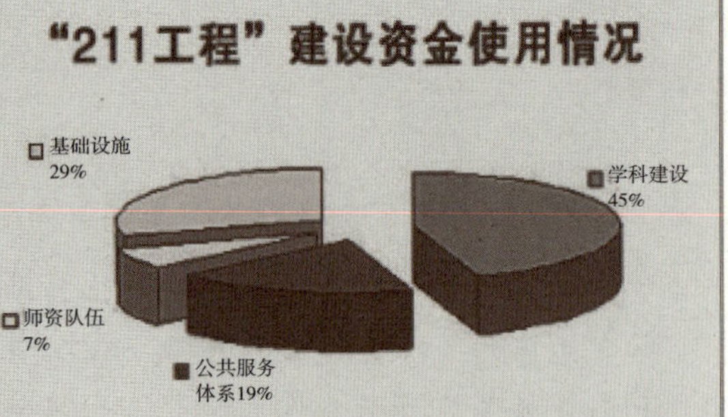

宁夏大学、青海大学、西藏大学、河南大学等地方高校被列入“211工程”第三期行列。

在进行“211工程”建设的同时，国家还实施了“985工程”建设。早在1995年，我国有的高校就曾提出“创建世界一流大学”的构想。如当时的清华大学就曾提出“要逐渐把学校建成世界一流的具有中国特色的社会主义大学”。北京大学也提出建设世界一流大学的发展目标。江泽民为复旦大学90周年校庆的题词中就曾提出：“面向新世纪，把复旦大学建设成为具有世界一流水平的社会主义综合性大学。”

1997年中国科学院在规划和推进“知识创新工程”时，向党中央、国务院提交了《迎接知识经济时代，建设国家创新体系》的报告。该报告提出到2010年要“建设一批国际知名的国家知识创新基地（国立科研机构和教学科研型大学）”。1998年5月，江泽民在北京大学百年校庆的讲话中宣告：“为了实现现代化，中国要有若干所具有世界先进水平的一流大学。这样的大学，应该是培养和造就高素质的创新人才的摇篮，应该是认知未知世界、探索客观真理、为人类解决面临的重大课题提供科学依据的前沿，应该是知识创新、推动科学技术成果向现实生产力转换的重要力量，应该是民族优秀文化与世界先进文明成果交流借鉴的桥梁。”自此，我国创建世界一流大学的探索事业正式开启。1999年，国务院批转教育部《面向21世纪教育振兴行动计划》，决定重点支持北京大学、清华大学等部分高校创建世界一流大学和高水平大学，简称“985工程”。

“985工程”是在“211工程”目标的基础上向更高的奋斗目标前进，致力于经过20年或稍长一段时间的努力，通过政策导向和重点扶持，最终实现在我国建设若干所世界一流大学和一批世界一流学科的目标。自1998年起中央政府从每年的中央本级财政教育经费占本级财政支出比例年增长1%的经费中，设立专项资金重点支持三十几所国内著名重点大学进入国际先进行列。一期工程侧重学校整体建设和重点学科建设；二期则是“巩固一期建设成果，为创建世界一流大学和一批国际知名的高水平研究型大学进一步奠定坚实基础，使一批学科达到或接近国际一流学科水平”。

与“211工程”相比，“985工程”建设的院校更为有限和集中，绝大多数院校都经历过“211工程”的建设过程；资金投入力度更大，三期围绕加快推进世界一流大学和高水平大学建设，投入达到了881亿元人民币，为高校发展提供了经费支持。

2011年4月，胡锦涛在庆祝清华大学建校100周年大会的讲话中明确提出坚定不移走以提高质量为核心的内涵式发展道路。他指出，要积极推动协同创新，通过体制机制创新和政策项目引导，鼓励高校同科研机构、企业开展深度合作，建立协同创新的战略联盟，促进资源共享，联合开展重大科研项目攻关，在关键领域取得实质性成果，努力为建设创新型国家作出积极贡献。

2012年4月，教育部与财政部印发《关于实施高等学校创新能力提升计划的意见》，标志着旨在强调协同创新的“2011计划”正式启动。“2011计划”作为对“211工程”“985工程”的发展和延续，以人才、学科、科研三位一体的创新能力提升为核心任务，以高校、科研机构、企业协同创新中心为载体，以创新发展方式为主线，推动深化高校机制体制改革。

经过“211工程”“985工程”“2011计划”及后面章节将会论述的近年来实施的“双一流”建设，我国高等教育取得了显著进步，办学质量越来越得到国际的肯定和认可。在《美国新闻和世界报导》杂志2017年对全球65个国家的1000所大学排名中，北京大学和清华大学进入国际前100行列，复旦大学、中国科学技术大学、上海交通大学、浙江大学和南京大学进入国际前200名行列。在2018年9月3日艾瑞深中国校友会网公布的2018中国大学ESI全球前1%学科排名榜单中，北京大学、中山大学和清华大学位列200强前三名。2008年至2018年北京大学有21个学科跻身ESI全球前1%，雄居艾瑞深中国校友会网2018中国大学ESI全球前1%学科排行榜榜首，彰显出北京大学雄厚的国际学术影响力、学科实力和发展均衡的学科布局。中山大学有19个，位列第2；清华大学、浙江大学、上海交通大学各18个，并列第3；复旦大学和南京大学各17个，并列第6；四川大学和武汉大学各16个，并列第8；中国科学院大学、华中科技大学和山东大学各15个，并列第10。

05

第五章

经济全球化助推国际化进程

一、WTO效应

随着经济全球化的深入发展，1995年我国政府向关贸总协定提请的“复关”谈判转变为申请“入世”谈判。2001年11月10日下午，我国正式被批准加入世贸组织（WTO）。“服务贸易总协定”（GATS）是世贸组织所有成员必须遵守的法律框架，教育服务部门是其规定的成员市场准入部门之一。加入世贸组织后，除义务教育阶段和如军事、警察、政治及党校教育等特殊教育外，我国政府对初等教育、中等教育、高等教育、成人教育及其他教育服务均作出了有选择对外开放的承诺。这意味着世贸组织的加入对我国教育而言既提供了前所未有的挑战，也提供了立于世界舞台，利用世界资源，加速国际化进程的机遇。

链接

教育服务的六大发展目标：引进优质教育资源；加快国内教育机构能力建设，提高办学水平和人才培养质量；大力发展来华留学教育，使我国成为亚洲地区最大的留学目的地国；加快汉语国际推广，提高汉语国际影响力；促进境外办学健康发展；稳步开拓教育服务国家市场，积极参与国际教育服务。

教育服务的七大重点工作：为国内教育机构积极稳妥地扩大教育服务出口提供政策支持；积极推进教育服务贸易便利化；支持国内教育机构提高教育服务创新能力和竞争能力，开发、培育具有国际竞争力和比较优势的教育服务项目；鼓励教育机构开发、经营国际市场，积极参与国际竞争；积极稳步推进孔子学院建设，对重点地区进一步加大投入力度；加强教育服务贸易领域知识产权保护，建立境内外教育服务支持网络；建立健全教育服务质量监控体系、信息化服务体系、政策保障体系、组织管理体系。

（摘自《服务贸易发展“十二五”规划纲要》）

例如，在经费资助方面，2002年5月，教育部重新修订了《留学回国人员科研启动基金管理规定》，对有关资助的原则性规定作了重申。2003年11月，设立"海外高层次留学人才引进专项经费"，重点资助引进的海外高层次留学人才。2005年，人事部印发《关于继续开展高层次留学人才回国资助试点工作的通知》，强调依据"突出重点、优先支持"的原则，对国内急需发展的先进制造业、信息科学、新材料、新能源、生命科学、航天航空等领域，以及关系国计民生或有重要影响的行业从海外引进的高级专业技术或管理人才进行重点资助。

在引进方式方面，2001年教育部等五部门联合印发《关于鼓励海外留学人员以多种方式为国服务的若干意见》，鼓励海外留学人员可以采取多种方式回国工作，如通过创办企业、兼职、人才培养、合作研究、委托研究、从事中介服务等多种适当方式为祖国发展服务。2007年，《教育部关于进一步加强引进海外优秀留学人才工作的若干意见》提出要充分利用信息技术及大数据，探索编制海外优秀留学人才需求目录，建立和完善海外优秀留学人才数据库，实现对海外人才需求的预测和需求信息的精准发布。

在平台建设方面，国家设置了众多高水平项目吸引留学人员回国服务。1993年启动"跨世纪优秀人才计划"，1994年设立"国家杰出青年科学基金"，1996年启动"春晖计划"，1998年推出"长江学者奖励计划"，2008年由中组部等多部门联合启动引进海外高层次人才的"千人计划"。

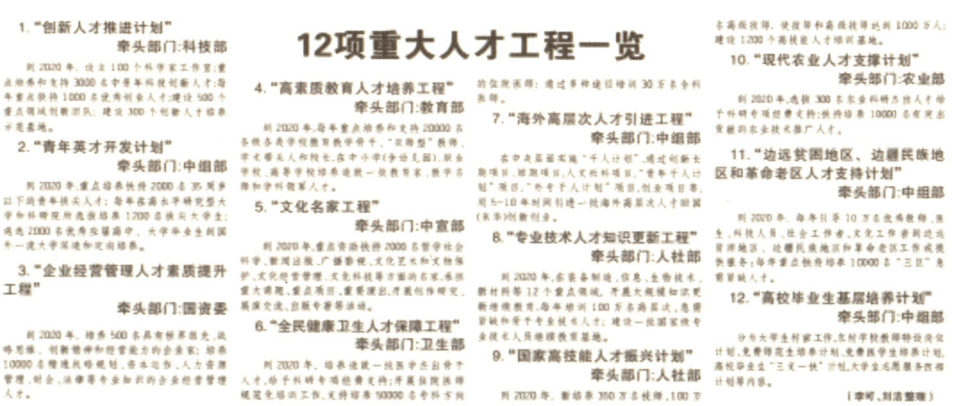

12项重大人才工程一览

1."创新人才推进计划"

牵头部门:科技部

到2020年，设立100个科学家工作室；重点培养和支持3000名中青年科技创新人才；每年重点扶持1000名优秀创业人才；建设500个重点领域创新团队；建设300个创新人才培养示范基地。

2."青年英才开发计划"

牵头部门:中组部

到2020年，重点培养扶持2000名35周岁以下的青年拔尖人才；每年依托高水平研究型大学和科研院所选拔培养1200名拔尖大学生；选拔2000名优秀应届高中、大学毕业生到国外一流大学深造和定向培养。

3."企业经营管理人才素质提升工程"

牵头部门:国资委

到2020年，培养500名具有世界眼光、战略思维、创新精神和经营能力的企业家；培养10000名精通战略规划、资本运作、人力资源管理、财会、法律等专业知识的企业经营管理人才。

4."高素质教育人才培养工程"

牵头部门:教育部

到2020年，每年重点培养和支持20000名各级各类学校教育教学骨干、"双师型"教师、学术带头人和校长，在中小学(含幼儿园)、职业学校、高等学校培养造就一批教育家、教学名师和学科领军人才。

5."文化名家工程"

牵头部门:中宣部

到2020年，重点资助扶持2000名哲学社会科学、新闻出版、广播影视、文化艺术和文物保护、文化经营管理、文化科技等方面的名家，承担重大课题、重点项目、重要演出，开展创作研究、展演交流、出版专著等活动。

6."全民健康卫生人才保障工程"

牵头部门:卫生部

到2020年，培养造就一批医学杰出骨干人才，给予科研专项经费支持；开展住院医师规范化培训工作，支持培养50000名专科方向的住院医师；通过多种途径培训30万名全科医师。

7."海外高层次人才引进工程"

牵头部门:中组部

在中央层面实施"千人计划"，通过创新长期项目、短期项目、人文社科项目、"青年千人计划"项目、"外专千人计划"项目、创业项目等，用5-10年时间引进一批海外高层次人才回国(来华)创新创业。

8."专业技术人才知识更新工程"

牵头部门:人社部

到2020年，在装备制造、信息、生物技术、新材料等12个重点领域，开展大规模知识更新继续教育，每年培训100万名高层次、急需紧缺和骨干专业技术人才；建设一批国家级专业技术人员继续教育基地。

9."国家高技能人才振兴计划"

牵头部门:人社部

到2020年，新培养350万名技师、100万名高级技师，使技师和高级技师达到1000万人；建设1200个高技能人才培训基地。

10."现代农业人才支撑计划"

牵头部门:农业部

到2020年，选拔300名农业科研杰出人才给予科研专项经费支持；扶持培养10000名有突出贡献的农业技术推广人才。

11."边远贫困地区、边疆民族地区和革命老区人才支持计划"

牵头部门:中组部

到2020年，每年引导10万名优秀教师、医生、科技人员、社会工作者、文化工作者到边远贫困地区、边疆民族地区和革命老区工作或提供服务；每年重点扶持培养10000名"三区"急需紧缺人才。

12."高校毕业生基层培养计划"

牵头部门:中组部

分为大学生村官工作、农村学校教师特设岗位计划、免费师范生培养计划、免费医学生培养计划、高校毕业生"三支一扶"计划、大学生志愿服务西部计划等内容。

(李珂、刘洁整理)

育和远程培训，打造品牌专业，优化专业结构，特别是重点打造汉语授课品牌专业，支持具有中国特色和国际比较优势的学位课程，提高国际影响力；在政府奖学金方面，着力构建政府主导、社会参与、主体多元、形式多样的奖学金体系。2010年《留学中国计划》提出要保证我国政府奖学金的规模稳定增加，逐步推行奖学金各项内容货币化改革，鼓励并支持地方政府、学校、企事业单位以及其他社会组织、自然人设立各类来华留学奖学金。

随着来华留学人员的增多，原有的来华留学制度面临着新的形势和挑战，对来华留学工作提出了更多更高的要求。2015年，财政部、教育部发出《关于完善中国政府奖学金资助体系和提高资助标准的通知》，作出了提高政府奖学金的决定，并将奖学金资助内容划分为学费、住宿费、生活费、综合医疗保险费和国际旅费五类，进一步完善奖学金发放和管理的机制。2017年教育部出台《学校招收和培养国际学生管理办法》，再次明确高等学校在国际学生招收、教学、日常管理和服务以及毕业后的校友联系等职能外，需设置国际学生辅导员岗位，及时了解国际学生的学习、生活需求，做好信息、咨询、文体活动等方面的服务工作。

链接

中美教育交流

1979年1月中美建交伊始，邓小平与美国总统卡特签署了《中华人民共和国政府和美利坚合众国政府科学技术合作协定》。1985年7月，两国在该协定的框架内签署了《中华人民共和国政府与美利坚合众国政府教育交流合作议定书》。2000年3月，两国签署了《中华人民共和国政府和美利坚合众国政府教育交流合作协定》。2006年11月两国在北京又签署了《关于进一步扩大教育合作与交流的谅解备忘录》。根据这些协定与备忘录，两国在教育高层磋商机制、语言教学、高层次人才联合培养和联合科研以及基础教育领域进一步加强合作，促进了两国教育交流与合作蓬勃发展。

两国教育交流的形式广泛，包括高等教育、职业技术教育、中小学教育，以及科技、文化、社科、语言等各类学科。项目合作是中美两国教育交流的重要形式，包括了富布莱特项目、美中友好志愿者项目、中美网络语言教学项目、AP 中文项目、汉语水平考试项目和孔子学院项目等，双方还不定期召开“中美大学校长圆桌会议”。

美中友好志愿者项目是中美两国政府的合作项目。1988 年，中美双方就美国派遣和平志愿者来华任教达成协议。1998 年 6 月 29 日，教育部与美方在北京签署了《中华人民共和国政府与美利坚合众国政府关于在中国实施美国志愿者项目的协议》。项目由外交部负责协调,教育部归口管理，中国教育国际交流协会具体实施。根据协议，志愿教师主要在四川、重庆、贵州和甘肃等西部四省市从事高等师范专科院校基础英语和环保课程的教学，任期两年。1993 年首批教师来华。

2002 年启动的“中美网络语言教学项目”是中美建交以来两国教育部门开展的最具实质性的合作项目之一。该项目是通过中美专家合作，应用网络、多媒体和模拟等先进技术，开发出一套国际一流的网上英语和汉语学习及教学系统，为美国中学生学习汉语和中国学生学习英语提供良好的学习资源。

美国富布莱特项目是中美两国政府正式教育交流项目，在中国高校，特别是重点高校中的影响力很大。自 1985 年开始，我国每年派遣 20 名左右人文与社会科学领域的访问学者和研究生赴美研究或攻读学位，美方派遣 20 名人文与社会科学领域的教师来华讲学。

中俄教育交流

从 1992 年开始，中俄教育交流的规模不断扩大，逐渐恢复到 20 世纪五六十年代的水平。特别是在 20 世纪 90 年代中后期，中俄双方开始致力于建立战略协作伙伴关系，中俄教育合作与交流在深度和广度上不断拓展，

朱镕基签署国务院令
《中华人民共和国中外合作办学条例》公布

新华社北京3月12日电 国务院总理朱镕基3月1日签署国务院第372号令，公布《中华人民共和国中外合作办学条例》。这个条例已经国务院第68次常务会议通过，将于9月1日起施行。

这个条例是为了规范中外合作办学活动，加强教育对外交流与合作，促进教育事业的发展而制定的。

条例指出，中外合作办学是中国教育事业的组成部分。国家对中外合作办学实行扩大开放、规范办学、依法管理、促进发展的方针。国家鼓励在高等教育、职业教育领域开展中外合作办学，鼓励中国高等教育机构与外国知名的高等教育机构合作办学。中外合作办学者可以合作举办各级各类教育机构。但是，不得举办实施义务教育和实施军事、警察、政治等特殊性质教育的机构。

条例规定，中外合作办学应当符合中国教育事业发展的需要，保证教育教学质量，致力于培养中国社会主义建设事业的各类人才。中外合作办学者、中外合作办学机构的合法权益，受中国法律保护。中外合作办学机构依法享受国家规定的优惠政策，依法自主开展教育教学活动。

条例对中外合作办学机构的设立、组织与管理、教育教学、资产与财务、变更与终止和法律责任等都作了具体规定。

校、联合学院或双学位项目、项目合作等也蓬勃发展起来，我国高校在海外设立分校等探索也逐渐展开。2005年，宁波诺丁汉大学由教育部批准正式成立。2006年由西安交通大学与英国利物浦大学合办的西交利物浦大学正式挂牌成立。该校坐落在苏州，80%为外籍教师。2012年上海纽约大学成立，成为世界一流大学携手中国“985”重点大学创建的第一所具有独立法人资格的中美合作大学。两校的合作办学为我国探索了一种新型的合作办学模式。该校40%的专任教师来自全球招聘，40%来自华东师范大学和纽约大学联合聘用，20%是具有国外其他一流大学和研究机构背景的兼职教师和客座教授。此外，深圳北理莫斯科大学、浙江大学爱丁堡联合学院等高水平中外合作办学项目也表现出优异的发展势头。

与此同时，我国的境外办学也在国际舞台上崭露头角。2002年12月，教育部下发《高等学校境外办学暂行管理办法》，标志着我国境外办学制度的建立。除了下面要讲述到的孔子学院之外，还有北京师范大学英国卡迪夫大学中文学院、老挝苏州大学、北京语言大学东京学院、厦门大学马来西亚分校、云南财经大学曼谷商学院等境外办学机构。2016年7月21日由《人民日报》刊发的《不出国也能圆“留学梦”》一文提到的《我国高等学校境外办学发展报告》显示：

> 由于地域相邻、文化相近，国内高校拓展的海外教育市场主要集中于亚洲国家和地区，如新加坡、泰国、日本、斯里兰卡、越南、加纳等，还有少量外方合作者来自葡萄牙、德国、意大利等。在专业设置方面，我国大多数境外办学机构和项目开设的是具有中国传统特色的专业，如中医药、汉语言文学，占专业总数近40%。但在近年发展中，一些境外办学机构、项目也开始发挥专业特色和优势，比如西南大学与越南国立教育管理学院开展教育管理硕士项目，大连海事大学在斯里兰卡开展航海技术、轮机工程等学科合作。

六、孔子学院

2500多年前，孔子曾弃官离鲁，带领弟子周游列国。如今，孔子学院越洋过海，充当起中国对外教育文化交流的重要使者。孔子学院并非一般意义上的大学，而是推广汉语文化的教育和文化交流机构，是一个非营利性的社会公益机构。孔子学院最重要的一项工作就是给世界各地的汉语学习者提供规范、权威的现代汉语教材，提供最正规、最主要的汉语学习渠道。

2004年，国务院批准了对外汉语教学领导小组制定的对外汉语教学事业2003—2007发展规划——“汉语桥工程”，其中提到成立孔子学院北京总部及其在世界若干国家的分支机构，顺应世界上出现的学习中文的热潮，积极推动和支持国外的汉语教学，为各国提供教学资源。教育部副部长、国家对外汉语教学领导小组常务副组长章新胜认为：“中国走和平发展之路，必然在重视经济、科技、国防等硬实力建设的同时，更加重视软实力建设，追求本民族的文化和价值观对其他民族的吸引力与文化感召力；必然更加重视与其他民族和国家的沟通，加强文明间的对话，以减少偏见，消弭隔阂，消弭误解。”

2004年11月21日，中国国家对外汉语教学领导小组办公室（下称“国家汉

院。2013年6月19日，“孔子新汉学计划”启动。2014年9月27日，全球首个“孔子学院日”诞生。据国家汉办统计，截至2017年12月31日，全球146个国家（地区）有138国（地区）建立了525所孔子学院。其中，亚洲33国（地区）118所，非洲39国54所，欧洲41国173所，美洲21国161所，大洋洲4国19所。在79国（地区）共建立了孔子课堂1113个（科摩罗、缅甸、瓦努阿图、格林纳达、莱索托、库克群岛、安道尔、欧盟只有课堂，没有学院），其中，亚洲21国101个，非洲15国30个，欧洲30国307个，美洲9国574个，大洋洲4国101个。现有中外专兼职教师4.62 万人，各类面授学员170 万人，网络注册学员62.1 万人。全年举办各类文化活动4.2 万场，受众达1272 万人。中外方经费投入持续增加，双方比例为1：1.6，中外企业和社会各界捐赠折合1035 万美元。

七、PISA让中国教育更国际化

国际学生评估项目（PISA）是经济合作与发展组织（OECD）发起的学生能力国际比较研究，评估15岁学生适应未来社会挑战的能力，聚焦在学生的阅读、数学和科学素养上。该项目从2000年开始，每3年进行一次，每次从阅读、数学、科学素养中选择一个作为主要评估领域，另外两个作为次要评估领域。我国教育部考试中心于2006年引进并启动了PISA2006中国测试项目。2009年，作为中国大陆地区的“首发代表”，上海第一次参加PISA全球测评就在65个国家和地区中取得了阅读素养、数学素养和科学素养第一名的成绩。上海的这一成绩震惊了西方国家。在2012年的测评中上海再次蝉联三大榜单冠军。

链接

PISA2009各科分数

排名	国家或地区	数学得分	国家或地区	阅读得分	国家或地区	科学得分
1	中国上海	600	中国上海	556	中国上海	575
2	新加坡	562	韩国	539	芬兰	554
3	中国香港	555	芬兰	536	中国香港	549
4	韩国	546	中国香港	533	新加坡	542
5	中国台湾	543	新加坡	526	日本	539
6	芬兰	541	加拿大	524	韩国	538
7	列支敦士登	536	新西兰	521	新西兰	532
8	瑞士	534	日本	520	加拿大	529
9	日本	529	澳大利亚	515	爱沙尼亚	528
10	加拿大	527	荷兰	508	澳大利亚	527

PISA2012各科分数

排名	国家或地区	数学得分	国家或地区	阅读得分	国家或地区	科学得分
1	中国上海	613	中国上海	570	中国上海	580
2	新加坡	573	中国香港	545	中国香港	555
3	中国香港	561	新加坡	542	新加坡	551
4	中国台湾	560	日本	538	日本	547
5	韩国	554	韩国	536	芬兰	545
6	中国澳门	538	芬兰	524	爱沙尼亚	541
7	日本	536	中国台湾	523	韩国	538
8	列支敦士登	535	加拿大	523	越南	528
9	瑞士	531	爱尔兰	523	波兰	526
10	荷兰	523	波兰	518	列支敦士登	525

（续表）

排名	国家或地区	数学得分	国家或地区	阅读得分	国家或地区	科学得分
5	日本	532	爱尔兰	521	芬兰	531
6	中国大陆	531	爱沙尼亚	519	中国澳门	529
7	韩国	524	韩国	517	加拿大	528
8	瑞士	521	日本	516	越南	525
9	爱沙尼亚	520	挪威	513	中国香港	523
10	加拿大	516	新西兰	509	中国大陆	518

我国在PISA2015测试中的表现，引起了国人的热烈关注，甚至担忧。对此，2017年1月26日《光明日报》14版刊发了《PISA成绩回落，我们真的退步了吗》一文。该文开篇提出："从专业人员的视角来看，这次结果在情理之中，我们没有必要妄自菲薄。"主要理由有三：

首先，看样本分布，离开了样本一切免谈。上海学生以城市人口为主，而此次四省（市）参加PISA考试的学生中，只有18.6%在大城市上学，这些学生科学、阅读、数学三个领域的平均成绩分别为588.3分、569.6分、596.4分，三个领域都显著高于全部在大城市上学的新加坡学生的平均成绩，说明像上海这样的大城市学生水平并没有下降。

其次，在人口过亿的大国中，迄今为止6轮PISA测试唯有日本进入过前十，中国四省（市）人口共2.3亿人，取得这一表现引起了国际同仁的高度重视。

最后，中国四省（市）虽然是国内经济水平较高的地区，但是整体上看仍然处于发展中水平。PISA综合学生父母的受教育年限、职业地位、家庭财富和文化资源等构建了"家庭经济社会文化地位指数（ESCS）"，中国四省（市）为-1.07，通俗地说就是家庭条件较差，大约有80%的学生家庭条件低于OECD平均水平。考虑了ESCS调整后，中国四省（市）学生科学、阅读、数学平均成绩分别为561分、542分和574分，科学成绩与越南（567分）

和新加坡（554分）没有显著差异，并列第一；而阅读和数学平均成绩均列第一，说明如果各国学生家庭条件都处于OECD平均水平的情况下，中国学生表现是最好的。

接着，该文认为“PISA所关注的不只是成绩，而是学生的终身发展和教育政策的改进”，化压力为动力才是经受“PISA冲击”的最好方式。

如果说PISA2009和PISA2012中的上海成绩，点燃了世界探究中国教育的热情，那么PISA2015则为世界提供了相对完整意义上的中国教育样态。参与PISA，对我国而言最为重要的是接轨国际化的教育质量标准和科学的测评手段。

八、“一带一路”教育行动计划

2013年9月7日，习近平主席在哈萨克斯坦纳扎尔巴耶夫大学作的题为《弘扬人民友谊　共创美好未来》演讲中，提出共同建设“丝绸之路经济带”。同年10月3日，习近平主席在印度尼西亚国会发表题为《携手建设中国—东盟命运共同体》的演讲，提出共同建设“21世纪海上丝绸之路”。“丝绸之路经济带”和“21世纪海上丝绸之路”简称“一带一路”。“一带一路”秉承和平合作、开放包容、互学互鉴、互利共赢为核心的丝路精神，共商、共建、共享原则，携手应对世界经济面临的挑战，开创发展新机遇，谋求发展新动力，拓展发展新空间，实现优势互补、互利共赢，不断朝着人类命运共同体方向迈进。这既是“一带一路”倡议的初衷，也是希望通过这一倡议实现的最高目标。自提出共建“一带一路”倡议以来，越来越多国家热烈响应，共建“一带一路”正在成为我国参与全球开放合作、改善全球经济治理体系、促进全球共同发展繁荣、推动构建人类命运共同体的中国方案。“一带一路”已成为全球最受欢迎的全球公共产品，也是目前前景最好的国际合作平台。

教育作为国家富强、民族繁荣、人民幸福之本，在共建“一带一路”中具有基础性和先导性作用。2016年7月13日，教育部印发《推进共建“一带一路”教育行动》。该行动基于“一带一路”沿线国家教育情况加强合作、共同行动，

个办学项目，分布在14个国家和地区，大部分在“一带一路”沿线地区。4个机构分别是老挝苏州大学（2011年批复设立）、厦门大学马来西亚分校（2013年批复设立）、云南财经大学曼谷商学院（2013年批复设立）、北京语言大学东京学院（2014年批复设立），开设专业包括中国语言文学、中医药、中医针灸、中国传统武术、体育教育学、工商管理、法律、教育学、金融与投融资管理、哲学、法律、学前及特殊教育、航海技术、烹饪工艺与营养、新闻及传播学等。

（三）共建丝路合作机制得以推进

在加强“丝绸之路”人文交流高层磋商方面，2016年，人文交流蓬勃发展，各项活动举办水平达到了新高度，刘延东副总理用“非常顺利、非常成功、非常满意”给予了高度评价。2016年通过包括中俄、中印尼在内的六大人文交流高层磋商机制，共签署86项合作协议，取得400余项成果，共有10万多名中外来宾与会参加相关活动，为我国外交健康发展进一步夯实了社会与民意基础，教育国际合作在人文交流机制平台上得到实质性推进，如中国—东盟启动实施“双百职校强强合作旗舰计划”“千名中小学教师交流计划”等。

在实施“丝绸之路”教育援助计划方面，开展了“中非高校20+20合作计划”教育援外行动，在中非各选择20所高校开展一对一长期稳定合作，鼓励合作双方在各自优势学科、特色学科领域开展实质性合作与交流，包括合作科研、教师培训、学术交流、师生互访、共同开发课程、联合培养研究生等。2016年针对“中非高校20+20合作计划”开发了网上申报系统，共有北京大学等18家高校申报了25个项目。

06

第六章

“互联网 +”教育

一、“八室一站三系统”

我国的教育信息化建设是在我国电化教育多年积淀的基础上发展起来的。改革开放以来，我国电化教育的基础设施建设在经历了从“两机一幕”（投影机、收录机和银幕）到“四机一幕”（投影机、收录机、电视机、录像放映机和银幕）之后，“八室一站三系统”成为20世纪90年代我国电化教育基础设施建设的重点。其中，“八室”是指普通电教室、多媒体教室、语言实验室、计算机室、学科专用教室、微型电教室、视听阅览室、电教教材库，“一站”即卫星地面接收站，“三系统”即广播系统、闭路电视系统、计算机网络系统。到1996年，我国“八室一站三系统”的建设初步完成，比如在计算机室的建设方面，全国学校计算机设备的配置由1989年的76862台增加到1996年的513696台，相比增长了568%；开展计算机教育的学校由1989年的7081所增长为1996年的40851所，相比增加了477%。再如在计算机网络建设方面，1993年我国开始筹建中国教育和科研计算机网（CERNET），1995年正式开通。该网络完全采用TCP/IP技术，由全国主干网、地区网和校园网三级结构组成，覆盖全国。到1997年，联网接入单位超过了300家，网络用户达到了15万多人。

山区学校卫星地面接收站

与基础设施建设同步的是相关教育信息资源的开发。这一时期除了继续开发视听类的教育资源如电子教材、投影和音像教材及广播电视节目之外，计算机教学和管理软件的开发也受到重视。如在计算机辅助教学（CAI）方面，1996 年国家教委设置了国家“九五”重点科技攻关项目——“计算机辅助教学软件研制开发与利用”;1997 年成功开发了“几何画板”“CSC 语文电子备课系统”“教学实验室”等教学平台类软件。在管理软件方面，涌现出了诸如教务管理系统、实验室管理系统、科研管理系统、学生综合管理系统、教师综合管理系统以及校园综合办公管理系统等软件。

此外，我国教育数据库的建设也呈现出了迅速发展的势头。自 1983 年清华大学牵头构建首个教育数据库——中国大学学报论文数据库之后，我国陆续建成了如全国高等学校图书馆事实数据库、中国教育信息数据库（高等教育出版社）、中国教育文献数据库（中央教科所教育信息研究中心）等多个教育信息资源库。到 1995 年，我国建成的具有一定容量、可供有效利用的数据库达到了 1038 个。在 1995 年之后，随着中国教育和科研计算机网的开通，教育数据库的建设实现了跨越式发展。1996 年中国学术期刊（光盘版）数据库（清华大学光盘国家工程研究中心）和全国教育信息网（大庆市三联信息中心）得以建成。

二、“信息高速公路”

1994 年，时任教育部副部长兼中央广播电视大学校长的韦钰在世界银行开会的时候了解到“信息高速公路（Information Highway）”这一新事物。做电子出身的她敏锐地意识到“这将是未来教育的一个机会”。随后，教育部和国家计委形成了建设中国教育和科研计算机网的建议报告。

实际上，据中国教育和科研计算机网介绍，20 世纪 80 年代后期，国家层面的教育和科研计算机网络在世界上的较多发达国家已相继建成，并联网形成全球性的国际学术计算机网络。其中，美国政府于 1993 年宣布建设“国家信息基础设施”（NII），兴建信息时代的高速公路——“信息高速公路”。

正是在上述情况下，我国政府决定建设中国教育和科研计算机网络。1994 年 11 月国家计委正式批准中国教育和科研计算机网示范工程建设项目。经过一年的建设，全国网络中心、八大城市网络中心和两个主节点建成，网络管理和运行体系渐趋完善，并有一批网络资源应用系统得以开发与研制出来。该网除了建成能够连接我国八大城市的主干网外，还实现了国际联网。1995 年年底中国教育和科研计算机网示范工程的联网接入高校达到 108 个，范围覆盖了我国除西藏自治区和港澳台以外的所有地区，用户超过 3 万人。中国教育和科研计算机网成为当时中国最大的计算机互联网络。该网是“完全由我国自行设计、自行实施建设完成的，对推动我国计算机互联网络及其应用的发展起到了重要的示范作用”。

2001年7月18日，“211工程”中国高等教育文献保障系统、中国教育和科研计算机网地区主干网与重点学科信息服务体系在北京大学通过国家验收，运用该系统可使高教图书编目工作提速十倍（程伟光　摄）

从 1996 年开始，中国教育和科研计算机网的建设进入到提升阶段，主要进行了计算机信息网络及其应用关键技术研究、主干网升级工程、地区主干网及重点学科信息服务体系这三个项目的建设。其中，计算机信息网络及其应用关键技术研究项目由教育部主持，清华大学等 14 个高等院校和科研单位承担，于 1996 年由国家计委批准立项，1998 年 12 月通过了鉴定验收。该项目取得了 30 多项科研成果，大部分都已达到国内领先的技术水平，部分甚至达到国际先进水平。主干网升级工程项目于 1998 年开始，该项目的完成实现了 4M 主干网速率，并且开通了到昆明、兰州、西宁、银川、贵阳、乌鲁木齐、重庆等城市的卫星信道，解决了中国教育和科研计算机网发展过程中通信线路严重不足的问题，对其发展起到了雪中送炭的作用。中国教育和科研计算机网络地区主干网和重点学科信息服务体系项目是“211 工程”的建设内容之一，该项目

基于CERNET的大规模视频会议

在 1998 年到 2000 年的三年间升级完成了八大地区网络中心、24—26 个地区网络主节点的扩容建设、10—20 个重点学科信息服务系统和一个大型中国教育信息搜索系统的建设。该项目使中国教育和科研计算机网络将具有连接全国所有高等学校入网的能力，同时建成中国教育和科研计算机网络的基本体系和构架。

1999 年，旨在实现中国教育和科研计算机网络高速光纤传输的中国教育和科研计算机网高速主干网建设项目启动。第二年该项目就建成了覆盖全国 20000 多千米的高速光纤传输网。

链接

中国教育和科研计算机网

中国教育和科研计算机网是我国高校公共服务体系的重要组成部分，是我国教育信息化的基础设施，也是国际上最大的国家级学术互联网络。

中国教育和科研计算机网自 1994 年年底国家计委批准立项建设以来，先后经历了示范工程、主干网升级工程、“211”一期工程、现代远程教育工程等几个大型项目的建设，其主干网带宽和采用的路由技术已居国内领先地位，达到国际先进水平。

地址匮乏，被迫大量使用转换地址，严重影响了互联网本身的效益及安全。

IPv6 地址具体有多少呢？有人形容说，世界上每一粒沙子都可以分配一个地址。也就是说，在 IPv6 下，IP 地址将可充分满足数字化生活的需要，不再需要地址的转换。更重要的是，它将提供更安全、更为广阔的应用与服务。

（摘自中国教育和科研计算机网）

三、信息技术课程

2000 年 11 月，教育部在《关于征求对〈关于加快中小学信息技术课程建设的指导意见（草案）〉修改意见的通知》中，第一次明确提出信息技术课程，这预示着计算机课程向信息技术课程的转变。同年 12 月，教育部发布的《中小学信息技术课程指导纲要（试行）》界定了信息技术课程的课程任务、教学目标、教学内容及课时安排等，标志着我国中小学信息技术课程的正式诞生。次年 6 月，教育部颁发的《基础教育课程改革纲要（试行）》将信息技术教育作为中小学综合实践活动必修课程的内容之一。2003 年 2 月，教育部颁发《全日制普通高中信息技术课程标准（审定稿）》。该文件对普通高中信息技术课程的课程性质、课程理念、设计思路、课程目标和实施建议作了明确规定，标志着信息技术课程作为普通高中国家必修课程地位的确立。2017 年年底，历经三年多修订而成的《普通高中信息技术课程标准》颁布，标志着普通高中信息技术课程结束了实验阶段，进入了实用的新时期。

我国中小学信息技术课程的前身是计算机课程，在更改为信息技术课程之前，计算机课程已经有了较大规模的发展。1982 年教育部在清华附中、北大附中、上海师大附中、复旦附中和华东师大附中开设计算机选修课，这标志着我国中小学计算机教育的开始。1984 年，邓小平提出的“计算机的普及要从娃娃抓起”对计算机课程在中小学的普及起到了巨大的推动作用。据中国教育装备行业协会图书专业委员会对我国 29 个省、自治区、直辖市的统计，截至 1995 年年底，我国教育技术总投资超过了115亿元，平均每年投入23亿元。到1996年，全国开展计算机教育的中小学已有5万余所，全国中小学拥有计算机台数达到了513696台，比1994年增长了144%，并且装机质量已由单机向网络化、多媒体发展，办学条件好的学校实现了与中国教育和科研计算机网的联网。据国家教委全国中小学计算机教育研究中心对计算机教育情况的统计，到1996年，全国累计学习并初步掌握计算机操作技术的中小学生达到了2167万名。发展至20世纪末的时候，全国中小学装机总量接近了10万台，配置计算机机房的学校达到了6万所。

这一时期计算机教育基础建设的规模发展很大程度上得力于计算机制造技术的成熟带来的计算机价格的下降，特别是国产计算机品牌的迅速崛起，为计算机在我国中小学的配置提供了更多的可行性条件。与此同时，多媒体技术、卫星通信技术和互联网技术等与计算机密切相关的信息与通信技术也进入了发展快车道，信息技术能力的培养逐渐成为我国计算机教育的主要目标。2000年6月，中共中央、国务院颁布的《关于深化教育改革全面推进素质教育的决定》要求：“重视培养学生收集处理信息的能力……在高中阶段的学校和有条件的初中、小学普及计算机操作和信息技术教育。”

大理某民族中学学生在上计算机课（赵和平　摄）

教室比例从不到40%增加到86%。在“优质资源班班通”建设方面，超过1400万人次的教师参与“一师一优课，一课一名师”活动，形成了1300万堂优课资源。职业教育专业教学资源库建成各类多媒体资源195万余条，总量达32.3TB。在线开放课程已上线3200门，教育部认定了首批490门“国家精品在线开放课程”。国家数字化学习资源中心集聚了国内外优质网络课程3.3万门，资源总量达60TB。在“网络学习空间人人通”建设方面，师生网络学习空间开通数量从60万个激增到7100万个，应用范围从职业教育扩展到各级各类教育。同时，教育资源公共服务平台不断优化升级，国家数字教育资源公共服务体系初步建立，注册用户超过6800万人。教育管理公共服务平台全面应用，初步形成了覆盖全国学生、教师、学校的数据库，已汇聚60万所学校（机构）、2.5亿学生、1600万教师、221万栋中小学校舍信息，基本实现了学校“一校一码”和师生“一人一号”，“两级建设、五级应用”的教育管理信息化格局已经形成。

另外，在这次会上杜占元副部长也指出在新时代将继续深入推进“三通两平

“人人通”课堂

台”行动计划，实现三个方面全面普及应用。即“宽带网络校校通”实现提速增质，所有学校全部接入互联网，带宽满足信息化教学需求，无线校园和智能设备应用逐步普及。“优质资源班班通”和“网络学习空间人人通”实现提质增效，在“课堂用、经常用、普遍用”的基础上，形成“校校用平台、班班用资源、人人用空间”新局面。教育资源公共服务平台和教育管理公共服务平台实现融合发展。实现信息化教与学应用覆盖全体教师和全体适龄学生，数字化校园建设覆盖各级各类学校。

五、数字化校园

2000 年，教育部下发《关于在中小学实施“校校通”工程的通知》，指出“校校通”工程是一项包括课程资源开发、传输、使用及教学管理等内容的系统工程，计划用 5—10 年时间，使全国 90% 左右的独立建制的中小学校能够上网，使中小学师生都能共享网上教育资源，提高所有中小学的教育教学质量，使全体教师能普遍接受旨在提高实施素质教育水平和能力的继续教育。具体目标是：2005 年前，争取东部地区县以上和中西部地区中等以上城市的中小学都能上网，西部地区及中部边远贫困地区的县和县以下的中学及乡镇中心小学与中国教育卫星宽带网联通。2010 年前，争取使全国 90% 以上独立建制的中小学都能上网，不具备上网条件的少数中小学校也可配备多媒体教学设备和教育教学资源。

2003 年，国务院下发《关于进一步加强农村教育工作的决定》，提出实施农村中小学现代远程教育工程（下称“农远”工程），促进城乡优质教育资源共享，提高农村教育质量和效益。计划在 2003 年继续试点工作

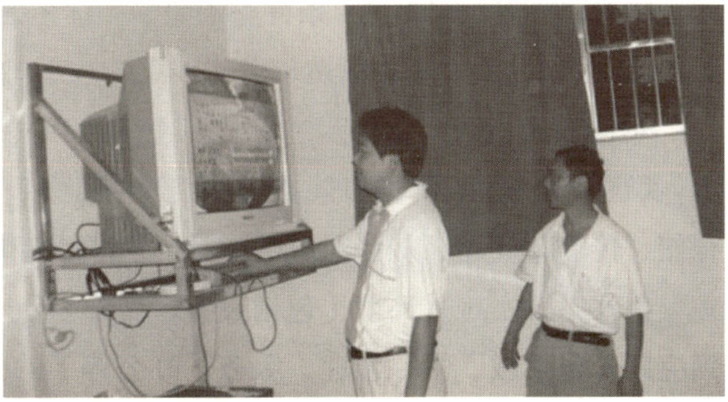
安徽省枞阳县义津镇“农远”工程转星工作进展顺利

2002 年 5 月召开的全国高等院校数字化校园建设工作研讨会上就确立了高校数字化校园建设的整体、系统的解决方案。2004 年教育部发布的《2003—2007 教育振兴行动计划》提出要推进高校数字化校园建设。2012 年的《教育信息化十年发展规划（2011—2020 年）》更是明确地提出了“加强高校数字化校园建设与应用”。

链接

“校园一卡通”

“校园一卡通”系统以学校校园网为载体进行建设，是集身份识别、校内消费、校务管理、金融服务为一体的新型数字化校园核心应用项目，它不仅是数字化校园系统重要的有机组成部分之一，是数字化校园的基础工程，是教育信息化建设的基础支撑点之一，也是学校数字化校园建设的切入点。

“通”什么

“校园一卡通”系统的目的是实现“一卡在手，走遍校园，一卡通用，一卡多用”。校园卡可以作为借书卡、上机卡、就餐卡、医疗收费卡、洗澡卡、购物卡、门禁卡、存车卡、乘车卡等。

功能和用途

“校园一卡通”的功能和用途主要体现在校园消费、管理与金融应用（银行）两方面。

消费、管理：可直接支付在校内的各种费用，如食堂就餐、商店购物、班车乘坐、上机上网、医院诊疗、资料复印、文件传真、洗衣、洗澡、理发等；管理：可用于身份识别、图书借阅、自行车存放、门禁出入、考勤考绩、教学科研、学籍学分、医疗信息等管理工作。因此，校园卡既可以作为现代化的电子支付工具，又可以作为校内个人身份的证明。

金融应用（银行）：通常在校园卡设计上采用两张卡，一张银行卡，一张校园卡，这两张卡在物理上分离，逻辑上一体。校园卡具有校内消费、管理功能，银行卡具有金融应用功能。而一卡通系统与合作银行连通后，由合作银行发行的银行卡可在国内该合作银行各营业网点、柜台、ATM机进行存取款，也可在设有该合作银行POS机的商业、饮食、娱乐场所消费。

2018年4月，教育部颁发的《中小学数字校园建设规范（试行）》除对中小学数字化校园建设的目标、原则、模式、内容及流程进行界定外，还从用户信息素养、信息化应用、基础设施、网络安全、保障机制等方面对数字化校园建设进行规范，提出新时代数字化校园建设的总体要求，即坚持"深化应用，融合创新"的基本思路，采用云服务模式统一规划、分步实施，以促进区域教育均衡发展和学校教育的质量提升。

六、"中国在线教育元年"

2013年被媒体称为"中国在线教育元年"。从这一年开始，我国的在线教育受到资本的热捧和热投，且热度持续不减，大量资金被倒灌进去。互联网巨头凭借自身强大的流量优势，在在线教育行业跑马圈地，深耕布局；传统教育机构也嗅觉灵敏地转型和扩张，通过并购、合资成立具有强大互联网基因的在线教育公司，涉足在线教育市场，争取立足之地。在2014年这一年平均每天就有2.6家在线教育机构成立，年融资近10亿美元。其中，51Talk获得红杉资本、顺为基金、DCM中国的5500万美元投资，一起作业网获得顺为基金、老虎基金等共同投资的2000万美元，猿题库获得经纬中国和IDG资本1500万美元融资，立思辰半年内对在线教育的收购金额累计达5.2亿元，人人公司则投资在线教育平台"万门大学"，森马服饰收购天才宝贝母公司70%的股权……一时间，在线教育变得最不差钱。

2010年我国在线教育的市场规模是485.2亿元，2013年后市场增速开始加大，2014年达到了1010.4亿元，2015年达到了1225.4亿元，2016年为1565.4亿元，预计在2022年其市场规模将达5433.5亿元。

链接

传统课堂与翻转课堂比较

比较项	传统课堂	翻转课堂
产生背景	工业时代	信息时代
教学理念	夸美纽斯大教育论+赫尔巴特普通教育学+凯洛夫教育学	掌握学习
教学模式	先教后学	先学后教
角色中心	以老师为中心	以学生为中心
教学资源	教师+课本	教师+课本+网络教育资源
教学目标	预设型	生成型
教学评价	总结性评价	形成性评价

全国翻转课堂学术研讨暨成果展示交流大会

丰富的慕课、微课类视频课程资源是翻转课堂得以实施的重要前提。近年来，我国在这方面的建设成就明显。由华东师范大学与国内 20 多所著名高中成立的 C20 慕课联盟官网能为注册用户提供 20936 个免费的微课视频。这些视频涵盖各学段的多门课程。另外，像高校精品课程网、超星视频教学网、中国中小学教育教学网、微课网、网易公开课程网等也为用户提供了丰富多样的视频课程。在这些平台的支持下，实施翻转课堂成为众多学校课堂教学改革的重要聚焦点。

07

第七章

应对后义务教育阶段挑战的教育均衡发展

学杂费为什么这样多？

编辑同志：

最近，我们在湖北省京山县厂河公社听到反映，说学生的学杂费太多，社员负担不起。我们对此作了调查。该公社高中学生每学期所缴学杂费的数目是：学费三元五角，书本费三元五角，工友费两元，电灯费两元，住宿费两元，另外还缴班务费两元，勤工俭学费三元，合计为十八元。六房管理区初中学生分别缴学杂费为十一元、十三元、十五元。许多学生由于没有钱，就只好去参加各种劳动，换回钱来缴学杂费。

为什么这个公社学生缴的学杂费这样多呢？据几个学校的领导讲，主要是上级文教部门拨给的教学经费太少。公社高中是全公社的重点学校，从一九七七年以来，三年时间只拨了一次办公费（八十元）；另外三所一般中学多年来没有拨给一分钱的办公费。这样一来，学校的房屋维修、工人工资、教师的办公费、添置教学仪器和学生体育用具经费，就只有靠学生来负担。

学杂费太多，使学生学习不安心，家长意见很大，他们纷纷要求教育行政部门很好地解决这个问题。

湖北京山人民广播站

李映安　钟远友

凳子”现象，有的甚至没有校舍，只能露天或在磨盘上上学。

为解决基层教育难题，1992年中央颁布《〈中华人民共和国义务教育法〉实施细则》，规定“实施义务教育的学校可收取杂费”。学杂费开始登上历史舞台。从此，政府财政拨款、教育费附加、教育集资和杂费等成了农村地区义务教育阶段办学经费的主要来源。教育费附加、教育集资和杂费，在一定程度上为缓解农村中小学办学经费困难提供了重要帮助，有其历史合理性。但另一方面，农民不仅负担了农村教育费用中的教育费附加和教育集资，还承担了学校建设和旧房改造、危房修缮等费用，他们出工、出料、出力，身上的教育费用压力持续加重。据统计，每年农民要负担300亿至500亿教育费附加和教育集资，约占农村义务教育经费投入的30%。这就使得“三农”问题日益突出。

为解决“三农”问题，减轻农民经济负担，从20世纪90年代开始，国家着手实行税费改革。1999年，全国展开了农村税费改革，取消了教育费附加、教育集资和“三提五统”（“三提”：公积金、公益金、管理费；“五统”：农村教育事业费附加、计划生育费、民兵训练费、民政优抚费、乡村道路建设费）。全国范围内的农村税费改革，取消了一系列费用，切切实实给了农民实惠。但是教育费附加和教育集资的取消，导致农村义务教育办学所需经费来源减少，乡镇两级政府教育资金来源不足。例如，广东省农村教育费附加征收严重不足，1999年全省应征收31.9亿元，实际只征到10.44亿元。合法的集资办学渠道受到限制。

07

第七章

应对后义务教育阶段挑战的教育均衡发展

一、“两免一补”

“两免一补”指的是，全国范围内只要是农村义务教育阶段学生，均可以享受免除学杂费，免费领取国家提供的教科书，农村困难寄宿生可以得到生活费补助的政策。

“两免一补”政策是我国政府为促进、保障我国义务教育事业发展，切实保障最广大人民根本利益，将我国从人口大国变为人力资源强国，实现中华民族全面复兴所采取的重要举措。国家实施“两免一补”政策，旨在解决我国农村地区义务教育阶段，尤其是经济欠发达地区农村贫困家庭上学难的问题。

“两免一补”政策于2001年被首次提出，并试点推行。2001年5月国务院作出《关于基础教育改革与发展的决定》，提出“从2001年开始，对贫困地区家庭经济困难的中小学生进行免费提供教科书制度的试点，在农村地区推广使用经济适用型教材。采取减免杂费、书本费、寄宿费等办法减轻家庭经济困难学生的负担”。

“两免一补”并非单独施行的政策，而是国家实施基层教育“以县为主”新体制的一部分。“以县为主”新体制，是党中央、国务院从改革大局出发，为统筹解决我国农村义务教育历史遗留问题而出台的。

在2001年之前，中国广大农村地区未能实行普遍免费的九年义务教育，大量贫困家庭无力支付教育经费，导致大量适龄、适学儿童因贫辍学；全国农村中小学公用经费偏低，政府财政投入不足，学校运转艰难，办学条件差，校舍维修和危房改造问题严重；义务教育阶段拖欠教师工资问题突出，屡屡成为社会热议话题；全国农村“普九”欠债问题长期未能解决……

上海市教育科学研究院智力开发研究所发表的论文《2000—2003年我国教育经费投入进展与问题》显示，政府拨款占义务教育总投入的比例偏低。从世界范围来看，各国义务教育经费由政府承担主要部分，比例约为85%，而此时期我国只占 68.5%。农村地区义务教育阶段学校公用经费尤为不足。农村小学公用经费生均 200 元，远远低于小学生均公用经费基本支出 330 元的标准。政府拨款农村生均 61 元，占小学公用经费的比例只有 31%。

以小麦代替教师工资的政务公开栏（高洁　摄）

农村教师工资拖欠问题也比较严重。资料显示，从 1998 年 1 月到 2000 年 4 月，全国累计拖欠农村教师工资总额达 127 亿元，有近 1/3 的乡镇拖欠农村教师工资。例如，河南省 1992 年有 900 个乡镇拖欠教师工资，到了 1999 年年底，拖欠中小学教师工资的乡镇数量升至 1941 个，占乡镇总数的 90.2%，被拖欠工资的教师占教师总数的 85% 以上。截至 2000 年 4 月，拖欠教师的工资总数达到 135.65 亿元。数量众多的农村教师工资被长期拖欠，生活陷入困顿，甚至连身体健康都难以保证，优秀基层教师大量流失。

1992年3月，位于山西省静乐县神峪沟乡南岩头村的“磨盘小学”

例如，1988 年，中央政府经费约占义务教育阶段经费来源的 9.15%，比例偏低。在相当长的一段历史时期内，我国农村地区各地方政府负责的教育经费一直占 90% 左右。而对于经济欠发达地区尤其是老少边穷地区政府而言，政府经费主要来源就是上级政府财政拨款，甚至有大量地方政府“吃财政饭”。这些地方根本就难以有余力保障农村义务教育经费支出。这就导致农村义务教育经费来源不足，基层教育发展缓慢，教育质量难以保障。许多地方存在“暗房子、破桌子、石

学杂费为什么这样多？

编辑同志：

最近，我们在湖北省京山县厂河公社听到反映，说学生的学杂费太多，社员负担不起。我们对此作了调查。该公社高中学生每学期所缴学杂费的数目是：学费三元五角，书本费三元五角，工友费两元，电灯费两元，住宿费两元，另外还缴班务费两元，勤工俭学费三元，合计为十八元。六房管理区初中学生分别缴学杂费为十一元、十三元、十五元。许多学生由于没有钱，就只好去参加各种劳动，换回钱来缴学杂费。

为什么这个公社学生缴的学杂费这样多呢？据几个学校的领导讲，主要是上级文教部门拨给的教学经费太少。公社高中是全公社的重点学校，从一九七七年以来，三年时间只拨了一次办公费（八十元）；另外三所一般中学多年来没有拨给一分钱的办公费。这样一来，学校的房屋维修、工人工资、教师的办公费、添置教学仪器和学生体育用具经费，就只有靠学生来负担。

学杂费太多，使学生学习不安心，家长意见很大，他们纷纷要求教育行政部门很好地解决这个问题。

湖北京山人民广播站
李映安　钟远友

凳子”现象，有的甚至没有校舍，只能露天或在磨盘上上学。

为解决基层教育难题，1992年中央颁布《〈中华人民共和国义务教育法〉实施细则》，规定“实施义务教育的学校可收取杂费”。学杂费开始登上历史舞台。从此，政府财政拨款、教育费附加、教育集资和杂费等成了农村地区义务教育阶段办学经费的主要来源。教育费附加、教育集资和杂费，在一定程度上为缓解农村中小学办学经费困难提供了重要帮助，有其历史合理性。但另一方面，农民不仅负担了农村教育费用中的教育费附加和教育集资，还承担了学校建设和旧房改造、危房修缮等费用，他们出工、出料、出力，身上的教育费用压力持续加重。据统计，每年农民要负担300亿至500亿教育费附加和教育集资，约占农村义务教育经费投入的30%。这就使得“三农”问题日益突出。

为解决“三农”问题，减轻农民经济负担，从20世纪90年代开始，国家着手实行税费改革。1999年，全国展开了农村税费改革，取消了教育费附加、教育集资和“三提五统”（“三提”：公积金、公益金、管理费；“五统”：农村教育事业费附加、计划生育费、民兵训练费、民政优抚费、乡村道路建设费）。全国范围内的农村税费改革，取消了一系列费用，切切实实给了农民实惠。但是教育费附加和教育集资的取消，导致农村义务教育办学所需经费来源减少，乡镇两级政府教育资金来源不足。例如，广东省农村教育费附加征收严重不足，1999年全省应征收31.9亿元，实际只征到10.44亿元。合法的集资办学渠道受到限制。

“集资办学，是我国农村义务教育学校基本建设经费来源的一个重要渠道。但近一年来有关部门出台减轻农民负担政策，使教育集资受到影响。全省集资办学费用 1999 年是 17.5 亿元，比 1998 年的 20.2 亿元下降了 7.5%，全省 16 个地级市减幅均超过 10%，最高的达 79%。”在这种情况下，预算内拨款常常被拖延、挤占、挪用，农村教育经费问题日益凸显。

安徽省在 1994—1998 年，农村教育费附加年均为 7.1 亿元，农村教育集资年均为 3.84 亿元，以上两项总量约为 11 亿元，约占同期农村教育投入总量的 1/3。2000 年安徽省农村义务教育经费总收入为 38.24 亿元，比“取消教育费附加和教育集资”前的 1999 年减少了 1.86 亿元，下降 4.64%。如果再考虑到 1999 年安徽的农村教育集资已基本停止投入，下降比例会达到 13.27%。教师补贴、农村教育公用经费和校舍维修资金短缺问题越来越大。

基层教育干部、群众间流传着这样一些话:“吃饭靠国家，建设靠附加”，“财政收入保工资，教育附加保运转，教育发展靠集资”。这些话生动形象地说明了农村教育资金的来源问题。随着教育办学经费缺口越来越大，农村教育经费成为新的问题。

为了解决中国农村教育经费问题，2001 年国务院颁布《关于基层教育改革与发展的决定》，提出建立“由地方政府负责，分级管理，以县为主”的义务教育体制，出台了“减免杂费、书本费、寄宿费”的政策，帮助农村家庭经济困难的学生接受义务教育。“两免一补”政策开始浮出历史地表。

2002 年《国务院办公厅关于完善农村义务教育管理体制的通知》(下称《通知》)细化了“以县为主”的基础教育财政体制。《通知》规定，进一步完善农村义务教育管理体制。实行在国务院领导下，由地方政府负责、分级管理、以县为主的体制。从此，农村义务教育资金改由政府提供。义务教育资金统筹，由之前的以乡镇为主变为以县为主，中央及省财政转移支付的新体制。《通知》规定，县级人民政府对农村义务教育负有主要责任，要抓好中小学的规划、布局调整、建设和管理，统一发放教职工工资，负责中小学校长、教师的管理，指导学校教育教学工作。县级政府成了农村义务教育经费的主要提供者，这就在相当程度上保障了农村义务教育资金来源的稳定性与持续性，农村义务教育阶段的教师工资得以按时足额发放，农村中小学公用经费、校舍改造和维修费用得到解决，我国农村义务教育的办学处境大大改善。

2003年，国家计划在西部地区实施“两基”攻坚计划，全面提升西部地区教育水平。“两基”攻坚计划中包含着减轻义务教育阶段学生读书费用的内容。2003年9月国务院作出了《关于进一步加强农村教育工作的决定》，进一步规范、细化了“两免一补”政策——“要在已有助学办法的基础上，建立和健全扶持农村家庭经济困难学生接受义务教育的助学制度。到2007年，争取全国农村义务教育阶段家庭经济困难学生都能享受到‘两免一补’政策，努力做到不让学生因家庭经济困难而失学”，“中央财政继续设立中小学助学金，重点扶持中西部农村地区家庭经济困难学生就学，逐步扩大免费发放教科书的范围。各级政府设立专项资金，逐步帮助学校免除家庭经济困难学生杂费，对家庭经济困难的寄宿学生提供必要的生活补助”。

2003年12月30日，《国家西部地区“两基”攻坚计划（2004—2007年）》正式出台，这为进一步减轻学生负担提供了坚实保障。2004年，国家在西部地区实施各种义务教育工程，包括“西部农村教师队伍建设工程”“中小学危房改造工程”“农村寄宿制学校建设工程”“农村中小学现代远程教育工程”“贫困地区义务教育工程”等。农村有了国家建设的寄宿制学校，农村寄宿学生不仅有了住的地方，还能拿到国家给的生活补助，农村孩子脸上露出开心的笑容。“两免一补”政策深入人心。此后，中央政府持续细化、推行“两免一补”政策。

2005年1月28日，财政部、教育部联合出台《关于进一步加强免费提供教科书工作的若干意见》和《关于加快国家扶贫开发工作重点县“两免一补”实施步伐有关工作的意见》，提出免除农村义务教育阶段贫困家庭学生的书本费、杂费，补助寄宿生生活费。

2005年12月23日，温家宝主持召开国务院常务会议，研究农村教育问题，决定对农村义务教育经费保障机制进行改革。12月24日，国务院印发了《关于深化农村义务教育经费保障机制改革的通知》（下称《通知》），决定从2006年开始，用五年时间，按照“明确各级责任、中央地方共担、加大财政投入、提高保障水平、分步组织实施”的基本原则，逐步将农村义务教育全面纳入公共财政保障范围，建立中央与地方分项目、按比例分担的农村义务教育经费保障新机制。12 月 26 日，国务院召开农村义务教育经费保障机制改革工作会议，正式启动农村义务教育经费保障机制改革。

宁夏从2005年春季学期开始实施“两免一补”政策，全区有53万中小学生受惠（刘泉龙　摄）

农村义务教育经费保障机制改革的内容包括四个方面：第一，全部免除农村义务教育阶段学生学杂费，对贫困家庭学生免费提供教科书，如若寄宿，将补助寄宿生活费。享受免除学杂费政策的对象包括：在农村地区（含镇）义务教育阶段公办学校就读的学生；在农垦、林场等所属义务教育阶段学校就读的学生；在县城所在地义务教育阶段公办学校就读的贫困家庭学生。免学杂费资金由中央和地方按比例分担，对贫困家庭学生免费提供教科书的资金，中西部地区由中央全额承担，补助寄宿生生活费资金由地方承担。第二，提高农村义务教育阶段中小学公用经费保障水平。第三，建立农村义务教育阶段中小学校舍维修改造长效机制。校舍维修改造所需资金，中西部地区由中央和地方共同承担，东部地区主要由地方承担，中央适当给予奖励性支持。第四，巩固和完善农村中小学教师工资保障机制。

《通知》对“两免一补”政策作出了详细规定。中央承担西部地区免学杂费资金的 80%，承担中部地区免学杂费资金的 60%，东部地区除直辖市外，按照财力状况分省确定。免费提供教科书资金，中西部地区由中央全部承担，东部地区由各地政府自行承担。补助寄宿生生活费，由各地政府承担费用并自行确定具

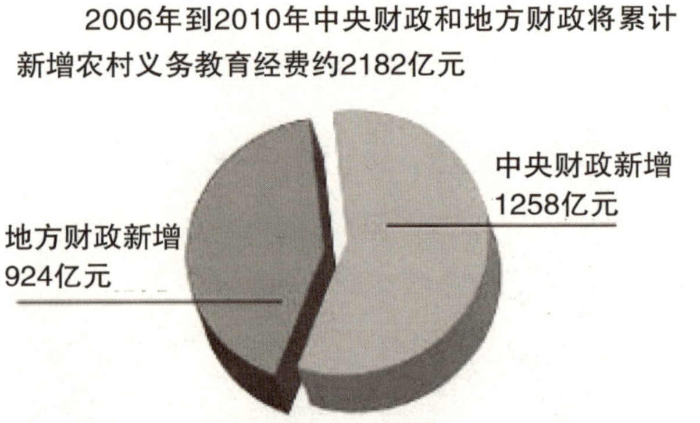

资料来源：2006年3月6日中国政府网

体发放金额。在建立规范、统一的农村义务教育经费保障新机制下，“两免一补”政策得到了强有力的支持与保障。

2006年1月19日国家出台《关于对全国农村义务教育阶段学生免收学杂费的实施管理办法》，决定免学杂费。同年6月29日，新修订的《中华人民共和国义务教育法》获得通过，规定“实施义务教育，不收学费、杂费。国家建立义务教育经费保障机制，保证义务教育制度实施”。《中华人民共和国义务教育法》（新修订）的出台标志着义务教育制度的实施从国家法律层面得到了保障，确保了“两免一补”政策的真正落实。

河南省南阳市卧龙区蒲山镇刘家埂移民新村中心小学的学生展示他们领到的免费教科书（熊运彬　摄）

从2001年秋季起，中西部农村家庭经济困难学生可以领到国家发放的免费教科书。这些教科书涵盖的小学课程科目，包括品德与生活（品德与社会）、语文、数学、外语、科学、艺术（或选择音乐、美术）、综合实践活动（信息技术等）。根据规定，免费发放的教科书扉页上须标明“本书由国家免费提供”字样。这些免费教科书以省（自治区、直辖市）为单位由政府统一采购。中央政府也给出了免费教科书采购价格指导标准：每学期小学生35元、初中生70元、特教学生35元。免费教科书采购价原则上不超过指导价标准，超出指导价标准之外的费用由相应省级财政承担。

到了2003年，财政部、教育部决定，“从今年秋季开始，中央财政再次大幅度增加资金投入，使免费提供教科书的发放范围扩大到中西部农村义务教育阶段所有家庭经济困难学生”。此时，免费发放教科书制度已施行3年，取得了巨大成果。中央财政安排的免费教科书专项资金，2001年为1亿元，2002年为2亿元，2003年增加到4亿元。学生受益面从2001年的10%提高到2003年的32%。2005年，中央设立的免费教科书专项资金增加到17.4亿元。免费教科书发放受益学生数量约占中西部农村学生总数的22%，约计2400万名农村义务教育阶段家庭经济困难学生受惠。2007年秋季，全国农村义务教育阶段的学生，都可以使用到免费的教科书。“两免一补”中的“免费为义务教育阶段的农村学生提供教科书”政策，自此完全落实到位。

免除学杂费的进展也很快。2006年，所有西部地区，无论是城市还是农村的学生，只要在义务教育阶段，均不用再交学杂费。2007年，中、东部地区农村中小学生也不要再交学杂费。至此，全国范围内农村义务教育阶段不再收取学杂费。

2007年9月，四川省凉山州布拖县墙体上印的“免除学杂费”标语

2008年8月12日，国务院出台《关于做好免除城市义务教育阶段学生学杂费工作的通知》，决定从当年秋季起，不再收取全国范围内城市义务教育阶段学生学杂费。自此，全国所有处于义务教育阶段的中小学生，无论城乡，均可享受免收学杂费政策。也就是说，全国范围内的义务教育，至此不再收取学杂费。全国农村义务教育中小学阶段40多万所学校，至少1.5亿名学生享受了免学杂费政策，切切实实得到实惠。

2001年，中央决定减轻农村义务教育阶段家庭经济困难学生的负担，提出减免寄宿费。随着免费发放教科书、免除学杂费政策的逐步实施，“补助农村困难寄宿生生活费”的覆盖范围不断扩大。与此同时，国家一直在关心农村中小学校舍建设问题。2004年中央决定在4年间投入100亿元用于新建、扩建一批农村寄宿制学校，出台了《西部地区农村寄宿制学校建设工程实施方案》，极大地改善了中小学办学条件，进一步保障家庭困难学生上得起学。“两基”攻坚计划实施期间，50%的寄宿生享受到了家庭经济困难寄宿生生活补助政策，农村学生“有学上”“留得住”的问题得到了有效解决。

到2007年秋季，所有农村义务教育阶段中小学寄宿生均可得到生活补助费，寄宿生生活费补助标准为小学生每生每天2元，初中生每生每天3元。到2008年秋季，共计约1100万名家庭经济困难寄宿生享受到了生活补助。2009年，国家不再收取农村义务教育阶段学生住宿费。

2008年是个重要的时间节点。这一年，我国在全国范围内实现了免费的九年义务教育，农村义务教育阶段的学生免交学杂费、免费领取教科书，城市义务教育阶段的学生免交学杂费。

“让所有孩子都能上得起学，都能上好学”是国家的既定目标，党和政府高度重视义务教育的稳定发展与城乡教育公平问题。“两免一补”政策就是党中央、国务院确定的义务教育经费保障机制中的一部分。

“两免一补”政策的实施使大量因贫辍学的学生重返课堂，切实帮助了家庭经济困难孩子能够入学读书，让他们“进得来、留得住、学得好”。“两免一补”政策体现出了我国教育严密的制度设计和人文关怀，极大改善了我国农村地区的教育面貌，具有十分重大的意义，必在中国教育史上留下浓墨重彩的一笔。

二、划片招生

20 世纪八九十年代以来，我国义务教育阶段普遍存在着“择校”问题，在某些历史时段，“择校热”屡屡成为社会话题，引发无数家长感叹：“想上个好学校咋就这么难！”

“择校热”

“择校热”是一个普遍存在的教育问题。由于教育资源不均衡，在某些地区义务教育阶段入学或升学过程中出现了群众集中选择某一所或几所重点学校的现象，从而严重影响该地区正常的办学秩序，引发社会各界广泛关注，成为社会热点问题。“择校热”现象在小学升初中（即“小升初”）时表现得尤为明显。这些地区往往是经济发达地区，或摆脱了经济欠发达状态的部分城市。群众不再满足于选择达到基本的义务教育条件的学校，而是追求更优质的教育资源。他们自愿放弃“就近免试入学”的便利，宁愿承担远距离上学、交费等额外负担，也要“择校”。

幼升小、小升初……择校声浪，一波又一波拍打着家长焦灼的心。“择校热”背后最主要的原因就是教育资源不均衡问题。重点学校、名校拥有优质的教育资源，但数量有限，于是就引起家长和学生的主动选择和追求。“择校”成为一种普遍的社会现象。随着改革开放的深入，人民群众追求更高质量的教育的愿望越来越强烈。由于我国的高质量基础教育数量不足、发展不均衡，未能及时满足群众需求，“择校”现象越来越热，“择校热”高温不退。

中华人民共和国建立以来，我国在基层教育领域的办学体制，曾在相当长一段时期内采用以政府拨款为主，结合社会办学的方式，社会力量在基础教育发展中占有一定的地位。例如，1962 年教育部要求引进社会投资，在各地大力建立一批重点中小学。1984 年北京市制定《北京市社会力量办学试行办法》，规定“社会力量办学是社会主义教育事业的组成部分，是国家集体组织和企事业单位办学的必要补充，是发展首都教育事业长期的不可或缺的一支重要力量”。北京市在全国开了借助社会力量办学的先例。1985年中央出台《中共中央关于教育体制改革的决定》，规定“基础教育以政府办学为主，积极鼓励社会力量办学……学前教育以政府办园为骨干，积极鼓励社会力量举办幼儿园”，从而在国家层面展开对参与办学的社会力量的鼓励、引导和规范。

国家教育事业之所以需要社会力量的参与，是有其历史原因和现实制约的。十一届三中全会以后，我国的基本路线以经济建设为中心。而经济的快速起飞与发展离不开大量各行各业的人才，因而为经济建设提供充足的人才就成为我国教育的一个迫在眉睫的问题。我国教育事业在“文化大革命”中遭受重创，教育事业要恢复并快速发展，离不开社会力量的广泛参与和人民群众的大力支持。早在1978年邓小平就指出，“教育事业绝不只是教育部门的事，各行各业都要支持教育，大力兴办教育事业”。在此后的历史时期中，党和政府通过出台相关法律法规，逐渐引导社会力量办学规范化、系统化，为我国教育事业的快速发展提供助力。

进入20世纪八九十年代，我国经济建设取得重大进展，人民生活水平逐渐提高。人民群众对教育的需求从保障基本教育转变为追求更高质量的教育。社会新变化为我国的教育事业提出了新的要求和难题。一方面，尽管我国教育发展迅速，并取得重大进展，但从全国范围来看，优质教育资源依旧有限，远远无法满足人民群众接受更高质量教育的广泛需求，大力发展优质教育成为时代诉求。另一方面，我国办学体制也迫切需要改革。人民群众不仅需要高质量的教育，也需要多元化、多样态的教育形式。如果还是主要依靠政府来办学，那么政府的财政压力就会持续吃紧，办学形态也会过于单一。国家包办教育的路子已经走不通。面对新的时代要求，我国探索出一条新的办学体制——公立学校转制。公立学校在坚持全民所有制的同时，允许具有法人地位的社团和公民出资参与办学，并享有办学自主权——“学校国有，社团公民承办，经费自筹，办学自主”。在形式上，既可以“公办民助”又可以“民办公助”。公立学校和民办学校各有优劣势：公立学校拥有规范化办学、良好的基础和社会声誉，但不够“自主、灵活”；民办学校在招生、用人、财务、与市场接轨方面更自主，更有活力，但缺少公办学校的办学基础和生源。转制后的学校兼具并能放大二者优势，尽力避免劣势。

我国第一所转制学校出现在1985年。1992年党的十四大提出“鼓励多渠道、多形式社会集资办学和民间办学，改变国家包办教育的办法”。北京市十一学校校长李金初提出“自主筹集日常办学经费、自主招生、自主用人、自主工资分配、自主教育教学实验改革”的“五自主”办学体制新思路，被认为是我国公办学校体制转制的开始。此后，转制学校如雨后春笋般大量出现。转制学校极大减轻了政府教育经费压力，取得社会各界支持，中央不断加大政策支持力度。1993年出台的《中国教育改革和发展纲要》指出，要“改变办学体制，改变政府包揽办学的格局，逐步建立起以政府办学为主体，社会各界共同办学的体制。在现阶段，基础教育应以地方政府办学为主，高等教育要逐步形成以中央、省（自治区、直辖市）两级政府为主，社会各界参与办学的新格局，职业技术教育和成人教育主要依靠行业企业事业单位办学和社会各方面联合办学”。1994年国务院出台《国务院关于〈中国教育改革和发展纲要〉的实施意见》，提出“基础教育主要由政府办学……有条件的地方，也可以实行‘民办公助’‘公办民助’等形式”。

随着转制学校的大量出现，优势教育资源迅速向这些学校倾斜，出现了一批重点学校。这些重点学校吸引了大量生源，成为当地的“明星学校”。然而优质学校数量有限，追求优质教育的家长、学生数量庞大，各地热点学校远远无法满足人民群众“读好学校”的迫切愿望。“择校热”现象也就随之出现，并迅速成为社会各界广泛关注的问题。“择校热”所带来的波动，一直影响到当下。

面对蜂拥而至、数量庞大的想上好学校的家长和学生，各地热点学校不得不采用各种手段甄别、筛选、限制一定数量的学生入学。录取的方式大致可以分为：以分数择校，以钱、权择校和通过特殊方式择校等。

这几种择校方式，相对而言以分数择校最为公平、合理，也最容易为广大人民群众所接受。“以分择校”的好处显而易见。学生通过自己真实的努力，就有可能进入好学校读书，实现上好学校的梦想。对于这部分学生而言，考试和分数就是最公平的衡量标准。对于家长、学校和社会而言，“分数面前人人平等”“以分择校”能够在相当程度上避免人情关系、特权关系、金钱利益等施加的不良影响，最大可能保证教育的公平竞争。但是，“以分择校”的弊端也日益凸显。由于择校竞争激烈，通过考试的方式选拔生源，势必会导致考试竞争日趋激烈。“幼

升小”“小升初”竞争日渐激烈，甚至堪比高考。幼儿园阶段的孩子本来应该享受快乐的游戏，自然成长，但在“幼升小”的强大压力下，不得不早早地背负起沉重的学业压力，童年的笑容在这些孩子脸上逐渐淡去。“小升初”竞争更是进入白热化阶段，考题越来越难，学习内容越来越多，学生课业、考试压力巨大。针对中小学的补习班疯狂涌现，小学生失去了自由、快乐的课外时光，成为学习的“奴隶”。从另一个角度而言，“以分择校”还导致“唯分数论”的思想蔓延。分数并不能全面反映一个学生的综合素质，甚至不能助益学生综合素质的提高。在分数的“大棒”指挥下，在升学的强大压力下，学生和家长纷纷放弃自身特长，无暇顾及无助于提高分数的兴趣、爱好，导致学生素质全面倒退，“厌学”现象大量出现。学生负担沉重，家长苦不堪言，社会议论纷纷，造成巨大的社会负面影响。针对这种情况，国家适时出台政策，大力提倡中小学生“减负”，提倡素质教育，这在一定程度上强力遏制了这类不良现象的继续发展。但是广大中小学生的课业压力依旧不容乐观，甚至出现“减负减负，越减越负”的“增负”情况，中小学生身上的担子越来越重。

其次是以钱择校。从市场化角度看,以钱择校具有一定合理性。所谓的名校、热点学校、“明星学校”等都是具有优质教育资源的学校，这些学校师资水平高、办学硬件条件好、学习氛围佳，吸引了大量的学生前来就读。

一方面，学校取得这些成就，是投入了大量资金和精力悉心打造而成的；另一方面，从市场经济规律来看，价值较高、市场需求强烈的商品在市场上只能以价格为杠杆来调整生产—消费关系。奢侈品就是例子。对于市场领域而言，价格或者说金钱，就是最公平的调节手段。而面对市场经济，转制后的“明星学校”天生具有追求“效率”和市场化的动力，“价格”作为等级划分、筛选生源的调节手段成为必然的选择。但是,以钱择校问题也很明显。“择校生”“票子生”“择校费”“共建费”等新的社会现象大量出现，部分学校罔顾义务教育的基本原则、规律，完全违背办学初衷，一心“向钱看”，以各种名目乱收费。有的公办学校甚至交钱就能上。“以钱择校”“教育乱收费”问题成为新的社会顽疾，严重影响了义务教育的规范、有序实施，带动了一波又一波社会热点新闻和热议话题。

教育并不是一个完全商业化的行业，而是具有公益、福利性质。我国的基础教育也并不完全是商品，我国的教育具有社会主义性，教育的实施要体现“公平、平等”性质，切实为人民群众服务，体现人民最根本的利益。

教育如果过于商业化、产品化，就会与政府、人民群众要求在义务教育阶段的教育应具有“公平性、公正性、平等性”相矛盾，从而引发争议。另外，名校的形成固然离不开自身的努力、不菲的资金投入和商业运作，但也是利用国家培养的师资和长期积累的资源才得以成功的。利用国家拨发的财政、使用属于政府的基础资产、利用国家教育资源办高收费学校，其办学的目的何在？“以钱择校”的合理性受到社会广泛质疑也是自然的。

站在“政府”和“市场”的中间，转制后的名校面临着“平等”与“效率”的两难处境。这是转制后的名校天生的优势和缺陷，也是它们的“宿命”——兼具了公办性质和市场自由性质。因此这些名校就得承担协调“平等”和“效率”的责任。但是，能够做到这一点的学校，数量太少。多数学校在收费的道路上越走越远，以

致完全偏离正常的教学轨道，大量滋生请客、送礼、受贿等歪风邪气，引起党中央、国务院的高度重视。

从2003年开始，政策开始发生变化，中央政府不再大力支持学校改制，转而开始清理、整顿高收费的改制学校，杜绝乱收费现象。2006年年初上海市20所公办改制学校，10所恢复为公办学校，2所撤销建制并入公办，4所改为民办，4所结束办学。从2006年秋季开始，天津市改制的小学已经全部停止招生，79所改制初中已有24所停止招生，其余的在3年内停止招生。沈阳市35所民办公助中小学全部恢复为公办性质。

早在1997年，中央出台《社会力量办学条例》，规定“社会力量举办教育机构不得以营利为目的”，严禁教育机构唯利是图。2006年，教育部等七部委出台《关于2006年治理教育乱收费工作的实施意见》，“坚决制止以改制为名乱收费，进一步规范公办学校办学行为，加强对办学体制改革工作的指导，全面停止审批新的改制学校和新的改制学校收费标准，进一步规范义务教育办学行为，对以改制为名乱收费的学校进行全面清理……严禁搞‘校中校’‘一校两制’和以改制为名乱收费”。相关政策、法规的适时出台，有效遏制了教育乱收费现象，受到人民群众的积极拥护。

链接

发展改革委2013年继续加大治理教育乱收费工作力度

2013年3月8日9时，发展改革委政研室主任施子海接受中国政府网、新华网联合访谈，解读《2012年国民经济和社会发展计划执行情况与2013年国民经济和社会发展计划草案的报告》，并与网友在线交流。

[网友 争先恐后当孩奴]我是一个孩子的家长。孩子上幼儿园的时候收“入园费”“赞助费”，上小学、中学又收“择校费”。我们普通老百姓实在负担不起。你们发改委是管物价的，有什么办法来减轻我们的负担？

[施子海]这位网友反映的问题确实存在。近年来，我委连续组织开展教育收费专项检查，治理教育乱收费工作取得了阶段性成果。但是，由于引发教育乱收费的体制机制问题尚未根本解决，教育乱收费现象仍然比较严重，治理任务还很艰巨。2013年，我委将继续加大治理教育乱收费工作力度。

一是继续开展全国教育收费专项检查。严肃查处义务教育、学前教育阶段与入学入园挂钩的择校乱收费、公办高中违反“三限”政策乱收费、高校研究生乱收费、公办中小学以民办学校名义乱收费等问题，将多收费用退还学生及家长。对屡查屡犯、情节严重的乱收费典型案件予以公开曝光。

二是加强中小学教辅材料价格管理。督促地方严格落实中小学教辅材料评议公告制度、“一教一辅”和国家限价政策，确保减轻学生负担。

三是完善教育收费管理。加强学校培养成本监审，会同有关部门研究完善教育收费的政策措施，指导各地、各学校严格执行国家关于教育收费管理权限的有关规定，坚决纠正越权设立收费项目和违规制定收费标准的问题，进一步完善收费许可证制度、收费公示制度，提高教育收费的规范性和透明度。

四是严格督促政策落实。进一步督促各地研究制定实施本地区《幼儿园收费管理暂行办法》《治理义务教育阶段择校乱收费的八条措施》等教

其他关于“就近入学”“划片入学”的政策还有：1993年的《中国教育改革和发展纲要》，1995年《关于治理中小学乱收费工作的实施意见》，1996年《关于1996年在全国开展治理中小学乱收费工作的实施意见》，2001年《关于基础教育改革与发展的决定》，2005年《关于进一步推进义务教育均衡发展的若干意见》，2006年新修订的《中华人民共和国义务教育法》（修订案），2010年《国家中长期教育改革和发展规划纲要（2010—2020年）》，2014年《关于进一步做好小学升入初中免试就近入学工作的实施意见》《关于进一步做好重点大城市义务教育免试就近入学工作的通知》，等等。

“划片入学”“就近入学”是国家一贯推行的政策，但是在“择校热”的大潮下，“就近入学”“划片入学”难以得到切实保障。进入21世纪以来，“择校热”越来越“热”，义务教育领域中新的严峻形势要求中央政府拿出切实可行的措施，最大限度地保障教育公平。“划片入学”成为国家大力推动的一项改革措施。

2014年1月28日，教育部办公厅下发《教育部办公厅关于进一步做好重点大城市义务教育免试就近入学工作的通知》（下称《通知》），《通知》规定全国19个重点大城市完成以下任务：“2014年各重点大城市应制订完善进一步规范义务教育免试就近入学的方案。到2015年，重点大城市所有县（市、区）实行划片就近入学政策，100%的小学划片就近入学，90%以上的初中实现划片入学，每所划片入学的初中90%以上生源由就近入学方式确定。……到2017年，重点大城市95%以上的初中实现划片入学，每所划片入学的初中95%以上的生源由就近入学方式确定。组织考试及与入学挂钩行为得到杜绝，与择校有关的乱收费得到根治。已经实现上述目标的城市要进一步巩固提高。”包括北京、上海、广州、深圳、天津、杭州、南京等在内的19个大城市，重点打击义务教育阶段不规范择校行为，施行“划片入学”等措施给“择校热”降温。各大城市迅速响应，积极采取应对措施。

2014年5月，北京市教委发布《关于在义务教育阶段入学工作中严明纪律的若干规定》，严令禁止“以分择生”“以钱择校”“以权入学”等不良行为，被称为“史上最严择校禁令”——“严禁区县、有关单位和学校以任何名义收取与入学挂钩的费用，切实解决‘以钱择校’问题。教育行政部门和公办学校均不得采取考试方式选拔学生，不得举办或参与举办各种培训班选拔生源，坚决杜绝‘以

19城市明年就近入学有硬杠杠

100%小学划片就近入学

90%以上初中划片入学

中小学开学典礼新风扑面

分择生’的行为。抵制入学过程中打招呼、递条子等不正之风，坚决拒绝说情请托、权学交易等‘以权入学’的不良行为”。在严令禁止的同时，北京市教委还强力推行“划片招生”举措 :“小学、初中必须按区县教委制定的招生计划、划定的学校服务片区、通过小学和初中入学服务系统接收学生。”北京市是“择校热”比较严重的城市，其一举一动受到社会广泛关注。北京市在“择校热”方面采取如此严厉的措施，给其他各大城市树立了标杆，起到了很好的示范作用。

早在2013年年底上海市教委就已下发《2014年本市义务教育阶段学校招生入学工作的实施意见》，明确上海市公办义务教育学校按照“免试就近入学”的原则全部划片。天津市将取消初中招生各类选拔性考试，宁波市要求各中小学校择校率控制在5%以内，继续推进“零择校”政策……

2014年，在教育部的大力推动下，各重点大城市继续扩大改革成果，将相关政策落实到位,年内基本实现划片免试入学。2015年,教育部继续“乘胜追击”，3月23日,《教育部办公厅关于做好2015年城市义务教育招生入学工作的通知》出台，要求全国24个重点大城市所有县市区100%的公办小学、90%的公办初中要实现划片入学。

本次重点大城市名单增加了福州、南昌、郑州、长沙、贵阳等城市，总数达到了24个。有数据显示，2014年至2017年，这24个大城市小学免试划片入学比例一直大于97%，初中免试划片入学比例一直大于95%。“划片入学”政策，战果显著，“择校热”开始“退烧”。

链接

大城市“择校热”逐渐降温
教育公平为百姓带来更多获得感

“努力让13亿人民享有更好更公平的教育。”党的十八大以来，党中央、国务院大力推进教育公平，出台了一系列政策举措，以提升质量、促进公平为主线的深化改革之路越来越清晰、越走越宽广。

均衡之路坚定平稳，均衡发展已成为我国义务教育的关键词。到2015年年底，全国共有1302个县（市、区）通过国家均衡发展认定，完成2020年目标的47%。“择校热”逐渐降温，权威机构调查显示，与5年前相比，我国重点大城市义务教育均衡发展效果显著，公众满意度增幅稳定在10%左右。

（摘自《人民日报》2016年9月9日）

“划片入学”从来不是主治“择校热”的唯一良药。“择校热”是由复杂的历史、现实原因造成的，真正解决“择校热”，必须实现教育资源均衡，走教育公平之路。中央政府在出台“划片入学”政策后，不断完善相关配套举措。

由于施行“划片入学”，许多家长不愿意让自己的孩子入读本片区的普通学校，宁愿花大价钱将户口迁到名校、重点学校片区，因此，造成名校学区房价飙升并高居不下。这就出现了新的择校方式——“以户口择校”，“学区房”概念越来热。“学区房”既可以自住，保证子女读好的学校，又可以等子女毕业后，转手卖掉大赚一笔，兼具功能性和投资性。因此，“学区房”吸引了迫切希望入读名校的家长和开发商、投资客们的目光。出现了诸如“学区房只涨不跌”的“神话”等。在强烈需求的刺激下，“学区房”供不应求，有的“学区房”价格远远超出合理范围，“天价学区房”屡屡见诸报端，引发社会争议。

“学区房”问题摆在中央政府面前。为了遏制“学区房”，中央政府着力推动“多校划片”的补充措施。2015年4月1日，教育部下发通知：“各城市要在教育

2013上半年北京北四环外五道口华清嘉园的一套学区房挂牌价高达10万元/米^2，因此被戏称为“宇宙中心”

资源配置不均衡、择校冲动强烈的城区，推广热点小学、初中多校划片，合理确定片区范围，缓解‘学区房’问题。”2016年2月，教育部办公厅印发《关于做好2016年城市义务教育招生入学工作的通知》进一步提出：“在目前教育资源配置不均衡、择校冲动强烈的地方，要根据实际情况，积极稳妥地采取多校划片，将热点小学、初中分散至每个片区，确保各片区之间大致均衡。”“多校划片”将学区内适龄儿童，划向两所以上的学校，具体上哪一所另确定，这样就有效避免了之前“单校划片”“一对一”的确定性，将优质教育资源更加均衡地分配到每个学区，进一步降低学区间教育资源的不平衡差距。

2017年4月16日，北京市教委发布的《2017年义务教育阶段入学工作的意见》，对“学区房”市场带来强烈震动。5月，北京西城区房价下跌8.43%，海淀区下跌7.45%，全市各学区房价均有不同程度下跌。北京市一些房产经纪人表示，“学区房”的辉煌时代已经结束。

此外，各级教育行政部门又通过诸多改革及配套措施有效遏制“择校热”，积极推进义务教育资源配置更加均衡、合理。如：师资的校际流动、转岗、跨校兼课等形式，实现学区内优秀师资共享；利用多媒体、互联网实现远程教育，均衡教育资源；重点学校和薄弱学校联合办学、集团化办学，以“附中”“附小”等方式与高校展开深度合作，提升教育质量；等等。

意外（朱慧卿　作）

三、营养午餐

在相当长的一段历史时期内，我国绝大部分农村（尤其是西部贫困地区）义务教育，学校办学条件不容乐观。学校连基本的办学硬件条件都难以具备，更遑论提供免费午餐。老少边穷地区农民收入低下，常年挣扎在温饱线上，孩子在学校里只能啃食自带的干硬馒头，喝凉水。对于绝大部分农村贫困地区家庭经济困难学生来说，学校提供免费午餐，简直是童话里才能发生的事情。

但是，义务教育阶段学生的免费午餐，在我国实现了。童话变成了现实。这一切还得从头说起。

推行义务教育是我国的基本国策，青少年的身体健康尤其牵动着党中央的心。党和政府一直关心着中小学生的身体健康和营养问题。20 世纪 80 年代以来，我国按照“政府主导、企业参与、学校组织、家长自愿”的方针政策，在一些城市试点推广学生营养餐，动员全社会的力量积极参与呵护学生营养工作中来。但是受制于现实条件，这一时期我国经济发展远远不足以保障全体中国儿童营养健康。

1992 年国家统计局进行了中国儿童情况抽样调查，我国五岁以下儿童体重不足检出率为 10%—20%，生长迟缓检出率平均为 35%，个别贫困地区高达 50% 以上，即全国约有 2160 万名儿童体重不足和 4200 万名儿童生长缓慢，儿童营养

我国儿童营养现状喜忧参半

本报讯（记者范又）
新成立的中国达能营养
办的“中国 0—6 岁儿童
况及益生菌对健康的
题研讨会上，专家报告
反映出，我国儿童营养
忧参半。
从出生体重和生长
，近些年我国儿童的体
很大的提高：据世界卫
作出的评估，我国新生

2002 年学生体质健康监测结果显示
学生体质健康改善　体能素质下降

本报北京 11 月 11 日电（记者丰捷　罗京生）中国学生的身体状况如何？今天公布的 2002 年全国学生体质健康监测结果显示：我国学生身体状况总体良好，但在学生体质健康继续改善的同时，部分体能素质持续下降、肥胖率明显增加、近视率居高不下等问题必须引起高度重视。

自 2002 年开始，教育部在北京、内蒙古、

2000 年和 1995 年相比，虽然学生中营养不良检出率下降幅度不大，但较低体重检出率下降明显；与此同时，几种常见疾病的患病率下降，低血红蛋白检出率继续降低，城乡学生龋齿患病率呈下降趋势。

教育部体育卫生与艺术教育司司长杨贵仁在发布上述信息的同时表示，体能素质、肺活量水平持续下降、肥胖学生明显增加、近视率仍然

性疾病较多。营养跟不上，必将影响儿童的身体健康和智力发育，对我国义务教育阶段学生造成伤害。

1993 年国家要求条件合适的地区建立中小学生营养餐制度，有意将保障中小学生营养制度化、常态化。《九十年代中国食物结构改革与发展纲要》发布后，要求“有条件的地方要逐步建立中小学生营养餐制度”，“重点改善贫困地区和严重营养性疾病地区的营养不良状况”，同时推广营养教育，“今后要从中小学生抓起，增加食物和营养方面科普知识的教育，不断提高人民膳食营养的知识水平，提高科学消费的自觉性”。

1996 年《国家大豆行动计划》开始施行，旨在以中小学生为重点，全面改善我国居民营养状况。1997 年世界营养大会召开，会议通过了世界营养宣言和世界营养行动计划。中国是参与国，按照会议精神，我国迅速制定了“中国营养改善行动计划”。1997 年 12 月《中国营养改善行动计划（1996—2000 年）》颁布，提出“有计划有步骤地普及学生营养午餐”。《中国营养改善行动计划（1996—2000 年）》要求学校安排一定课时的营养知识教育，使学生懂得营养的重要性。

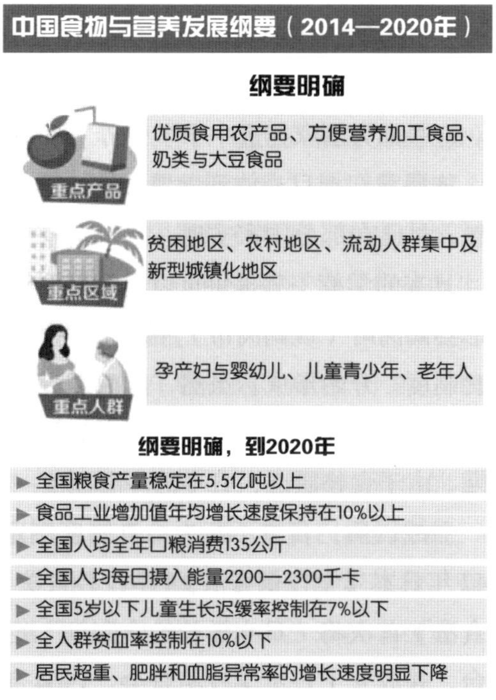

对于我国义务教育阶段学生营养问题而言，《中国营养改善行动计划（1996—2000 年）》是个重要的国家级文件，学生的午餐被纳入国家计划表中，我国义务教育又开启了一项利国利民的重大工程。

2001 年，少年儿童营养改善问题被纳入国家计划之中。这一年 11 月，《中国食物与营养发展纲要（2001—2010 年）》颁布，要求各地政府积极组织实施有关少年儿童营养改善的国家计划。优先保证这一

20 世纪 50 年代，泰国开始推行学校午餐计划，到 1987 年，已覆盖所有学校。1992 年泰国颁布《小学学校午餐基金法》，近 1/3 学生的午餐可以免费，其余学生的午餐费，或享受部分折扣或完全自费。

我国的午餐计划同样有一个从民间走向政府的过程。2011 年 4 月 2 日，由爱心人士邓飞、500 余名记者、国内数十家主流媒体和中国社会福利基金会共同倡议，发起一次公益活动——“中国贫困山区小学生免费午餐”（下称“免费午餐”），由此开启了免费午餐基金公募计划。经过严密考察、计算，这个公益活动得出结论：只要 3 元钱，贫困学生就能吃上午餐。因此倡议大家捐款 3 元，帮帮吃不上午饭的孩子。截至 2013 年 10 月，该计划总募捐额达 6800 万，开餐学校 332 所，受惠学生超过 71000 人。“免费午餐”项目获得了社会各界的广泛支持，得到了政府的高度赞誉和积极响应。2013 年，邓飞成为十位“CCTV 年度慈善人物”获奖人之一，“免费午餐”项目荣获第七届“中华慈善奖”。民政部高度评价“免费午餐”项目，中国公益史上还没有哪个公益活动能像“免费午餐”项目一样对国家形成如此重要的影响。

但是学生“免费午餐”计划，如果没有国家的积极干预，就很难见到显著成效。2011 年 5 月 11 日，《人民日报》刊发评论《“免费午餐”期待政府接棒》，呼吁政府积极参与进来。与此同时，中央政治局委员、国务委员刘延东在宁夏视察工作，明确要求国家贫困地区农村学生营养改善计划在西海固地区率先启动。2011 年秋季，农村小学生营养改善计划试点工作在宁夏地区展开。这次试点工作最先在连片特殊困难农村地区启动，惠及 680 个县（市）、约 2600 万名学生。国家每年投入至少 160 亿元，保障每个学生每天有 3 元钱午餐费。同时，提高补助家庭经济困难寄宿学生生活费标准，达到小学生每天 4 元，全年 1000 元，初中生每天 5 元，全年 1250 元。拨付专项资金，重点建设学生食堂，切实改善学生就餐条件。国家鼓励社会机构和个人积极参与。2011 年 11 月 23 日，国务院下发《关于实施农村义务教育学生营养改善计划的意见》，学生营养改善计划在全国范围内试点启动。

在中央政府的大力推动下，各地政府积极响应。宁夏回族自治区高度重视“免费午餐”工作，切实落实学生营养改善计划。重庆开始了“中小学生营养促进工程”，陕西也有了“蛋奶工程”……各地纷纷推出相应的营养改善计划。

2012年中央财政下拨76.27亿元，用于改善集中连片特困地区2542万名农村义务教育阶段学生的营养状况。2012年，贵州省全面实施“营养餐”计划，涉及65个集中连片特困县，14个非集中连片特困县，惠及1.4万多所学校的405万名学生。河南省22个试点县全部启动农村义务教育学生营养改善计划，涉及学校2131所、学生50.3万人。新疆维吾尔自治区在24个国家试点县、11个自治区试点县展开试点工作。

国家级的农村义务教育学生营养改善计划迅速在广大农村地区铺展开来。在国家意志的强力推动和保障下，我国农村义务教育学生营养状况得到全面改善和巨大提高。

教育部的统计数据显示，到2015年6月底，九成以上国家试点县已开餐。699个国家试点县（含兵团19个团场）中有678个县开餐，涉及学校9.4万所，受益学生2243万人，分别占应覆盖学校和学生数的94%和91%。在22个试点省份近10万所试点学校中，学校食堂供餐的占53%，受益学生占64%；企业（单位）供餐的占35%，受益学生占32%；家庭（个人）托餐的占12%，受益学生占4%。西藏、宁夏、云南、重庆、贵州、广西食堂供餐比例超过90%。

2016年10月25日，《“健康中国2030”规划纲要》颁布实施，在全面提高

重庆巫山县双龙镇乌龙学校的小学生在食堂领取营养午餐

我国居民健康水平的同时，重点关注农村中小学生健康状况。2017年6月《国民营养计划（2017—2030年）》出台，结合现实发展，对中小学生身体健康提出新的任务和目标：采取学生“超重、肥胖干预”，减缓学生肥胖率上升趋势；进一步缩小城乡学生身高差别；继续推广、深化农村义务教育学生营养改善计划，优先覆盖贫困地区和集中连片特困地区。

2018年12月28日，教育部发展规划司司长刘昌亚宣布，农村义务教育学生营养改善计划已覆盖所有国家级贫困县，3700万名农村学生受益。在中央政府和民间力量的推动下，贫困地区学生上学自带饭菜、啃馒头喝凉水的艰苦时代过去了。

“免费午餐”不再是童话。中国义务教育阶段贫困地区学生切切实实享受到了“免费午餐”，他们的身体健康、营养得到了国家强有力的保障。这是功在当代，利在千秋的大好事。

四、校长教师交流轮岗

我国教育在全面完成“普九”后，进入到一个新的历史发展阶段，这个阶段的主要问题就是教育发展不均衡。因此，推进我国义务教育均衡发展，满足人民群众对高质量教育的需求、对教育公平的期待成为本阶段的新任务。

在此之前，中央政府大力推动义务教育发展，取得了瞩目的成就：“两基”工程目标实现，“两免一补”政策落实到位，学生的营养午餐基本得到保障，基础办学条件初步齐备。但是教育资源不均衡的问题依旧存在。教育的核心是师资。在城乡之间，在校与校之间，师资水平的差距尤为明显。这就造成人民群众争相追捧优质教育资源集中的重点学校、名校，而薄弱学校无人问津的问题。“择校热”“天价学区房”现象屡禁不止。教育资源丰富的学校的师资、生源、经费、办学设施越来越好，而薄弱学校却留不住学生和优秀教师，教育水平逐年滑坡，这也就愈发加剧了原本不均衡的教育差距。这对我国全面推进义务教育均衡发展提出了挑战。解决人民群众日益增长的高质量教育需求和教育资源供给不足的问题，成为中央和各地各级政府的主要工作目标之一。校长教师交流轮岗制度在这一背景下被推上历史舞台。

校长教师交流轮岗指的是，校长、副校长、优秀骨干教师在校际间轮流任职任教，积极发挥优势，促进教育薄弱学校水平提高。在城区中，校与校之间的师资交流使重点学校与普通学校差距缩短；在城乡之间，城市里的优秀师资下乡，送来了先进的教育理念和经验，极大解决了农村学校教师数量不足、质量不高，学科不配套等问题。校长教师交流轮岗制度对深化教育领域改革，打破体制壁垒，充分让师资合理流动起来，解决教育资源分布不均衡的问题发挥了重要作用。

早在 2006 年，就有地方政府施行教师岗位交流政策，并取得了不错的

反响。但是实施效果还有待进一步提高。如何最大限度地激发教师轮岗交流的积极性？如何使教师轮岗交流更有效率？有研究指出，在普通教师、特级教师、市级骨干教师、学科带头人、高级教师中，愿意参加轮岗交流的教师占 49.3%。其中普通教师占交流教师总数的 72.2%，市级骨干教师占 3.3%，特级教师仅占 1.2%。85% 的交流教师认为职务职称晋升是最有效的激励方式。这就需要政府深入研究，确定参加轮岗交流的优秀师资比例，保障参与轮岗交流教师的实际利益，激发积极性，将这一措施落到实处。

2013 年 11 月 15 日中央出台《中共中央关于全面深化改革若干重大问题的决定》，提出“统筹城乡义务教育资源均衡配置，实行公办学校标准化建设和校长教师交流轮岗，不设重点学校重点班，破解择校难题，标本兼治减轻学生课业负担”。2014 年 8 月 13 日出台了《关于推进县（区）域内义务教育学校校长教师交流轮岗的意见》，要求加快推进校长教师交流轮岗，并重点将优质教育资源向农村学校、薄弱学校流动，且优质教师流动比例不低于 10%，骨干教师不低于 20%，并给参与流动的校长、教师以政策优惠，在薪酬、评职称等方面给予奖励和倾斜。

全面推进义务教育教师队伍“县管校聘”管理改革，把教师从“学校人”变为“系统人”，实现“县管校聘”。校长教师交流轮岗实行“省级统筹、以县为主”的工作机制，切实落实校长教师交流轮岗工作的责任主体。

至 2013 年 8 月底，中国已有北京、上海、四川、湖北、浙江等 22 个省（区、市）地方政府出台了关于教师流动的相关政策，上海市、四川省成都市、湖北省武汉市、辽宁省大连市、河北省邯郸市、山西省晋中市、陕西省宝鸡市、浙江省嘉善县等已展开先行探索，并积累了丰

轮岗到陕西省汉中市镇巴县三元镇红鱼教学点的曾瑶老师（右）在给四年级学生上英语课

富的经验。为贯彻落实《中共中央关于全面深化改革若干重大问题的决定》和《关于推进县（区）域内义务教育学校校长教师交流轮岗的意见》，各地方政府积极巩固已有的改革成果，继续深化校长教师交流轮岗制度，全力推进义务教育均衡发展。

校长教师轮岗交流制度好处多多。对于副校长而言，参加岗位交流，可以更好地发挥其能力。在一所重点学校里，有能力的副校长，才华有时不能得到更好发挥，参与岗位交流之后，副校长可以去薄弱学校担任正职，既带去了先进的办学经验和理念，又能充分施展自己的才华，可谓一举两得。而对于正校长而言，由于在一个职位待久了，对工作环境熟悉了，在工作方面如果没有新的更强的刺激，就难以取得更大的突破，有时还受到人际关系、人情纽带的缠扰，工作受到影响。交换到薄弱学校、农村学校之后，正校长可以切身体验、长时间深入了解中国当下一线的教育现状，可以极大激发新想法，促进思考。对于有些教师而言，有些人认为只要不出大的错误，工作上过得去就行，不去精益求精，反倒人浮于事，不思进取，在课堂上“炒冷饭”，有些教师甚至成为学校发展的阻力。在校长教师轮岗交流制度出台之前，学校拿这些教师毫无办法，既开除不了，也交换不出去。有了这个制度之后，可以请优秀教师支援薄弱学校，能力较弱的教师去更好的学校交流学习。从外在的职称聘任、福利待遇方面给予强力刺激，从内在的学习研究、发展能力角度让教师积极主动“交流”起来，把某些学校的“一潭死水”变成流动的活水，“流水不腐，户枢不蠹”，最大限度地激发城乡之间、校与校之间的教学活力。

同时，可以有效降低“择校热”，在一定程度上解决“学区房”问题。学生家长想去城区、重点学校读书，但是限于高昂的房价，只能“望房兴叹”。校长教师轮岗交流制度实施之后，学生在家门口就可以听到来自城区重点学校优秀教师的讲课，再也不用挤破头去城区重点学校上学，家长也不用因为“学区房”背上沉重的经济压力。

北京市东城区教委在 2007 年就已经施行了校长教师轮岗交流。2014 年，北京市东城区教委继续深化改革，全区参加轮岗交流的中小学干部教师达到 1618 名。同时列出规划目标：新学年度参加轮岗的专任教师占全区专任教师总数的

高。2018年1月,《中共中央国务院关于全面深化新时代教师队伍建设改革的意见》出台，要求提高乡村教师待遇……这一系列政策文件的出台，切实保障了乡村教师的待遇。

《支持计划》让更多的特岗教师乐意在乡村学校任教

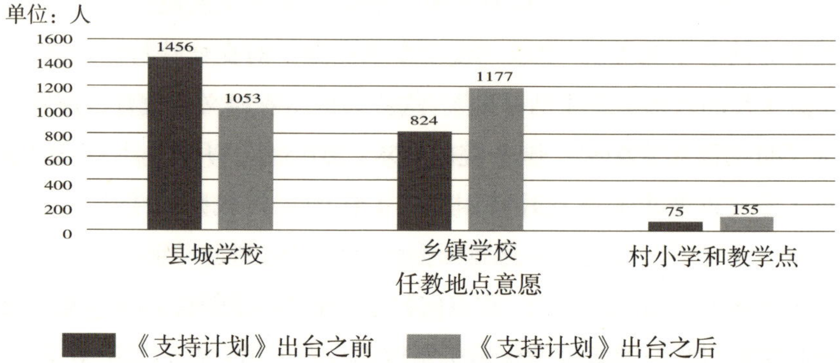

在工资方面，国家出台一系列政策，保障乡村教师实际工资收入不低于同级县镇教师、当地公务员收入。1993年颁布的《中华人民共和国教师法》规定，教师平均工资水平应当不低于或者高于国家公务员的平均工资水平。2016年国务院发布的《国务院关于统筹推进县域内城乡义务教育一体化改革发展的若干意见》以及2017年出台的《关于全面深化新时代教师队伍建设改革的意见》等文件，进一步强调保障乡村教师工资收入。

根据《教育部办公厅关于2016年连片特困地区乡村教师生活补助实施情况的通报》，“2016年，各地人均月补助标准为284元，比2015年增加22元，提高了8.3%。实施县中，人均月补助标准达到或超过400元的占25%，200—400元的占59%，200元及以下的占16%”。新疆、宁夏、青海等贫困地区补贴标准更高。

2018年8月31日，教育部表示，乡村教师生活补助政策实现了对22个省、725个连片特困地区全部覆盖，并将进一步提高补助标准。200余万乡村教师享受到了生活补贴政策，占全国乡村教师总数的2/3左右。教育部表示，乡村教师生活补贴政策还将继续深入推进，在扩大范围的同时提高补贴标准。不仅是贫困地区有生活补助，北京、上海、浙江、广东四省也已落实乡村教师生活补助政策，天津、福建、辽宁部分地区也已落实，并将继续扩大覆盖范围。

有研究者调查了中西部 6 省 12 县（区）农村中小学的乡村教师补助实施情况。调查显示，领取了乡村教师生活补助的乡村教师占比为 81.4%。认为《乡村教师支持计划（2015—2020 年）》实施后，乡村教师工作积极性非常高的乡村教师比例为 9.6%，乡村教师工作积极性比较高的占 60.1%，愿意留在乡村任教的教师比例达到 92.69%。

乡村教师有了额外补贴，可以更安心地教学了，我国农村的义务教育得到了更切实的保障。乡村教师感觉到了党和国家的关怀，教师也成了社会普遍尊重的职业。

链接

2013 年 12 月，湖南省凤凰县、泸溪县县城教师纷纷主动要求调往偏远小学教书。为什么之前去偏远小学教书被认为是苦差事，现在却成了香饽饽了呢？原来，两县实施了向乡村教师倾斜的津贴制度。

有人算了一笔账，仅岗位津贴一项，乡村教师一年就要比城区教师多 1.44 万元，乡村教师年收入 5 万元不是梦，教龄长的教师可达到 6 万元。

泸溪县马王溪小学教师田继刚之前一直想去城区教书，现在可以安心在农村教书了。他说：“2010 年，我家在镇上买了一套房子，月供是每个月 600 元，有了这笔专项补贴，月供已经没有压力了。”“收入增加了，生活的压力变小了，幸福指数一路攀升。”由于想调去偏远小学任教的教师太多，当地不得不通过考核的方式来选拔安排。

整个湖南省武陵山片区施行农村教师津贴制度之后，各县乡村教师可以安心从教了。湖南省教育厅人事处副处长刘奇军讲：“对乡村教师高看一眼，厚爱一层，这才有利于义务教育均衡发展。”湖南省怀化市溆浦县沿溪乡中学语文老师龙方舒说：“党和政府对乡村教师高看一等，厚爱一层，使我们生出扎根乡村的决心。”

除了湖南，江西也实施了乡村教师特殊津贴制度。丁陂乡水溪小学位于江西省瑞金市最边远山区，从教30多年的老教师陈帆领到了每月360元的艰苦边远地区农村中小学教师特殊津贴，心情非常愉悦。在瑞金市瑞林镇下坝任教初中的王牧说："政府非常关心我们边远贫困地区老师，我们的待遇比城区老师都要好，山区孩子又非常淳朴，我们都很乐意在山区教书。"山西、陕西、广东……全国各地纷纷给予乡村教师岗位津贴、生活补助，给广大乡村教师吃了一颗定心丸。

08

第八章

推进教育公平　办人民满意的教育

一、推动随迁子女异地就学

20世纪80年代以来，随着改革开放的深入，中国城镇化进程急速推进，流动人口数量激增，进城务工人员及随迁子女数量居高不下。2006年，进城务工人员及随迁子女数量已超过2000万，且大部分处于需要接受义务教育阶段。据《中国2010年第六次人口普查资料》数据显示，0—17岁城乡随迁子女数量为3581万。《中国流动人口发展报告2011》显示，全国0—14周岁流动儿童规模达到约4163万人，农民工随迁子女数量约为3609万人。流动人口携带父母、子女一同迁移的比例达到66%，在流入地平均居留时间接近5年，长期居留趋势明显。这些农民工随迁子女或者在公立学校、民办学校、农民工子弟学校入读，或者在居住地未办理入学手续，未接受学校教育。截至2015年10月1日，全国流动人口达到2.47亿人。也就是说，每六个人中就有一个是流动人口。大量流动人口带来了经济的快速发展，也让流动人口的子女教育成为一个亟待解决的问题。

国家统计局发布《2016年农民工监测调查报告》显示，2016年我国进城务工人员数量达到28171万人。2017年进城务工人员随迁子女数量达到1406.63万人，其中0—14岁随迁子女占比64%以上，处于义务教育阶段的随迁子女数量达到约900万

人，这不是个小数目。

随迁子女入学，面临诸多难题。其根本原因还在于中国基础教育资源仍然不足。一方面，经济较发达的城市和地区，有的基础教育办得较好，能满足当地适龄学生就读，但是随着进城务工人员大量涌入，随迁子女数量越来越多，原本足额的基础教育逐渐饱和，并超出当地承受能力，导致新的供需问题。另一方面，有的城市对进城务工人员随迁子女入读公立学校的要求较高，审批手续烦琐。比如，北京市教育委员会在《关于2015年义务教育阶段入学工作的意见》中规定，非京籍学生入学需提供“五证”（非京籍适龄儿童父母或其他法定监护人本人在京务工就业证明、在京实际住所居住证明、全家户口簿、在京暂住证、户籍所在地街道办事处或乡镇人民政府出具的在当地没有监护条件的证明等相关材料）。进城务工人员要开齐“五证”，有一定困难。进城务工人员办理随迁子女入学手续困难，感到不被当地接纳，进城务工人员及随迁子女的心理极大受挫。有的城市要求进城务工人员随迁子女入读需缴纳一部分费用，如“赞助费”“插班费”等。再者，公立小学难进，大量随迁子女只能就读农民工子弟学校。农民工子弟学校进校难度相对较小，学费相对较低，多数学校有校车接送，学生可以在学校吃午饭，免去了父母奔波之苦。这些条件吸引了一批务工人员。但是大部分农民工子弟学校办学条件差，师资水平不高，教学质量难以得到保证。有的农民工子弟学校甚至是非法办学，严重影响了随迁子女的教育。而输入地政府对流动人员的管理有待提高，无法准确监测、预判流动人口的数量，导致学校难以制定针对随迁子女的招生计划。有的城市规定，异地考试还需要回流出地。2013年5月31日，《羊城晚报》报道了《深圳中考政策今年收紧　2万随迁子女或面临失学》一文，指出部分城市相关政策变动，影响了随迁子女的入学。

即使能够顺利入学，随迁子女的受教育状态也难得到有效保障。除了外在的这些问题，异地入学后的随迁子女也面临很多精神、心理等内在问题——学习的教材、进度、上课方式与原学校不一样，教师有方言口音，对他们关怀不足，和周围同学融合不顺畅、有矛盾，没有玩伴和朋友……由于进城务工人员流动性较强，工作、居住地时常变动，稳定性不高，随迁子女接受义务教育的连续性难以保障。同时，父母的流动、迁移也影响着子女的受教育质量。

不另行收取其他费用。“择校费”“赞助费”“借读费”在无锡难见踪影。在江阴市及无锡崇安区，所有随迁子女都在公办中小学读书。在全无锡市义务教育阶段入学儿童中，就读于无锡市公办学校的比例为91%。

教育公平，让随迁子女融入城市

2006 年，“认真解决务工农民的子女上学问题”出现在中央一号文件中。同年 6 月，修订后的《中华人民共和国义务教育法》要求流入地政府要为农民工子女接受义务教育提供必要的条件。同年 10 月，《中共中央关于构建和谐社会若干重大问题的决议》出台，再次强调要“保障农民工子女接受义务教育”。2012 年《关于做好进城务工人员随迁子女接受义务教育后在当地参加升学考试工作的意见》出台，敦促各地采取适当措施，为随迁子女接受义务教育后在当地的考试提供有利条件。

2013 年教育部发布《中小学生学籍管理办法》，要求学校从幼儿园或小学开始，以学生居民身份证号为基础建立新型的学籍号，且终身不变。该办法进一步规范和保证了随迁子女学籍问题，为他们异地入学带来了方便。

2014 年 3 月，《国家新型城镇化规划（2014—2020 年）》出台，要求“将农民工随迁子女义务教育纳入各级政府教育发展规划和财政保障范畴，合理规划学校布局，科学核定教师编制，足额拨付教育经费，保障农民工随迁子女以公办学校为主接受义务教育”。这表示，解决随迁子女义务教育的政策，从“两为主”开始向“两纳入”（“将常住人口纳入区域教育发展规划，将随迁子女教育纳入财政保障范围”）转变。

“两纳入”政策的提出，进一步保障和巩固了随迁子女与当地孩子接受义务教育的公平、平等。各地公办义务教育学校对随迁子女和城镇户籍学生一视同仁，混合编班统一管理，分班就读等隔离现象不再被允许。随着校长教师轮岗交流制

度的深化，随迁子女入读的公办小学迎来越来越多的优秀师资，随迁子女所能接受到的教育质量越来越高。同时，国家还不断加大相关资金投入。从 2008 年到 2014 年，中央财政累计投入相关经费 340.51 亿元，2014 年更是达到了 99.62 亿元。像广东这样接收随迁子女较多的省份，在增扩学校、增加教师编制等方面有了更多的中央财政补助。另外，自 2014 年起，国家全面启动“全面改薄”工作，贫困地区义务教育薄弱学校基本办学条件差等问题逐步开始解决，同时，确保县镇义务教育容量，让随迁子女“有学上”。

2015 年 2 月 28 日，在介绍农民工工作有关情况新闻发布会上，教育部副部长刘利民表示，将进一步扩大城镇义务教育容量，拟将农民工随迁子女全纳入城镇义务教育。免除公立学校随迁子女的学杂费，对随迁子女就读的义务教育阶段民办教育，拨付相应经费，学校要对随迁子女和当地学生一视同仁。《国务院关于进一步做好为农民工服务工作的意见》出台，规定“输入地政府要将符合规定条件的农民工随迁子女教育纳入教育发展规划”。

除了上述措施，中央政府还进一步放开户口限制，推行“积分落户”“租售同权”等有力政策，进一步保障随迁子女入学。

2014 年 7 月 30 日，国务院出台《关于进一步推进户籍制度改革的意见》（下称《意见》），《意见》取消了农业户口与非农业户口之分，统一登记为居民户口。从此，施行了几十年的城乡二元户口制度结束了，中国居民在户口上不再有“城里人”“农村人”之别。这将极大促进城乡人口流动，给社会注入更强劲的活力和动力。进城务工人员想要落户城市，成为“新市民”的难度大为降低，随迁子女在输入地读书更加便捷。

为贯彻落实《国家新型城镇化规划（2014—2020 年）》《关于落实中央经济工作会议和中央城镇化工作会议主要任务的分工方案》等政策，2014 年 12 月 29 日国家下发《关于开展国家新型城镇化综合试点工作的通知》，在全国 62 个城市（镇）试点推行积分落户制度。2015 年 2 月 4 日，国务院印发《国家新型城镇化综合试点方案》，试点时间为：2014 年年底开始在上述地区试点，2017 年各试点取得阶段性成果，2018—2020 年向全国其他地区推广。各地政府合理设置积分分值，具有合法稳定就业的进城务工人员，达到一定分值，即可申请落户。在很多城市，长期租房也被纳入积分。这对进城务工人员而言是大好消息。此举一出，极大解决了进城务工人员在输入地的落户难题。进城务工人员落户方便了，随迁子女就可顺利就读当地公办小学。

另外，"租售同权"政策在各大城市逐步实施。2017 年 7 月，9 部委联合发布《关于在人口净流入的大中城市加快发展住房租赁市场的通知》，"非户籍人口"被明确纳入新市民范畴。7 月 26 日，住建部有关负责人在接受新华社记者采访时表示，将通过立法，逐步使租房居民在基本公共服务方面与买房居民享有同等待遇。这就意味着，租房能享受和买房同样的待遇，"学区房"只租不买，租房居民的子女也可以上好学校。这对务工人员和随迁子女来说，无疑又是个大好消息。各城市开始积极试点、稳步推进。上海宣布只租不售，广州宣布"租售同权"、租售并举，将租房与人才积分挂钩。这将不仅有助于平抑房价、抑制"择校热"，还将大大降低随迁子女入学的难度。在杭州，随迁子女凭居住证就可以入园入学，无须提交其他材料。杭州在随迁子女入学方面，走在了全国的前列。

这些措施进一步解决了"小候鸟"入学难的问题，让进城务工人员可以更安心地工作、扎根，成为"新市民"。

有数据显示，2017 年，进城务工人员随迁子女入读公办学校的比例达到 79.67%，其中，小学 79.00%，初中 81.60%。2018 年，教育部党组书记、部长陈宝生表示：中国教育改革 40 年来，全国超过 80% 的县实现了义务教育基本均衡发展，进城务工人员随迁子女 80% 以上在公办学校就读。这个成就是了不起的。

切实保障"小候鸟"的异地受教育权利，是近年来中国义务教育改革的目标之一。"小候鸟"是祖国的花朵、民族的希望。党和政府不断推进教育改革，向这些未来的"新市民"张开怀抱，让他们一同享受国家发展带来的红利。

链接

电视纪录片《辉煌中国》的第五集"共享小康"，介绍了随迁子女罗楹莹入学的故事。在福建晋江，福建晋工机械有限公司职工罗树生的女儿罗楹莹，上了镇上最好的公立小学——前埔小学。这在以往，是很难办到的。

罗树生说："一家人在一起，让小孩不会成为留守儿童，这样我也很放心。公司出一个劳动合同就可以了，读书也方便。"像罗楹莹这样的随迁子女能够顺利入学，不再感受到"入学难"，得益于近年来国家对相关政策的大力推动。

二、破解"入园难、入园贵"

"孩子上个幼儿园太难了！"在我国学前教育领域，幼儿园难进总是让老百姓抱怨不已。公立幼儿园数量少，难进；私立幼儿园收费高，也难进。不少家长只能"望园兴叹"。

"全面二孩"时代，"入园高峰"挑战"入园难"

2017 年 10 月 22 日上午，教育部党组书记、部长陈宝生在十九大新闻中心举办的第五场记者招待会上表示，中国教育现在面临三个"硬骨头"：第一个"硬骨头"，就是学前三年教育，毛入园率要达到 85%，普惠性幼儿园占比要达到 80%。这个是硬骨头，为什么？即使这两个指标达到了，入园难、入园贵的问题，还不能根本解决。还有，放开二孩之后，每年新出生的孩子有很多。

从民间到官方，"入园难、入园贵"成为全国上下的"共识"。幼儿园难进，公立幼儿园（公办园）尤其难进。为争取一个名额，家长顶风冒雨、不顾高温，全家齐上阵，通宵排队等，这些现象并不罕见，各地报纸均有报道。幼儿园中签率低，入园难度堪比春运抢车票，入园难于买房。幼儿园贵，这种现象主要出现在私立幼儿园（民办园），有的私立幼儿园收费不规范，有的质优价高，一年费用从一两万到八九万不等。有的一个月学费六七千，高到离谱的民办园比比皆是。办幼儿园纯利润年收百万不成问题，公益事业成了发财之道。

"入园难、入园贵"的根本原因在于学前教育资源不足。我国学前教育资源"底子薄""欠账多"。从 20 世纪 90 年代到 2009 年之前，无论是幼儿园数量、在园儿童数还是学前教育三年毛入学率，都呈下降趋势。1996 年，学前教育三年毛入学率为 40.5%，到 2003 年只有 36.8%，2009 年为 50.9%。相对于全世界毛入学率平均水平而言，此时我国仅处于中低收入国家行列。在园儿童数，1996 年为 2666 万，2003 年为 2004 万，2009 年 2658 万。2000 年，全国幼儿园约有 1.6 万所，到 2007 年只有约 5000 所，下降了 70%。幼儿园数量严重不能满足人民群众的相关需求，幼儿园甚至成为稀缺资源，入园当然既难且贵。

适龄儿童数量渐增是另一个原因。进入 21 世纪之后，中国城镇化进程飞速发展，进城务工人员大量涌入经济发达地区，随迁子女需要上幼儿园，这就加剧了城镇居民子女"入园难"问题。近年来，在输入地工作多年，逐渐安家落户的进城务工人员越来越多。国家不断创造有利条件促进人口自由流动。2014 年 7 月 30 日，国务院出台《关于进一步推进户籍制度改革的意见》，取消农业户口与非农业户口之分，统一登记为居民户口。随后又出台"积分落户""租售同权"政策，促进"进城务工人员"身份转化为"新市民"。2011 年，我国开放"双独二孩"；2013 年，农村地区开始实施"一孩半"政策；2014 年，"单独二孩"政策实施；2016 年中央政府出台全面放

2008—2015年民办幼儿园在园人数

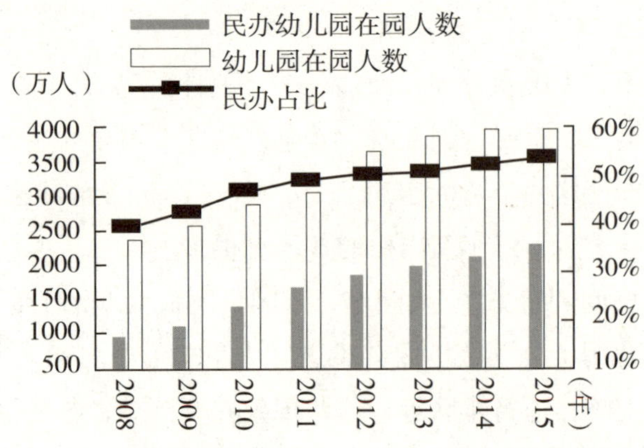

开“二孩”政策，刺激国民生育。一系列的措施，促使适龄学前儿童数量激增，加重了近年“入园难”问题。而对于城镇居民而言，生育“二孩”的欲望相对较低，整体而言，生育率比不上农村居民和进城务工人员。经济发达地区和一些大城市“入园难”的抱怨声尤大。1996—2009 年，这些城市的幼儿园数量本来就不充足，还下降不少。尽管 2010—2015 年，我国幼儿园数量在逐渐增长，但增速无法赶上适龄学前教育儿童“入园”需求的增速，导致缺口越来越大。

人民群众对优质学前教育的需求不断增长。近二十年来，伴随着城镇化程度越来越高，我国经济飞速发展，居民收入越来越高。这就导致人民群众对学前教育质量有了更高的期待和需求。尤其是城镇居民对优质学园的需求，异常强烈。居民有钱了，自然追求高质量的教育。公办园难进，民办园大量崛起。除去那些不具备办园资格的、办园不规范、管理不到位的民办园，优质的民办园数量稀少，入园名额十分有限。面对高强度的市场需求，幼儿园收费一路上涨也就不足为奇。价格是调节市场供需关系的有力手段，能有效反映出市场供需关系的变化。在上海，被称为“最贵幼儿园”的惠灵顿（上海）双语幼儿园，开办于 2016 年，学费一年 19.8 万元；中欧国际私立学校，一年学费在 15 万到 18.8 万元之间。广州无边界森林幼儿园，学费一年 19.8 万元。南京凯斯国际幼儿园，学费一年 18 万元。北京艾毅国际幼儿园，学费一年 15.5 万。天津华兰国际幼稚园，学费一年 14 万……花巨资也要保证孩子的学前教育质量，成为越来越多人的选择。“天价幼儿园”的出现，反映出我国居民对优质学前教育资源渴望的强烈程度，也反映出我国部分居民的教育消费水平。但对大部分居民而言，“天价幼儿园”与他们关系并不大。部分居民抱怨“入园难、入园贵”问题的原因还在其他。2016 年 4 月 20 日，据《新快报》报道，广州最热门幼儿园报名人数与招生人数比例高达 83：1，家长表示，这比高考都难。放眼全国，幼儿园入园中签率在 10% 以下的，不在少数。入园中签率如果能到 30%，就已经算“大有希望”了。对比下高考录取率，2018 年河南高考录取率最低，为 29.75%，相当于 10 个人里面可录取 3 个。这远比幼儿园中签率高得多。入园之难，难于高考，所言不虚。

但同时，居民选择幼儿园有难度也并非完全是因为幼儿园数量不够，还有另外一种现象值得注意。据报道，广州市海珠区凤安幼儿园、天河区童睿幼儿园等数十所幼儿园招不满人。一边是挤破头、熬夜排队也要上，另一边，质量也不差的幼儿园招不满人。这表明，一般的学前教育水平已经不再能满足人民群众的需求了，人民群众对优质学前教育的追求意愿太过强烈，甚至有些“畸形”。

另外，民办幼儿园质量难以保证。虐童事件层出不穷，甚至不乏造成全国性影响。2017年北京朝阳区红黄蓝幼儿园虐童事件、“携程托管亲子园”虐童事件均引起了全国公愤，造成了全国恐慌。仅2017年一年，全国出现幼儿园虐童事件至少20起以上。幼儿园虐童事件出现在公众视野的历史，至少已有十年。这些触目惊心的案件，令家长们只能尽力让孩子们就读公办园和高价民办园。这就反向刺激了“入园贵”现象。

还有一些因素也导致了“入园贵”。我国男性幼儿教师数量过少，统计数据显示，2015年全国女性幼儿教师比例为97.92%。女性教师因为二次生育，导致师资短缺。随着经济的发展，我国学前教育成本也逐渐增加，教师工资高了，物价高了，办学费用也更高，学费自然“水涨船高”。再加上一些办学不规范机构乘机乱定价、乱收费，市场监管不力，幼儿园“入园贵”现象难以有效遏制。

针对这些问题，我国政府积极采取措施，解决“入园难、入园贵”问题。中央政府方面不断出台政策，明确学前教育责任主体，建立相关保障机制，推进学前教育改革的深化。2010年7月29日《国家中长期教育改革和发展教育规划纲要（2010—2020年）》出台，要求“全面普及学前一年教育，基本普及学前两年教育，有条件的地区普及三年学前教育”。2010年《国务院关于当前发展学前教育的若干意见》（下称《意见》）发布，提出要积极发展学前教育，从十个方面采取有力措施，着力解决“入园难”问题。《意见》要求各地政府重视学前教育。大力发展公办园，学前教育公共服务要做到“广覆盖、保基本”。政府财政投入还要持续加大，保障新增幼儿园安全、适用。严禁公办园高收费。鼓励社会力量参与，多种形式办幼儿园。城镇小区要按国家要求配套幼儿园，扩大农村学前教育资源。多种途径加强幼儿教师队伍建设，尤其注重从业人员的道德建设和监管力度。提高幼教的地位和待遇，提升从业人员专业素养。加大学前教育投入，新增教育经费要向学前教育倾斜，学前教育经费在教育经费中占比要提上来，未来三年还要有明显提高。完善法律法规，保障幼儿园安全，规范幼儿园收费，坚决查处乱收费现象。加强组织领导，明确政府责任，重视学前教育发展。统筹规划，实施学前教育三年行动计划，科学测算、预测相关变化趋势，以提供参考。2018年11月7日，《中共中央国务院关于学前教育深化改革规范发展的若干意见》发布，意见提出“两个80”的目标——到2020年，全国学前三年毛入园率达到85%，普惠性幼儿园覆盖率（公办园和普惠性民办园在园幼儿占比）达到80%，提出小区要配套幼儿园建设，同时国家要培养更多优秀的幼儿教师。目前《学前教育法》已列入全国人大立法进程，幼儿园管理将纳入更规范、严格的法律机制之中。

各地方政府也采取相应措施，解决“入园难、入园贵”问题。在浙江嘉兴，早在2011年，嘉兴市就已设立学前教育专项资金，补助普惠性幼儿园，效果很不错。2017年嘉兴市生均经费支出总额近6000万元。截至2016年年底，嘉兴市学前教育学位增加了7873个，幼儿园老师持证率达到97.7%。2018年浙江省出台《政府向社会力量购买学前教育服务实施方案》，通过向社会力量购买学前教育服务的办法，来解决“入园难、入园贵”问题。浙江省还通过立法的方式为学前教育保驾护航。2018年9月1日起，浙江省正式施行《浙江省学前教育条例》。

2010年至2016年间，江苏省幼儿园新建、改扩建数目达到4845所，2018年全省共有近7000所幼儿园，85%是公办和普惠性民办幼儿园。平均每1.02万人对应1所幼儿园，高于全国标准。江苏省计划到2020年，实现优质幼儿园占比达到90%，基本解决“入园难”问题。

2017年，新疆乌鲁木齐324所幼儿园实行免费学前教育，上这些幼儿园不用交一分钱。在此之前，乌鲁木齐已经实施了农村学前三年免费教育政策。从

大连：破解入园难从小区建设着手

积极推进学前一年免费教育和两年普及教育
陕西力争三年解决入园难

本报西安2月12日电 记者杨永林、张哲浩、通讯员柯昌万今天从陕西省教育厅获悉，针对目前教育领域存在的“入园难、入园贵”问题，近日，陕西省省长赵正永表示，陕西省将积极推进学前一年免费教育和两年普及教育，力争3年内每个县城至少有两所、每个乡镇都有一所公办标准化幼儿园，基本解决入园难问题。

破解入园难 政府挑大梁
沈阳将建
250所普惠制幼儿园

剪影

北京房山区：这样破解“入园难”

房山区是地处北京市西南的农业区县、人口大县，经济实力并不发达。2019平方公里的土地山区、半山区占了2/3，23个乡镇，94.5万人口，学前儿童总数32000多人。如何为孩子提供合格的学前教育，是一道传统难题。

面对这道难题，成立才10年的房山区教育委员会起步早、谋划早，走在了北京市乃至全国的前面。

从2002年起，房山区用3年时间建立以市级园为示范、乡镇中心园为骨干、以民办园为依托，实现乡镇中心园全覆盖；又用3年时间确立乡镇中心园独立法人资格、核定教师编制、落实幼儿教师培训、人员工资和公用经费纳入财政预算，破除体制障碍，开始政府办园的“房山模式”；2008年之后3年，全区集中力量提高幼儿园科学管理，学前教育水平大幅提高。

用10年时间，房山区破解了全区“入园难”问题，目前全区适龄儿童学前3年入园率达到95.8%，提前达到了《教育中长期规划》提出的全国2020年要达到的目标。房山区的经验也在联合国召开的“首届世界幼儿早期保育与教育大会”上得到推广，为中国学前教育赢得了世界的尊重。

图左，在佛子庄乡中心幼儿园，锻炼玩耍的孩子们笑容灿烂无比。

图右，“好吃，我还要一碗！”按照营养标准调配的餐食，让阎村一分园的孩子们胃口大开。 【翟平】

2017年秋季起，乌鲁木齐又将城镇学前两年（幼儿园大班、中班）教育予以免费，入园孩子也不用缴纳保育费、幼儿读本费、补助伙食费、采暖费。

山东省也迅速行动起来，出台城镇居住区配套幼儿园专项整治工作方案、无证幼儿园专项整治工作方案等措施，出重拳解决“入园难、入园贵”问题。

各种社会力量也参与到学前教育资源建设上来。有识之士献言献策，提议有条件的地区将义务教育从九年变成十二年，将学前教育纳入义务教育保障体系中来。如全国人大代表贺优琳呼吁把幼儿园纳入公立教育，建立相对完善的学前教育体系，以公办为主体，政府为主导，少量高端民办为辅助。2009年，中国发展研究基金会开始在青海省海东市乐都区实施“一村一园计划”。这种“公办＋公益”的农村学前教育试点，已经在村一级建立了2200个，广泛分布在中西部19个贫困县，惠及17万名孩童。

改革开放40年来，我国的学前教育有了长足发展。党的十九大报告

提出了“幼有所育”，为我国的学前教育事业确立了奋斗目标。面对“入园难、入园贵”的问题，党和政府积极采取多种措施，及时应对，合理规划，切实保障人民群众“能入园、入好园”的需求。

三、重点高校招生向农村倾斜

我国不同区域之间教育发展不均衡，城乡之间教育差距明显。在国家重点大学中，农村大学生尤其是边远贫困地区大学生数量、比例偏低，经济不发达省份的高考录取率不高，进一步加重了这一不均衡现象。

我国重点大学中，农村学子比例在 1990 年到 2010 年间不断下降。据杨东平主持的课题“我国高等教育公平问题研究”，北京大学农村学生比例从 1/3 下降到 1/10 左右。据刘云杉、王志明、杨晓芳的研究论文《精英的选拔：身份、地域与资本的视角——跨入北京大学的农家子弟（1978—2005）》研究显示，北京大学农村新生从 1985 年到 2005 年这 20 年时间里逐年下降，其中 1990—1998 年下降幅度较大，2000—2005 年下降幅度趋于平稳。这篇论文还揭示出一个隐形问题——“北大的农村新生多来自高考高分省，这一群体分数均值就偏高；而官帽型的低分省，政策照顾的受益者多为省会城市的干部家庭出身的学生，而非这一区域的农村学生”。也就是说，对于高考录取分数较低的宁夏、甘肃、新疆、内蒙古、青海、西藏等地，高考政策受益最高的不是真正贫困的农村学生，而是这些地区的干部家庭子女。这就更加重了贫困地区子弟上大学、上重点大学的难度。

2007 年，全国 31 个省份最低高考录取率的省份为 39%，最高省份为 79%，全国平均录取率为 56%。相差悬殊。20 世纪八九十年代，重点大学中农村学生比例能达到 20%—30%，2012 年前后，这一比例则低于 10%，2015 年低至 6.45%。从 1990 年到 2015 年，高等院校中农村学生比例持续下降。农村地区尤其是广大贫困地区学子，教育资源本来就较薄弱，总体来看，高考成绩难以与城市学生比肩。城市学生有条件和能力参加各种比赛，如中学生学科奥林匹克竞赛、科技类竞赛等，获得大奖之后高考还能“加分”，这对需要把全部时间、精力投入到高考准备工作的农村学生而言，很难说是公平的。更何况少数“特殊家庭”子女通过“高考加分项”进入大学之后，出现“特长生没特长”的怪现象。这种高考腐败以及畸形的素质教育，对教育有很大的伤害。城市学子有能力接受更高的素质教育并因此在高考时得到优惠，反过来，这会让农村学子“雪上加霜”，升大学的难度变得越来越大。各大高校中农村学子比例持续降低，“寒门难出贵子”的说法在社会舆论中盛行不止。这对中国教育，尤其是高等教育而言，是一个心中之痛。

2006年，党的十六届六中全会提出“坚持教育优先发展，促进教育公平”。2007年10月，党的十七大报告强调“教育是民族振兴的基石，教育公平是社会公平的重要基础”。中央政府不断推进教育公平要求在高等教育领域，为体现教育公

1978—1998年家庭出身不同的新生比例

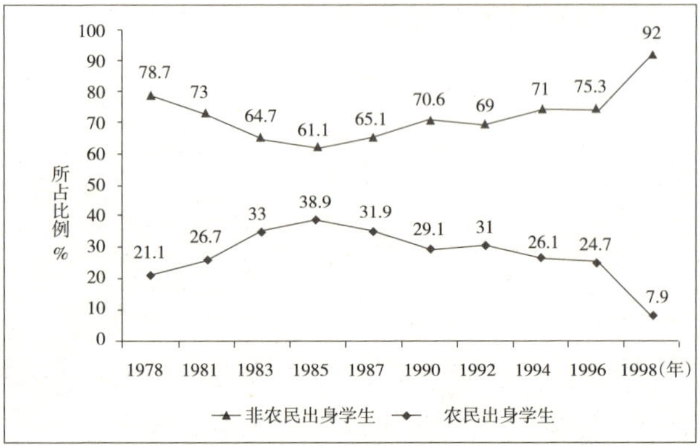

2000—2005年不同户籍新生比例

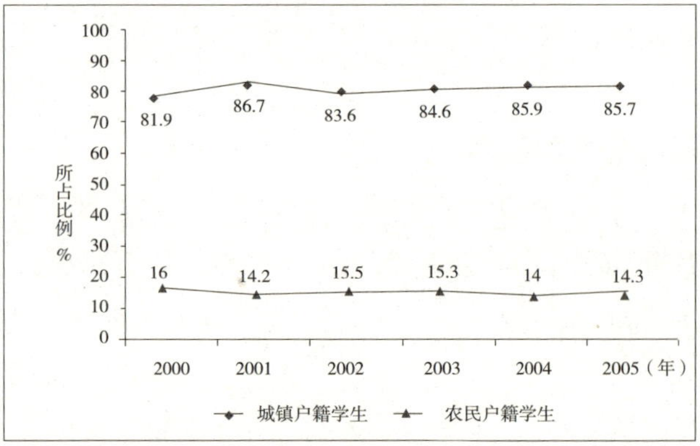

1990—2015年高等院校城乡学生比例对比

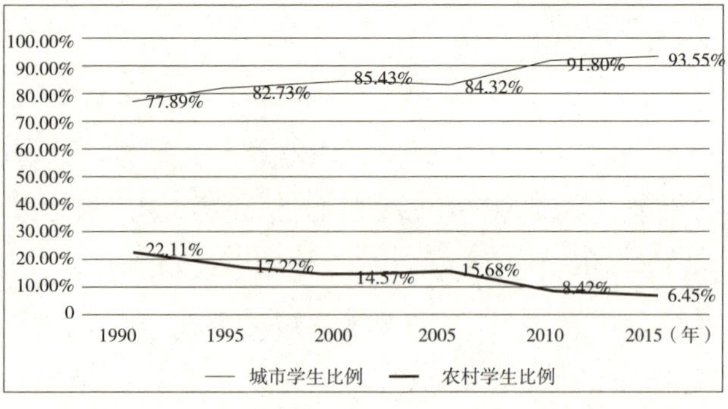

平，政策要适当倾斜，国内高校尤其是重点高校、一本院校在招生计划、录取条件、录取名额等方面向广大农村地区，尤其是中西部贫困地区倾斜，努力提高高校在校生农村学子比例，缩小城乡差距、区域差距，推动教育均衡发展。

2008 年，教育部实施“支援中西部地区普通高校招生协作计划”，面向中西部地区，安排高等教育资源丰富、办学条件较好省市向高等教育资源缺乏、升学压力较大的中西部省份定向招生。最初，国家安排天津、辽宁、上海、山东等 11 个省份对接内蒙古、安徽、河南、贵州、甘肃等 5 个中西部省份，计划招生 3.5 万人，2011 年扩大到北京、天津、辽宁等 15 个省市支援山西、内蒙古、安徽、河南、广西、贵州、云南、甘肃 8 个中西部省区，招生计划扩大到 15 万人以上。

“支援中西部地区普通高校招生协作计划”取得了实质性的成果。2016 年，高考录取率最低省份与全国平均录取率缩小了 12 个百分点，2017 年高考录取率最低省份与全国平均录取率差距由 2016 年的 5 个百分点降至 4 个百分点左右，惠及 100 多万名中西部地区学子。

为了推进教育公平，保障更多优秀的农村学生更公平地进入重点大学读书，2012 年重点高校招收农村和贫困地区学生专项计划开始启动，该计划包括三个子项目，分别是：农村贫困地区定向招生专项计划（简称“国家专项计划”）、教育部直属高校和其他自主选拔录取高校招收农村学生专项计划（也被称为“农村学生单独招生”“高校专项计划”）、地方重点高校招收农村生专项计划（简称“地方专项计划”）。

国家专项计划招生学校为中央部属高校和各省（区、市）所属重点高校（以“211 工程”高校为主）。高校专项计划定向招收边远、贫困、民族等地区县（含县级市）以下高中勤奋好学、成绩优良的农村学生。原则上招生规模不得低于年度本科招生规模 2%。地方专项计划招生学校为各省（区、市）所属重点高校。地方专项招生计划数一般不少于本校当年本科一批招生规模的 3%。

部分高校面向中西部地区还招收免费定向本科师范生、医学生。北京师范大学、东北师范大学、华东师范大学、华中师范大学、江西师范大学、陕西师范大学、福建师范大学、西南大学等八所学校面向农村考生招收免费师范生，免除学费并额外生活补助，提供在编岗位。这对广大农村学子而言，无疑又是一个大好消息。

高校专项3大关注点

1.报考条件：

①符合2017年统一高考报告条件；

②本人及父亲或母亲或法定监护人户籍地在实施区域的农村，本人具有当地连续3年以上户籍；

③本人具有户籍所在县高中连续3年学籍并实际就读。

2.招生计划：

招生学校为教育部直属高校和其他自主招生试点高校，2017年安排招生计划不少于有关高校年度本科招生规模的2%。

3.志愿及录取：

高校专项计划招生办法由有关高校确定并在招生简章中明确，录取分数原则上不低于有关高校所在批次科类录取控制分数线。

为了避免弄虚作假，将真正实惠落实到贫困农村考生身上，各专项计划均有户口严格规定，以遏制“钻空子”现象。

各专项计划每年都会增扩覆盖范围和招生名额。2012 年，国家专项计划招生名额为 1 万人，涉及 680 个贫困县，222 所高校。2013 年，招生名额增至 3 万人，覆盖全国 832 个贫困县，涉及 263 所高校。所有“211”高校和 108 所中央部属高校全部参与。2015 年，国家专项计划招生名额增至 5 万人，2017 年增至 6.3 万人。

参与三大专项计划的重点高校选择的具体优惠方式各不相同。例如，农村考生参加北京大学的“筑梦计划”，高考录取最高可享受降至当地一本线录取。清华大学自 2011 年起实施“自强计划”，对农村考生分四档降低 30 分到 60 分。如果考生通过笔试、面试及体测，还能享受降 5 分优惠。北京师范大学对农村考生文科降 40 分，理科降 60 分。其他高校，如复旦大学有“腾飞计划”，中国人民大学有“圆梦计划”。

三大专项计划实施以来，成效显著。有数据显示，2017 年，三大专项计划共录取学生 10 万人，较 2016 年增加 8500 人，增长 9.3%。2017 年报名人数达 15 万人，较 2016 年增长 25%。2018 年，三大专项计划共录取学生 10.38 万人。从 2012 年到 2018 年，所有“211 工程”高校和中央部属高校面向贫困县累计招生 37 万人。各大重点高校中，农村学子的比例也均有显著提高。2017 年，北京大学录取农村学生 700 余人，农村学子比例约为 16.3%；清华大学录取农村学生 720 人，农村学生比例约为 17%；复旦大学录取了 623 名农村学子，农村学生占比 18.3%。

清华大学自 2011 年起实施“自强计划”。面向贫困农村地区定向招生，清华大学走在前列。到 2017 年，“自强计划”已经完全覆盖所有国家级贫困县、集中连片困难县，还继续扩展，面向各省边远、贫困、民族等地区县及县以下高中。除了清华大学，南京大学、浙江大学、中国科学技术大学、上海交通大学、西安交通大学也加入“自强计划”中来。“截至 2015 年，累计有 1000 余所贫困县的县级及以下中学提出‘自强计划’申请，200 多名考生顺利被清华录取，他们来自 100 多所中学，近 120 位同学是其所在县 5 年来考入清华的第一人，近 30 位同学是其所在中学有史以来考入清华的第一人，超过 90% 的考生来自农村地区。”

除了以上提及的计划，面向农村学子的还有对口支援计划、中西部高等教育振兴计划、农村专项腾飞计划等等优惠政策。

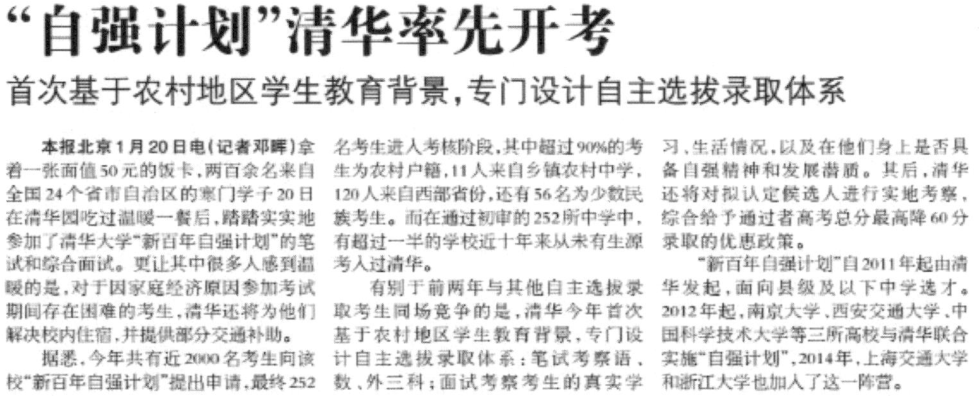

“自强计划”清华率先开考

首次基于农村地区学生教育背景，专门设计自主选拔录取体系

本报北京1月20日电（记者邓晖）拿着一张面值50元的饭卡，两百余名来自全国24个省市自治区的寒门学子20日在清华园吃过温暖一餐后，踏踏实实地参加了清华大学“新百年自强计划”的笔试和综合面试。更让其中很多人感到温暖的是，对于因家庭经济原因参加考试期间存在困难的考生，清华还将为他们解决校内住宿，并提供部分交通补助。

据悉，今年共有近2000名考生向该校“新百年自强计划”提出申请，最终252名考生进入考核阶段，其中超过90%的考生为农村户籍，11人来自乡镇农村中学，120人来自西部省份，还有56名为少数民族考生。而在通过初审的252所中学中，有超过一半的学校近十年来从未有生源考入过清华。

有别于前两年与其他自主选拔录取考生同场竞争的是，清华今年首次基于农村地区学生教育背景，专门设计自主选拔录取体系：笔试考察语、数、外三科；面试考察考生的真实学习、生活情况，以及在他们身上是否具备自强精神和发展潜质。其后，清华还将对拟认定候选人进行实地考察，综合给予通过者高考总分最高降60分录取的优惠政策。

“新百年自强计划”自2011年起由清华发起，面向县级及以下中学选才。2012年起，南京大学、西安交通大学、中国科学技术大学等三所高校与清华联合实施“自强计划”，2014年，上海交通大学和浙江大学也加入了这一阵营。

2018 年 1 月 23 日，教育部党组书记、部长陈宝生在全国教育工作会议上总结：“实施中西部高等教育振兴计划，一批有特色、高水平中西部高校加快发展。实施国家农村和贫困地区定向招生专项计划，累计招生 37 万人……更多农村和贫困地区的学子成功实现了重点大学梦。安排国家支援中西部地区招生协作计划 28.7 万人，录取率最低省份与全国平均水平差距缩小至 4 个百分点。”3 月 21 日，教育部下发《关于做好 2018 年普通高校招生工作的通知》，正式取消了全国性高考加分项目，包括体育特长生、中学生学科奥林匹克竞赛、科技类竞赛、省级优秀学生、思想政治品德有突出事迹等。这一措施将教育公平又往前推进一步。

在国家的大力支持下，农村学子在高校中的比例逐渐提高，经济不发达省份高考录取率逐渐接近全国平均水平，区域间教育不均衡一定程度上得以缓解，教育公平逐渐落实。

来自贫苦地区的农村学子们的努力，国家看在眼里，也把实惠实实在在地送到这些努力拼搏、勤奋好学的优秀学子手上。用国家力量助力农村优秀学子起航，面向农村学子的各类专项计划，给我国的教育事业以美好明天。

链接

新华时评：让更多勤奋好学的农村孩子看到希望

三大专项计划的实施，让很多有志向、肯努力的优秀农村学生受益，清华大学 2015 级能源与动力工程专业学生韩储银就是一个例子。他出生在甘肃省平凉市静宁县曹务乡，家里世代为农。韩储银说："我小时候挺自卑，没出过大山，非常向往外面的世界。"但他有一颗自强的心："像我们这样的家庭，走出大山唯一的出路就是好好读书。"他非常勤奋努力。高中班主任对他能考出 674 的高分一点也不意外："韩储银考出的这个成绩，原本就在我们的预料当中。"经过努力，他通过了清华大学第四届"自强计划"，高考成绩加了 50 分。

2015 年 8 月 20 日，清华大学校长邱勇在开学致辞《做有行动力的理想主义者》中说："无论那时还是现在，能够来到清华上学都是不容易的，你们在成长过程中一定遇到过各种各样的困难和挑战。昨天在新生报到的现场，我见到了来自甘肃的韩储银同学，他出生在农村家庭，成长之路充满了艰辛。小学时，他每天上学要翻两座山、蹚一条水沟；初中时，冬天夜里在没有暖气的宿舍里冻得睡不着，他就去操场上读书；高中入校时，他被毕业生光荣榜上'清华大学'四个鲜红的大字吸引，从此立下'上清华'的志向。今年他入选清华'自强计划'，并在高考中获得全省理科第三名。祝贺韩储银同学通过自己的努力成为清华的一员，同时也祝贺全体 2015 级的同学们圆梦清华！"韩储银接到录取通知书的同时，还收到校长给每一位新生寄送的礼物——《平凡的世界》，"在祝贺你们即将进入清华开启新的人生旅途之际，作为校长，我送给你们的第一份礼物是《平凡的世界》这部书"。"只有决定了目标并在奋斗中感到自己的努力没有虚掷，这样的生活才是充实的，精神也会永远年轻。"小说中这种奋斗精神，将会鼓舞着大家继续努力。韩储银在把握住了自己的命运的同时，还不忘回报国家的关怀，他说："自强就是该奋斗时奋斗，不抱怨、不气馁，把命运交给自己"，"又是一个梦的起点，我知道该做什么，十年后的我将致力于西部贫困山区孩子的教育，让更多孩子走出大山"。

四、国家助学体系解决贫困学生上学难题

"决不让一个学生因家庭经济困难而失学。"这是党和政府向社会作出的庄严承诺。中央和各级政府历来重视家庭经济困难学生读书问题，出台了一系列政策、措施，建立起奖、贷、助、免、补、勤工助学等为一体的相对完善、系统的国家助学贷款及学生资助政策体系。国家学生资助政策体系内容丰富、形式多样，主要包括：国家奖学金、国家助学金、国家助学贷款、学费补偿贷款代偿。在校读书期间还可以申请、得到校内奖助学金、困难补助、伙食补贴、学费减免等资助，学生本人还可以通过勤工助学等方式获取一定报酬，家庭经济困难新生在入学时可以走"绿色通道"。

经过不断完善，国家学生资助政策体系实现了"三个全覆盖"：各个学段全覆盖、公办民办学校全覆盖、家庭经济困难学生全覆盖。也就是说，从学前教育到义务教育、普通高中教育、中等职业教育、本专科生教育乃至研究生教育，家庭经济困难学生全部可以得到国家资助。从进入幼儿园到攻读研究生，家庭经济困难学生再也不用担心没钱上学、没钱读书了。对于上大学的贫困学生来说，党中央要求确保他们"三不愁"：入学前不用愁、入学时不用愁、

随着国家教育政策进一步向促进公平倾斜，中国教育提速迈向公平的足音清晰而坚定。图为新生和家长在苏州大学新生报到点交学费。苏州大学为贫困新生先办理入学手续，再帮助其申请助学贷款及联系勤工俭学项目

在日益完善的国家助学贷款体系下，贫困学子的求学之路更为通畅。云南省生源地国家助学贷款的实施，为贫困生顺利入学创造了良好的条件（陈云芬　摄）

入学后不用愁。没钱交大学学费，可以申请国家助学贷款，不需要抵押，不需要担保，用信用就可以贷到上大学所需钱款。对于在入学时，依旧无法按时筹集到学费的家庭经济困难大学生，还可以走高校的“绿色通道”——暂时不用交学费、住宿费，先入学，然后再以其他方式予以资助，让学生可以安心上学。

我国高校学生贷款制度从 1986 年试点起步，当时的名称是“人民助学基金”，1987 年国务院正式推出《普通高等学校本专科学生实行贷款制度的办法》，符合条件的学生可以免交学费、住宿费，由此开始了我国助学贷款的历史。

我国的国家助学贷款制度起步于 1996 年。时任国务院副总理的李岚清受英国教育保险的启发，要求相关人员着手研究、建立助学贷款制度。随后，《关于国家助学贷款的管理规定（试行）》出台。1996 年 6 月，中央决定国家助学贷款在北京、天津、上海、重庆、武汉、沈阳、西安、南京 8 个城市试点运行，承办银行为中国工商银行。我国的助学贷款制度由此正式开始。

不过，由于历史和现实的复杂性，国家助学贷款还有很多问题需要解决。

1999年的国家助学贷款还需要学生有担保，由于学生很难找到担保人，学校担心风险，给学生提供担保的意愿不强，导致申请、获得国家助学贷款的学生数量不高。国家助学贷款发展遇到问题。党中央、国务院迅速采取措施，于2000年2月发布《关于助学贷款管理的若干意见》，不再需要担保，学生凭信用就可贷款，这就是“信用贷款”。研究生和读“双学位”的学生也可以申请贷款了。学生的担心和疑惑解除了，申请贷款的学生数量猛增到6万人。在此之后，国家又进一步解除了银行方面的顾虑，提高了银行放贷的积极性，国家助学贷款的范围扩大到全国，中国工商银行、中国农业银行、中国建设银行和中国银行4家银行成为承办银行。2001年共有20万学生获得贷款，2002年6月底，贷款学生人数达到100.3万人。

2003年，国家助学贷款遇到学生违约不还贷的情况，近1/5的学生违约。国家出台《关于下达2003年度国家助学贷款指导性贷款计划的通知》，指示对于违约率达到20%且违约毕业人数达到20人的高校，4家银行可以不与贷款。银行借此机会，不再积极提供贷款，国家助学贷款开始出现大面积停贷现象。

2004年，国家对助学贷款进行了重大改革，出台了助学贷款新机制。6月，国家发布《关于进一步完善国家助学贷款工作的若干意见》，正式实施国家助学贷款新机制。新机制规定：免除学生在校期间贷款利息，毕业后利息学生自付；

高校全面参与国家助学贷款的管理，克服了银行在后续管理上存在的严重“脱节”的问题，有效防范和控制了风险。图为大学生在助学贷款诚信宣言上签名

中国银行获得中央部属高校国家助学贷款的经办权；学生贷款从规定4年内还清改为毕业后视工作情况而定，1—2年内开始还贷，6年内还清，以减轻学生的还贷压力；学生需要与银行签订还贷协议，确保按时还款；风险补偿机制建立，国家财政和高校各自负担一半风险补偿金，补偿给银行，减轻银行顾虑；高校加强贷后跟踪管理；加大对违约的惩处力度等。新机制出台后，切实解决了发展中遇到的问题，极大促进了国家助学贷款的发展。

2005年，国家助学贷款发放76.32亿元，资助92万人，到2006年12月底，全国累计贷款学生数量达到292.3万人，贷款金额达到252.7亿元。2006年，国家助学贷款代偿机制建立，家庭经济困难学生毕业后可以选择到西部贫困地区、农村地区学校任教，国家代替他们支付助学贷款。这极大减轻了学生毕业后的还款压力，进一步促进了西部贫困农村地区教育发展。2017年，高校、科研院所、党校、行政学院、会计学院等培养单位全部可以办理国家助学贷款。

国家助学贷款的建立与发展，还与我国高等教育的重大改革有很大的关系。改革开放后，我国社会主义市场经济快速发展，我国高等教育也进入重要改革期。20世纪90年代末，国家逐渐取消普通高等学校统一招生、统一分配、大学生免费入学的计划经济时代办学模式，转向学生交费上学、毕业生自主择业的模式。1997年，高等教育收费并轨，1999年，全国高校开始扩招，中国高等教育大众化进程由此开启。一方面，大学开始要交学费才能上；另一方面，高校里大学生数量急剧增多，贫困学子数量也相应增加，导致大量贫困学子上学难，以贷助学的需求大量增加。为解决这一问题，国家适时出台国家助学贷款制度，在很大程度上解决了家庭经济困难学生上学难问题。

链接

国家资助贷款及资助体系的建立，让无数家庭经济困难的学生完成了高等教育。鲁绍臣就是一个例子。1998年，云南省昭通市镇雄县泼机镇张基屯村的鲁绍臣考上了复旦大学。镇雄县身处偏远地区，从村里到昭通要翻山越岭，路上就要花去12个小时的时间。鲁绍臣家里经济条件也不好，父亲伤残，母亲用几亩薄田艰难地支撑起这个家。鲁绍臣属于家庭经济困难又勤奋上进的学生。村里人支援了他去上海报名的路费，但学费让他和家人发了愁。虽然复旦大学已经为他免了一半的学费，但未来四年几万元的学费和生活费去哪里筹措？“(学费)我印象中应该是四千五。学校减免一半，我自己交一半。看我那么好的大学，这个家拿一点，那个家拿一点表示祝贺和支持，亲戚也给了一点，拿着这些来了上海。当时来也是很没有底的，也很害怕，怕以后怎么办，当时就跟我妈说你不用担心。因为当时贷款（政策）还没出来，我就说我可以去勤工俭学。”懂事的鲁绍臣用这句话安慰着家人，但是他心里却没有底。幸运的是，《助学贷款管理办法》刚刚颁布。1999年上海启动了国家助学贷款试点工作。“一知道有贷款这件事情，我就跟我爸说我不需要你们再给我借钱。虽然我当时对贷款是陌生的，也不知道流程，当时也没有现在所谓的信用体系，银行卡当时我也是第一次办。我对贷款这件事情也不是很排斥。他们后来才告诉我，我是第一批贷款中的第一个。我吃了一惊，说怎么会变成第一个？其实当时有的学生是把贷款这件事情视为一件不怎么能够接受的事情。”借助国家贷款，鲁绍臣解决了学费等问题，在大学读书期间，他勤工助学，享受到了国家资助体系的帮助。

不止鲁绍臣，出生在四川省凉山彝族自治州甘洛县团结乡磨推嘴村的姆帕什布在读大学前家里只有几百元积蓄，他的哥哥也在读大学，家庭负担非常重。通过生源地助学贷款，他得以顺利入学，在校期间他得到了国家励志奖学金，后来考上了凉山的公务员。据统计，像鲁绍臣、姆帕什布这样受惠于国家助学贷款及资助体系的农村学子，已达亿万人次。

这些勤奋好学的优秀学生，需要国家帮助。国家通过这个制度，能真正帮助他们，并推动经济不发达地区教育发展。据《中国学生资助发展报告》，2017年，各项高校学生资助政策共资助4275.69万人次，资助金额1050.74亿元。生源地信用助学贷款389.52万人，占助学贷款资助总人数的95.20%，发放金额270.23亿元，占比95.08%。申请国家助学贷款409.16万人，发放金额284.20亿元，占

去年全国高校学生获资助956亿元

国家助学贷款拓展政策今秋起全面实施

本报北京4月13日电（记者杨亮）财政部发布数据显示，2016年，政府、高校及社会共资助全国普通高等学校学生4281万人次，资助总金额956亿元。其中：财政资金469亿元，银行发放国家助学贷款263亿元，高校事业收入提取及社会团体、企事业单位、个人捐助资助资金224亿元。

据悉，目前我国在高等教育阶段已经建立了以国家奖助学金和国家助学贷款为主、其他资助项目为辅的国家资助政策体系，从制度上基本实现了不让一个学生因家庭经济困难而失学的目标。

财政部、教育部、中国人民银行、中国银监会近日发布的《关于进一步落实高等教育学生资助政策的通知》提出，高等教育国家资助政策将实现"四个全覆盖"：培养单位全覆盖、教育层次全覆盖、公办民办全覆盖、所有区域全覆盖。四部门明确，国家助学贷款拓展政策从2017年秋季学期起全面实施。

此外，为确保各教育阶段学生资助政策不折不扣落实到位，教育部、财政部已将2017年确定为"学生资助规范管理年"，拟采取一系列措施，规范管理制度、规范资金管理、规范资助程序、规范信息管理、规范机构队伍建设、规范监管责任，全面提升学生资助规范化管理水平，狠抓学生资助政策落实。

高校资助金总额的27.05%。截至8月31日，2018年国家助学贷款已资助384万名家庭经济困难学生，总金额275亿元，全国累积资助5.2亿人次，投入总金额达到8864亿元。

五、公费师范生补充乡村合格师资

"公费师范生"也叫"免费师范生"。2018年3月，为进一步完善教育部直属师范大学师范生免费教育政策，国家出台了《教师教育振兴行动计划（2018—2022年）》，决定将"免费师范生"改称为"公费师范生"。这项政策并不仅仅是改了名称而已，而是在整体上对2007年正式实施的师范生免费教育政策进行了改善、提升。

早在清末，我国就施行了师范生免费教育。为了培养人才，清朝政府效仿日本，建立了师范教育体制。清廷的师范生以官费生为主体，享受不用缴纳学费等官费待遇，同时履行相应的义务。如《奏定初级师范学堂章程》规定，"师范生无庸纳费"，"从事教员之义务年限，由官费毕业者，本科生六年，简易科生三年；有私费毕业者，本科生三年，简易科生二年。此年限内，不准私自应聘他往并应谋他事”。《奏定优级师范学堂章程》也规定了毕业生有“效力本省及全国教育职事之义务，其义务年限暂定为六年”。女子师范毕业生限制相对宽松一些，“自领毕业文照之日起，三年以内，有充当女子小学堂教习和蒙养园保姆之义务”。师范生还可以享受生活补助费，在校期间的一切必要的生活费用，均由官方提供。如果师范毕业生违约，不想去当老师，或者被撤销了教员凭照，国家就会责令学生补交学费，“以示惩罚”。

民国时期的免费师范生政策时有变动，但免费师范生同样享受免学费、食宿费等政策，此外还可以免杂费，优秀师范生还可以享受奖学金等。师范毕业生从教服务年限为五年以上。民国时期，国家的生产能力低下，国民收入普遍偏低，求生存成了绝大多数国民的主要奋斗目标。而对于想读书的子弟来说，大学学费、住宿费、生活费成了读书成才路上的“拦路虎”。对于挣扎在温饱线上的广大贫寒子弟来说，受教育与维持生活常常只能取其一。另外，国内高校施行的精英教育、收费制教育，也不利于贫寒子弟通过接受高等教育改变自身命运。大学，在某种意义上成了有钱人才能享受到的“奢侈品”。有了国家免费师范生政策，一些贫寒子弟就有了一条可以读书的路，同时也可以暂时解决生存问题。国家也可以为教育事业尤其是基层教育培育、输入高质量师资。免费师范生政策成为一项可以让政府、民间双赢的备受欢迎的政策。“要吃饭，上师范”的说法也就广泛而长期地流传开来。

中华人民共和国建立后，师范生教育在一段历史时期内施行“人民助学金”制度，国家分配工作，实际上依旧是免费待遇。改革开放后，“人民助学金”制度转向奖学金和贷款制度，师范生需自己承担部分上学费用，师范生免费待遇有所下降。到20世纪末，高校开始收费及扩招，绝大部分师范生需缴费上学，师范生免费教育的历史渐渐远去。

大学教育开始收费后，对于家庭经济困难子弟而言，上大学成为难题。贫困大学生上学难的问题，屡屡登上报纸。这对于提升西部贫困地区、老少边穷地区的教育水平而言，不是个利好消息。另外，据统计，自1996年到2000年，西部大学生毕业后回流西部的逐年减少，流向中、东部地区尤其是东部地区的人数越来越多。这就使得贫困地区教育，尤其是农村基层教育雪上加霜。基层师资老龄化、缺编、水平差、待遇不高等一系列问题凸显。“代课教师”在农村学校较为普遍。小学里 1/3 以上的教师年龄在 50 岁以上，老弱教师比例较大，“爷爷奶奶教小学，叔叔阿姨教初中，哥哥姐姐教高中”，农村学校“人难去、门难进、师难留”的现象成为常态。另外，优秀师资不断流失，在校教师知识老化、学科素养不高、部分科目教师奇缺等问题也较严重。

教育部师范教育司副司长宋永刚介绍：“2006 年我国普通中小学教师 1043.8 万人，中小学教师的大头是在农村，农村小学老师有 352 万多人，占到小学教师总数的 63%，初中教师有半数在农村。”我国 70% 以上人口在农村，农村教育直接关系到我国教育整体质量。在农村，义务教育阶段师资占比较大。农村师资状况成为解决农村教育问题的关键。

与此同时，在 1985 年到 2015 年的这 30 年间，全国高等院校中农村学生比例逐年下降。农村子弟上大学越来越难。重点大学如北京大学、清华大学等学校中农村学生比例也呈现下降的趋势。

一方面是贫困地区大学毕业生回流难，另一方面是农村学子考上好大学难，“寒门难出贵子”的说法在一定程度上揭示了现实的残酷。东、西部教育区域差距越来越明显，城乡不均衡现象越来越突出。老少边穷地区教育问题亟待国家干预。

曾经担任过中国教育学会会长的北京师范大学教授顾明远先生，对此很担忧。他在 2006 年 8 月 22 日国务院召开的基础教育座谈会上，向温家宝总理提议“我们很担忧，现在优秀青年不报考师范。我建议还是要给师范生免费上学，贷款也行，毕业后当教师的，政府负责还贷”。对此，温家宝总理也有同样的想法。

温总理在《温家宝谈教育》一书中谈道：“我到北师大去，他们送给我一张我父亲在北师大的文凭，是 1937 年的。我回家仔细看了一下，我父亲写了一个保证书，毕业后一定要当老师。我注意到，那时要‘具保’，就是一定要当老师，为什么？就是上学免费，全部都免费，甚至还发点衣服。”“我有一个想法，上师范大学可以免费。要做到全国的师范大学都免费，可能一步做不到，但是必须向社会发出一个积极的信号。因此我在考虑，首先在 6 所教育部直属的师范大学实行免费教育。叫学生签订责任书，毕业以后要当老师。这样我们就可能吸收一批家庭困难的，但很努力的、很优秀的学生进入师范学习。”

在教育部直属师范大学建立免费师范生制度的想法很快被提出并成为现实。

2007年3月5日在第十届全国人民代表大会第五次会议上，温家宝总理作《政府工作报告》时正式提出“在教育部直属6所师范大学实行师范生免费教育，建立相应的制度”。免费师范生制度由此开启。2007年5月14日，国务院通过《教育部直属师范大学师范生免费教育实施办法（试行）》，决定在教育部直属师范大学实行师范生免费教育。从2007年秋季入学起，北京师范大学、华东师范大学、东北师范大学、华中师范大学、陕西师范大学和西南大学6所部属师范大学正式开始实行师范生免费教育制度。一度被中断了的免费师范生制度正式恢复。该政策制定、实施的目的是“重点为农村学校培养骨干教师；推动地方师范院校开展师范生免费教育，完善农村教师的补充机制”。免费师范生在校期间享受不用交学费、住宿费，还可以获得补助生活费等优惠政策，还有相应的义务需要履行：签订协议，许诺毕业后回到原省从事十年以上中小学教育工作。如果毕业后想到城镇学校工作，要先到农村义务教育学校任教两年才可以。如果毕业后不想从事教育工作，需要按照规定退还学费、住宿费、生活补助费等费用，并缴纳违约金。免费师范生政策还有一定的灵活性，在校师范生可以在师范专业范围内再次选择专业，毕业后也可报考教育硕士专业学位研究生，但不得报考其他专业研究生和脱产研究生。

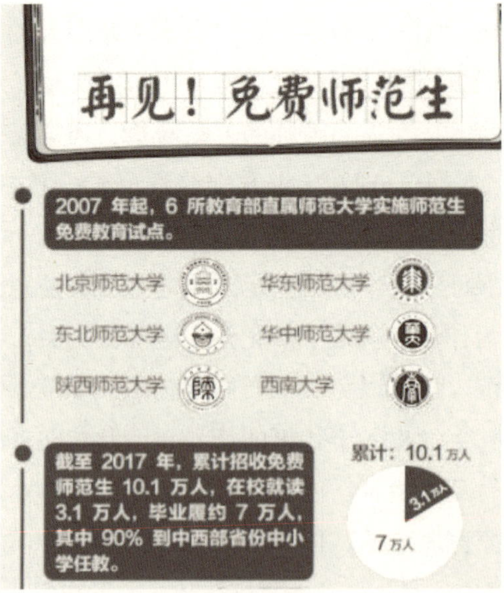

免费师范生政策将大部分名额向中西部地区投放，着力解决西部农村教育问题。这项政策实施后引起社会广泛关注，大大减轻了农村贫困家庭学生上学难问题。以华中师范大学体育教育专业为例。2007年前后，该专业一年的学费4500元，一年的住宿费和生活费加起来大约10000—12000元。每月的生活费最低需要150元，生活补助大约有40—60元。在免费师范生政策实施前，可以借助国家贷

款，但是国家贷款最高可贷 6000 元，剩下的 4000—6000 元，对于贫困地区农村学生而言，是个不小的数字。贫困生身上的负担非常沉重。据 2007 年吴小溪对哈尔滨 3 所大学的调查，贫困大学生有 70% 来自农村，其中来自“边远地区”的占 71.7%。贫困生生活费约为 207 元，普通大学生生活费约为 353 元，是贫困生的 1.7 倍。一个大学生要完成 4 年学业，不算学费，仅学杂费、住宿费、生活费总花费就要约为 2.5 万元。70% 以上的贫困生为衣食住行所困扰，一天只吃两顿饭，甚至一顿饭的现象也较为普遍。45.6% 的女大学生感到生活困难，6.6% 的女大学生感到已经无法继续读大学。免费师范生政策实施后，大学贫困生一年可免去至少 600 元费用。师范生免费教育对贫困生而言，毫无疑问具有相当大的吸引力。

全国人大代表刘艳琼表示她的两个小亲戚，家住江西省赣州市赣县桃江镇韩坊乡小坌村，两个人都要上大学，大学学费一人 1 万元，这让全家犯了难。免费师范生的政策出台，“挽救”了她的两位小亲戚。刘艳琼表示，“师范教育免费向家庭贫困的学生敞开了一扇新的求学大门”，“在同等素质条件下，这项措施将给予家庭困难学生更多的入学机会，也体现了教育的公平、公正”，“很多人的人生将由此改变”。

光明日报　2007年5月19日　星期六

六所师大今年招收 12000 名免费师范生

90 % 招生计划投向中西部

本报北京 5 月 18 日电（记者丰捷）12000 多名 2007级新生将在今年秋季成为师范生免费教育的受益者。教育部今天专门就该项政策的实施举行新闻发布会,教育部师范教育司副司长宋永刚透露,今年该项政策将全力向中西部倾斜,90%招生计划将投向中西部。

据国办新近转发的《教育部直属师范大学师范生免费教育实施办法(试行)》规定,从 2007 年秋季入学的新生起,在北京师范大学、华东师范大学、东北师范大学、华中师范大学、陕西师范大学和西南师范大学六所教育部直属师范大学实行师范生免费教育。师范生在校学习期间免除学费,免缴住宿费,并补助生活费,所需经费由中央财政负责安排。实施办法同时规定,免费师范生入学前与学校和生源所在地省级教育行政部门签订协议,承诺毕业后从事中小学教育十年以上。到城镇学校工作的免费师范毕业生,应先到农村义务教育学校任教服务两年,国家鼓励和引导免费师范毕业生长期从教、终身从教。

宋永刚在解读这一政策时表示,免费师范生可享有四大优惠政策:一是在校期间免学费、免住宿费,并领取生活补助费;宋永刚说,这是经费上的巨大优惠措施。特别是在高校普遍收费的情况下,国家拿出专项资金,更凸显了国家对师范教育的重视。第二,免费师范生毕业后只要到中小学工作就确保他们有编有岗;第三,对每一位免费师范生的长远发展,为他们的前程负责任。他们在任教农村服务的两年期间,学校将为他们的继续教育提供便利条件;第四,在不少于十年的协议期内,可以在学校间流动或从事教育管理工作。

据悉,教育部今天已向全国下发免费师范生招生通知,对一些已先期填报志愿的省市,教育部要求采取补救办法,加强师范生免费教育的招生宣传。宋永刚表示,部属师范大学的师范专业在各省(区、市)均安排提前批次录取,择优选拔热爱教育事业、有志于长期从教、终身从教的优秀高中毕业生。他特别强调,家庭经济状况将不会成为报考的限制条件。

宋永刚强调,实行师范生免费教育是继中央实行义务教育保障机制后,为促进教育发展和教育公平采取的又一项重大举措,也是加强改革师范教育,促进教师队伍建设的一项示范性举措。这次中央决定先在六所部属师范大学试行师范生免费教育,主要目的是要让大家公认的好的师范大学招收优秀学生,培养出优秀的教师。通过试点,积累经验,建立制度,为更大范围的推行创造条件,为培养造就大批优秀教师和教育家奠定坚实的基础。他同时表示,加强教师队伍建设是一个系统工程,涉及到培养、培训、管理、待遇等一系列关键环节,所以后期还有更多的工作,需要一系列配套措施跟进。

2007年，全国共有10933名大学生成为6所部属师范大学的免费师范生。他们的高考平均成绩高出省重点线40分以上，无论就质量还是数量而言，都令人满意。其中，中西部考生比例约为90%，农村学子比例约为60%。2007年下半年，中央和地方财政投入资助经费达到154亿元左右。

2011年，首批10597名免费师范生毕业，他们的就业形势也非常乐观。90%以上免费师范生到了中西部中小学任教，违约人数仅占0.9%。首批免费师范生受到各地区教育部门的热情欢迎。在贵州省“2011年首届免费师范毕业生就业双向选择招聘会”上，有466个免费师范生前来应聘，而需求岗位达到了2747个，平均6个岗位对应1个免费师范生，招聘会上甚至出现了“抢人”的局面。可见免费师范生的受欢迎程度。

“上学不要钱，毕业有保险”。免费师范生成为越来越多人的选择。到2015年，全国共招收约8万名免费师范生。2017年，免费师范生总数达到10.1万人。其中90%的免费师范生到中西部省份中小学任教。许多中西部地区中小学破天荒地迎来了北京师范大学、华东师范大学等高校毕业生，大大提升了所在地义务教育质量。

2007年之后，国家不断推出相关政策，扩充、完善免费师范生制度。如2010年的《教育部直属师范大学免费师范毕业生就业实施办法》《教育部直属师范大学免费师范毕业生在职攻读教育硕士专业学位实施办法（暂行）》，2012年出台的《关于完善和推进师范生免费教育的意见》等。2013年，江西师范大学

“教师是太阳下最光辉的职业”

——温家宝总理与北京师范大学免费师范生座谈

新华社记者　邹声文

金秋时节，北师大校园里阳光灿烂、鲜花盛开。9日上午9时许，中共中央政治局常委、国务院总理温家宝和国务委员陈至立专程来到北京师范大学，看望刚刚入学的免费师范生，在英东学术会堂，与几百名学生和老师进行座谈。

温总理首先说：“目前，师范生免费教育制度已在全国六所师范大学试点。实施这一制度，就是要在全社会真正形成尊师重教的浓厚氛围，让教育真正成为最受尊重的事业，鼓励更多的优秀青年终身做教育工作者。我在教师节到来之际，来看望老师们，看望将来要成为老师的同学们，并和大家进行讨论、交流。”

总理平易近人的开场白，赢得了一阵阵热烈的掌声。同学们不再拘束，纷纷举手发言。

来自新疆的刘珍一同学告诉总理，自己报考免费师范生，是受了作教师的奶奶和中学老师的影响。“我们那里缺少优秀教师。我学成后，一定会回到家乡，为家乡的教育事业做贡献。”

（下转3版）

成为免费师范生培养高校，2015 年福建师范大学也加入进来。

不过，在免费师范生政策实施过程中，也出现了一些问题。其中，毕业后要回到生源地服务 10 年这一刚性要求，成为免费师范生政策的一个需要完善的问题。例如，台湾地区类似的规定年限是 5 年，新加坡规定年限为 3—5 年。10 年时间是否过长，成为一个讨论的焦点。

经过一段时间的探索，2018 年 3 月，国家出台了《教师教育振兴行动计划（2018—2022 年）》，进一步完善了教育部直属师范大学师范生免费教育政策，决定将“免费师范生”改称为“公费师范生”，公费师范生毕业后的服务年限从 10 年变为 6 年。6 年时间恰好能完整地完成小学的一个或中学的两个教学周期。到城镇服务的公费师范生应到农村学校服务年限从两年变为一年。提高公费师范生待遇，其中生活补助费进一步提高到每月 600 元。要求各地政府为公费师范毕业生提供必要的工作生活条件和周转住房，并严格确保毕业生有编有岗……新的政策出台后，进一步为公费师范生的入学、读书、就业提供有力条件和保障，增强了公费师范生政策的吸引力。

链接

免费师范生政策圆我大学梦

2007 年 9 月，在东北师范大学校园里，来自宁夏中宁县农村的新生孔春说：“我家是农村的，收入少，为上学的事没少发愁。现在好了，不用交学费，可以安心读书了！”来自河南濮阳农村的孙娅南说：“我从小就梦想当人民教师，但家里穷，上大学交学费的难题一直压在心上。听说国家重新推行师范生免费教育，我第一个报了名。”2015 年，成为喀什市第二十八中学英语教师的肉孜江·米吉提也是免费师范生政策的受益者。家中父母以种棉花维持生活，从小家里经济条件就比较差，他差一点就不能读书：“我是老大，如果我到喀什市读高中，弟弟妹妹可能就没法上学了。”2005 年，肉孜江以优异成绩考取了内高班，学费、衣食住等费用都是国家出钱。2009 年他考入华东师范大学成为一名免费师范生：“大学期间费用也是国家管，每月还给我发生活费。”“整整 8 年，要不是国家政策好，我哪里能享受到这样的教育？国家培养我是为了让我们成为对社会有用的人，喀什是我的故乡，我要用学到的知识回报家乡，用实际行动向党和国家表示感谢。”像孔春、孙娅南、肉孜江·米吉提这样想读书却被家庭经济条件所限制的学生还有很多，免费师范生政策改变了他们的命运。

除了贫困生，师范生免费教育还吸引了一批有志于从教的学子。2007 年北京师范大学免费师范新生罗莎就是代表。她是内蒙古赤峰人，一家三代有七人都是教师，她立志也要成为像爷爷奶奶、爸爸妈妈一样的人民教师：“生长在这样一个教师世家，我从小就想当老师，成为我们家的第八位教师。”“国家的这项政策很好，对于那些想当教师的学生很有吸引力，也是鼓励更多的优秀学生加入教师的队伍。感谢国家使我上了师范大学。”

六、广开渠道引导高校毕业生就业

21 世纪以来，我国高等教育进入快速发展时期，并取得一系列重要的成果。但是，也由此带来一个难以忽视的问题，这就是大学生就业难。

“大学生难就业”，这句话在 2000 年之前听来会让人觉得不可思议。一方面在 2000 年前，我国高等教育实行的是精英化教育，大学是“象牙塔”，大学生是“天之骄子”“国之栋梁”，“大学生”的招牌在社会上获得了高度的承认和认可；另一方面，在长期计划经济体制下，我国对大学生就业采用下达指令式的“计划分配”方式（俗称“包分配”）高度保障大学生就业，也就是说，在那个时候，考入大学就相当于获得了“国家干部”的资格和强力的就业保障，大学生在就业方面是“皇帝的女儿不愁嫁”。

这种情况在 2000 年之后发生了重大的变化。这个重大变化就是“大学扩招”。“大学扩招”是在长期的、复杂的国际国内形势发展变化中孕育、出台的一项国家重要决策。改革开放以来，我国在全社会广泛、深入地开展面向市场经济的改革，经济开始以腾飞之势头迅速发展，社会活力普遍增加。在高等教育领域，国内高校按照“教育要面向现代化、面向世界、面向未来”的指示，开始逐渐转向。以往的精英化教育和国家包分配的计划经济色彩明显的办学形式逐渐向大众化教育、面向市场就业的方式转变。大学开始收费、扩招，就业“包分配”逐渐退出历史舞台。

从世界范围来看，在进入新世纪前后，我国大陆高等教育的毛入学率偏低。20 世纪 90 年代中期，我国大陆的高等教育毛入学率只有 4%，1997 年为 9.1%。相比而言，我国香港是 20%，我国台湾为 39%，而韩国达到了 51%，印尼、泰国、印度也分别达到了 10%、19%、8%。研究表明，一个国家的经济发展前景和它的各项教育指标密切相关，其中，高等教育毛入学率就是一个重要指标。也就是说，21 世纪是信息技术、高科技、知识经济占主导的新型社会，我国以往粗放型经济结构必然要向高精尖技术为主转变。国家的经济实力、综合国力水平取决于科技发展和知识创新水平，这一切都以教育为基础。高等教育不发生深刻变革，将严重制约经济的发展。我国劳动群体中大学生的比例太低，亟待提升比例。为了适应我国改革开放的伟大历史进程，高等教育走向大众，成为一个必然的历史趋势。

高校扩招是中央政府一直考虑并逐步实施的一项政策。1996 年国家提出了增加高校在校生人数，提高毛入学率的要求。1996 年 4 月 16 日，国家教委发布

2001—2016年全国高校毕业生人数走势

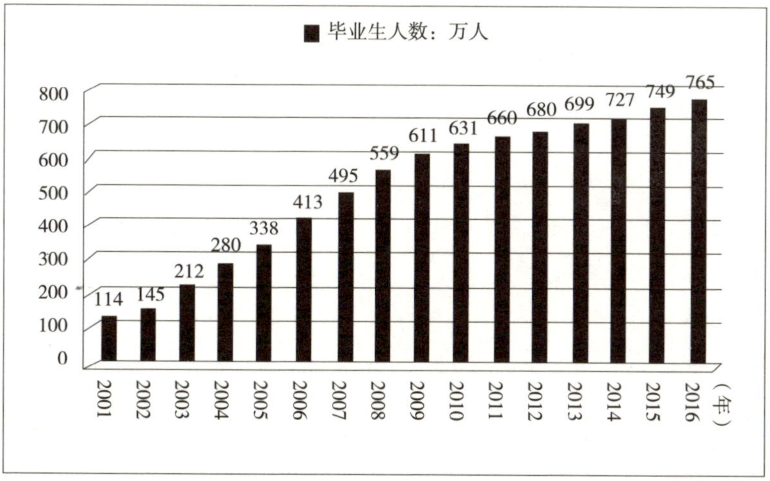

《全国教育事业九五计划和2010年发展规划》，要求“适度扩大高等教育规模”，在2010年高校在校生要增加到950万，将毛入学率从4%提高到11%左右。相关领域的研究者也在不断推动大学扩招的计划。1998年，王敏等研究者提交了“大学扩招”的建议，并被采纳。1999年12月24日教育部出台《面向21世纪教育振兴行动计划》，要求到2010年“高等教育规模有较大扩展，入学率接近15%”。15%的毛入学率比1996年提出的11%要求更高，可见国家用心之切。

“大学扩招”由此正式开始实施。1998年，我国高考录取人数108万人。1999年，大学录取新增人数达52万余人，总数达到近160万，增幅约48%。增幅之大，前所未有。在之后的几年间，增幅均较大。1999年是“大学扩招”开始年，2002年首批专科生毕业并开始就业。2003年本科生加入毕业、就业大军。从毕业人数来看，也呈增幅较大的趋势。总体上看，从2002年到2009年，全国高校毕业人数每年增加50万—70万人，并于2009年超过600万大关。也就是说，从2002年到2009年，我国就业市场每年需要新增近50万甚至近百万岗位才能满足大学扩招后的需求。但是，在经历了20世纪90年代后半期的亚洲金融危机、“下岗大潮”、国企裁员之后，我国的就业市场无法满足如此多的大学生就业需求。“大学生就业难”问题于2002年出现并在之后的很长一段时期里持续严峻。

2000—2006年大学生就业状况

年份	毕业生总人数（万人）	毕业生增加数（万人）	毕业生增加率（%）	已就业人数（万人）	一次就业率（%）	未就业人数（万人）	未就业增长数（万人）
2000	107	-	-	77.0	72.0	30.0	-
2001	117	10	9.3	80.5	70.0	34.5	4.5
2002	145	28	23.9	108.1	74.6	36.9	2.4
2003	212	67	46.2	148.4	70.0	63.6	26.7
2004	280	68	32.1	204.4	73.0	75.6	12.0
2005	338	58	20.7	245.4	72.6	92.6	17.0
2006	413	75	22.2	299.8	72.6	113.2	20.6

2002 年，《关于进一步深化普通高等学校毕业生就业制度改革有关问题的意见》（下称《意见》）出台，《意见》指出“高校毕业生就业产生了一些新的问题，一些地方高校毕业生就业出现困难”，这种情况引起了党中央、国务院的高度重视。为妥善安排高校毕业生就业，国务院和教育部、公安部、人事部、劳动保障部等各部门联合下发了此文件，要求各地政府、组织进一步深化高校毕业生就业体制。《意见》指出，利用西部大开发和城镇建设的有利时机，积极引导高校毕业生到基层和中小企业就业，是解决高校毕业生就业问题的主要途径。但现实问题非常复杂，“就业难”问题并非一时一策即可解决的问题。

2003 年全国高校毕业生人数比上年增加 67 万人，总数剧增到 212 万人，增幅达到 46.2%。当年高校毕业生一次就业率为 70%，未就业人数比上年增加 26.7 万人，未就业增长率为 72.4%。2003 年 5 月 29 日，国务院办公厅发布《关于做好 2003 年普通高等学校毕业生就业工作的通知》，指出本年高校毕业生就业形势受高校毕业生总量增加，以及 2003 年席卷全国的非典型肺炎疫情影响，依然比较严峻。大学生就业形势不容乐观。

2004 年，全国高校毕业生人数增加 68 万人，达到 280 万人。2004 年 4 月 17 日，《关于进一步做好 2004 年普通高等学校毕业生就业工作的通知》认为，本年度“毕业生就业形势依然严峻，就业工作任务艰巨”。

京津冀校企业合作助力学生就业（李晓果　摄）

2005 年，全国高校毕业生人数增加 58 万，达到 338 万人，增幅 20.7%。2005 年 11 月，温家宝总理在《全国职业教育工作会议上的讲话》中提及“目前大学毕业生就业难问题越来越突出，每年有上百万大学生不能及时找到工作”。大学生毕业人数持续、快速增长，而我国市场经济结构调整没有快速跟上，大学生就业岗位一直处于供大于求的状态。“大学生就业难”一直成为一个重要的社会问题。例如，据2006年国家人事部调查数据，全国对高校毕业生需求约为166.5万人。2006年，全国高校毕业生总数达到413万人，未就业大学生人数达到113万。大学生就业供需状态严重失衡。国家发展和改革委员会就业司发布了《分析2006年就业面临的问题及做出的政策建议》，2006年我国过剩劳动力数量1400万人。根据国家统计局和劳动保障部数据，2006年我国城镇登记失业人数达到847万人，失业4.1%。一方面，社会失业成为问题，大学生岗位需求少；另一方面大学毕业生数量大，待业和失业数量也大。有新闻报道大学生甚至开始去办理失业登记手续了。从2006年9月1日起到2007年6月末，济南市共有827名本科学历毕业生办理了失业登记手续。在以往，办理失业登记手续的基本是没有学历的进城务工人员、长时间找不到工作的下岗人员，很少有大学生前来办理的。在人们的观念中，办理失业登记手续对大学生而言，是“无能”的表现，很“丢人”。但是，大中专生和技校毕业生办理失业登记可以享受一系列的政府优惠、就业帮扶措施，例如小额贷款免息、政府免费介绍工作、社保开户无须缴纳费用等，还能得到政府的技能培训、创业培训等服务。这是中央政府和各级地方政府为促进大学就业，缓解“大学生就业难”采取的一系列措施。

在“大学扩招”的同时，国家采取了多种措施，以缓解“大学生就业难”问题。在2002年出台的《关于进一步深化普通高等学校毕业生就业制度改革有关问题的意见》中，党中央、国务院就提前预警：“高校扩大招生后，高校毕业生数量将迅速增加。”各地、各部门要积极引导大学生就业。

在解决大学生“就业难”问题上，引导大学生去西部地区工作是一个重要的措施。“大学生服务西部志愿者计划”就是其中一项。我国从很早就呼吁、鼓励大学生到条件艰苦、祖国需要的地方工作。从1989年起就有类似的引导，但是多停留在倡议、鼓励层面，没有形成制度性措施，只有很少数的大学生积极配合。2003年，国务院下发了《国务院办公厅关于做好2003年普通高等学校毕业生就业工作通知》和《关于实施大学生志愿服务西部计划的通知》等政策文件，正式从当年开始招募选拔一定数量的大学生去西部基层服务1—3年。“大学生服务西部志愿者计划”正式开始。

参与“大学生服务西部志愿者计划”的大学生或研究生，需要经过成绩和身

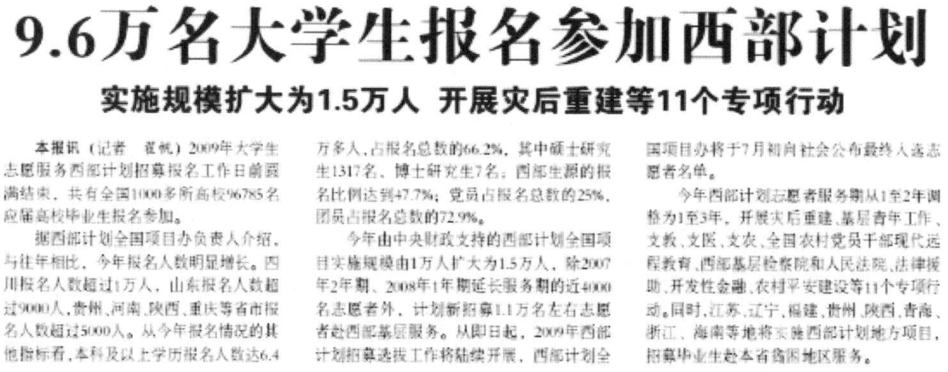

9.6万名大学生报名参加西部计划

实施规模扩大为1.5万人 开展灾后重建等11个专项行动

本报讯（记者　崔帆）2009年大学生志愿服务西部计划招募报名工作日前圆满结束，共有全国1000多所高校96785名应届高校毕业生报名参加。

据西部计划全国项目办负责人介绍，与往年相比，今年报名人数明显增长。四川报名人数超过1万人，山东报名人数超过9000人，贵州、河南、陕西、重庆等省市报名人数超过5000人。从今年报名情况的其他指标看，本科及以上学历报名人数达6.4万多人，占报名总数的66.2%，其中硕士研究生1317名、博士研究生7名；西部生源的报名比例达到47.7%；党员占报名总数的25%，团员占报名总数的72.9%。

今年由中央财政支持的西部计划全国项目实施规模由1万人扩大为1.5万人，除2007年2年期、2008年1年期延长服务期的近4000名志愿者外，计划新招募1.1万名左右志愿者赴西部基层服务。从即日起，2009年西部计划招募选拔工作将陆续开展，西部计划全国项目办将于7月初向社会公布最终入选志愿者名单。

今年西部计划志愿者服务期从1至2年调整为1至3年，开展灾后重建、基层青年工作、支教、支医、支农、全国农村党员干部现代远程教育、西部基层检察院和人民法院、法律援助、开发性金融、农村平安建设等11个专项行动。同时，江苏、辽宁、福建、贵州、陕西、青海、浙江、海南等地将实施西部计划地方项目，招募毕业生赴本省贫困地区服务。

体条件筛选，享受每月 1000 元的生活补贴以及 120—1490 元不等的艰苦边远地区津贴，另外还有国家给办理的保险，还可以享受报考公务员笔试加 5 分、考研究生初试加 10 分，并优先录取等保障措施。在之后的几年间，国家不断完善相关配套优惠保障措施，如免学费、大学期间办理的助学贷款由国家代偿等。这一系列措施让大学生在西部从事支教、支农、支医、扶贫等工作的时候，生活安心、工作有意义、未来有出路。这对部分大学生来讲，是非常有吸引力的。到 2018 年，志愿去西部服务的大学生已经累计达 27 万余名。这一方面缓解了大学生就业难问题，另一方面也为国家储备了优秀的人才、推动了西部贫困地区的经济建设，可谓一举多得。

“大学生服务西部志愿者计划”只是“高校毕业生基层培养计划”下的一个子项目。“高校毕业生基层培养计划”是国家重大人才工程，是国家为培养基层干部人才、储备优秀后备新鲜血液的重大举措。包括大学生村官、“三支一扶”计划、免费师范生和医学生培养计划、农村教师特岗计划、农技特岗计划、大学生志愿服务西部计划六

个子项目。

大学生村官计划是一项设计精巧、影响深远的举措。对于大学生来说，去农村当村官，可以有效避免就业难、考公务员难等问题，“村官”这个“村级组织特设岗位”，与“大学生服务西部志愿者计划”一样享受基本国家经费补贴，学费、助学贷款国家代偿等全方位支持、保障措施。大学生村官的基本工资、奖金、保险、住房公积金、独生子女费都由中央和地方政府负责，且每月补贴能达到2000元以上（各地规定不同），有的逐月逐年递增，年终有奖励，交通等方面有补贴，生活费用不成问题。2—3年聘期结束后，大学生村官的出路也由国家保障。大学生村官想考研究生，初试加10分，考人文社科类研究生，初试加15分，同等条件下还享受优先录取。如果考公务员，可以选择专为大学生村官设计的定向考录。

高校毕业生“三支一扶”服务基层。即将前往宁夏南部山区支教的北方民族大学文学与新闻学院的吕玉香（左）正与同学们留影话别。2007年，宁夏计划招募2300名高校毕业生从事“三支一扶”工作，到乡镇一级从事2至3年的支教、支农、支医和扶贫工作（李萘恒　摄）

例如，报考本省的事业编岗位，大学生村官可加分。国家专门拿出一部分省级或国家级公务员考试名额给大学生村官、“三支一扶”、大学生志愿服务西部等项目。2018 年，国家公务员考试单列出 15% 的招录计划“重点招录大学生村官”，这是其他非“村官”大学毕业生难以享受到的机会。在千军万马考国家公务员之际，大学生村官能享受这样的定向计划，无疑大大减轻了考试、竞争压力。大学生村官甚至可以不用参加考试直接转为事业单位编制员工。另外，大学生村官还能享受到安家补贴、自主创业扶助政策、选调生、竞选乡镇领导干部等其他扶持政策。有的政策，对非大学生村官而言，非常有吸引力。例如，非京籍生源的高校毕业生村官，连续两年考核合格后，可以拿到北京户口。这是多少人梦寐以求、难以实现的梦想。稳定的工作，高福利待遇，还可以获得发挥个人才能的机会，大学生村官对大学毕业生来说，是一项非常不错的选择。据统计，截至 2016 年年底，

山东省沾化县富国街道大学生村官贾超正在给田家村党员干部讲解十七届五中全会精神（李向中、吴子兵 摄）

流动大学生村官全国累计达 37.2 万人。有 50% 以上的大学生村官入选村“两委”班子，入选省级代表 28 人，当选党的十九大代表 5 人，当选十三届全国人大代表 8 人。曾经不被人看好的“大学生村官”，现在成为众多大学毕业生争抢的“香饽饽”。

在解决“大学生就业难”问题上，国家还通过“三支一扶”计划、免费师范生和医学生培养计划、农村教师特岗计划、农技特岗计划等，以制度性保障形式，引导大学生到西部从事基层扶贫、支农、教师、医生等工作，解决西部地区教育、经济发展问题。这些举措互相融合、相互支持，部分缓解了大学生就业难问题，为中国基层储备了大量优秀人才，极大促进了贫困地区尤其是西部特殊集中连片困难地区的教育、经济、文化建设与发展。

春节临近，6万公斤芹菜无人问津愁坏乡亲——

大学生村官微博卖菜解农民难题

新闻故事

在其他方面，国家通过促进国有企业改革来促进大学生就业。打破电信、银行、军工等领域国企垄断，积极引进竞争机制，增加就业岗位，促进大学生就业。国家还积极鼓励大学生创业，在各大高校建立大学生创业基地，举办全国性的大学生创业大赛，并建立系统的保障、指导措施，鼓励大学生将知识转化为能力和经济，在实践中锻炼自己，涌现出聂赵阳、徐祥勇等一批优秀的大学生创业人才。国家积极调整高校教育结构，改革教学内容，并建立系统、规范的就业指导机构、课程等，构建就业指导制度，切实帮助大学生就业。这一系列重要举措实施后，大学生就业率逐年攀升，从 2001 年的 70%，上升到 2008 年的 85.5%，2011 年更是突破 90%，从 2011 年到 2017 年基本维持在 90% 以上。“大学生就业难”问题得到了有效缓解。

七、助力“三童”群体幸福成长

“三童”群体指的是贫困地区尤其是西部地区或老少边穷地区上学困难的女童、残疾儿童和少数民族儿童。长期以来，“三童”群体是我国义务教育阶段的弱势群体，他们的受教育权难以得到有效保障。

据调查，1987 年，宁夏回族自治区回族女童入学率为 79.6%，比回族男童低了 8 个百分点。从 1981 年到 1985 年，回族女童流失率达 29%，她们最容易在小学一年级到三年级辍学。1984 年，同心县小学回族女童入学率仅 4%（1990 年，同心县的回族女童入学率提高到 75.6%），绝大多数女童没能接受到完整的义务教育。回族女童教育成为宁夏教育的“老大难”。1989 年全国第四次人口普查显示，当年全国 7—14 岁因家庭贫困不能入学的儿童数量达到 480 万，其中女童占 83%。这是一个非常令人担忧的现象。

链接

在全国全面普及教育之前，有的贫困地区的女童随时面临着失学的处境或已经失了学。而且越是在贫困地区，人们的教育观念可能对女童越不利。“狗不耕田，女不读书”“男孩读书，女孩喂猪”“女子无才便是德”……诸如此类重男轻女的观念严重侵害着女童的受教育权。在广大贫困地区，为了让哥哥或弟弟等男童上学，女童辍学的现象并不少见。2002 年，《马燕日记》在法国出版并引起世界性轰动。这个来自中国宁夏西海固同心县预旺乡张家树村的女孩马燕渴望再次读书的故事，引起了全世界人民的关注。从小学四年级起，她就坚持不懈地写日记，到小学毕业时已经写了六本日记，不幸的是，其中三本还被父亲卷烟吸了。由于家庭困顿，当她上到

小学三年级的时候，妈妈让她辍学以保障两个弟弟能上得起学。当地的传统就是女孩念到小学三年级，然后十四五岁结婚。尽管马燕学习成绩非常好，但是母亲白菊花只能无奈地骗马燕说："学校没有书了，你先喂羊羔，等把羊羔喂大，把它卖了，你再去学校就有书了。"在日记里，马燕写道："我就问妈妈为什么男孩儿能念书，女孩儿就不能念书呢？妈妈就说你还小，不懂这些，等你长大了就会明白。今年我上不起学了，我回来种田，公（供）养弟弟上学。我一想起校园的欢笑声，就像在学校里读书一样。我多么想读书啊！可是我家没钱！我想上学。妈妈，我不想回家。我想一直待在校园里那该多好啊！"

为了切实保障女童的受教育权，我国从1989年就启动了"春蕾计划"。"春蕾计划"由中国儿童少年基金会发起并组织实施，目的在帮扶、救助贫困地区失学女童重新入学读书。截至2007年年底，"春蕾计划"共募集资金6亿多元，兴建春蕾学校600多所，帮助170多万失学女童重返校园。截至2017年年底，"春蕾计划"资助女童357万人次，捐建春蕾学校1732所。但由于我国复杂的历史和现实因素的影响，贫困地区尤其是广大山区，经济不发达，重男轻女等旧观念较顽固，女童入学问题依然难以得到全面切实的保障。

贫困地区女童入学问题一直是党和国家高度关心并努力解决的问题。中央政府推出一系列政策，保障女童的受教育权。1992年，国家提出"两基"计划，决定"基本扫除青壮年文盲，基本实现九年制义务教育"，女童读书问题被纳入其中。1995年8月，发布《中国妇女发展纲要（1995—2000年）》，要求"全国基本普及九年义务教育，降低适龄女童的失学率和辍学率，使适龄女童失学率、辍学率均控制在2%以下"，"小学适龄儿童净入学率达到99%左右，小学5年巩固率提高到95%左右。初中毛入学率达到95%左右"，"适龄儿童基本能接受学前教育"，"将性别平等意识纳入教育内容"。同时实施"国家贫困地区义务教育工程""西部教育开发工程""希望工程"和"春蕾计划"等助学工程，保障贫困地区、少数民族地区儿童就学权利。要求切实保障女童受教育的权利，消除阻碍女童入学的障碍。2001年5月，颁布《中国儿童发展纲要（2001—2010年）》，进一步保障所有儿童受教育的权利。

2002 年，国务院启动“关爱女孩行动”，进一步推进保障“女孩与男孩享有同等接受教育的权利”。2003 年国家制定《国家西部地区“两基”攻坚计划（2004—2007 年）》，提出集中力量在西部地区打好“两基”攻坚战。2007 年，“两基”攻坚战目标如期实现。

2005 年，修订后的《中华人民共和国义务教育法》颁布实施，2007 年全国的农村孩子都可以享受到“两免一补”助学政策，无论男童女童，接受义务教育不用交学费、书本费和学杂费。这大大减轻了家庭经济困难女童的上学负担。

在党中央、国务院以及民间力量的共同努力下，保护女童的受教育权取得了长足的进展。

2004 年，女童小学入学率达到 98.93%，中国小学适龄女童基本都能接受教育。2004 年男女性别差异从 1995 年的 0.7% 缩小到 0.04%，2005 年缩小至 0.02%。2006 年全国小学学龄儿童净入学率达到 99.27%，其中男女童净入学率分别为

国家和当地政府投资300万元在宁夏南部山区设立300多个教学点并成立女童教育促进会和助学金，使这一地区回族女童入学率达到94%（蛴海峰　摄）

99.25%和99.29%，女童高于男童0.04个百分点。根据教育部历年《全国教育事业发展统计公报》，至少到2014年，女童入学率一直比男童要高。2014年《国家贫困地区儿童发展规划（2014—2020年）》出台，更进一步全方位保障了贫困地区儿童的健康和受教育权。2017年，小学学龄儿童净入学率达到99.91%，全国适龄儿童入学得到了切实的保障。

残疾儿童也是党和政府重点关注的人群。第二次全国残疾人抽样调查数据显示，我国0—14岁残疾儿童总数为387万，占残疾人口的4.66%，其中6—14岁适龄残疾儿童为246万人。残疾儿童的义务教育普及体现着我国在基础教育领域的成就。

我国在1994年8月23日颁布并实施了《中华人民共和国残疾人教育条例》（下称《条例》），明文规定“国家保障残疾人享有平等接受教育的权利，禁止任何基于残疾的教育歧视”。该条例保障了残疾人受教育的权利，其中就涵盖了残疾儿童教育。《条例》规定，要普及残疾教育、福利和康复等机构，将残疾儿童保育、康复与教育结合起来；开展多种样式的教育形式，为残疾儿童接受教育创造有利条件；制定专门的教学计划、大纲等，以适应残疾儿童教育的规律和特点……这一系列规定，体现了党和国家的心愿——依法让所有的适龄残疾儿童入学，都能接受完整的九年义务教育。2007年，党的十七大提出“重视学前教育，关心特殊教育”，随后出台了一系列保障、提升特殊教育的法律法规。我国的残疾儿童教育事业取得巨大进步。

2008年，《中华人民共和国残疾人保障法》通过并实施，提出“依据残疾类别和接受能力，采取普通教育方式或特殊教育方式”。国务院于2015年1月20日印发《国务院关于加快推进残疾人小康进程的意见》。2016年8月3日国务院印发并实施《“十三五”加快残疾人小康进程规划纲要》。2017年发布《教育部、中国残联印发通知要求进一步保障残疾儿童少年接受义务教育》。针对特殊教育问题，国家专门制定《特殊教育提升计划（2014—2016年）》《第二期特殊教育提升计划（2017—2020年）》，明确了特殊教育的目标和步骤。

2017年《全国教育事业发展统计公报》显示，全国共有特殊教育学校2107所，特殊教育学校共有专任教师5.6万人，全国共招收特殊教育学生11.08万人，在校生 57.88 万人，特殊教育毕业生 6.94 万人。普通小学、初中随班就读和附设特教班招收的学生 5.66 万人，在校生 30.4 万人，分别占特殊教育招生总数和在校生总数的 51.1% 和 52.52%。各项数据均较往年有所提高。2018 年，中国残疾人联合会执行理事会理事长鲁勇介绍，我国残疾儿童的义务教育普及率目前已经达到 90% 以上。

经过努力，我国建立了较为系统的基础特殊教育体系。残疾儿童可以在普通学校就读，随班就读是非常有效的解决手段。残疾儿童也可以在普通学校的特殊班、各种形式的特殊学校以及专为残疾儿童开设的职业学校就读。

展望未来，根据 2017 年发布的《第二期特殊教育提升计划（2017—2020 年）》，到 2020 年，我国残疾儿童少年义务教育入学率将达到 95% 以上，实现残疾儿童少年义务教育的全面普及。条件合适的部分省市将目标定得更高。例如，绍兴市计划在 2020 年，将残疾儿童九年义务教育入学率保持在 99.5% 以上。残疾儿童受教育将会得到越来越切实的保障。

少数民族儿童教育是我国基础教育的重要组成部分，也是中央政府高度关注、积极扶助的重点对象之一。在 20 世纪，由于各种复杂因素的影响，少数民族地区经济较汉族地区落后，教育水平极不均衡，少数地区甚至没有学校，绝大部分少数民族儿童的教育环境较差。身处边远山区的少数民族孩子们，有的离学校太远，上学路上需要摸黑起床，打着火把，或步行或骑马，跋山涉水，翻山越岭。而对于那些没有学校和老师的少数民族儿童来说，他们连上学的机会都没有，没有接受义务教育的大有人在。有一首题为《马背小学》的诗歌，曾被选为语文教材的课文。里面提道：“高大魁梧的伊犁马呀，马背是哈萨克孩子的学校……看，牧区小学的老师骑马来了，手中的小黑板金光万道。草原儿女走进知识的大门，马背上架起通向未来的金桥。”这不是夸张，而是写实。在现实中，“马背小学”并不少见。西藏那曲军分区安多县、日土县有“马背小学”，四川甘孜藏族自治州阿须草原上也有，甘肃省肃南裕固族自治县红石窝的“马背小学”被树立为全国典型，青海省格尔木市唐古拉山乡完全小学前身就是“马背小学”。没有教室，没有桌椅板凳，少数民族儿童居住又分散，教师只能带着简易小黑板，骑马去各个定居点教书。《马背小学》诗歌中，少数民族对现代化未来的向往，是真实而

西藏自治区日上县驻军某部二连，为帮助游牧民子女学习文化知识，先后在牧场办起“帐篷小学”“马背小学”。1990年6月2日，藏族军官次仁塔巴在给学生上课

热烈的。

而大部分少数民族居住分散，地理环境恶劣，少数民族儿童受教育难度较大。根据 2010 年第六次人口普查。0—17 岁少数民族儿童占全国儿童人口总数比例，从 1982 年 7.6% 增长到 2010 年 11%，占全国少数民族人口的 27.4%。70% 以上的少数民族儿童生活在农村，其中一半左右生活在贫困地区。在历史上，少数民族儿童入学率普遍偏低。

中央政府和各级地方政府不断大力扶持少数民族儿童教育。少数民族儿童教育问题与我国的民族教育发展密不可分。1951 年，第一次全国民族教育工作会议确立了民族教育的总方针。1956 年《关于加强民族教育工作的意见》出台。1984 年 5 月，《中华人民共和国民族区域自治法》颁布，民族教育被纳入国家法律规定。1985 年，《中共中央关于教育体制改革的决定》指出，“义务教育，即依照法律规定，适龄儿童和青少年都必须接受，国家、社会、家庭经济必须予以保证的国民教育”，要“有步骤地实行九年制义务教育”。少数民族儿童教育有了进一步保障。1986 年，《中华人民共和国义务教育法》颁布实施，我国的教育事业走上了依法治教的道路，这在法律层面确定了少数民族儿童的受教育权。1992 年发布《国家教委办公厅关于加强民族散杂居地区少数民族教育工作的意见》，规定“采取有效措施，为少数民族子女入学创造有利条件”。1993 年，《中国教

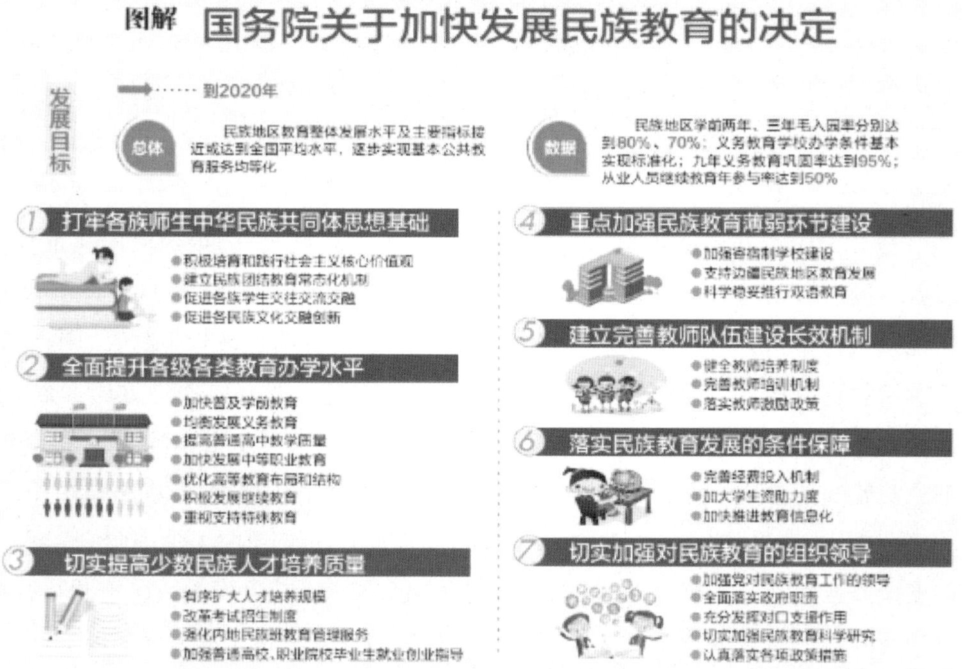

育改革和发展纲要》正式将“到本世纪末，基本普及九年义务教育，基本扫除青壮年文盲”的“两基”工程确立为奋斗目标。1998 年，“国家贫困地区义务教育工程”开启，对新疆、内蒙古、青海、宁夏、甘肃、西藏、云南、广西、贵州等地的义务教育实施有力保障。中央在新疆实施“科教兴新”工程，投入 6 亿元，确保到 2000 年贫困县 98% 学龄儿童入学，80% 以上孩子上初中。

2002 年《关于深化改革加快发展民族教育的决定》、2003 年《国家西部地区“两基”攻坚计划（2004—2007 年）》、2005 年《中共中央国务院关于进一步加强民族工作，加快少数民族和民族地区经济社会发展的决定》相继出台。

2006 年“促进义务教育均衡发展”被写进新修订的《中华人民共和国义务教育法》，推进教育公平成为新的时代任务。2006 年“农村义务教育阶段学校教师特设岗位计划”，进一步推动了农村义务教育阶段的师资培训。相关立法工作也在不断推进，2013 年《云南省少数民族教育促进条例》出台，将保障少数民族学前教育、义务教育纳入法律规定。2015 年第六次全国民族教育工作会议召开，国务院印发《国务院关于加快发展民族教育的决定》,要求缩小民族教育发展差距，促进教育公平，决不让一个少数民族、一个地区掉队。到2020年，“民族地区学前两年、三年毛入园率分别达到80%、70%。义务教育学校办学条件基本实现标准化，九年义务教育巩固率达到95%，努力消除辍学现象，基本实现县域内均衡发展”。

至今，中央和各地政府不断出台各种政策、文件，保障少数民族儿童教育。诸如“国家贫困地区义务教育工程”“对口扶贫支持工程”“全国中小学危房改造工程”“农村寄宿制学校建设工程”“农村中小学现代远程教育工程”“中小学教师继续教育工程”“东西部地区学校对口支援工程”,“两免一补”政策、农村义务教育经费保障机制的建立，“国家贫困地区义务教育助学金”的实施，共青团中央实施的“希望工程”,全国妇联实施的“春蕾计划”,专为少数民族女童开办的“春蕾班”……这些有利举措对少数民族儿童教育的招生倾斜、师资优惠、对口支援等方面给予了有力支持。国家采用多种途径和形式保障少数民族儿童教育，例如实施双语教育政策，开办民族班等。我国的少数民族儿童教育获得了长足的进步。

1951年全国共有少数民族小学生94.3万人，到2007年，全国少数民族小学生共1081.28万人，是1951年的11.5倍。1949年，少数民族儿童入学率常年在20%以下。1950年，少数民族儿童占全国中小学在校生总数的2%左右。在国家大力扶持下，2010年，6—11岁少数民族小学学龄儿童在校率为94.1%，12—14岁少数民族学龄儿童在校率为92.7%。

根据教育部统计数据，2010年，全国普通小学中少数民族学生人数为10482369人，占全国普通小学学生人数的10.54%。到2013年，全国普通小学中少数民族学生人数为10409488人，占比11.12%。2016年，全国普通小学中少数民族学生人数为11366692人，占比11.47%。2017年，全国普通小学中少数民族学生人数为11759653人，占比11.65%。从总体上看，少数民族学生人数占比呈逐年上升趋势。

如今的少数民族儿童教育已经发生了翻天覆地的变化，教学条件与过去相比不可同日而语。现在的民族小学，教学楼、计算机教室、音乐教室、美术教室等均具备，塑胶操场、电脑、学校网站……处处闪耀着现代化的光彩。2015年甘肃省肃南裕固族自治县学前三年毛入园率已达到92%，九年义务教育巩固率达99%，比《国务院关于加快发展民族教育的决定》的计划提前、超额完成。青海唐古拉山乡的“马背小学”现在更名为“长江源民族学校”，教学设施完备，在校学生有500余人，近年来适龄儿童入学率始终保持在100%，“马背小学”早已成了遥远的记忆。

双语教学，民族音乐、舞蹈、骑术课程，传承民族传统文化和现代化教学手段一起出现在如今的少数民族小学课堂上。少数民族儿童正在享受着民族特色鲜明的义务教育。光明整洁的现代化教学大楼，完备的民族教学体系，富有民族地方特色的教学方式，颠覆着许多人对少数民族教育的固有观念。在党中央、国务院的带领下，在各级地方政府和社会力量的支持下，少数民族儿童教育将和少数民族教育、全国教育事业共同拥抱美好的明天。

链接

一所山区民族小学的变迁

位于儋州市黎族苗族地区的番打小学，虽远在深山里，但历来受到社会各界关注，省市领导多次翻山越岭探望。

8月底，记者驱车近两小时，走进番打小学。时近中午，烈日当头，但年近60岁的盘珍忠校长顾不上休息，正带着施工人员修操场建宿舍。

“新学期即将开始，为让学生有运动场，为让老师有地方住，我们必须赶工期。”盘珍忠抹着额头上的汗说。各级政府都关心学校，作为学校的负责人，不能辜负大家的期望。

1978年，18岁的盘珍忠来到番打小学从教，已经在这里教书育人近40年。说起学校的变化，他如数家珍。

“1978年，学校只有3间茅草屋、3个老师、6个年级80个学生，分3个教学班，1间教室坐两个年级的学生。1997年，2间茅草屋倒塌，村里把村委会办公室3间土坯房改为临时教室。2000年,临时教室又成危房,民宗部门来了,出资修建了砖瓦房的教室。2006年,有关部门申请中央财政扶贫资金,重新修建3间砖混结构的教室。”

盘珍忠说,他刚到番打小学时,喝水要走800米去附近村里挑,照明只能点煤油灯,做饭是露天用3块石头堆的灶;最苦的是学生,由于山高路远,不少学生要走五六公里来学校,中间要过一条河,老师们轮流每天去河边接送;而老师到乡里去开次会,由于路不通,来回一趟要走八九个小时。

为推进义务教育均衡发展,儋州市重新规划学校布局,番打小学虽然多年前就改成4个年级,但为方便山区黎族、苗族孩子读书,学校没有撤,还加大投入搞建设。新建4间标准教室、一大间教师综合办公室,同时,修建2个厕所,挖了1口井,学校还通了电,并用上了多媒体教学。

教学条件不断改善,老师工资不断提高。盘珍忠月工资,1978年是10元,1987年是60元,1998年200元,特别是近几年增长加快,现在,他每个月工资已经达到5700元。

番打小学地处偏远山区,但这里的教师数十年如一日,坚守岗位,教书育人,令人感动。全国最美乡村教师、全国首届启功教师奖获得者,十九大代表王金花老师就是在这里成长起来的。

“以前,没有人愿意来这穷山沟里当老师,现在办学条件大大改善,与城里差不多,大家都抢着来。”盘珍忠说。为加强番打小学老师力量,儋州市今年面向全省特招1名英语老师、1名数学老师,结果有160多人报名竞岗。

(摘自《海南日报》2017年9月11日)

09

第九章

办更高质量的教育

一、立德树人

党的十八大报告提出：“要坚持教育优先发展，全面贯彻党的教育方针，坚持教育为社会主义现代化建设服务、为人民服务，把立德树人作为教育的根本任务，培养德智体美全面发展的社会主义建设者和接班人。”立德树人作为教育的根本任务得以确立。它是对党的十七大提出的“坚持育人为本、德育为先”教育理念的继承和深化。党的十九大报告进一步强调：“要全面贯彻党的教育方针，落实立德树人的根本任务。”把立德树人作为教育的根本任务，是确保党和人民事业后继有人的战略要求，是大力推进社会主义核心价值体系建设的战略要求，是在新形势下抓住机遇应对挑战的战略要求。

习近平在2018年全国教育大会上指出：“党的十八大以来，我们围绕培养什么人、怎样培养人、为谁培养人这一根本问题，全面加强党对教育工作的领导，坚持立德树人，加强学校思想政治工作，推进教育改革，加快补齐教育短板，教育事业中国特色更加鲜明，教育现代化加速推进，教育方面人民群众获得感明显增强，我国教育的国际影响力加快提升，13亿多中国人民的思想道德素质和科学文化素质全面提升”，“坚持党对教育事业的全面领导，坚持把立德树人作为根本任务，坚持优先发展教育事业，坚持社会主义办学方向，坚持扎根中国大地办教育，坚持以人民为中心发展教育，坚持深化教育改革创新，坚持把服务中华民族伟大复兴作为教育的重要使命，坚持把教师队伍建设作为基础工作”，“在实践中，我们就教育改革发展提出一系列新理念新思想新观点”。

培养什么人、怎样培养人、为谁培养人，是教育的根本问题。解决好这个问题，是学校的最大政治。2016年，习近平在全国高校思想政治工作会议上指出：“我国高等教育肩负着培养德智体美全面发展的社会主义事业建设者和接班人的重大任务，必须坚持正确政治方向。高校思想政治工作关系高校培养什么样的人，如何培养人以及为谁培养人这个根本问题。要坚持把立德树人作为中心环节，把思想政治工作贯穿教育教学全过程，实现全程育人、全方位育人，努力开创我国高等教育事业发展新局面。”习近平的讲话站在实现中华民族伟大复兴的全局和战略高度，科学回答了高校培养什么样的人、如何培养人以及为谁培养人这一根本问题，为做好新形势下高校思想政治工作、发展高等教育事业指明了行动方向。只有坚持立德树人，才能培养出承担中华民族伟大复兴的建设者和接班人。

“立德”就是培养崇高的思想品德，“树人”即培养高素质的人才。为把立德树人这一根本任务落到实处，2013 年 11 月，《中共中央关于全面深化改革若干重大问题的决定》明确提出：“全面贯彻党的教育方针，坚持立德树人，加强社会主义核心价值观教育，完善中华优秀传统文化教育，形成爱学习、爱劳动、爱祖国活动的有效形式和长效机制，增强学生社会责任感、创新精神、实践能力。”2014 年 3 月，教育部颁布的《关于全面深化课程改革　落实立德树人根本任务的意见》坚持“立德树人是发展中国特色社会主义教育事业的核心所在，是培养德智体美全面发展的社会主义建设者和接班人的本质要求”，对立德树人的

教育学家鲁洁先生在南京龙潭小学参加统编《品德与生活（社会）》教材编写试讲与听课活动

落实作了具体部署：在指导思想上要“大力弘扬中华优秀传统文化，把培育和践行社会主义核心价值观融入国民教育全过程，倡导富强、民主、文明、和谐，倡导自由、平等、公平、法制，倡导爱国、敬业、诚信、友善”；在主要任务上要充分发挥人文学科（特别是德育、语文、历史、体育、艺术等学科）的独特育人优势，进一步提升数学、科学、技术等课程的育人价值；在推广措施上要“研究制定学生发展核心素养体系和学业质量标准”“修订课程方案和课程标准”“改进学科教学的育人功能”“加强考试招生和评价的育人导向”“强化教师育人能力培养”“完善各方参与的育人机制”；等等。其中，关于“加强考试招生和评价的育人导向”建设，2014 年 9 月，国务院印发了《关于深化考试招生制度改革的实施意见》。该意见提出“全面贯彻党的教育方针，坚持立德树人，适应经济社会发展对多样化高素质人才的需要，从有利于促进学生健康发展、科学选拔各类人才和维护社会公平出发……为实现‘两个一百年’奋斗目标和中华民族伟大复兴的中国梦提供强有力的人才支撑”，要“坚持育人为本，遵循教育规律。把促进学生健康成长作为改革的出发点和落脚点，扭转片面应试教育倾向，坚持正确育人导向，践行社会主义核心价值观，深入推进素质教育，培养德智体美全面发展的社会主义建设者和接班人”。

《国家中长期教育改革和发展规划纲要（2010—2020 年）》指出，立德树人需要把社会主义核心价值体系融入国民教育全过程，需要加强马克思主义中国化最新成果教育，引导学生形成正确的世界观、人生观、价值观；加强理想信念教育和道德教育，坚定学生对中国共产党领导、社会主义制度的信念和信心；加强以爱国主义为核心的民族精神和以改革创新为核心的时代精神教育；加强社会主义荣辱观教育，培养学生团结互助、诚实守信、遵纪守法、艰苦奋斗的良好品质；加强公民意识教育，树立社会主义民主法治、自由平等、公平正义理念，培养社会主义合格公民；加强中华民族优秀文化传统教育和革命传统教育，把德育渗透于教育教学的各个环节，贯穿于学校教育、家庭教育和社会教育的各个方面；切实加强和改进未成年人思想道德建设和大学生思想政治教育工作，构建大中小学有效衔接的德育体系，创新德育形式，丰富德育内容，不断提高德育工作的吸引力和感染力，增强德育工作的针对性和实效性；加强辅导员、班主任队伍建设。

同时也指出21世纪的竞争是人才竞争，而人才竞争归根到底还是人才能力与素养的竞争。当今世界谁能抓住人才，谁就能称雄世界。国民的素质、能力、知识水平，以及国家拥有的人才数量，特别是具有知识创新能力和技术创新能力的人才成为决定一个国家、一个民族在世界格局以及在国际竞争中地位的关键因素。因此，要完成立德树人的根本任务，就必须“优化知识结构，丰富社会实践，强化能力培养。着力提高学生的学习能力、实践能力、创新能力，教育学生学会知识技能，学会动手动脑，学会生存生活，学会做人做事，促进学生主动适应社会，开创美好未来”。

习近平在十九大报告中指出：“要培育和践行社会主义核心价值观。要以培养担当民族复兴大任的时代新人为着眼点，强化教育引导、实践养成、制度保障，发挥社会主义核心价值观对国民教育、精神文明创建、精神文化产品创作生产传播的引领作用，把社会主义核心价值观融入社会发展各方面，转化为人们的情感认同和行为习惯。”他还提出：“一种价值观要真正发挥作用，必须融入社会生活，让人们在实践中感知它、领悟它。要利用各种时机和场合，形成有利于培育和弘扬社会主义核心价值观的场景和社会氛围，使核心价值观的影响像空气一样无所不在、无时不有。”

二、中国学生发展核心素养

2016年9月13日，《中国学生发展核心素养》研究成果在北京发布，标志着我国基础教育课程改革进入了全面提升和发展学生核心素养的新时代。

中国学生发展核心素养的研制开始于2013年6月，由教育部基教二司委托北京师范大学林崇德教授牵头，由北京师范大学、华南师范大学、河南大学、山东师范大学和辽宁师范大学5所高校的96名人员参与，历经了三年多的研制历程。研制工作主要包括以下四个方面：

> 第一，借鉴自上而下的研究思路，通过核心素养的基础理论研究、国际比较研究教育政策研究、传统文化分析等，开展学生发展核心素养的理论

聚焦生物学科核心素养，关注学生自身生活

研究。第二，基于自下而上的研究思路，采用专家聚焦小组访谈、个别化访谈、问卷调查等方法，广泛调查了代表10类社会群体的608名有影响力的教育家、大中小学校长、学科专家、企业家等人士，形成约351万字的录音转录文本等支撑材料，归纳梳理社会民众对学生在21世纪应具备的核心素养的期望和要求，为充分把握现实需要、建构符合国情特点的学生发展核心素养框架提供依据。第三，通过专家座谈、意见调研等方式，整合两种研究思路下的研究成果，形成初步的学生发展核心素养总框架。第四，意见征询与效度验证。先后召开20余次研讨会，全方位、多层次听取和吸收各方意见，反复修改完善，最终形成研究成果。

中国学生发展核心素养是指学生应具备的，能够适应终身发展和社会发展需要的必备品格和观念能力，“是关于学生知识、技能、情感、态度、价值观等多方面要求的综合表现，是每一名学生获得成功生活、适应个人终身发展和社会发展都需要的、不可或缺的共同素养；其发展是一个持续终身的过程，可教可学，最初在家庭和学校中培养，随后在一生中不断完善”。中国学生发展核心素养包括文化基础、自主发展、社会参与三个方面，综合表现为人文底蕴、科学精神、

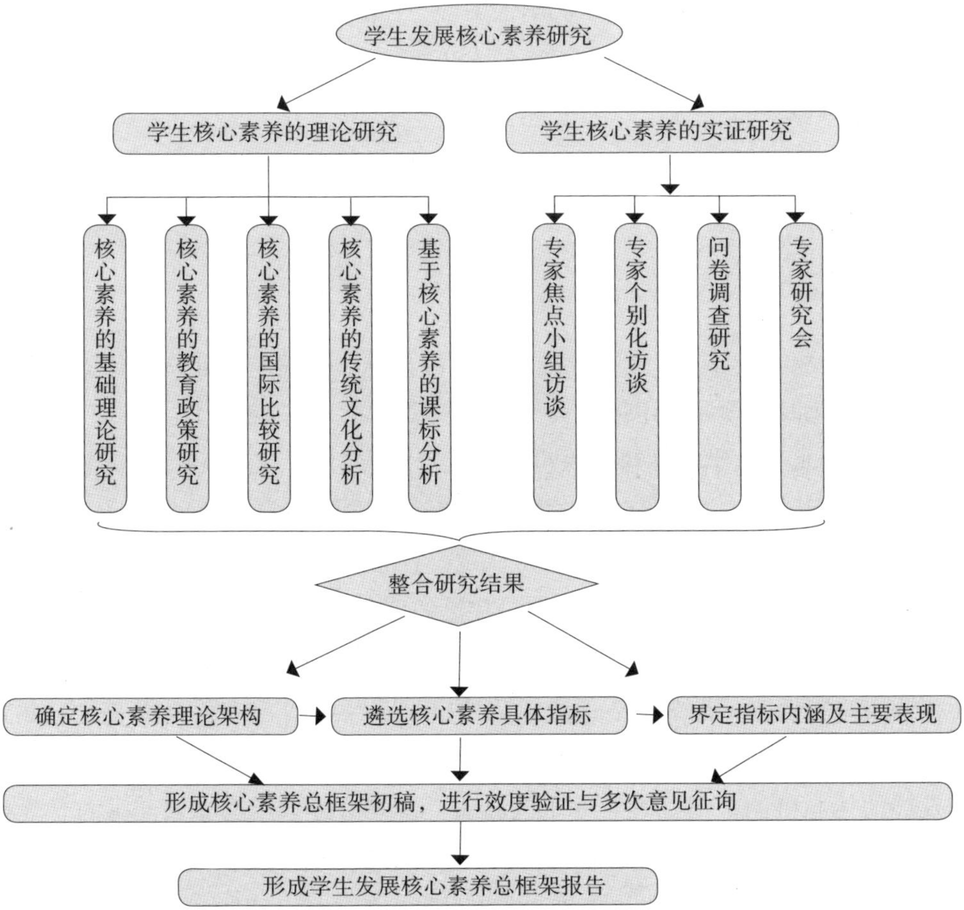

学会学习、健康生活、责任担当、实践创新六大素养，具体细化为国家认同等十八个基本点。其中，“六大素养既涵盖了学生适应终身发展和社会发展所需的品格与能力，又体现了核心素养‘最关键、最必要’这一重要特征。它们之间相互联系、互相补充、相互促进，在不同情境中整体发挥作用”。

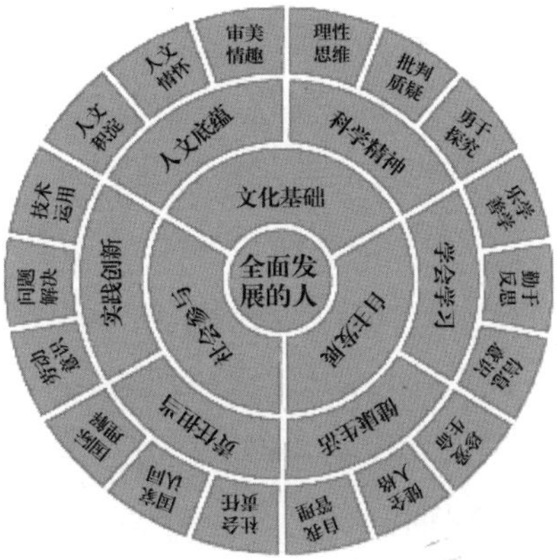

中国学生发展核心素养作为把党和国家教育方针转为教育教学实践的桥梁，深入

回答了“立什么德、树什么人”的根本问题。这既是对在全球化、信息化和知识经济时代，教育到底应该培养什么样的人的回应，也是落实立德树人、办更高质量的教育的重要环节。

三、“双一流”

2015 年 8 月 18 日，《统筹推进世界一流大学和一流学科建设总体方案》经中央全面深化改革领导小组第十五次会议审议通过。在这次会议上习近平指出：“推动一批高水平大学和学科进入世界一流行列或前列，提升我国高等教育综合实力和国际竞争力，培养一流人才，产出一流成果。”10 月，国务院印发了这一方案。同时先后停止了“2011 计划”认定，宣布“211 工程”和“985 工程”等相关文件失效，正式拉开了“双一流”建设的序幕。

习近平早在 2014 年 5 月 4 日的北京大学师生座谈会上就曾提出，全国高等学校要当好教育改革排头兵。他说：“全国高等学校要走在教育改革前列，紧紧围绕立德树人的根本任务，加快构建充满活力、富于效率、更加开放、有利于学校发展的体制机制，当好教育改革的排头兵。”2016 年 12 月 7 日至 8 日，在全国高校思想政治工作会议上，他又指出：“只有培养出一流人才的高校，才能够成为世界一流大学。办好我国高校，办出世界一流大学，必须牢牢抓住全面提高人才培养能力这个核心点，并以此来带动高校其他工作。”“高等教育发展水平是一个国家发展水平和发展潜力的重要标志。实现中华民族的伟大复兴，教育的地位和作用不可忽视。我们对高等教育的需要比以往任何时候都更加迫切，对科学知识和卓越人才的渴求比以往任何时候都更加强烈。”

2017 年 1 月 24 日，教育部、财政部、国家发改委印发《统筹推进世界一流大学和一流学科建设实施办法（暂行）》。9 月 21 日，这三个部委联合公布了“双一流”建设高校及建设学科名单，公示了 42 所一流大学建设高校，95 所一流学科建设高校的 465 个一流学科建设点。从此，我国高等教育正式进入“双一流”建设时期。

“双一流”建设高校和学科名单公布

137所高校入选，含42所一流大学建设高校和95所一流学科建设高校

今日聚焦

本报北京9月21日电（记者 [illegible]）记者今天从教育部获悉，教育部、财政部、国家发展改革委日前印发了《关于公布世界一流大学和一流学科建设高校及建设学科名单的通知》，公布世界一流大学和一流学科（简称“双一流”）建设高校及建设学科名单。

根据名单，此次入选的一流大学建设高校共42所，分为A类和B类，其中A类共36所，包括北京大学、清华大学、北京航空航天大学、西安交通大学、国防科学技术大学等；B类共6所，分别为东北大学、湖南大学、西北农林科技大学、云南大学、郑州大学、新疆大学。一流学科建设高校共有95所，包括北京交通大学、天津工业大学、河北工业大学、内蒙古大学、东北师范大学等高校。

从学科数量上看，北京大学有哲学、理论经济学等41个学科入选，居于首位，其次是清华大学，有34个学科入选，浙江大学18个学科入选，复旦大学和上海交通大学各17个学科入选。教育部相关负责人解释说：“在一流学科建设高校建议名单基础上，综合评价论证提出42所一流大学建设高校建议。一流大学建设高校要在一流学科基础上的学校整体建设，重点建设，全面提升人才培养水平和创新能力；一流学科建设高校要在优势学科建设，促进特色发展。”

根据《总体方案》和《实施办法》，“双一流”建设将以5年为一个周期，建设高校实行总量控制、开放竞争、动态调整。下一步，高校“双一流”建设进入实操阶段，工作重心将从凝练学科方向、编制建设方案转化到全面落实上来。

建设世界一流大学和一流学科，是党中央、国务院在新的历史时期，为提升我国教育发展水平、增强国家核心竞争力、奠定长远发展基础，作出的重大战略决策。

早在2015年10月，国务院就印发了《统筹推进世界一流大学和一流学科建设总体方案》，提出“以一流为目标，以学科为基础，以绩效为杠杆，以改革为动力”，对统筹推进世界一流大学和一流学科建设作出战略部署。2017年1月，教育部、财政部、国家发改委印发《统筹推进世界一流大学和一流学科建设实施办法（暂行）》，对“双一流”遴选条件、遴选程序、支持方式、管理方式、组织实施等作出具体规定。此次名单公布，意味着在此基础上，我国高校“双一流”建设迈出的重要一步。

教育部相关负责人表示，各单位要全面贯彻习近平总书记系列重要讲话精神和全国高校思想政治工作会议精神，按照党中央、国务院关于建设世界一流大学和一流学科的决策部署，以马克思主义为指导，加强党对高校的领导，坚持社会主义办学方向，坚持中国特色、世界一流，坚持内涵建设，采取有力措施，支持推动建设高校及建设学科加快发展，取得更大建设成效。

“双一流”建设在建设目标上分为大学的一流建设和学科的一流建设。《统筹推进世界一流大学和一流学科建设总体方案》围绕“中国特色，世界一流”的要求，着眼于“两个一百年”的国家战略目标，把“双一流”建设分为三个阶段：力争在2020年，使我国若干所大学和一批学科进入世界一流行列，若干学科进入世界一流学科前列；2030年，更多的大学和学科进入世界一流行列，若干所大学进入世界一流大学前列，一批学科进入世界一流学科前列，高等教育整体实力显著提升；到本世纪中叶，一流大学和一流学科的数量和实力进入世界前列，基本建成高等教育强国。为此，方案安排了建设一流师资队伍、培养拔尖创新人才、提升科学研究水平、传承创新优秀文化、着力推进成果转化等10项重点建设任务，以及加强和改进党对高校的领导、完善内部治理结构、实现关键环节突破、构建社会参与机制、推进国际交流合作等5项改革任务。

链接

“一流”的五个要素

一是“一流”的师资队伍，高层次人才队伍要活跃在国际学术前沿，满足国家重大战略要求；二是拔尖创新人才，高校培养的人才需要具有历史使命感和社会责任心，富有创新精神和实践能力，具有创新型、应用型、复合型特征；三是领衔的科学研究水平，一流大学必须以国家重大需求为导向，为经济社会和国家战略作出重要贡献，具有一批国内领先、国际一流的优势学科和领域，基础研究水平达到国际学术前沿；四是传承创新优秀文化，一流大学必须具有推动社会进步、引领文明进程、各具特色的一流大学精神和大学文化；五是卓有成效的成果转化，一流大学必须与经济社会发展紧密结合，是产业技术变革、创新驱动的策源地。

四、现代学校制度

建立现代学校制度议题首次提出于《2003—2007年教育振兴行动计划》。该计划把“深化学校内部管理体制改革，探索建立现代学校制度”作为“加强制度创新和依法治教”的重要内容之一。同时它也强调和深化了2001年教育部印发的《全国教育事业第十个五年计划》提出的“进一步理顺学校和政府的关系，依法落实和规范学校的办学自主权，加快校内管理体制改革步伐”要求，提出“继续深化学校内部管理体制改革，完善学校法人制度”。

2010年的《国家中长期教育改革和发展规划纲要（2010—2020年）》（下称《纲要》）对现代学校制度的建设作了更为具体的安排。比如在政府的管理职能方面，《纲要》聚焦简政放权和放管服改革，提出：各级政府要切实履行统筹规划、政策引导、监督管理和提供公共教育服务的职责，建立健全公共教育服务体系，逐步实现基本公共教育服务均等化，维护教育公平和教育秩序；改变直接管理学校的单一方式，综合应用立法、拨款、规划、信息服务、政策指导和必要的行政措施，减少不必要的行政干预。在学校变革方面，《纲要》聚焦“落实和扩大办学自主权”，提出“推进政校分开，管办分离”“建设依法办学、自主管理、民主监督、社会参与的现代学校制度，构建政府、学校、社会之间的新型关系”等等。

2010年之后，现代学校制度建设的步伐明显加快。2012年11月，教育部颁布的《全面推进依法治校实施纲要》在继续深化“健全科学决策、民主管理机制，完善学校治理结构”“依法办学，落实师生主体地位，形成自由平等公正法治的育人环境”“健全学校权利救济和纠纷解决机制，有效化解矛盾纠纷”等要求和措施外，还提出了“加强章程建设，健全学校依法办学自主管理的制度体系”，到 2015 年，全面形成一校一章程的格局。

2015 年 5 月，《教育部关于深入推进教育管办评分离 促进政府职能转变的若干意见》发布。该意见着力于全面贯彻党的十八届三中、四中全会精神，深入落实《国家中长期教育改革和发展规划纲要（2010—2020 年）》，进一步健全中国特色教育管理制度、现代学校制度和教育评价制度，加快推进教育治理体系和治理能力现代化，激发教育活力，提出“推进依法行政，形成政事分开、权责明确、统筹协调、规范有序的教育管理体制”“推进政校分开，建设依法办学、自主管理、民主监督、社会参与的现代学校制度”“推进依法评价，建立科学、规范、公正的教育评价制度”等深入推进教育管办评分离、促进政府职能转变的意见。

2015 年 7 月发布的《教育部关于做好教育行政审批制度改革有关后续工作的通知》（下称《通知》）通报：2013 年以来，共取消下放了 14 项教育行政审批事项（见下表）。

2013 年以来取消和下放的教育行政审批事项清单

序号	项目名称	处理意见	依据	备注
1	中外合作办学机构以及内地与香港特别行政区、澳门特别行政区、台湾地区合作办学机构聘任校长或者主要行政负责人核准	取消	国发〔2013〕19号	
2	高等学校部分特殊专业及特殊需要的应届毕业生就业计划审批	取消	国发〔2013〕19号	
3	省级人民政府自行审批、调整的高等职业学校使用超出规定命名范围的学校名称审批	取消	国发〔2013〕44号	
4	民办学校聘任校长核准	取消	国发〔2013〕44号	
5	利用互联网实施远程高等学历教育的教育网校审批	取消	国发〔2014〕5号	
6	国家重点学科审批	取消	国发〔2014〕5号	

（续表）

序号	项目名称	处理意见	依据	备注
7	高等学校设置和调整第二学士学位专业审批	取消	国发〔2014〕5号	此为子项
8	高等教育自学考试专科专业审批	下放	国发〔2014〕5号	此为子项
9	高等学校博士学科点专项科研基金审批	取消	国发〔2014〕27号	
10	高等学校新农村发展研究院审批	取消	国发〔2014〕27号	
11	教育部科技查新机构认定	取消	国发〔2015〕11号	
12	高等学校赴境外设立教育机构（含合作）及采取其他形式实施本科及以上学历教育审批	取消	国发〔2015〕27号	
13	省级自学考试机构开考高等教育自学考试本科专业审批	取消	国发〔2015〕27号	此为子项
14	孔子学院（课堂）设置及年度项目审批	取消	国发〔2015〕27号	

同时，《通知》还就做好教育行政审批制度改革的有关后续工作进行了具体部署，要求坚决把国务院取消和下放的教育行政审批事项落实到位，切实规范教育行政审批行为，及时开展规章规范性文件清理工作，放管结合，完善事中事后监管机制，优化服务，更好满足人民群众的教育需求。其中，关于规范教育行政审批，教育部提道：教育部将设立行政审批窗口，“一个窗口”集中受理行政审批事项申请；开通网上审批渠道，2015 年年底前实现教育行政审批事项网上预受理和预审查，创造条件推进行政审批网上办理。全面推进受理单制度，严格遵守法定审批时限。要实行阳光审批，依法公开行政审批信息，切实保障申请人知情权等要求和具体措施。

五、新高考

2014 年 9 月 3 日，国务院印发《关于深化考试招生制度改革的实施意见》（下称《实施意见》）决定：“2014 年启动考试招生制度改革试点，2017 年全面推进，到 2020 年基本建立中国特色现代教育考试招生制度，形成分类考试、综合评价、多元录取的考试招生模式，健全促进公平、科学选才、监督有力的体制机制，构建衔接沟通各级各类教育、认可多种学习成果的终身学习‘立交桥’。”为此，《实施意见》针对考试形式与内容提出“完善高中学业水平考试”“规范高中学生综合素质评价”“加快推进高职院校分类考试”“深化高考考试内容改革”的具体要求，并列出相应的推进步骤：2014 年出台完善高中学业水平考试的指导意见；2014 年出台规范高中学生综合素质评价的指导意见，各省（区、市）制定综合素质评价基本要求，学校组织实施；2015 年通过分类考试录取的学生占高职院校招生总数的一半左右，2017 年成为主渠道；2015 年起增加使用全国统一命题试卷的省份。

关于 2014 年启动的高考综合改革试点，《实施意见》提出：在考试科目设置方面，增强高考与高中学习的关联度，考生总成绩由统一高考的语文、数学、外语 3 个科目成绩和高中学业水平考试 3 个科目成绩组成。保持统一高考的语文、数学、外语

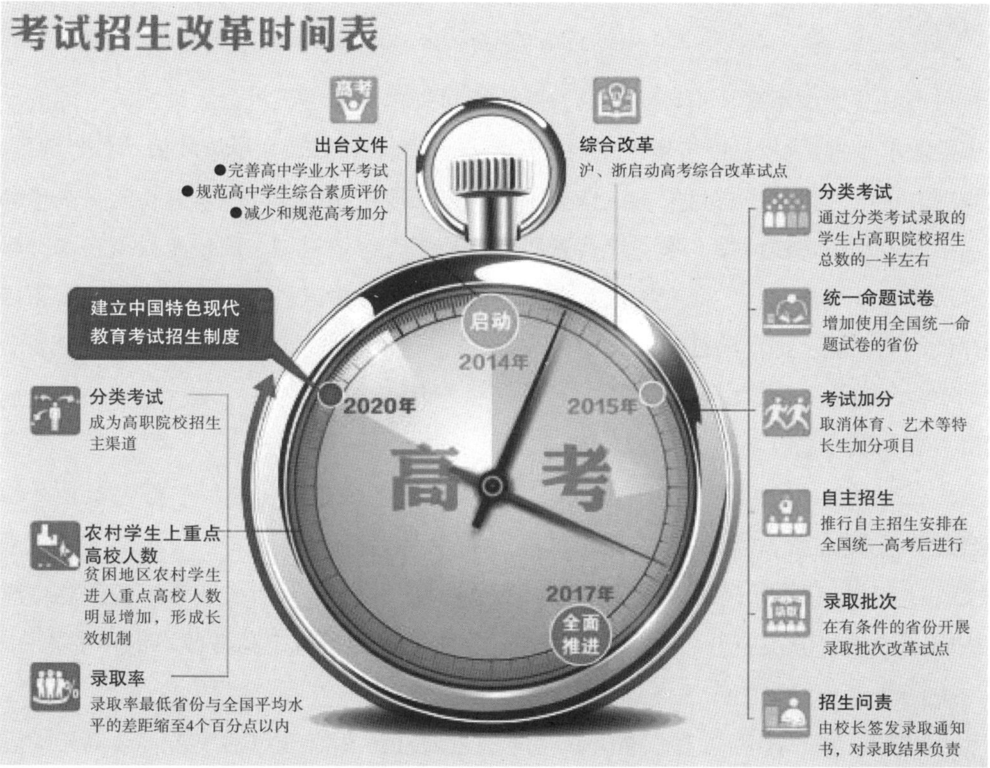

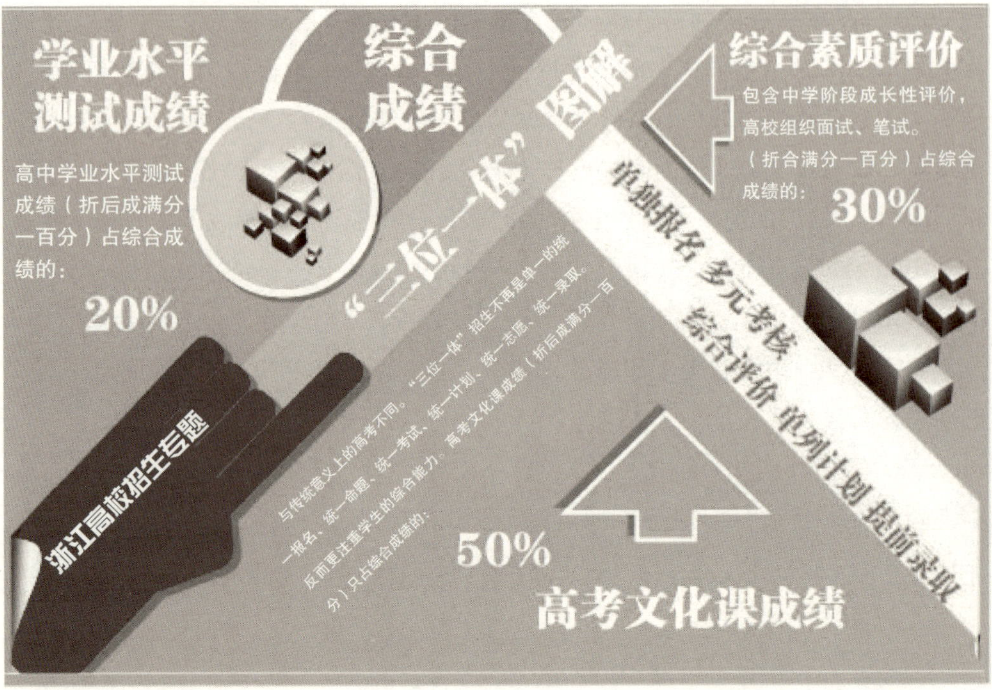

科目不变、分值不变，不分文理科，外语科目提供两次考试机会。计入总成绩的高中学业水平考试科目，由考生根据报考高校要求和自身特长，在思想政治、历史、地理、物理、化学、生物等科目中自主选择；在招生录取机制方面，探索基于统一高考和高中学业水平考试成绩、参考综合素质评价的多元录取机制。高校要根据自身办学定位和专业培养目标，研究提出对考生高中学业水平考试科目报考要求和综合素质评价使用办法，提前向社会公布；在改革试点选择方面，2014 年上海市、浙江省分别出台高考综合改革试点方案，从 2014 年秋季新入学的高中一年级学生开始实施，试点要为其他省（区、市）高考改革提供依据。

2014 年 9 月 19 日，上海市人民政府颁布《上海市深化高等学校考试招生综合改革实施方案》。随后，上海市教委公布了高考综合改革试点的两个重要配套文件：《上海市普通高中学业水平考试实施办法（试行）》和《上海市普通高中学生综合素质评价实施办法（试行）》。这三个文件作为上海市高考改革的重要指南，对上海新高考的实施作了详细规定和说明。

比如，在总体规划上，上海新高考的主要任务和措施包括完善普通高中学业水平考试制度、建立高中学生综合素质评价制度、深化统一高考考试科目改革、改革统一高考招生录取模式、完善和规范高等学校自主招生等八个方面。其中，关于高考科目，规划为：2017年起，本市统一高考科目为语文、数学、外语3门，不分文理，考试时间安排在每年6月；外语考试一年举行两次，另外一次安排在每年1月。高中生最多参加两次外语考试，可选择其中较好的一次成绩计入高考总分。关于高考成绩的构成，规划为：2017年起，高考成绩由语文、数学、外语3门统一高考成绩和学生自主选择的普通高中学业水平等级性考试科目成绩构成，作为高等学校录取的基本依据。高考成绩总分满分660分。其中，语文、数学、外语每门满分150分，3门普通高中学业水平等级性考试科目每门满分70分。普通高中学业水平等级性考试成绩在计入高考总分时，由五等细化为A+、A、B+、B、B-、C+、C、C-、D+、D、E共11级，分别占5%、10%、10%、10%、10%、10%、10%、10%、10%、10%、5%。其中，A+为满分70分，E计40分。相邻两级之间的分差均为3分。普通本科院校可根据办学特色和定位，以及不同学科专业人才培养需要，从思想政治、历史、地理、物理、化学、生命科学6门普通高中学业水平等级性考试科目中，分学科大类（或专业）自主提出选考科目范围，但最多不超过3门。学生满足其中任何1门，即符合报考条件。对于没有提出选考科目要求的高等学校，学生在报考该校时无科目限制。与此相应，高等学校统一录取模式自2016年起，合并本科第一、第二招生批次，并按照学生的高考总分和院校志愿，分学校实行平行志愿投档和录取。

在高中学业水平考试方面，考试科目包括语文、数学、外语、思想政治、历史、地理、物理、化学、生命科学、信息科技、体育与健身、劳动技术和艺术13门。分为合格性考试和等级性考试两类。语文、数学、外语、信息科技、体育与健身、劳动技术和艺术7门科目只设合格性考试，思想政治、历史、地理、物理、化学、生命科学6门科目分设合格性考试和等级性考试。各科目高中学业水平考试分散在高中三年中，在相应课程结束后进行，随教随考随清。

在高中学生综合素质评价方面，市教委建立上海市普通高中学生综合素质评价信息管理系统，以高中学校为记录主体，采用客观数据导入、高中学校和社会机构统一录入、学生提交实证材料相结合的方式，客观记录学生在品德发展与公民素养、修习课程与学业成绩、身心健康与艺术素养、创新精神与实践能力方面的学习成长经历。

简单来说，上海新高考就是依据高中学业水平考试成绩和统一高考成绩，参考学生综合素质评价来进行。因此，它也被简称为“两依据、一参考”。

2015 年，复旦大学和上海交通大学成功实施了建立在“两依据、一参考”基础上的综合评价录取改革。2016 年，同济大学、华东师范大学、上海财经大学等共计 9 所上海高校也加入到了这个行列。2017 年，这些高校相继公布了综合评价录取改革试点招生简章。采取以学校面试为主的形式对考生进行综合测评，由高考成绩（60%）、学业水平考试成绩（10%）和面试成绩（30%）相加为最终成绩。如《复旦大学 2017 年上海市综合评价录取改革试点招生简章》规定，在综合评价录取中，作为考生录取依据的最终成绩分由三部分组成：其一，高考成绩占 60%。所有考生都必须参加高考，高考成绩不但在最终合成总分中比重最大，而且也是进入后续面试环节的依据；其二，高中学业水平考试成绩占 10%，学业水平考试成绩由市教育考试院统一提供，复旦大学要求考生所有科目都必须及格，同时公布了各等第成绩的换算标准；其三，面试成绩占 30%，在尚未建立成熟、统一的高中学生综合素质评价材料之前，复旦大学采用考生提交入学申请、面试专家分别面试的方式考查考生综合素质。

六、部编教材

根据中央要求，从 2012 年起，教育部统一组织编写义务教育道德与法治、语文、历史三科教材。2014 年，《教育部关于全面深化课程改革　落实

图为部分学科的部编教材

立德树人根本任务的意见》决定："教育部将组织编写、修订中小学德育、语文、历史等学科教材。" 2017 年，教育部把"统一组织编写普通高中三科教材，进一步加强中华优秀传统文化、革命传统、法制意识和国家安全、民族团结教育等内容，研制教材编写审定管理办法"作为本年度的工作要点。

到 2017 年，教育部统一组织编写的义务教育道德与法治、语文、历史教材，完成了编审工作，并于 2017 年 9 月开学在全国所有地区小学一年级和初中一年级使用，2018 年覆盖小学和初中一、二年级，2019 年所有年级全部使用统编教材。较之以往，这三科部编教材对以下方面作了突出强调：

价值导向：三科教材价值导向正确，强化了中华优秀传统文化和革命传统教育内容，将社会主义核心价值观系统融入、有机渗透，充分贯彻中央精神，体现德育为先、立德树人的理念。

核心价值观：按照"整体规划，有机融入"的原则，专门研制了三科教材落实社会主义核心价值观具体方案和实施图谱。

优秀传统文化：语文教材所选古诗文数量有所增加，体裁多样。历史教材主要在中国古代史部分体现。道德与法治教材介绍了传统节日、民歌民谣、传统美德、民族精神、古代辉煌科技成就等内容。

革命传统教育：语文教材收录了大量革命传统经典篇目。历史教材专门有两册系统讲述中国共产党建立、发展，领导社会主义革命、建设和改革的史实，涉及老一辈革命家 40 多位。道德与法治教材讲述了革命领袖、英雄人物、革命事件、革命故事等具有代表性的内容。

法治教育：在小学和初中分别编写了法治教育专册教材，集中讲授宪法，强化系统性。其中，小学涉及 30 多部法律法规，初中涉及 50 多部法律法规。

外国作品：语文教材注重汲取人类优秀思想文化精华，选取来自不同国家的名家名篇。义务教育语文教材中选入的外国作品约占总篇数的 10%。

众所周知，自 1986 年 9 月全国中小学教材审定委员会、各学科教材审查委员会正式成立后，我国中小学教材实行国家统一编写、统一供应的"统编"时代宣告结束，随之进入的是"一纲多本"甚至"多纲多本"的教材多样化时代。特

《中国历史》部编教材

《道德与法治》部编教材

别是进入 21 世纪后，国家将教材编写的管理由原来的审批制改为立项制，重新规定教材两级审定制度的内容，弱化教材编写中的行政意志，加强在专家论证基础上的行政管理，避免因行政权力对教材市场的垄断，从而滋生腐败等。那么，为什么又要进行统编本的编写和实施呢？

义务教育语文统编教材的总主编、北京大学中文系的温儒敏教授在《“统编本”语文教材的编写背景》一文中作了如下说明：

为什么要编一套“统编本”教材？背景是什么？

这是中央的决定。早在 2009 年，中央宣传思想工作小组就召开过专题会议，讨论教材问题。考虑到实施“一纲多本”之后，虽然调动了地方和出版社的积极性，教材编写出版呈现活跃的局面，但也出现了一些问题，主要是市场的介入，教材的选择使用往往受经济等因素左右，不能真正做到优选。另外，就是教材主要由几个出版社组织编写，受到一些条件限制，加上当时编制的时间紧，评审的机制也不健全，出版社生怕不通过，编得比较仓促，这都影响到教材的质量。社会上很关注教材，批评的声音不绝于耳，某些媒体也拿教材炒作，这也引起中央的注意。鉴于上述情况，又特别考虑到加强意识形态的需要，在 2009 年的会议上，中央领导同志（李长春同志）就指示，要组织编写德育、历史和语文这三科教材，并把这项任务交给了教育部。

党的十八大以来，习近平总书记多次就教材问题作出重要指示和批示。刘云山、刘延东、刘奇葆同志就三科教材编写也多次提出要求。2011 年，教育部在全国范围内组织三科教材的编写申报，通过评审、推荐、遴选，报中央批准，组建了三科教材的编写团队。

共和国教育大事记
（1992—2019）

1992年

1月27日，国家教委办公厅印发《关于深化城市综合改革若干问题的意见》《全国城市教育综合改革实验工作指导纲要》。

8月21日，国家教委发布《关于国家教委直属高校深化改革，扩大办学自主权的若干意见》，提出加大高校改革力度，激活办学机制。

9月23日—25日，党的十四大召开，江泽民作《加快改革开放和现代化建设步伐，夺取有中国特色社会主义事业的更大胜利》的报告，提出科技进步、经济繁荣和社会发展，从根本上说取决于劳动者的素质，培养大批人才。要把教育放在优先发展的战略地位，各级政府要增加教育投入，鼓励多渠道、多形式社会集资办学和民间办学，改变国家包办教育的做法。

1993年

1月5日，香港知名人士邵逸夫先生捐赠1.1亿元资助内地兴建学校的赠款仪式在香港中文大学举行，国家教委副主任滕藤率领的教育代表团专程赴港接受捐赠。

1月12日，国务院批转了国家教委《关于加快改革和积极发展普通高等教育的意见》。

1月15日，国家教委举行记者招待会，有关负责人在会上宣布，我国将继续贯彻“支持留学，鼓励回国，来去自由”的方针，进一步放宽自费出国留学的政策，改进公费出国留学的选派工作，动员更多的留学人员回国工作。

2月8日，国家教委、国务院学位委员会联合发出《关于印发全国普通高等教育工作会议有关文件的通知》。随文印发的会议文件有：一、《关于中央部门所属普通高等学校深化领导管理体制改革的若干意见》；二、《关于普通高等学校招生和毕业生就业制度改革的意见》；三、《关于普通高等学校内部管理体制改革的意见》；四、《关于进一步深化普通高等学校教学改革的意见》；五、《关于学位与研究生教育改革和发展的若干意见》；六、《关于深化普通高等学校科技工作改革的若干意见》。

2月9日，国家教委、国务院贫困地区经济开发领导小组、财政部联合发出《关于大力改革与发展贫困地区教育，促进经济开发，加快脱贫致富步伐的意见》。

2月13日，中共中央、国务院印发国家教委制定的《中国教育改革和发展纲要》。

2月17日—18日，国家教委副主任朱开轩主持召开“211工程”领导小组会议，讨论该工程实施方案、项目指南、近期工作安排等问题。

2月22日，国家教委召开电话会议，部署1993年实施九年义务教育和扫盲工作。会议宣布，国家教委从1993年开始，每年对普及九年义务教育县（市、区）和扫除青壮年文盲县（市、区）进行评估验收。国家教委副主任柳斌、邹时炎出席会议并讲话。

3月1日，由联合国教科文组织和联合国儿童基金会倡议召开的中国全民教育国家级大会在北京开幕，会议原则通过了《中国全民教育行动纲领》。

3月8日，国家教委发出《关于下发〈普及九年义务教育评估验收办法〉等三个文件的通知》。三个文件是：《普及九年义务教育评估验收办法（试行）》《县级扫除青壮年文盲单位检查评估办法（试行）》《关于1993年普及九年义务教育县（市、区）和扫除青壮年文盲县（市、区）评估验收工作的通知》。

3月9日—11日，国家教委在北京召开教育支援西藏工作会议。会议的主要任务是学习贯彻邓小平同志视察南方重要谈话和党的十四大精神，集中研究如何进一步搞好教育援藏工作，更多更好地为西藏培养人才。

3月11日，经贸部、国家科委、国家教委、国防科工委在北京联合举行“国家赋予首批科研院所科技产品对外经营权大会”，会议宣布清华大学等8所院校在内的100个科研院所和高等学校获得首批授权。

3月13日，国家教委印发《关于加快解决高等学校教职工住房问题的若干意见》。

3月24日，国家教委发布《关于减轻义务教育阶段学生过重课业负担、全面提高教育质量的指示》。

4月15日，国家教委、财政部联合发出《关于高等学校校办产业执行新财务会计制度有关问题的通知》。国家教委、财政部联合发出《关于调整来华留学生奖学金生活费标准的通知》。

4月19日，国家教委发出《关于普通高校更名问题的通知》。

5月10日，国家教委发出《关于评选"国家级、省部级重点普通中等专业学校"的通知》。

6月10日，国家教委、人事部、财政部联合发出通知，颁发《特级教师评选规定》。

7月10日，国家教委发出《关于自费出国留学有关问题的通知》。

7月15日，国家教委印发《关于重点建设一批高等学校和重点学科点的若干意见》。

7月28日，国家教委向各省、自治区、直辖市教育行政部门和招生委员会发出紧急通知，传达国务院副总理李岚清就本年度高校招生计划执行中有关问题所作的如下批示：请向各地主管教育的领导打个招呼，扩大招生要与我们的办学能力和条件相适应，要与改革同步进行，否则要引起严重后果。为贯彻落实上述批示，紧急通知作出四项规定，要求各地严格执行国家招生计划。

8月10日，国家教委发布《关于稳步推进普通高中毕业会考工作的意见》。

8月17日，国家教委发布《民办高等学校设置暂行规定》。

8月24日，国家教委召开电视会议，要求尽快解决当前基础教育面临的教育经费短缺、拖欠教师工资、乱收费、初中生辍学较多等突出问题。

8月25日，国家教委发出《关于坚决纠正中小学乱收费的通知》。

10月4日，李鹏总理主持召开国务院第10次常务会议，审议并原则通过了《中华人民共和国教师法（草案）》。

11月21日，国务院发出关于贯彻实施《中华人民共和国教师法》若干问题的通知。

1994年

2月1日，国家教委颁发《国家级重点职业高级中学标准》。

6 月 14 日—17 日，党中央、国务院在北京召开全国教育工作会议。

6 月 27 日，国家经贸委、国家教委、中国科学院联合发出《关于成立产学研联合开发工程领导协调小组的通知》。

7 月 3 日，国务院发出《关于中国教育改革和发展纲要的实施意见》。

7 月 30 日，国家教委召开主任办公会议，讨论并原则通过《中华人民共和国教师法实施细则（草案）》。

8 月 22 日，国家教委发出《关于公布国家级重点普通中等专业学校名单的通知》。

8 月 23 日，中共中央向各地印发中央宣传部拟定的《爱国主义教育实施纲要》。李鹏签署中华人民共和国国务院令第 161 号，发布《残疾人教育条例》。

10 月 12 日，经中国人民银行批准成立的中国教育科技信托投资公司在北京开业。它是中华人民共和国成立以来第一家依托教育系统设立的全国性非银行金融机构，由国家教委、财政部、国家计委、中信公司共同出资设立。

11 月 10 日，国家教委发布《关于全面贯彻教育方针，减轻中小学生课外负担过重的意见》。

11 月 17 日，国家教委印发《关于国家教委直属高校积极推行办学与管理体制改革的意见》。

11 月 19 日，由企业出资承办的我国最大的教育事业奖励基金——宝钢教育奖首次颁发。

11 月 30 日，国家教委宣布，中国教育和科研计算机网示范工程已由国家计委正式批复立项实施。

1995年

1 月 8 日，“全国高校毕业生就业市场（上海市场）”诞生，标志着大部分高校毕业生将通过就业市场，在国家政策指导下实行双向选择就业。国家今后将组建若干区域性就业市场，以满足毕业生择业的需要。

1 月 20 日，中国青少年发展基金会举行“希望工程”社会监督日，并提出 1995 年“希望工程”将继续实施“1+1”助学活动，在全国 592 个贫困县援建希望小学，为10000个贫困地区乡村小学建立规模为500册的“希望书库”。

2月9日，国家教委、中国科协联合发出《关于停办各级各类学科奥林匹克学校（班）的紧急通知》。

2月14日，国家教委举行1994年度“跨世纪优秀人才计划”发布会。

2月20日—22日，国家教委在河北保定召开全国普通高校招生工作会议。会议披露：1994年有40多所高校招生实行“并轨”，1995年将有100多所高校实行招生“并轨”改革。

3月18日，第八届全国人民代表大会第三次会议表决通过《中华人民共和国教育法》。同日，江泽民签署中华人民共和国主席令第四十五号，公布《中华人民共和国教育法》，自1995年9月1日起施行。

4月4日，《中国教育报》报道：国家教委决定设立“国家教委留学基金管理委员会”，改革现行的国家公派留学人员的选派和管理办法，实行面向社会、公开报名、平等竞争、择优录取、公布录取结果、签约派出、违约赔偿的新选派办法。被录取的留学生均以国家留学基金资助的方式派出。

4月12日，国家教委办公厅印发《关于实行每周40小时工作制后调整全日制中小学课程（教学）计划的意见》。

5月10日—13日，国家教委在江苏张家港市召开全国普通高中教育工作会议，贯彻全国教育大会和《纲要》及其实施意见，研究普通高中教育改革与发展方针、政策及思路。会议讨论了《关于大力办好普通高中的若干意见》《关于加强薄弱高中建设的十项措施》《关于评估验收1000所左右示范性普通高级中学通知》等文件。

5月18日，国家教委发出《关于评选省、部级示范性成人中等专业学校的通知》。

7月19日，国务院办公厅转发国家教委《关于深化高等教育体制改革的若干意见》。

11月8日，《中国教育报》报道：经过半年时间的评估认定，我国省级重点职业高级中学共计909所已被认定，全国已初步形成了一批起骨干和示范作用的重点学校带动其他职业学校共同发展的局面。

11月19日，新华社消息：我国高等教育跨世纪的战略工程、“211工程”总体建设规划已经国务院批准，即将由国家计委、国家教委、财政部发布实施。

12月12日，李鹏签署中华人民共和国国务院令第188号，发布《教师资格条例》，自发布之日起施行。

12月19日，国家教委发出《关于开展建设示范性职业大学工作的通知》。

12月20日，由清华大学等10所高校承建的“中国教育和科研计算机网示范工程”提前一年基本建成，并通过国家验收。

1996年

2月14日，国家教委发布《关于高等学校合作办学中有关问题的意见》。国家教委发出《关于审批认定国家级重点职业高级中学的通知》。

3月12日，国家教委发出《关于1996年继续在部分高等学校举办少数民族班的通知》。

4月4日，国家教委发出《关于要求各级各类学校在重要场合奏唱国歌的通知》。

5月15日，八届全国人大常委会第十九次会议通过了《中华人民共和国职业教育法》。同日，江泽民签署中华人民共和国主席令第六十九号予以公布，自1996年9月1日起施行。

7月9日，国家教委发出《关于加强对高等院校、普通中小学实行五天工作制管理的通知》。

12月17日，国家教委在“1997／1998学年度中国政府奖学金来华留学生招生说明会”上宣布，自1997年1月1日起，中国政府对来华留学生的管理工作，将改变过去由政府机关直接招收、直接管理的模式，实行政府确定招生计划和奖学金名额，由国家留学基金管理委员会负责招生及管理事务的新办法。

12月24日，国家教委在北京宣布成立“高等教育面向21世纪教学内容和课程体系改革顾问组”。

12月30日，国家教委印发《中小学计算机教育五年发展纲要（1996—2000年）》。

1997年

4月11日，国务院学位委员会办公室发文指出，未经批准，任何单位和个人不得举办授予境外学位的中外合作办学活动，所授境外学位国家不予承认。国务院学位办将定期公布获得批准的授予境外学位的中外合作办学项目清单，以便于加强管理和监督。

5月2日，国家教委印发《普通中小学校督导评估工作指导纲要（修订稿）》，并发出通知要求在1998年前在全国范围内全面推行对中小学进行督导评估制度。

5月10日，建设部、国家计委、国家教委批准并发布《农村普通中小学建设标准》，并于6月1日起试行。

7月31日，《社会力量办学条例》发布。条例共8章60条，自1997年10月1日起施行。据1996年的统计数字表明，我国经教育行政部门审批设立的社会力量举办的教育机构约5万余所。

1998年

2月6日，国家教委印发《关于推进素质教育 调整中小学教育教学内容、加强教学过程管理的意见》。

2月16日，国家教委印发《面向二十一世纪深化职业教育教学改革的原则意见》。

3月2日，国家教委、公安部印发《流动儿童少年就学暂行办法》。

3月6日，国家教委发布《教育行政处罚暂行实施办法》。

3月10日，九届全国人大一次会议第三次全体会议表决通过了国务院机构改革方案。中华人民共和国国家教育委员会更名为中华人民共和国教育部。

5月7日，教育部、财政部的负责同志在北京分别同新疆、内蒙古、青海、宁夏、甘肃、西藏、云南、广西、贵州9省、区以及新疆生产建设兵团的负责同志签订了“国家贫困地区义务教育工程”项目责任书。在1998—2000年三年内，中央和地方将投入54.9亿元，在9省、区的469个贫困县修建14942所中小学。

6月25日，国务院发出《关于成立国家科技教育领导小组的决定》。

8 月 4 日，教育部宣布，将在 3—5 年内在全国高等学校国家重点建设学科中设置 300—500 个特聘教授岗位。特聘教授岗位的首批申报、推荐工作定于 1998 年下半年进行。建立特聘教授岗位制度，是教育部和香港爱国实业家李嘉诚及其领导的长江基建（集团）有限公司共同筹资设立的“长江学者奖励计划”的一个重要组成部分。

8 月 29 日，九届全国人大常委会第四次会议表决通过了《中华人民共和国高等教育法》。同日，江泽民签署中华人民共和国主席令第七号，公布《中华人民共和国高等教育法》，自 1999 年 1 月 1 日起施行。

9 月 18 日，国务院办公厅转发建设部、国家计委、国土资源部、中国人民银行、科技部、教育部《关于支持科研院所、大专院校、文化团体和卫生机构利用单位自用土地建设经济适用住房的若干意见》。

11 月 2 日，教育部发布《关于加强大中城市薄弱学校建设　办好义务教育阶段每一所学校的若干意见》。

12 月 15 日，新华社报道：国务院机构改革中撤并部门所属学校的管理体制调整工作基本完成。撤并部门所属的 91 所普通高校实行中央和地方共建，72 所成人高校大部分转为地方管理，中等专业学校和技工学校全部由部门管理转为地方管理。

1999年

1 月 11 日，教育部、国家计委印发《试行按新的管理模式和运行机制举办高等职业技术教育的实施意见》。1 月 20 日，教育部办公厅就实施意见中有关问题发出通知。

1 月 13 日，国务院批转教育部《面向 21 世纪教育振兴行动计划》。

1 月 15 日，教育部与清华大学联合研制开发的“全国高校毕业生就业信息网”正式开通运行。信息网的功能主要包括：介绍就业政策，发布最新的毕业生就业动态信息，提供毕业生资源信息、用人单位要求信息和毕业生自荐信息的检索和查询，进行就业指导等。

3 月 2 日，《中国教育报》报道：教育部决定向全社会征集高考“综合科目”

试题，征集高考语文、数学、外语等单科能力试题。此项决定旨在深化高考内容改革，加强科学性、民主性，克服考试的神秘性，引导人才全面素质的提高和创新人才的培养。

4月8日，陈至立签署中华人民共和国教育部令第3号，发布《高等学校知识产权保护管理规定》，从发布之日起施行。

6月9日，共青团中央、教育部发出《关于做好青年志愿者扶贫接力计划支教工作的通知》。

6月13日，中共中央、国务院作出《关于深化教育改革全面推进素质教育的决定》。

6月14日—16日，全国教育信息化工作座谈会在北京举行。在未来3年中，中央政府将集中投入相当数量的资金，并广泛吸取地方、企业、个人的资金和力量，共同完成现代远程教育的构建。此次会议旨在启动现代远程教育工程，推进素质教育。

6月15日—18日，改革开放以来，中共中央、国务院召开的第三次全国教育工作会议在北京举行。

6月17日，国务院办公厅转发中国人民银行、教育部、财政部《关于国家助学贷款的管理规定（试行）》。

6月24日，国家计委、教育部联合召开新闻发布会，宣布在年初扩大招生的基础上进一步扩大高校的招生计划，1999年普通高校招生将从1998年的108万人扩大到156万人，招生计划增长幅度达44%。

6月28日，江泽民签署中华人民共和国主席令第二十七号，公布《中华人民共和国预防未成年人犯罪法》，自1999年11月1日起施行。

8月17日，教育部印发《国家助学贷款管理操作规程（试行）》。中国人民银行批复同意颁布《中国工商银行国家助学贷款试行办法》。

8月20日，中共中央、国务院作出《关于加强技术创新发展高科技实现产业化的决定》。

9月9日，教育部印发《关于调整中等职业学校布局结构的意见》。

10月29日，教育部办公厅发出《关于高等学校进一步强化管理，坚决制止“小金库”有关意见的通知》。

12月2日，教育部印发《关于加强教育法制建设的意见》。同日，教育部、科技部发出《关于做好国家大学科技园建设试点工作的通知》。

2000年

1月3日，教育部印发《关于妥善解决优秀留学回国人员子女入学问题的意见》。

1月5日，教育部印发《关于贯彻落实〈中共中央、国务院关于加强技术创新，发展高科技，实现产业化的决定〉的若干意见》。

1月14日，国务院办公厅发出《关于国务院授权省、自治区、直辖市人民政府审批设立高等职业学校有关问题的通知》。

1月17日，教育部印发《关于加强高职高专教育人才培养工作的意见》。教育部发出《关于组织实施〈新世纪高职高专教育人才培养模式和教学内容体系改革建设项目计划〉的通知》。

1月19日—21日，全国首次普通高校春季招生考试在北京和安徽举行。北京有1100多名考生参加考试，安徽有35000多名考生参加考试。

1月24日，教育部现代远程教育工程项目——“明天女教师培训计划”首期培训班结业典礼在北京举行。同日，教育部印发《关于内地有关城市开办新疆高中班的实施意见》。

1月26日，教育部发出《关于实施“新世纪高等教育教学改革工程”的通知》。

2月12日，国务院办公厅发出通知，转发《教育部、国家计委、财政部关于调整国务院部门（单位）所属学校管理体制和布局结构的实施意见》。

3月1日，《人民日报》、《求是》杂志和《光明日报》全文发表了江泽民《关于教育问题的谈话》。

4月7日，中共中央办公厅、国务院办公厅发出《关于推动东西部地区学校对口支援工作的通知》。

4月10日，教育部发出《关于做好2001年普通高考“3+X”科目设置改革工作的通知》。

4月18日，中国教育信息网启动仪式在人民大会堂举行，中国教育信息网开通。

4 月 27 日，以为基础教育服务为宗旨的大型综合性教育网站——中国基础教育网正式开通。

5 月 18 日，国家决定 2000 年利用国债资金支持西部高校教学、实验基础设施建设和推进高校后勤社会化改革进程。

6 月 29 日，教育部发出《关于认真执行〈行政单位财政统一发放工资暂行办法〉，切实做好教师工资统一发放工作的通知》。

7 月 28 日，美国英特尔公司宣布在中国启动“英特尔未来教育项目”，旨在帮助更多的中小学教师充分利用计算机和网络技术进行教学活动。

9 月 23 日，陈至立签署中华人民共和国教育部令第 10 号，发布《〈教师资格条例〉实施办法》，自发布之日起施行。

10 月 25 日—26 日，全国中小学信息技术教育工作会议在北京举行。会议决定，从 2001 年起，用 5 到 10 年左右时间在全国中小学基本普及信息技术教育，全面实施“校校通”工程。

10 月 26 日，科技部、人事部、教育部发出《关于确定北京、上海等留学人员创业园为国家留学人员创业园示范建设试点的通知》。

10 月 31 日，江泽民签署中华人民共和国主席令第三十七号，公布《中华人民共和国国家通用语言文字法》，自 2001 年 1 月 1 日起施行。同日，中国现代远程教育卫星宽带多媒体传输平台正式开通。

11 月 14 日，教育部发出《关于在中小学普及信息技术教育的通知》。同日，印发了《中小学信息技术课程指导纲要（试行）》。教育部发出《关于在中小学实施“校校通”工程的通知》。

11 月 15 日，旨在改善我国中小学生营养状况的国家“学生饮用奶计划”开始在全国分步启动。

2001年

4 月 9 日，教育部印发《普通高中“研究性学习”实施指南（试行）》。

5 月 29 日，国务院作出《关于基础教育改革与发展的决定》。同日，中宣部、中央文明办、教育部发出《关于认真做好 2001 年“西部开发助学工程”实施工作的通知》。

6月7日，陈至立签署中华人民共和国教育部令第11号，发布《中小学教材编写与审定管理暂行办法》，自发布之日起施行。同日，教育部、财政部印发《关于对全国部分贫困地区农村中小学生试行免费提供教科书的意见》。

6月8日，教育部印发《基础教育课程改革纲要（试行）》。

6月13日，教育部发出《关于实施“对口支援西部地区高等学校计划”的通知》。

7月2日，教育部印发《中等职业学校设置标准（试行）》。同日，教育部印发《幼儿园教育指导纲要（试行）》。

7月18日，国家“211工程”建设两大公共服务体系，“中国教育和科研计算机网（CERNET）地区主干网和重点学科信息服务体系”建设项目和国内最大的高校图书馆联盟——中国高等教育文献保障系统（CALIS）分别通过国家验收，我国高等教育信息基础设施建设取得重大突破。

8月8日，教育部印发《教师资格证书管理规定》。

9月1日，义务教育新课程新学期开始进入基础教育课程改革实验区，20个学科（小学7科、中学13科）49种新课程实验教材首次在实验区试用，30万名中小学一年级新生将用上新教材。

11月16日，国家经贸委、教育部在清华大学举行仪式，为首批认定的清华大学、上海交通大学、西安交通大学、华东理工大学、华中科技大学、四川大学6所高校的“国家技术转移中心”授牌。同日，国家计委、财政部、教育部发出《关于坚决落实贫困地区农村义务教育阶段试行“一费制”收费制度的通知》。

12月18日，中国高校首个联合研究院——南开大学天津大学联合研究院揭牌。联合研究院将实行两校优势互补，资源共享，开展高水平的科学研究，并设立两校科技合作基金，支持两校合作开展的科研项目，首批13个科技项目正式启动。

2002年

2月10日，中共中央办公厅、国务院办公厅印发《西部地区人才开发十年规划》。

3月2日，国务院办公厅转发教育部等部门《关于进一步深化普通高等学校毕业生就业制度改革有关问题意见》。

5月7日，中共中央办公厅、国务院办公厅印发《2002—2005年全国人才队伍建设规划纲要》。

5月9日，“西部大学校园计算机网络建设工程”项目在北京启动。该项目计划用一年左右时间建设西部152所大学校园网网络基础建设设施，实现校园网和中国教育与科研网高速连网，并建设一批基于校园网的教学、科研和管理应用系统。

5月13日，教育部印发《全国学校艺术教育发展规划（2001—2010年）》。

5月23日，人事部、教育部等七部门印发《新世纪百千万人才工程实施方案》。同日，科技部、教育部发出《关于同意北京理工大学等单位启动建设国家大学科技园的通知》。

7月7日，国务院作出《关于深化改革加快发展民族教育的决定》。

7月25日，陈至立签署中华人民共和国教育部令第13号，发布《学校艺术教育工作规程》，自2002年9月1日起施行。

8月16日，教育部印发《基础教育工作分类推进与评估指导意见》。

8月24日，国务院作出《关于大力推进职业教育改革与发展的决定》。

11月8日，中国共产党第十六次全国代表大会在北京开幕。中共中央总书记江泽民代表第十五届中央委员会向大会作报告。江泽民在报告中强调，要大力发展教育和科学事业。教育是发展科学技术和培养人才的基础，在现代化建设中具有先导性全局性作用，必须摆在优先发展的战略地位。全面贯彻党的教育方针，坚持教育创新，深化教育改革，全面推进素质教育，造就数以亿计的高素质劳动者、数以千万计的专门人才和一大批拔尖创新人才。

12月12日，教育部、农业部印发《关于加强“学生饮用奶计划”管理的意见》。

12月28日，九届全国人大常委会第三十一次会议表决通过了《中华人民共和国民办教育促进法》。同日，江泽民签署中华人民共和国主席令第八十号，公布《中华人民共和国民办教育促进法》，自2003年9月1日起施行。

2003年

1 月 9 日，中央农村工作会议在北京闭幕。会议提出，党中央、国务院决定今后每年新增教育、卫生、文化等事业经费，主要用于农村，逐步缩小城乡社会事业发展的差距。各级政府要继续增加投入，不断改善农村办学条件。

3 月 12 日，国家经贸委、教育部、中国科学院发出《关于建立国家技术转移中心的通知》。

3 月 31 日，教育部决定北京大学等 34 所高校试行自主确定研究生复试分数线，这是全国硕士研究生招生改革的一项重要举措。教育部要求试点高校严格规范管理，确保招生质量。

4 月 9 日，教育部启动“高等学校教学质量和教学改革工程”。

4 月 18 日，教育部发出《关于高等学校非典型性肺炎预防和控制工作若干问题的通知》。

4 月 23 日，教育部发出《关于做好中小学和幼儿园“非典”防治工作的通知》。

4 月 24 日，教育部发出《关于进一步落实高等学校非典型性肺炎预防与控制综合措施的紧急通知》。

6 月 10 日，共青团中央、教育部召开新闻发布会，正式启动“大学生志愿服务西部计划”。

7 月 8 日，教育部办公厅发出《关于试办示范性软件职业技术学院的通知》。

7 月 11 日，中组部、人事部、共青团中央、中央编办、教育部发出《关于选拔高校毕业生到西部基层工作的通知》。

11 月 2 日，教育部副部长王湛在北京宣布《中小学环境教育实施指南》正式颁布，它是中国颁布的第一部国家级环境教育文件。

11 月 5 日，世界银行贷款 / 英国政府赠款“西部地区基础教育发展”项目启动会在成都召开。

11 月 20 日，教育部和微软（中国）有限公司在北京签署“中国基础教育信息化合作框架”协议。根据该协议，在教育部的指导下，微软将在未来 5 年内提供价值 1000 万美元捐助，用以支持中国基础教育和师范教育，尤其是支持中国的农村和边远地区教育。

2004年

2月6日，教育部发出《关于进一步加强学校安全工作的紧急通知》。

2月16日，国务院办公厅转发教育部、国家发展改革委、财政部和国务院西部开发办《国家西部地区“两基”攻坚计划（2004—2007年）》。

2月18日，教育部决定从2004年秋季起，在广东、山东、宁夏、海南4省（区）开始普通高中新课程实验。

2月19日，全国网吧等互联网上网营业场所专项整治工作电视电话会议在北京召开。

3月3日，国务院批转教育部《2003—2007年教育振兴行动计划》。

3月5日，温家宝签署中华人民共和国国务院令第399号，公布《中华人民共和国民办教育促进法实施条例》，自2004年4月1日起施行。

3月17日，教育部、国家发展改革委、财政部印发《关于在全国义务教育阶段学校推行“一费制”收费办法的意见》。

3月25日，教育部发布《中小学生守则》《小学生日常行为规范（修订）》和《中学生日常行为规范（修订）》，于2004年9月1日起施行。

3月26日，经教育部批准，《“国际汉语教师中国志愿者计划”实施办法》正式颁布实施。

5月19日，周济签署中华人民共和国教育部令第18号，发布《国家教育考试违规处理办法》，自发布之日起施行。

6月2日，周济签署中华人民共和国教育部令第20号，发布《中华人民共和国中外合作办学条例实施办法》，自2004年7月1日起施行。

6月10日，教育部印发《高等学校“高层次创造性人才计划”实施方案》和有关实施办法。

8月25日，财政部和教育部决定从2004年秋季新学期开始，再次大幅度增加中央财政专项资金，将免费教科书专项资金从2004年春季的3亿元增加到8.7亿元，将免费教科书发放范围扩大到中西部农村义务教育阶段全部的家庭经济困难学生，同时推动地方政府逐步落实免杂费和补助寄宿生生活费的责任，加快“两免一补”资助政策的落实。

10月13日，教育部发出《关于启用〈中外合作办学许可证〉和〈中外合作办学项目批准书〉等的通知》。

10月23日，教育部办公厅发出《关于“大学生志愿服务西部计划”志愿者报考硕士研究生享受优惠政策的通知》。

11月21日，中国第一所海外“孔子学院”在汉城汉语水平考试韩国办事处举行了挂牌仪式。

12月15日，教育部印发《中小学教师教育技术能力标准（试行）》。

2005年

1月5日，教育部、外交部、文化部、国务院新闻办公室发出《关于实施汉语桥工程加强汉语的国际推广工作的通知》。

1月14日，教育部、文化部发出《关于在农村中小学实施全国文化信息资源共享工程的通知》。

1月21日，教育部印发《关于实施研究生教育创新计划　加强研究生创新能力　培养进一步提高培养质量的若干意见》。

3月29日，教育部、国家发展改革委、财政部印发《2004—2005年农村中小学现代远程教育工程实施方案》。

4月5日，教育部发出《关于启动实施全国中小学教师教育技术能力建设计划的通知》。

4月21日，周济签署中华人民共和国教育部令第22号，发布《实施教育行政许可若干规定》，自2005年6月1日起施行。

7月7日，中组部、人事部、教育部发出《关于贯彻落实中共中央办公厅、国务院办公厅〈关于引导和鼓励高校毕业生面向基层就业的意见〉的通知》。

7月20日—22日，首届世界汉语大会在北京举办。来自世界60多个国家和地区的政府官员以及大学校长、汉学家和汉语教师围绕“多元文化架构下的汉语发展”进行广泛的交流研讨。

8月5日，财政部、教育部印发《国家助学奖学金管理办法》。从2005年开始，中央政府每年出资10亿元设立“国家助学奖学金”。

12月24日，国务院发出《关于深化农村义务教育经费保障机制改革的通知》。

2006年

2月14日，教育部、国家发展改革委、财政部、国务院港澳办发出通知，明确从2006年秋季入学开始，在内地高校和科研院所就读的港澳学生执行与内地学生相同的收费标准。同时，设立港澳学生奖（助）学金，并对招收港澳学生的内地普通高校和科研院所给予专项补助。

2月25日，中组部、人事部、教育部、财政部、农业部、卫生部、国务院扶贫办、共青团中央发出《关于组织开展高校毕业生到农村基层从事支教、支农、支医和扶贫工作的通知》。

5月18日，教育部、财政部、人事部、中编办联合印发《农村义务教育阶段学校教师特设岗位计划实施方案》，决定组织实施“农村义务教育阶段学校教师特设岗位计划”。

2007年

2月28日，教育部召开“高等学校本科教学质量与教学改革工程”启动视频会议。

4月29日，“全国亿万青少年学生阳光体育运动”全面启动。

5月9日，国务院办公厅转发教育部等部门制定的《教育部直属师范大学师范生免费教育实施办法（试行）》。

7月13日，全国教育对口支援西藏工作部署会议在拉萨举行，支援方和受援方签署《教育对口支援西藏项目协议书》，教育部启动实施“教育部援助西藏中小学教师培训计划”。

9月24日，教育部、国家发展改革委印发《“十一五”期间中西部地区特殊教育学校建设规划（2008—2010年）的通知》。

10月15日—21日，中国共产党第十七次全国代表大会在北京举行。胡锦涛在开幕式上作报告，强调要优先发展教育，建设人力资源强国。要全面贯彻党的教育方针，坚持育人为本、德育为先，实施素质教育，提高教育现代化水平，培养德智体美全面发展的社会主义建设者和接班人，办好人民满意的教育。

2008年

1月8日—9日，2008年全国高等教育招生计划工作会议在北京召开。教育部副部长袁贵仁在讲话中指出，2008年试行“支援中西部地区普通高校招生协作计划”，从招生计划增量中专门拿出3.5万人，安排给高等教育资源丰富、办学条件较好的11个省份，由其所属高校指定到高等教育资源缺乏、升学压力较大的5个中西部省份招生，承担“协作计划”任务的学校均为公办本科院校。

2月22日，周济签署中华人民共和国教育部令第26号，发布《独立学院设置与管理办法》，自2008年4月1日起施行。

4月15日，教育部在浙江省杭州市召开支持西部边远地区教师培训专项计划实施工作会议，正式启动了2008年中小学教师国家级培训计划。

8月23日，国务院决定，从2008年秋季学期开始，在全国范围内全面免除城市义务教育阶段学生学杂费。

10月23日，党的十七届三中全会通过的《中共中央关于推进农村改革发展若干重大问题的决定》提出了实现“农村人人享有接受良好教育的机会”的历史性任务。

11月19日，财政部、国家发展改革委发出通知，决定自2009年1月1日起，在全国统一取消和停止征收10项教育行政事业性收费。

12月17日，国务院常务会议审议并原则通过《关于义务教育学校实施绩效工资的指导意见》，决定从2009年1月1日起，在全国义务教育学校实施绩效工资，确保义务教育教师平均工资水平不低于当地公务员平均工资水平。

2009年

1月4日，教育部公布2009年的工作要点之一，是“开展化解高校债务风险工作”，这是教育部首次将“化解高校债务风险”列入年度工作要点。

1月7日，中共中央办公厅转发《中央人才工作协调小组关于实施海外高层次人才引进计划的意见》，要求各地区各部门进一步解放思想，完善体制机制，健全政策措施，以更宽的眼界、更宽的思路和更宽的胸襟做好海外高层次人才引进工作。

1月14日，《教育部关于进一步深化中等职业教育教学改革的若干意见》正式下发，要求加强学生职业技能培养，进一步完善学生到企业顶岗实习的制度，努力形成以学校为主体，企业和学校共同教育、管理和训练学生的教学模式。

2月5日，为深化教育人事制度改革，推进义务教育学校绩效工资制度顺利实施，教育部发布《关于做好义务教育学校教师绩效考核工作的指导意见》，根据该意见，义务教育学校教师绩效工资分配将以绩效考核结果为主要依据。

3月18日，为引导青少年重视规范汉字书写能力，增强对汉字书写艺术、祖国语言文字和中华传统文化的热爱，由教育部语言文字应用管理司举办的“首届全国大中小学生规范汉字书写大赛”正式启动。

3月30日，教育部办公厅印发《关于在高校思想政治理论课中开展科学发展观专题教育活动的通知》。

6月30日，新中国成立以来的第一次全国中等职业学校德育工作会议在天津召开。

8月27日，教育部、中央统战部、中央政法委、国家民委联合在京召开了大力加强内地民族班民族团结教育和学校管理工作会议。会议全面部署了内地西藏班（校）、新疆高中班、高校民族预科班、少数民族高层次骨干人才硕士研究生基础培训基地（下称内地民族班）民族团结教育工作，对今后内地民族班进一步加强学生爱国主义和民族团结教育提出了明确要求。

2010年

1月13日，教育部印发《关于加强中小学网络道德教育抵制网络不良信息的通知》，将集中开展中小学生网络道德教育，鼓励中小学生在使用互联网和手机过程中，及时举报不良信息。

4月2日，由国家发展改革委、卫生部、中央编办、教育部、财政部、人力资源和社会保障部联合印发的《以全科医生为重点的基层医疗卫生队伍建设规划》中提出，我国计划到 2020 年培养 30 万名全科医生。

5 月 5 日，国务院总理温家宝主持召开国务院常务会议，审议并通过《国家中长期教育改革和发展规划纲要（2010—2020 年）》。

5 月 24 日，教育部、财政部联合发布《关于实施“中小学教师国家级培训计划”的通知》。

6 月 23 日，教育部在天津召开“卓越工程师教育培养计划”启动会。

9 月 10 日，教育部印发《中等职业学校专业设置管理办法（试行）》，提出“中等职业学校依照相关规定要求，可自主开设、调整和停办专业”。

9 月 26 日，财政部、国家发展改革委、教育部、人力资源和社会保障部发布通知，要求从 2010 年秋季学期起，将中等职业学校城市家庭经济困难学生纳入免学费政策范围，扩大中等职业学校免学费政策覆盖范围。

9 月 28 日，全国来华留学工作会议在京举行，教育部公布面向未来 10 年的《留学中国计划》。该计划提出，到 2020 年，使我国成为亚洲最大的留学目的地国家；全年在内地高校及中小学校就读的外国留学人员达到 50 万人次，其中接受高等学历教育的留学生达到 15 万人。

12 月 28 日，《中等职业教育改革创新行动计划（2010—2012 年）》全面启动。

2011年

3 月 9 日，教育部与北京、天津、河北、辽宁、上海、江苏、安徽、福建、江西、山东、河南、湖南、广西、海南、重庆等 15 个省、自治区、直辖市人民政府签署义务教育均衡发展备忘录，共同推进义务教育均衡发展。

3 月 14 日，教育部发布《高等学校“十二五”科学和技术发展规划》。规划提出，“十二五”时期，要显著提升高校科技综合实力、原始创新能力，显著增强科技国际竞争力和学术影响力，基本建成高校创新体系，为教育强国、人才强国和科技强国建设奠定坚实基础。

3 月 28 日，华东师范大学与纽约大学合作创办上海纽约大学的协议在上海正式签署。这是国内第一所中美合作的国际化大学。

6月27日—28日，由教育部、人力资源和社会保障部共同主办的全国职业教育科研工作会议在天津召开。这是中华人民共和国成立以来召开的第一次全国职业教育科研工作会议。

7月11日，教育部在北京召开义务教育课程标准实验教材修订工作会议，这标志着义务教育课程标准实验教材修订工作全面启动。

8月24日，教育部在北京召开全国中小学校车试点工作启动会，决定在6个地区开展中小学校车运营管理试点工作。

9月26日，教育部、财政部共同实施的“支持高等职业学校提升专业服务能力”项目由中央财政下拨补助资金20亿元，主要用于支持高等职业学校专业人才培养方案制订与实施、课程与教学资源建设、实训实习条件改善、校企合作制度与管理运行机制建设、师资队伍建设等方面，支持1000个左右高等职业教育专业进行重点建设。

11月9日，由我国高水平大学建设的首批20门“中国大学视频公开课”通过“爱课程”网和其合作网站中国网络电视台、“网易”同步向社会公众免费开放。

2012年

1月5日，教育部修改《国家教育考试违规处理办法》。教育部针对2004年发布的《国家教育考试违规处理办法》部分条款进行了修订。新办法完善了国家教育考试概念，增强了适用性和准确性；完善了考试作弊的认定规则；明确了考场视频监控路向的证据效力，完善了监考体系；加大了对严重考试作弊行为的惩处力度；完善了考生权益救济机制和考试诚信制度，规范了考生诚信档案制度。

1月6日—7日，教育部召开2012年全国教育工作会，确定2012年为作风建设年。

2月17日，教育部印发《关于建立中小学幼儿园家长委员会的指导意见》。

3月5日，温家宝在十一届全国人大五次会议上明确提出，2012年中央财政按全国财政性教育经费支出占国内生产总值的4%编制预算。

3月13日，教育部印发《教育信心和十年发展规划（2011—2020年）》。

3月15日，教育部、财政部印发《关于实施高等学校创新能力提升计划的意见》。

3 月 16 日，教育部印发《关于全面提高高等教育质量的若干意见》。

4 月 5 日，国务院发布《校车安全管理条例》。

4 月 27 日，国家发展改革委、教育部印发《中西部高校基础能力建设工程实施方案》。

5 月 23 日，教育部等十五个部门联合印发《农村义务教育学生营养改善计划实施细则》等五个配套文件。

6 月 18 日，教育部印发《关于鼓励和引导民间资金进入教育领域促进民办教育健康发展的实施意见》。

7 月 28 日，教育部调整机构设置，组建教师工作司。

8 月 20 日，国务院印发《关于全面加强教师队伍建设的意见》。这是中华人民共和国成立以来第一个全面部署教师队伍建设工作的文件。9 月 6 日，教育部印发《关于深化教师教育改革的意见》。9 月 20 日，教育部与相关部委出台了《关于大力推进农村义务教育教师队伍建设的意见》《关于加强高等学校青年教师队伍建设的意见》《关于加强幼儿园教师队伍建设的意见》《关于加强特殊教育教师队伍建设的意见》。

8 月 30 日，国务院办公厅转发教育部、国家发展改革委、公安部、人力资源和社会保障部《关于做好进城务工人员随迁子女接受义务教育后在当地参加升学考试工作的意见》。

9 月 5 日，国务院印发《关于深入推进义务教育均衡发展的意见》，提出了义务教育均衡发展的阶段性指标，明确了深入推进义务教育均衡发展的具体政策措施，主要包括均衡配置办学资源、推进义务教育学校标准化建设、均衡配置教师资源、保障特殊群体平等接受义务教育、全面提高义务教育质量等。

9 月 6 日，国务院办公厅印发《关于规范农村义务教育学校布局调整的意见》（下称《意见》）。根据 2001 年 5 月《国务院关于基础教育改革与发展的决定》提出的优化教育资源配置，合理规划和调整学校布局精神，各地对农村学校的布局进行了积极的调整。布局调整满足了农村学校开足开齐国家规定课程的要求，提高了农村教师队伍的整体素质和办学效益。但是撤并过程中存在简单及提早现象，导致有些地方出现农村学生上学距离过远，安全隐患增加，经济负担加重，大班额增加等问题。《意见》要求在完成农村义务教育学校布局专项规划备案之前，暂停农村义务教育学校撤并。

9月7日，全国教师工作暨“两基”工作总结表彰大会在北京召开，宣告中国全面普及了九年义务教育，青壮年文盲率下降到1.08%。

10月10日，印发实施《孔子学院发展规划（2012—2020年）》。

10月22日，财政部、国家发展改革委、教育部、人力资源和社会保障部印发《关于扩大中等职业学校免学费政策范围　进一步完善国家助学金制度的意见》，我国实施农村免费中等职业教育。

11月8日，中国共产党第十八次全国代表大会在北京召开，指出教育是民族振兴和社会进步的基石。要坚持教育优先发展，全面贯彻党的教育方针，坚持教育为社会主义现代化建设服务、为人民服务，把立德树人作为教育的根本任务，培养德智体美全面发展的社会主义建设者和接班人。努力办好人民满意的教育。

11月27日，教育部、中组部、财政部、人力资源和社会保障部、国务院扶贫办印发《边远贫困地区、边疆民族地区和革命老区人才支持计划教师专项计划实施方案》，提出从2013年起至2020年，每年选派3万名优秀幼儿园、中小学和中等职业学校教师到“三区”支教1年，培训3000名骨干教师和紧缺专业教师，提升学校教师队伍素质，为“三区”教育改革和发展提供人才支持。

11月30日，教育部印发《全面推进依法治校实施纲要》。

12月28日，教育部出台《贯彻落实中央改进工作作风、密切联系群众〈八项规定〉和〈实施细则〉的实施办法》。

2013年

1月4日，教育部、中华全国妇女联合会、中央社会管理综合治理委员会办公室、共青团中央、中国关心下一代工作委员会联合印发《关于加强义务教育阶段农村留守儿童关爱和教育工作的意见》。

1月26日，教育部印发《关于2013年深化教育领域综合改革的意见》，提出2013年深化教育领域综合改革的重点领域和关键环节，并作为教育“1号文件”

发布。

2 月 4 日，《义务教育学校校长专业标准》发布。

2 月 20 日，教育部、国家发展改革委、财政部联合印发《中西部高等教育振兴计划（2012—2020 年）》，确定中西部高等教育总体发展目标：到 2020 年，中西部高等教育结构更加合理，特色更加鲜明，办学质量显著提升，建成一批有特色、高水平的高等学校。

5 月 18 日，全国县域义务教育均衡发展督导评估认定正式启动。

5 月，教育部、财政部公布“2011 协同创新中心”首批认定结果。

6 月 8 日，发布推进中小学教育质量综合评价改革意见，启动中小学绿色评价。

6 月 19 日，启动实施“孔子新汉学计划”。

7 月 26 日，国务院督导委员会召开第一次全体会议，构建“政府管教育、学校办教育、社会评教育”的新格局。

7 月 29 日，教育部等七部门制定《关于实施教育扶贫工程的意见》，部署实施教育扶贫工程。

8 月 11 日，教育部印发《中小学生学籍管理办法》。这是我国首部全国性的中小学生学习管理办法。

9 月 2 日，教育部印发《关于建立健全中小学师德建设长效机制的意见》，就建立健全教育、宣传、考核、监督与奖惩相结合的中小学师德建设长效机制提出七条意见。教育部还研制了《中小学教师违反师德行为处理办法》，明确了中小学教师不可触犯的师德禁行行为和相应处理程序。

9 月 10 日，国家教育体制改革领导小组审议并原则通过《国务院关于加快发展现代职业教育的决定》和《现代职业教育体系建设规划》。

9 月 13 日，教育部、财政部对实施乡村教师生活费补助政策的连片特困地区给予综合性奖补。

10 月 14 日，首次在全国所有公办高校开展本科教学质量年度报告编制发布工作，并鼓励民办高校参与。

11 月 16 日，首次核准中国人民大学等 6 所高等学校章程，切实推进高校依章依法自主办学。

12 月 4 日，国务院部署全面改善贫困地区义务教育薄弱学校基本办学条件。

12 月 5 日，高校审核评估启动。

2014年

1 月 8 日，特殊教育提升计划启动实施。教育部等七部门发布《特殊教育提升计划（2014—2016 年）》，提出全面推荐全纳教育，使每一个残疾孩子都能接受合适的教育，明确了今后三年我国特殊教育改革发展的总体目标、重点任务和主要措施，要求进一步提升特殊教育普及水平、经费保障能力和教育教学质量。

1 月 14 日，集中综合治理大城市义务教育“择校热”。教育部印发《关于进一步做好小学升入初中免试就近入学工作的实施意见》。

1 月 28 日，教育部办公厅印发《关于进一步做好重点大城市义务教育免试就近入学工作的通知》。

2 月 7 日，教育督导新体制框架基本确立。

2 月 10 日，教育部印发《中国特色新型高效智库建设推进计划》。

3 月 14 日，全面改善贫困义务教育薄弱学校基本办学条件工作启动。

3 月 26 日，教育部发布《完善中华优秀传统文化教育指导纲要》。

3 月 30 日，教育部印发《关于全面深化课程改革落实立德树人根本任务的意见》，提出三大工作目标、五大统筹任务、十大改革措施。

7 月 8 日，国家教育体制改革领导小组办公室印发《关于进一步扩大省级政府教育统筹权的意见》和《关于进一步落实和扩大高校办学自主权、完善高校内部治理结构的意见》，扩大省级政府教育统筹权和高校办学自主权，深化教育综合改革。

7 月 22 日，全国中小学生电子学籍信息管理系统全国联网应用。

8 月 2 日，教育部印发《义务教育学校管理标准（试行）》，实施义务教育学校管理标准。

8 月 13 日，教育部等三部门印发《关于推进县（区）域内义务教育学校校长、教师交流轮岗的意见》，加速推进义务教育学校校长教师交流轮岗。

9 月 3 日，国务院正式印发《关于深化考试招生制度改革的实施意见》，标志着新一轮考试招生制度改革全面启动。

9 月 4 日，国家级教学成果奖首次实现基础教育、职业教育、高等教育全覆盖。

9 月 10 日，习近平到北京师范大学与师生代表进行座谈，发表了题为《做党和人民满意的好老师》的重要讲话。讲话深刻阐释了教育工作和教师工作的极端重要性，明确提出成为一名党和人民满意的好老师要有理想信念、有道德情操、有扎实学识、有仁爱之心的“四有”标准。

9 月 27 日，首个全球“孔子学院日”成功举办。

10 月 17 日，中共教育部党组、共青团中央印发《关于在各级各类学校推动培育和践行社会主义核心价值观长效机制建设的意见》，建立各级各类学校培育和践行社会主义核心价值观长效机制。

11 月 16 日，教育部、财政部等印发《构建利用信息化手段扩大优质教育资源覆盖面有效机制的实施方案》，明确细化了以“三通两平台”为核心的重点任务。

11 月 26 日，教育部研究制定校园足球中长期发展规划，形成“关于加快发展青少年校园足球的实施意见”，体教结合加快普及校园足球。

12 月 12 日，首次召开全国留学工作会议。

2015年

1 月 8 日，经国务院同意，教育部会同国家发展改革委、财政部、新闻出版广电总局、体育总局、共青团中央等五部门，共同成立全国青少年校园足球工作领导小组。领导小组是全国青少年校园足球工作协调、议事和决策机构。

1 月 10 日，教育部印发《普通高中校长专业标准》《中等职业学校校长专业标准》《幼儿园园长专业标准》的通知。

1 月 14 日，中国政府奖学金根据中国政府与有关国家（地区）政府、学校及国际组织等机构签订的教育交流协议或达成的谅解备忘录而对外提供，用于资助到中国高等学校学习或开展科学研究的非中国籍公民，包括本科生、硕士研究生、博士研究生、普通进修生和高级进修生。

1 月 15 日，教育部发布《职业院校数字校园建设规范》的通知。

2 月 6 日，自 2015 年起，特岗计划设岗县（市）的县城学校不再列为中央特岗计划设岗学校，不再补充新的特岗教师。

2月26日，国务院教育督导委员会办公室印发《教育督导报告发布暂行办法》的通知。

3月9日，教育部办公厅印发《关于做好2015年中央财政支持中西部地区农村订单定向本科医学生免费培养工作的通知》。

3月16日，教育部印发《学生志愿服务管理暂行办法》的通知。

4月1日，教育部印发《关于做好2015年重点高校招收农村学生工作的通知》。由中央部门高校和地方“211工程”高校为主的本科一批招生学校承担，招生规模为5万名。

4月13日，教育部印发《关于加强高等学校在线开放课程建设应用与管理的意见》。

5月4日，国务院办公厅印发《关于深化高等学校创新创业教育改革的实施意见》。

5月4日，教育部印发《关于深入推进教育管办评分离促进政府职能转变的若干意见》。

6月1日，国务院办公厅印发《关于乡村教师支持计划（2015—2020年）的通知》。

6月11日，国务院印发《关于大力推进大众创业万众创新若干政策措施的意见》。

6月26日，国务院学位委员会、教育部印发《学位证书和学位授予信息管理办法》的通知。自2016年1月1日起，学位证书由各学位授予单位自行印制，国务院学位委员会办公室印制的学位证书不再使用。

6月29日，教育部印发《严禁中小学校和在职中小学教师有偿补课的规定》的通知。

7月20日，教育部、共青团中央、全国少工委印发《关于加强中小学劳动教育的意见》。

7月22日，教育部等六部门印发《关于加快发展青少年校园足球的实施意见》。

7月23日，中共中央组织部、中共中央宣传部、教育部印发《关于领导干部上讲台开展思想政治教育的意见》。

7 月 27 日，中共中央宣传部、教育部印发《普通高校思想政治理论课建设体系创新计划》的通知。

8 月 20 日，为全面落实党的十八大和十八届三中、四中全会精神，深入贯彻习近平总书记系列重要讲话精神，积极培育和践行社会主义核心价值观，进一步增强中小学德育的针对性、实效性，根据学生发展的新特点，教育部印发《中小学生守则（2015 年修订）》的通知。

8 月 21 日，教育部印发《特殊教育教师专业标准（试行）》的通知。

8 月 28 日，人力资源和社会保障部、教育部印发《关于深化中小学教师职称制度改革的指导意见》的通知。

9 月 15 日，国务院办公厅印发《关于全面加强和改进学校美育工作的意见》。

10 月 11 日，教育部印发《关于加强家庭教育工作的指导意见》。

10 月 19 日，教育部印发《高等职业教育创新发展行动计划（2015—2018 年）》的通知。

10 月 21 日，教育部、国家发展改革委、财政部印发《关于引导部分地方普通本科高校向应用型转变的指导意见》。

10 月 24 日，国务院印发《统筹推进世界一流大学和一流学科建设总体方案》的通知。

2016年

2 月 14 日，国务院印发《关于加强农村留守儿童关爱保护工作的意见》。

2 月 22 日，教育部发布《关于做好 2016 年城市义务教育招生入学工作的通知》，明确表示：在教育资源配置不均衡、择校冲动强烈的地方，要根据实际情况，积极稳妥地采取多校划片，将热点小学、初中分散至每个片区，确保各片区之间大致均衡。而对于备受瞩目的特殊招生问题，教育部在文件中也明确提出，要严控特殊招生比例。具体而言，教育部要求，2016 年，各区（县）经省级教育行政部门批准招收特长生的初中所招收的特长生比例，要降到区（县）初中总招生人数的 5% 以内。各地要梳理针对特定人群的优惠招生政策，取消不必要的特殊政策。确有必要的，应在学生所在片区内统筹予以保障，原则上不得跨片区择校。

4月15日，教育部与中国银监会联合印发《关于加强校园不良网络借贷风险防范和教育引导工作的通知》，其中明确提出，对未经批准在校园内宣传推广信贷业务的不良网络借贷平台和个人要依法处置。8月，银监会也发文强调采取“停、移、整、教、引”五字方针，要求对校园借贷进行整治。然而，校园借贷乱象依然频频发生。10月初，教育部网站再次发文，强调做好校园借贷风险教育工作，要求加强日常排查，建立校园不良网络借贷日常监测机制，同时将防范校园不良网贷作为学生日常教育的重要内容，加强警示教育。这是教育部半年来第二次针对校园借贷发声。

5月10日，在教育部、国家发展改革委发布《2016年部分地区跨省生源计划调控方案》中，依据教育部生源调控方案，在总共需要调出16万个高考录取名额的12个省份中，从湖北、江苏被调出的名额最多，分别为4万和3.8万名。方案发布后，引发社会关注。

5月19日，中共中央、国务院印发《国家创新驱动发展战略纲要》，强调科技创新是提高社会生产力和综合国力的战略支撑。战略纲要指出，发展众创空间，鼓励人人创新。推动创客文化进学校，设立创新创业课程，开展品牌性创客活动，鼓励学生动手、实践、创业，以推动科技创新培养高素质创新型人才，提高国民素质和增强国家创新能力。

6月7日，教育部印发《教育信息化“十三五”规划》的通知。通知指出：“深化信息技术与教育教学的融合发展”，推进信息技术在教育教学中的应用，有条件的地区要积极探索信息技术在“众创空间”、跨学科学习（STEAM教育）、创客教育等新的教育模式中的应用，全面提升教育质量，加快推进教育现代化进程，建立具有中国特色的教育信息化体系，使我国教育信息化接近国际水平。

7月11日，国务院印发《关于统筹推进县域内城乡义务教育一体化改革发展的若干意见》（下称《意见》），制定十项举措，到2020年，县域义务教育均衡发展和城乡基本公共教育服务均等化基本实现。《意见》提出，建立以居住证为主要依据的随迁子女入学政策，切实简化优化随迁子女入学流程和证明要求。同时，要以公办学校为主安排随迁子女就学，对于公办学校学位不足的，可以通过政府购买服务方式安排在普惠性民办学校就读。公办和民办学校都不得向随迁子女收取有别于本地户籍学生的任何费用。

7月27日，中共中央办公厅、国务院办公厅印发了《国家信息化发展战略纲要》（下称《纲要》），要求将信息化贯穿我国现代化进程始终，加快释放信息化发展的巨大潜能，以信息化驱动现代化，加快建设网络强国。《纲要》指出大大增强信息化发展能力，优化人才队伍，提升信息技能，改善中小学信息化环境，推进信息化基础教育。《纲要》是规范和指导未来10年国家信息化发展的纲领性文件。

9月1日起，《高等学校预防与处理学术不端行为办法》（下称《办法》）正式在全国各高校施行。将六类行为认定为学术不端，包括剽窃、抄袭、侵占他人学术成果，篡改他人研究成果，伪造科研数据、资料、文献、注释或捏造事实、编造虚假研究成果，未参加研究或创作而在研究成果、学术论文上署名等，买卖论文、由他人代写或者为他人代写论文等。违反其他根据高校或学术组织、科研管理机构制定的规则，也属学术不端。《办法》中也对学术不端案件的举报受理机制予以明确。具体来说，高校应确定具体部门负责受理对学术不端行为的举报。对于那些事实清楚、证据充分或线索明确的匿名举报，或者媒体公开报道的案件，以及其他学术机构或者社会组织主动披露的涉及本校人员的学术不端行为，高校应当主动进行调查处理。

9月13日，教育部委托课题、中国学生发展核心素养研究成果在北京发布。

9月14日，教育部发布《2017年教育部关于统筹全日制和非全日制研究生管理工作的通知》，提出统筹全日制与非全日制研究生教育协调发展，坚持同一标准，保证同等质量。全日制和非全日制研究生学历学位证书，效力相同。

11月1日，针对学生欺凌问题，教育部等九部门联合发布《关于防治中小学生欺凌和暴力的指导意见》。

11月7日，十二届全国人大常委会二十四次会议表决通过了修改民办教育促进法的决定，其中一项重要内容是对民办教育实行分类管理，将民办学校分为营利性和非营利性两类，明确民办学校的举办者可以选择设立非营利或者营利性民办学校，但是不得设立实施义务教育的营利性民办学校。

12月15日，国务院督导委员会办公室印发《中小学（幼儿园）安全工作专项督导暂行办法》的通知，要求各职能部门各司其职、齐抓共管，完善落实学校安全工作监督、管理，加强学校及周边安全综合治理，建立学生安全区域情况。加强溺水、事故、学生欺凌和暴力行为等重点问题预防与应对，防范、调查、处理侵害未成年学生身心健康事件，开展心理、行为咨询和矫治活动情况。

2017年

1月19日，国务院印发《国家教育事业发展“十三五”规划》(下称《规划》)，这是“十三五”时期指导全国教育改革发展的纲领性文件。《规划》提出到2020年教育现代化取得重要进展，教育总体实力和国际影响力显著增强，推动我国迈入人力资源强国和人才强国行列，为实现中国教育现代化2030远景目标奠定坚实基础。

1月27日，教育部、财政部、国家发展改革委印发了《统筹推进世界一流大学和一流学科建设实施办法(暂行)》。9月21日，公布“双一流”建设高校及建设学科名单，一流大学建设高校42所，一流学科建设高校95所，建设学科点465个。在新的历史时期，“双一流”建设对提升我国高等教育发展水平、增强国家核心竞争力、奠定长远发展基础，具有重要意义。

3月24日，教育部等四部委联合印发《高中阶段教育普及攻坚计划(2017—2020年)》，提出到2020年我国高中阶段教育毛入学率将要达到90%以上。

3月31日，教育部等五部门联合印发《关于深化高等教育领域简政放权放管结合优化服务改革的若干意见》，瞄准高等教育改革发展中的学科专业、编制、岗位、进人用人、职称评审、薪酬分配、经费使用等方面的深层次问题，进一步向地方和高校放权，给高校松绑减负、简除烦苛，让学校拥有更大办学自主权。

4月13日，教育部等四部委联合印发《关于实施第三期学前教育行动计划的意见》，对“十三五”学前教育改革发展作出全面部署，重点解决脱贫攻坚地区、两孩政策新增人口集中地区和城乡接合部幼儿园建设问题，提出通过发展普惠性幼儿园等举措，实现2020年全国学前三年毛入园率将达到85%、普惠性幼儿园覆盖率达到80%左右的目标。

4月28日，国务院办公厅印发《关于加强中小学幼儿园安全风险防控体系建设的意见》(下称《意见》)。《意见》从学校安全风险防控的总体要求、风险预防体系、风险管控机制、事故和风险化解机制、领导责任和风险化解机制等五个方面进行了系统设计和全面规定，旨在把校园建设成最阳光、最安全的地方，对于切实维护师生人身安全、保障校园平安有序、促进社会和谐稳定具有重要意义。

5月31日，国务院办公厅印发《对省级人民政府履行教育职责的评价办法》，对省级政府领导、管理、保障、推进教育事业发展稳定工作开展评价，评价结果作为对政府及有关部门领导班子的考核依据。

7月3日，国务院办公厅印发《关于深化医教协同进一步推进医学教育改革与发展的意见》，这是第一次以国办名义就医学教育改革发展这一专项工作出台文件。

7月17日，教育部等七部门印发《第二期特殊教育提升计划（2017—2020年）》（下称《提升计划》）。《提升计划》明确完善特殊教育体系、增强特殊教育保障能力、提高特殊教育质量三大重点任务，提出通过优先采用普通学校随班就读方式、特殊教育学校就读方式以及送教上门方式，到2020年实现残疾儿童少年义务教育入学率达到95%以上的目标。此外，4月还出台了《残疾人参加普通高等学校招生全国统一考试管理规定（暂行）》，对参加普通高考的残疾考生提供合理便利。

7月19日，中央全面深化改革领导小组会议审议通过了《关于加强和改进中外人文交流工作的若干意见》，之后，中办、国办印发了文件，强调要创新高级别人文交流机制，改革各领域人文交流内容、形式、工作机制，将人文交流与合作理念融入对外交往各个领域。2017年，中俄、中美、中英、中欧、中法、中印尼6个高级别人文交流机制进一步巩固，中南非、中德高级别人文交流机制首次启动，服务国家改革发展和对外战略，彰显了中国特色、中国风格、中国气派。

7月28日，国务院办公厅印发《关于进一步加强控辍保学提高义务教育巩固水平的通知》（下称《通知》）。《通知》对提高义务教育巩固水平、保障义务教育发展作出部署，强调要聚焦控辍保学工作机制建设，因地因家因人施策，避免因厌学、贫困、上学不便而辍学。这是加大对乡村特别是老少边穷等地区义务教育扶持力度的有力举措，对全面建成小康社会、打赢脱贫攻坚战具有重大意义。

8月17日，教育部印发《中小学德育工作指南》（下称《指南》）。《指南》提出了分层次的德育目标，强调德育工作的针对性，突出德育的有机衔接和逐级递进。

9月1日起，教育部统一组织新编的三科教材——义务教育道德与法治、语文和历史，经国家教材委员会审查通过，在全国中小学起始年级开始投入使用。

9月24日，中共中央办公厅、国务院办公厅出台《关于深化教育体制机制改革的意见》，针对各级各类教育存在的突出问题和攻坚重点，明确提出系统推进育人方式、办学模式、管理体制、保障机制改革，着力完善中国特色社会主义基础性制度体系，使各级各类教育更加符合教育规律、更加符合人才成长规律、更能促进人的全面发展，为发展具有中国特色、世界水平的现代教育提供制度保障。

11月22日，教育部等十一部门联合印发《加强中小学生欺凌综合治理方案》。

12月4日，教育部印发《义务教育学校管理标准》（下称《标准》），首次全面系统地梳理了我国义务教育学校管理的基本要求。《标准》从保障学生平等权益、促进学生全面发展、引领教师专业进步、提升教育教学水平、营造和谐美丽环境、建设现代学校制度六大方面，明确了学校的主要管理职责，包含“坚持免试就近入学原则”“实行均衡编班”等88条具体内容。

12月5日，国务院办公厅印发《关于深化产教融合的若干意见》（下称《意见》）。《意见》首次明确了深化产教融合的政策内涵及制度框架，将教育先行、人才优先融入各项政策，完善了产教融合推进机制。

12月15日，教育部等四部门联合印发了《援藏援疆万名教师支教计划实施方案》，首批拟向西藏、新疆、新疆生产建设兵团共援派教师4000人。

2018年

1月3日，教育部印发《中小学幼儿园教师培训课程指导标准（义务教育语文、数学、化学学科教学）》（下称《指导标准》），《指导标准》涵盖义务教育阶段教师的师德修养、班级管理、学习与发展、学科教学等15个学科领域18项标准，以及学前教育阶段教师的幼儿研究与支持、幼儿保育与教育等4个学科领域4项标准，共计22项标准。

1月16日，教育部印发《普通高中课程方案和课程标准（2017年版）》。为落实党的十八大、十九大关于立德树人要求，进一步深化基础教育课程改革，教育部组织260多位专家对普通高中课程方案和语文等14门学科课程标准进行了修订，历时4年已全部完成，经国家教材委员会审查通过。

1月23日—24日，2018年全国教育工作会议在京召开。会议强调，要全面贯彻党的十九大精神，以习近平新时代中国特色社会主义思想为指导，紧紧围绕统筹推进“五位一体”总体布局和协调推进“四个全面”战略布局，坚持稳中求进总基调，按照高质量发展根本要求，贯彻党的教育方针，推进教育优先发展，落实立德树人根本任务，深化教育改革，推进教育公平，发展素质教育，加快教育现代化，努力培养德智体美全面发展的社会主义建设者和接班人，培养担当民族复兴大任的时代新人。

1月30日，教育部发布《普通高等学校本科专业类教学质量国家标准》，这是向全国、全世界发布的第一个高等教育教学质量国家标准，与全世界重视人才培养质量的发展潮流相一致，对建设中国特色、世界水平的高等教育质量标准体系具有重要的标志性意义。

1月31日，中共中央、国务院印发《关于全面深化新时代教师队伍建设改革的意见》，明确了新时代教师队伍建设的目标任务：经过5年左右努力，教师培养培训体系基本健全，职业发展通道比较畅通，事权人权财权相统一的教师管理体制普遍建立，待遇提升保障机制更加完善，教师职业吸引力明显增强，教师队伍规模、结构、素质能力基本满足各级各类教育发展需要。

3月5日，在第十三届全国人民代表大会第一次会议上，国务院总理李克强向大会作政府工作报告，在谈到对2018年政府工作的建议时指出发展公平而有质量的教育，要办好人民满意的教育，让每个人都有平等机会通过教育改变自身命运、成就人生梦想。

3月28日，教育部、国家发展改革委、财政部、人力资源和社会保障部、中央编办联合印发的《教师教育振兴行动计划（2018—2022年）》发布，从师德教育、培养规格层次、教师资源供给、教师教育模式、师范院校作用等5个方面，明确了十大行动，以建强做优教师教育。争取用5年左右的时间，努力办好一批高水平、有特色的教师教育院校和师范类专业，基本健全教师培养培训体系，为我国教师教育的长期可持续发展奠定坚实基础。

4月10日，教育部印发《高等学校人工智能创新行动计划》，提出三大类18

项重点任务，引导高校瞄准世界科技前沿，不断提高人工智能领域科技创新、人才培养和国际合作交流等能力。

4月12日，《中国英语能力等级量表》由教育部、国家语委正式发布。这是经国家语委语言文字规范标准审定委员会审定通过，面向我国英语学习者的首个英语能力测评标准，将作为国家语委语言文字规范自2018年6月1日正式实施，架起各级各类英语教学、学习、测试的沟通桥梁，有利于实现“车同轨、量同衡”。《中国英语能力等级量表》依据我国英语学习者能力的实证数据，同时充分考虑各学段的需求，将学习者的英语能力从低到高划分为“基础”“提高”和“熟练”3个阶段，共设9个等级。

4月26日，教育部印发《新时代高校思想政治理论课教学工作基本要求》。

7月4日，教育部公布了依法终止的234个本科以上中外合作办学机构和项目。这是自《关于做好新时期教育对外开放工作的若干意见》印发以来，中外合作办学监管工作取得新进展、质量建设取得新成效迈出的重要一步，也标志着我国中外合作办学至此进入到由规模发展向内涵建设的淘汰更新、优化升级转型阶段。

7月25日，教育部基础教育质量监测中心发布了《中国义务教育质量监测报告》。这是我国首份国家义务教育质量监测报告，对我国义务教育阶段学生德智体美和学校教育教学等状况进行了客观呈现，并对如何进一步提升义务教育质量提出了建议。

8月10日，国务院办公厅转发教育部等部门《教育部直属师范大学师范生公费教育实施办法》，自印发之日起施行。

8月22日，国务院办公厅印发《关于规范校外培训机构发展的意见》（下称《意见》）。《意见》针对当前校外培训机构存在的安全隐患、证照不全、超前培训、超标培训等突出问题，从规范校外培训机构的关键环节入手提出了一系列措施，对于推动各地健全校外培训机构设置标准，加强校外培训机构日常监管，规范校外培训市场秩序，减轻学生过重课外负担具有重要意义。

8月27日，为贯彻落实党的十九大精神，加快“双一流”建设，根据国务院印发的《统筹推进世界一流大学和一流学科建设总体方案》和教育部、财政部、国家发展改革委联合印发的《统筹推进世界一流大学和一流学科建设实施办法（暂行）》，教育部、财政部、国家发展改革委制定了《关于高等学校加快“双一流”建设的指导意见》。

9 月 10 日，全国教育大会召开，习近平在全国教育大会上发表重要讲话。

10 月 17 日，教育部印发《关于加快建设高水平本科教育全面提高人才培养能力的意见》等文件，决定实施“六卓越一拔尖”计划 2.0。

11 月 16 日，教育部印发《新时代高校教师职业行为十项准则》《新时代中小学教师职业行为十项准则》《新时代幼儿园教师职业行为十项准则》，明确新时代教师职业规范，划定基本底线，深化师德师风建设。

2019年

1 月 2 日，教育部办公厅印发了《关于严禁有害 APP 进入中小学校园的通知》，要求各地采取有效措施，坚决防止有害 APP 进入中小学校园。

1 月 3 日，义务教育课程修订启动会在北京召开，对修订工作进行全面部署。

1 月 11 日，教育部办公厅、中共中央台湾工作办公室秘书局、国务院港澳事务办公室秘书行政司联合印发了《关于港澳台居民在内地（大陆）申请中小学教师资格有关问题的通知》。

1 月 18 日，2019 年全国教育工作会议在北京召开。

1 月 22 日，国务院办公厅印发《关于开展城镇小区配套幼儿园治理工作的通知》。

1 月 23 日，中央全面深化改革委员会第六次会议审议通过了《关于深化教育教学改革全面提高义务教育质量的意见》（下称《意见》）。7 月 8 日，中共中央、国务院印发。这是中共中央、国务院印发的第一个聚焦义务教育阶段教育教学改革的重要文件，是新时代我国深化教育教学改革、全面提高义务教育质量的纲领性文件。

2 月 13 日，国务院印发《国家职业教育改革实施方案》。

2 月 18 日，中共中央、国务院印发《粤港澳大湾区发展规划纲要》，提出打造粤港澳大湾区教育和人才高地，要求推动教育合作发展，建设人才高地。

2月18日，教育部与辽宁省、山东省、重庆市、宁波市在京签署《推进共建“一带一路”教育行动国际合作备忘录》。

2月23日，中共中央、国务院印发了《中国教育现代化2035》。

中共中央办公厅、国务院办公厅印发了《加快推进教育现代化实施方案（2018—2022年）》。

3月18日，中共中央总书记、国家主席、中央军委主席习近平在京主持召开学校思想政治理论课教师座谈会并发表重要讲话，向全国大中小学思政课教师致以诚挚的问候和崇高的敬意。

3月19日，中共中央总书记、国家主席、中央军委主席、中央全面深化改革委员会主任习近平主持召开中央全面深化改革委员会第七次会议。审议通过了《关于扩大高校和科研院所科研相关自主权的若干意见》。

3月21日，教育部、市场监管总局和卫生健康委联合印发了《学校食品安全与营养健康管理规定》。

4月9日，以“识变、应变、求变”为主题的中国慕课大会在北京召开，大会发布《中国慕课行动宣言》，总结中国慕课建设的重要经验和建设方案。

4月11日，教育部印发《关于切实加强新时代高等学校美育工作的意见》，对新时代高校美育改革发展提出明确要求，使高校美育工作有据可循、有规可依，为构建德智体美劳全面培养的教育体系，形成更高水平的人才培养体系提供重要保障。

4月11日—12日，2019年全国教育信息化工作会议在云南昆明召开。

4月12日，教育部、中央军委国防动员部联合印发《普通高等学校军事课教学大纲》。结合新时代新要求，该大纲对2006版大纲进行了继承和创新，集中反映了近年来我国在普通高等学校军事课教学改革、发展和认识方面的新进展。

4月16日，教育部、国家发展改革委、财政部、市场监管总局联合印发了《关于在院校实施“学历证书＋若干职业技能等级证书”制度试点方案》，部署启动“学历证书＋若干职业技能等级证书”（简称1+X证书）制度试点工作。

4月23日，作为全国第三批启动高考综合改革试点的八省份，河北、辽宁、江苏、福建、湖北、湖南、广东、重庆发布本省实施方案，明确从2018年秋季入学的高中一年级学生开始实施。

5月6日，教育部印发《普通高等学校思想政治理论课教师队伍培养规划（2019—2023年）》。

5月14日，教育部等六部门发布《高职扩招专项工作实施方案》（下称《方案》）。

5月16日—18日，中国与联合国教科文组织合作举办的国际人工智能与教育大会在北京召开。8月28日，联合国教科文组织近日正式发布《北京共识——人工智能与教育》。这是联合国教科文组织首个为利用人工智能技术实现2030年教育议程提供指导和建议的重要文件。

6月3日，国务院办公厅印发《教育领域中央与地方财政事权和支出责任划分改革方案》。

6月19日，国务院办公厅印发《关于新时代推进普通高中育人方式改革的指导意见》，明确，到2022年，德智体美劳全面培养体系进一步完善，立德树人落实机制进一步健全。

7月11日，教育部印发《国家级大学生创新创业训练计划管理办法》，积极引导各地各高校深化创新创业教育改革，加强大学生创新创业能力培养，全面提高人才培养质量。

7月15日，教育部等六部门印发了《关于规范校外线上培训的实施意见》。

8月14日，中共中央办公厅、国务院办公厅印发《关于深化新时代学校思想政治理论课改革创新的若干意见》。

8月28日，国务院总理李克强主持召开国务院常务会议，部署推动在线教育健康发展促进教育公平。

9月30日，经国务院同意，教育部等十一部门联合印发《关于促进在线教育健康发展的指导意见》。

8月29日，教育部、国务院扶贫办联合印发了《关于解决建档立卡贫困家庭适龄子女义务教育有保障突出问题的工作方案》，加大保障力度，加快补齐短板，确保完成义务教育有保障重大任务，推动教育脱贫攻坚目标任务全面实现。

9月9日，人力资源社会保障部、教育部印发《关于深化中等职业学校教师职称制度改革的指导意见》，部署中等职业学校教师职称制度改革工作。

9月16日，教育部在北京举行首批国家教材建设重点研究基地工作启动会暨授牌仪式。北京师范大学、云南大学等11个国家教材基地所在单位的负责同志接领了标识牌。

9月23日，中共中央总书记、国家主席、中央军委主席习近平近日对我国技能选手在第45届世界技能大赛上取得佳绩作出重要指示强调弘扬精益求精的工匠精神，激励广大青年走技能成才技能报国之路。

9月24日，中共中央政治局召开会议，审议《新时代爱国主义教育实施纲要》10月14日，教育部、中央组织部、中央宣传部、财政部、人力资源社会保障部等五部门日前印发了《关于加强新时代中小学思想政治理论课教师队伍建设的意见》。

11月26日，中共中央总书记、国家主席、中央军委主席、中央全面深化改革委员会主任习近平主持召开中央全面深化改革委员会第十一次会议并发表重要讲话。会议审议通过了《关于全面加强新时代大中小学劳动教育的意见》《关于深化新时代教育督导体制机制改革的意见》。

12月15日，中共中央办公厅、国务院办公厅印发了《关于减轻中小学教师负担进一步营造教育教学良好环境的若干意见》，并发出通知，要求各地区各部门结合实际认真贯彻落实。

12月16日，教育部、中央组织部、中央宣传部、国家发展改革委、财政部、人力资源社会保障部、文化和旅游部等七部门印发《关于加强和改进新时代师德师风建设的意见》。2018年11月，教育部印发了新时代高校、中小学、幼儿园教师职业行为十项准则。该意见的印发，从国家层面构建起了规范教师职业行为与指导师德师风建设整体工作相结合的新时代师德师风建设制度体系。

主要参考文献

［1］杜成宪．共和国教育 60 年（共 4 卷）［M］．广州：广东教育出版社，2009.

［2］改革开放 30 年中国教育改革与发展课题组．教育大国的崛起 :1978—2008［M］．北京：教育科学出版社，2008.

［3］中华人民共和国教育部．辉煌的篇章：中国“两基”工作纪实［M］．北京：教育科学出版社，2001.

［4］顾明远．改革开放 30 年中国教育纪实［M］．北京：人民出版社，2008.

［5］何东昌．中华人民共和国重要教育文献 1991 ~ 1997［M］．海口：海南出版社，1998.

［6］何东昌．中华人民共和国重要教育文献 1998 ~ 2002［M］．海口：海南出版社，2003.

［7］何东昌．中华人民共和国重要教育文献 2003 ~ 2008［M］．北京：新世界出版社，2010.

［8］《中国教育年鉴》编辑部．中国教育年鉴（1992—2015 年）［M］．北京：人民教育出版社，1992—2016.

［9］袁振国．教育现代化的中国之路：纪念改革开放 40 年丛书（共 10 册）［M］．上海：华东师范大学出版社，2018.

［10］别敦荣，杨德广．中国高等教育改革与发展 30 年［M］．上海：上海教育出版社，2009.

［11］朱永新．中国教育改革大系（共 10 卷）［M］．武汉：湖北教育出版社，

2016.

［12］国务院法制办公室．中华人民共和国教育法典［M］．北京：中国法制出版社，2014.

［13］苗丹国．出国留学六十年：当代中国的出国留学政策与引导在外留学人员回国政策的形成、变革与发展［M］．北京：中央文献出版社，2010.

［14］王剑波．跨国高等教育与中外合作办学［M］．济南：山东教育出版社，2012.

［15］中共中央党校理论研究室．历史的丰碑：中华人民共和国国史全鉴 教育卷［M］．北京：中央文献出版社，2005.

［16］改革开放以来的教育发展历史性成就和基本经验研究课题组．改革开放 30 年中国教育重大理论成果［M］．北京：教育科学出版社，2008.

［17］国家中长期教育改革和发展规划纲要领导小组办公室．国家中长期教育改革和发展规划纲要：2010—2020 年［M］．北京：人民出版社，2010.

［18］邓小平．邓小平文选：第一卷［M］．北京：人民出版社，1994.

［19］邓小平．邓小平文选：第二卷［M］．北京：人民出版社，1994.

［20］邓小平．邓小平文选：第三卷［M］．北京：人民出版社，1993.

［21］江泽民．高举邓小平理论伟大旗帜 把建设中国特色社会主义事业全面推向二十一世纪：在中国共产党第十五次全国代表大会上的报告［M］．北京：人民出版社，1997.

［22］江泽民．全面建设小康社会 开创中国特色社会主义事业新局面：在中国共产党第十六次全国代表大会上的报告［M］．北京：人民出版社，2002.

［23］江泽民．江泽民文选：第三卷［M］．北京：人民出版社，2006.

［24］胡锦涛．高举中国特色社会主义伟大旗帜 为夺取全面建设小康社会新胜利而奋斗：在中国共产党第十七次全国代表大会上的报告［M］．北京：人民出版社，2007.

［25］胡锦涛．坚定不移沿着中国特色社会主义道路前进 为全面建成小康社会而奋斗［M］．北京：人民出版社，2012.

［26］胡锦涛．在全国教育工作会议上的讲话［M］．北京：人民出版社，

2010.

［27］习近平．决胜全面建成小康社会 夺取新时代中国特色社会主义伟大胜利：在中国共产党第十九次全国代表大会上的报告［M］．北京：人民出版社，2017.

［28］中共中央宣传部．习近平总书记系列重要讲话读本［M］．北京：学习出版社、人民出版社，2016.

［29］国家教委教育体制专题调研组．社会主义市场经济与教育体制改革［J］．教育研究，1994（1）.

［30］胡启立．《中共中央关于教育体制改革的决定》出台前后［J］．炎黄春秋，2008（12）.

［31］刘宝存．改革开放以来我国高等教育管理体制的回顾与前瞻［J］．复旦教育论坛，2009（1）.

［32］“素质教育的概念、内涵及相关理论”课题组．素质教育的概念、内涵及相关理论［J］．教育研究，2006（2）.

［33］于浩．民办教育促进法修改：引领民办教育新发展［J］．中国人大，2017（2）.

［34］袁振国．教育质量的国家观念［J］．中国教育学刊，2016（9）.

［35］丁兴富．我国远程教育的繁荣、发展和调整：中国远程教育的历史发展和分期（2）［J］．现代远距离教育，2001（2）.

［36］丁兴富．我国组织实施跨世纪的现代远程教育工程：中国远程教育的历史发展和分期（3）［J］．现代远距离教育，2001（3）.

［37］顾小清，王春丽，王飞．回望二十年：信息技术在教育改革与发展中的历史使命及其角色［J］．电化教育研究，2017（6）.

［38］何克抗．迎接教育信息化发展新阶段的挑战［J］．中国电化教育，2006（8）.

［39］何克抗．从“翻转课堂”的本质，看“翻转课堂”在我国的未来发展［J］．电化教育研究，2014（7）.

［40］祝智庭．中国教育信息化十年［J］．中国电化教育，2011（1）.

［41］安杨．我国民办教育政策法制建设60年［J］．北京教育学院学报，2009（6）.

[42] 别敦荣 . 论民办教育发展的第三条道路 [J]. 华中师范大学学报（人文社会科学版），2012（3）.

[43] 郭建如 . 我国民办教育发展背景、发展特征、发展机制及问题探析 [J]. 清华大学教育研究，2003（5）.

[44] 胡卫，董圣足 . 我国民办教育发展的回顾与展望 [J]. 教育发展研究，2011（1）.

[45] 林崇德 . 学生发展核心素养：面向未来应该培养怎样的人？ [J]. 中国教育学刊，2016（6）.

[46] 于峰 . 拥抱“希望”：希望工程十年回眸 [J]. 北京观察，2000（3）.

[47] 程天君 . 教育改革的转型与教育政策的调整：基于新中国教育 60 年来的基本经验 [J]. 北京大学教育评论，2012（4）.

[48] 范国睿 . 民办教育发展的保障与促进：解读《中华人民共和国民办教育促进法》[J]. 教育发展研究，2003（7）.

[49] 黄永林 . 新中国 60 年教育经费筹措与管理体制与机制的改革与创新[J]. 教育财会研究，2009（5）.

[50] 胡铁生，黄明燕，李民 . 我国微课发展的三个阶段及其启示 [J]. 远程教育杂志，2013（4）.

[51] 李宝庆，魏小梅 . 新高考改革的困境与出路[J]. 教育发展研究，2017（8）.

[52] 人民日报，1992—2018.

[53] 光明日报，1992—2018.

[54] 中国教育报，1992—2018.

后记

这本普及性的教育读物是集体努力的结果。我的导师杜成宪教授不但提供了本书写作的指导思想，而且在写作过程中给予了很多具体的帮助。江西师范大学章小谦撰写了第一、二章，嘉兴学院的李占京帮助整理了第七、八章。谢谢他们的支持与合作。

王明建

2019 年 12 月